Alessandro Cipriani • Maurizio Giri

MUSICA ELETTRONICA E SOUND DESIGN

Teoria e Pratica con Max e MSP - Volume 2

CIPRIANI A. - GIRI M.
MUSICA ELETTRONICA e SOUND DESIGN
Teoria e Pratica con Max e MSP
Vol. 2
ISBN 978-88-905484-2-0

Realizzazione Esempi Sonori e Interattivi: Vincenzo Core
Realizzazione indice analitico: Salvatore Mudanò

ConTempoNet s.a.s., Roma
e-mail   posta@contemponet.com
         posta@virtual-sound.com
URL: www.contemponet.com
         www.virtual-sound.com

INDICE

Prefazione di David Zicarelli • **VII**
Introduzione e dedica • **IX**

Capitolo 5T - TEORIA
AUDIO DIGITALE E SUONI CAMPIONATI
CONTRATTO FORMATIVO • **2**

5.1   Il suono digitale • **3**
5.2   Quantizzazione e decimazione • **20**
     Concetti di base • **27**
5.3   Uso dei suoni campionati: il campionatore e tecnica del looping • **28**
5.4   Segmentazione di suoni campionati: tecnica dei blocchi e slicing • **33**
5.5   Manipolazione del nei suoni campionati: audio scrubbing • **40**
     Glossario • **43**

Capitolo 5P - PRATICA
AUDIO DIGITALE E SUONI CAMPIONATI
CONTRATTO FORMATIVO • **46**

5.1   Il suono digitale • **47**
5.2   Quantizzazione e decimazione • **54**
5.3   Uso dei suoni campionati: il campionatore e tecnica del looping • **65**
5.4   Segmentazione di suoni campionati: tecnica dei blocchi e slicing • **87**
5.5   Manipolazione del nei suoni campionati: audio scrubbing • **110**
     Lista oggetti Max • **121**
     Lista attributi e messaggi per oggetti max specifici • **123**
     Glossario • **125**

Interludio C - PRATICA
GESTIONE DEL TEMPO, POLIFONIA, ATTRIBUTI E ARGOMENTI
CONTRATTO FORMATIVO • **128**

IC.1   Come scorre il tempo (in Max) • **129**
IC.2   Realizziamo uno step sequencer • **137**
IC.3   La polifonia • **147**
IC.4   Abstraction e argomenti • **168**
     Lista oggetti Max • **172**
     Lista attributi, messaggi ed elementi grafici per oggetti Max specifici • **174**
     Glossario • **176**

Capitolo 6T - TEORIA
LINEE DI RITARDO
CONTRATTO FORMATIVO • **178**

6.1   Il delay time: dai filtri all'eco • **179**
6.2   Eco • **179**
6.3   Looping mediante linea di ritardo • **186**
6.4   Flanger • **187**
6.5   Chorus • **195**

6.6   Filtri comb • **197**
6.7   Filtri allpass • **201**
6.8   Phaser • **206**
6.9   Pitch shifting, reverse e delay variabile • **210**
6.10   L'algoritmo di Karplus-Strong • **213**
       Concetti di base • **220**
       Glossario • **221**
       Discografia • **223**

Capitolo 6P - PRATICA
LINEE DI RITARDO
CONTRATTO FORMATIVO • **226**
6.1   Il delay time: dai filtri all'eco • **227**
6.2   Eco • **229**
6.3   Looping mediante linea di ritardo • **243**
6.4   Flanger • **244**
6.5   Chorus • **249**
6.6   Filtri comb • **252**
6.7   Filtri allpass • **257**
6.8   Phaser • **258**
6.9   Pitch shifting, reverse e delay variabile • **263**
6.10   L'algoritmo di Karplus-Strong • **272**
6.11   Linee di ritardo per i messaggi Max • **277**
       Lista oggetti Max • **283**
       Lista attributi, messaggi e argomenti per oggetti Max specifici • **285**

Capitolo 7T - TEORIA
PROCESSORI DI DINAMICA
CONTRATTO FORMATIVO • **288**
7.1   Envelope follower • **289**
7.2   Compressori e downward expansion • **291**
7.3   Limiter e live normalizer • **306**
7.4   Espansori e downward expansion • **308**
7.5   Gate • **311**
7.6   Upward compression e upward expansion • **312**
7.7   Side-chain esterno, ducking • **316**
7.8   Altri usi creativi dei processori di dinamica • **318**
       Concetti di base • **323**
       Glossario • **324**
       Discografia • **327**

Capitolo 7P - PRATICA
PROCESSORI DI DINAMICA
CONTRATTO FORMATIVO • **330**
7.1   Envelope follower • **331**
7.2   Compressori e downward expansion • **341**
7.3   Limiter e live normalizer • **353**
7.4   Espansori e downward expansion • **359**

7.5   Gate • **361**
7.6   Upward compression e upward expansion • **366**
7.7   Side-chain e ducking • **366**
7.8   Altri usi creativi dei processori di dinamica • **371**
        Lista oggetti Max • **383**
        Lista comandi, attributi e parametri per oggetti max specifici • **384**

**Interludio D – GESTIONE AVANZATA DEI PRESET,
BPATCHER E ARGOMENTI VARIABILI**
CONTRATTO FORMATIVO • **386**
ID.1   Gestione avanzata dei preset • **387**
ID.2   Bpatcher, argomenti variabili e locali • **396**
ID.3   Gestione dati e partiture con Max • **407**
        Lista oggetti Max • **427**
        Lista attributi, argomenti, messaggi e comandi per oggetti Max specifici • **428**
        Glossario • **431**

**Capitolo 8T - TEORIA
L'ARTE DELL'ORGANIZZAZIONE DEL SUONO: PROCESSI
DI MOVIMENTO**
CONTRATTO FORMATIVO • **434**
8.1   Cosa sono i processi di movimento • **435**
8.2   Movimenti semplici • **440**
        Concetti di base • **448**
8.3   Movimenti complessi • **451**
8.4   All'interno del timbro • **458**
8.5   Movimenti composti • **464**
8.6   Gestione algoritmica dei movimenti • **469**
8.7   Introduzione alle sequenze di movimenti • **472**
        Glossario • **489**

**Capitolo 8P - PRATICA
L'ARTE DELL'ORGANIZZAZIONE DEL SUONO: PROCESSI
DI MOVIMENTO**
CONTRATTO FORMATIVO • **492**
8.1   I processi di movimento • **493**
8.2   Movimenti semplici • **493**
8.3   Movimenti complessi • **498**
8.4   All'interno del timbro • **500**
8.5   Movimenti composti • **503**
8.6   Gestione algoritmica dei movimenti • **505**
8.7   Introduzione alle sequenze di movimenti • **506**
        Lista oggetti Max • **507**

**Capitolo 9T - TEORIA
MIDI**
CONTRATTO FORMATIVO • **510**
9.1   Lo standard MIDI • **511**

9.2   I messaggi MIDI • **511**
9.3   I controller MIDI • **524**
        Concetti di base • **529**
        Glossario • **530**

Capitolo 9P - PRATICA
MIDI
CONTRATTO FORMATIVO • **536**
9.1   MIDI e MAX • **537**
9.2   Gestione dei messaggi MIDI • **538**
9.3   MIDI e polifonia • **545**
9.4   Controllare un synth monofonico • **560**
        Lista oggetti Max • **563**
        Lista attributi e messaggi per oggetti Max specifici • **565**

INTERLUDIO E - PRATICA
MAX FOR LIVE
CONTRATTO FORMATIVO • **568**
IE.1   Introduzione a MAX for LIVE • **569**
IE.2   Fondamenti - creare un audio effect con M4L • **570**
IE.3   Virtual instrument con M4L • **596**
IE.4   Max MIDI effect • **608**
IE.5   Live API e Live Object Model (LOM) • **613**
        Lista oggetti Max • **648**
        Lista attributi, argoMenti e azioni per oggetti Max specifici • **649**
        Glossario • **651**

Bibliografia • 653
Indice analitico • 657

PREFAZIONE
di David Zicarelli

Potrà sembrarvi strano, ma molti anni fa, quando cercavo di imparare come si creano suoni al computer leggendo libri ed articoli, dovevo limitarmi ad immaginare quali suoni producessero le varie tecniche di sintesi. Anche se penso che la mia immaginazione ne sia stata stimolata, sono felice che nel frattempo la tecnologia si sia evoluta al punto che oggi quasi ogni tecnica di sintesi può essere realizzata in tempo reale con un normale computer. L'esperienza percettiva, infatti, è un elemento importantissimo nell'apprendimento delle tecniche di sintesi digitale.

Il libro di Alessandro Cipriani e Maurizio Giri costituisce uno dei primi corsi di musica elettronica che integra esplicitamente percezione, teoria e pratica, usando esempi di sintesi in tempo reale che si possono manipolare e personalizzare. Dal mio punto di vista, la manipolazione del suono costituisce un aspetto estremamente importante nell'apprendimento: consente di acquisire quella che Joel Chadabe chiama "conoscenza predittiva", cioè l'abilità di intuire ciò che succederà ad un suono prima che si compia un'azione per modificarlo. Tutti abbiamo una certa conoscenza predittiva: ad esempio quasi tutti sappiamo che, girando una manopola del volume in senso orario, il suono che viene dal nostro amplificatore aumenterà di intensità. Una volta che entriamo nel regno della sintesi digitale del suono, le cose si fanno molto più complicate di una manopola del volume, e abbiamo bisogno di fare esperienza diretta di manipolazione e di percezione per approfondire la nostra conoscenza predittiva.

Comunque, per istruirsi in modo completo sul suono prodotto digitalmente, abbiamo bisogno di molto di più che la semplice conoscenza predittiva. È necessario sapere perché le nostre manipolazioni generano i cambiamenti che percepiamo. Tale conoscenza teorica rinforza la nostra conoscenza esperienziale e intuitiva e, allo stesso tempo, la nostra esperienza fornisce significato percettivo alle spiegazioni teoriche.

Secondo il mio parere, Cipriani e Giri hanno compiuto un lavoro magistrale consentendo all'esperienza e alla conoscenza teorica di rinforzarsi l'una con l'altra. Questo libro funziona sia come testo all'interno di un corso, sia come mezzo per l'autoapprendimento. In aggiunta, il libro include un'introduzione completa all'elaborazione digitale dei segnali con Max/MSP e costituisce una splendida introduzione ai concetti di programmazione con questo software.

Come vedrete, i capitoli di teoria sono denominati "T", mentre la pratica e la conoscenza esperienziale sono incluse nei capitoli "P". Questi capitoli si alternano, come si muovono la gamba sinistra e quella destra quando si sale una scala, approfondendo e raffinando i concetti a livelli sempre più alti di sofisticazione.

Spero che trarrete vantaggio dagli eccellenti esempi di Max/MSP creati dagli autori: sono insieme divertenti e illuminanti, e suonano abbastanza bene da poter essere utilizzati anche sul palco. Vale la pena esaminarli come modelli per le vostre patch Max/MSP, o per estenderli in modi sempre nuovi. Ma qualche minuto di "gioco" con gli esempi non è la stessa cosa che studiarli in rapporto ai concetti espressi nel libro. Il libro infatti fornisce il linguaggio per esprimere tali concetti in relazione ai fondamenti teorici. Conoscere la teoria è essenziale, perché presumibilmente state per leggere questo libro perché volete diventare persone che sanno fare molto più che girare una manopola.

Questo è sia l'augurio mio, sia quello degli autori. Voglio augurarvi buona fortuna in questa nuova avventura, e anche ringraziare i miei due amici italiani per aver creato una risorsa per l'apprendimento della musica digitale così completa, proprio quella che desideravo che esistesse quando ero uno studente!

David Zicarelli
Fondatore della Cycling'74, casa produttrice di Max

INTRODUZIONE AL SECONDO VOLUME

Questo è il secondo di una serie di 3 volumi sulla sintesi e l'elaborazione digitale del suono. Il piano dell'opera prevede anche:
- un primo volume che tratta diversi temi fra cui la sintesi additiva, generatori di rumore, filtri, sintesi sottrattiva e segnali di controllo;
- un terzo volume che concerne riverbero e spazializzazione, le diverse tecniche di sintesi non lineare (come AM, FM, waveshaping e tecniche di distorsione del suono), la sintesi granulare, l'analisi e risintesi, i modelli fisici, il sound design procedurale e un secondo capitolo dedicato all'organizzazione del suono.

LIVELLO RICHIESTO
Tutti i volumi alternano parti teoriche a sezioni di pratica al computer, che vanno studiate in stretta connessione. Questo secondo volume può essere utilizzato da utenti di diverso livello di preparazione che abbiano però ben chiari i concetti e la pratica su Max delineati nel primo volume. Il percorso di questo volume può essere svolto in auto-apprendimento oppure sotto la guida di un insegnante.

GLI ESEMPI SONORI E GLI ESEMPI INTERATTIVI
Il percorso della parte teorica è accompagnato da molti esempi sonori e interattivi reperibili sul sito all'indirizzo **www.virtual-sound.com/mat2**. Utilizzando questi esempi, si può fare esperienza immediata del suono e della sua creazione ed elaborazione senza aver ancora affrontato alcun lavoro pratico di programmazione. In questo modo lo studio della teoria è sempre in connessione con la percezione del suono e delle sue possibili modificazioni.

MAX
La parte pratica del libro è stata realizzata sul software Max 6, tuttavia anche gli utenti di Max 5 possono utilizzare questo testo. Abbiamo fatto in modo che tutte le *patch* e le attività proposte siano realizzabili anche su Max 5. L'unico oggetto specifico di Max 6 utilizzato è scale~. Nella pagina di supporto all'indirizzo **www.virtual-sound.com/mat2** è presente un'*abstraction* che riproduce le funzionalità di scale~ per gli utenti di Max 5. Sulla stessa pagina web si possono trovare le *patch*, i sound file, le estensioni di libreria e altri materiali di supporto alle attività pratiche.

MAX FOR LIVE
L'ultimo capitolo, o meglio "interludio", del libro riguarda Max for Live, un'applicazione con cui è possibile creare *plug-in* per il software Ableton Live. Si tratta di un capitolo molto "denso", in cui tutte le competenze acquisite nel corso dei primi due volumi vengono messe a frutto per la realizzazione di *device* (così si chiamano i *plug-in* nell'ambiente Live). Particolare attenzione è stata data allo studio delle "Live API" che permettono di creare *device* che controllano altri *plug-in* o lo stesso ambiente Live.

L'IMPOSTAZIONE DIDATTICA
Anche questo tomo, come il primo, va studiato alternando ogni capitolo di teoria a quello corrispettivo di pratica incluse le attività al computer. La novità,

rispetto al primo volume è nel tipo di attività pratiche proposte: le attività finali di correzione, analisi, completamento e sostituzione di parti di algoritmi non sono presenti in questo volume; ogni capitolo di pratica presenta, nel corso dell'esposizione, un cospicuo numero di attività da svolgere per verificare e approfondire le competenze acquisite e per metterle in pratica creativamente. L'analisi degli algoritmi e delle patch è svolta dettagliatamente (come nel primo volume) quando si tratta di illustrare nuove tecniche, mentre nel caso di processi già noti abbiamo lasciato l'onere dell'analisi al lettore. Abbiamo in altre parole tenuto conto del fatto che con il secondo volume ci troviamo di fronte a un diverso tipo di lettore. Mentre il nostro "lettore tipo" per il primo volume era infatti una persona che, pur interessata all'argomento, poteva anche essere completamente priva di esperienza nel campo della musica elettronica, per il secondo volume ci aspettiamo un lettore di tipo "intermedio", che abbia già realizzato dei suoni con Max e/o con altri software, che conosca le basi della sintesi e dell'elaborazione del suono: insomma un lettore che abbia "metabolizzato" le informazioni contenute nel primo volume. Chi avesse già queste competenze, pur non avendo mai letto il primo volume può sicuramente trarre profitto da questo secondo tomo: dobbiamo però avvertire che nel corso del testo facciamo spesso riferimento a concetti, oggetti ed algoritmi trattati nel libro precedente.

Ci preme sottolineare la presenza, in questo volume, del capitolo denominato "L'arte dell'organizzazione del suono" : processi di movimento" (cap.8 di teoria e pratica), in cui al lettore è data la possibilità di elaborare le sue interpretazioni delle attività proposte, più complesse e creative rispetto a quelle del primo volume. Ciò significa che viene incoraggiato ancora di più l'uso della percezione, dell'analisi e del pensiero critico, dell'esperienza e della capacità inventiva del lettore. Non deve sfuggire l'importanza di una sezione dedicata all'uso creativo della propria conoscenza e delle proprie abilità. Mentre il software si evolve ed è soggetto a mutamenti nel tempo, infatti, le competenze acquisite tramite una pratica di invenzione attiva e personale rappresentano un bagaglio flessibile, che può essere applicato a contesti tecnologici diversi. Crediamo che un approccio troppo passivo e "libresco" all'apprendimento sia sterile, mentre il nostro scopo è quello di consentire al lettore di mettere in relazione in modo organico, inventivo e personale la propria conoscenza, le proprie abilità, la propria percezione e capacità di analisi, la capacità di saper fare le domande giuste e risolvere problemi e la capacità di creare forme sonore originali. La sfida che vogliamo raccogliere è dunque quella di lavorare nel campo delle competenze.

Per poter dire di essere competenti in questo settore non è solo importante, ad esempio, sapere cosa sia e come si crea un LFO, ma sapere anche come utilizzarlo in contesti specifici in cui la motivazione di tipo creativo o produttivo spinge in una data direzione. In poche parole bisogna sapere, di un LFO, anche cosa farne. Infatti, saper adottare semplicemente delle procedure non vuol dire essere competenti, l'esperto sa anche *interpretare* quelle procedure. In sostanza, sapere come impostare una patch e saper modificare i valori dei parametri di un oggetto non in astratto, ma per raggiungere determinati scopi di movimento o evoluzione del suono nel tempo o nello spazio, è una meta essenziale per gli artisti del suono, i sound designer e i compositori.

Nel primo volume abbiamo semplicemente accennato, tramite alcuni esercizi di reverse engineering, alla possibilità che il punto di partenza per l'uso di un sistema per la sintesi e l'elaborazione del suono non fosse tanto la teoria, quanto un contesto concreto, in questo caso la possibilità di partire da un suono esistente proposto da noi, di riconoscerne le caratteristiche e simularne lo spettro, l'inviluppo, etc.

Nel capitolo 8 di questo secondo volume, la conoscenza della teoria e le abilità nella pratica sviluppate sinora saranno ancor di più valorizzate chiamando in campo l'elaborazione originale del lettore e la sua capacità di costruire processi di movimento. Le attività compositive di base proposte si limiteranno, in questo capitolo, ad articolazioni sonore che non superano un minuto. Tali processi dunque saranno costruiti al di fuori di una dimensione e di un contesto formale più ampi. Le attività di creazione sonora comprendenti invece funzioni strutturali e formali all'interno di pezzi musicali (o lavori di sound art) veri e propri sono proposte nel successivo capitolo di organizzazione del suono del terzo volume. Ma di che tipo di creazione sonora parliamo? Esistono pratiche completamente diverse, dalla composizione algoritmica alle "orchestre di laptop", dall'elettronica *live* con interazione uomo-macchina alle composizioni acusmatiche fino alla *soundscape composition*, alle installazioni sonore e audiovisive, alla *sound art*, a lavori di *sound design* etc. Infiniti sono anche gli approcci delle diverse scuole, da quelli narrativi a quelli anti-narrativi, a quelli di tipo ambientale etc. Il nostro desiderio è quello di dare semplicemente alcuni strumenti per affinare le proprie competenze evitando per quanto possibile di dare norme o regole di comportamento e cercando invece di proporre esperienze personalizzabili. A questo proposito abbiamo deciso di reinterpretare e adattare a scopi creativi alcuni concetti riguardanti la spettromorfologia esposti da Denis Smalley in alcuni suoi articoli, e abbiamo introdotto le categorie dei movimenti semplici, complessi e composti. Nell'interazione fra teoria e pratica proponiamo ad ogni studente, sulla base di indicazioni tecniche e scopi precisi, di interpretare tali movimenti descritti, ponendone in essere la propria versione sonora.

MATERIALE DI SUPPORTO

Tutto il materiale a cui si fa riferimento nel corso del libro è reperibile nella pagina di supporto all'indirizzo **www.virtual-sound.com/mat2**.
Per iniziare a lavorare con questo testo è necessario scaricare gli **Esempi Sonori e Interattivi** che si trovano alla pagina di supporto. Durante la lettura dei capitoli di teoria si farà costante riferimento a questi esempi.
Per affrontare la parte pratica è invece necessario aver installato il programma **Max**, reperibile al sito www.cycling74.com. Bisogna inoltre scaricare la libreria **Virtual Sound Macros** dalla pagina di supporto di questo testo; nella stessa pagina troverete istruzioni dettagliate sulla procedura da seguire per la corretta installazione della libreria.
Sempre a partire dalla pagina di supporto troverete le **patch** (programmi Max) relative a tutti i capitoli di pratica.

BIBLIOGRAFIA

Nelle ultime pagine è riportata una bibliografia essenziale, oltre ai riferimenti bibliografici relativi ai testi citati nel libro.

COMMENTI E CORREZIONI

Correzioni e commenti sono benvenuti. Vi preghiamo di inviarli per e-mail a: a.cipriani@edisonstudio.it oppure maurizio@giri.it

RINGRAZIAMENTI

Si ringraziano:
Vincenzo Core e Salvatore Mudanò per il loro paziente e lungo lavoro;
Lorenzo Seno per le preziose indicazioni sull'audio digitale;
Richard Boulanger, Marco Massimi e David Zicarelli, per la loro disponibilità.

DEDICA

Questo volume è dedicato ad Arianna Giri, Sara Mascherpa e Gian Marco Sandri.

5T
AUDIO DIGITALE E SUONI CAMPIONATI

5.1 IL SUONO DIGITALE
5.2 QUANTIZZAZIONE E DECIMAZIONE
5.3 USO DEI SUONI CAMPIONATI: IL CAMPIONATORE E TECNICA DEL LOOPING
5.4 SEGMENTAZIONE DI SUONI CAMPIONATI: TECNICA DEI BLOCCHI E SLICING
5.5 MANIPOLAZIONE DEL PITCH NEI SUONI CAMPIONATI: AUDIO SCRUBBING

PREREQUISITI PER IL CAPITOLO
• CONTENUTI DEL VOLUME 1 (TEORIA E PRATICA)

OBIETTIVI
CONOSCENZE
• CONOSCERE I MECCANISMI SU CUI SI BASA LA CONVERSIONE ANALOGICO-DIGITALE E DIGITALE-ANALOGICA DEL SUONO
• CONOSCERE LE CARATTERISTICHE QUALITATIVE DELLA CONVERSIONE E DELLE SCHEDE AUDIO
• CONOSCERE I FONDAMENTI DELLA COMPRESSIONE DEI DATI
• CONOSCERE LE CAUSE E LE CONSEGUENZE DEL FOLDOVER E DEL RUMORE DI QUANTIZZAZIONE
• CONOSCERE I VARI METODI DI EDITING E ORGANIZZAZIONE DEI SUONI ALL'INTERNO DI UN CAMPIONATORE
• CONOSCERE I VARI METODI DI SEGMENTAZIONE E MANIPOLAZIONE DEL PITCH DI SUONI CAMPIONATI

ABILITÀ
• SAPER INDIVIDUARE ALL'ASCOLTO LE DIFFERENZE BASE FRA DECIMAZIONE E DIMINUZIONE DEL SAMPLE RATE E SAPERLE DESCRIVERE
• SAPER INDIVIDUARE ALL'ASCOLTO LA DIFFERENZA BASE FRA UN SUONO ORIGINALE E IL SUO REVERSE E SAPERLA DESCRIVERE
• SAPER INDIVIDUARE ALL'ASCOLTO LA DIFFERENZA BASE FRA UN SUONO TRATTATO MEDIANTE TECNICA DEI BLOCCHI E UNO TRATTATO CON LA TECNICA DELLO SLICING

CONTENUTI
• SCHEDE AUDIO E CONVERSIONE AD-DA DEL SUONO
• TEOREMA DI NYQUIST E FOLDOVER
• RUMORE DI QUANTIZZAZIONE E DITHERING
• ORGANIZZAZIONE DEI SUONI IN UN CAMPIONATORE
• SEGMENTAZIONE DI SUONI CAMPIONATI: TECNICA DEI BLOCCHI E SLICING
• MODULAZIONE DEL PITCH NEI SUONI CAMPIONATI
• COMPRESSIONE DEI DATI AUDIO
• TRASMISSIONE DEI DATI AUDIO E JITTER

ATTIVITÀ
• ESEMPI SONORI E INTERATTIVI

VERIFICHE
• TEST A RISPOSTE BREVI
• TEST CON ASCOLTO E ANALISI

SUSSIDI DIDATTICI
CONCETTI DI BASE - GLOSSARIO

5.1 IL SUONO DIGITALE

Abbiamo affermato, nel par. 1.2T, che un suono è un fenomeno meccanico dato da una perturbazione di un mezzo di trasmissione (in genere l'aria) che abbia caratteristiche tali da essere percepito dall'orecchio umano. Un suono acustico può essere amplificato, riprodotto, elaborato; tuttavia, per fare ciò, si deve necessariamente trasformare questo suono in un segnale che sia misurabile, ripetibile e modificabile in modo semplice. Ipotizziamo di avere un amico flautista che sta suonando; per trasformare il suo suono acustico possiamo adoperare un microfono. Il microfono opererà una trasduzione elettroacustica, cioè un rilevamento continuo delle variazioni di pressione nell'aria. Allo stesso tempo il microfono genererà un segnale elettrico analogo a quello originale, nel senso che l'andamento della sua tensione elettrica in uscita corrisponde, ovvero è analogo, a quello dell'onda sonora in entrata. Per questo il segnale in uscita dal microfono viene detto **segnale analogico**. Attenzione però: il segnale analogico non è mai identico a quello originale, ma presenta sempre una certa distorsione (anche minima) e un'introduzione di rumore (fig. 5.1).

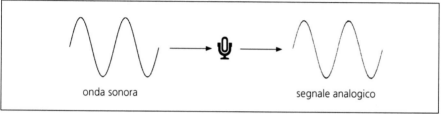

onda sonora   segnale analogico

fig. 5.1: il segnale analogico

Nei **segnali digitali** (dall'inglese *digit* = cifra), invece, il segnale viene rappresentato da una serie di numeri. Ognuno di questi numeri rappresenta il valore della pressione istantanea, cioè il valore che la pressione sonora assume in un dato istante. Per generare il segnale digitale l'ampiezza del suono viene misurata a intervalli regolari (fig. 5.2); tale processo si chiama campionamento ed è interamente analogico[1].

I singoli campioni analogici disposti nel tempo, ognuno dei quali assume il valore in ampiezza del segnale in quell'istante, vengono poi convertiti in un flusso di dati numerici (binari): quest'ultimo processo si chiama **conversione analogico/digitale**. Per poter riascoltare il segnale convertito in digitale è necessaria una **conversione digitale/analogica**, cioè un processo per mezzo del quale il segnale digitale viene riconvertito in segnale analogico da inviare all'amplificatore e agli altoparlanti.

---

[1] Il sistema di campionamento maggiormente in uso è il PCM (*Pulse Code Modulation*), basato sull'acquisizione del segnale analogico a intervalli di tempo regolari. Il processo di campionamento avviene mediante modulazione a prodotto, che consiste nella moltiplicazione del segnale per una serie di impulsi. Il risultato di tale moltiplicazione è uno spettro contenente frequenze pari alle somme e alle differenze delle frequenze contenute nei segnali coinvolti. Si tratta in altre parole di una modulazione ad anello, una tecnica che tratteremo in dettaglio nel capitolo del terzo volume dedicato alla sintesi non lineare.

Le schede audio che troviamo nei nostri computer comprendono sia il convertitore analogico/digitale (o **ADC** - *Analog to Digital Converter*) sia il convertitore digitale/analogico (o **DAC** - *Digital to Analog Converter*).

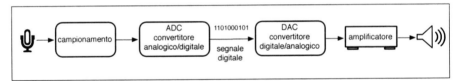

fig. 5.2: campionamento e conversione

CONVERSIONE ANALOGICO/DIGITALE

Come abbiamo detto, mediante la trasformazione di un segnale da analogico a digitale, detta appunto conversione analogico/digitale, possiamo "tradurre" un segnale dato da una tensione elettrica in un segnale numerico, ridefinendo a intervalli di tempo regolari il valore della tensione stessa in linguaggio binario. In realtà, sono necessari diversi "step" per passare da un suono analogico ad uno digitale, come vedremo alla fine di questo paragrafo, quando entreremo più in dettaglio. Per ora basterà sapere che nell'ADC avviene un campionamento analogico e una conversione in digitale.

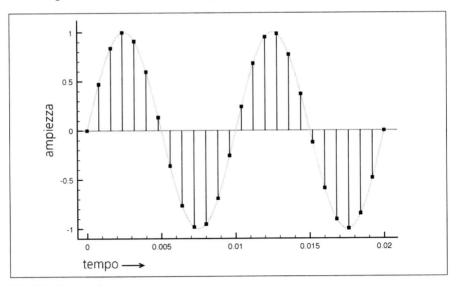

fig. 5.3: il segnale campionato

Nella fig. 5.3 la linea continua rappresenta in modo sintetico l'andamento del segnale analogico (tensione elettrica), mentre i punti sovrapposti rappresentano il valore del segnale campionato dopo che è stato convertito in valori numerici. Il campionamento e la conversione del primo valore di ampiezza (cioè il valore 0) di questo segnale avviene all'istante 0; dopo un dato tempo (all'istante 0.001) avverrà di nuovo un campionamento e una conversione, nel frattempo il segnale analogico ha avuto un'evoluzione del valore dell'ampiezza istantanea,

4

e presenta in questo istante un valore di ampiezza pari a circa 0.5. Il successivo campionamento avviene all'istante 0.002, e il valore d'ampiezza convertito è di poco superiore a 0.8. Come si vede il campionamento registra solo alcuni tra gli infiniti valori che il segnale analogico continuo assume nel tempo, e si potrebbe quindi pensare che il segnale digitale risultante contenga degli errori, ovvero che non sia fedele all'originale. Ma, come vedremo tra poco, se il segnale analogico contiene solo frequenze inferiori alla metà della frequenza di campionamento, dai campioni digitali è possibile ricostruire senza ambiguità il segnale originale. L'intervallo di tempo che passa fra un campionamento e il successivo si chiama **periodo di campionamento**, e si misura in secondi o in un sottomultiplo (millisecondi o microsecondi). Nella figura 5.4 è indicato con *pc*.

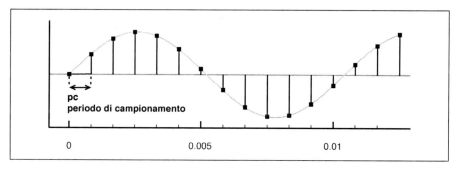

fig. 5.4: periodo di campionamento

L'inverso del periodo di campionamento viene definito **frequenza (o tasso) di campionamento** (*sample rate*, che abbrevieremo di seguito con sr), e si misura in Hz (vedi cap. 1.5T del primo volume). Ad esempio, se utilizziamo una frequenza di campionamento di 48000 Hz per campionare un suono, vuol dire che in un secondo la sua ampiezza verrà misurata 48000 volte.

Valgono quindi le relazioni:

sr = 1 / pc

pc = 1 / sr

Ovvero la frequenza di campionamento (cioè il numero di campioni al secondo) è pari all'inverso del periodo di campionamento, e viceversa.

Per capire quale dovrà essere la *sr* che permetta un campionamento corretto del suono dobbiamo rifarci al **teorema di Nyquist** (detto anche **teorema del campionamento**), il quale afferma che è necessario che la frequenza di campionamento sia maggiore del doppio della massima frequenza contenuta nel segnale. Indicando con *fmax* la frequenza massima contenuta nel segnale, la frequenza di campionamento *sr* che dovremo utilizzare per riprodurla correttamente dovrà essere:

sr >= 2 · fmax

Ciò significa naturalmente che la massima frequenza rappresentabile sarà inferiore alla metà della frequenza di campionamento. La frequenza pari alla metà di *sr* è detta **frequenza di Nyquist**.

Prima di effettuare un campionamento è necessario che le frequenze superiori alla frequenza di Nyquist eventualmente contenute nel segnale analogico vengano eliminate, perché queste creano un effetto indesiderato, detto *foldover*, di cui parleremo tra poco. A questo scopo, i sistemi di conversione prevedono alcuni accorgimenti importanti, fra cui l'applicazione di un filtro passa-basso analogico prima del campionamento (detto **filtro anti-aliasing**) in modo da eliminare le frequenze superiori alla frequenza di Nyquist.

Bisogna però tenere presente che è impossibile realizzare un filtro analogico con pendenza infinitamente ripida ed è tecnicamente molto difficile realizzarne uno con pendenza molto elevata. Il rischio, dunque, è quello che rimanga, dopo il filtraggio, una parte delle frequenze superiore a quella di Nyquist. Per risolvere questo problema, dopo il filtraggio analogico (effettuato con un filtro a pendenza non ripida), i sistemi di campionamento (*sampling*) utilizzano una tecnica di sovracampionamento (*oversampling*). Con la tecnica dell'*oversampling* il suono viene campionato ad una frequenza più alta di quella da noi scelta, in modo da avere una nuova frequenza di Nyquist molto al di sopra della frequenza di taglio del filtro analogico. Successivamente, al segnale sovracampionato viene applicato dal sistema un filtro passa-basso digitale, con pendenza ripida, che elimina le frequenze al di sopra della prima frequenza di Nyquist (quella precedente il sovracampionamento). Infine il suono viene ricampionato alla frequenza da noi scelta tramite un processo di *downsampling*. In questo modo siamo certi che, quando campioniamo un suono, non avremo effetti di *foldover*.
I risultati migliori, al di là delle tecniche citate, si ottengono utilizzando frequenze di campionamento superiori a 44.100 Hz, in modo tale da spostare a frequenze più alte le immagini degli spettri indesiderati. Per questo sono state introdotte frequenze di campionamento superiori.
Quali sono le frequenze di campionamento più in uso? Nel caso del compact disc si è adottata una *sr* di 44.1 kHz (che permette di riprodurre frequenze fino a 22050 Hz), mentre per il DVD e per il Blu-ray Disc la *sr* può arrivare a 192 kHz (e permette quindi frequenze fino a 96000 Hz, ben al di sopra della massima frequenza udibile).

IL FOLDOVER NEI SUONI GENERATI IN DIGITALE

Cosa succederebbe se il sistema di campionamento non applicasse alcun filtro anti-aliasing e lasciasse passare le frequenze superiori alla frequenza di Nyquist? O se, invece di campionare un suono, generassimo digitalmente (dall'interno del computer) un segnale di frequenza superiore a quella di Nyquist? In entrambi i casi otterremmo un effetto di *foldover* (ripiegamento). Il **foldover** è il fenomeno per cui le componenti frequenziali che superano la metà della *sr* vengono riflesse al di sotto di questa. Per esempio, una componente frequenziale di 11000 Hz, convertita con una *sr* di 20000 Hz, darà luogo a una componente di *foldover* di 9000 Hz, come vedremo in dettaglio tra poco.

Immaginiamo di voler generare una sinusoide con frequenza 12000 Hz. Se utilizziamo una frequenza di campionamento (sr) uguale a 18000 Hz, avremo una frequenza di Nyquist pari a 9000 Hz. Il suono che vogliamo generare, quindi, *supera di 3000 Hz* la frequenza di Nyquist. Tale suono, perciò, non avrà la sua frequenza originale, (nel caso descritto 12000 Hz) ma comparirà, con il segno invertito[2], 3000 Hz al di sotto della frequenza di Nyquist (ovvero 6000 Hz, ma con segno negativo).

Nel caso in cui, quindi, la frequenza di un oscillatore venga impostata al di sopra della frequenza di Nyquist, la frequenza generata dal *foldover* si calcolerà con la seguente formula; detta **sr** la frequenza di campionamento, **fc** la frequenza da convertire ed **fg** la frequenza generata, abbiamo:

$$f_g = f_c - sr$$

Applichiamo la formula al caso precedente:
12000 - 18000 = -6000

Notate che questa formula vale solo nel caso di frequenze *fc* comprese tra la metà della frequenza di campionamento (ovvero la frequenza di Nyquist) e 1.5 volte la frequenza di campionamento *sr*. Vedremo, nella sezione dedicata all'*aliasing*, una formula generale valida per tutte le frequenze.

Questi fenomeni hanno luogo, naturalmente, non solo in relazione a segnali sinusoidali, ma per qualsiasi componente di un segnale complesso. Osserviamo la fig. 5.5: abbiamo un segnale costituito da varie parziali con frequenza fondamentale pari a 2000 Hz: le linee continue rappresentano le componenti effettivamente presenti nel segnale dopo la conversione, quelle tratteggiate le componenti originali, che non sono più presenti nel segnale convertito, e quelle in grassetto le stesse componenti che vengono "riflesse" al di sotto della frequenza di Nyquist (che in questo esempio sono pari a 22050 Hz). Prendiamo in esame la frequenza di 24000 Hz (cioè la 12ª armonica della fondamentale di 2000 Hz): essendo superiore alla frequenza di Nyquist, è soggetta a *foldover*, e diventa:

freq. da convertire	**- freq. di campionamento**	**=**	**freq. generata**
24000	**- 44100**	**=**	**-20100**

mentre la frequenza di 28000 Hz. (14ª armonica della fondamentale di 2000 Hz) diventa:

28000	**- 44100**	**=**	**-16100**

---

[2] Il comportamento di ogni parziale, quando si inverte il segno, è dipendente dalla forma d'onda e dalla fase. Ad esempio le sinusoidi, quando il segno è invertito, invertono la fase, mentre le cosinusoidi, invertendo il segno, rimangono uguali. Da questo punto di vista quindi non è facilmente calcolabile l'effetto di *foldover* sullo spettro in uscita.

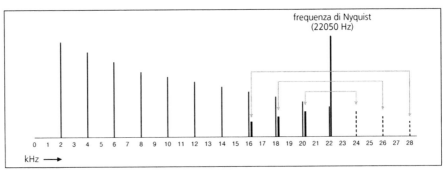

fig. 5.5: *foldover*

Nei tre esempi interattivi seguenti possiamo ascoltare tre eventi diversi, tutti basati su una frequenza di campionamento a 22050 e una frequenza di Nyquist a 11025. Da ciò risulta che qualsiasi suono superi gli 11025 Hz subirà un effetto di *foldover*:

- nel primo esempio facciamo glissare un suono sinusoidale da 20 Hz a 10000 Hz, il *foldover* è assente, e ascoltiamo un semplice glissato ascendente;

- nel secondo esempio il suono glissa da 20 a 20000 Hz. Nel momento in cui il glissato supera gli 11025 Hz si ha il fenomeno del *foldover*. Superata la soglia della frequenza di Nyquist infatti il glissato diventa discendente perché quanto più la frequenza sale, tanto più il *foldover* fa scendere la frequenza riflessa. Il suono glissa in modo discendente fino a fermarsi a 2050 Hz: infatti secondo la formula citata;

fc	**- sr**	**=**	**freq. generata**
20000 Hz	**- 22050**	**=**	**-2050**

- nel terzo esempio il suono glissa da 20 a 30000 Hz. In questo caso si verifica un *foldover* doppio; vediamolo in dettaglio:
  1) Nella fase iniziale da 20 a 11025 Hz la frequenza generata corrisponde a quella programmata.
  2) Nel momento in cui il glissato supera gli 11025 Hz si verifica il primo *foldover* che fa glissare la frequenza generata in modo discendente fino ad arrivare allo 0 (man mano che la frequenza da convertire glissa da 11025 a 22050).

fc	**- sr**	**=**	**freq. generata**
22050 Hz	**- 22050**	**=**	**0**

3) Il glissato della frequenza programmata continua oltre i 22050 fino ad arrivare a 30000 Hz. Nel momento in cui il suono riflesso supera (in negativo) la soglia dello zero, la frequenza comincia di nuovo a glissare verso l'acuto, per effetto di un altro *foldover* che si ha quando la frequenza del segnale da convertire è minore di zero. In generale, le frequenze sotto lo zero ricompaiono con segno invertito e a specchio nel campo positivo (-200 Hz diventa 200 Hz, -300 Hz diventa 300 Hz etc.).

Per effetto di questo secondo *foldover* la frequenza generata risale fino a 7950 Hz. Da dove ricaviamo questa frequenza finale? 7950 Hz è uguale a 30000 Hz (frequenza finale del segnale da convertire) meno 22050 Hz (frequenza di campionamento). Notate che, essendo causata da un doppio *foldover*, la frequenza finale subisce una doppia inversione del segno.

Ricapitolando, quando la frequenza programmata supera la frequenza di Nyquist (in questo caso 11025 Hz) si verifica un primo *foldover*; quando la frequenza programmata supera la frequenza di campionamento (in questo caso 22050 Hz) si verifica un secondo *foldover* (fig. 5.6 in basso).

fc　　　　　**- sr**　　　**=**　　**freq. generata**
30000 Hz　　**- 22050**　**=**　　**7950**

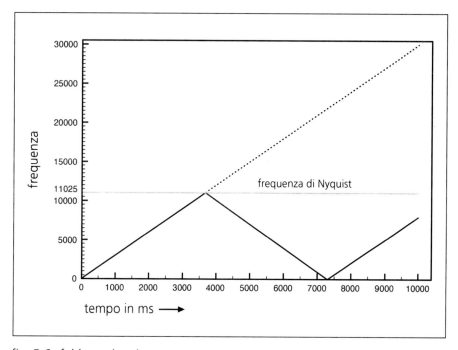

fig. 5.6: *foldover* doppio

· ·

ESEMPI SONORI 5A • Foldover

5A.1 Glissato ascendente semplice da 20 Hz a 10000 Hz e sr = 22050
5A.2 Glissato ascendente con *foldover* da 20 Hz a 20000 Hz e sr = 22050
5A.3 Glissato ascendente con *foldover* doppio da 20 Hz a 30000 Hz e sr = 22050

· ·

ALIASING: LE CAUSE

Fin qui abbiamo spiegato gli effetti del *foldover*, ma per approfondirne le cause abbiamo bisogno di esplicitare meglio il contenuto del teorema di Nyquist. Per avere un'idea più precisa del limite imposto dal teorema di Nyquist, immaginiamo di avere un sistema di campionamento privo di filtro anti-aliasing con una frequenza di campionamento **sr**, e campioniamo una sinusoide la cui frequenza **f** sia minore della frequenza di Nyquist; quello che otteniamo è una serie di campioni che rappresenta la sinusoide. Ebbene, se con la stessa **sr** campioniamo una sinusoide la cui frequenza è (**f + sr**), cioè la cui frequenza è pari alla somma della frequenza della prima sinusoide più la frequenza di campionamento (al di sopra quindi della frequenza di Nyquist), otteniamo esattamente la stessa serie di campioni che abbiamo ottenuto campionando la sinusoide di frequenza **f**. Non solo, ma otterremmo la stessa serie di campioni anche campionando le sinusoidi di frequenza (**f + 2 · sr**), (**f + 3 · sr**), (**f + 4 · sr**), e così via all'infinito. Generalizzando possiamo dire che, data una frequenza di campionamento **sr**, tutte le sinusoidi di frequenza **f + un multiplo intero della sr** vengono convertite nella stessa serie di campioni.

Facciamo un esempio: se abbiamo una frequenza di campionamento **sr** pari a 5000 Hz, e campioniamo una sinusoide con frequenza **f** di 1000 Hz, otterremo una certa serie di valori campionati. Se ora campioniamo una sinusoide di 6000 Hz, cioè di una frequenza pari a **f** (che vale 1000) più **sr** (che vale 5000) otteniamo la stessa serie di campioni.

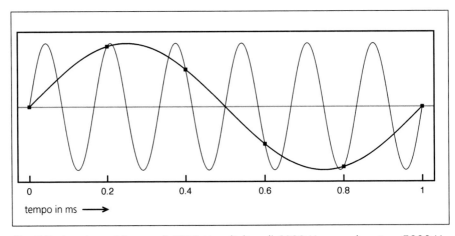

fig. 5.7: due sinusoidi, una di 1000 Hz e l'altra di 6000 Hz campionate a 5000 Hz

In fig. 5.7 vediamo come due sinusoidi di frequenza diversa, rispettivamente di 1000 Hz e 6000 Hz, campionate con la stessa **sr** di 5000 Hz, diano luogo agli stessi campioni (individuati nel grafico dai quadrati). La stessa serie di valori si può ottenere campionando una sinusoide di 11000 Hz (**f + 2 · sr**) o di 16000 Hz (**f + 3 · sr**), etc.

Questa equivalenza si ha anche utilizzando i *multipli interi negativi* della frequenza di campionamento: ovvero anche le sinusoidi di frequenza (**f - sr**), (**f - 2 · sr**), (**f - 3 · sr**) etc. generano la stessa serie di campioni.

Per tornare al nostro esempio, una sinusoide di frequenza -4000 Hz, ovvero la somma dei valori di frequenza 1000 Hz (**f**) e di -5000 Hz (**-sr**), genera gli stessi valori di ampiezza della sinusoide di frequenza 1000 Hz. Una sinusoide di frequenza -4000 Hz equivale, come sappiamo, a una di 4000 Hz con il segno invertito. (vedi fig. 5.8).

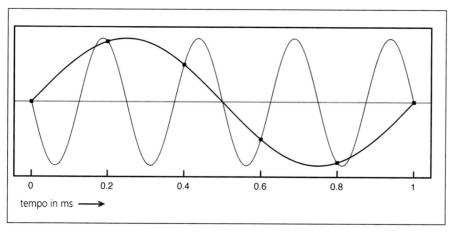

fig. 5.8: due sinusoidi, una di 1000 Hz e l'altra di -4000 Hz campionate a 5000 Hz

Riassumendo possiamo dire che: data una frequenza di campionamento **sr**, e definito con **k** un numero intero qualsiasi, positivo o negativo, non possiamo distinguere tra i valori campionati di una sinusoide di frequenza **f** Hz e quelli di una sinusoide di frequenza (**f + k · sr**) Hz.

Tornando al nostro esempio, ecco le frequenze delle sinusoidi che si trovano all'interno della banda audio e che generano gli stessi campioni:

frequenza **(f+k · sr)**
1000 Hz   = 1000 + (0 · 5000)
6000 Hz   = 1000 + (1 · 5000)
11000 Hz = 1000 + (2 · 5000)
16000 Hz = 1000 + (3 · 5000)
-4000 Hz   = 1000 + (-1 · 5000)
-9000 Hz   = 1000 + (-2 · 5000)
-14000 Hz = 1000 + (-3 · 5000)

La situazione non cambia anche convertendo un suono più complesso di una sinusoide: la relazione (**f + k · sr**), infatti, varrà per ciascuna componente spettrale del suono campionato.
Da questa relazione possiamo ricavare la formula che ci permette di calcolare la frequenza generata da un'arbitraria frequenza da campionare. Indicando con **fc** la frequenza da campionare, con **sr** la frequenza di campionamento, con **fg** la frequenza generata e con **N** il multiplo intero di **sr** più vicino a **fc**, avremo:

fg = fc-N · sr

Come si vede è una formula molto simile a quella, semplificata, già vista nella sezione dedicata al *foldover*.

Facciamo alcuni esempi:

1) **fc** = 6000, **sr** = 10000, **N** = 6000/10000 = 0.6 = 1 (valore intero più vicino)

da cui: 6000 - 1 · 10000 = -4000

2) **fc** = 13000, **sr** = 10000, **N** = 13000/10000 = 1.3 = 1 (valore intero più vicino)

da cui: 13000 - 1 · 10000 = 3000

3) **fc** = 21000, **sr** = 10000, **N** = 21000/10000 = 2.1 = 2 (valore intero più vicino)

da cui: 21000 - 2 · 10000 = 1000

4) **fc** = 2500, **sr** = 10000, **N** = 2500/10000 = 0.25 = 0 (valore intero più vicino)

da cui: 2500 - 0 · 10000 = 2500 (in questo caso non c'è *foldover*, perché **fc < sr/2**)

Osserviamo ora cosa succede nel dominio della frequenza:
In un ipotetico sistema di campionamento senza filtri *anti-aliasing*, le componenti, a causa di quanto abbiamo appena descritto, formerebbero più immagini dello stesso spettro, dette **alias**, replicate periodicamente intorno ai multipli della frequenza di campionamento. Più precisamente si otterrebbe uno spettro periodico che, in un campionamento ideale, si ripete all'infinito lungo l'asse delle frequenze. Nella figura 5.9 vediamo come le varie repliche si dispongano nel dominio della frequenza nel caso di una sinusoide a 1000 Hz campionata con *sr* = 5000. Le frequenze mostrate nel grafico sono le stesse della precedente tabella: 1000, 6000, 11000, 16000, -4000, -9000, -14000. Come sappiamo, le frequenze negative si riflettono nel campo positivo, quindi nel grafico sono mostrate componenti a 1000 (frequenza campionata, che chiameremo *f*), 4000 (**sr-f**, cioè 5000-1000), 6000 (**sr+f**), 9000 (**sr · 2-f**), 11000 (**sr · 2+f**), 14000 (**sr · 3-f**), 16000 (**sr · 3+f**), etc. In figura lo spettro è rappresentato come simmetrico attorno allo 0 e, per traslazione, le successive repliche sono simmetriche attorno ai multipli della frequenza di campionamento.

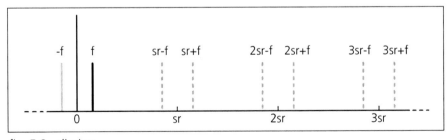

fig. 5.9: *aliasing*

Naturalmente, nei sistemi di campionamento reali, le frequenze al di sopra di quella di Nyquist vengono eliminate prima del campionamento per annullare i fenomeni di cui abbiamo parlato. Come vedremo più avanti, nel caso della decimazione, ovvero del sottocampionamento di un segnale digitale, le frequenze derivate dall'*aliasing* saranno invece presenti e udibili, e dovranno essere previamente filtrate con un apposito filtro passa-basso digitale.

Cosa succede se invece di una sinusoide campioniamo un suono composto da più parziali? Ognuna delle componenti verrà replicata allo stesso modo. Di conseguenza il grafico conterrà repliche dello spettro complesso, come nella figura 5.10.

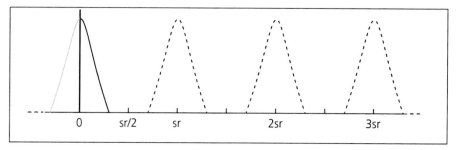

fig. 5.10: *aliasing* di un suono complesso

CONVERSIONE DIGITALE/ANALOGICA

Consideriamo ora il processo inverso, la conversione digitale/analogica. In questo caso il segnale digitale convertito in analogico diventa un segnale a gradini, in quanto, dopo ogni campione e fino al campione successivo, viene applicato un meccanismo di *sample and hold* (in italiano "campiona e mantieni", vedi 4.7T e la nota 14 del par. 3.4P) che mantiene fisso il valore della tensione elettrica fino al campione successivo (non essendo presenti altri valori fra un campione e l'altro). Mediante questo sistema il segnale costituito da campioni viene convertito in un segnale continuo. A causa di questi gradini (che non sono presenti nel segnale analogico originale) si ha una modificazione del segnale dovuta all'alterazione della sua forma d'onda, con conseguente introduzione di componenti non presenti nel segnale originale. Queste componenti, dette *alias*, che formano più immagini dello stesso spettro attorno alla frequenza di sovracampionamento, hanno ora un profilo decrescente al crescere della frequenza. Nella figura 5.11 possiamo osservare come il meccanismo di *sample and hold* riduca le componenti ad alta frequenza. Più precisamente, nella parte alta della figura vediamo un campionamento ideale effettuato con impulsi di durata infinitesimale: lo spettro risultante si estende all'infinito senza perdita di ampiezza delle componenti. Nella parte bassa vediamo il campionamento realizzato tramite *sample and hold* che comporta, come abbiamo detto, una progressiva riduzione dell'ampiezza delle repliche dello spettro[3].

---

[3] Le repliche dello spettro in un campionamento *sample and hold* decrescono secondo la funzione sen(x)/x (vedi fig. 5.11, grafico in basso a destra).

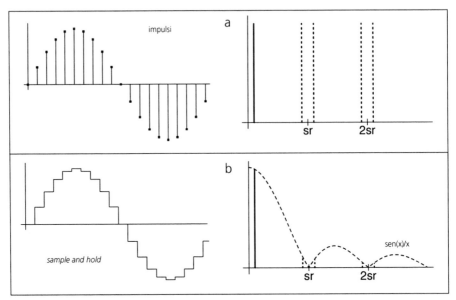

fig. 5.11: campionamento e *aliasing*

Naturalmente anche in questo caso, se lo spettro è composto da più parziali avremo repliche degli spettri con ampiezze decrescenti al crescere della frequenza.

FOLDOVER: LE CAUSE

Osserviamo ora la relazione fra l'*aliasing* e il *foldover*, e spieghiamone più da vicino le cause:
quando tentiamo di generare in digitale un suono con una larghezza di banda superiore alla frequenza di Nyquist (come in figura 5.12a), una parte dell'immagine si sovrappone allo spettro originale, alterandolo. In altre parole, se la frequenza di campionamento è troppo bassa, le frequenze virtualmente superiori alla frequenza di Nyquist, non potendo essere riprodotte compariranno al di sotto di tale frequenza.

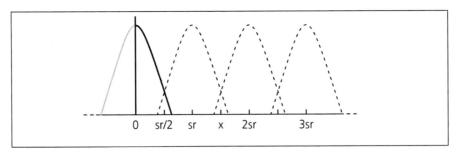

fig. 5.12a: *foldover* in un suono con larghezza di banda superiore alla frequenza di Nyquist

Ciò non succede quando generiamo un suono che ha una larghezza di banda inferiore alla frequenza di Nyquist (come in figura 5.12b).

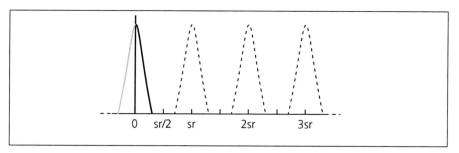

fig. 5.12b: suono con larghezza di banda inferiore alla frequenza di Nyquist

IL PROCESSO DI CONVERSIONE NEL DETTAGLIO

A conclusione di questo denso paragrafo ricapitoliamo, in modo più dettagliato, il processo che va dal suono analogico in entrata, alla sua conversione in digitale, alla conversione digitale-analogica, fino al suono analogico in uscita.

A) Il campionamento avviene a frequenze molto più elevate (sovracampionamento) rispetto a quella nominale (che sarà ad esempio 48.000 Hz).
Prima del campionamento, il segnale viene filtrato con un filtro analogico passabasso (*anti-aliasing*) con pendenza non ripida e generalmente con frequenza di taglio superiore alla massima frequenza udibile (ad es. 24000 Hz). Questo filtro serve ad eliminare le frequenze superiori alla frequenza di Nyquist di sovracampionamento, che creerebbero fenomeni di *foldover*. La frequenza di Nyquist di sovracampionamento, infatti, si trova molto al di sopra della frequenza di taglio del filtro analogico, e quest'ultimo, pur avendo una pendenza blanda, riesce ad eliminare le frequenze indesiderate. Come vediamo in figura 5.13a, il filtro analogico ha eliminato alcune frequenze acute, cioè quelle sopra la metà della frequenza di sovracampionamento.

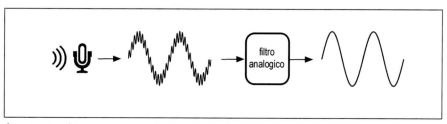

fig. 5.13a: filtraggio analogico *anti-aliasing*

B) Il suono analogico filtrato entra nel dispositivo di campionamento. In figura 5.13b vediamo in entrata il suono analogico filtrato, in uscita il suono sovracampionato, cioè un segnale costituito da singoli campioni analogici disposti nel tempo, ognuno dei quali assume il valore in ampiezza del segnale in quell'istante. La successiva conversione esegue la trasformazione dei valori di ampiezza del segnale sovracampionato in dati numerici. Il segnale numerico viene poi filtrato con un filtro passa-basso (ovviamente digitale) a pendenza ripida e frequenza di taglio pari a quella di Nyquist nominale, e quindi sottocampionato (*downsampling*) alla frequenza nominale (sr).

Il processo qui descritto è incluso in un circuito integrato, il chip ADC audio.

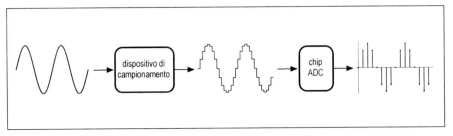

fig. 5.13b: campionamento, conversione A/D, filtraggio digitale e sottocampionamento

C) Il segnale numerico può essere memorizzato su un supporto e/o modificato mediante elaborazione digitale del suono. In figura 5.13c, ad esempio, vediamo in entrata (nell'unità di elaborazione) il suono campionato, in uscita il segnale numerico elaborato (la serie di campioni, infatti, risulta modificata).

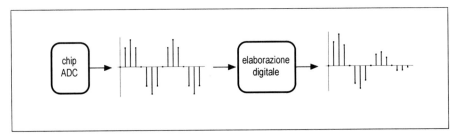

fig. 5.13c: elaborazione digitale del suono

D) Il segnale in uscita dall'unità di elaborazione è ancora un segnale discreto. A questo punto avviene un processo speculare rispetto a quello dell'ADC audio. Il segnale subisce un processo di sovracampionamento e filtraggio digitale alla frequenza di Nyquist nominale (sr/2), a cui segue una conversione digitale-analogica. Come vediamo in fig. 5.13d, all'uscita dal convertitore avremo un segnale a gradini, causato da un sistema di *sample and hold* che mantiene fisso il valore della tensione elettrica fra un campione e il successivo.

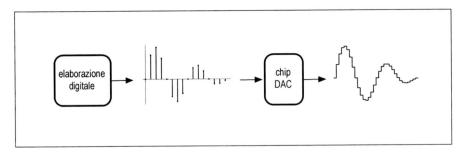

fig. 5.13d: sovracampionamento, filtraggio digitale, conversione D/A e *sample and hold*

E) Per smussare i gradini ed eliminare le componenti ad alta frequenza, il sistema utilizza un secondo filtro analogico. Si tratta di un filtro passa-basso (chiamato **filtro di ricostruzione** o *reconstruction filter*) che serve ad eliminare le frequenze superiori alla frequenza di Nyquist di sovracampionamento. In figura 5.13e vediamo in entrata un segnale a gradini e in uscita un segnale in cui i gradini non sono più presenti in quanto sono stati smussati dal filtro.

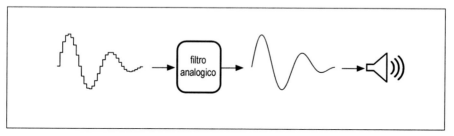

fig. 5.13e: filtro di ricostruzione (passa-basso)

Nella figura 5.14 sono riassunte schematicamente le varie fasi che iniziano dal suono acustico per tornare ad un suono acustico:

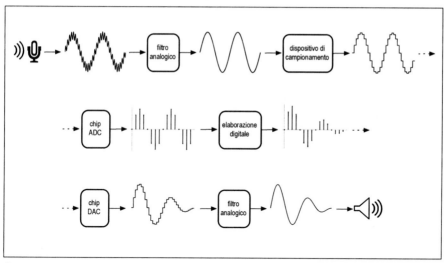

fig. 5.14: suono acustico → suono digitale elaborato → suono acustico

Partiamo da un'onda sonora, il microfono opera una trasduzione elettroacustica, in uscita dal microfono otteniamo un segnale analogico. Dopo la procedura appena descritta nei 5 esempi, il segnale analogico in uscita entra nell'amplificatore, poi nell'altoparlante che opera una nuova trasduzione elettroacustica e otteniamo di nuovo un'onda sonora.

🔍 DETTAGLI TECNICI • SCHEDE AUDIO, SEGNALI DIGITALI E ANALOGICI

Quasi tutti i computer hanno già al loro interno un sistema per la registrazione e la riproduzione del suono. Se si vuole ottenere una qualità del suono di livello professionale, si deve ricorrere a schede che abbiano un'unità di conversione (DAC e ADC) esterna. L'interno di un computer, infatti, è caratterizzato da un elevatissimo rumore elettrico, dovuto ai campi elettromagnetici generati dai percorsi di segnale, che può aggiungere suoni indesiderati al nostro segnale analogico. Una scheda esterna, invece, evita i disturbi in quanto il segnale viene convertito al di fuori di tali campi.

Naturalmente l'utilizzo prevalentemente ludico o non professionale non richiede livelli di qualità elevati e in questi casi si può fare uso di una scheda interna, se di buona qualità. In generale, le caratteristiche essenziali da tenere d'occhio in una scheda audio sono:

la **distorsione armonica totale**, che è dovuta alla presenza di onde sonore generate dai percorsi del segnale che viene così degradato - dovrebbe essere inferiore allo 0,03%;

il **rapporto segnale/rumore** che indica il rapporto tra la potenza del segnale entrante e il rumore di fondo (distinto in rumore analogico e rumore digitale) - dovrebbe essere, in teoria, di almeno 97.8 dB (se si intende fare una conversione a 16 bit);

la **risposta in frequenza**, che rappresenta la risposta del convertitore alle frequenze comprese solitamente nel *range* 20Hz-20kHz - più la risposta sul grafico si avvicina allo 0 dB su tutta la gamma delle frequenze, migliore sarà la risposta in frequenza;

la **gamma dinamica**, che è il rapporto fra l'ampiezza massima e l'ampiezza minima che è possibile rappresentare - dovrebbe essere, in teoria, di almeno 97.8 dB (se si intende fare una conversione a 16 bit);

il **rumore di quantizzazione**, che approfondiremo nel prossimo paragrafo.

Si possono impiegare diversi **sistemi o supporti digitali** per ascoltare musica, ad esempio:

- *supporti ottici scrivibili o riscrivibili* (DVD, CD, *Blu-ray Disc* etc.)
- *supporti magnetici a nastro*, DAT, ADAT etc.
- *supporti con memoria allo stato solido (solid state)* come le *Flash Memory*, utilizzate ad esempio nei *Flash Player* di MP3
- *hard disk drive*, in questa categoria possiamo includere anche alcuni lettori MP3, WMA, AAC etc.
- *streaming attraverso reti IP wired o wireless*
- *tv digitale* (terrestre, satellitare, HDTV etc.)

In tutti questi casi il segnale è, appunto, di tipo digitale, viene cioè rappresentato da una successione di numeri, generalmente espressi in binario come gruppi di **bit**, o unità minime di informazione digitale.

La musica può però provenire anche da **sistemi o supporti non digitali** (ad esempio disco in vinile, nastro analogico, audiocassetta, videocassetta analogica, radio o televisione via etere etc.). In questo secondo caso il segnale elettrico è

di tipo analogico, cioè consiste, come già detto, in una variazione di tensione 🔍
elettrica che descrive precisamente l'andamento della pressione sonora. Questo
tipo di supporti non digitali è ormai diventato abbastanza raro nella pratica
quotidiana, in quanto i sistemi digitali presentano molti vantaggi rispetto a quelli analogici per ciò che riguarda la memorizzazione e la trasmissione del segnale,
anche se non perfettamente affidabili dal punto di vista della "robustezza" nel
tempo.
È importante però considerare che ciò che noi chiamiamo segnale audio
digitale deve sempre essere prima convertito in un segnale analogico, e solo
successivamente, mediante una trasduzione elettroacustica operata dai diffu-
sori, viene trasformato in un suono acustico che possiamo ascoltare. D'altra
parte nessun suono acustico può essere convertito in digitale se non viene
trasformato prima in un segnale analogico. Il dominio dei segnali analogici
rimane perciò sempre importante nella catena elettroacustica, anche quando
parliamo di suono digitale.

COMPRESSIONE DEI DATI AUDIO

Attenzione! La parola "compressione" può creare ambiguità, dal momento
che viene usata sia per la riduzione della quantità di dati necessaria a rappresentare un segnale (come nel caso di cui parleremo in questo paragrafo) sia
per la compressione intesa come riduzione del *range* dinamico di un suono
(di cui tratteremo nel capitolo dedicato ai processori di dinamica). Per questo
cercheremo di riferirci alla riduzione dei dati chiamandola compressione dei
dati, lasciando il termine semplice compressione per indicare una riduzione
del *range* dinamico.

Per **compressione dei dati** si intende un'operazione in grado di ridurre una
certa quantità di dati di un file. L'operazione inversa si chiama **decompressione
o espansione dei dati**.

Esistono due sistemi di compressione dei dati:
compressioni dei dati non distruttive (*lossless*, senza perdita). Con questo
tipo di compressione i dati originali possono essere ripristinati esattamente
come erano. Uno degli esempi più conosciuti è il formato di compressione dei
dati chiamato zip, che funziona molto bene con documenti non audio, o compressioni *lossless* studiate apposta per l'audio come *FLAC* (*Free Lossless Audio
Codec*) o il formato *Apple Lossless* che riducono la dimensione di circa il 50%.

compressioni dei dati distruttive (*lossy*, con perdita). Con questo tipo di
compressione i dati originali **non** possono essere ripristinati esattamente come
erano. Va notato però che i dati scartati sono quelli considerati poco significativi. Alcuni esempi comprendono la compressione dei dati *MP3*, *WMA* o *AAC* per
l'audio, la compressione dei dati *JPEG* per le immagini, la compressione dei dati
MPEG per i filmati. I sistemi distruttivi si basano su caratteristiche psicopercetti-
ve, cioè sul fatto che la nostra capacità di recepire informazioni non è illimitata.
Nel caso delle compressioni dei dati distruttive si può scegliere il rapporto di compressione e quindi controllare quale sarà la perdita di qualità.

5.2 QUANTIZZAZIONE E DECIMAZIONE

QUANTIZZAZIONE, RUMORE DI QUANTIZZAZIONE E DITHERING

Un elemento che influisce sulla qualità della conversione è il numero di valori di ampiezza differenti che può essere prodotto dal convertitore. Le ampiezze istantanee del segnale analogico in entrata vengono trasformate in una serie di valori discreti di tensione. Questo processo è chiamato **quantizzazione**.

Numero di Bit	Numero di livelli di quantizzazione	Gamma di valori disponibili	Rappresentazione binaria
2	4	da −2 a +1	valori positivi: 00, 01 valori negativi: 10, 11
3	8	da −4 a +3	val pos: 000, 001, 010, 011 val neg: 100, 101, 110, 111
4	16	da −8 a +7	0000, 0001, 0010, 0011, 0100, 0101, 0110, 0111, etc.
8	256	da −128 a +127	00000000, 00000001, 00000010, 00000011, 00000100, 00000101, 00000110, 00000111, 00001000, etc.
16	65536	da −32768 a +32767	0000000000000000, 0000000000000001, 0000000000000010, 0000000000000011, etc.
20	1048576	da −524288 a +524287	00000000000000000000, 00000000000000000001, 00000000000000000010, 00000000000000000011, etc.
24	16777216	da −8388608 a +8388607	000000000000000000000000, 000000000000000000000001, 000000000000000000000010, 000000000000000000000011, etc.
32	4294967296	da −2147483648 a +2147483647	00000000000000000000000000000000, 00000000000000000000000000000001, 00000000000000000000000000000010, 00000000000000000000000000000011, etc.

Tabella A

In genere, nell'istante in cui il segnale analogico viene convertito, la sua ampiezza non è mai esattamente pari ad una delle ampiezze disponibili. Il convertitore, infatti, non potrà produrre un numero infinito di cifre. Un numero a 16 bit, ad esempio, può esprimere solo valori interi compresi nella gamma che va da -32768 a +32767, quindi per un totale di 65536 valori di ampiezza differenti. Si tratta di 65536 (ovvero 2^{16}) configurazioni differenti di 0 e 1 che la parola binaria di 16 bit può assumere: metà impegnano il campo positivo e metà il campo negativo. Nella tabella A possiamo vedere il rapporto fra numero di bit e gamma di valori disponibili. Se usassimo numeri a 8 bit, ad esempio, potremmo disporre solo di 256 (ovvero 2^8) valori di ampiezza differenti, con una scarsa qualità audio. Meno valori di ampiezza abbiamo a disposizione, infatti, maggiore sarà la distanza fra il valore d'ampiezza del segnale analogico (che si trova in un determinato istante in un punto intermedio fra un valore e l'altro tra quelli disponibili), e il valore dell'ampiezza binaria più vicina, e maggiore sarà l'**errore di quantizzazione** e la conseguente distorsione armonica del segnale.

Per una buona qualità audio sono necessari almeno numeri interi binari a 16 bit. Esistono *standard* di qualità ancora migliori: per esempio il DVD (*digital versatile disk*) prevede codifiche a 16, 20 e 24 bit e frequenze di campionamento da 44100 Hz a 192000 Hz. Con 24 bit la gamma di valori va da -8388608 a +8388607 con 16777216 valori di ampiezza differenti[4].

Possiamo dire che la quantizzazione è in relazione al numero dei bit, e dunque al numero dei valori di ampiezza codificabili: più è alto questo numero, maggiore sarà la definizione del suono in termini di ampiezza. La frequenza di campionamento invece riguarda il numero di campioni al secondo: più è alto questo numero, maggiore sarà la definizione del suono nel tempo.

C'è da notare che la maggior parte dei linguaggi di programmazione usa numeri in **virgola mobile**, la cui codifica è un po' più complessa di quella dei numeri interi. In questo caso infatti un gruppo di bit (denominato "**parte frazionaria**") viene usato per rappresentare le cifre che compongono il numero, e un altro gruppo (detto "**fattore di scala**") viene usato per definire un esponente che serve a moltiplicare tale numero.

Per capire il funzionamento della codifica in virgola mobile facciamo un esempio con la numerazione in base 10. I numeri 3670, 36.7 e 0.00367, usano tutti le stesse cifre 3, 6 e 7 (oltre ad alcuni zeri alla fine o all'inizio del numero). Questi numeri possono essere anche scritti in notazione scientifica rispettivamente come $3.67 \cdot 10^3$ (ovvero $3.67 \cdot 1000 = 3670$), $3.67 \cdot 10^1$ (ovvero $3.67 \cdot 10 = 36.7$) e $3.67 \cdot 10^{-3}$ (ovvero $3.67 \cdot 0.001 = 0.00367$)[5].

---

[4] Da notare che, nella codifica detta "rappresentazione in complemento a 2" il primo bit (a sinistra) indica il segno negativo se è 1, se viceversa il primo bit è 0 il numero è positivo, tranne nel caso in cui tutto il numero binario sia costituito esclusivamente da zeri, nel qual caso il valore è 0.

[5] Un altro modo di esprimere gli stessi tre numeri in notazione scientifica è il seguente: 3.67e3, 3.67e1, 3.67e-3.

Come si vede le cifre che definiscono i diversi numeri (la "parte frazionaria") sono sempre 3 6 e 7, quello che varia è la potenza di 10 (il "fattore di scala") che le moltiplica. Utilizzando tre cifre per definire la parte frazionaria e una cifra (con segno) per il fattore di scala possiamo creare valori compresi tra un massimo di $9.99 \cdot 10^9 = 9990000000$ e un minimo di $0.01 \cdot 10^{-9} = 0.00000000001$. Nella rappresentazione binaria avviene la stessa cosa, con la differenza che il fattore di scala indica una potenza di 2 e non di 10. Tipicamente un numero a 32 bit in virgola mobile usa 1 bit per il segno, 8 bit per il fattore di scala (la potenza di 2 da usare come moltiplicatore) e 23 bit per la parte frazionaria: i valori rappresentabili con tale codifica vanno all'incirca da $\pm 3.4 \cdot 10^{38}$ (valori positivi e negativi più grandi) a $\pm 1.18 \cdot 10^{-38}$ (valori positivi e negativi più piccoli). È importante sapere che i livelli di quantizzazione di un numero in virgola mobile corrispondono al numero di bit che definisce la parte frazionaria più 1: un numero in virgola mobile a 32 bit ha quindi 2^{24} livelli di quantizzazione.

Con questo tipo di codifica, si hanno errori di quantizzazione piccoli per valori di segnale piccoli ed errori di quantizzazione grandi per valori di segnale grandi. Il vantaggio è quindi che si può ottenere, a parità di bit utilizzati, un errore di quantizzazione percentualmente più costante.

Il segnale digitale, come abbiamo visto, non è continuo, ma composto da gradini, o **quanta** di valori (che nel caso di numeri a 16 bit sono ad esempio 65536). Ai quanta, o ampiezze binarie, corrispondono altrettante **regioni di quantizzazione**. Una regione di quantizzazione comprende tutti i valori che devono essere approssimati con la stessa grandezza binaria. Se il valore da campionare cade all'interno di una determinata regione di quantizzazione verrà quindi convertito nell'ampiezza binaria più vicina. Nella spiegazione della figura 5.15, ad esempio, vedremo che la regione di quantizzazione che va da -0.5 a 0.5 (escluso) viene approssimata all'ampiezza binaria 0, la regione che va da 0.5 a 1.5 (escluso) viene approssimata all'ampiezza binaria 1, la regione che va da 1.5 a 2.5 (escluso) viene approssimata all'ampiezza binaria 2 e così via. Notate che l'ampiezza di ogni regione di quantizzazione (la differenza tra il valore massimo e il valore minimo di ciascuna di esse) è pari a 1.

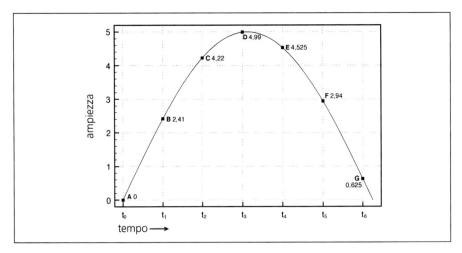

fig. 5.15: quantizzazione ed errori di quantizzazione

Osserviamo la fig. 5.15, in cui, per brevità di esposizione, descriviamo un caso in cui i quanta siano solamente undici (da -5 a 5) e rappresentati da numeri interi. Il segnale analogico cui si fa riferimento è il semiperiodo positivo di una sinusoide. Il valore di picco di questo segnale è 5, ed abbiamo contrassegnato con 7 lettere (A-B-C-D-E-F-G) i punti misurati nei diversi istanti di campionamento.
Il punto A vale zero, e non pone problemi. Il punto B vale 2.41, che si trova all'interno della regione di quantizzazione corrispondente al valore 2, e viene pertanto approssimato a 2 con un errore pari a 0.41. Riportiamo in tabella B i valori veri, quelli quantizzati e l'errore corrispondente.

Punto	Valore vero	Valore quant.	Errore
A	0.0	0	0.0
B	2.41	2	0.41
C	4.22	4	0.22
D	4.99	5	0.01
E	4.525	5	0.475
F	2.94	3	0.06
G	0.625	1	0.375

Tabella B

L'errore massimo che si può avere è equivalente a 0.5, pari alla metà dell'ampiezza di una regione di quantizzazione.
Maggiore è il numero di bit, minore è l'errore di quantizzazione, e minore è anche il rumore provocato da tale errore. L'errore di quantizzazione infatti genera un suono udibile, detto **rumore di quantizzazione** (il termine "rumore" è comunque improprio, in quanto l'errore di quantizzazione è di natura non casuale e correlato alla frequenza di campionamento). Questo rumore di quantizzazione va a sommarsi al segnale originale e quindi a sua volta influisce sul rapporto globale segnale/rumore.

Va considerato che l'aggiunta di un bit a un numero binario ne raddoppia la gamma di valori. Ciò corrisponde a un aumento della gamma dinamica di 6 dB (vedi par. 1.2T). La gamma dinamica, infatti, nei sistemi numerici, corrisponde all'estensione dal minimo al massimo valore rappresentabile. Di conseguenza un segnale digitale a 16 bit avrà approssimativamente una gamma dinamica di

16 · 6 dB = 96 dB

Osserviamo in tabella il rapporto fra valori approssimati della gamma dinamica e numeri binari di diversa lunghezza:

Numero di bit	8	12	16	18	20	24	32
dB	48	72	96	108	120	144	192

Come abbiamo detto, l'errore massimo di quantizzazione che si commette può essere di metà della regione di quantizzazione. Rapportato al numero di valori disponibili, la percentuale di errore che abbiamo con i numeri a 16 bit è di

(1/2) / 216 = 0.5 / 65536 = 0.000008 x 100 = 0.0008 %
quindi un errore di entità trascurabile in campo audio.

Ciò si riferisce però alle parti del segnale con ampiezza maggiore, quelle in cui abbiamo a disposizione tutti i 96 dB. Quando ci occupiamo delle zone in cui il segnale è a bassa intensità, invece, i dB diminuiscono drasticamente, in quanto non possiamo sfruttare tutti i sedici bit ma solo quelli che esprimono numeri più piccoli che approssimano i valori del basso livello del segnale (vedi nota 4). Per questo gli errori di quantizzazione creano maggiori problemi sulle parti del segnale con ampiezze più basse.
Consideriamo infatti una sinusoide di ampiezza -78 dB, equivalente a 3 bit (vedi fig. 5.16).

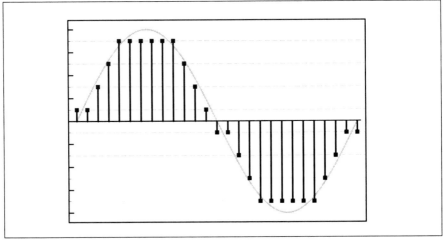

fig. 5.16: sinusoide quantizzata a 3 bit (su 16)

Il risultato, dopo la conversione, è una forma d'onda che non è affatto sinusoidale, ma squadrata e ha uno spettro complesso con molte armoniche: si tratta quindi di distorsione armonica, dovuta al fatto che in questa parte del segnale abbiamo a disposizione solo tre bit e quindi solo 8 valori (**livelli di quantizzazione**) differenti d'ampiezza, pertanto l'errore di quantizzazione è più evidente. Per mascherare queste armoniche indesiderate, che costituiscono il rumore di quantizzazione, si aggiunge al segnale una piccola quantità di rumore a banda larga (detto **dither**), di ampiezza inferiore a quella rappresentabile con un singolo bit (ovvero il bit meno significativo). Per calcolare l'ampiezza relativa al bit meno significativo, sarà sufficiente dividere 1 (cioè l'ampiezza massima) per il numero di livelli di quantizzazione. Ad esempio quando abbiamo a disposizione 4 bit, i livelli di quantizzazione sono 16, e l'ampiezza di un singolo livello (detta anche **intervallo di quantizzazione**) è pari a 1/16, ovvero 0.0625. Si aggiunge così un rumore molto lieve, ma in cambio si maschera il rumore di quantizzazione.

Il rumore di *dithering* aggiunto va ad occupare i livelli bassi del segnale, e gli errori di quantizzazione risulteranno meno udibili.
Riportiamo a questo punto una tabella riassuntiva (Tabella C):

Frequenza di campionamento e risoluzione	Larghezza di banda teorica	Gamma dinamica teorica	Rapporto segnale/rumore teorico	Bit rate (Numero di bit al secondo per ogni canale)
44100 Hz - 16 bit	22050 Hz	96.32 dB	96.32 dB	705600
48000 Hz - 16 bit	24000 Hz	96.32 dB	96.32 dB	768000
96000 Hz - 24 bit	48000 Hz	144.49 dB	144.49 dB	2304000
192000 Hz - 24 bit	96000 Hz	144.49 dB	144.49 dB	4608000
192000 Hz - 32 bit	96000 Hz	192.66 dB	192.66 dB	6144000

Tabella C

È importante sottolineare che alcuni valori sono teorici: ad esempio la gamma dinamica reale di un suono può risultare ridotta rispetto a quella dichiarata, basta ad esempio che quando si campiona il suono non si raggiunga la dinamica massima; il rapporto segnale-rumore è alterato dall'introduzione di rumore della scheda audio etc. Il **bit rate** è la velocità di trasferimento richiesta al sistema per poter trasferire su supporti digitali i suoni in formato PCM non compresso (di questo tipo sono i file audio in formato WAV, AIFF, SDII, BWF etc.)

C'è da notare che nella computer music si usa spesso l'**ampiezza normalizzata**: ovvero un'ampiezza rappresentata da valori in virgola mobile che variano tra -1 e 1, indipendentemente dalla risoluzione in bit dei campioni.

DECIMAZIONE, DOWNSAMPLING E RIDUZIONE DEI BIT

Abbiamo detto che più è alto il numero di bit, maggiore sarà la definizione del suono in termini di ampiezza; più è alta la frequenza di campionamento, maggiore sarà la definizione del suono nel tempo. Per motivi tecnici o per intenti creativi, si possono utilizzare tecniche per diminuire la definizione del suono: la decimazione (*downsampling*) e la riduzione dei bit fanno parte di queste tecniche.
La **decimazione** è un processo di ricampionamento di un suono ad un *sample rate* inferiore. Ad esempio, se vogliamo ridurre la frequenza di campionamento ad un quarto dell'originale, dovremo usare un campione su 4 e "buttare via" gli altri tre. Dal momento che la scheda audio mantiene il *sample rate* originale, il campione viene replicato 4 volte (*sample and hold*: vedi fig. 5.17).

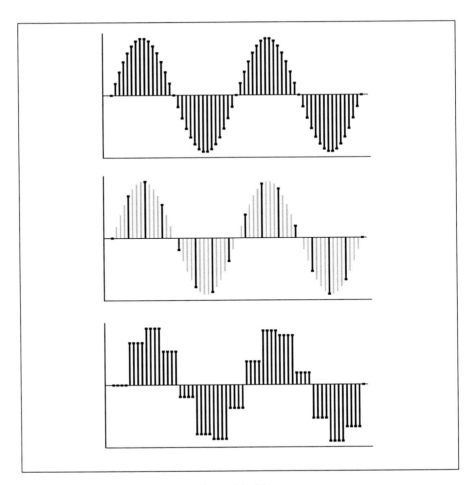

fig. 5.17: decimazione con *sample and hold*

Ovviamente riducendo il *sample rate*, le frequenze superiori alla frequenza di Nyquist del nuovo *sample rate* provocheranno un *aliasing* udibile. Per questo prima di effettuare la riduzione di *sample rate* (o *downsampling*) il suono può essere filtrato con un passa-basso, nel caso che si voglia evitare o attenuare tale problema. L'effetto generale dato dalla decimazione è molto particolare, soprattutto se non viene applicato un filtro passa-basso, ed è spesso utilizzato creativamente per ottenere un suono con distorsione digitale, spesso definito informalmente *"lo-fi"*.
Si può ricorrere alla decimazione anche per motivi tecnici, cioè per risparmiare memoria o calcoli in operazioni di DSP, la cui mole è proporzionale alla frequenza di campionamento utilizzata.

Come abbiamo visto in precedenza, il *downsampling* viene utilizzato nei sistemi di campionamento dopo aver effettuato un'operazione di *oversampling* (vedi par. 5.1), per riportare a una frequenza di campionamento standard un suono campionato con la tecnica dell'*oversampling*. Anche in questo caso naturalmente lo scopo è tecnico e non creativo.

La **riduzione dei bit** (*bit-reduction*) ha uno scopo creativo simile a quello della decimazione ed è spesso combinata con essa per produrre un effetto *lo-fi* ancora più radicale. Si tratta di una ri-quantizzazione di un suono utilizzando un numero di bit più basso allo scopo di avere una minore definizione del suono in termini di ampiezza e un maggiore rumore di quantizzazione.

· ·

ESEMPIO INTERATTIVO 5B • *Decimazione e riduzione dei bit*

· ·

CONCETTI DI BASE

1) Il *segnale digitale* viene rappresentato da una serie di numeri, ciascuno dei quali rappresenta il valore della pressione istantanea, cioè il valore che la pressione assume in un dato istante. Ad esempio, se utilizziamo una frequenza di campionamento di 48000 Hz per campionare un suono, vuol dire che in un secondo andremo a misurare la sua ampiezza 48.000 volte.

2) Il *teorema di Nyquist* afferma che è necessario che la frequenza di campionamento sia maggiore del doppio della massima frequenza contenuta nel segnale.

3) Se si tenta di generare in digitale un segnale con una frequenza di campionamento troppo bassa, si ha il fenomeno del *foldover* (ripiegamento): le componenti frequenziali che superano la metà della *sr* vengono riflesse al di sotto di questa.

4) Le caratteristiche essenziali di una *scheda audio* sono: la distorsione armonica totale; il rapporto segnale/rumore; la risposta in frequenza; la gamma dinamica; il rumore di quantizzazione; il numero di bit di conversione, le frequenze di campionamento disponibili.

5) Un elemento che influisce sulla qualità della conversione è, oltre alla frequenza di campionamento, il numero di valori di ampiezza differenti che possono essere prodotti dal convertitore. Meno valori di ampiezza abbiamo a disposizione, infatti, maggiore è la probabilità che l'ampiezza del segnale analogico, trovandosi in un determinato istante a metà fra un valore e l'altro fra quelli disponibili, venga approssimata in modo eccessivo all'ampiezza binaria più vicina, creando un *errore di quantizzazione* molto marcato e un ampio "rumore di quantizzazione".

6) La *quantizzazione* è in relazione al numero dei bit, e dunque al numero dei valori di ampiezza codificabili: più è alto questo numero, maggiore sarà la definizione del suono in termini di ampiezza. La frequenza di campionamento invece riguarda il numero di campioni al secondo: più è alto questo numero, maggiore sarà la definizione del suono nel tempo.

27

7) Per compressione dei dati si intende un'operazione in grado di ridurre la quantità di dati necessari a rappresentare un determinato segnale. L'operazione inversa si chiama *decompressione* o *espansione dei dati*. La parola compressione può creare ambiguità, dal momento che viene usata sia per la riduzione dei dati (come in questo caso) sia per la compressione intesa come riduzione del *range* dinamico di un suono. Si tratta di due operazioni assolutamente diverse.

5.3 USO DEI SUONI CAMPIONATI: IL CAMPIONATORE E TECNICA DEL LOOPING

IL CAMPIONATORE

Abbiamo parlato del campionamento dei suoni, ma è importante capire anche come tali suoni vengano organizzati e sottoposti a procedimenti di *editing*, sovrapposizioni e semplici elaborazioni. Uno dei dispositivi più utilizzati per tali operazioni è il campionatore (o *sampler*), il quale può essere un hardware dedicato o può esistere semplicemente come software o come *plug-in* di un'altra applicazione. Il campionatore è pensato per acquisire suoni e consentire di organizzare, modificare e suonare tramite una tastiera o altra interfaccia tali suoni. Tradizionalmente lo scopo principale del campionatore è stato quello della simulazione di strumenti musicali acustici o elettroacustici, ma al posto dei multicampionamenti di note di un pianoforte o di un violoncello, si possono organizzare, in un campionatore, anche gruppi di oggetti sonori che nulla hanno a che vedere con la sostituzione di strumenti già esistenti. Per i nostri scopi, che sono più quelli della programmazione di un campionatore, che del suo semplice uso, può essere utile accennare ad alcune funzioni base di un *sampler*.

A differenza del sintetizzatore, che genera autonomamente segnali audio (anche a partire da tabelle contenenti un singolo ciclo di una forma d'onda), il campionatore utilizza suoni già completi, in genere suoni concreti registrati, che quindi hanno già un proprio inviluppo, una propria frequenza e un proprio spettro. Questi parametri ovviamente possono essere anche variati in un campionatore, ad esempio si può trasportare a diverse altezze il suono campionato collegando tali altezze ai diversi tasti di una tastiera. Nel sintetizzatore, viceversa, possiamo impostare liberamente ogni parametro interno al suono anche prima della generazione del suono stesso.

Un'altra differenza fra sintetizzatore e campionatore consiste nel diverso modo in cui vengono trasportati in altezza i suoni. Generalmente, se campioniamo un suono con un campionatore, nel momento in cui lo trasportiamo un'ottava sopra, la durata di tale suono risulterà dimezzata, e il rapporto di ampiezza e di frequenza fra le varie componenti del suono rimarrà invariato. Come sappiamo, negli strumenti musicali (ad esempio in un violino) i rapporti di ampiezza fra le componenti del suono sono diversi se suoniamo un La a 440 Hz rispetto a un La a 880 Hz eseguito sullo stesso strumento. Questo avviene perché, anche se la corda vibra ad una frequenza diversa, la cassa di risonanza dello strumento tende a enfatizzare un particolare insieme di frequenze (dette formanti) che sono indipendenti dalla nota suonata. I rapporti tra la nota suonata e le formanti variano quindi con il variare della nota. Nel sintetizzatore possiamo impostare i parametri interni del suono in modo libero, e quindi siamo in grado di simulare tali differenze in uno strumento virtuale che venga suonato a diverse altezze. Viceversa in un campionatore, in genere, non possiamo intervenire a questo livello, dato che il suono stesso è già stato campionato e quindi il suo spettro (e con esso il rapporto tra fondamentale e formanti) è già definito. Perciò, ad esempio, quando si vuole avere su un campionatore un suono di pianoforte che sia realistico su tutte le note, abbiamo bisogno di centinaia di suoni diversi per riprodurre le varie differenze alle diverse altezze e alle diverse dinamiche, e in cui sia assente il senso di accorciamento o allungamento del suono a seconda della frequenza a cui viene suonato. Questa tecnica per la realizzazione di banchi di suoni dal timbro omogeneo mediante l'utilizzo di molti suoni campionati si chiama **multicampionamento**.

· ·

ESEMPI SONORI 5C • *Campionamento e multicampionamento*

5C.1 Esempio di suono campionato e mandato in lettura a diverse altezze
5C.2 Esempio di suoni provenienti da un multicampionamento suonati a diverse altezze

· ·

TECNICA DEL LOOPING E ALTRE FUNZIONI DEL CAMPIONATORE

Un altro dei problemi da risolvere per la realizzazione di simulazioni di suoni reali riguarda i suoni tenuti. Un suono campionato infatti ha una sua durata, ma spesso si può avere l'esigenza di prolungare tale suono per un tempo superiore. In questo caso si può lavorare sull'individuazione dei punti di *loop*, per poter fare in modo che un suono di violino ad esempio, che ha una durata di 10 secondi, possa essere tenuto per una durata superiore mediante una lettura circolare. Un *loop* meccanico, che semplicemente realizzi una lettura circolare del suono risulterà innaturale nella maggior parte dei casi: infatti, pur individuando il punto di *loop* finale e quello iniziale in istanti in cui l'ampiezza sia uguale a zero (in modo da evitare click) è molto probabile che si ascolterà una ciclicità ritmica del timbro, con una discontinuità chiara proprio nell'istante del *loop*. Si può ovviare in parte a questo problema realizzando dei *crossfade loop*, cioè dei *loop* in cui ci sia un dato tempo di dissolvenza incrociata, ad esempio, fra la fine del suono e il punto in cui il *loop* ricomincia.

· ·

ESEMPIO SONORO 5D • Loop *con e senza* **crossfade**

· ·

Nel campionatore troveremo comunque diversi tipi di filtri, di inviluppi, di LFO, di possibilità di sovrapporre più suoni suonati da uno stesso tasto (anche con la possibilità di controllarne il missaggio mediante la quantità di pressione sul tasto o in altri modi, come vedremo più avanti), di ricorrere a sistemi simili a quelli della sintesi vettoriale per creare dissolvenze incrociate fra tali timbri, realizzare *loop* casuali o controllati dal LFO etc. Gli usi creativi dei campionatori sono ormai numerosissimi, e comprendono la possibilità di impiegare banchi di suoni diversi collegati ai vari tasti di una tastiera, ad esempio avere un set di percussioni con suoni completamente diversi a seconda del tasto, con un suono di grancassa sul do della terza ottava, di triangolo sul do#, di *wood block* sul re e via dicendo.

In realtà la distinzione tra campionatore e sintetizzatore, che poteva avere un senso ai tempi delle prime apparecchiature digitali, diventa sempre più sfumata con l'introduzione degli strumenti virtuali (*plugin*) programmati al computer: questi strumenti possono essere degli ibridi che contengono in proporzione diversa le funzioni tradizionalmente riferite ad un sintetizzatore e quelle riferite ad un campionatore. In altre parole oggi tra un sintetizzatore e un campionatore "puri" c'è un continuum di strumenti virtuali che sono una via di mezzo tra i due, e spesso è difficile stabilire se si ha a che fare con un campionatore che fa anche sintesi del suono o con un sintetizzatore che è in grado di gestire campioni.

. . . .

ESEMPIO INTERATTIVO 5E • *Esempio di* mapping *di percussioni su una tastiera*

. . . .

L'attivazione di un suono in un campionatore avviene in genere tramite *triggering*: ovvero tramite tastiera MIDI o *sequencer* o altro *controller*.
Oltre a questa funzione basilare, vediamone altre cinque fra quelle tipicamente presenti in un *sampler*:
Looping: tecnica che serve a reiterare un suono o una porzione di esso. In un campionatore, ad esempio si può configurare la riproduzione di un file audio in modo tale da consentire la ripetizione di una parte del suono finché il tasto di una tastiera è premuto (**sustain loop**), e/o ripetere una parte diversa dello stesso suono per un tempo determinato quando il tasto viene rilasciato (**release loop**).

. . . .

ESEMPIO INTERATTIVO 5F • *Esempi di* loop, *anche con* sustain loop *e* release loop

. . . .

Punto di *cue* (o *skiptime*): si può decidere di riprodurre un suono anche saltando una porzione iniziale di esso e applicare un inviluppo aggiuntivo che inizia da un punto diverso di quello iniziale.

ESEMPIO INTERATTIVO 5G • *Ascolto di un file audio a partire da diversi*
punti di cue

• •

Nel prossimo paragrafo parleremo di una tecnica compositiva, chiamata "blocks technique", basata sullo spostamento progressivo e controllato dei punti di *cue*.

Reverse: questo termine si riferisce alla possibilità di riprodurre un suono "alla rovescia", dall'ultimo campione al primo. In un campionatore si può decidere ad esempio che a seconda della pressione su un tasto si possa avere il suono in riproduzione dall'inizio alla fine oppure dalla fine all'inizio, ovvero in *reverse* (rovescio).

• •

ESEMPIO INTERATTIVO 5H • *Ascolto di un file audio in modo normale e*
in **reverse**

• •

Distribuzione stereofonica: si possono organizzare i suoni campionati anche in modo tale che il loro segnale sia distribuito nello spazio stereofonico. L'esempio più semplice in un pianoforte simulato mediante multicampionamento su un campionatore è quello di avere i suoni gravi sul lato sinistro dello stereo e i suoni acuti sul lato destro. Si possono anche utilizzare schede multicanale che consentono una distribuzione dei campionamenti in uno spazio più complesso di quello stereofonico.

Normalizzazione dei suoni campionati: funzione che serve a portare l'ampiezza di picco di un suono al massimo valore rappresentabile dal sistema (da non confondere con il concetto di *ampiezza normalizzata* di cui si parla nel par. 5.2). Vedi fig. 5.18.

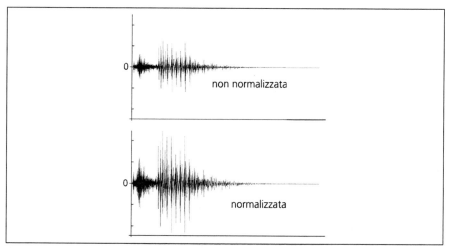

fig. 5.18: normalizzazione di un suono

RIMOZIONE DEL *DC OFFSET*

Può capitare che un suono registrato o realizzato con una tecnica di sintesi contenga un **DC Offset**. Questo significa che le aree della parte positiva e della parte negativa della forma d'onda non sono uguali. (vedi fig. 5.19)

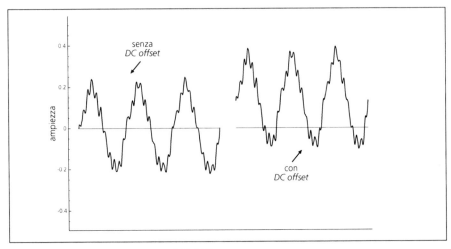

fig. 5.19: suono senza e con *DC Offset*

In questo caso il suono è caratterizzato da un *DC offset* positivo o negativo. Un *DC offset* (come spiegato già nel par. 4.2) è un segnale di corrente continua a frequenza 0 Hz, ossia una quantità fissa che viene aggiunta a un segnale. In genere il *DC offset* è indesiderato: un suono con *DC offset* positivo, ad esempio, non potrà mai raggiungere il massimo dell'ampiezza, dato che il massimo livello d'ampiezza rappresentabile in un sistema viene raggiunto in questo caso prima nel campo positivo, e il suono non può essere ulteriormente aumentato in ampiezza, pena la distorsione (lo stesso problema si ha se il suono ha un *DC offset* negativo). Un suono con *DC offset* influenza (e quindi decentra) anche il suono risultante da un missaggio con un suono senza *DC offset*. Si possono creare altri problemi a seconda del trattamento del suono con *DC offset*: nel caso di *delay* digitale con *feedback* (o di altri algoritmi basati su *feedback-delay*), ad esempio, se mandiamo in ingresso un suono con *DC offset*, il *DC offset* stesso tende ad accumularsi ogni volta che passa attraverso il circuito digitale, come vedremo nel par. 6.2.

La soluzione per eliminare questo inconveniente è quella di applicare un filtro passa-alto a 5-10 Hz, cioè in una zona sub-audio, cioè filtrare tutte quelle componenti a bassissima frequenza (da 0 Hz a 5-10 Hz). Applicando un filtro passa-alto a tali frequenze non si creano mutamenti nella zona percepibile del suono, ma si risolve il fastidioso problema di un suono non centrato intorno allo zero.[6]

---

[6] C'è da notare che anche una forma d'onda centrata rispetto allo 0, ma le cui aree positiva e negativa siano diverse, contiene un *DC offset* (ad esempio un'onda quadra con *duty cycle* diverso da 0.5), ma essendo centrata rispetto allo 0 non genera i problemi di cui abbiamo parlato.

5.4 SEGMENTAZIONE DI SUONI CAMPIONATI: TECNICA DEI BLOCCHI E SLICING

TECNICA DEI BLOCCHI (BLOCKS TECHNIQUE)

La **blocks technique** non è, in senso stretto, né una tecnica di sintesi né una tecnica di elaborazione del suono. Si tratta di una tecnica compositiva basata sul controllo dei *cue*, o punti di lettura di un file campionato. Questa tecnica è stata elaborata nel 1994 a Vancouver da Alessandro Cipriani utilizzando la possibilità di controllo dell'auto-incremento dei *loop*[7] implementata da Barry Truax sul sistema PODX[8]. Successivamente Cipriani ha sviluppato ulteriormente questa tecnica presso Edison Studio su Csound ed altri sistemi[9]. La tecnica dei blocchi è un sistema compositivo di frammentazione e ricomposizione basato su una quadruplice modalità di lettura di un qualsiasi suono campionato e sulla successiva costruzione di una polifonia di frammenti a partire da uno stesso suono.

L'idea è quella di suddividere un file audio in **blocchi**, cioè porzioni di suono che possono avere durate da un decimo di secondo a tre secondi. Il file viene letto, o meglio suonato, seguendo una partitura che indica quali blocchi suonare, in quale ordine e direzione, e quando.

Proviamo a fare qualche esempio, prendendo come base un file di canto gregoriano (Angelus Domini)[10]. Il testo del file che ascoltiamo è "sicut dixit alleluia".

· ·

ESEMPIO SONORO 5I.1 - *Frammento di canto gregoriano*

· ·

1) O+I   direzione blocchi originale + incremento del *cue*
Possiamo leggere il file in modo "originale", cioè dall'inizio fino alla fine, leggendone un blocco di 1.3 secondi per volta e facendo incrementare il *cue* d'inizio ad ogni blocco ("Sicu-Sicut-Sicut/D-Sicut/Di-icut/Di-icut/Dii-Dii-ii-iix-ixi-xii-iit-itA-Al-All-Alle" etc.). Ogni frammento sarà letto in modo "originale" (dal punto di *cue* in avanti per 1.3 secondi), e anche il puntatore del *cue* si muoverà dall'inizio alla fine del file avanzando ogni volta di una porzione di tempo

---

[7] Tecnica per creare un *loop* in cui il valore della posizione del *cue* e/o la durata del *loop* possano essere incrementati ad ogni ripetizione.

[8] Il sistema interattivo per la composizione PODX, su cui è stata implementata per la prima volta la sintesi granulare in tempo reale, è stato elaborato da Barry Truax nel 1985 presso la *Simon Fraser University* di Burnaby (Vancouver, Canada).

[9] Esempi di questa tecnica si trovano diffusamente nei seguenti pezzi di Cipriani: *Recordare, In Memory of a Recorder, Aqua Sapientiae/Angelus Domini, Al Nur (La Luce), Motherless Child, Scène de Naufrage*.

[10] La voce è di Giacomo Baroffio.

minore rispetto alla durata di un blocco (per questo la parte finale del blocco precedente viene ripetuta all'inizio del frammento successivo). In questo primo esempio osserviamo che i blocchi sono letti secondo la direzione originale e il *cue* incrementa.

→	S	I	C	U	T	→	D	I	X	I	T	→	A	L	L	E	L	U	I	A	→
→	→	→	→	→	→	→	→	→	→	→	→	→	→	→	→	→	→	→	→	

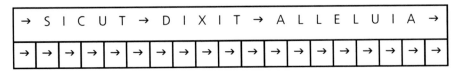

ESEMPIO SONORO 5I.2 - *TECNICA DEI BLOCCHI - Direzione originale con* **incremento del cue**

2) O+D direzione blocchi originale + decremento del *cue*
Facciamo retrocedere il *cue* d'inizio ad ogni blocco, cioè dalla fine verso l'inizio, leggendone stavolta un blocco di 1 secondo per volta in direzione "Originale" cioè dal punto di *cue* in avanti per 1 secondo ("a-aa-aaa-iaa-uia-uui-luu-elu-eee-Alle-it/a-ii-ixit-Di-ii-Di/cut-Sicut"). Diremo perciò che la direzione di lettura dei blocchi è originale e che il *cue* decrementa.

←	S	I	C	U	T	←	D	I	X	I	T	←	A	L	L	E	L	U	I	A	←
→	→	→	→	→	→	→	→	→	→	→	→	→	→	→	→	→	→	→	→	

ESEMPIO SONORO 5I.3 - *TECNICA DEI BLOCCHI - Direzione originale con* **decremento del cue**

3) R+I   direzione retrograda + incremento del cue
Possiamo leggere un blocco di 1 secondo per volta incrementando il *cue* d'inizio ad ogni frammento. I blocchi (della durata di un secondo) vengono però letti in modo retrogrado cioè dall'ultimo campione del blocco indietro verso il punto di *cue*. ("uciS – tuciS - D/tuciS - iD/tuci - iiD/tuci – iiD – ii – xii – ixi – iix – iii – tii - A/ti – laA – llA – ellA – ell – eel - eee" etc.). Diremo perciò che la direzione di lettura dei blocchi è retrograda e il *cue* incrementa.

→	S	I	C	U	T	→	D	I	X	I	T	→	A	L	L	E	L	U	I	A	→
←	←	←	←	←	←	←	←	←	←	←	←	←	←	←	←	←	←	←	←	

ESEMPIO SONORO 5I.4 - *TECNICA DEI BLOCCHI* - *Direzione retrograda* con incremento del cue

· ·

4) R+D direzione blocchi retrograda + decremento del *cue*
Facciamo retrocedere il *cue* d'inizio ad ogni blocco, cioè dalla fine verso l'inizio, leggendone anche i blocchi di 1.3 secondi in modo retrogrado ("eee – eel – ell – ellA - llA - laA - A/ti – tii – iii – iix – ixi – xii – ii – iiD - iiD/tuci - iD/tuci - D/ tuciS – tuciS – uciS").

←	S I C U T	←	D I X I T	←	A L L E L U I A	←

←	←	←	←	←	←	←	←	←	←	←	←	←	←	←	←	←	←	←	←

· ·

ESEMPIO SONORO 5I.5 - *TECNICA DEI BLOCCHI* - *Direzione retrograda* con decremento del cue

· ·

Questa tecnica offre la possibilità di esplorare il timbro di un suono mediante il ritmo, o meglio di pensare il ritmo come ristrutturazione temporale della variazione timbrica interna a uno stesso oggetto sonoro. La tecnica dei blocchi "confina", in un certo senso, con la tecnica della granulazione (di cui parleremo nel terzo volume). Senza ovviamente entrare nei dettagli, accenniamo brevemente al fatto che i "grani", che sono gli elementi costitutivi della tecnica della granulazione, hanno caratteristiche simili a quelle dei blocchi appena descritti, ma hanno di solito una durata molto minore (non durano quasi mai più di 100 ms., mentre i blocchi come abbiamo visto hanno una durata maggiore): scopo della granulazione è creare delle sonorità complesse sommando e variando nel tempo una moltitudine di grani che si fondono nel nuovo suono. Quando i blocchi si susseguono l'uno all'altro senza pausa, e quando si diminuisce la durata dei blocchi stessi al di sotto di un certo limite, infatti, la scansione diventa così veloce che non si percepisce più un ritmo fatto da diversi eventi, ma piuttosto una sensazione di "rugosità" di un suono unico in cui il ritmo interno è così rapido che ci è impossibile identificarlo in quanto tale. Non ci sono limiti precisi, ma in genere un suono "granulato" smette di essere considerato tale quando ne percepiamo chiaramente (e ne possiamo riprodurre manualmente) il ritmo di generazione interno. Nel prossimo esempio ascoltiamo un blocco di suono ripetuto abbreviando sempre più la sua durata finché la sua ripetizione non genera più una sensazione di ritmo ma si trasforma in una caratteristica timbrica del suono[11].

---

[11] Stockhausen aveva diffusamente parlato di questo passaggio dal ritmo al timbro già nel 1961, e sperimentato concretamente in *Kontakte* (cfr. AA.VV. 1976, pp.150-165).

Come possiamo osservare, c'è una zona di confine non netta, intorno agli 80-100 msec. in cui i suoni perdono la loro separazione e si comincia ad ascoltare una sola fascia sonora con caratteristiche granulari. È in quella zona che i blocchi diventano "grani". Dobbiamo però considerare che la perdita della percezione del ritmo si può verificare anche usando la tecnica dei blocchi. In questo caso, pur mantenendo la durata dei blocchi superiore ai 100 msec., si può avere un ritmo di scansione dei blocchi molto alto, in pratica ci può essere una sovrapposizione di molti blocchi allo stesso tempo, se il *delay* fra un blocco e il successivo è molto breve. L'effetto che si ottiene è comunque diverso da quello della granulazione, come vedremo nel par. 5.4 della parte pratica. La caratteristica fondamentale della tecnica dei blocchi è la progressione della posizione del puntatore al file ovvero le modalità con cui incrementa o decrementa sul file il *cue* alla lettura di ogni frammento. Nei casi in cui il *cue* è fermo oppure si sposta secondo parametri casuali, non stiamo seguendo più la strutturazione secondo i 4 metodi di lettura (originale o *reverse*), e dunque stiamo operando con altre tecniche confinanti con la *blocks technique*.

∙∙

ESEMPIO INTERATTIVO 5I.6 - *Blocchi in progressiva diminuzione della durata*

∙∙

La tecnica dei blocchi ha diversi parametri (che ritroveremo anche nella trattazione della granulazione):

Durata = la durata di ogni blocco in msec.

∙∙

ESEMPIO INTERATTIVO 5I.7 - *Diverse durate dei blocchi*

∙∙

Inviluppo = ad ogni frammento deve essere imposto un inviluppo (che può essere simmetrico o non simmetrico), in modo da non generare suoni indesiderati a causa di attacchi o *decay* troppo brevi.

Puntatore = Progressione della posizione del puntatore al file ovvero le modalità con cui incrementa o decrementa sul file il *cue* alla lettura di ogni frammento. Negli esempi ascoltati lo spostamento del *cue* è *minore* della durata di ogni blocco, perciò la parte finale del blocco precedente viene ripetuta all'inizio del frammento successivo. Se lo spostamento del *cue* è *maggiore* della durata di ogni blocco si percepiranno dei "salti" nella lettura del file. Se il puntatore è fermo si percepisce un normale *loop*, che avrà la durata del blocco. La tecnica dei blocchi è basata invece sullo spostamento controllato e progressivo della posizione del puntatore.

Delay = distanza in msec. fra un frammento suonato e quello successivo. Se è 0 c'è contiguità fra un frammento suonato e quello successivo. Se è minore di 0 avviene una sovrapposizione fra un frammento suonato e quello successivo, se è maggiore di 0 si ha una pausa fra un frammento e quello successivo. Può essere anche espresso come velocità del ritmo di generazione dei blocchi: in questo caso se la scansione del ritmo corrisponde alla durata del blocco c'è contiguità fra un frammento suonato e quello successivo. Se il tempo di scansione è minore della durata di un blocco, avviene una sovrapposizione tra un frammento suonato e quello successivo, se è maggiore si ha una pausa fra un frammento e quello successivo.

• •

ESEMPIO INTERATTIVO 5I.8 - *Diversi valori di* **delay:** *positivo, 0 e negativo*

• •

Variazione random della Durata = È possibile variare in modo casuale la durata di ogni blocco fra un valore 0 (nessuna variazione) e un valore massimo di deviazione dal valore base in millisecondi. Se stabiliamo come massima deviazione (in positivo o negativo) il valore 100, e supponendo che i blocchi hanno una durata base di 500 msec., la durata di ogni blocco potrà variare in modo casuale fra 400 e 600 msec. Per impostare in modo casuale i valori di un parametro in un ambito da noi determinato, possiamo fare uso di un generatore pseudocasuale come oscillatore di controllo a bassa frequenza (LFO, vedi anche cap. 4). L'ampiezza di tale oscillatore varierà in modo casuale fra un minimo di -1 e un massimo di 1 e in uscita da questo LFO avremo valori diversi ad una data frequenza. Sarà nostro compito stabilire il valore del fattore di moltiplicazione di tali valori (nel caso precedente il valore sarà 100).

• •

ESEMPIO INTERATTIVO 5I.9 - *Diversi valori di variazione random della*
durata dei blocchi

• •

Variazione random del Delay = È possibile variare in modo casuale la distanza in msec. fra un frammento suonato e quello successivo esprimendo un valore massimo di deviazione dal valore base in millisecondi. Se stabiliamo come fattore di moltiplicazione dell'ampiezza del generatore pseudocasuale il valore 10, allora la massima deviazione sarà proprio il valore 10 (in positivo o negativo), e supponendo che i blocchi abbiano un delay base di -30 millisecondi, il *delay* di ogni blocco potrà variare in modo casuale fra -20 e -40 msec., di conseguenza il ritmo non sarà più regolare. Se il *delay* è espresso come velocità di generazione dei blocchi, si può avere una variazione *random* di tale velocità.

ESEMPIO INTERATTIVO 5I.10 - *Diversi valori di variazione random del delay*

. . . .

OLTRE LA TECNICA DEI BLOCCHI: POSIZIONE DEL CUE RANDOM O STABILE

Variazione random della posizione del *Cue* = È possibile variare in modo casuale la progressione della posizione del puntatore al file. Data ad esempio una modalità con cui il *cue* incrementa (ad esempio per ogni blocco si sposta sul file di 200 msec.), tale avanzamento non sarà più regolare. Se il valore della variazione *random* del *cue* è di 20 millisecondi, l'avanzamento del *cue* sul file varierà fra 180 msec. e 220 msec. e di conseguenza tale avanzamento non sarà più regolare. Ovviamente ciò è attuabile anche in caso di retrocessione del *cue*. L'esempio è al limite fra la granulazione e la tecnica dei blocchi data la durata molto breve dei blocchi stessi.

. . . .

ESEMPIO INTERATTIVO 5I.11 - *variazione random dell'incremento del cue*

. . . .

Un uso interessante nasce dalla possibilità di interpolare la tecnica del *loop* con quella dei blocchi, fermando cioè il puntatore per alcuni istanti su un punto del file per poi spostarlo fino ad un'altra zona, fermare nuovamente il puntatore per poi spostarlo nuovamente e così via.

. . . .

ESEMPIO SONORO 5I.12 - *Interazione fra la tecnica del loop e quella dei blocchi – da "In Memory of a Recorder" di A.Cipriani*

. . . .

Naturalmente il lavoro compositivo ritmico-timbrico va impostato tenendo conto delle interazioni fra tutti questi parametri e le loro sovrapposizioni. In sostanza, partendo da pochi suoni base o anche da un solo file audio è possibile costruire un pezzo, esplorando, attraverso la dialettica fra ripetizione e variazione ritmico-timbrica, il suono al suo interno.

Un caso particolare, in cui non c'è più una progressione del puntatore in una direzione definita, è quello in cui si pone il puntatore fermo al centro del file. Ad esempio, se il file dura 6 secondi, si pone il puntatore fisso a 3 secondi e si fa variare in modo *random* la posizione fra + 3 e - 3 in modo da far saltare ad ogni blocco la posizione del puntatore in qualunque punto del file[12]. In questo senso l'oscillatore di controllo avrà la funzione di spostare continuamente in modo casuale il punto d'inizio di lettura (o *cue*) del suono campionato.

· ·

ESEMPIO INTERATTIVO 5I.13 - *Diversi valori di variazione random del* **cue** *fisso*

ESEMPIO SONORO 5I.14 – *da A.Cipriani "Scène de Naufrage" voce elaborata mediante Blocks Technique*

· ·

SLICING

Lo *slicing* (che descriveremo fra breve) è una tecnica molto utilizzata nella *dance music* e in altre forme di musica basata sul ritmo. Sono state approfondite diverse tecniche ugualmente chiamate "slicing". Ne possiamo distinguere due.

BEAT SLICING

La prima è denominata **beat slicing**. Con il *beat slicer* si può tagliare un file audio continuo preregistrato, in genere di tipo percussivo-ritmico, in diversi blocchi (normalmente di numero pari e di uguale durata) e cambiarne l'ordine, il delay fra un blocco e un altro (spaziandoli in modi diversi e quindi rallentandone o accelerandone il ritmo), il verso di lettura, il *pitch* e il filtraggio dei singoli blocchi. Ne risulta la possibilità di fare variazioni sul ritmo fino ad arrivare a ri-arrangiarlo completamente.
Parlando del *beat slicing* normalmente si pensa che solo alcuni tipi di materiali sonori siano adatti a tale tecnica. In realtà può rivelarsi interessante utilizzare queste tecniche in modi e con materiali diversi dai soliti, e aprire possibilità diverse. Un uso tradizionale può essere quello di applicare il *beat slicer* ad una sequenza di batteria, facilmente segmentabile.

· ·

ESEMPIO INTERATTIVO 5J.1 - *Sequenza ritmica di batteria sottoposta a* *beat slicer con uso di reverse, filtri, ordine dei blocchi etc.*

· ·

Lo stesso effetto può essere utilizzato con un materiale di per sé non basato sul ritmo

---

[12] In realtà, come vedremo nella parte pratica, si deve valutare la durata massima dei blocchi e porre il puntatore alla metà del file meno il valore di durata del blocco altrimenti si rischia in alcuni istanti che il puntatore vada a posizionarsi (durante la lettura di un blocco) oltre la fine del file stesso. Il risultato di tale sottrazione costituirà anche il valore della variazione *random*.

ESEMPIO INTERATTIVO 5J.2 - *Frammento di canto gregoriano sottoposto a beat slicer con uso di reverse, filtri, ordine dei blocchi etc.*

• •

Come abbiamo sentito, è possibile anche ripetere uno stesso frammento più volte: questo effetto è chiamato **stuttering** (cioè balbettìo).

Negli esempi mostrati la suddivisione del file in blocchi è avvenuta semplicemente mediante una divisione matematica di un file audio in 8 frammenti uguali. Normalmente però nei *beat slicers* c'è la possibilità di adoperare un sistema di *beat detection* basato su soglie di ampiezza, che nel caso di un ritmo di batteria, può aggiustare la sensibilità fino a che il programma distingua i picchi d'ampiezza rilevanti da quelli che non vogliamo considerare. Tramite questo sistema di *beat detection* si può suddividere i frammenti del file non in base ad una mera operazione di suddivisione in blocchi uguali, ma seguendo le variazioni di tempo insite nel file originario. Con questo sistema è possibile seguire anche le piccole imprecisioni che eventualmente il batterista può avere realizzato. In questo modo l'inizio di ogni *beat* rilevante viene preso anche come inizio di un nuovo blocco di suono. Quando la suddivisione è operata invece in parti uguali si rischia di trovarsi a dividere in due porzioni uno stesso suono fra la parte di attacco e quella di estinzione, se quel suono è iniziato poco prima del punto di suddivisione.

La tecnica di *beat detection* naturalmente sarebbe pressoché inutilizzabile con un suono di canto gregoriano, ma ci sono molte possibilità di elaborazione con il *beat slicer* che non sono ancora state esplorate.

LIVE SLICING

La seconda tecnica viene normalmente chiamata semplicemente **slicing**, o **gate sequencer**. Già le differenze nel nome ci fanno capire che si tratta di una tecnica mista, non riconducibile a semplici organizzazioni dei suoni campionati. Alcune case produttrici di hardware hanno creato uno "slicer" che è utilizzabile con segnale in ingresso in tempo reale. Invece che tagliare il suono in blocchi il segnale in entrata nello *slicer* viene sottoposto in tempo reale ad inviluppi ritmici regolari, basati su LFO la cui frequenza è sincronizzabile con altre macchine via MIDI. Applicando filtraggi diversi (anch'essi sincronizzati) ai singoli frammenti si possono creare sequenze ritmiche con accenti determinati dalle variazioni dei filtri e dalle variazioni di *pitch*.

Per la complessità degli elementi coinvolti e per lo specifico uso del *gate*, parleremo di questa tecnica nel cap.7, dedicato ai processori di dinamica.

5.5 MANIPOLAZIONE DEL PITCH NEI SUONI CAMPIONATI: AUDIO SCRUBBING

L'**audio scrubbing** consiste nel trascinare il puntatore di lettura sulla forma d'onda di un suono per ascoltarne delle sezioni o dei punti precisi. La velocità di lettura non è standard ma in genere dipende dalla velocità con cui si muove il cursore sulla forma d'onda. È possibile leggere la parte di suono desiderato sia in direzione normale sia in reverse. Uno degli utilizzi più noti dello *scrubbing* è quello di trovare in un file audio una particolare zona e identificarne precisamente l'inizio, la fine o un particolare punto, come ad esempio un click da eliminare.

· ·

ESEMPIO INTERATTIVO 5K.1 - *Utilizzo tradizionale dello scrubber.*
Trovate il click nel file audio trascinando il mouse sulla forma d'onda

· ·

Come molte delle applicazioni che abbiamo finora descritto, anche lo *scrubber* può essere utilizzato per scopi di tipo creativo: uno degli esempi è quello descritto nell'esempio sonoro 5K.2, in cui si utilizzano i glissati dovuti alla velocità con cui manualmente si scorre il cursore sul suono.

· ·

ESEMPIO SONORO 5K.2 - *Utilizzo creativo dello scrubber.*

· ·

Un altro esempio più complesso è quello del **random scrubber**, descritto nel par. 5.5P, in cui il punto di partenza e/o la durata delle porzioni di file audio lette dallo *scrubber* non sono scelte manualmente ma organizzate secondo valori casuali compresi fra un minimo e un massimo scelti dall'utente.

VERIFICA • TEST A RISPOSTE BREVI (max 30 parole)

1) Come si definisce un suono rappresentato da una variazione di tensione elettrica?
2) In che senso il processo di quantizzazione può dar luogo ad errori?
3) Quali sono i parametri importanti per la definizione del suono, in termini di frequenza e di ampiezza?
4) Che cosa succede quando la frequenza di un suono che vogliamo convertire è superiore alla metà della frequenza di campionamento?
5) In quale situazione si può ottenere un doppio *foldover*?
6) Cosa può avvenire in caso di errori di temporizzazione in relazione al segnale di *clock*?
7) Quali sono le caratteristiche audio fondamentali per valutare la qualità di una scheda audio?
8) Per quale motivo si usano frequenze di campionamento superiori ai 48.000Hz?

· ·

VERIFICA • ATTIVITÀ DI ASCOLTO E ANALISI

Esempio sonoro AA5.1
Nei suoni dell'esempio sonoro AA5.1, in quale dei due si ha una diminuzione di frequenza di campionamento e in quale una decimazione?

Esempio sonoro AA5.2
Che effetto è stato utilizzato nel suono di voce dell'esempio AA5.2?

Esempio sonoro AA5.3
Che effetto è stato utilizzato nel suono di voce dell'esempio AA5.3?

Esempio sonoro AA5.4
Che effetto è stato utilizzato nel suono di voce dell'esempio AA5.4?

Esempio sonoro AA5.5
Che effetto è stato utilizzato nel suono di voce dell'esempio AA5.5?

GLOSSARIO

Alias
Immagini multiple dello spettro fondamentale, contenute nel segnale digitale convertito in analogico. Si tratta di "ripetizioni" dello spettro a frequenze più alte.

Auto-Increment Loop
Tecnica per creare un *loop* in cui il valore della posizione del *cue* e/o la durata del *loop* possono essere incrementati ad ogni ripetizione.

Bit reduction
Ri-quantizzazione di un suono effettuato utilizzando un numero di bit più basso.

Compressione dei dati
Un'operazione in grado di ridurre una certa quantità di dati di un file. Esistono due sistemi di compressione dei dati: non distruttiva (*lossless*) e distruttiva (*lossy*, es. MP3).

Distorsione
Alterazione di un segnale dovuta al mutamento della sua forma d'onda con introduzione di componenti non presenti nel segnale originale (*distorsione armonica*), oppure alla diversa risposta alle frequenze (*distorsione spettrale*).

Dithering
Per mascherare il rumore di quantizzazione, si aggiunge al segnale una piccola quantità di rumore a larga banda (detto *dither*), di ampiezza uguale a quella del bit meno significativo.

Errore di quantizzazione
Approssimazione del segnale all'ampiezza discreta più vicina, con conseguente generazione di un "rumore di quantizzazione".

Filtro anti-aliasing
Speciale filtro passa-basso analogico mediante il quale si rimuovono le immagini multiple dello spettro (alias).

Foldover
Effetto di "ripiegamento a specchio" delle frequenze superiori alla frequenza di Nyquist e delle frequenze inferiori a 0 Hz, cioè con il segno meno (-).

Frequenza di Nyquist
La metà della frequenza di campionamento in un sistema digitale. Per poter essere correttamente campionata in un sistema digitale la massima frequenza presente in un segnale deve essere inferiore alla frequenza di Nyquist.

Gamma dinamica
Rapporto fra l'ampiezza massima e l'ampiezza minima che è possibile rappresentare in un dato sistema numerico Nei sistemi analogici la gamma dinamica è uguale al rapporto Segnale/Rumore, cioè fra il segnale massimo e il segnale minimo distinguibile (cioè il rumore di fondo).

Protocollo
Un insieme di norme riguardanti la trasmissione e la ricezione di dati (es. MIDI).

Quantizzazione
Processo mediante il quale le ampiezze istantanee del segnale analogico in entrata vengono trasformate in una serie di valori discreti di tensione.

Rapporto segnale-rumore
Indica il rapporto tra le ampiezze del segnale entrante e quelle del rumore di fondo.

Ricevitore
Un'apparecchiatura in grado di ricevere segnali.

Rumore di quantizzazione
Suono introdotto dall'errore di quantizzazione, dato dal fatto che i numeri
binari che rappresentano l'ampiezza
sono formati da un numero finito di
bit e quindi soggetti ad approssimazioni.

Trasmettitore
Un'apparecchiatura in grado di trasmettere segnali.

5P
AUDIO DIGITALE E SUONI CAMPIONATI

5.1 IL SUONO DIGITALE
5.2 QUANTIZZAZIONE E DECIMAZIONE
5.3 USO DEI SUONI CAMPIONATI: IL CAMPIONATORE E TECNICA DEL LOOPING
5.4 SEGMENTAZIONE DI SUONI CAMPIONATI: TECNICA DEI BLOCCHI E SLICING
5.5 MANIPOLAZIONE DEL PITCH NEI SUONI CAMPIONATI: AUDIO SCRUBBING

CONTRATTO FORMATIVO

PREREQUISITI PER IL CAPITOLO
• CONTENUTI DEL VOLUME 1 (TEORIA E PRATICA) E DEL CAPITOLO 5 (TEORIA)

OBIETTIVI
ABILITÀ
• SAPER GESTIRE LE IMPOSTAZIONI GLOBALI DELL'AUDIO DI MSP
• SAPER REGISTRARE UN SUONO
• SAPER UTILIZZARE SUONI CAMPIONATI E MODIFICARNE AMPIEZZA, FREQUENZA E NUMERO DI BIT
• SAPER GESTIRE LA LETTURA DI UN SUONO IN REVERSE
• SAPER GESTIRE CREATIVAMENTE I LOOP DI SUONI CAMPIONATI
• SAPER IMPORTARE IN UNA TABELLA UN SUONO CAMPIONATO E SERVIRSI DI TALE TABELLA PER LA GENERAZIONE DEL SUONO
• SAPER GESTIRE CREATIVAMENTE LA DECIMAZIONE DI UN SUONO

COMPETENZE
• SAPER REALIZZARE UN BREVE STUDIO BASATO SULL'USO DI SUONI CAMPIONATI, CON UTILIZZO DI LOOP, REVERSE, DIVERSI PUNTI DI INIZIO DELLA LETTURA DEI FILE, INVILUPPI E GLISSANDI DEI SUONI CAMPIONATI ETC.

ATTIVITÀ
• COSTRUZIONE E MODIFICHE DI ALGORITMI

SUSSIDI DIDATTICI
• LISTA OGGETTI MAX - LISTA ATTRIBUTI E MESSAGGI PER OGGETTI MAX SPECIFICI - GLOSSARIO

5.1 IL SUONO DIGITALE

IMPOSTAZIONI GLOBALI DELL'AUDIO IN MSP

Per gestire le impostazioni globali dell'audio e scegliere la scheda audio con cui MSP deve comunicare ci si può servire della finestra *Audio Status*[1] che si trova nel menù *Options* (fig. 5.1).

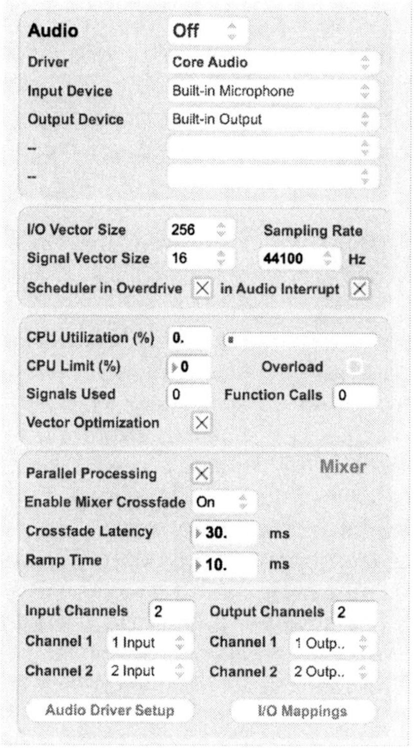

Audio	Off
Driver	Core Audio
Input Device	Built-in Microphone
Output Device	Built-in Output
--	
--	

I/O Vector Size	256	Sampling Rate	
Signal Vector Size	16	44100	Hz
Scheduler in Overdrive	X	in Audio Interrupt	X

CPU Utilization (%)	0.		
CPU Limit (%)	▸0	Overload	
Signals Used	0	Function Calls	0
Vector Optimization	X		

Mixer

Parallel Processing	X	
Enable Mixer Crossfade	On	
Crossfade Latency	▸30.	ms
Ramp Time	▸10.	ms

Input Channels	2	Output Channels	2
Channel 1	1 Input	Channel 1	1 Outp..
Channel 2	2 Input	Channel 2	2 Outp..

Audio Driver Setup   I/O Mappings

fig. 5.1: la finestra *Audio Status*

Vedremo ora le caratteristiche principali di questa importante finestra. Non è necessario memorizzare tutte le informazioni che riportiamo qui di seguito, potrete ritornare a questo paragrafo ogni volta che avrete bisogno di informazioni sulla finestra *Audio Status*.

La finestra è divisa in cinque riquadri ciascuno dei quali contiene un gruppo di parametri. Il primo riquadro riguarda in particolare la scheda audio, vediamone i parametri principali:

Audio: qui si può avviare o fermare il "motore" DSP (svolge la stessa funzione dei messaggi "start" e "stop" inviati all'oggetto adc~ o dac~)

---

[1] Questo nome è adottato a partire dalla versione 6 di Max, nelle versioni precedenti questa finestra si chiamava *Dsp Status*.

Driver: scelta dell'*audio driver* utilizzato da MSP. Qui si può scegliere il *driver* di una scheda audio presente nel computer (in figura vediamo che è stato scelto il *driver* "*CoreAudio*" di un computer Macintosh), o selezionare la voce "ad_rewire" per inviare il segnale ad un'applicazione compatibile con il protocollo *ReWire*[2]. Si può anche selezionare l'opzione "NonRealTime" per generare un segnale non in tempo reale, molto utile se l'algoritmo di generazione è troppo complesso per poter essere gestito in tempo reale dal computer; il segnale naturalmente andrà salvato su disco e potrà essere ascoltato alla fine dell'elaborazione. Infine, selezionando l'opzione "Live" i possessori di Max For Live[3] possono mandare direttamente il segnale al programma Ableton Live.

Input Device, Output Device: questi due parametri permettono di specificare i dispositivi di ingresso e di uscita. Le loro funzioni dipendono dal tipo di *driver* e schede audio utilizzate.

Il secondo riquadro ci permette di regolare il rapporto tra efficienza e latenza nell'elaborazione audio e di impostare la precisione temporale dei messaggi Max:

I/O Vector Size: il segnale non passa da MSP alla scheda audio un campione alla volta, ma a gruppi, o vettori. La dimensione in campioni del vettore input/output può essere impostata qui. Più il vettore è piccolo, minore è la latenza (il ritardo) tra l'input e l'output. D'altra parte l'elaborazione di ogni vettore ha un certo costo computazionale; ciò significa che utilizzando un *vector size* molto piccolo si incrementerà la percentuale di CPU necessaria rispetto a un *vector size* grande, in quanto dovranno essere calcolati più vettori al secondo. Come se non bastasse anche un vettore troppo grande può creare dei problemi, in quanto MSP potrebbe non riuscire a calcolarlo tutto nel tempo a disposizione e questo può generare dei clic all'uscita audio. Si consiglia una regolazione non superiore a 256 campioni, ma il *range* dei valori possibili dipende dalla scheda audio (alcune schede potrebbero ad esempio avere un I/O delay minimo di 512)..

Signal Vector Size: questo parametro indica il numero di campioni che la *patch* MSP elabora in una volta. Anche in questo caso più grande è il vettore, minore è il costo computazionale. A differenza dell'altro vettore questo non ha nessuna influenza diretta sulla latenza, e non può essere impostato a valori superiori a quelli dell'*I/O Vector Size*. Per certi oggetti (che vedremo al momento opportuno) può essere comunque utile impostare valori bassi. Si consiglia una regolazione compresa tra 16 e 128 campioni.

Sampling Rate: qui possiamo impostare la frequenza di campionamento. Le frequenze disponibili variano da scheda a scheda.

Scheduler in Overdrive: questa opzione è impostabile anche tramite il menù *Options*. Quando Max è in *overdrive* dà la priorità agli eventi temporizzati

---

[2] Per il protocollo *ReWire* vedi http://www.propellerheads.se.
[3] Parleremo di Max For Live alla fine di questo volume.

(come ad esempio i *bang* prodotti da `metro`) e ai messaggi MIDI che riceve, rispetto ad altri compiti secondari come aggiornare l'aspetto grafico della *patch* o rispondere all'input del mouse o della tastiera del computer. Questo significa che Max sarà ritmicamente molto più preciso, ma rischia di non rispondere più ai comandi da tastiera o al mouse se i dati temporizzati che deve gestire sono troppi. I segnali MSP hanno comunque sempre la priorità sui messaggi Max.

in Audio Interrupt: questa opzione è disponibile solo quando Max è in modalità *overdrive*. Quando è impostata fa sì che gli eventi temporizzati vengano prodotti immediatamente prima del calcolo di ogni *Signal Vector*. Questo permette di sincronizzare in modo molto più preciso l'audio con i messaggi Max[4]. In questo caso bisogna però scegliere un *Signal Vector Size* abbastanza piccolo (meno di 64 campioni) altrimenti i messaggi Max rischiano di essere prodotti a tempi sensibilmente differenti da quelli attesi; questo avviene perché Max deve "aspettare" che MSP produca il suo *Signal Vector* prima di poter generare il messaggio temporizzato. Se il *Signal Vector* fosse, poniamo, lungo 1024 campioni e la frequenza di campionamento fosse di 44100 Hz, i vettori verrebbero calcolati ogni 23 millisecondi circa, e una sequenza di eventi Max verrebbe riprodotta a "scatti" successivi di 23 millisecondi. Con un *Signal Vector* di 16 campioni invece l'intervallo tra due vettori è meno di mezzo millisecondo, e ciò rende i piccoli ritardi che Max comunque potrebbe avere assolutamente impercettibili.

Il terzo riquadro presenta informazioni utili sull'elaborazione del segnale in corso:

CPU Utilization: indica in che percentuale MSP tiene occupato il processore del computer per svolgere l'algoritmo della *patch* attiva. Ovviamente una stessa *patch* necessiterà di percentuali diverse su computer di diversa potenza. Quando una *patch* richiede una percentuale pari o superiore al 95%, il computer diventa difficile da gestire e risponde lentamente ai comandi: si tratta quindi di un parametro da tenere d'occhio.

CPU Limit: qui è possibile impostare la percentuale di CPU che MSP può utilizzare (il valore pari a zero equivale a "nessun limite"). Può essere utile per evitare che il programma si "impossessi" di tutte le risorse.

Signals Used: è il numero di *buffer* interni utilizzati per connettere gli oggetti MSP della *patch* attiva.

Function Calls: dà una stima approssimativa di quanti calcoli sono necessari per generare un campione nella *patch* attiva. Notate che più basso è il valore di questi ultimi due campi e maggiore è l'efficienza della *patch*.

---

[4] Questa opzione è molto utile in *patch* in cui i messaggi Max attivano la produzione di suoni MSP come ad esempio nella *patch* **IB_04_sequenza.maxpat** di cui abbiamo parlato nell'Interludio B del primo volume: vi consigliamo di tenerla attivata anche per le *patch* che illustreremo nei paragrafi successivi di questo capitolo.

Il quarto riquadro (presente a partire dalla versione 6 di Max), permette di configurare i parametri del *Mixer Engine*, il sistema che gestisce l'elaborazione del segnale nelle *patch* di Max.

Prima di Max 6, tutta l'elaborazione del segnale avveniva all'interno di un singolo processo o "catena DSP" (*DSP chain*) anche in presenza di più *patch* attive contemporaneamente. Questo comportava, ad esempio, l'interruzione dell'audio globale ogni volta che veniva modificata una *patch*, perché la *DSP chain* doveva essere ricostruita. A partire da Max 6 abbiamo una distinta *DSP chain* per ogni processo attivo, e questo ci permette di lavorare ad una *patch* senza che venga interrotto l'audio delle altre.

Vediamo i parametri del *Mixer Engine*:

Parallel Processing: questo parametro ci permette, nei sistemi multiprocessore, di affidare ciascuna *DSP chain* ad un diverso processore.

Enable Mixer Crossfade: quando si modifica una *patch* attiva (cioè che produce suono) è possibile fare una dissolvenza incrociata tra il suono prodotto dalla *patch* prima della modifica e quello prodotto dopo la modifica. Naturalmente durante la dissolvenza incrociata il consumo della CPU è doppio, in quanto ci sono due copie della *patch* contemporaneamente attive. Questo parametro può essere "spento" (Off), "acceso" (On) o automatico (Auto), in quest'ultimo caso il *crossfade* si attiva solo in fase di *edit* della *patch*.

Crossfade Latency: il tempo impostato con questo parametro serve a ricostruire la nuova *DSP chain* dopo una modifica e a realizzare la successiva dissolvenza incrociata. Se il tempo impostato è minore del tempo necessario per ricostruire la *DSP chain* o il *crossfade* non è abilitato, si ha un *fade out* della vecchia *patch* e un successivo *fade in* della nuova.

Ramp Time: l'effettivo tempo di dissolvenza incrociata. Questo parametro deve avere un valore inferiore a quello di *Crossfade Latency* affinché la dissolvenza incrociata avvenga correttamente.

Oltre che nella finestra *Audio Status*, i parametri del *Mixer Engine* sono impostabili nella finestra delle preferenze di Max, che può essere richiamata dal menù *Max* (sistemi Macintosh) o *Options* (Windows). Inoltre è possibile accedere ad alcuni parametri del *Mixer Engine* facendo clic sull'ultima icona (Mixer) presente nella *Patcher Window Toolbar* visibile nella parte bassa di ogni *Patcher Window*.

Il quinto riquadro ci permette di impostare alcuni importanti parametri utilizzati da MSP e dalla scheda audio per l'elaborazione del segnale:

Input Channels, Output Channels: il numero dei canali in ingresso e in uscita utilizzati dalla scheda.

È inoltre possibile impostare tramite 4 menù i 2 canali di ingresso e i 2 canali di uscita della scheda audio utilizzata. Per impostare gli eventuali altri canali bisogna fare clic sul pulsante "I/O Mappings" in basso a destra.

Il pulsante in basso a sinistra, "Audio Driver Setup", ci permette di accedere alle preferenze della scheda utilizzata.

FOLDOVER

Facendo riferimento al paragrafo 5.1T della parte teorica, vediamo che cosa succede quando portiamo la frequenza di un oscillatore sinusoidale al di sopra della frequenza di Nyquist; ricostruite la *patch* di figura 5.2.

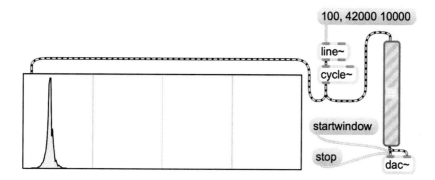

Fig. 5.2: glissando oltre la frequenza di Nyquist

L'oscillatore **cycle~** è connesso all'oggetto **spectroscope~** che come sappiamo ci permette di visualizzare lo spettro di un segnale. Con un clic sul *message box* connesso all'oggetto **line~** eseguiamo un glissando (da 100 a 42000 Hz in 10 secondi) che supera la frequenza di Nyquist.

La frequenza di arrivo indicata in figura (42000 Hz) presuppone una frequenza di campionamento (sr) di 44100 Hz. Se la vostra scheda ha una diversa frequenza (verificatelo nella finestra *Audio Status*) dovreste portare la frequenza di campionamento a 44100 Hz o impostare una diversa frequenza di arrivo: ad esempio per una sr di 48000 Hz l'arrivo dovrebbe essere a circa 46000 Hz, mentre per una sr di 96000 Hz l'arrivo dovrebbe essere a circa 94000 Hz e così via. Eseguendo la *patch* vedremo nello spettroscopio la frequenza della sinusoide che sale fino alla frequenza di Nyquist e poi "rimbalza" all'indietro per fermarsi alla frequenza riflessa di 2100 Hz (in realtà -2100 Hz), che corrisponde alla formula che abbiamo visto nel paragrafo 5.2 della teoria:

fc	**- sr**	**=**	**freq. generata**
42000 Hz	**- 44100**	**=**	**-2100**

Sostituiamo adesso la sinusoide con un oscillatore a dente di sega (fig. 5.3). Come oscillatore usiamo l'oggetto **phasor~** che genera una rampa da 0 a 1, con un paio di semplici operazioni aritmetiche facciamo in modo che generi una rampa da -1 a 1 (come avevamo già fatto nel primo capitolo).

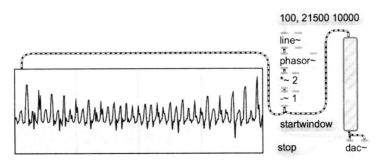

Fig. 5.3: glissando di una forma d'onda non limitata in banda

Abbiamo abbassato la frequenza di arrivo a 21500 Hz perché non è necessario che la fondamentale superi la frequenza di Nyquist, basterà che a farlo siano le armoniche di cui il segnale è ricco (regolate comunque la frequenza di arrivo in relazione alla frequenza di campionamento della vostra scheda). Se attiviamo la *patch* sentiremo una "pioggia" di armoniche che rimbalza sul muro di Nyquist mentre viene eseguito il glissando ascendente; le armoniche riflesse raggiungono rapidamente la frequenza di 0 Hz e rimbalzano nuovamente verso l'alto, per poi tornare ancora verso il basso e così via conferendo un aspetto zigzagante allo spettro del suono che glissa: dopo 10 secondi lo spettro si stabilizza in una configurazione inarmonica.

Lo spettro di questa forma d'onda è ricchissimo di armoniche, essendo una dente di sega molto simile a quella ideale (che contiene, come sappiamo, un numero infinito di componenti). Questo significa che è praticamente impossibile mandare all'uscita un segnale prodotto dall'oggetto **phasor~** senza generare un *foldover*[5]. Si possono eliminare le parziali che superano il valore di Nyquist applicando al generatore non limitato in banda un filtro passa-basso, ad esempio a 20000 Hz? No, perché le parziali riflesse dal *foldover* all'interno della banda riproducibile, sono del tutto indistinguibili da un suono effettivamente generato a quella frequenza, e il filtro arriverebbe solo "dopo" tale riflessione. Ad esempio, presupponendo una frequenza di campionamento di 48000 Hz, se generiamo con un oggetto **phasor~** un'onda a dente di sega non limitata in banda con fondamentale a 10000 Hz abbiamo, per le prime armoniche, la seguente situazione:

Fondamentale: 10000 Hz
II parziale: 20000 Hz
III parziale: 30000 Hz = 24000 - (30000 - 24000) = 18000 Hz
IV parziale: 40000 Hz = 24000 - (40000 - 24000) = 8000 Hz
etc.

La III e IV parziale superano la frequenza di Nyquist e pertanto vengono riflesse rispettivamente alla frequenza di 18000 e 8000 Hz. Questi suoni riflessi sono

---

[5] In realtà, quando la fondamentale ha una frequenza molto bassa, sono solo le armoniche più lontane che superano la frequenza di Nyquist, e queste armoniche, come abbiamo visto nel paragrafo 2.1 della teoria, sono estremamente deboli.

effettivamente a 18000 e 8000 Hz già all'uscita dell'oggetto `phasor~` e un filtraggio a 20000 Hz non avrebbe alcun effetto. Per filtrarli dovremmo utilizzare un filtro passa-basso con frequenza di taglio inferiore agli 8000 Hz, ma in questo modo elimineremmo anche la fondamentale e la seconda parziale! Provate ad esempio ad applicare il filtro passa-basso `vs.butterlp~` alla *patch* di figura 5.3, e potrete rendervi conto che il segnale viene filtrato solo dopo che si è verificato il *foldover*.

Nel paragrafo 2.1 della parte pratica abbiamo visto come, tramite l'oggetto `vs.buf.gen10`, sia possibile generare delle approssimazioni di forme d'onda ideali (come ad esempio quella a dente di sega) che contengano un numero limitato (non infinito) di armoniche. Approssimando, con il metodo illustrato in quel paragrafo, un'onda a dente di sega con 20 armoniche, e supponendo una frequenza di campionamento di 44100 Hz, è possibile generare un'oscillazione fino a circa 1102 Hz senza *foldover* (a 1102 Hz la 20ma armonica si trova a 22040 Hz, poco sotto la frequenza di Nyquist): al di sopra di questo limite le componenti cominceranno a rimbalzare indietro.

Esiste però anche un gruppo di oscillatori *limitati in banda* (che abbiamo già conosciuto nel paragrafo 1.2 della parte pratica), che generano le forme d'onda "classiche" (dente di sega, triangolare e quadrata) e che ci permettono di utilizzare qualsiasi frequenza al di sotto di quella di Nyquist senza provocare *foldover*. In pratica queste forme d'onda non sono scritte in una tabella fissa, ma vengono generate mediante un algoritmo che limita il numero di armoniche in base alla frequenza fondamentale: se questa è, poniamo, di 100 Hz la forma d'onda avrà circa 200 armoniche, se è di 1000 Hz ne avrà circa 20 e così via (consideriamo sempre una frequenza di campionamento di 44100 Hz, per altre frequenze il numero delle componenti varia in relazione).

Proviamo a inserire, nella nostra *patch*, l'oggetto `saw~`, che genera appunto un'onda a dente di sega limitata in banda, al posto del `phasor~` e dei due moduli aritmetici collegati (fig. 5.4).

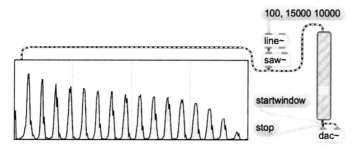

Fig. 5.4: lo spettro di una forma d'onda limitata in banda

Se eseguiamo la *patch* vedremo nello spettroscopio che le armoniche "svaniscono" mano a mano che si avvicinano alla frequenza di Nyquist: alla fine, quando l'oscillatore supera la frequenza di 11025 (un quarto della frequenza di campionamento, la metà di quella di Nyquist) non resta che una singola componente, la fondamentale, perché già la seconda armonica (che è superiore a 11025 * 2, ovvero superiore alla frequenza di Nyquist) genererebbe il *foldover*.

5.2 QUANTIZZAZIONE E DECIMAZIONE

RIDUZIONE DEI BIT, RUMORE DI QUANTIZZAZIONE E DITHERING

All'interno di MSP i campioni sono elaborati come numeri in virgola mobile e, a partire dalla versione 6 di Max, hanno una dimensione di 64 bit. Oltre al bit segno abbiamo 11 bit per il fattore di scala e 52 bit per la parte frazionaria. I livelli di quantizzazione sono quindi 2^{53} (sui concetti di virgola mobile, fattore di scala etc. cfr. il paragrafo 5.2T).
Proviamo ora a vedere come possiamo diminuire i livelli di quantizzazione di un segnale prodotto con MSP: questo ci potrà servire, ad esempio, per produrre quelle sonorità *LO-FI* (a bassa fedeltà) che ormai da tempo hanno acquisito una propria dignità estetica.
Ricreate la *patch* di fig. 5.5.

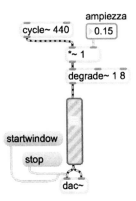

Fig. 5.5: generare un suono a 8 bit

L'oggetto **degrade~** serve a diminuire il numero di bit di un segnale e la sua frequenza di campionamento. Questo oggetto ha 2 argomenti, che possono anche essere variati tramite il secondo e il terzo ingresso: il primo argomento indica il fattore di riduzione della frequenza di campionamento[6] e il secondo la dimensione in bit del segnale. Nel caso in figura abbiamo quindi un segnale a 8 bit, equivalente a 256 livelli di quantizzazione. Quando l'ampiezza del segnale (l'oscillatore sinusoidale) è massima, vengono sfruttati tutti i livelli di quantizzazione disponibili, ma il rumore di quantizzazione è già chiaramente apprezzabile. Se abbassate il *number box* che controlla l'ampiezza e lo portate a 0.15, ad esempio, udrete un effetto molto più pronunciato, perché ora il segnale utilizza una parte minore dei livelli di quantizzazione.

Vediamo ora una *patch* che ci permette di impostare un numero di bit a piacimento e di calcolare i relativi livelli di quantizzazione: aprite il file **05_01_quantizza.maxpat** (fig. 5.6).

---

[6] Il valore 1 indica una frequenza inalterata rispetto alla frequenza della scheda audio: maggiori dettagli più sotto.

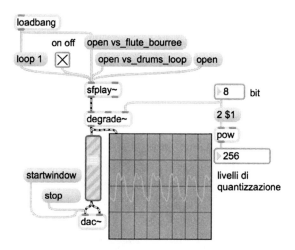

Fig. 5.6: file **05_01_quantizza.maxpat**

Nella parte destra abbiamo l'algoritmo che ci permette di calcolare il numero di livelli di quantizzazione dato il numero di bit. Dal momento che i livelli di quantizzazione sono pari a 2 elevato al numero di bit (sono, in altre parole, potenze di 2), abbiamo utilizzato l'oggetto **pow** che calcola appunto la potenza di un numero. Questo oggetto riceve una lista di due valori: il primo (la base) è un 2 e il secondo (l'esponente) è l'argomento $1 che possiamo variare tra 1 e 24, e che ci permette quindi di calcolare i livelli di quantizzazione tra 1 e 24 bit.

Anche in questo caso per variare il numero di bit del segnale usiamo l'oggetto **degrade~** a cui inviamo il numero di bit desiderato al terzo ingresso.

All'apertura della *patch* l'oggetto **loadbang** attiva 2 *message box* che dicono a **sfplay~** di aprire il file di suono **vs_flute_bourree.wav**[7] e di attivare la modalità *loop*. Per azionare **sfplay~** bisogna fare clic sul **toggle** collegato (dopo aver fatto clic su "startwindow", naturalmente), e a questo punto è possibile modificare il numero di bit e di conseguenza i livelli di quantizzazione. Provate a caricare altri suoni e sentite come vengono "degradati" diminuendo la lunghezza in bit dei campioni: ricordate che ogni volta che caricate un nuovo suono dovete farlo partire riattivando il **toggle**.

Per cercare di migliorare il suono ed eliminare per quanto possibile le distorsioni, simuliamo il *dithering*: caricate il file **05_02_dither.maxpat** (fig. 5.7).

Nella parte destra della *patch* c'è un oggetto **noise~** che produce rumore bianco che viene scalato ad un'ampiezza pari a quella dell'intervallo di quantizzazione. Tramite l'operatore **!/** con argomento "1.", infatti, viene generato un

---

7 Questo file si trova, come gli altri file audio che utilizzeremo, all'interno della libreria Virtual Sound Macros, nella cartella "soundfiles". Notate che non è necessario aggiungere l'estensione del file audio (in questo caso wav). Attenzione però, nel caso in cui ci fossero, nella stessa cartella, due file audio con lo stesso nome ma con un'estensione diversa, Max caricherebbe quello con l'estensione che in ordine alfabetico viene per prima. In altre parole se esistessero due file vs_flute_bourree.wav e vs_flute_bourree.aif verrebbe caricato il file con l'estensione aif.

numero che rappresenta l'ampiezza di un singolo livello di quantizzazione: ad esempio quando, come in figura, i livelli di quantizzazione sono 16, l'ampiezza di un singolo livello è pari a 1/16, ovvero 0.0625. Questa ampiezza serve da fattore di moltiplicazione per il rumore bianco.

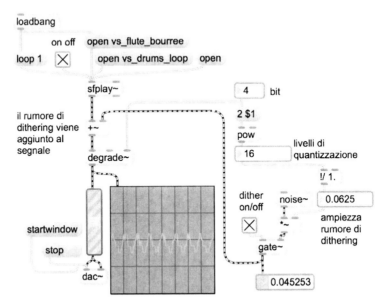

Fig. 5.7: file **05_02_dither.maxpat**

Il rumore così riscalato viene aggiunto al segnale (vedi la parte sinistra della *patch*), e il risultato della somma viene inviato all'oggetto **degrade~**. È possibile attivare e disattivare il *dithering* con il **toggle** in basso a destra: questo **toggle** è collegato ad un oggetto **gate~** che lascia passare il segnale che entra nel suo ingresso destro se nel suo ingresso sinistro entra un 1 o lo blocca se nel suo ingresso sinistro entra uno 0. Quando il numero dei bit è basso (sotto i 12) il rumore aggiunto dal *dithering* è molto presente, ma indubbiamente contribuisce ad eliminare le parziali prodotte dalla distorsione. Provate ad utilizzare il suono di batteria **vs_drums_loop.aif** con un numero di bit molto basso (ad es. 4): nonostante sia molto rumoroso il *dithering* permette di ricostruire il suono di batteria in modo accettabile (soprattutto considerando che si tratta di campioni a 4 bit), mentre escludendolo il suono appare estremamente distorto. Per diminuire il rumore del *dithering* possiamo usare dei filtri; aprite il file **05_03_dither_filter.maxpat** (fig. 5.8).

Qui abbiamo aggiunto un filtro passa-basso con pendenza ripida: la *subpatch* [p lowpass], infatti, contiene un filtro passa-basso di *Butterworth* dell'ottavo ordine. È possibile attivare e disattivare il filtro passa basso tramite l'oggetto **selector~** che abbiamo incontrato la prima volta nel paragrafo 1.2P. Provate a regolare la frequenza di taglio del filtro in modo che elimini il più possibile il rumore introdotto dal *dithering* senza rendere troppo scuro il suono risultante.

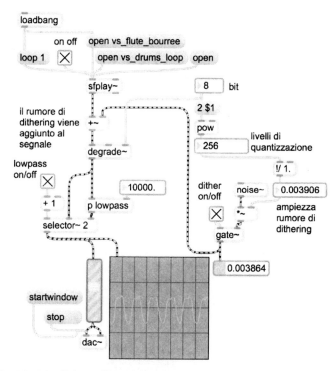

Fig. 5.8 file **05_03_dither_filter.maxpat**

DECIMAZIONE

Come sappiamo la decimazione è il processo per cui si diminuisce la frequenza di campionamento di un suono digitalizzato, e diminuisce di conseguenza la banda di frequenze riproducibili. A cosa può servirci una cosa del genere? Innanzitutto a sperimentare il fenomeno dell'*aliasing* di cui abbiamo parlato nel paragrafo 5.1 della teoria: se riduciamo la frequenza di campionamento di un suono a una metà o ad un quarto della frequenza effettiva della nostra scheda, possiamo sentire (e vedere con `spectroscope~`) le repliche dello spettro che vengono generate, poiché la nostra scheda è in grado di riprodurle. In secondo luogo possiamo continuare gli esperimenti di "degradazione" del suono che abbiamo intrapreso all'inizio di questo paragrafo con la riduzione dei livelli di quantizzazione (riduzione del numero dei bit) dei suoni campionati. Oltre ad un uso creativo della degradazione, queste tecniche ci potranno sempre servire per lavori di *sound design* in cui dobbiamo ricostruire il suono di vecchie apparecchiature digitali (ad esempio i primi telefoni cellulari o gli *home computer* anni '80).

Per sottocampionare un segnale digitale, cioè ridurne il numero di campioni al secondo, dobbiamo tenere alcuni campioni e scartarne altri: ad esempio per ridurre la frequenza di campionamento alla metà dovremmo prendere un campione sì e uno no del suono originale, per ridurla di un quarto dovremmo tenere un campione e scartarne tre, e così via.

Il sottocampionamento può essere realizzato con l'oggetto `degrade~` che abbiamo conosciuto all'inizio di questo paragrafo.

Tramite il suo primo argomento (o inviando un valore al secondo *inlet*) è infatti possibile diminuire la frequenza di campionamento di un segnale in ingresso. Questo valore, denominato *Sampling-Rate Ratio* rappresenta il rapporto tra la frequenza di campionamento e il sottocampionamento effettuato dall'oggetto. Se ad esempio il *Sampling-Rate Ratio* è 0.5 la frequenza di ricampionamento sarà pari alla metà della frequenza di campionamento della scheda audio. Se il valore è 0.25 la frequenza di ricampionamento sarà pari ad un quarto e così via.

Apriamo ora il file **05_04a_downsample_1.maxpat** (fig. 5.9).

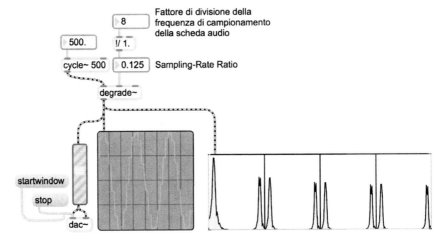

Fig. 5.9: file **05_04a_downsample_1.maxpat**

In figura vediamo che il valore del parametro *Sampling-Rate Ratio* è 0.125: questo significa che il ricampionamento è pari ad 1/8 della frequenza di campionamento della scheda audio. Per semplificare la gestione di questo parametro nella *patch* possiamo impostare un "fattore di divisione della frequenza di campionamento" (è il *number box* in alto al centro nella figura) che viene utilizzato come divisore di 1 dall'oggetto **!/** (che conosciamo dal primo volume). Ad un fattore di divisione 2 corrisponde un *Sampling-Rate Ratio* pari a 0.5 (metà frequenza di campionameto), ad un fattore di divisione 4 un *Sampling-Rate Ratio* pari a 0.25 (un quarto della frequenza di campionamento), e così via.

La parte destra della *patch* ci mostra l'effetto di *aliasing*. Lo spettroscopio (**spectroscope~**) infatti visualizza tutte le frequenze fino a 22050 Hz, corrispondenti alla frequenza di Nyquist, ovvero la metà della frequenza di campionamento che abbiamo impostato a 44100 Hz. Dal momento che la frequenza di ricampionamento dell'oggetto **degrade~** è impostata ad 44100/8 = 5512.5 Hz, la corrispondente frequenza di Nyquist è 5512.5/2 = 2756.25 Hz. La banda audio riproducibile è quindi corrispondente ad un ottavo delle frequenze mostrate dall'oggetto **spectroscope~**, ovvero arriva fino alla metà del primo dei quattro riquadri in cui è suddiviso l'oggetto. Il primo picco visibile nella parte sinistra dello **spectroscope~** corrisponde alla frequenza "reale" prodotta dalla sinusoide a 500 Hz, mentre tutti gli altri valori visibili sono effetto dell'*aliasing*.

Facendo riferimento alla sezione "aliasing e foldover: le cause" nel par. 5.2 della parte teorica, calcoliamo quali sono le frequenze riprodotte dall'*aliasing*.

f	sr	k	f + ksr	freq risultante
500 Hz	5512.5 Hz	0	500 + (0 x 5512.5)	500 Hz
500 Hz	5512.5 Hz	1	500 + (1 x 5512.5)	6012.5 Hz
500 Hz	5512.5 Hz	2	500 + (2 x 5512.5)	11525 Hz
500 Hz	5512.5 Hz	3	500 + (3 x 5512.5)	17037.5 Hz
500 Hz	5512.5 Hz	-1	500 + (-1 x 5512.5)	-5012.5 Hz
500 Hz	5512.5 Hz	-2	500 + (-2 x 5512.5)	-10525 Hz
500 Hz	5512.5 Hz	-3	500 + (-3 x 5512.5)	-16037.5 Hz
500 Hz	5512.5 Hz	-4	500 + (-4 x 5512.5)	-21550 Hz

Notate che i valori di frequenza con il segno invertito vengono comunque mostrati dallo `spectroscope~` nella parte positiva (ovvero alla stessa frequenza senza il segno meno). Il secondo picco visibile alla sinistra della prima riga di suddivisione dello `spectroscope~` corrisponde quindi alla frequenza di -5012.5 Hz, il terzo picco (a destra della prima riga di suddivisione) corrisponde alla frequenza di 6012.5 Hz e così via fino all'ultimo picco che corrisponde alla frequenza di -21550 Hz.

Possiamo vedere come le copie generate dall'*aliasing* siano nella *patch* via via decrescenti in ampiezza: ciò è dovuto al fatto che l'oggetto `degrade~` effettua il *sample and hold* tra un campione e il successivo (per ulteriori dettagli vedi il par. 5.1T, sezione "Conversione Digitale/Analogica")[8]. Nella *patch* di figura 5.9 la frequenza di ricampionamento è pari ad 1/8 della frequenza di campionamento della scheda audio. Questo significa che `degrade~` utilizza il valore di un campione su 8 del segnale che riceve, scartando gli altri 7. La scheda audio però non ha cambiato frequenza di campionamento, e deve comunque produrre 44100 campioni al secondo: è quindi necessario mandare all'uscita dei valori in sostituzione di quelli scartati. Per questo motivo l'oggetto `degrade~` mantiene (*to hold*) il valore del primo campione anche per i successivi 7, creando l'andamento a gradini che vediamo nell'oscilloscopio di figura 5.9.

---

[8] La figura che trovate nel par. 5.1T mostra un decremento di ampiezza molto più marcato rispetto a quello visibile nello `spectroscope~`. Ciò è dovuto al fatto che l'oggetto MSP usa di *default* una scala logaritmica per l'asse delle ampiezze (l'asse delle y), mentre nel par. 5.1T abbiamo usato una scala lineare.

Un campionamento ideale effettuato con impulsi di durata infinitesimale, invece, non comporta alcuna perdita di ampiezza nelle repliche dello spettro. Proviamo a simulare un campionamento ideale ponendo a 0 il valore dei campioni scartati. Per fare ciò, al posto dell'oggetto **degrade~**, possiamo utilizzare un *treno di impulsi*, ovvero un segnale composto da picchi di ampiezza 1 e della durata di un campione che si succedono ad una frequenza data. Ad esempio se la frequenza di campionamento è 44100 Hz, un treno di impulsi della frequenza di 5512.5 Hz (ovvero un ottavo della frequenza di campionamento) sarà costituito da cicli formati da un campione ad ampiezza 1 seguito da 7 campioni ad ampiezza 0. Se noi eseguiamo una moltiplicazione tra questo treno di impulsi e un suono digitale, otteniamo un sottocampionamento del suono pari ad un ottavo della frequenza di campionamento. La moltiplicazione di due segnali digitali, infatti, avviene campione per campione: quando un campione del suono viene moltiplicato per il picco del treno di impulsi (che vale 1) il campione resta invariato (un numero moltiplicato per 1 non cambia), i 7 campioni successivi vengono invece moltiplicati per 0 e vengono quindi azzerati, segue poi un campione che viene moltiplicato per 1 (e quindi "passa" indenne) e altri 7 che vengono azzerati e così via (fig. 5.10).

Fig. 5.10: campionamento di una forma d'onda

L'oggetto che ci permette di generare treni di impulsi è **vs.click~** (un generatore di impulsi non limitato in banda che abbiamo già incontrato al par. 3.9, nel primo volume). Questo oggetto ha due ingressi: uno per la frequenza e uno per la fase, proprio come **cycle~**. Proviamo a creare una piccola *patch* che ci permetta di ascoltare il treno di impulsi generato da **vs.click~** (vedi fig. 5.11).

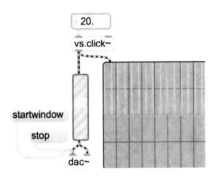

Fig. 5.11: generatore di impulsi non limitato in banda

In figura vediamo che il generatore ha una frequenza di 20 Hz, questo significa che genera 20 impulsi al secondo.

Il file **05_04b_downsample_2.maxpat** contiene una *patch* che realizza il sottocampionamento tramite moltiplicazione del segnale con un treno di impulsi (fig. 5.12).

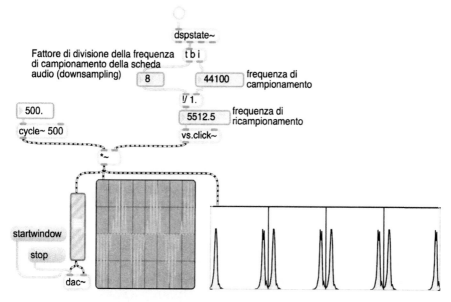

Fig. 5.12: file **05_04b_downsample_2.maxpat**

Diamo innanzitutto un'occhiata alla parte superiore della *patch*: l'oggetto **dspstate~** serve a darci alcune informazioni sul "motore" audio di MSP, in particolare le stesse informazioni che troviamo nel secondo quadrante della finestra *Audio Status* e che abbiamo analizzato nel paragrafo 5.1: *Sampling Rate, I/O Vector Size* e *Signal Vector Size*. Dalla seconda uscita l'oggetto invia la frequenza di campionamento ogni volta che viene avviata la *patch* con un clic su "startwindow".

Questa frequenza viene poi divisa per un fattore di *downsampling* impostabile a piacere tramite un *number box*: otteniamo così una frequenza di ricampionamento che viene utilizzata come frequenza per il generatore di treni di impulsi **vs.click~**. Il treno di impulsi moltiplica il segnale (nel nostro caso l'oscillatore sinusoidale) e di fatto lo ricampiona. Vediamo nell'oscilloscopio che la forma d'onda non è più a gradini, ma presenta degli impulsi la cui ampiezza segue la forma d'onda sinusoidale originale, e possiamo constatare che nello spettroscopio le frequenze generate dall'*aliasing* hanno ora tutte la stessa ampiezza.

Il problema principale del sottocampionamento è l'*aliasing* che genera frequenze che nella maggior parte dei casi non vogliamo sentire; il secondo problema è quello del *foldover* che si verifica quando la frequenza del segnale supera quella di Nyquist. Entrambi i problemi sono risolvibili con dei filtri passa-basso con frequenza di taglio pari alla frequenza di Nyquist[9]: abbiamo però bisogno di un filtro che tagli via completamente le frequenze indesiderate e che abbia la pendenza più ripida possibile (in modo da far passare tutte le frequenze utili e soltanto quelle). Per questo motivo non useremo nessuno dei filtri che abbiamo conosciuto nel capitolo 3, ma un nuovo filtro che si comporta come un "muro" per le frequenze da tagliare: **vs.brickwall~**. Ricostruite la *patch* di fig. 5.13.

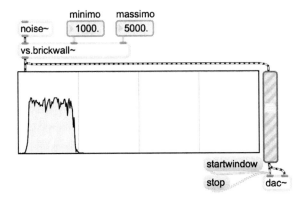

Fig.5.13: il filtro **vs.brickwall~**

Come potete vedere l'oggetto accetta una frequenza minima e una massima e non lascia passare niente al di fuori di queste. In realtà questo oggetto non utilizza gli algoritmi che abbiamo conosciuto nel capitolo 3, ma lavora nel *dominio delle frequenze* tramite la *fast fourier transform*. Di tutto questo comunque ci occuperemo nel terzo volume: non preoccupatevi perciò se questi termini non vi sono chiari, per ora ci "accontenteremo" di poter utilizzare il filtro.
Aprite il file **05_05_downsample_filter.maxpat** (fig. 5.14).

Abbiamo usato due filtri **vs.brickwall~**: il primo subito dopo il segnale in ingresso, per eliminare le frequenze superiori alla nuova frequenza di Nyquist, e il secondo subito dopo il ricampionamento, per eliminare le repliche dello spettro. Il segnale che possiamo utilizzare è un oscillatore con forma d'onda quadrata limitata in banda (**rect~**), oppure un *soundfile* (possiamo selezionare le due sorgenti tramite il **toggle** collegato al **selector~**). Un generatore di note casuali (sulla sinistra) è collegato all'oscillatore.
La frequenza di taglio utilizzata per i due filtri, in realtà, è leggermente inferiore alla nuova frequenza di Nyquist (per essere assolutamente certi di eliminare tutte

---

[9] Naturalmente stiamo parlando della frequenza di Nyquist relativa alla frequenza di ricampionamento. In questo caso le frequenze che possono generare *foldover* devono essere filtrate prima che il segnale venga ricampionato: filtrarle dopo, come sappiamo, non è possibile, perché le componenti hanno già subito la riflessione all'interno della banda di Nyquist. Le frequenze generate dall'*aliasing*, al contrario, vanno filtrate dopo il ricampionamento (come è ovvio, dal momento che prima del ricampionamento non esistevano!)

le frequenze indesiderate), per questo abbiamo diviso la frequenza di ricampionamento per 2.01 invece che per 2. Fate qualche prova per poter "apprezzare"
il suono sottocampionato.

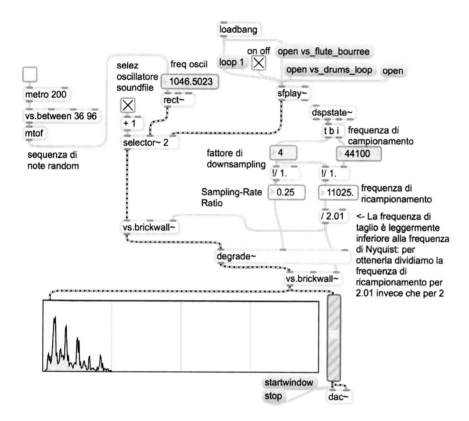

Fig.5.14: file **05_05_downsample_filter.maxpat**

SAMPLE AND HOLD

Oltre all'oggetto `degrade~` c'è un altro oggetto che ci permette di fare il
sample and hold di un segnale in ingresso: `sah~`. Si tratta di un oggetto molto
utile che useremo in questo libro e nel prossimo. Vediamo quindi come funziona: ricostruite la semplice *patch* di fig. 5.14b.

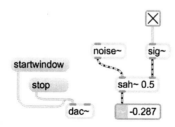

Fig.5.14b: oggetto `sah~`

Notate innanzitutto che questa *patch* non produce alcun suono; usiamo l'oggetto **dac~** semplicemente per avviare il "motore" DSP.

Il nome dell'oggetto non è altro che l'abbreviazione di *sample and hold* e, come abbiamo detto, serve a "campionare e mantenere" il segnale in ingresso.

Ogni volta che attivate il **toggle**, l'oggetto **sah~** campiona il segnale prodotto da **noise~** e lo invia alla propria uscita (collegata all'oggetto **number~**). Questo valore viene mantenuto fino a quando non disattivate e riattivate nuovamente il **toggle** (provate).

Vediamo il meccanismo nel dettaglio: l'oggetto **sah~** riceve due segnali; il segnale da campionare all'ingresso sinistro, e un segnale detto *trigger* all'ingresso destro. L'argomento di **sah~** (0.5 nella *patch* in figura) rappresenta la soglia che il *trigger* deve superare affinché l'oggetto effettui un nuovo campionamento. Attivando e disattivando l'oggetto **toggle** generiamo i valori 0 e 1, che vengono convertiti nel segnale di *trigger* dall'oggetto **sig~** e inviati all'ingresso destro di **sah~**. Quando il *trigger* vale 0 si trova al di sotto della soglia, quando vale 1 supera la soglia e l'oggetto **sah~** effettua un nuovo campionamento.

Con questo oggetto possiamo creare il classico effetto *sample and hold* di generazione di frequenze casuali: ricostruite la *patch* di figura 5.14c.

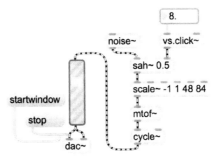

fig. 5.14c: effetto *sample and hold*

In questa *patch* il segnale di *trigger* è costituito dal treno di impulsi prodotto da **vs.click~**; ad ogni impulso viene effettuato un campionamento. Con le impostazioni in figura abbiamo 8 impulsi al secondo: questo significa che i valori casuali generati da **noise~** sono campionati (e trattenuti) 8 volte al secondo. Tali valori casuali sono convertiti dall'oggetto **scale~** in valori compresi tra 48 e 84 (corrispondenti alle note MIDI da DO2 a DO5), e ulteriormente convertiti in frequenze da **mtof~**. Variando la frequenza di **vs.click~** si varia la velocità di generazione delle note casuali.

Con l'oggetto **sah~** è possibile effettuare lo stesso tipo di sottocampionamento effettuato da **degrade~**: sapreste costruire la *patch* che effettua questa operazione?

(Suggerimento: è sufficiente sostituire un oggetto con l'oggetto **sah~** nella *patch* 05_04b_downsample_2.maxpat visibile in figura 5.12)

ATTIVITÀ

Realizzate una *patch* che vi permetta di variare il numero di bit dei valori dei campioni e la frequenza di campionamento di un segnale. La *patch* dovrà contenere l'algoritmo per il *dithering*, con un filtro passa-basso che ne attenua il rumore, e i filtri brickwall prima e dopo il ricampionamento: in altre parole dovrà sommare le caratteristiche delle *patch* **05_03_dither_filter.maxpat** e **05_05_downsample_filter.maxpat**. Dopo di che sperimentate gli effetti della degradazione di un segnale: potreste anche applicare tecniche particolari, come ad esempio l'uso di LFO[10] per variare i diversi parametri (inclusi numero di bit e frequenza di ricampionamento[11]).

• •

5.3 USO DEI SUONI CAMPIONATI: IL CAMPIONATORE E TECNICA DEL LOOPING

In questo paragrafo riprendiamo ed ampliamo alcuni argomenti già accennati nel paragrafo 1.5 del primo volume; ovvero la gestione dei suoni campionati con Max.

ACQUISIZIONE DI SUONI

Con Max è naturalmente possibile acquisire (cioè campionare) un suono prodotto esternamente e inviato all'ingresso della scheda audio tramite un microfono (nel caso di suoni acustici) o un cavo audio (nel caso di suoni prodotti da apparecchiature elettroniche). L'oggetto che ci permette di portare questi suoni all'interno dell'ambiente Max è **adc~** (*Analog to Digital Converter*). Collegate un microfono o uno strumento esterno all'ingresso della vostra scheda audio (o del vostro computer) e poi ricreate la *patch* di fig. 5.15.

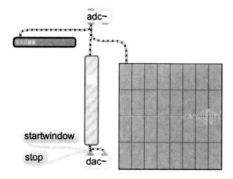

fig. 5.15: acquisizione di suoni

---

[10] Sugli LFO vedi cap. 4 nel primo volume.

[11] Per variare questi due parametri dell'oggetto **degrade~** dovrete convertire il segnale prodotto dall'LFO in valori Max tramite l'oggetto **snapshot~** di cui abbiamo parlato al par. 2.4 della parte pratica, nel primo volume.

L'oggetto `adc~` ha, di *default*, due uscite corrispondenti ai primi due canali (in ingresso) della scheda, che in genere sono il canale sinistro e destro. Può anche accettare degli argomenti numerici che gli indicano quali canali utilizzare. Se ad esempio, avendo una scheda a 8 ingressi, creassimo un oggetto [adc~ 1 3 7] avremmo tre *outlet* che corrispondono rispettivamente ai canali di ingresso 1, 3 e 7 della scheda. Anche il corrispondente oggetto `dac~` usa gli argomenti nello stesso modo, ne abbiamo parlato nel par. 4.8.

L'oggetto grafico alla sinistra di `adc~` si chiama **meter~** ed è un indicatore del livello audio simile al **levelmeter~** che abbiamo visto nel paragrafo 1.4. Se avviate la *patch* e mandate dei suoni alla scheda vedrete il suono nel quadrante di **scope~** e il livello del segnale in **meter~**. Alzando con cautela il fader **gain~** (per evitare il rientro del segnale nel microfono) potrete sentire il suono uscire dagli altoparlanti collegati alla scheda audio. Ovviamente il fader non influisce sul livello di registrazione ma solo su quello di ascolto. Una volta che il suono esterno è stato acquisito da `adc~`, può essere utilizzato come qualsiasi altro suono in Max; ad esempio può essere registrato. Modificate la *patch* nel modo illustrato in fig. 5.16.

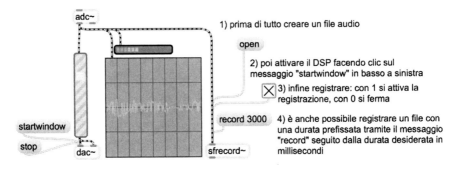

fig. 5.16: registrazione di un suono esterno

Abbiamo utilizzato l'oggetto `sfrecord~` che è stato presentato nel paragrafo 1.5 e che ci permette di registrare un file di suono su disco. Vi ricordiamo che ogni volta che si fa una nuova registrazione è necessario aprire un nuovo file audio (non è possibile aggiungere una registrazione alla precedente).

LETTURA DI FILE DI SUONO SU DISCO

Per le *patch* successive vi suggeriamo di attivare, nella finestra *Audio Status*, le opzioni "Scheduler in Overdrive" e "in Audio Interrupt", e di impostare un *Signal Vector Size* non superiore a 16 campioni.

Una volta che abbiamo registrato dei file di suono, li possiamo riascoltare (come già sappiamo) con `sfplay~`. Quest'oggetto è già stato illustrato brevemente nel paragrafo 1.5 del primo volume, ma rinfreschiamoci la memoria sulle sue caratteristiche principali aprendo il file **05_06_sfplay_commands.maxpat** (fig. 5.17).

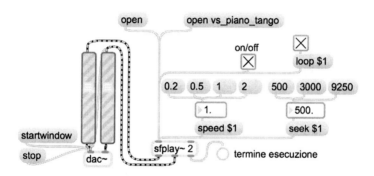

fig. 5.17: file **05_06_sfplay_commands.maxpat**

Questa *patch* come vedete presenta comandi che già conosciamo insieme ad alcune novità. L'oggetto **sfplay~** rappresentato in figura può eseguire file stereo perché ha l'argomento numerico 2 (e ha quindi due uscite audio). In assenza di tale argomento **sfplay~** avrebbe avuto una sola uscita audio. Nella *patch* vengono utilizzati due slider, ovvero oggetti **gain~**, che si riferiscono ai due canali. Possiamo inoltre notare che l'uscita destra dello slider di sinistra è collegata con l'entrata sinistra dello slider di destra.

L'uscita di destra dell'oggetto **gain~**, infatti, trasmette la posizione del cursore quando viene modificata: di *default* la posizione va da 0 (la più bassa) a 157 (la più alta). L'ingresso di sinistra di **gain~**, oltre a ricevere il segnale da riscalare, può ricevere un valore numerico (di *default* da 0 a 157) mediante il quale posiziona il proprio cursore. Il collegamento tra i due oggetti **gain~** quindi ci consente, quando siamo in modalità *performance*, di usare il cursore di sinistra per avere la stessa ampiezza sui due canali, in quanto ogni movimento sul cursore di sinistra piloterà anche quello di destra. (Viceversa, se agiamo sul cursore di destra, il cursore di sinistra non si muoverà: perché?)

Come già sappiamo è possibile aprire un file di suono presente nel *percorso di ricerca* di Max[12] tramite il messaggio "open" seguito dal nome del file in questione. È anche possibile aprire un file di suono qualsiasi tramite il solo messaggio "open": si aprirà una finestra in cui possiamo selezionare il file desiderato. Per far partire l'esecuzione del file bisogna inviare a **sfplay~** un 1, per fermarla si manda uno 0: l'oggetto **toggle** serve perfettamente allo scopo. L'esecuzione del file termina alla fine del file stesso, e a questo punto **sfplay~** emette un *bang* dalla sua uscita di destra; è però possibile mettere in *loop* l'esecuzione tramite il messaggio "loop 1", e si può disattivare tramite "loop 0".

Un'altra interessante caratteristica è la possibilità di cambiare la velocità di lettura del file, tramite il messaggio "speed" seguito da un numero che indica la velocità desiderata: 1 significa velocità normale, 2 velocità raddoppiata etc. Nella *patch* in figura 5.17 al messaggio "speed $1" è collegato un *float number box* e a quest'ultimo sono collegati dei *message box* che contengono alcune velocità da provare: naturalmente è anche possibile

---

[12] Vedi il par. 2.1 (sezione "Uso di tabelle per gli oscillatori") nel primo volume.

impostare la velocità direttamente sul *float number box*. L'ultimo messaggio illustrato è "seek" mediante il quale `sfplay~` esegue il file di suono non dall'inizio ma a partire da una posizione in millisecondi indicata dal numero che segue il messaggio.

In realtà il messaggio "seek" non è adatto quando si tratta eseguire delle parti di un *soundfile* in rapida successione (specialmente nel caso di un file molto lungo), perché la testina dell'hard disk ha bisogno di un certo tempo per posizionarsi sul punto desiderato. In questo caso è necessario definire in anticipo le porzioni di file che vogliamo leggere (che prendono il nome di *cue*) e "precaricare" in memoria l'inizio di queste porzioni tramite il messaggio "preload". Vediamo in figura 5.18 come si usa questo messaggio.

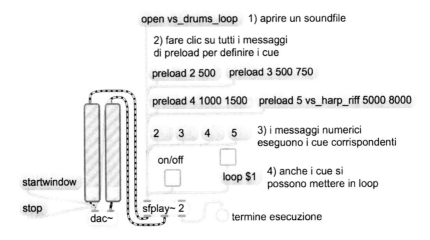

fig. 5.18: il messaggio preload

In questa *patch*, che vi invitiamo a ricreare modificando la *patch* precedente, abbiamo definito quattro diversi *cue*. Per definire un *cue* bisogna mandare il messaggio "preload" seguito dal numero di *cue* (che può essere un numero intero da 2 a 32767)[13], seguito a sua volta da un numero variabile di elementi.

Se il numero di *cue* è seguito da un singolo messaggio numerico, il *cue* verrà eseguito da quel punto (espresso in millisecondi) fino alla fine del file; se i messaggi numerici sono due indicano l'inizio e la fine del *cue* (sempre in millisecondi); se i messaggi numerici sono preceduti dal nome di un file (come nel caso del *cue* 5 in figura 5.18) il frammento di suono da eseguire si riferisce al file indicato, che può essere quindi diverso da quello inizialmente aperto. In questo modo, con un singolo oggetto `sfplay~`, è possibile eseguire frammenti da file audio diversi.

---

[13] Il numero di *cue* 1 è riservato all'esecuzione dell'intero file, e il numero 0 all'arresto dell'esecuzione. In pratica i messaggi "1" e "0" che abbiamo inviato a `sfplay~` tramite l'oggetto `toggle` servono ad attivare il *cue* 1 (esecuzione dell'intero file) e il *cue* 0 (arresto dell'esecuzione).

Potremmo a questo punto suddividere un *soundfile* in parti eguali (o diverse, naturalmente), creando altrettanti *cue* che poi possono essere eseguiti nell'ordine che vogliamo. Prima di tutto dovremmo però conoscere la dimensione del file, questa informazione possiamo ottenerla (insieme a diverse altre) con l'oggetto **sfinfo~**. Ricreate la *patch* di fig. 5.19.

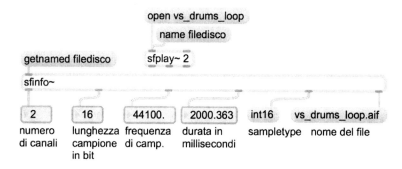

fig. 5.19: informazioni su un *soundfile*

L'oggetto **sfinfo~** ci fornisce, come si può vedere in figura, diverse informazioni sui *soundfile*. Possiamo ricavare le informazioni relative a un file audio inviando il messaggio "open" all'oggetto **sfinfo~** e ricevere le diverse informazioni dalle uscite dell'oggetto stesso; oppure possiamo fare in modo che ci dia informazioni su un file aperto da un oggetto **sfplay~** in questo modo:

- Diamo un nome a **sfplay~** con il messaggio "**name**" seguito da un nome di riferimento (una stringa qualsiasi)
- Poi "diciamo" a **sfinfo~** di riferirsi all'oggetto **sfplay~** che ci interessa tramite il messaggio "**getnamed**" seguito dallo stesso nome che abbiamo dato a **sfplay~**

Come si può vedere in figura, **sfinfo~** ci dà informazioni sul file aperto dall'oggetto **sfplay~** a cui abbiamo dato il nome "filedisco". Le caratteristiche del file audio relativo che vengono mostrate dalle sei uscite dell'oggetto **sfinfo~** sono nell'ordine:
  1- numero di canali: 2 (è stereofonico)
  2- lunghezza dei campioni: 16 bit
  3- frequenza di campionamento: 44100 Hz
  4- durata: 2000.363 millisecondi
  5- tipo dei campioni: valori interi (a 16 bit)
  6- nome del file: "vs_drums_loop.aif"

Adesso prendiamo il file **05_07_cue.maxpat** (fig. 5.20).

Questa è una *patch* leggermente complessa che genera 8 *cue*, dividendo un file audio in 8 parti uguali, e poi le esegue in ordine casuale. Vediamo di seguirla passo passo: tenete la *patch* aperta davanti a voi durante questa analisi.

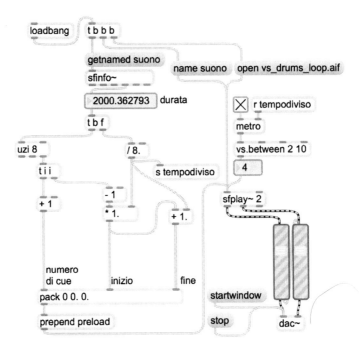

fig. 5.20: file **05_07_cue.maxpat**

Appena viene caricata la *patch*, un `loadbang` e un `trigger` inviano un *bang* nell'ordine:
- a un messaggio "open vs_drums_loop.aif" collegato all'oggetto `sfplay~` che apre il file audio corrispondente
- a un messaggio "name suono" inviato allo stesso oggetto `sfplay~`, al quale quindi viene associato il nome "suono"
- a un messaggio "getnamed suono" inviato all'oggetto `sfinfo~` che ci dà quindi informazioni sul file aperto dallo `sfplay~` chiamato "suono".

L'informazione che ci interessa è la durata del file in millisecondi (quarta uscita di `sfinfo~`) che ci serve per generare i *cue* e che viene inviata ad un `trigger` con due argomenti: "b f" (in pratica un *bang* e il numero in *floating point* che indica la durata). Il `trigger` per prima cosa trasmette, dalla sua uscita di destra, la durata ricevuta ad un divisore che la divide per 8 (questa sarà la durata dei nostri *cue*). L'operatore manda poi la durata divisa a un oggetto `metro` (tramite una coppia `send/receive`) e all'ingresso di destra di due operatori, un addizionatore e un moltiplicatore (vedremo tra poco a cosa servono). Torniamo al `trigger` che adesso invia, dalla sua uscita di sinistra, un *bang* ad un `uzi` con argomento 8. Di quest'ultimo oggetto prendiamo l'indice che esce da destra (una serie di numeri da 1 a 8) e lo mandiamo ad un `trigger` che a sua volta lo usa per costruire i *cue*. Prima di continuare con l'analisi della *patch* vediamo quali sono le informazioni che vogliamo mettere nei *cue*:
- il numero d'ordine (8 cue numerati da 2 a 9)
- il punto d'inizio del cue (8 valori equispaziati all'interno della durata del file)
- il punto finale del cue (corrispondente al punto d'inizio più la durata del cue)

Questi tre valori vengono riuniti in una lista tramite un oggetto `pack`: vediamo come abbiamo fatto per generarli (per chiarezza di esposizione analizziamo le uscite del `trigger` da sinistra a destra, pur sapendo che vengono in realtà generate da destra a sinistra). Il primo elemento della lista (generato a partire dall'uscita di sinistra di `trigger`) è il numero di *cue*, che è un numero che va da 2 a 9; dal momento che `uzi` genera una serie che va da 1 a 8 aggiungiamo 1 a questa serie e mandiamo il risultato al primo ingresso a sinistra di `pack`. Il secondo elemento dev'essere il punto di inizio del *cue*: con un operatore sottraiamo 1 alla serie generata da `uzi` e otteniamo una serie che va da 0 a 7; moltiplichiamo poi ciascun elemento della serie per la durata del file diviso 8: i vari punti di inizio saranno quindi a 0/8, 1/8, 2/8 etc. fino a 7/8 della durata complessiva del file. Per calcolare l'ultimo elemento (che è il punto finale del *cue*) aggiungiamo 1/8 della durata del file al punto d'inizio: i vari punti finali saranno quindi a 1/8, 2/8, 3/8 etc. fino a 8/8 della durata complessiva del file. Una volta assemblata la lista l'oggetto `pack` la invia all'oggetto `prepend` che antepone il messaggio "preload" e manda il tutto all'`sfplay~`: abbiamo così generato i nostri *cue*. Se ora attiviamo il `toggle` collegato al `metro` (che ha un tempo di scansione pari alla durata di un *cue*) quest'ultimo produrrà dei *bang* che vengono inviati ad un `vs.between` che genera dei numeri casuali da 2 a 9, corrispondenti ai *cue* che abbiamo generato: in questo modo gli otto frammenti del pattern di batteria vengono eseguiti in ordine casuale.

Se ascoltate i suoni prodotti dalla *patch* vi accorgerete che c'è un *cue* che genera un rumore simile ad un click (per l'esattezza è il *cue* n. 3). Ciò è dovuto al fatto che il colpo con cui inizia il *cue* successivo (il n. 4) è leggermente anticipato. Questo comporta due problemi: innanzitutto l'inizio dell'attacco del *cue* n. 4 viene incluso alla fine del *cue* n. 3 (generando il click udibile), e in secondo luogo l'attacco del *cue* n. 4 risulta privo della porzione che è finita nel *cue* precedente (anche se trattandosi di un suono percussivo questo troncamento è scarsamente percepibile). Il leggero anticipo di alcuni accenti nei *loop* percussivi serve a dare maggiore tensione ritmica: questo problema si può quindi presentare anche in altri file di suono. Vediamo come risolverlo: modificate la *patch* come in figura 5.21.

Abbiamo aggiunto due oggetti alla *patch* (evidenziati dal riquadro grigio al centro). L'oggetto [- 10.] sottrae 10 millisecondi all'inizio di ciascun *cue*. Notate che abbiamo aggiunto questo oggetto dopo l'operatore che moltiplica il numero generato da `uzi` per la durata di 1/8 del file. Abbiamo inoltre spostato il cavo che collegava l'uscita del moltiplicatore al sommatore che calcola la fine dei *cue*: ora il cavo va dall'operatore che sottrae i 10 millisecondi al sommatore. In questo modo non solo l'inizio ma anche la fine di ciascun *cue* viene spostata indietro di 10 millisecondi. Per evitare che il primo *cue* (che inizia normalmente al tempo 0) venisse anticipato di 10 millisecondi, iniziando al tempo negativo (inesistente) di -10, abbiamo aggiunto, dopo il sottrattore, l'oggetto `maximum` con argomento 0. Questo oggetto riceve un valore al suo ingresso di sinistra, lo confronta con l'argomento e trasmette il valore più alto tra i due[14].

---

[14] Come nella maggior parte degli oggetti Max, l'argomento fornisce un valore di *default* che può essere sostituito da un valore inviato all'ingresso di destra.

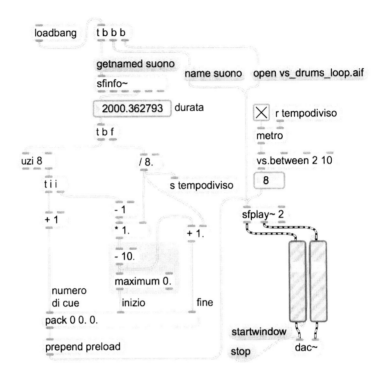

fig. 5.21: spostamento dei *cue*

Dal momento che l'argomento è 0, se il valore ricevuto è positivo viene trasmesso il valore ricevuto (perché un valore positivo è maggiore di 0); se il valore ricevuto è negativo viene trasmesso il valore 0 (perché 0 è maggiore di un valore negativo). Esiste anche l'oggetto **minimum** che confronta il valore ricevuto con l'argomento e trasmette il valore più basso tra i due.

Una volta effettuata la modifica alla *patch* è necessario fare doppio clic (in modalità *performance*) sull'oggetto **loadbang** per generare i nuovi *cue* (in alternativa si può salvare, chiudere e ricaricare la *patch*).

Se ascoltate la *patch* così modificata, noterete che il click è scomparso. Per altri file di suono può essere necessario un diverso tempo di anticipazione dell'attacco del *cue*; si può quindi aggiungere un *float number box* all'ingresso destro del sottrattore per variare a piacere il tempo di anticipazione.

· ·

🖱 **ATTIVITÀ**

Ripartendo dalla *patch* 05_07_cue.maxpat provate ad eliminare gli oggetti che servono a sincronizzare **metro** con i vari *cue* ed utilizzate tempi per l'oggetto **metro** pari a 125, 100 o 200 etc. ascoltando le diverse soluzioni ritmiche che ne scaturiranno.

· ·

FILE DI SUONO CARICATI IN MEMORIA

Quando dobbiamo leggere dei file di suono non molto lunghi può essere conveniente caricarli in memoria per poterli gestire nel modo più flessibile senza far lavorare l'hard disk[15].

Un file di suono si può caricare in memoria con l'oggetto **buffer~**, che abbiamo conosciuto nel capitolo 1.5 e abbiamo impiegato anche nel capitolo 2.1 dove lo utilizzavamo per memorizzare una singola forma d'onda. Una volta caricato il suono nel **buffer~** lo possiamo leggere con diversi oggetti MSP. Vediamo ora due di questi oggetti (ne vedremo altri in seguito, mano a mano che se ne presenterà la necessità).

Il primo è l'oggetto **wave~** che abbiamo largamente impiegato nel primo volume. Questo oggetto è destinato generalmente alla lettura periodica di un singolo ciclo di forma d'onda, ma nulla ci impedisce di utilizzarlo con un suono più lungo.

Come sappiamo, quando l'oggetto **wave~** riceve un segnale costituito da una rampa che va da 0 a 1, legge l'intero contenuto del **buffer~** a cui è associato (vedi anche il par. 2.1 e IB.9 del primo volume). Nel volume precedente abbiamo usato un **phasor~** per generare rampe da 0 a 1 ad una frequenza data, il segnale veniva inviato a **wave~** che leggeva il contenuto del *buffer* ad esso associato. Dal momento che il contenuto del *buffer* era, come abbiamo detto, un ciclo di forma d'onda, il risultato era la produzione di una forma d'onda periodica.

Adesso vogliamo invece leggere un suono completo dall'inizio alla fine senza ripeterlo periodicamente; utilizzeremo quindi l'oggetto **line~**. Ricostruite la *patch* di fig. 5.22.

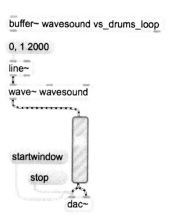

fig. 5.22: uso di **line~** con **wave~**

---

[15] Il concetto di "file di suono non molto lunghi" che possono essere caricati interamente in memoria varia naturalmente nel tempo: nella seconda metà degli anni '90, quando è nato MSP, era di qualche decina di secondi; nel momento in cui scriviamo questo testo, prima metà degli anni '10, si possono agevolmente caricare in memoria file audio della lunghezza di qualche decina di minuti.

Abbiamo creato un **buffer~** a cui abbiamo dato nome "wavesound" (primo argomento), e abbiamo caricato il suono **vs_drums_loop.aif** nel *buffer* (secondo argomento).

Dal momento che sappiamo (dalle *patch* precedenti) che la durata del suono vs_drums_loop.aif è circa 2 secondi, generiamo tramite **line~** una rampa che va da 0 a 1 in 2000 millisecondi ed inviamo il segnale all'oggetto **wave~** (che come vedete ha lo stesso argomento del **buffer~**). Ogni volta che facciamo clic sul *message box* collegato a **line~** il file di suono viene letto per intero dall'oggetto **wave~** e la lettura ha una durata di 2000 millisecondi, pari alla durata del file di suono.

• •

🖱 ATTIVITÀ

Rispondete alle seguenti domande (realizzando gli esempi corrispondenti): approfondirete così la conoscenza del funzionamento di **wave~**.

1- Che modifiche dobbiamo fare alla *patch* di fig. 5.22 per eseguire il file audio a velocità doppia?

2- E a velocità dimezzata?

3- Come facciamo a sentire solo la metà iniziale del suono?

4- E la metà finale?

5- E se invece volessimo sentire il suono in *reverse* (ovvero alla rovescia), partendo dalla fine e arrivando all'inizio (come un nastro che vada all'indietro)?

6- Sostituite l'oggetto **line~** con l'oggetto **curve~** (che abbiamo conosciuto nel par. 1.3P del primo volume), e aggiungete un fattore di curvatura nel *message box*, ad es. 0.5, oppure -0.5. Che cosa succede? E perché?

• •

Nell'esempio di fig. 5.22 conoscevamo già la durata del file contenuto nel *buffer*. Nei casi in cui non abbiamo informazioni sulla durata possiamo sempre utilizzare l'oggetto `info~`, che ci fornisce informazioni sul contenuto di un oggetto `buffer~`.

Modificate la *patch* precedente come illustrato in fig. 5.23.

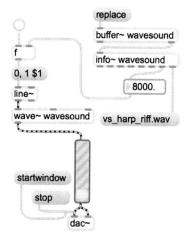

fig. 5.23: *buffer* di lunghezza variabile

Innanzitutto abbiamo tolto il secondo argomento all'oggetto `buffer~`, perché non vogliamo caricare un file audio di *default*. Poi abbiamo collegato l'uscita di destra di `buffer~` ad un oggetto `info~` che ha come argomento "wavesound" (ovvero il nome del `buffer~`). Ogni volta che, tramite il messaggio "replace", carichiamo un nuovo file audio nel `buffer~`, quest'ultimo genera un *bang* dall'uscita di destra (una volta terminato il caricamento). Il *bang* raggiunge l'oggetto `info~` che trasmette dalle sue uscite le informazioni riguardanti il contenuto del `buffer~`. Tralasciamo le prime uscite e osserviamo le ultime due: la penultima e l'ultima uscita forniscono rispettivamente informazioni sulla lunghezza e il nome del file caricato. Nella figura, quindi, vediamo che tramite il messaggio "replace" è stato caricato il file **vs_harp_riff.wav**[16], che ha una lunghezza di 8 secondi. La lunghezza del file viene inviata all'ingresso destro di un oggetto `float` (`f`), dove viene memorizzata. Un *bang* all'ingresso sinistro di `float` trasmette il valore di lunghezza al *message box* sottostante, che a sua volta trasmette a `line~` le istruzioni per generare una rampa da 0 a 1 della stessa durata del file audio, provate!

L'oggetto `wave~` non deve necessariamente fare riferimento all'intero contenuto del *buffer*: tramite il secondo e il terzo ingresso è possibile infatti definire un punto di inizio e un punto finale (in millisecondi) per la lettura del *buffer*. Se inviamo questi due valori all'oggetto, la rampa da 0 a 1 mandata all'ingresso di sinistra non eseguirà più l'intero file, ma solo la parte contenuta

---

[16] Vi ricordiamo che, tranne quando indicato diversamente, i file audio che usiamo in questo libro si trovano nella libreria *Virtual Sound Macros*, all'interno della cartella "soundfiles".

tra i due punti definiti. Collegate, ad esempio, due *number box* al secondo e al terzo ingresso, e su questi impostate rispettivamente i valori 1000 e 4000. Ora fate clic sul *button* in alto e sentirete solo una porzione del file audio **vs_harp_riff.wav**, e precisamente la parte che comincia a 1000 millisecondi e termina a 4000.

C'è però un problema: il suono risulta rallentato e più grave rispetto all'originale. Perché? Che cosa dovete modificare nella *patch* per riportare il suono alla giusta velocità e altezza?

Per mettere in *loop* un file audio tramite **wave~** è sufficiente sostituire l'oggetto **line~** con l'oggetto **phasor~** che, come sappiamo, genera rampe da 0 a 1 ad una frequenza data. In figura 5.24 vediamo le modifiche da apportare alla *patch* precedente.

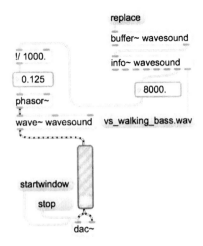

fig. 5.24: audio file in *loop* con **wave~** e **phasor~**

Per suonare il file audio alla giusta velocità dobbiamo dare all'oggetto **phasor~** una frequenza pari all'inverso della durata in secondi del file audio. Se ad esempio il file audio è lungo 2 secondi, la frequenza di **phasor~** deve essere di 1/2 = 0.5 Hz, se è lungo 4 secondi la frequenza deve essere di 1/4 = 0.25 Hz, e così via[17].

In figura abbiamo caricato il file **vs_walking_bass** che ha una durata di 8 secondi (8000 millisecondi): la frequenza del **phasor~** sarà quindi pari ad 1/8 = 0.125 Hz. Notate che, dal momento che la durata è espressa in millisecondi e non in secondi, calcoliamo, tramite l'operatore **!/** il rapporto 1000/8000 che equivale a 1/8 e ci dà appunto il valore 0.125.

Se variate la frequenza di **phasor~** otterrete il *loop* a diverse velocità, se poi utilizzate valori negativi (provate -0.125) otterrete l'esecuzione del file in *reverse*, perché con un valore di frequenza negativo le rampe prodotte da **phasor~** vanno da 1 a 0 e non da 0 a 1.

---

17 Se vi state chiedendo "perché?" vi consigliamo di rivedere il rapporto tra frequenza e periodo al paragrafo 1.2 della parte teorica nel primo volume.

ATTIVITÀ

1 - Nella *patch* di fig. 5.24 variate la frequenza di `phasor~` tramite un oggetto `line~`: provate ad esempio a far salire la frequenza da 0 a 1 in 10 secondi e a farla scendere da 1 a -0.125 in 5 secondi. Provate poi con altri valori a vostra scelta; potreste anche disegnare i percorsi con un oggetto `function` di cui avrete modificato la durata (asse delle x) e l'intervallo dei valori (asse delle y) tramite l'*inspector* o i messaggi "setdomain" e "setrange"[18].

2 - Ora usiamo un LFO per variare frequenza del `phasor~`. Create un oscillatore sinusoidale a cui darete una frequenza molto bassa (ad es. 0.025 Hz, corrispondenti ad un periodo di 40 secondi), e tramite l'oggetto `scale~` fate in modo che la sinusoide oscilli tra i valori -0.125 e 0.5. Variate la frequenza e l'ampiezza dell'LFO per ottenere diverse variazioni della lettura del campione. Usate anche il *loop* di batteria **vs_drums_loop**.

3 - Sostituite l'LFO sinusoidale con un LFO ad onda quadra. Variate la frequenza e l'ampiezza dell'LFO per ottenere diverse variazioni della lettura del campione. Anche in questo caso potete usare il *loop* di batteria **vs_drums_loop**.

4 - Sostituite l'LFO sinusoidale con i generatori random `rand~` e `vs.rand3~`: anche in questo caso variate la frequenza e il *range* di oscillazione.

5 - Aggiungete un LFO sinusoidale al secondo ingresso e uno al terzo di `wave~`, con lo stesso sistema utilizzato al punto 2, per variare la porzione di *buffer* che viene letta da `wave~`. Impostate gli opportuni valori di *range* per gli oggetti `scale~`: evitate soprattutto che i valori inviati al secondo ingresso di `wave~` siano maggiori di quelli inviati al terzo ingresso.

6 - Sostituite i due LFO sinusoidali del punto 5 con due generatori random (`rand~` oppure `vs.rand3~`).

• •

Passiamo ora all'oggetto `groove~` che ci permette di gestire in modo abbastanza flessibile i file audio caricati in un *buffer*. Abbiamo già parlato di questo oggetto nel par. 1.5 della parte pratica del primo volume. Rivediamone brevemente le caratteristiche e introduciamo alcune novità.
Aprite il file **05_08_groove_commands.maxpat** (fig. 5.25).
In alto a sinistra abbiamo un oggetto `buffer~` con 4 argomenti: il primo è il nome "sampled" con cui ci si potrà riferire al *buffer*, il secondo è il nome del file da caricare, che deve essere presente nel *percorso di ricerca* di Max per poter essere caricato automaticamente (abbiamo usato il solito "vs_drums_loop.aif"), il terzo è la lunghezza del *buffer* (che abbiamo impostato a 0, dal momento che il *buffer* si ridimensiona con il file audio caricato) e il quarto è il numero di canali (2, perché il file è stereo)[19].

---

[18] Per il messaggio "setdomain" vedi il par IA.8, per "setrange" vedi il paragrafo 2.4 (ovviamente della parte pratica), entrambi nel primo volume.
[19] Per la prima volta abbiamo caricato entrambi i canali di un file stereo nell'oggetto `buffer~`, se non viene specificato il numero di canali, infatti, viene caricato solo il canale sinistro del file.

Facendo doppio clic sull'oggetto `buffer~` (in modalità *performance*) è possibile vedere la forma d'onda del file di suono caricato.

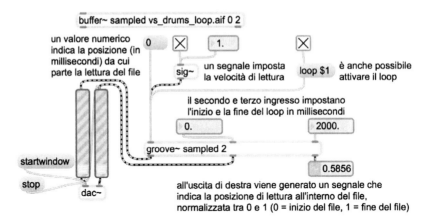

fig. 5.25: file **05_08_groove_commands.maxpat**

L'oggetto `groove~` legge il contenuto del `buffer~` che ha il suo stesso nome (proprio come fa l'oggetto `wave~`, ma le similitudini si fermano qui) e lo stesso numero di canali. Notiamo innanzitutto che `groove~` interpreta diversamente un valore numerico che gli arriva come segnale e uno che gli arriva come messaggio Max: il segnale indica la velocità di lettura (1 = velocità normale[20], 2 = velocità doppia...), il messaggio Max indica il punto (in millisecondi) da cui parte la lettura del file. Nella figura abbiamo collegato a `groove~` un *message box* contenente uno 0 che serve a far partire il suono dall'inizio, poi abbiamo collegato un `toggle` all'oggetto `sig~`: questo oggetto trasforma un messaggio numerico in un segnale, quindi facendo clic su `toggle` possiamo inviare alternativamente un segnale che vale 1 e un segnale che vale 0 a `groove~` che quindi eseguirà alternativamente il suono a velocità normale (velocità 1) oppure si fermerà (velocità 0, ovvero lettura di 0 campioni al secondo). È facile all'inizio confondere la sintassi dell'oggetto `groove~` con quella dell'oggetto `sfplay~`: dopotutto anche quest'ultimo oggetto si avvia e si arresta con un `toggle` che manda alternativamente un 1 e uno 0 (vedi ad esempio fig. 5.17). C'è però una sostanziale differenza che, se non compresa bene, rischia di generare confusione. Nel caso di `sfplay~` i messaggi 1 e 0 generati da `toggle` richiamano il cue 1 (esecuzione dell'intero file dall'inizio) e 0 (arresto dell'esecuzione). Nel caso illustrato in fig. 5.25, invece, i messaggi generati da `toggle` vengono trasformati in segnale dall'oggetto `sig~` prima di raggiungere `groove~` e servono ad impostare la velocità di lettura: 1 significa velocità normale e 0 significa "velocità zero". Provate ad "accendere

---

[20] Per lettura a velocità "normale" si intende una lettura effettuata alla stessa frequenza di campionamento del file audio. Se ad esempio il file audio è stato registrato con una frequenza di campionamento di 44100 Hertz, la velocità normale corrisponde alla lettura di 44100 campioni al secondo.

e spegnere" l'oggetto `toggle` nelle *patch* di fig. 5.17 e 5.25: nel caso di `sfplay~` ogni volta che `toggle` genera un 1 la lettura del file riparte dall'inizio (ovvero esegue nuovamente il cue 1); nel caso dell'oggetto `groove~` ogni volta che `toggle` genera un 1 la lettura riprende da dove era stata interrotta. Per far ripartire la lettura dall'inizio dobbiamo inviare a `groove~` il valore 0 *come messaggio* Max: in questo modo il valore viene interpretato come posizione in millisecondi all'interno del *buffer* (e 0 corrisponde all'inizio). Questo è probabilmente il punto più difficile da "digerire" per chi comincia a studiare questi oggetti: il valore Max "0" significa "fermati" per `sfplay~` e "vai all'inizio del buffer" per `groove~`. Una volta capita la sostanziale differenza nella sintassi dei due oggetti, comunque, non dovrebbe essere difficile utilizzarli correttamente.

Torniamo alla *patch* di fig. 5.25: accanto al `toggle` abbiamo collegato a `sig~` anche un *float number box*; questo ci permette di variare la velocità di lettura in modo continuo. Provate ad impostare valori come 0.5, 1.5, 2, etc. Ricordiamo che questi valori vengono interpretati come velocità perché l'oggetto `sig~` li trasforma in segnali, se fossero mandati a `groove~` come semplici messaggi Max verrebbero interpretati come punto di partenza di lettura del suono.

Provate ora ad impostare, come velocità di lettura, il valore -1: il suono andrà in *reverse*. Infatti -1 indica una velocità "negativa", e questo significa che il file audio verrà letto alla rovescia, dalla fine all'inizio. È naturalmente possibile variare la velocità di lettura anche per il *reverse*: provate ad esempio con -0.5, -2 etc.

Se non siamo in modalità *loop* il suono viene eseguito una sola volta. Per farlo ripartire non bisogna disattivare e riattivare il `toggle` di sinistra come verrebbe spontaneo, perché quest'ultimo controlla, tramite `sig~`, solo la velocità di lettura. Bisogna invece fare clic sul *message box* che contiene lo 0 e che, come sappiamo, "dice" a `groove~` di ricominciare la lettura dall'inizio. Quando siamo in modalità *loop* possiamo impostare il tempo di inizio e di fine del *loop* con due valori numerici nel secondo e terzo ingresso (provate a variarli per modificare la porzione di suono che viene messa in *loop*). Dall'uscita di destra, infine, viene generato un segnale che indica la posizione di lettura nell'intero file o nel *loop*, se quest'ultimo è attivo. Questo segnale è normalizzato tra 0 e 1, ovvero quando la lettura è all'inizio del file audio il segnale vale 0, quando arriva alla metà del file il segnale vale 0.5 e quando arriva alla fine il segnale vale 1: in pratica viene generata una rampa (come quella generata da `phasor~`) il cui periodo è pari alla durata del file audio o del *loop*.

Proviamo adesso a variare i tempi di inizio e fine *loop*: possiamo farlo "a mano" variando i *number box* collegati al secondo e terzo ingresso di `groove~`, oppure potremmo generare dei *loop* casuali utilizzando due generatori random. Modificate ad esempio la *patch* di fig 5.25 come illustrato in fig. 5.26.

Abbiamo aggiunto due generatori di numeri casuali: il primo, [`random 1000`], permette di variare il punto di inizio del *loop* tra 0 e 999 millisecondi, il secondo, [`vs.between 1000 2001`], permette di variare il punto di fine *loop* tra 1000 e 2000 millisecondi. L'oggetto `metro` collegato ai due generatori casuali, modifica quindi il *loop* ogni due secondi. Abbiamo anche sostituito l'oggetto `number~` collegato all'ultima uscita di `groove~` con l'oscilloscopio `scope~`, e possiamo vedere che la rampa generata da `groove~` è effettivamente identica al segnale prodotto da `phasor~`.

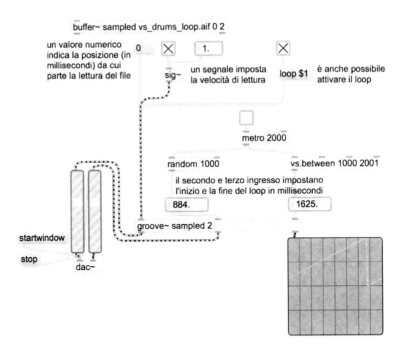

fig. 5.26: *loop* casuali

I *loop* casuali che vengono generati della *patch* così modificata hanno ciascuno una durata diversa, perché i tempi di inizio e fine *loop* vengono stabiliti da due generatori casuali indipendenti. Se volessimo invece avere dei *loop* casuali ma con una durata fissa, ad esempio di 500 millisecondi, dovremmo generare casualmente il valore del punto di inizio del *loop*, e poi aggiungere 500 a tale valore per ottenere il punto di fine *loop*. In figura 5.27 vediamo la semplice modifica che dobbiamo apportare alla *patch* per ottenere *loop* casuali di identica durata.

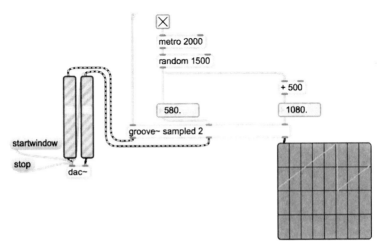

fig. 5.27: *loop* casuali di eguale durata

Questa volta il generatore casuale è uno solo e genera valori tra 0 e 1499, questi valori rappresentano il punto di inizio del *loop*. Il punto di fine *loop* è calcolato aggiungendo 500 al punto di inizio (ad es. vediamo in figura che l'inizio del *loop* è a 215 millisecondi, mentre la fine è a 715, cioè 215 + 500). In questo modo tutti i *loop* hanno una durata fissa di 500 millisecondi, e vengono ripetuti esattamente 4 volte (dal momento che l'oggetto metro ha un tempo di scansione di 2000 millisecondi).

Quando mettiamo in *loop* una porzione di un file audio creiamo quasi sicuramente una discontinuità tra la fine del *loop* e l'inizio del successivo (nel senso che il valori dell'ultimo campione e del primo quasi sicuramente non sono adiacenti), e questa discontinuità provoca un click. Utilizzando un suono di batteria l'effetto non è molto fastidioso, ma con suoni ad altezza determinata (come ad esempio un suono di flauto) può diventare un problema: dal momento che stiamo usando dei *loop* variabili una soluzione consiste nell'aggiungere un inviluppo che crei un'assolvenza e una dissolvenza all'inizio e alla fine di ogni ripetizione. Per generare questo inviluppo utilizzeremo l'uscita di destra di groove~ che, come abbiamo detto, genera una rampa che va da 0 a 1 ad ogni ripetizione del *loop*. Con questa rampa è possibile, ad esempio, controllare un oggetto come trapezoid~. Questo oggetto funziona come triangle~[21] con la differenza che invece di un segnale a forma triangolare emette un segnale a forma trapezoidale. Vediamo prima di tutto come lavora (ricostruite la semplice *patch* di fig. 5.28).

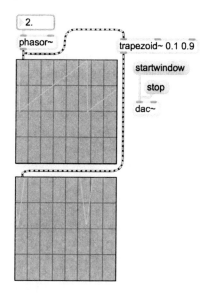

fig. 5.28: l'oggetto trapezoid~

L'oggetto phasor~ genera una rampa che va da 0 a 1 e trapezoid~ genera un trapezio di durata corrispondente: i due argomenti di trapezoid~

---

[21] Vedi vol. I par 1.2 della parte pratica.

stabiliscono il punto in cui il segnale trapezoidale passa da 0 a 1 e il punto in cui ridiscende da 1 a 0. Nella figura gli argomenti sono 0.1 e 0.9: questo vuol dire che il segnale generato da `trapezoid~` raggiunge il valore 1 quando il `phasor~` è arrivato a 0.1 e resta a quel valore fino a che `phasor~` non ha raggiunto 0.9, dopo di che comincia a scendere verso lo 0, che raggiunge quando il `phasor~` ha finito il suo ciclo, e così via.

Vediamo ora un'applicazione di questo inviluppo trapezoidale: aprite il file **05_09_groove_loops.maxpat** (fig. 5.29).

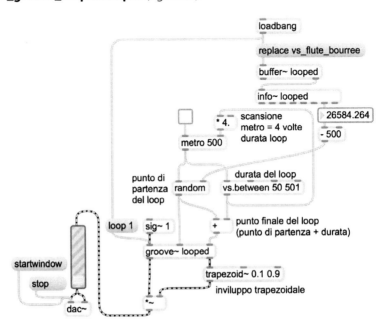

fig. 5.29: file **05_09_groove_loops.maxpat**

In questa *patch* vengono generati *loop* all'interno di un file audio contenente un suono di flauto. Il punto di partenza e la durata dei *loop* vengono scelti casualmente, e ogni *loop* si ripete esattamente 4 volte: avviate la *patch* e ascoltate il suono prodotto.

Analizziamo la *patch*: tramite `loadbang` carichiamo il file audio **vs_flute_bourree.wav** nel `buffer~` che abbiamo chiamato "looped", e contemporaneamente attiviamo il *loop* per l'oggetto `groove~`. L'oggetto `info~` in alto a destra ci restituisce la durata del file audio contenuto nel `buffer~`; a questa durata sottraiamo 500 (vedremo tra un momento perché) e utilizziamo il risultato come parametro per il generatore di numeri casuali `random`. Questo generatore stabilisce il punto di partenza del *loop*, che può quindi variare tra 0 e un valore che si trova 500 millisecondi prima della fine dell'audio file (per questo abbiamo sottratto 500 alla durata totale del file). Un altro generatore, `vs.between`, genera valori casuali compresi tra 50 e 500. Questi valori rappresentano la durata del *loop* e vengono aggiunti al valore del punto di partenza per ottenere il punto di fine *loop*. La durata del *loop* generata da `vs.between`, inoltre, viene moltiplicata per 4 e inviata all'ingresso destro dell'oggetto `metro`. La scansione metronomica, quindi, varia ad ogni nuovo *loop* e corrisponde esattamente a 4 volte la durata del *loop* corrente.

L'uscita di destra di `groove~` genera, come abbiamo visto, una rampa che va da 0 a 1 in sincrono con l'esecuzione del *loop*. Serviamoci di questa rampa per guidare il generatore `trapezoid~`, il cui segnale ci serve come inviluppo per il suono generato all'uscita sinistra di `groove~`.

· ·

ATTIVITÀ

1 - Provate a variare la velocità di lettura del `groove~` nella *patch* di fig. 5.29, impostandola, ad es a 0.5 (dovete collegare un *float number box* all'oggetto `sig~`). Ora il *loop* verrà eseguito solo due volte: perché? Cosa succede, invece, se impostiamo una velocità pari a 2?

2 - Ponete adesso la velocità a 1.1: ad ogni cambio di *loop* sentirete probabilmente un click. Questo avviene perché l'ultima ripetizione del *loop* non è completa, e l'inviluppo trapezoidale viene interrotto, creando una discontinuità. Cosa potete fare per avere sempre 4 ripetizioni del *loop*, indipendentemente dalla velocità impostata? (è sufficiente aggiungere un operatore matematico)

3 - Tornate alle attività immediatamente successive alla fig. 5.24, riguardanti l'oggetto `wave~`, e aggiungete un inviluppo trapezoidale agli esercizi n. 4 e 5, in modo da evitare le discontinuità presenti nelle porzioni di suono impostate dagli LFO.

· ·

COSTRUIAMO UN CAMPIONATORE

Proviamo adesso a realizzare con `buffer~` e `groove~` un semplice campionatore monofonico, che riconosca le note MIDI e che sia in grado di eseguire un file audio a diverse velocità per trasporlo all'altezza corrispondente alla nota MIDI ricevuta.

Abbiamo visto che `groove~` non modifica l'altezza del suono in base ad una frequenza data e meno che mai in base ad un valore di nota MIDI: e questo è ragionevole, dal momento che la frequenza fondamentale (se esiste) del file audio contenuto nel `buffer~` non è necessariamente nota. Come sappiamo `groove~` modifica l'altezza del suono in base alla velocità di lettura, ed interpreta 1 come velocità normale, 2 come doppia velocità etc. Questo significa che, ipotizzando di avere un suono con una fondamentale di 440 Hz, se lo eseguiamo a velocità doppia avremo una fondamentale di 880 Hz (ovvero 440 · 2, un'ottava sopra), se lo eseguiamo ad una velocità 1.5 avremo una fondamentale di 660 Hz (440 · 1.5 = 660) e così via[22].

---

[22] Ricordiamo che inoltre la durata varia in modo inversamente proporzionale al fattore di moltiplicazione.

Possiamo quindi trasporre il file di suono ad una frequenza arbitraria dividendo questa frequenza per la fondamentale del suono, il risultato sarà la velocità di lettura del file (fig. 5.30).

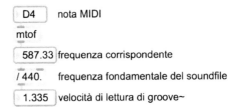

fig. 5.30: calcolare la trasposizione di un suono campionato

In figura immaginiamo di voler suonare una nota RE sul quarto rigo in chiave di violino (che ha una frequenza di 587.33 Hz), partendo da un file che contiene un suono a 440 Hz (ovvero un LA sul secondo spazio). Innanzitutto convertiamo il valore di nota MIDI in frequenza con l'oggetto **mtof**, e poi dividiamo la frequenza così ottenuta per 440: il risultato (1.335) è la velocità di lettura da comunicare a **groove~** per ottenere il RE (ovviamente se il suono campionato è un LA).

Aprite adesso il file **05_10_monosampler.maxpat** (fig. 5.31).

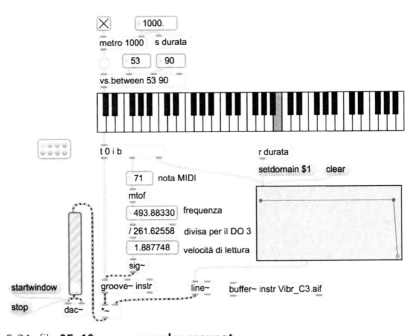

fig. 5.31: file **05_10_monosampler.maxpat**

Nella *patch* abbiamo un **buffer~** che carica una nota di vibrafono alla frequenza del DO centrale (261.62 Hz): questo suono si trova nella cartella *samples* all'interno della libreria *Virtual Sound*. L'algoritmo che trasforma le note MIDI in rapporti di velocità si trova al centro della finestra. Le note MIDI sono generate dall'oggetto **vs.between** in alto e vengono visualizzate da un **kslider** e da qui inviate ad un oggetto **trigger** che manda, nell'ordine, un *bang* all'oggetto **function** a destra che contiene la forma dell'inviluppo, poi manda il valore della nota all'algoritmo di trasformazione (simile a quello che abbiamo visto in fig. 5.30) e infine manda uno 0 all'oggetto **groove** per far partire l'esecuzione del suono dall'inizio. Un oggetto **metro**, sulla sinistra, scandisce il tempo di generazione delle note e questo tempo viene inviato, tramite un [s durata], al messaggio "setdomain $1" che a sua volta è collegato all'oggetto **function** e ne modifica la durata, rendendola identica al tempo di scansione del metronomo.

Sperimentate le diverse configurazioni dell'inviluppo memorizzate nel **preset** e notate come la modifica dell'inviluppo influenzi in modo decisivo il timbro del suono. Provate a creare nuovi *preset*. Provate anche a caricare suoni diversi nel **buffer~**.

Parleremo della tecnica del *looping* applicata al sustain di un suono campionato nel capitolo 9, dedicato al MIDI e alla comunicazione con interfacce in tempo reale.

· ·

ATTIVITÀ

1 - aggiungete un filtro passa-basso alla *patch* di fig. 5.31, mettendo in relazione la frequenza di taglio con l'altezza della nota suonata (*key follow*: vedi par. 3.5 del primo volume).

2 - dotate la frequenza di taglio del filtro di una sensibilità all'inviluppo di ampiezza, usando la stessa tecnica che abbiamo visto nel primo volume, al par. 3.5 (sezione "Anatomia di un sintetizzatore in sintesi sottrattiva").

3 - aggiungete un LFO sinusoidale per il tremolo: fate riferimento al par. 4.4 del primo volume.

4 - aggiungete un LFO sinusoidale per il vibrato: fate riferimento al par. 4.3 del primo volume. In questo caso vi chiediamo di applicare il vibrato alla nota MIDI prodotta dal generatore random prima che venga trasformata in frequenza e successivamente in velocità di lettura, in modo da ottenere una deviazione di *pitch* identica per tutte le note (deviazione relativa). Notate che l'algoritmo che converte le note MIDI in velocità di lettura va trasformato in modo che generi segnali MSP, altrimenti sarà impossibile applicare l'LFO (in pratica dovrete sostituire gli oggetti **mtof** e / con gli equivalenti MSP **mtof~** e /~, e naturalmente dovrete eliminare i *number box* e l'oggetto **sig~**).

5 - Realizzare uno strumento ibrido "fondendo" la *patch* di fig. 5.31 (e le successive trasformazioni delle attività 1-4 qui sopra) con il sintetizzatore sottrattivo illustrato nel paragrafo 3.5 del primo volume. In particolare usate inviluppi diversi per i suoni campionati e i suoni di sintesi, in modo da creare dissolvenze incrociate tra i due tipi di suoni.

· ·

RIMOZIONE DEL DC OFFSET

Vediamo un esempio pratico che dimostri perché è sempre bene rimuovere il *DC offset* da un suono: aprite il file **05_11_DC_offset.maxpat** (fig. 5.32).

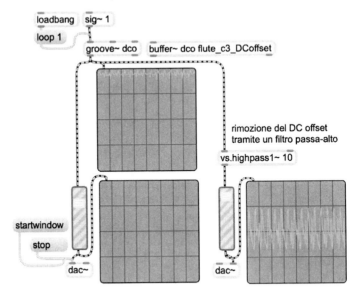

fig. 5.32: file **05_11_DC_offset.maxpat**

Abbiamo caricato nel **buffer~** "dco" un suono di flauto con una forte componente di *DC offset*, come si può vedere nell'oscilloscopio in alto. Se dopo aver fatto clic su "startwindow", sollevate il cursore del **gain~** di sinistra, vedrete il segnale nell'oscilloscopio di sinistra muoversi verso l'alto, fino a scomparire dall'oscilloscopio stesso. A quel punto non si sentirà più alcun suono. Questo succede perché anche il *DC offset* viene amplificato dal **gain~**, e all'aumentare dell'ampiezza "spinge" il segnale del flauto verso l'alto, fino a che questo supera completamente il massimo valore consentito per la conversione digitale-analogica (ovvero 1). Il segnale di destra, invece, prima di raggiungere il **gain~** viene fatto passare attraverso un filtro passa-alto del primo ordine, che attenua o rimuove tutte le frequenze al di sotto dei 10 Hz, compreso il *DC offset* che, essendo un segnale costante a 0 Hz, viene rimosso completamente. Come si può vedere nell'oscilloscopio di destra, il segnale privo di *DC offset* può essere amplificato senza subire distorsioni.

• •

 COMPITI UNITARI - REALIZZAZIONE DI UNO STUDIO BREVE

Realizzare una breve composizione basata sull'uso di suoni campionati, con utilizzo di *loop*, *reverse*, diversi punti di inizio della lettura dei file, inviluppi e glissandi dei suoni campionati, sovrapposizione, filtri a più poli con mutamento del fattore Q e delle frequenze centrali, decimazione.

5.4 SEGMENTAZIONE DI SUONI CAMPIONATI: TECNICA DEI BLOCCHI E SLICING

Anche per le *patch* di questo paragrafo vi suggeriamo di attivare, nella finestra *Audio Status*, le opzioni "Scheduler in Overdrive" e "in Audio Interrupt", e di impostare un *Signal Vector Size* compreso tra 16 e 64 campioni (preferibilmente 16).

TECNICA DEI BLOCCHI

Prima di tutto introduciamo alcune nuove caratteristiche dell'oggetto `counter`, che come sappiamo "conta" i *bang* che riceve (vedi par. IB.6 nel primo volume). Ricostruite la *patch* di fig. 5.33.

fig. 5.33: l'oggetto `counter`

L'uscita di sinistra di `counter` restituisce il numero di *bang* ricevuti: dal momento che i due argomenti di `counter` sono 0 e 9 il conteggio va da 0 e a 9 e poi ricomincia, ripetendosi ciclicamente. L'uscita di destra (la quarta) restituisce il numero di cicli compiuti; nella *patch* in figura sono stati quindi compiuti 3 cicli da 0 a 9. La terza uscita è un *flag* (un indicatore), che vale 1 quando il contatore raggiunge il massimo (nel nostro caso 9), e vale 0 negli altri casi. Notate che per visualizzare il *flag* abbiamo usato un oggetto `toggle`. Quest'ultimo infatti, quando riceve un 1 (o comunque un numero intero diverso da 0) va in posizione "on", quando riceve uno 0 va in posizione "off".
Anche la seconda uscita è un *flag* che vale 1 quando il contatore raggiunge il minimo, e 0 negli altri casi. Questo *flag* però funziona solo se il conteggio avviene a ritroso, ovvero (nel nostro caso) da 9 a 0. L'oggetto `counter` infatti può generare valori consecutivi secondo tre andamenti: crescente (è il caso di *default*), decrescente, e alternativamente crescente/decrescente. Per modificare l'andamento di `counter` si può mandare al secondo ingresso dell'oggetto il valore 0 (crescente), 1 (decrescente) o 2 (crescente/decrescente); oppure si possono usare 3 argomenti, di cui il primo rappresenta la direzione. Se ad esempio nella *patch* di fig. 5.33, al posto di "0 9" scriviamo come argomenti per `counter` "1 0 9", avremo un andamento decrescente da 9 a 0, e il *flag* del minimo si attiverà ogni volta che viene raggiunto lo 0. Provate.

Vediamo ora un modo per realizzare la tecnica dei blocchi con Max: apriamo il file **05_12_blocks_technique.maxpat** (fig. 5.34).
In basso a destra possiamo vedere una *subpatch* [`p` block] che genera un blocco audio preso dal *buffer* "sfblock" quando riceve una lista contenente i 3 parametri: *direzione* (1 originale, -1 reverse), *cue* (in millisecondi) e *durata* (in millisecondi).

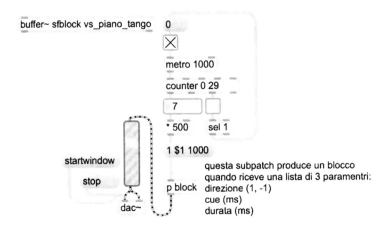

fig. 5.34: file **05_12_blocks_technique.maxpat**

Ci occuperemo di questa *subpatch* più tardi, per il momento vediamo come funziona la *patch* principale che genera i parametri per la definizione dei blocchi.
Il **metro** in alto scandisce il tempo con un *bang* al secondo, il **counter** sottostante genera una serie numerica crescente da 0 a 29. Arrivati alla fine della serie, il *flag* della terza uscita di **counter** invia il valore 1 all'oggetto [**sel 1**] che a sua volta invia un *bang* ad un *message box* che arresta il metronomo. La serie numerica prodotta da **counter** viene quindi eseguita una sola volta. Ogni valore della serie numerica viene moltiplicato per 500, quindi ai numeri della serie 0, 1, 2, 3 etc. corrispondono i valori 0, 500, 1000, 1500 etc. Questi valori rappresentano i *cue* dei blocchi che vogliamo generare, e inviati al *message box* sottostante producono la lista "1 cue 1000". Questa lista inviata alla *subpatch* [**p block**] genera un blocco in direzione originale, che parte al tempo di *cue* di volta in volta calcolato (0, 500, 1000 etc.), e che dura 1 secondo (1000 millisecondi).
Eseguiamo la *patch*: come si può vedere (e sentire), il file audio **vs_piano_tango** viene diviso in blocchi della durata di 1 secondo che avanzano di 500 millisecondi alla volta.
Diamo un'occhiata adesso al contenuto di [**p block**] aprendolo con un doppio clic (fig. 5.35).
La lista che viene inviata all'ingresso di [**p block**] viene scomposta nei suoi tre elementi dall'oggetto **unpack**. L'uscita centrale di **unpack** restituisce il tempo di *cue* che viene inviato al secondo ingresso di un oggetto **wave~**, impostandone così il punto di inizio di lettura (vedi par. 5.3, sottoparagrafo "Lettura di suoni caricati in memoria" qui sopra). Al valore di cue viene aggiunta la durata 1000, e il risultato viene inviato al terzo ingresso di **wave~**, che imposta il punto di fine lettura. Infine la direzione (restituita all'uscita di sinistra di **unpack**) viene mandata ad un oggetto **sel** che ha argomenti "-1 1". Se la direzione è -1 (*reverse*), un *bang* viene prodotto all'uscita di sinistra di **sel** e viene inviato ad un **float** in cui è stata memorizzata la durata del blocco. Tramite un *message box* e un oggetto **line~** viene infine prodotta una rampa che va da 1 a 0 in un tempo corrispondente alla durata del blocco. Se la direzione è 1 (originale) il *bang* viene prodotto alla seconda uscita di **sel** e, tramite un percorso simile

al precedente, viene generata una rampa che va da 0 a 1 (sempre in un tempo corrispondente alla durata del blocco). In entrambi i casi la rampa, inviata all'oggetto `wave~` genera il blocco audio (in versione originale o *reverse*). Notate che la stessa rampa viene inviata ad un oggetto `trapezoid~` che genera un inviluppo che ha la funzione di eliminare eventuali discontinuità all'inizio e alla fine di ogni blocco.

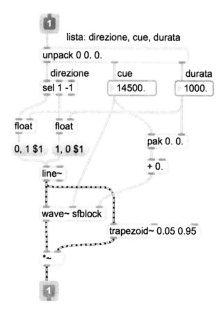

fig. 5.35: la *subpatch* [p block]

Se ora volessimo generare blocchi che "retrocedono" all'interno del file (partendo dalla fine del file e risalendo verso l'inizio), ma vengono comunque letti in direzione originale, e non in *reverse*, dovremmo modificare la *patch* come illustrato in fig. 5.36.

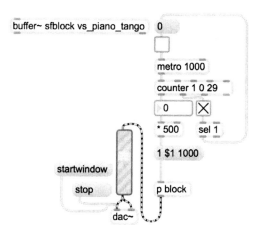

fig. 5.36: spostamento dei blocchi retrogrado, direzione di lettura originale.

Abbiamo apportato due modifiche alla *patch*: nell'oggetto `counter` abbiamo aggiunto l'argomento 1, che indica che la serie prodotta dall'oggetto partirà dal valore massimo (29) per raggiungere il valore minimo (0); inoltre utilizziamo il *flag* restituito dalla seconda uscita di `counter` per arrestare il metronomo quando la serie arriva al valore minimo. Provate ad eseguire la *patch* così modificata.

⚬⚬

🖱 ATTIVITÀ

1 - modificate la *patch* di fig. 5.34 in modo che produca blocchi che si spostano in direzione originale e vengono letti in *reverse* (è necessaria una sola modifica).
2 - modificate la *patch* di fig. 5.34 in modo che produca blocchi che si spostano in direzione retrograda e vengono letti in *reverse* (sono necessarie due modifiche).

⚬⚬

Passiamo ora ad una *patch* che realizza un accelerando con la tecnica dei blocchi: aprite il file **05_13_blocks_tech_accel.maxpat** (fig. 5.37)

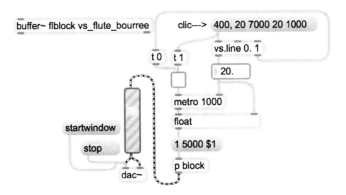

fig. 5.37: file **05_13_blocks_tech_accel.maxpat**

In questo caso usiamo un suono di flauto, e generiamo una serie di blocchi, tutti a partire da un *cue* posto a 5 secondi dall'inizio dell'audio file, la cui durata passa da 400 a 20 millisecondi. Provate ad eseguire la *patch* facendo clic sul *message box* in alto. All'inizio si sente chiaramente il ripetersi dei blocchi; man mano che la scansione accelera, si passa ad un suono "rugoso" in cui è impossibile distinguere i singoli blocchi, e il timbro del flauto risulta alterato. Notate che nella *subpatch* [p block] abbiamo addolcito i fattori di salita e discesa di `trapezoid~` in modo da evitare una eccessiva "rugosità".
Sapreste analizzare il funzionamento della *patch*? Tenete presente che l'oggetto **vs.line** genera un *bang* dall'uscita di destra quando ha terminato il suo percorso.

Nel paragrafo 5.4 della teoria abbiamo detto che il tempo di scansione dei blocchi può anche essere minore della loro durata; in altre parole i blocchi possono sovrapporsi. Le *patch* che abbiamo visto finora non ci permettono però questa sovrapposizione, perché gli oggetti come **wave~**, **groove~** etc. possono eseguire solo un file audio per volta; non sono, cioè, polifonici. In Max la gestione della polifonia è un argomento abbastanza complesso, a cui dedicheremo ampio spazio nell'Interludio C, subito dopo questo capitolo.

Esiste però un oggetto della libreria *Virtual Sound Macros*, **vs.block~**, che ci permette di sovrapporre i blocchi a piacimento. Questo oggetto è dotato di polifonia, e il numero delle voci polifoniche è liberamente definibile tramite un argomento.

Non analizzeremo il funzionamento interno di questo oggetto perché ancora ci mancano le conoscenze sulla gestione della polifonia in Max, ma il suo utilizzo è abbastanza semplice. Vediamo un esempio aprendo il file **05_14_poly_blocks.maxpat** (fig. 5.38).

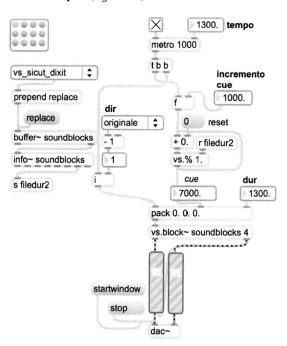

fig. 5.38: file **05_14_poly_blocks.maxpat**

Prima di tutto una precisazione: se dopo aver aperto il file leggete nella finestra Max il messaggio di errore "vs.%: no such object", significa che non avete installato correttamente la libreria *Virtual Sound Macros*. In questo caso riprendete il file "- README (ITA) - Installazione.pdf" contenuto nella cartella "Virtual Sound Macros" ed assicuratevi di avere eseguito tutti i passaggi, soprattutto il **punto 3** (trasferimento di un file della libreria nella cartella "init" di Max), dopo di che riavviate Max.

Tornando alla *patch*, vediamo innanzitutto l'oggetto **vs.block~**, che si trova nella parte bassa della *Patcher window*.

Questo oggetto necessita di due argomenti. Il primo indica il *buffer* dal quale leggere i blocchi audio (nel nostro caso "soundblock"): infatti c'è un oggetto **buffer~** nella parte sinistra della *patch*, all'interno del quale vengono caricati, usando un **umenu**, i file audio. Il secondo argomento indica il numero massimo di voci polifoniche utilizzabili: con questa *patch* possiamo quindi sovrapporre fino a 4 blocchi contemporaneamente.

In questa *patch* l'oggetto **vs.block~** riceve una lista con tre parametri, identici a quelli delle *patch* precedenti: direzione di lettura (1 = originale, -1 = retrogrado), *cue* (punto di inizio della lettura), durata. A questi parametri si aggiunge il tempo dell'oggetto **metro** che ad ogni *bang* invia la lista di parametri a **vs.block~**. Quando il tempo di generazione di **metro** è minore della durata di un blocco, i blocchi si sovrappongono.

A proposito del *cue*, nella *patch* non impostiamo direttamente questo parametro, ma un fattore di incremento (o di decremento quando vogliamo far retrocedere il *cue*) che è visibile in alto a destra, e con cui indichiamo di quanti millisecondi si sposta lungo il file audio il *cue* di un blocco rispetto al precedente.

Prima di procedere con l'analisi della *patch*, individuate i 4 *number box* corrispondenti ai quattro parametri variabili (direzione, incremento *cue*, durata e tempo di generazione), e ascoltate i diversi *preset* facendo attenzione a come sono stati impostati i suddetti parametri. Nei primi 4 *preset* possiamo ascoltare le 4 modalità di lettura dei blocchi, così come descritte nella teoria e negli esempi interattivi del par. 5.4T :

O+I   direzione blocchi originale + incremento del *cue*
O+D   direzione blocchi originale + decremento del *cue*
R+I   direzione blocchi retrograda + incremento del *cue*
R+D   direzione blocchi retrograda + decremento del *cue*

In questi primi quattro esempi è stato utilizzato il file **vs_sicut_dixit.aif** (canto gregoriano) e una configurazione "classica" di questa tecnica.

Come abbiamo visto nella teoria, la configurazione classica della tecnica dei blocchi prevede:
- blocchi superiori a 100 ms.
- incremento o decremento del *cue*
- direzione retrograda o originale della lettura dei blocchi
- ritmo regolare della generazione dei blocchi

Osserviamo altre possibilità che offre questa tecnica, ascoltando gli esempi successivi. Possiamo vedere ad esempio l'utilizzo di un tempo molto basso dell'oggetto **metro**, o progressioni molto lente del *cue*. Notate che il quinto *preset* introduce una pausa tra un blocco e l'altro, poiché il tempo di scansione è maggiore della durata di un blocco.

Vediamo ora come funziona la *patch*: ogni *bang* generato dall'oggetto **metro** viene sdoppiato dall'oggetto **trigger** che si trova immediatamente sotto.
Il *bang* di destra fa sì che venga generata la lista per l'oggetto **vs.block~**.
Il *bang* di sinistra serve invece a incrementare il valore del *cue*.

Vediamo come: il *bang* viene inviato a un oggetto **float** (**f**) che contiene il valore di incremento del *cue*. Questo valore viene inviato a all'ingresso di sinistra di un sommatore, e da qui all'operatore modulo **vs.%** (di cui ci occuperemo tra poco): il tutto viene poi rimandato all'ingresso di destra del sommatore. L'incremento del *cue* è realizzato quindi con la tecnica di ricorsione che abbiamo già visto al paragrafo IB.2 dell'interludio B nel primo volume (fate riferimento in particolare al file **IB_03_arpeggiatore_random.maxpat** illustrato in fig. IB.15): ad ogni *bang* dell'oggetto **metro** il valore di incremento del *cue* viene sommato al valore del *cue* precedente.

Per evitare che, con i successivi incrementi, il valore del *cue* superi la lunghezza del file, abbiamo inserito nel circuito ricorsivo l'operatore modulo **vs.%**. Il valore del modulo corrisponde alla durata in millisecondi del file audio: tale durata viene trasmessa a **vs.%** (tramite una coppia **send-receive**) dall'oggetto **info~** che si trova sulla sinistra della *patch*. L'operatore **vs.%** è simile all'operatore modulo standard **%** da cui differisce solo per il calcolo del modulo dei numeri negativi, in quanto restituisce sempre un valore positivo. Questa caratteristica ci è utile perché il valore del *cue* (cioè il punto di lettura all'interno del file audio) non può ovviamente essere negativo.

Semplifichiamo con un esempio; immaginiamo che la lunghezza del file sia 1000 ms e l'incremento del *cue* 200 ms. Ecco la successione dei tempi di *cue* successivi:

incremento	modulo			risultato
0	%	1000	=	0
200	%	1000	=	200
400	%	1000	=	400
600	%	1000	=	600
800	%	1000	=	800
1000	%	1000	=	0
...etc.				

Il valore dei *cue* resta quindi sempre all'interno della lunghezza del file.
Nel caso appena illustrato gli oggetti **%** e **vs.%** darebbero lo stesso risultato. Se invece l'incremento fosse negativo (per far scorrere all'indietro i tempi di *cue* successivi) avremmo:

incremento	modulo			risultato con [**vs.%**]	risultato con [**%**]
0	%	1000	=	0	0
-200	%	1000	=	800	-200
-400	%	1000	=	600	-400
-600	%	1000	=	400	-600
-800	%	1000	=	200	-800
-1000	%	1000	=	0	0
...etc.					

Come si vede l'oggetto **%** restituisce gli stessi valori dell'esempio precedente ma con il segno negativo, mentre l'oggetto **vs.%** restituisce dei valori positivi in decremento.

Per ulteriori dettagli su **vs.%** vi rimandiamo all'*help file* dell'oggetto.

Il resto della *patch* è facile da analizzare: l'oggetto **pack** che riceve il valore di *cue* al suo ingresso centrale genera una lista, composta da direzione di lettura, *cue* e durata. Questa lista viene inviata all'oggetto **vs.block~** che produce il blocco corrispondente.

Ascoltate nuovamente i diversi *preset* e provate a crearne di nuovi. Utlizzate anche altri file audio.

Con la prossima *patch* aggiungeremo delle variazioni casuali ai parametri del generatore di blocchi.

In realtà è possibile avere variazioni *random* di tutti i parametri. Finché tali variazioni sono lievi e non pregiudicano l'idea fondamentale di questa tecnica, cioè della lettura di un file mediante incremento o decremento di blocchi generati con una progressione regolare o semi-regolare, possiamo dire che stiamo utilizzando la tecnica dei blocchi. Come abbiamo visto nel par. 5.4T, e come vedremo per diversi tipi di elaborazione del suono nel III volume, vi sono a volte delle zone di confine fra le tecniche, e c'è la possibilità di passare da una tecnica a un'altra in modo continuo passando per zone "grigie", di interregno tra due tecniche.

"Vicine di casa" della tecnica dei blocchi sono, fra le altre, lo *slicing* di cui parleremo nel prossimo paragrafo, e la granulazione.

Per aggiungere variazioni casuali ai parametri del generatore di blocchi introduciamo un nuovo oggetto: **vs.randomizer**. Ricostruite la semplice *patch* di fig. 5.39.

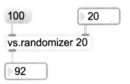

fig. 5.39: l'oggetto **vs.randomizer**

Questo oggetto modifica in modo casuale il valore in entrata all'ingresso di sinistra, aggiungendo o sottraendo un valore casuale compreso tra 0 e l'argomento (o tra 0 e il valore in entrata all'ingresso di destra). In figura vediamo che al valore 100 in entrata può essere aggiunto o sottratto un valore casuale compreso tra 0 e 20. Ad ogni clic sul *message box* di sinistra avremo quindi un valore compreso tra 80 e 120.

Aggiungendo un **vs.randomizer** ai valori di tempo, incremento di *cue* e durata, possiamo ottenere delle interessanti variazioni della tecnica dei blocchi.

Caricate il file **05_15_rand_blocks.maxpat** (fig. 5.40).

Questa *patch* è una variazione della precedente. Il *bang* prodotto da **metro** raggiunge un **trigger** che produce a sua volta tre *bang*. Il primo (quello che esce dall'*outlet* di destra) viene inviato ai tre parametri che vengono variati da **vs.randomizer**, ovvero tempo di scansione del **metro** (in alto), incremento del *cue* (al centro a destra) e durata (in basso a destra). Notate che l'oggetto **metro**, ad ogni bang, cambia (tramite l'uso di **vs.randomizer**) il proprio tempo di scansione. Inoltre è possibile stabilire il punto di partenza per la scansione del file audio tramite il parametro "startpoint" visibile sul lato destro della *patch*. Il resto della *patch* non presenta novità. Il file audio utilizzato è un frammento di canto gregoriano. Provate i primi otto *preset*: in questo caso, anche con l'introduzione della variazione *random* per i diversi parametri, restiamo nell'implementazione "classica" della tecnica dei blocchi. L'incremento (o il decremento) del *cue* infatti garantisce una precisa direzionalità alla scansione del file audio, che viene percorso per intero in avanti oppure a ritroso.

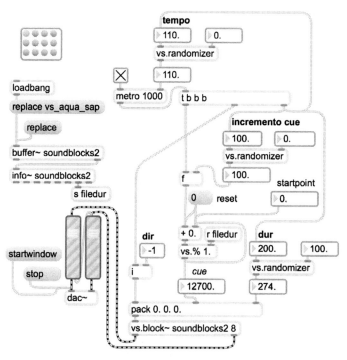

fig. 5.40: file **05_15_rand_blocks.maxpat**

OLTRE LA TECNICA DEI BLOCCHI

Rimaniamo alla *patch* di fig. 5.40, e proviamo gli ultimi quattro *preset* (nn. 9-12). Qui i parametri sono regolati in modo tale da eliminare qualsiasi direzionalità alla scansione: infatti l'incremento del *cue* è pari a 0, e la scansione viene incrementata o decrementata solo in base al parametro random. Inoltre il *preset* numero 10 genera dei blocchi molto brevi, e questo ci porta ai confini con la sintesi granulare (di cui parleremo nel terzo volume). Notate infine l'ultimo *preset*, in cui la scelta casuale dell'incremento-decremento del *cue* è tale che ogni blocco può essere scelto indifferentemente in un punto qualsiasi del file audio.

Dopo aver ascoltato tutti i *preset*, provate a crearne di nuovi.

Per interpolare la tecnica di blocchi con quella del *loop* (cfr esempio sonoro 5I-12, nel capitolo 5T), abbiamo bisogno di poter definire una "partitura" di parametri che variano nel tempo: ancora non abbiamo tutti gli elementi per realizzare tale partitura, ritorneremo sull'argomento nell'interludio D.

• •

 ATTIVITÀ

Controllate tramite l'oggetto **vs.line** i parametri di tempo dell'oggetto **metro** e la durata del blocco e create dei "glissandi di durate" che evidenzino il passaggio dalla tecnica dei blocchi alla "rugosità" tipica della sintesi granulare mediante una diminuzione progressiva del tempo di scansione e della durata dei blocchi (vedi in particolare l'esempio sonoro 5I-6, "dai blocchi ai grani", dal capitolo 5T)

• •

SLICING

Vediamo ora come si realizza lo *slicing* (o *beat slicing*) con Max. Aprite la *patch* **05_16_beat_slicer.maxpat** (fig. 5.41) e provate innanzitutto i diversi *preset*.

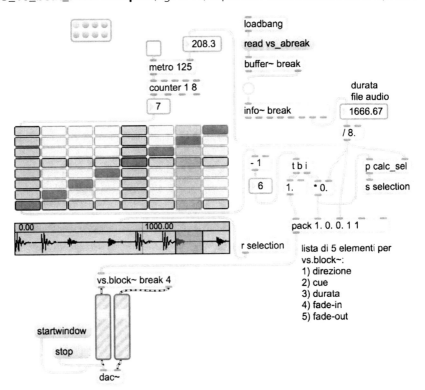

fig. 5.41: file **05_16_beat_slicer.maxpat**

Questa *patch* presenta un esempio molto semplice di *beat slicer*: una volta capito il funzionamento passeremo a studiare versioni via via più complesse.

La prima cosa che si nota è l'oggetto grafico centro della *patch*, composto da blocchi rettangolari disposti in 8 righe per 8 colonne. Questo oggetto si chiama `live.grid` e fa parte della libreria **Max for Live** disponibile a partire dalla versione 5.1 di Max. Parleremo di Max for Live, che è un'estensione acquistabile separatamente, alla fine di questo volume. Gli oggetti di questa estensione sono comunque disponibili in Max anche per chi non ha la licenza d'uso di Max for Live.

L'oggetto `live.grid`, di cui vedremo le caratteristiche principali tra poco, permette di selezionare, con un click del mouse, un blocco rettangolare a piacere per ogni colonna. Le colonne sono chiamate *step*, e sono numerate da sinistra a destra a partire da 1.

Ogni *step* deve obbligatoriamente contenere, nella modalità di *default*, un singolo blocco posizionato in una riga a piacere; la posizione del blocco nella riga rappresenta il valore dello *step*. La riga più bassa corrisponde al valore 1, quella immediatamente sopra al valore 2, etc.

Nel caso illustrato in figura, quindi, lo *step* numero 1 ha valore 1, lo *step* 2 ha valore 2 e così via.

Quando l'oggetto `live.grid` riceve un valore numerico all'ingresso di sinistra, lo interpreta come numero di *step*, e genera all'uscita il valore relativo, cioè il numero di riga in cui si trova, per quello *step*, il blocco rettangolare selezionato.

Analizziamo ora la *patch*. All'apertura del file, il *loop* di batteria **vs_abreak** viene memorizzato nel [`buffer~` break] (vedi parte alta della *patch*). Una volta che il file audio è stato caricato, l'oggetto `buffer~` invia un *bang* all'oggetto [`info~` break], e quest'ultimo trasmette il valore della durata del file ad un divisore che lo divide per 8. Questo valore viene usato, tramite il collegamento di sinistra, come tempo di scansione per l'oggetto `metro`. I *bang* prodotti da quest'ultimo oggetto vengono inviati ad un `counter` che genera una sequenza di numeri da 1 a 8. La sequenza viene mandata all'ingresso di sinistra di `live.grid` che genera i valori degli *step* corrispondenti e li invia all'oggetto [`- 1`], che diminuisce il valore di ciascuno *step* di una unità (il range 1-8 diventa quindi 0-7).

Torniamo al divisore che divide per 8 la durata del file audio. L'oggetto è collegato anche al terzo ingresso di un `pack` che assembla una lista di 5 elementi da inviare ad un oggetto `vs.block~`. In precedenza avevamo inviato all'oggetto `vs.block~` una lista di tre elementi, per specificare la direzione di lettura, il tempo di inizio del *cue* e la sua durata. Aggiungendo altri due elementi alla lista possiamo specificare anche il tempo di *fade-in* e *fade-out* (assolvenza e dissolvenza) del frammento audio. Di *default* questi valori sono entrambi impostati a 20 millisecondi, ma in questo caso li impostiamo a 1 millisecondo per evitare di addolcire troppo l'inviluppo dei suoni percussivi.

Il divisore invia quindi il valore corrispondente a 1/8 della durata del file audio al terzo ingresso di `pack`, che corrisponde alla durata del frammento prodotto da `vs.block~`. Al secondo ingresso di `pack` (corrispondente al punto di inizio del *cue*) arriva invece il risultato della moltiplicazione del valore di *step* generato da `live.grid` (diminuito di una unità) per il valore prodotto dal divisore (cioè la durata divisa 8). I tempi di inizio dei *cue* si trovano quindi a 0/8 (0*1/8_della_durata), 1/8 (1*1/8_della_durata), 2/8 (2*1/8_della_durata), etc.

L'ultimo valore che viene inviato all'oggetto **pack** è il valore 1 trasmesso all'ingresso di sinistra (l'ingresso caldo di **pack**) e corrisponde alla direzione di lettura del frammento audio: la lista viene quindi inviata a **vs.block~** che genera il frammento corrispondente.
Sotto l'oggetto **live.grid** si trova l'oggetto **waveform~** che mostra il *loop* di batteria che abbiamo caricato nel **buffer~**[23]. Durante l'esecuzione della *patch* vediamo che il frammento audio che viene generato da **vs.block~** viene anche evidenziato (o meglio, selezionato) in **waveform~**. L'oggetto **waveform~** infatti può ricevere al suo terzo ingresso una lista di due elementi corrispondenti al punto di inizio e di fine del frammento da mostrare come selezionato. Questa lista viene trasmessa, tramite la coppia [**s** selection] e [**r** selection], dalla *subpatch* [**p** calc_sel] che si trova nella parte destra della *patch* (fig. 5.42).

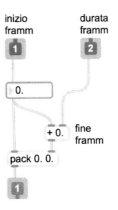

fig. 5.42: *subpatch* [**p** calc_sel]

La *subpatch* riceve il tempo di inizio del frammento e la sua durata, e con questi valori calcola il tempo finale (con una tecnica simile a quella illustrata al par. 5.3, fig. 5.20). I valori di inizio e fine vengono assemblati in una lista e mandati all'uscita. Da qui tramite la coppia [**s** selection] e [**r** selection] la lista viene inviata al terzo ingresso di **waveform~**. Ascoltate nuovamente i diversi *preset* e notate il rapporto fra lo *step* che viene eseguito e la porzione di file audio che viene selezionata in **waveform~**. Poi provate a realizzare dei nuovi *preset*.
Vediamo adesso altre caratteristiche dell'oggetto **live.grid**: ricostruite la *patch* di fig. 5.43.
Per trovare l'oggetto **live.grid** nell'*Object Explorer*, selezionate la vista "UI Objects" e andate alla categoria "Live". In alternativa prendete un *object box* e scrivete il nome dell'oggetto al suo interno.
Come si può vedere, di *default*, **live.grid** presenta una griglia di 16 righe per 16 colonne e ha una colorazione diversa da quella che abbiamo

---

[23] Se aprite l'*inspector* di **waveform~** vedrete che abbiamo impostato l'attributo "buffer~ Object Name" in modo che si riferisca al **buffer~** "break".

impostato nel file **05_16_beat_slicer.maxpat** (i colori possono essere cambiati, naturalmente, tramite l'*inspector*).

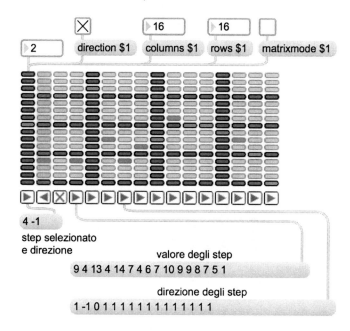

fig. 5.43: l'oggetto `live.grid`

Inoltre vediamo nella parte bassa dell'oggetto una fila di icone che rappresentano la direzione di lettura degli *step*: il triangolo con la punta a destra indica la lettura normale, con la punta a sinistra la lettura in *reverse*, mentre una "x" rappresenta la disattivazione (*muting*) di quel particolare *step*[24]. Per cambiare l'icona in un determinato *step* è sufficiente un click del mouse. Questa fila di icone si chiama *directions panel*.

Il *directions panel*, può essere fatto apparire e scomparire tramite il comando "direction": provate a modificare il valore del primo `toggle` in alto a sinistra nella figura per verificarlo. È anche possibile impostare il *directions panel* tramite l'attributo "Display Directions Panel" contenuto nell'*inspector*. Per cambiare il numero di righe o di colonne si possono usare gli attributi "columns" e "rows", illustrati in figura (o gli equivalenti attributi nell'*inspector*).

Come sappiamo, inviando un numero all'ingresso di sinistra otteniamo in uscita il valore dello *step* corrispondente. Quando anche il *directions panel* è visibile (come in fig. 5.43), al posto del valore singolo otteniamo una lista contenente il valore dello *step* e la sua direzione: 1 corrisponde alla direzione normale, -1 al *reverse* e 0 alla disattivazione dello *step*.

---

[24] L'oggetto `live.grid` non produce suoni, e si limita a mandare valori numerici o liste. Per poter funzionare nel modo descritto deve quindi essere inserito in una *patch* che ne interpreti correttamente i messaggi (come le *patch* illustrate in questo paragrafo).

Ogni volta che modifichiamo con il mouse il contenuto di `live.grid`, dalla seconda e terza uscita vengono generate due liste che rappresentano rispettivamente la serie degli *step* e quella delle direzioni.

L'attributo "matrixmode" (accessibile anche dall'*inspector*) attiva la modalità *matrix* che ci permette di impostare, per ogni *step*, un numero di valori variabile a piacere (fig. 5.44).

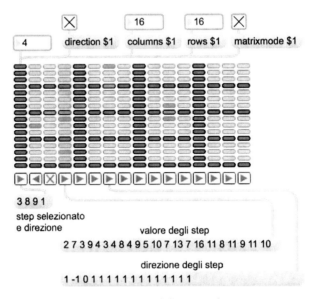

fig. 5.44: l'oggetto `live.grid` in modalità *matrix*

Come si vede in modalità *matrix* è possibile anche avere degli *step* senza alcun valore selezionato, mentre nella modalità normale ogni *step* deve avere un valore (e uno solo).

Osservando la figura vediamo che lo *step* selezionato è il quarto, e in uscita abbiamo una lista di 4 valori, i primi tre (3, 8, 9) corrispondono ai valori dei blocchi selezionati, e l'ultimo (1) alla direzione.

La lista che viene generata dalla seconda uscita in questo caso va interpretata come una serie di coppie di valori che indicano rispettivamente lo step e il valore corrispondente. Abbiamo quindi:

step 2, valore 7
step 3, valore 9
step 4, valore 3
step 4, valore 8
step 4, valore 9 etc.

Per la lista di direzione degli *step* prodotta dalla terza uscita non ci sono invece cambiamenti.

Possiamo a questo punto vedere come funziona uno *slicer* che comprenda anche queste caratteristiche di `live.grid` caricando il file **05_17_beat_slicer2.maxpat** (fig. 5.45).

100

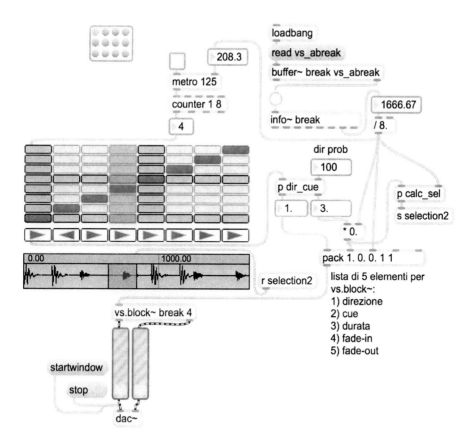

fig. 5.45: file **05_17_beat_slicer2.maxpat**

Provate innanzitutto i primi 4 *preset*, e prestate attenzione alle icone mostrate nel *directions panel*. Noterete che quando l'icona è una freccia verso destra il frammento viene eseguito normalmente, quando è una freccia verso sinistra il frammento viene eseguito in *reverse*, e quando è una "x" il frammento non viene eseguito.

Ora provate i *preset* da 5 a 8 (seconda riga dell'oggetto **preset**): qui sfruttiamo la modalità *matrix*, che ci permette di avere più valori contemporaneamente per uno *step*. Se ascoltate i *preset* abbastanza a lungo noterete che le ripetizioni non sono identiche tra loro, perché, quando sono presenti più valori in uno stesso *step*, ne viene scelto uno in modo casuale grazie all'algoritmo contenuto nella *subpatch* [p dir_cue] che si trova alla destra dell'oggetto **live.grid**: ce ne occuperemo tra poco.

Provate infine i *preset* da 9 a 12 (terza riga dell'oggetto **preset**). Qui è stato aggiunto un ulteriore elemento di variazione: il *number box* collegato all'ingresso di destra della *subpatch* [p dir_cue], indica la probabilità percentuale che il frammento venga eseguito nella direzione indicata dal *directions panel*. Se ad esempio il valore di probabilità è 20, nel 20% dei casi verrà utilizzata la direzione presente nel *directions panel*, mentre per il restante 80% il frammento verrà eseguito nella direzione normale.

Dopo aver ascoltato attentamente tutti i *preset* ed aver capito come funzionano i diversi parametri, possiamo analizzare il contenuto della *subpatch* [p dir_cue] (fig. 5.46).

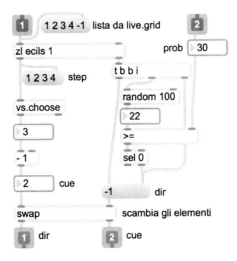

fig. 5.46: la *subpatch* [p dir_cue]

Dall'*inlet* di sinistra arriva la lista prodotta da **live.grid**, che in figura è [1 2 3 4 -1]: come sappiamo gli elementi della lista corrispondono ai blocchi attivi per un determinato *step*, tranne l'ultimo che corrisponde alla direzione impostata nel *directions panel*. Dal momento che i blocchi attivi sono più di uno (per la precisione 4) siamo evidentemente in modalità *matrix*. La lista viene inviata all'oggetto [zl ecils 1], la cui funzione è dividere la lista in due parti che escono dai due *outlet* dell'oggetto. L'argomento numerico rappresenta il numero di elementi che che viene mandato all'uscita di destra di [zl ecils][25], in questo caso 1: dalle due uscite dell'oggetto abbiamo quindi rispettivamente i valori dello *step* (a sinistra) e la direzione (a destra).

Come sappiamo, a causa della priorità destra-sinistra dell'ambiente Max, il primo valore prodotto da [zl ecils] è la direzione, che esce appunto dall'*outlet* di destra. Il valore viene inviato ad un **trigger** che ha tre argomenti [b b i], e di conseguenza tre uscite. Anche qui il primo messaggio prodotto è quello dell'*outlet* a destra, che raggiunge un *message box* in basso a destra, nel quale vediamo infatti memorizzata la direzione (-1)[26]. La seconda uscita di **trigger** produce un *bang* che fa generare un numero random compreso tra 0 e 99. Questo numero viene confrontato dall'oggetto >=[27] con il valore di probabilità

---

[25] L'oggetto è quindi la versione speculare di [zl slice] che abbiamo visto nel primo volume al paragrafo IA.7. L'argomento numerico di [zl slice], infatti, rappresenta il numero di elementi della lista che viene mandato all'uscita di sinistra.

[26] Ricordiamo che il valore -1 indica che il frammento verrà eseguito in *reverse*.

[27] Se non ricordate il funzionamento degli operatori relazionali e dell'oggetto **select**, tornate al primo volume, Interludio B, par IB.4.

che arriva dall'`inlet` di destra della *subpatch* [`p dir_cue`] (30 nella figura[28]). Dal momento che il numero casuale generato in figura è 22, che è minore di 30, la relazione >= non è soddisfatta e l'oggetto >= genera uno 0 ("falso") che viene inviato all'oggetto [`sel 0`]. L'oggetto [`sel 0`] genera quindi un *bang* dall'uscita di sinistra, che si "perde nel nulla" non essendo collegata a nessun altro oggetto.

L'ultimo *bang* di `trigger` viene generato dall'uscita di sinistra e raggiunge il *message box* dove in precedenza era stata memorizzata la direzione. In risposta al *bang* il *message box* invia il proprio contenuto all'ingresso di destra dell'oggetto `swap` (di cui ci occuperemo tra poco), e qui il messaggio si "ferma" essendo arrivato in un ingresso freddo.

Cosa succede quando la relazione >= viene soddisfatta, cioè quando il valore prodotto da `random` è maggiore o uguale a 30? L'oggetto >= invia il valore 1 ("vero") all'oggetto `sel`: dal momento che `sel` non ha come argomento 1, questo valore esce dall'*outlet* di destra di `sel` e raggiunge l'ingresso di destra del *message box*, dove sostituisce il valore —1 che era stato precedentemente memorizzato. Dopo di che l'ultimo *bang* dell'oggetto `trigger` invia il contenuto del *message box* all'oggetto `swap`. In questo caso quindi il frammento viene eseguito in direzione normale.

Ricapitolando, con le impostazioni che si vedono in fig. 5.46, quando il valore generato da `random` è compreso tra 0 e 29 (il 30% dei casi), il frammento viene riprodotto in *reverse*, quando è compreso tra 30 e 99 (il 70% dei casi) viene riprodotto normalmente.

Torniamo all'oggetto [`z1 ecils`] in alto; dall'uscita di sinistra esce la lista dei blocchi attivi nello *step*. Questa lista viene inviata all'oggetto `vs.choose` che, come sappiamo dal par. 3.7P del primo volume, genera un elemento casuale preso dalla lista che riceve. L'elemento scelto indicherà il *cue* che l'oggetto `vs.block~` dovrà eseguire. Come vediamo in figura 5.46, l'oggetto `vs.choose` ha scelto l'elemento "3": sottraiamo 1 a questo valore (come avevamo già fatto nella *patch* precedente, vedi fig. 5.41) e otteniamo il *cue* 2. Questo valore raggiunge l'ingresso caldo dell'oggetto `swap` la cui funzione è quella di scambiare i due valori numerici che riceve nei due ingressi: il valore ricevuto all'*inlet* di destra esce dall'*outlet* di sinistra, e viceversa. Dopo lo scambio quindi, il *cue* esce dall'uscita di destra della *subpatch* [`p dir_cue`] e raggiunge il moltiplicatore nella *patch* principale, esattamente come nella *patch* precedente illustrata in fig.5.41, mentre la direzione esce dall'uscita di sinistra e raggiunge l'ingresso caldo dell'oggetto `pack` che si vede in basso a destra nella *patch* principale. Questo oggetto genera a sua volta una lista (il cui primo elemento è appunto la direzione) per `vs.block~`. Notate che l'oggetto `vs.block~` usa la stessa convenzione di `live.grid` per definire la direzione di esecuzione di un blocco: 1 significa direzione normale, -1 significa *reverse* e 0 significa nessuna esecuzione (*muting*).

Riflettete un momento sul funzionamento della *subpatch* [`p dir_cue`] e poi rispondete a questa domanda: perché abbiamo usato l'oggetto `swap`?

---

[28] Questo significa che nel 30% dei casi la direzione del frammento sarà quella indicata nel *directions panel*, mentre nel 70% dei casi il frammento verrà eseguito nella direzione normale.

Perché non ci siamo limitati ad incrociare i cavi per cambiare di posto il *cue* e la direzione, come illustrato in figura 5.47?

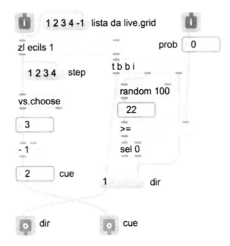

fig. 5.47: questa *subpatch* è sbagliata, perché?

Aggiungiamo ora altri elementi di variazione al nostro *slicer*: la *patch* **05_18_beat_slicer3.maxpat** ci permette di definire il *pitch*, il volume e la durata di ogni frammento (vedi fig. 5.48).

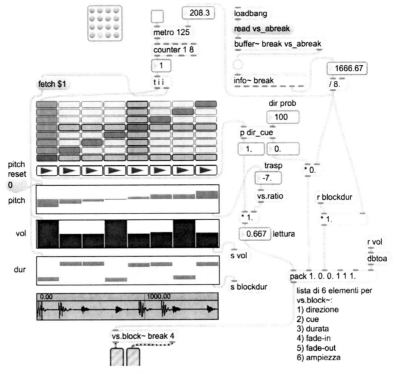

fig. 5.48: file **05_18_beat_slicer3.maxpat**

Abbiamo aggiunto tre `multislider` sotto l'oggetto `live.grid`, per il controllo del *pitch*, del volume e della durata di ogni frammento. Ogni `multislider` ha una diversa impostazione di colore, per rendere visivamente riconoscibili i tre parametri.

Vediamo che in questa *patch* la serie numerica prodotta dall'oggetto `counter` in alto viene inviata, oltre che a `live.grid`, anche ai tre `multislider` tramite il messaggio "fetch $1" (visibile sulla sinistra). Questo messaggio, come sappiamo dal par. IB.6 del primo volume, serve a prelevare il valore di uno *slider* all'interno di un `multislider`. Notate che l'oggetto [`t i i`] posto sotto il `counter` fa sì che il messaggio "fetch $1" venga inviato ai tre `multislider` prima del messaggio numerico inviato a `live.grid`.

Per prima cosa ascoltiamo attentamente i diversi *preset*.

I primi quattro presentano variazioni del *pitch*: il `multislider` relativo, contrassegnato con "pitch", produce valori che vanno da -12 a 12 (come si può verificare aprendone l'*inspector*). Questi valori rappresentano lo scostamento in semitoni: è quindi possibile alterare il *pitch* del frammento da un'ottava sotto a un'ottava sopra. Il valore di trasposizione generato dal `multislider` raggiunge l'oggetto `vs.ratio`: questo oggetto serve a trasformare una trasposizione indicata in semitoni nella corrispondente velocità di lettura di un file audio (come quella che usiamo, ad esempio, nell'oggetto `groove~`). La figura 5.49 (che vi invitiamo a ricostruire) dovrebbe chiarire il concetto.

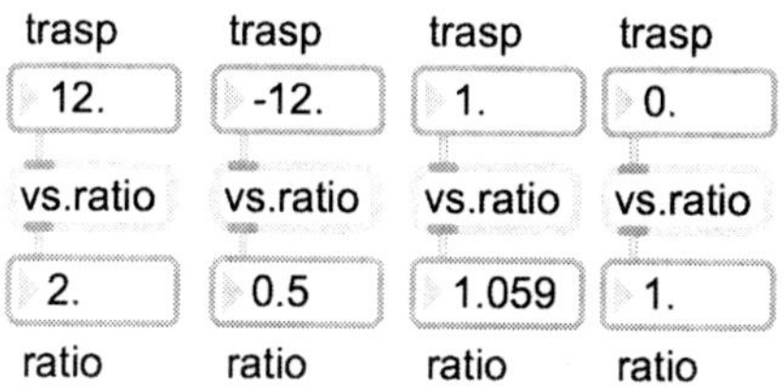

trasp	trasp	trasp	trasp
12.	-12.	1.	0.
vs.ratio	vs.ratio	vs.ratio	vs.ratio
2.	0.5	1.059	1.
ratio	ratio	ratio	ratio

fig. 5.49: l'oggetto `vs.ratio`

Come si vede in figura, a una trasposizione verso l'alto di 12 semitoni (un'ottava) l'oggetto `vs.ratio` fa corrispondere una velocità di lettura (ratio) pari a 2, a una trasposizione verso il basso di 12 semitoni una velocità di lettura pari a 0.5, alla trasposizione di 1 semitono una velocità di lettura pari a circa 1.059, e infine a nessuna trasposizione, cioè 0 semitoni, una velocità di lettura pari a 1, cioè velocità normale.

Il parametro di `vs.block~` che abbiamo finora utilizzato come direzione di lettura, infatti, modifica in realtà la velocità di lettura, esattamente come accade nell'oggetto `groove~`. Questo significa che la direzione di lettura, quando è diversa da 1 e -1, comporta anche una trasposizione.

Il valore di trasposizione, trasformato da `vs.ratio` in una velocità di lettura, viene moltiplicato per la direzione generata dalla *subpatch* [`p dir_cue`] che abbiamo già analizzato. In fig. 5.48, ad esempio, il valore di trasposizione è -12, a cui corrisponde una velocità di lettura pari a 0.5. Quest'ultimo valore viene moltiplicato per la direzione (che è -1, ovvero esecuzione del frammento in *reverse*), e la velocità di lettura diventa quindi -0.5, ovvero un'ottava sotto e in *reverse*.

I *preset* da 5 a 8 (seconda riga) presentano variazioni di intensità. L'oggetto **vs.block~** può ricevere un valore d'ampiezza (che di *default* è pari a 1) come sesto elemento della lista di ingresso. In questa *patch* inviamo quindi a **vs.block~** una lista di 6 elementi, in modo da poter variare l'ampiezza.
Il **multislider** "vol" produce valori fra -30 e 0, ovvero valori di intensità in dB: dal momento che l'oggetto **vs.block~** gestisce valori di ampiezza lineare, trasformiamo i dB in ampiezza tramite l'oggetto **dbtoa** prima di inviarli al sesto ingresso dell'oggetto **pack**.

I *preset* da 9 a 12 (terza riga) presentano variazioni di durata dei frammenti. Il **multislider** "dur" produce valori compresi tra 0 e 1. Questi valori moltiplicano la durata dei blocchi, prima che questa venga inviata al terzo ingresso dell'oggetto **pack**.

I *preset* da 13 a 16 (quarta riga) presentano variazioni combinate di tutti i parametri. Riascoltate attentamente tutti i *preset* cercando di capire come contribuiscano a modificare il suono e poi provate a realizzare nuovi *preset*.

Se confrontate la *patch* figura 5.45 con quella di figura 5.48, noterete che la *subpatch* [p calc_sel], che serve a evidenziare nell'oggetto **waveform~** il frammento in esecuzione, è "sparita". In realtà l'abbiamo resa invisibile, per rendere la *patch* più chiara, con il comando di menù *Object->Hide on Lock*, di cui abbiamo già parlato al paragrafo 1.1P. Se andiamo in modalità *edit*, infatti, possiamo vedere che la *subpatch* è ancora presente.
In modalità *edit* vediamo "comparire" anche diversi cavi che dalla terza uscita di **preset** raggiungono vari oggetti. Gli oggetti collegati a questa uscita vengono esclusi dalla memorizzazione nei *preset*[29]. Ad esempio i due oggetti **gain~** sono stati esclusi perché non vogliamo che l'impostazione di volume della *patch* venga memorizzata: questa infatti dipenderà dal sistema di ascolto che verrà utilizzato. Anche il **toggle** collegato al **metro** è stato escluso: memorizzare il **toggle**, attivo o disattivato, in un *preset* significherebbe infatti attivare o disattivare il **metro** ogni volta che selezioniamo quel *preset*.

Vedremo tra poco una ulteriore variazione del nostro *beat slicer*, ovvero l'applicazione dell'effetto *stuttering*. Prima però dobbiamo introdurre un nuovo oggetto: **vs.multibang**. Questo oggetto riceve al suo ingresso di sinistra un numero intero positivo e genera altrettanti *bang* in un intervallo di tempo dato. L'intervallo di tempo, in millisecondi, può essere fornito come argomento o come valore al suo ingresso di destra. Se ad esempio il tempo è 500 millisecondi, inviando all'ingresso di sinistra il valore 2, l'oggetto produrrà 2 *bang* distanti tra loro 250 millisecondi; inviando il valore 4 avremo 4 *bang* distanti tra loro 125 millisecondi e così via.
Ricostruite la *patch* di figura 5.50.

---

[29] Approfondiremo questa ed altre caratteristiche dell'oggetto **preset** nell'interludio D, in questo volume.

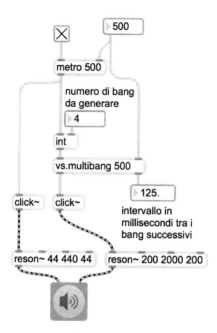

fig. 5.50: l'oggetto `vs.multibang`

Abbiamo un **metro** collegato ad un oggetto **int** che invia il valore numerico memorizzato al suo interno all'oggetto **vs.multibang**. Quest'ultimo è a sua volta collegato al generatore di impulsi unitari **click~** (che abbiamo già incontrato al paragrafo 3.9P) il cui segnale viene filtrato con un filtro passa-banda risonante e mandato al canale destro della scheda audio. L'oggetto **metro** è inoltre collegato ad un altro generatore di impulsi, filtrato a sua volta da un altro passa-banda risonante: il segnale risultante viene inviato al canale sinistro. Provate a modificare il valore numerico collegato all'ingresso destro di **int** e sentite come cambia il rapporto tra il segnale inviato al canale destro e quello inviato al canale sinistro. Modificate anche il tempo di scansione di **metro**: notate che tale tempo è inviato anche all'oggetto **vs.multibang**, in modo che i *bang* prodotti da quest'ultimo siano sincronizzati con la scansione di **metro**. Notate inoltre che la seconda uscita dell'oggetto **vs.multibang** invia l'intervallo in millisecondi che c'è tra un *bang* e l'altro.

Aprite ora il file **05_19_beat_slicer4.maxpat** (figura 5.51).
Per prima cosa ascoltiamo come al solito tutti i *preset*, osservando soprattutto la configurazione del nuovo **multislider** (contrassegnato con "stutter") che abbiamo aggiunto in fondo alla *patch*, e il *number box* "stut prob" (probabilità che venga effettuato lo *stuttering*) collegato al quarto ingresso della *subpatch* [p dir_cue_stut], visibile nella parte destra della *patch*.
Il **multislider** "stutter" produce valori interi compresi tra 1 e 8 che rappresentano il numero di ripetizioni del frammento. Se ad esempio il valore generato è 2, invece del *cue* intero viene ripetuta per due volte la prima metà, se il valore generato è 3, il primo terzo del *cue* viene ripetuto tre volte, e così via. Il valore 1 comporta l'esecuzione normale, senza *stuttering*.

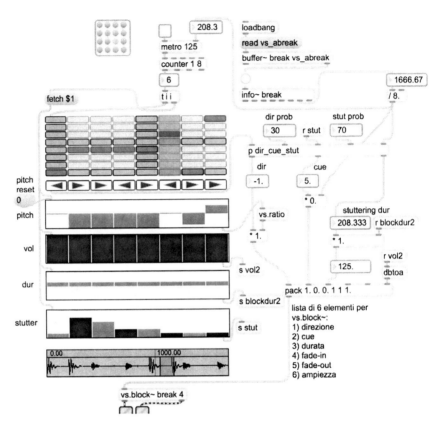

fig. 5.51: file **05_19_beat_slicer4.maxpat**

Il valore generato dal `multislider` viene inviato, tramite una coppia di oggetti `send/receive`, al terzo ingresso della *subpatch* [p dir_cue_stut]. Vediamo quindi il contenuto della *subpatch* (fig. 5.52).

Questa *subpatch* è un'estensione della *subpatch* [p dir_cue] presente nelle precedenti versioni dello *slicer*, e oltre agli *step* e la direzione di esecuzione gestisce il meccanismo di *stuttering*. L'algoritmo per lo *stuttering* si trova nella parte destra della *patch* e contiene un meccanismo di selezione probabilistica identico a quello usato per le direzioni. Dal terzo ingresso, infatti, arriva il valore di *stuttering* compreso tra 1 e 8; questo valore (in figura il valore è 3) viene memorizzato in un *message box*. Ad ogni nuovo *step* il valore di *stuttering* viene inviato all'oggetto `trigger` che lo passa al *message box* sottostante. Dopo di che viene generato un numero casuale tra 0 e 99 (in figura il valore è 24) che viene confrontato con il valore "stut prob" che, come abbiamo detto, entra nel quarto ingresso (in figura è 70).

Il meccanismo è lo stesso che è stato usato per le direzioni (vedi fig. 5.46) e quindi non lo ripetiamo: in ogni caso, alla fine nel *message box* si troverà o il valore di *stuttering*, proveniente dal `multislider` relativo, o il valore 1 (niente *stuttering*), a seconda che il valore casuale generato da `random` sia o non sia maggiore o uguale al valore di percentuale impostato nel *number box* "stut prob" della *patch* principale.

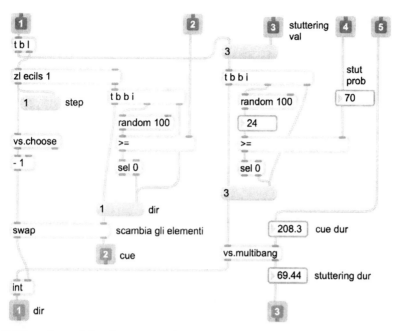

fig. 5.52: *subpatch* [p dir_cue_stut]

Passiamo alla parte sinistra della *patch* di fig. 5.52, e vediamo che la lista che entra nel primo **inlet** (*step* e direzione) viene inviata ad un **trigger** che per prima cosa invia la lista all'algoritmo che abbiamo dettagliatamente descritto dopo la fig. 5.46, e che genera il valore di direzione e il numero di *cue* da eseguire per quel particolare *step*. Il valore di direzione però stavolta non esce direttamente dal primo **outlet** ma viene memorizzato in un oggetto **int**.

Torniamo al **trigger**: il secondo messaggio che l'oggetto invia è un *bang* al *message box* di destra che contiene il valore di *stuttering*: questo valore viene inviato all'oggetto **vs.multibang** che genera un numero di *bang* pari al valore ricevuto, distribuiti nel tempo di durata di un *cue*. I *bang* sono inviati all'ingresso caldo dell'oggetto **int** sulla sinistra che invia all'uscita il valore di direzione: questo valore arriva all'ingresso caldo dell'oggetto **pack** nella *patch* principale, e la lista formata da quest'ultimo raggiunge l'oggetto **vs.block~** che esegue il frammento. L'oggetto **vs.multibang** genera inoltre dalla sua uscita di destra il valore di durata del frammento da eseguire, e lo invia al terzo **outlet** della *subpatch*: nella *patch* principale questo valore viene prima moltiplicato per il valore generato dal **multislider** che controlla le durate dei blocchi, ed infine inviato al terzo ingresso dell'oggetto **pack** che prepara la lista per **vs.block~**. Ascoltate nuovamente i *preset* della *patch* e provate a crearne di nuovi.

• •

ATTIVITÀ

1 - Quando l'oggetto **vs.block~** riceve una lista di 7 elementi, l'ultimo elemento è utilizzato per controllare la posizione stereofonica (*pan*) del blocco: il

valore 0 corrisponde al canale sinistro, il valore 1 al canale destro e gli altri valori compresi tra 0 e 1 alle posizioni intermedie.

Aggiungete alla *patch* **05_19_beat_slicer4.maxpat** un quinto `multislider` per controllare la posizione stereofonica dei blocchi generati, e naturalmente aggiungete un settimo argomento all'oggetto `pack`.

2 - Sostituite ai `multislider` della *patch* precedente altrettanti LFO (ciclici o casuali) per controllare i parametri *pitch*, intensità, durata, *stuttering* e *pan* dei blocchi. Dal momento che abbiamo bisogno di valori numerici e non di segnali, convertite il segnale generato da ciascun LFO in valore Max tramite l'oggetto `snapshot~` e trasformate l'intervallo -1 1 nell'intervallo proprio di ciascun parametro tramite l'oggetto `scale`.

3 – Sostituite il *loop* di batteria con il file **audio vs_greg_1666** (che contiene un breve frammento di canto gregoriano), e provate i diversi *preset* con il nuovo suono. Trovate altri *preset* che si adattino al timbro della voce.

· ·

5.5 MANIPOLAZIONE DEL PITCH NEI SUONI CAMPIONATI: AUDIO SCRUBBING

Vediamo ora come è possibile effettuare lo *scrubbing* di un file audio con Max. Per prima cosa dobbiamo fare la conoscenza con un nuovo oggetto: **play~**. Questo oggetto è abbastanza simile all'oggetto `wave~`, poiché quando riceve un segnale costituito da una rampa esegue il suono contenuto in un oggetto `buffer~`. La differenza è che mentre l'oggetto `wave~` esegue l'intero suono quando riceve una rampa che va da 0 a 1, l'oggetto `play~` deve ricevere una rampa che specifica la posizione in millisecondi all'interno del suono. Se ad esempio la durata del suono è 2 secondi (2000 millisecondi), l'oggetto `play~` deve ricevere una rampa che va da 0 a 2000 per poterlo eseguire tutto. Per chiarire il concetto osserviamo la fig. 5.53.

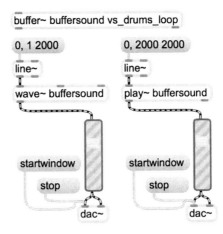

fig. 5.53: confronto tra `wave~` e `play~`

La *patch* in figura (che vi invitiamo a ricostruire) è una espansione della *patch* di figura 5.22, e mette a confronto gli oggetti `wave~` e `play~`.

Entrambi gli oggetti eseguono il file **audio vs_drums_loop** (la cui durata è 2 secondi) contenuto nel `buffer~` "buffersound" quando si fa clic sul *message box* corrispondente. Ma il *message box* utilizzato per `wave~` fa sì che l'oggetto `line~` ad esso collegato generi una rampa che va da 0 a 1 in 2000 millisecondi, mentre con il *message box* di `play~` viene generata una rampa che va da 0 a 2000 in 2000 millisecondi.

In altre parole mentre per `wave~` la posizione all'interno dell'audio file viene normalizzata tra 0 e 1, per `play~` la posizione viene espressa in millisecondi.

• •

ATTIVITÀ

Rispondete alle seguenti domande e realizzate gli esempi corrispondenti: approfondirete così la conoscenza del funzionamento di `play~`.

1- Che modifiche dobbiamo fare al contenuto del *message box* di destra nella *patch* di fig. 5.53 per eseguire il file audio a velocità doppia?

2- E a velocità dimezzata?

3- Come facciamo a sentire solo la metà iniziale del suono?

4- E la metà finale?

5- E se invece volessimo sentire il suono in *reverse* (ovvero alla rovescia), partendo dalla fine e arrivando all'inizio (come un nastro che vada all'indietro)?

6- Sostituite l'oggetto `line~` con l'oggetto `curve~`, e aggiungete un fattore di curvatura nel *message box*, ad es. 0.5, oppure -0.5. Che cosa succede? E perché?

7- Ricostruite la *patch* di fig. 5.23 (par. 5.3), sostituendo l'oggetto `wave~` con l'oggetto `play~` (e facendo tutte le altre modifiche necessarie) e verificate che la *patch* funzioni con qualsiasi suono caricato nel `buffer~`.

8- Fate la stessa cosa con la *patch* di fig. 5.24.

• •

Caricate adesso il file **05_20_scrubber.maxpat** (fig. 5.54).

In questa *patch* sfruttiamo l'oggetto `waveform~` come interfaccia per lo *scrubbing*.

Attivate il motore DSP e provate la funzione di *scrubbing* facendo clic sull'oggetto `waveform~` e trascinando il mouse. L'effetto è al momento abbastanza primitivo, ma lo perfezioneremo nel corso di questo paragrafo.

Vediamo come funziona la *patch*: quando si trascina il mouse su `waveform~` dalla quarta uscita dell'oggetto vengono generate liste di tre elementi, ciascuna contenente la posizione orizzontale del mouse, la sua posizione verticale e lo "stato" del mouse (che descriveremo in seguito).

Il valore delle posizioni orizzontale e verticale è normalizzato, cioè il valore minimo è 0 e il valore massimo è 1: tramite l'oggetto `unpack` preleviamo il primo elemento (il valore della posizione orizzontale del mouse) e lo moltiplichiamo per la durata del file audio (il file **vs_piano_tango** è lungo 16000 millisecondi). Con i valori di posizione che otteniamo trascinando il mouse creiamo, tramite l'oggetto `line~`, delle rampe della durata di 500 millisecondi[30] che usiamo per guidare l'oggetto `play~`. L'uscita di `line~`, inoltre, viene convertita dall'oggetto `snapshot~`[31] in un flusso costante di valori Max, che vengono associati al messaggio "line" visibile nel *message box* in alto a sinistra: questo messaggio (che non ha niente a che fare con l'omonimo oggetto) serve a generare una riga verticale all'interno di `waveform~` in corrispondenza della posizione in millisecondi indicata dal valore numerico. In figura vediamo la riga all'incirca a metà dell'oggetto `waveform~` (a 7413 millisecondi dall'inizio).

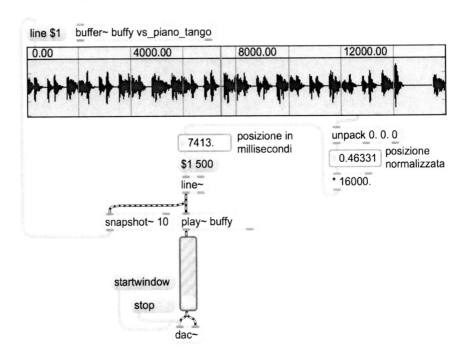

fig. 5.54: file **05_20_scrubber.maxpat**

Uno dei problemi dell'algoritmo utilizzato nella *patch* è che quando il mouse si muove velocemente, l'esecuzione del file audio viene accelerata, mentre invece non dovrebbe superare la velocità normale (dal momento che la funzione di *scrubbing* serve per cercare "ad orecchio" un punto all'interno di un file audio). Per correggere il problema usiamo l'oggetto **vs.playspeedlim~** che permette di "limitare la velocità" della rampa da trasmettere all'oggetto `play~`. Modificate la *patch* come in fig. 5.55.

---

[30] Il tempo di 500 millisecondi serve a poter ascoltare per un tempo sufficientemente lungo il frammento audio su cui si fa lo *scrubbing*. Abbiamo già usato l'oggetto `line~` per interpolare un flusso di valori, ad esempio nel paragrafo 1.4P (primo volume).
[31] Abbiamo parlato dell'oggetto `snapshot~` nel paragrafo 2.4P del primo volume.

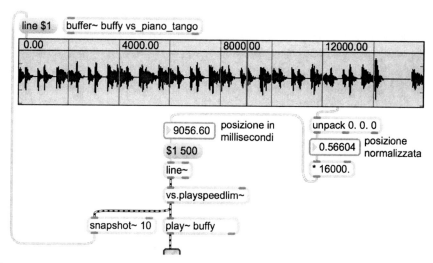

fig. 5.55: *scrubber* modificato

Abbiamo aggiunto l'oggetto **vs.playspeedlim~** tra l'oggetto line~ e l'oggetto **play~**. Di *default* vs.playspeedlim~ trasforma le rampe che riceve in modo che, quando vengono trasmesse a play~, la velocità massima di esecuzione del file audio relativo sia quella normale. È possibile modificare la velocità massima tramite un valore numerico inviato all'ingresso destro di **vs.playspeedlim~**: il valore 1 corrisponde alla velocità normale (è il valore di *default*), il valore 2 alla velocità doppia, 0.5 alla velocità dimezzata, e così via. Inoltre il valore 0 corrisponde al blocco della rampa, mentre il valore -1 elimina il "limite di velocità".

Provando la *patch* modificata ci accorgiamo di altre possibili migliorie: una volta trascinato il mouse, ad esempio, non è possibile fermare l'esecuzione. Se trasciniamo il mouse dall'inizio alla fine della forma d'onda mostrata in **waveform~** dobbiamo attendere 16 secondi perché l'esecuzione si fermi. Mentre chi ha provato l'analoga funzione in un programma di hard disk recording si aspetta che l'esecuzione si arresti appena si rilascia il tasto del mouse. Inoltre, se si fa clic con il mouse in un punto qualunque di **waveform~** l'esecuzione del file audio parte dalla posizione precedente e raggiunge, a velocità normale, la nuova posizione. Sarebbe opportuno, invece, che ad ogni nuovo clic la riga che indica la posizione raggiungesse immediatamente il puntatore del mouse, senza che il file venga eseguito.

Abbiamo effettuato queste modifiche sfruttando lo "stato" del mouse, che è il terzo elemento della lista che viene generata alla quarta uscita di **waveform~**. Questo elemento può assumere i seguenti valori:

0 = tasto del mouse rilasciato
1 = tasto del mouse premuto
2 = trascinamento del mouse (con il tasto premuto)

Vediamo come sono state applicate le modifiche: carichiamo il file **05_21_scrubber2.maxpat** (fig. 5.56).

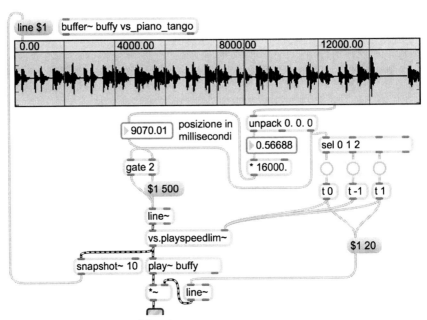

fig. 5.56: file **05_21_scrubber2.maxpat**

Per prima cosa osserviamo la connessione che dalla terza uscita dell'oggetto **unpack** (che corrisponde come abbiamo detto allo stato del mouse) raggiunge il primo ingresso dell'oggetto **gate**, sulla sinistra. Al secondo ingresso di **gate** è collegata la posizione in millisecondi del file audio. Quando trasciniamo il mouse all'interno dell'oggetto **waveform~** il valore dello stato del mouse è, come sappiamo, 2. Questo valore apre la seconda uscita di **gate** e il valore di posizione raggiunge il *message box* [$1 500], come avveniva già nella *patch* precedente. Quando il tasto viene rilasciato, il valore dello stato del mouse è 0; questo valore chiude il *gate* e il valore di posizione non esce da nessuno dei due *outlet* da **gate**. Quando si fa clic con il mouse all'interno di **waveform~** (senza trascinare), il valore di stato del mouse è 1; questo valore apre la prima uscita di **gate** e il valore di posizione raggiunge direttamente l'oggetto **line~** senza passare per il *message box*. Come sappiamo, quando un oggetto **line~** riceve un valore singolo (non una lista), genera immediatamente quel valore.
Vediamo ora come viene modificato il comportamento di **vs.playspeedlim~**: l'oggetto **sel** collegato alla terza uscita di **unpack** invia, tramite dei **trigger**, dei valori all'ingresso destro di **vs.playspeedlim~** (che controlla il "limite di velocità" delle rampe in ingresso) in corrispondenza dei diversi valori di stato del mouse.
Quando lo stato del mouse è 0 (tasto rilasciato), viene inviato il valore 0 a **vs.playspeedlim~**, questo valore, come abbiamo detto, blocca la rampa: quando si rilascia il tasto del mouse, quindi, l'esecuzione di **play~** si arresta.
Quando lo stato del mouse è 1 (tasto premuto), viene inviato il valore -1 a **vs.playspeedlim~**, questo valore come sappiamo elimina il limite di velocità: ogni volta che facciamo clic con il mouse all'interno di **waveform~**, quindi, la posizione puntata dal mouse viene raggiunta immediatamente.

Quando lo stato del mouse è 2 (trascinamento), viene inviato il valore 1 a **vs.playspeedlim~**, corrispondente alla velocità normale: quando trasciniamo il mouse all'interno di **waveform~**, quindi, l'esecuzione del file segue lo spostamento del mouse, ma la velocità di lettura del file non può superare la velocità normale. Oltre a ciò, i **trigger** collegati ai valori di stato del mouse 0 e 2 (prima e terza uscita dell'oggetto **sel**), raggiungono il *message box* [$1 20] (a destra nella *patch*) che a sua volta è collegato a un oggetto **line~** che si trova sotto **play~**: sapreste dire a cosa serve questo oggetto **line~** e perché è collegato con i due **trigger**?

• •

ATTIVITÀ

Modificate la *patch* **05_21_scrubber2.maxpat** in modo che funzioni qualunque sia la lunghezza del file che viene caricato nel **buffer~**.

• •

RANDOM SCRUBBER

Vediamo ora come si può usare la tecnica dello *scrubbing* per scopi creativi: analizzeremo una *patch* che esegue lo *scrubbing* automatico, basato su generatori di numeri casuali, di un file audio caricato in memoria.
Per prima cosa carichiamo il file **05_22_auto_scrubber.maxpat** (fig. 5.57).
In questa *patch* utilizziamo il file audio **vs_mikr.aif**, che contiene un'elaborazione di suoni elettronici e percussivi. Questo file è stereofonico, e viene caricato nel **buffer~** "variatio" visibile sopra l'oggetto **waveform~**. Notate che l'oggetto **buffer~** contiene (oltre al proprio nome e al nome del file da caricare) due argomenti numerici, 0 e 2. Il primo valore rappresenta la lunghezza in millisecondi del *buffer* (questo valore viene però immediatamente modificato dal file audio caricato), il secondo valore il numero di canali (che sono due, perché il nostro file è stereofonico). Se avessimo omesso questi valori l'oggetto **buffer~** avrebbe caricato in memoria un solo canale del file audio.
Per prima cosa ascoltiamo il file vs_mikr.aif per intero selezionando il primo *preset* e attivando l'oggetto **metro** in alto a sinistra (dopo ovviamente avere avviato il motore DSP con un clic sul messaggio *startwindow*).
Il file dura 20 secondi e presenta una serie di situazioni timbricamente diverse, che possono essere utilmente sfruttate dal *random scrubber* per generare nuovo materiale sonoro. Ascoltate poi i rimanenti *preset* della prima riga, per rendervi conto del tipo di variazioni sonore ottenibili con questa *patch*. Date anche un'occhiata ai valori dei diversi parametri (che ovviamente descriveremo tra breve), all'area selezionata all'interno di **waveform~** e al movimento della riga verticale all'interno dell'oggetto.
Prima di ascoltare i restanti *preset* vediamo come vengono impostati i diversi parametri. Come abbiamo detto lo *scrubbing* è automatico, non viene cioè effettuato con il trascinamento del mouse, ma viene prodotto direttamente

dalla *patch*, tramite un oggetto `play~` che si trova all'interno della *subpatch* [p scrub_engine].

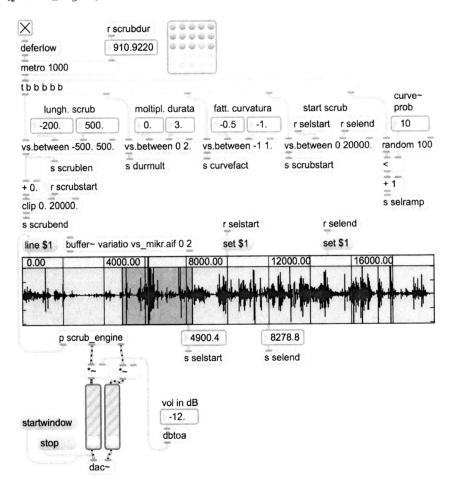

fig. 5.57: file **05_22_auto_scrubber.maxpat**

Trascinando il mouse all'interno dell'oggetto `waveform~` possiamo seleziona-re una porzione del file audio da cui la *patch* sceglierà (casualmente) il punto di partenza per la lettura. Nella parte alta della *patch* possiamo vedere gli altri parametri impostabili: sotto l'intestazione "lungh. scrub" (a sinistra), possiamo selezionare la lunghezza minima e massima dello *scrubbing* casuale. Ovvero una volta generato casualmente il punto di partenza all'interno della porzio-ne di audio file selezionata in `waveform~`, viene calcolato il punto di arrivo aggiungendo un valore casuale al punto di partenza. In figura vediamo che i limiti minimo e massimo di "lungh. scrub" sono -200 e 500: questo significa, ad esempio, che se il punto di partenza generato casualmente si trova a 5000 millisecondi, il punto di arrivo può trovarsi in un punto compreso tra 4800 (5000 - 200) e 5500 (5000 + 500) millisecondi (nel caso in cui il punto di arrivo sia minore del punto di partenza, l'esecuzione sarà naturalmente in *reverse*).

Il parametro successivo (indicato con "moltipl. durata") modifica, con un fattore di moltiplicazione, la velocità di lettura dello *scrubbing*. In figura i valori minimo e massimo di questo fattore di moltiplicazione sono 0 e 3: questo significa che la durata di esecuzione del frammento può andare da 0 a 3 volte la durata reale. Immaginiamo ad esempio che il frammento abbia un punto di partenza a 5000 millisecondi e un punto di arrivo a 5400: la sua lunghezza sarà quindi di 400 millisecondi. Se il fattore di moltiplicazione generato casualmente fosse 2, l'esecuzione avverrebbe in 800 (400 · 2) millisecondi, e il suono sarebbe riprodotto all'ottava sotto; se il fattore di moltiplicazione fosse 0.5, l'esecuzione avverrebbe in 200 (400 · 0.5) millisecondi, e il suono sarebbe riprodotto all'ottava sopra, e così via.

Il parametro seguente è il fattore di curvatura: infatti l'oggetto `play~` che esegue lo *scrubbing*, come vedremo, può essere controllato da un oggetto `line~` o da un oggetto `curve~`, e in quest'ultimo caso il fattore di curvatura viene generato casualmente. In figura questo fattore varia tra -0.5 e -1.

Dopo il parametro "start scrub", che si imposta come abbiamo detto selezionando con il mouse un'area all'interno dell'oggetto `waveform~`, sulla destra abbiamo l'ultimo parametro ("curve~ prob") che rappresenta la probabilità in percentuale che lo *scrubbing* venga effettuato con `curve~` invece che con `line~`: in figura la probabilità è del 10%. La differenza tra la lettura con `line~` e la lettura con `curve~` è che nel secondo caso la velocità di lettura cambia continuamente (a causa della curvatura) e viene quindi generato un glissando.

Provate ora i diversi *preset*, facendo molta attenzione a come sono stati impostati i parametri e all'effetto sonoro risultante. Provate inoltre a realizzare nuovi *preset*.

Analizziamo ora il funzionamento della *patch*. Come abbiamo visto, tramite il mouse è possibile selezionare una porzione della forma d'onda contenuta nell'oggetto `waveform~`. Ciò è reso possibile dall'attributo "Click Mode" (che troviamo nell'*inspector*) con il quale si determina il tipo di azione che possiamo effettuare in `waveform~` con il mouse. L'attributo in questo caso è impostato su "Select" e questo ci permette appunto di selezionare una porzione dell'audio file[32].

Quando effettuiamo una selezione con il mouse l'oggetto `waveform~` genera i due valori di inizio e fine della selezione (visibili nei due *number box* posti sotto l'oggetto). Questi due valori sono inviati a due oggetti `send`, che hanno come argomento rispettivamente "selstart" e "selend": nella parte alta della *patch* vediamo (sotto l'intestazione "start scrub") due oggetti `receive` con gli stessi argomenti, che inviano i valori ricevuti ad un oggetto `vs.between`.

Ci sono altri due oggetti `receive` che ricevono i valori di inizio e fine della selezione e che si trovano al di sopra dell'oggetto `waveform~`. Questi due `receive` sono collegati a due *message box*, entrambi contenenti il messaggio

---

[32] Le altre modalità possibili per l'attributo "Click Mode" sono "None" (il mouse non ha nessun effetto), "Loop" (serve per spostare e modificare l'area selezionata), "Move" (permette di effettuare lo zoom della forma d'onda e di navigare all'interno di questa), "Draw" (permette di disegnare la forma d'onda con il mouse). Queste modalità sono impostabili anche inviando all'oggetto l'attributo *setmode*.

"set $1", collegati a loro volta al terzo e al quarto ingresso di **waveform~** (questi ingressi servono appunto a impostare le posizioni di inizio e fine selezione). Il collegamento si è reso necessario perché l'area selezionata in **waveform~** non viene memorizzata dall'oggetto **preset**, e quindi richiamando i diversi *preset* tale area non sarebbe stata visualizzata. L'oggetto **preset** però memorizza i valori contenuti nei due *number box* situati al di sotto di **waveform~**: ogni volta che si seleziona un nuovo *preset* questi due valori vengono inviati agli oggetti **receive** collegati a **waveform~**, e l'area appare selezionata. Il messaggio "set $1", serve a far sì che i valori numerici ricevuti da **waveform~** non vengano nuovamente inviati alle uscite, e da qui tramite le coppie **send** e **receive** nuovamente agli ingressi di **waveform~**, e così all'infinito, provocando un "corto circuito" che avrebbe bloccato l'elaborazione.

Il messaggio *set* infatti serve (oltre alle altre funzioni che abbiamo visto nel primo volume) a impostare le variabili interne di molti oggetti Max senza che questi generino a loro volta un messaggio in uscita. Ricostruite ad esempio la semplice *patch* di fig. 5.58.

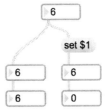

fig. 5.58: il messaggio *set*

Come si vede, il valore 6 impostato nel *number box* in alto viene trasmesso al *number box* a sinistra che lo trasmette a sua volta al *number box* al di sotto. Il valore 6 viene anche trasmesso al messaggio "set $1" a destra, che a sua volta modifica il *number box* a cui è collegato: quest'ultimo però non trasmette nulla al *number box* sottostante, che infatti rimane impostato a 0. In altre parole possiamo dire che il messaggio *set* serve a rendere "freddo" un ingresso "caldo".

Torniamo alla *patch* di fig. 5.57: in alto a sinistra c'è un oggetto **metro** che, tramite un **trigger**, invia i *bang* ai 5 generatori casuali che abbiamo già visto. Procedendo da destra a sinistra, il primo valore casuale generato è quello relativo alla probabilità che venga selezionato l'oggetto **curve~**: si tratta di un valore casuale tra 0 e 99 che viene confrontato con il parametro dato (in figura è 10). Se il valore casuale è minore del parametro dato, l'oggetto < genera un 1, in caso contrario genera uno 0. Questo valore viene aumentato di 1, e trasmesso all'oggetto [**s** selramp] che lo invia all'interno della *subpatch* [**p** scrub_engine] (vedremo tra poco come viene utilizzato).

Spostandoci verso sinistra abbiamo il valore casuale corrispondente al punto di inizio dello *scrubbing* che viene trasmesso all'oggetto [**s** scrubstart]: da qui il valore viene inviato all'interno della *subpatch* [**p** scrub_engine], e anche ad un oggetto **receive** nella parte sinistra della *patch* di cui ci occuperemo tra un momento.

Il fattore di curvatura viene trasmesso da [**s** curvefact] all'interno della *subpatch* [**p** scrub_engine], così come il fattore di moltiplicazione della durata (tramite [**s** durmult]).

L'ultimo parametro generato (a sinistra nella *patch*) è la lunghezza del frammento da eseguire: il valore di questo parametro viene trasmesso da [s scrublen] all'interno della *subpatch* [p scrub_engine]; oltre a ciò viene sommato al valore del punto di inizio dello *scrubbing* (ricevuto da [r scrubstart]) e costretto all'interno del range 0-20000 (ovvero la durata del file audio) dall'oggetto clip. Il valore risultante viene trasmesso da [s scrubend] all'interno della *subpatch* [p scrub_engine].
Vediamo infine il contenuto della *subpatch* [p scrub_engine] (fig. 5.59).

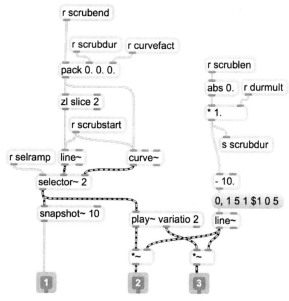

fig. 5.59: *subpatch* [p scrub_engine]

Come abbiamo detto, il primo valore che arriva è quello che seleziona il tipo di rampa (lineare o curva) da produrre. Vediamo sulla sinistra l'oggetto [r selramp] collegato ad un **selector~**: se il valore ricevuto è 1 avremo il segnale generato da **line~** all'uscita di **selector~**, se il valore ricevuto è 2 avremo il segnale generato da **curve~**. Questo segnale raggiunge un oggetto **play~** che fa riferimento al **buffer~** "variatio" presente nella *patch* principale: notate che il secondo argomento di **play~** è il valore 2, e rappresenta il numero di canali in uscita (il file come sappiamo è stereofonico). Il segnale in uscita da **selector~** viene trasmesso anche all'oggetto **snapshot~** che è collegato al primo **outlet** della *subpatch*.
Il secondo valore che arriva alla *subpatch* è il punto di inizio dello *scrubbing*: l'oggetto [r scrubstart] è collegato agli oggetti **line~** e **curve~**. Come sappiamo, questi due oggetti quando ricevono, come in questo caso, un valore singolo si posizionano immediatamente sul valore ricevuto.
Il terzo valore ricevuto è il fattore di curvatura ([r curvefact]), che viene inviato al terzo ingresso dell'oggetto **pack** in alto.
Il quarto valore è il moltiplicatore della durata ([r durmult]), che viene inviato all'ingresso freddo di un moltiplicatore visibile sulla destra.

Il quinto parametro genera due valori: la lunghezza del frammento da eseguire e il punto di arrivo di tale frammento.

Il valore di lunghezza del frammento ([r scrublen]) viene innanzitutto inviato all'oggetto **abs** (sulla destra) che lo rende sempre positivo (la lunghezza può infatti anche essere negativa e in tal caso produce una esecuzione in *reverse*); poi viene moltiplicato per il fattore di moltiplicazione ricevuto da [r durmult]. Il valore di durata così ottenuto serve a generare un inviluppo trapezoidale che viene applicato al frammento eseguito, in modo da evitare i click. Lasciamo al lettore il compito di analizzare come viene generato questo inviluppo. Il valore di durata viene inviato anche all'oggetto [s scrubdur]. Il corrispondente [r scrubdur] è collegato al secondo ingresso dell'oggetto **pack** in alto. C'è un secondo [r scrubdur] nella *patch* principale (fig. 5.57), collegato all'ingresso di destra di **metro**. Questo collegamento fa sì che la scansione del metronomo corrisponda sempre alla durata del frammento eseguito.

Il punto di arrivo del frammento ([r scrubend]), infine, raggiunge l'ingresso caldo dell'oggetto **pack** che produce la lista di tre elementi (punto d'arrivo, tempo da impiegare, fattore di curvatura) per l'oggetto **curve~**. I primi due elementi di questa lista vengono inviati, tramite [zl slice 2] anche all'oggetto **line~**.

Torniamo ora alla *patch* principale: dall'uscita di sinistra della *subpatch* [p scrub_engine] viene trasmesso un flusso di valori Max, prodotto da **snapshot~**, che viene utilizzato per visualizzare la riga verticale all'interno di **waveform~**. Le altre due uscite sono il canale destro e sinistro del frammento eseguito. Questo segnale stereofonico, prima di essere inviato ai due oggetti **gain~** viene modificato in ampiezza dal parametro "vol in dB" visibile alla destra dei **gain~**. Abbiamo infatti aggiunto la possibilità di regolare il volume per ciascun *preset* (al di là del volume generale impostato dai **gain~**), per evitare eccessivi sbalzi di ampiezza tra un *preset* e l'altro.

L'ultimo oggetto che ci resta da spiegare è il **deferlow** che si trova in alto a sinistra, tra il **toggle** e l'oggetto **metro**. Questo oggetto fa sì che il messaggio che riceve venga trasmesso per ultimo, quando sono stati trasmessi tutti gli altri messaggi, e indipendentemente dalla sua posizione all'interno della *patch*. In questo modo, quando passiamo da un *preset* all'altro, siamo sicuri i parametri vengono impostati prima che l'oggetto **metro** riceva il comando di *start* dal **toggle** e generi il suo primo *bang*.

• •

⌒ATTIVITÀ

- Aggiungete un filtro passa-basso e un passa-alto al *random scrubber*; le frequenze di taglio dei due filtri dovranno essere generate casualmente da due **vs.between** per ogni frammento eseguito, memorizzate dei nuovi *preset* con queste impostazioni.
- Controllate uno o più parametri del *random scrubber* con altrettanti LFO, ciclici o casuali, e realizzate dei nuovi *preset*.

LISTA OGGETTI MAX

adc~
Analog to Digital Converter: Oggetto che importa all'interno dell'ambiente Max i segnali (anche multicanale) in entrata nella scheda audio del computer.

deferlow
Fa sì che il messaggio che riceve venga trasmesso per ultimo, quando sono stati trasmessi tutti gli altri messaggi, e indipendentemente dalla sua posizione all'interno della *patch*.

degrade~
Serve a diminuire (virtualmente) il numero di bit di un segnale e la sua frequenza di campionamento.

dspstate~
Dà informazioni sul "motore" audio di MSP, in particolare sul *Sampling Rate*, *I/O Vector Size* e *Signal Vector Size*.

gate~
Invia il segnale che entra nel suo ingresso destro ad una delle sue uscite che vengono indicate con un numero nell'ingresso sinistro (1 = prima uscita, 2 = seconda uscita etc. il numero 0 esclude il segnale in ingresso).

groove~
Esegue un suono proveniente da una tabella e ne gestisce i *loop*. La tabella è contenuta in un oggetto `buffer~`. Gli oggetti `groove~` e `buffer~` devono avere come argomento lo stesso nome.

info~
Fornisce informazioni sul file di suono contenuto in un oggetto `buffer~`. Gli oggetti `info~` e `buffer~` devono avere come argomento lo stesso nome.

live.grid
Oggetto grafico che fa parte della libreria *Max for Live*: è composto da blocchi rettangolari, detto *step* disposti di *default* in 16 righe per 16 colonne.

meter~
Indicatore grafico del livello audio.

play~
Suona il contenuto di un `buffer~`

sah~
Effettua il *sample and hold* del segnale in ingresso.

sfinfo~
Fornisce informazioni su un file audio: numero di canali, dimensione del

campione in bit, frequenza di campionamento, durata in millisecondi, formato dei singoli campioni, nome del file.

sig~
Trasforma un messaggio numerico (intero o *floating point*) in un segnale.

swap
Scambia la posizione di due valori numerici.

trapezoid~
Tabella trapezoidale: produce un ciclo di onda trapezoidale ogni volta che riceve una rampa che va da 0 a 1, ad esempio dall'oggetto phasor~.

vs.block~
Suona porzioni di suono da un buffer~

vs.brickwall
Filtro a pendenza estremamente ripida, basato sulla tecnica di analisi e risintesi mediante *Fast Fourier Transform*.

vs.click~
Generatore di treni di impulsi.

vs.multibang
Genera un determinato numero di *bang* in un tempo dato

vs.playspeedlim~
Trasforma le rampe che riceve in rampe in uscita che limitano la massima velocità di riproduzione di un file audio in un oggetto play~.

vs.ratio
Oggetto che trasforma gli intervalli in semitoni in rapporti di frequenza.

LISTA ATTRIBUTI E MESSAGGI PER OGGETTI MAX SPECIFICI

live.grid
- Directions Panel
Elemento dell'oggetto `live.grid` tramite cui è possibile impostare la direzione di lettura degli *step*.

- Direction o Display Directions Panel (attributo)
Tramite questi attributi può essere fatto apparire e scomparire il *directions panel*.

- Columns (attributo)
Con questo attributo, accessibile anche dall'*inspector*, si può cambiare il numero di colonne.

- Rows (attributo)
Con questo attributo, accessibile anche dall'*inspector*, si può cambiare il numero di righe.

- Matrixmode (attributo)
Questo attributo, accessibile anche dall'*inspector*, attiva la modalità *matrix* che permette di impostare, per ogni *step*, un numero di valori variabile a piacere.

sfplay~
- Seek (messaggio)
Con questo messaggio `sfplay~` esegue il sound file a partire da una posizione in millisecondi indicate dal numero che segue il messaggio.

- Preload (messaggio)
Questo messaggio seguito da un numero di *cue* serve a pre-caricare in memoria l'inizio delle porzioni di suono in modo che possano essere lette senza ritardo.

- Name (messaggio)
Questo messaggio, seguito da un nome di riferimento, serve a dare un nome a un oggetto `sfplay~`.

sfinfo~
- Getnamed (messaggio)
Questo messaggio, seguito da un nome che abbiamo dato con il messaggio "name" ad un oggetto `sfplay~`, permette di ottenere informazioni sul file di suono aperto dall'oggetto `sfplay~` stesso.

- Open (messaggio)
Questo messaggio, inviato all'oggetto `sfinfo~` apre un file audio allo scopo di ottenere le informazioni in esso contenute.

waveform~
- Buffer~ Object Name (attributo)

Con questo attributo dell'*inspector* si imposta il nome del **buffer~**.
- Click-Mode (attributo)
Con questo attributo si determina il tipo di azione che possiamo effettuare in
waveform~ con il mouse.
Le modalità possibili sono:
"Select" (per selezionare una porzione dell'audio file);
"None"(il mouse non ha nessun effetto);
"Loop" (serve per spostare e modificare l'area selezionata);
"Move" (permette di effettuare lo zoom della forma d'onda e di navigare all'interno di questa);
"Draw" (permette di disegnare la forma d'onda con il mouse);
Queste modalità sono impostabili anche inviando all'oggetto l'attributo *setmode*.

GLOSSARIO

Audio Status

Finestra a cui si accede dal menù *Options* mediante la quale si possono gestire le impostazioni globali dell'audio e scegliere la scheda audio con cui MSP deve comunicare. Divisa in 5 riquadri: scelta della scheda audio, impostazione della dimensione dei *buffer* e della frequenza di campionamento, informazioni sull'utilizzo della CPU, impostazione del mixer (solo a partire da Max 6), impostazione canali I/O.

Interludio C

GESTIONE DEL TEMPO, POLIFONIA, ATTRIBUTI E ARGOMENTI

IC.1   COME SCORRE IL TEMPO (IN MAX)

IC.2   REALIZZIAMO UNO STEP SEQUENCER

IC.3   LA POLIFONIA

IC.4   ABSTRACTION E ARGOMENTI

PREREQUISITI PER IL CAPITOLO
- Contenuti del volume 1 e del capitolo 5 (teoria e pratica)

OBIETTIVI
ABILITÀ
- Saper gestire i diversi tipi di durate, scansioni metriche e valori di tempo, incluso il sistema di scansione globale del tempo nell'ambiente Max
- Saper costruire e gestire uno step sequencer
- Saper gestire la polifonia in Max
- Saper gestire attributi e argomenti nelle abstraction

CONTENUTI
- Durate, scansioni metriche e valori di tempo in Max
- Sistema di scansione globale del tempo in Max
- Argomenti e attributi
- Algoritmi per lo step sequencer
- Patch polifoniche
- Abstraction e argomenti

SUSSIDI DIDATTICI
- Lista oggetti Max - Lista attributi, messaggi ed elementi grafici per oggetti Max specifici - Glossario

IC.1 COME SCORRE IL TEMPO (IN MAX)

Premessa: anche per questo capitolo vi suggeriamo di attivare, nella finestra *Audio Status*, le opzioni "Scheduler in Overdrive" e "in Audio Interrupt", e di impostare un *Signal Vector Size* compreso tra 16 e 64 campioni (preferibilmente 16).

Finora abbiamo usato, come unità di misura del tempo, i millisecondi (ad esempio per indicare l'intervallo tra i *bang* generati dall'oggetto `metro`) o i campioni (ad esempio per indicare il ritardo di un segnale audio nell'oggetto `delay~`[1]). Con Max è possibile utilizzare altre unità di misura, e soprattutto è possibile sincronizzare diversi oggetti tra loro grazie ad un **master clock** (un sistema di scansione globale del tempo nell'ambiente Max) controllato dall'oggetto **transport** che consente, fra l'altro, di attivare e disattivare il passaggio del tempo globale. Ricostruite la *patch* di figura IC.1.

fig. IC.1: l'oggetto `transport`

Notate che l'argomento dell'oggetto `metro` non è un valore in millisecondi, ma un simbolo: *4n* (il cui significato vedremo tra poco). Questo fa sì che il funzionamento dell'oggetto `metro` sia legato al *master clock*.
Per prima cosa attivate il `toggle` al di sopra dell'oggetto `metro`: contrariamente alle aspettative l'oggetto non emette alcun *bang*. Ora attivate anche il `toggle` al di sopra dell'oggetto `transport`: l'oggetto `metro` comincia a produrre dei *bang*.
L'oggetto `transport` attiva il *master clock* che a sua volta attiva l'oggetto `metro`; per quest'ultimo, in pratica, il tempo "scorre" solo quando il *master clock* è attivo.
Qual è la velocità di scansione di `metro`? Il simbolo 4n che abbiamo usato come argomento è un *valore di tempo relativo*, e precisamente è un *note value* (valore di nota), che indica che la scansione corrisponde alla durata di una nota da un quarto (ovvero una semiminima). L'oggetto `metro`, quindi, genera un *bang* ogni semiminima.
Quanto dura una semiminima? La durata di una semiminima dipende dall'oggetto `transport`, o meglio dall'attributo **"tempo"** dell'oggetto. Questo attributo esprime il numero di battiti (o pulsazioni) per minuto[2] (abbreviato in bpm) e di *default* il suo valore è 120 bpm (120 pulsazioni al minuto, ovvero una pulsazione ogni mezzo secondo).
Il tempo metronomico può essere variato inviando all'oggetto `transport` il messaggio "tempo" seguito dal valore in bpm. Modifichiamo la *patch* precedente nel modo illustrato in figura IC.2.

---

[1] Ne abbiamo parlato nel primo volume, al paragrafo 3.6P.
[2] Si tratta quindi del classico tempo di metronomo.

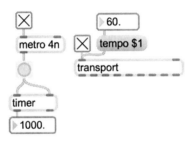

fig. IC.2: modifica del tempo di metronomo

Oltre al messaggio per modificare il tempo in bpm di **transport**, abbiamo aggiunto un oggetto **timer** che ci permette di calcolare l'intervallo (in millisecondi) tra un *bang* e il successivo. Come vedete, portando il tempo metronomico a 60 bpm, viene generato un *bang* al secondo (1000 millisecondi). Provate a variare il tempo in bpm e osservate come cambia il tempo calcolato dall'oggetto **timer** (notate che nella *patch* l'oggetto **timer** ha entrambi gli ingressi collegati al *button* soprastante).
L'oggetto **timer** è un "cronometro" che si avvia quando riceve un *bang* all'ingresso di sinistra, e genera all'uscita il tempo trascorso quando riceve un *bang* all'ingresso di destra. Contrariamente alla grande maggioranza degli oggetti Max, quindi, l'ingresso "caldo" di **timer** è quello destro.

. . . .

🖱 **ATTIVITÀ**

Create una nuova *patch* per fare delle prove con l'oggetto **timer** inviando dei *bang* separatamente all'ingresso sinistro e destro; osservate i valori all'uscita di **timer**. Poi spiegate perché, come si vede in fig. IC.2, collegando uno stesso *bang button* a entrambi gli ingressi di un **timer**, è possibile calcolare il tempo trascorso tra un *bang* e il successivo.

. . . .

Ci sono ovviamente diversi simboli per indicare i principali *note value*. Questi inoltre vengono suddivisi in unità minime chiamate *ticks*: una semiminima, ovvero una nota da un quarto, è identificata come abbiamo visto dal simbolo 4n, e si suddivide in 480 *ticks*. Questo significa che una nota da un ottavo (simbolo 8n) corrisponde a 240 *ticks*, una da un sedicesimo (simbolo 16n) a 120 *ticks* e così via. Anche la durata dei *ticks*, ovviamente, dipende dal tempo di metronomo dell'oggetto **transport**.

Ecco ora una corrispondenza tra simboli di *note value*, valore frazionario e valore in *ticks*:

1nd   Intero (Semibreve) col punto - 2880 *ticks*
1n   Intero - 1920 *ticks*

1nt	Terzina di interi - 1280 *ticks*
2nd	Metà (Minima) col punto - 1440 *ticks*
2n	Metà - 960 *ticks*
2nt	Terzina di metà - 640 *ticks*
4nd	Quarto (Semiminima) col punto - 720 *ticks*
4n	Quarto - 480 *ticks*
4nt	Terzina di quarti - 320 *ticks*
8nd	Ottavo (Croma) col punto - 360 *ticks*
8n	Ottavo - 240 *ticks*
8nt	Terzina di ottavi - 160 *ticks*
16nd	Sedicesimo (Semicroma) col punto - 180 *ticks*
16n	Sedicesimo - 120 *ticks*
16nt	Terzina di sedicesimi - 80 *ticks*
32nd	Trentaduesimo (Biscroma) col punto - 90 *ticks*
32n	Trentaduesimo - 60 *ticks*
32nt	Terzina di trentaduesimi - 40 *ticks*
64nd	Sessantaquattresimo (Semibiscroma) col punto - 45 *ticks*
64n	Sessantaquattresimo - 30 *ticks*
128n	Centoventottesimo (Fusa) - 15 *ticks*

Nella *patch* di figura IC.2 sostituite l'argomento 4n di **metro** con gli altri *note value*, e verificate i tempi di scansione dei *bang* con l'oggetto **timer**.
Modificate ora la *patch* come illustrato in figura IC.3.

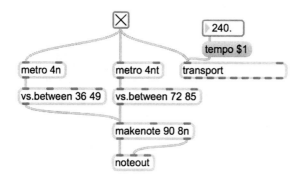

fig. IC.3: due note contro tre

Abbiamo aggiunto un secondo oggetto **metro** il cui intervallo di scansione è pari alla terzina di semiminima (4nt): le due diverse scansioni servono a generare due flussi casuali di note MIDI. Nel tempo in cui vengono generate due note nel registro basso, ne vengono generate tre nel registro acuto. Notate che il secondo argomento dell'oggetto **makenote**, corrispondente alla durata, è 8n, ovvero un ottavo (croma): anche l'oggetto **makenote** (di cui abbiamo parlato nel par. IB.1), infatti, può utilizzare i valori di tempo relativi.
Usiamo un unico **toggle** per avviare i due **metro** e il **transport** per essere sicuri che i due flussi partano contemporaneamente. Cambiate il tempo in bpm dell'oggetto **transport** e notate che i due flussi rimangono sempre sincronizzati.

131

Attenzione! Il tempo in bpm, e tutti gli altri comandi che inviate a **transport** sono globali, cioè valgono per l'intero ambiente Max. Se avete due *patch* aperte, ed entrambe utilizzano i valori di tempo relativo, attivando e disattivando il *master clock* o modificando il tempo in bpm in una delle due *patch*, attiveremo e disattiveremo il *master clock* e modificheremo il tempo anche per l'altra.

È possibile anche eliminare l'oggetto **transport** dalla *patch* e utilizzare una finestra indipendente (chiamata **Global Transport**) che contiene i comandi per il *master clock* (questa finestra si visualizza richiamando la voce *GlobalTransport* dal menù *Extras*). Tramite questa finestra possiamo attivare e disattivare il *master clock*, cambiare il tempo in bpm, visualizzare il tempo trascorso, etc.

Torniamo alla figura IC.3: provate a cambiare l'argomento del primo **metro** in 8n. Ora ogni 4 note nel registro basso ne sentiamo 3 nel registro acuto, perché 4 ottavi (crome) equivalgono a una terzina di quarti (semiminime).

. . . .

ATTIVITÀ

Indichiamo il rapporto metrico dei due flussi di note casuali di fig. IC.3 con 2/3 (ovvero due note contro tre). Modificate gli argomenti dei due oggetti **metro** in modo da ottenere due flussi in rapporto 3/4, 3/8, 2/6, 4/9 (quest'ultimo non è immediato: dovete usare le note puntate per il numeratore).

. . . .

Con i simboli disponibili per i *note value* si possono creare solo alcuni rapporti metrici; ma, per fare un esempio, non è possibile avere un rapporto 4/5 (quattro note contro cinque). Per ottenere questo ed altri rapporti metrici è necessario usare i *ticks*. Nel caso del rapporto 4/5, dal momento che la semiminima normale corrisponde a 480 *ticks*, una semiminima in una quintina corrisponde a 480 * 4 / 5 = 384 *ticks*. Questo valore non ha un simbolo corrispondente nella lista dei *note value*. Non è possibile indicare il valore in *ticks* direttamente come argomento di **metro**, ma è necessario utilizzare l'attributo **"interval"** che si può impostare nell'*inspector* o inviare come messaggio seguito da un valore e dall'unità di misura. Modificate la *patch* come in figura IC.4.

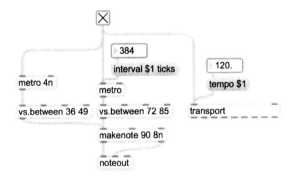

fig. IC.4: quattro note contro cinque

Tramite un *message box* inviamo al secondo `metro` il messaggio "interval 384 ticks", che corrisponde, come abbiamo visto sopra, alla durata di una semiminima all'interno di una quintina.

• •

ATTIVITÀ

- Utilizzando l'attributo "interval" per entrambi gli oggetti `metro` realizzate questi rapporti metrici: 3/10, 5/9, 15/8.

- Fate fare a Max i calcoli: modificate la *patch* precedente in modo che sia sufficiente inserire in due *number box* i valori del rapporto metrico (ad es. 4 e 3), e lasciate che sia la *patch* i a calcolare gli esatti valori in *ticks*.
Suggerimento: è sufficiente aggiungere un oggetto per ogni `metro`.

• •

ARGOMENTI E ATTRIBUTI

Come sappiamo, quasi tutti gli oggetti Max utilizzano gli argomenti per impostare le principali variabili interne, che solitamente corrispondono agli ingressi dell'oggetto. Ad esempio l'oggetto `makenote` ha due argomenti che corrispondono alla *velocity* e alla durata della nota. Tali valori possono anche essere inviati al secondo e al terzo ingresso di `makenote`. Una caratteristica degli argomenti è che la loro funzione dipende dalla posizione che hanno all'interno dell'oggetto; riferendoci sempre a `makenote`, la *velocity* è il primo argomento e la durata è il secondo.
Questo significa che se abbiamo bisogno di impostare la durata di `makenote` come argomento dobbiamo obbligatoriamente impostare anche la *velocity*, perché il secondo argomento, per essere secondo ha necessariamente bisogno di un primo argomento.
Oltre agli argomenti, che servono a impostare le variabili principali di un oggetto, esistono come sappiamo gli attributi, che possiamo modificare tramite l'*inspector* di un oggetto, oppure tramite messaggi. Ad esempio, l'attributo "interval" dell'oggetto `metro` può essere modificato, come abbiamo visto, tramite un messaggio (vedi fig. IC.4) o direttamente nell'*inspector*. Potete verificarlo richiamando l'*inspector* di `metro`; l'attributo si trova nella categoria **"Timing"**.
Come potete vedere oltre ai millisecondi, ai *note values* e ai *ticks* l'oggetto può gestire altre unità di tempo: ne parleremo più avanti.
Esiste un terzo modo per impostare un attributo: scriverlo all'interno dell'oggetto. In questo caso bisogna indicare il nome dell'attributo preceduto, senza spazi, dal simbolo **@** (at) e seguito dai relativi parametri: l'attributo "interval" si scrive quindi @interval.

Vediamo un esempio: modificate la *patch* precedente nel modo indicato dalla fig. IC.5.

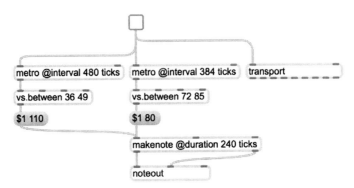

fig. IC.5: attributi all'interno degli *object box*

Abbiamo riprodotto il rapporto metrico 4/5 utilizzando i *ticks* come unità di misura del tempo. Come vedete l'attributo che gestisce la durata della nota in **makenote** si chiama **"duration"**. Notate che non c'è bisogno di scrivere la *velocity* all'interno di **makenote** se definiamo la durata come attributo.

A proposito di *velocity*, sapreste dire dove viene definito questo parametro visto che abbiamo tolto tutti gli argomenti all'interno di **makenote**?

Suggerimento 1: a che servono i due *message box* collegati ai **vs.between**?

Suggerimento 2: rileggete il paragrafo IA.1 nel primo volume, in particolare il testo relativo alla figura IA.5.

Gli attributi si scrivono all'interno dell'*object box* dopo gli argomenti, e non dipendono dalla posizione (ovvero se in un *object box* impostiamo 2 o più attributi, questi possono essere in qualunque ordine). Vediamo un esempio, ricostruite la semplice *patch* di figura IC.6.

fig. IC.6: altri attributi di **metro**

Notate innanzitutto che non c'è bisogno di un oggetto **toggle** perché i due **metro** sono già attivi, grazie all'attributo **"active"** impostato a 1. Questo attributo serve ad avviare (1) e arrestare (0) l'oggetto **metro**. In realtà quando un **toggle** invia un 1 o uno 0 a un **metro** non fa che impostare l'attributo "active".[3]

Un'altra novità interessante è che l'intervallo di scansione è dato in hertz (per vedere tutte le unità di tempo disponibili, aprite l'*inspector* di **metro**): non abbiamo bisogno di un oggetto **transport** perché gli hertz, come i millisecondi, sono unità di tempo assolute, non dipendenti dal tempo in bpm generato dal *master clock*.

Osservate infine che l'ordine degli attributi nei due oggetti è diverso, perché gli attributi, a differenza degli argomenti, possono essere inseriti in qualsiasi ordine.

---

[3] Naturalmente l'attributo "active" è presente anche nell'*inspector* di **metro** sotto l'etichetta "metro".

Facciamo chiarezza su cosa intendiamo per "nome dell'attributo": se apriamo l'*inspector* di un oggetto, troviamo nella colonna **"Setting"** (a sinistra) un nome descrittivo per ogni attributo. Ad esempio, nell'*inspector* dell'oggetto `multislider`, sotto l'etichetta "Sliders" abbiamo l'attributo "Number of Sliders" che, come sappiamo dal paragrafo IA.7 del primo volume, serve a stabilire il numero di elementi dell'oggetto.

Nel paragrafo IB.6, sempre nel primo volume, abbiamo visto che è possibile modificare il numero di elementi di un `multislider` anche inviando all'oggetto il messaggio "size" seguito dal numero di elementi desiderato. In realtà "size" è il nome reale dell'attributo, e come tale può essere usato in un messaggio esterno; mentre "Number of Sliders" (contenuto nell'*inspector*) è il nome descrittivo dello stesso attributo, e non può essere usato in un messaggio esterno.

Come facciamo, quindi, per conoscere i nomi reali degli attributi, in modo da poterli usare nei messaggi esterni? È sufficiente, nell'*inspector*, fare clic sull'icona "@" che si trova in basso a sinistra nella finestra: verrà mostrata una nuova colonna **"Attribute"** (a sinistra della colonna "Settings") con i nomi reali degli attibuti. In figura IC.7 vediamo l'*inspector* di `multislider` con la colonna degli attributi attivata. Notate che all'attributo "size" corrisponde (nella categoria "Sliders") il nome descrittivo "Number of Sliders".

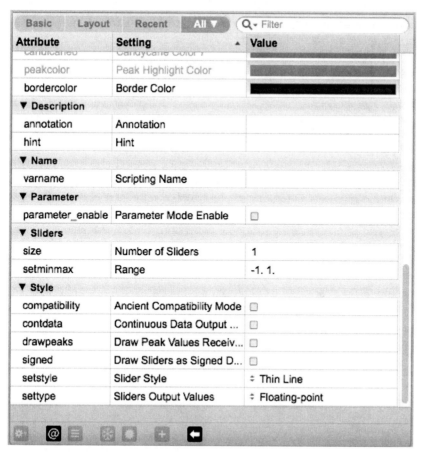

fig. IC.7: attributi di `multislider`

VALORI DI TEMPO

Vediamo ora i valori di tempo disponibili in Max. Ciascun valore di tempo viene espresso con uno o più numeri e può essere seguito da un simbolo che ne indica il formato.

1) **Valori di tempo assoluti** o fissi (*Fixed Time Values*), ovvero valori di tempo che non dipendono dal *master clock*:

> **Milliseconds** (millisecondi): si esprime con un singolo valore che può essere seguito dal simbolo ms.
> **Hours/minutes/seconds** (ore/minuti/secondi): si esprime con tre valori separati dai due punti, ad es 01:30:11. Opzionalmente si può aggiungere un valore in millisecondi all'ultimo valore numerico, ad es. 00:10:37.870. Si può anche indicare come lista seguita dal simbolo hh:mm:ss (es. "0 10 37 hh:mm:ss").
> **Samples** (campioni): si esprime con un singolo valore seguito dal simbolo samples.
> **Frequency** (frequenza): si esprime con un singolo valore seguito dal simbolo hz.

2) **Valori di tempo relativi** (*Tempo-Relative Time Values*), ovvero valori di tempo dipendenti dal *master clock*:

> **Ticks**: rappresentano 1/480 di una nota da un quarto (semiminima) e si esprimono con un singolo valore seguito dal simbolo ticks.
> **Note Values** (valori di nota): è un insieme di simboli (vedi sopra) che rappresentano i diversi valori di durata di nota. I simboli sono costituiti da valori numerici seguiti, senza spazio, dalla lettera n per le note normali, dalle lettere nd per le note col punto (*dot*) e dalle lettere nt per le note in terzina.
> **Bars/beats/units** (battute/pulsazioni/*ticks*[4]): si esprime con tre valori separati da un punto, ad es 1.3.120. Il primo valore rappresenta la durata in battute, il secondo rappresenta la durata in pulsazioni, o valori di divisione della battuta (ad es. se la battuta è di 3/4 la pulsazione è pari a un quarto, o semiminima, se la battuta è di 4/8 la pulsazione è pari a un ottavo, o croma, etc.), e il terzo la durata in *ticks*. Si può anche indicare come lista seguita dal simbolo bbu (es "1 3 120 bbu").

Il numero di *ticks* contenuti in una nota da un quarto rappresenta la *risoluzione* del sistema, e si esprime in ppq (*pulses per quarter*, impulsi per quarto). Il *master clock*, quindi, ha una risoluzione di 480 ppq.

Ci sono molti oggetti Max che utilizzano i diversi valori di tempo: ad esempio gli oggetti `metro` e `makenote`, come abbiamo visto, ma anche generatori di segnale come `phasor~` o `delay~`. Al momento opportuno sfrutteremo queste caratteristiche.

---

[4] Per evitare confusioni terminologiche non abbiamo tradotto il termine *units* con "unità" perché in italiano la pulsazione viene anche definita "unità di tempo".

Oltre al *master clock* globale è possibile creare dei sistemi di scansione indipendente, dando un nome ad un oggetto `transport` tramite l'attributo "name". Questo stesso nome deve essere dato all'attributo "transport" di un oggetto (ad esempio un `metro`) che si vuole sincronizzare con il `transport` indipendente. Ricostruite la *patch* di fig. IC.8.

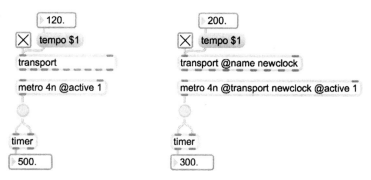

fig. IC.8: oggetto `transport` con nome

Come si vede in figura, il `metro` di sinistra, il cui argomento è 4n, utilizza il *master clock* globale che ha un tempo di 120 bpm. Una semiminima (simbolo 4n) dura, come sappiamo, 500 millisecondi (lo vediamo anche nel *number box* al di sotto dell'oggetto `timer` di sinistra). A destra invece abbiamo un oggetto `transport` a cui abbiamo dato un nome, "newclock", tramite l'attributo @name: questo oggetto ha un tempo di 200 bpm. L'oggetto `metro` di destra ha l'attributo @transport con lo stesso nome "newclock", e segue quindi il tempo di 200 bpm: in questo caso la durata della semiminima (4n) è 300 millisecondi (vedi il *number box* sotto l'oggetto `timer` di destra).

IC.2 REALIZZIAMO UNO STEP SEQUENCER

Vediamo ora come si può costruire uno *step sequencer*, cioè un dispositivo che ripete ciclicamente una sequenza di eventi sonori i cui parametri possono essere preimpostati[5]. Per realizzare uno *step sequencer* in Max, ci serviremo dell'oggetto grafico **live.step** che vediamo in figura IC.9.

Anche questo oggetto, come **live.grid**, fa parte della libreria Max for Live. L'oggetto può ricordare un **multislider**, perché è diviso in un certo numero di colonne (chiamate *step*, esattamente come nell'oggetto **live.grid**), ciascuna delle quali può contenere dei valori che vengono rappresentati graficamente nell'oggetto stesso.
A differenza di **multislider**, ogni colonna contiene di *default* cinque valori: i primi tre vengono usati rispettivamente come valore di nota MIDI, *velocity* e

---

[5] Lo *step sequencer* esisteva già nei sintetizzatori analogici. Ne sono state realizzate successivamente moltissime versioni nei sintetizzatori digitali. Nell'ambito della programmazione con Max costruiamo un algoritmo che riproduce la funzione di tali *sequencer*.

durata, e gli ultimi due come parametri extra liberamente assegnabili [6]. Un piccolo blocco di forma rettangolare all'interno di ogni *step* rappresenta i valori di nota MIDI (posizione verticale) e durata della nota (lunghezza del blocco), mentre gli altri tre valori sono rappresentati da 3 linee verticali dai colori molto chiari.

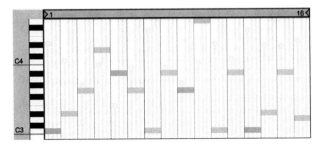

fig. IC.9: l'oggetto `live.step`

Sul lato sinistro dell'oggetto è visibile una tastiera musicale stilizzata e una banda grigia verticale con i nomi delle note: l'insieme di questi due elementi si chiama **Unit Ruler**. Nella parte superiore dell'oggetto è visibile il **Loop Ruler** (la banda grigia orizzontale) tramite il quale è possibile delimitare gli *step* che verranno eseguiti (ne riparleremo a breve). Quando `live.step` riceve un valore numerico all'ingresso, lo interpreta come numero di *step* e genera i cinque valori corrispondenti (preceduti dal numero di *step*) dall'uscita di sinistra dell'oggetto.
Ricostruite la *patch* di fig. IC.10.

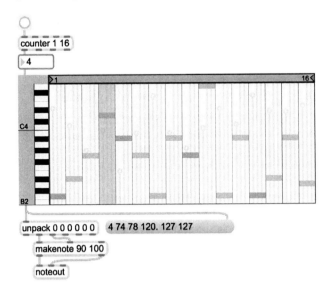

fig. IC.10: valori generati da `live.step`

---

[6] In realtà tutti e cinque i valori sono liberamente assegnabili, dal momento che sono solamente valori numerici e il loro significato dipende dall'uso che ne facciamo.

Nel *message box* in basso a destra vediamo i valori generati dal quarto *step*: come abbiamo detto la lista contiene 5 valori preceduti dal numero dello *step*; si tratta quindi di una lista di 6 elementi. Tramite l'oggetto **unpack** prendiamo il secondo e il terzo elemento della lista (nota e *velocity*) e li utilizziamo per generare una nota con il sintetizzatore interno del computer.

Il quarto elemento della lista (120 in figura) corrisponde alla durata della nota. Tale durata non si intende espressa in millisecondi, ma in *ticks*. L'oggetto **live.step**, infatti, può essere gestito anche tramite il formato di tempo relativo *bbu* (*bars/beats/units*, vedi par. IC.1).

Possiamo utilizzare le unità di tempo relativo con **live.step** sfruttando i valori generati da **transport**. Come abbiamo visto nelle precedenti *patch*, infatti, l'oggetto **transport** ha 9 uscite, e i messaggi generati da alcune di queste possono essere utilizzati per gestire la scansione di **live.step**.

Ricostruite la *patch* di figura IC.11.

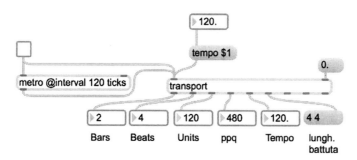

fig. IC.11: valori generati da **transport**

Nella figura vediamo i valori generati dai primi 6 *outlet*:

outlet 1-3: valori bbu
outlet 4:   risoluzione temporale (480 ppq)
outlet 5:   tempo metronomico (120 bpm)
outlet 6:   lunghezza della battuta (lista dei due valori della frazione: in figura la battuta è di 4/4).

Questi valori vengono generati da **transport** (o meglio vengono generati dal *master clock*) ogni volta che l'oggetto riceve un *bang*.

Attiviamo gli oggetti **metro** e **transport** tramite il **toggle** e osserviamo i valori che escono dagli *outlet* di **transport**. Dal momento che l'oggetto **metro** genera un *bang* ogni 120 *ticks* (ovvero ogni semicroma, o sedicesimo), il valore del terzo *outlet* viene aggiornato con multipli di 120: 0, 120, 240, 360, 0, 120 etc. (i valori prodotti sono ovviamente modulo 480)[7].

Se ora disattiviamo il **toggle**, e successivamente lo riattiviamo, i valori generati dal terzo *outlet* probabilmente non saranno più multipli di 120, anche

---

[7] Spiegate perché!

se continueranno ad essere distanziati di 120 *ticks* l'uno dall'altro (provate!). Questo avviene perché il tempo generato dal *master clock* si arresta nell'istante in cui il `toggle` viene disattivato, ed è difficile che possa coincidere esattamente con un multiplo di 120 *ticks*. Quando si riattiva il `toggle`, il tempo riprenderà dal punto in cui si è arrestato, mentre l'oggetto `metro` invierà immediatamente il primo *bang*, senza aspettare che il tempo raggiunga un multiplo di 120 *ticks*. Immaginiamo di disattivare il `toggle` quando la scansione temporale del *master clock* ha raggiunto 11 *ticks*. Quando riattiviamo il `toggle`, facciamo ripartire contemporaneamente il *master clock* e il `metro` (che invia immediatamente un *bang*): i valori generati riprenderanno quindi dal punto in cui si sono interrotti, e dal terzo *outlet* di `transport` verranno generati i valori 11, 131, 251, 371, 11, 131 etc.

Un modo per riallineare la scansione di `metro` con il *master clock* consiste nel riportare il contatore bbu a 0 inviando il valore 0 all'ingresso di destra di `transport`.

Questa operazione dev'essere fatta quando il *master clock* è fermo: è necessario quindi disattivare prima il `toggle` di figura IC.11. Al riavvio del `toggle` i valori in *ticks* saranno di nuovo sincronizzati con la scansione di `metro` (provate).

Una soluzione più robusta consiste nell'imporre una "griglia temporale" alla scansione dell'oggetto `metro`. L'oggetto `metro`, come abbiamo visto, comincia a generare *bang* appena viene attivato. Ma in certi casi (come ad esempio quello illustrato in fig. IC.11) può essere desiderabile che la scansione ricominci quando il *master clock* ha raggiunto una particolare suddivisione (ad esempio un quarto o un sedicesimo), e non prima. C'è un attributo di `metro`, **"quantize"**, che serve proprio a questo: permette di specificare un valore (ad esempio in *ticks*) che rappresenta una "griglia temporale" che viene imposta alla scansione di `metro`. Se ad esempio il valore di "quantize" è 10 *ticks*, i *bang* prodotti da `metro` possono essere generati solo quando la scansione temporale del *master clock* raggiunge multipli di 10 *ticks*.

Provate ad aggiungere l'attributo "@quantize 10" all'interno dell'oggetto `metro` nella *patch* di fig. IC.11: attivando e disattivando il `toggle` potrete verificare che adesso il valore in *ticks* generato alla terza uscita è sempre un multiplo di 10 (ovvero la sua ultima cifra è sempre 0). Questo accade perché, grazie all'attributo "quantize", l'oggetto `metro`, prima di generare un *bang*, aspetta che la scansione temporale del *master clock* passi per un multiplo di 10 *ticks*.

Domanda (semplicissima): che valore dobbiamo dare all'attributo "quantize" affinché l'oggetto `metro` generi sempre i suoi *bang* in sincrono con i sedicesimi (120 *ticks*) prodotti dal *master clock*? Dopo aver risposto, modificate la *patch* di fig. IC.11 di conseguenza.

Notate che l'attributo "quantize" ha effetto solo se la scansione dell'oggetto `metro` viene specificata in valori di tempo relativi (ovvero *ticks*, *note value* o bbu).

Per gestire l'oggetto `live.step` con i valori di tempo relativo dobbiamo inviare il messaggio "time" seguito dalla posizione in bbu, dalla risoluzione temporale (ppq) e dalla lunghezza della battuta. Questi valori sono prodotti dalle uscite 1, 2, 3, 4 e 6 dell'oggetto `transport`.

Caricate la *patch* **IC_01_step_sequencer.maxpat** (fig. IC.12).

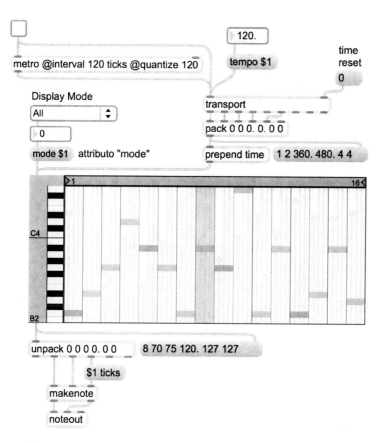

fig. IC.12: file **IC_01_step_sequencer.maxpat**

I valori prodotti dalle uscite 1, 2, 3, 4 e 6 di **transport** sono assemblati in una lista dall'oggetto **pack** (in alto a destra). Notate che la lista di due valori generata dalla sesta uscita di **transport** (corrispondenti alla frazione che indica la durata della battuta) viene inviata al quinto ingresso di **pack**: questo equivale a inviare il primo elemento della lista all'ingresso 5 e il secondo all'ingresso 6.[8]
Nella parte bassa della *patch* vediamo che al valore corrispondente alla durata della nota (quarta uscita dell'oggetto **unpack**) viene associato il simbolo ticks in modo che l'oggetto **makenote** "capisca" che non si tratta di una durata in millisecondi, ma di un valore di tempo relativo.
Con il mouse è possibile modificare l'altezza (*pitch*) delle note all'interno di **live.step**. Per poter modificare gli altri parametri con il mouse dobbiamo cambiare la modalità di visualizzazione (*Display Mode*) dell'oggetto. Di *default*, infatti, **live.step** mostra tutti e cinque i valori contenuti in ciascun *step* nel modo che abbiamo descritto sopra. Tramite l'attributo "mode" è possibile visualizzare ciascun parametro singolarmente, e modificarlo con il mouse.

---

[8] Come sappiamo molti oggetti Max distribuiscono i valori che ricevono come lista ai singoli ingressi successivi. Vedi anche il par IA.1, figura IA.5.

In fig. IC.12 vediamo, sotto l'oggetto `metro` un menù (oggetto `umenu`) che ci permette di cambiare modalità di visualizzazione: selezionate le diverse voci del menù e osservate come cambia la visualizzazione.

Provate a modificare i valori di *velocity* ("mode 2"): nella banda grigia che si trova nella parte sinistra dell'oggetto[9] potete vedere i valori numerici corrispondenti alla *velocity* che state impostando con il mouse. Ora provate a modificare la durata ("mode 3"). Notate che modificando l'altezza delle barre orizzontali che appaiono in ogni *step* dell'oggetto, la lunghezza del rettangolo che rappresenta la nota cambia di conseguenza. Osservate che i valori mostrati nella banda grigia laterale ora corrispondono ai note value da 128n a 2n.

Provate ora a modificare il *Loop Ruler*, ovvero la striscia grigia che si trova nella parte superiore dell'oggetto, trascinando con il mouse le estremità della striscia. Modificando la lunghezza del *Loop Ruler* si modifica il numero degli *step* che vengono eseguiti. Il *Loop Ruler* può essere anche modificato con il messaggio "loop" seguito da due valori che rappresentano lo *step* di partenza e di arrivo del loop. Ad esempio il messaggio "loop 1 8" seleziona la prima metà della sequenza, e il messaggio "loop 9 16" la seconda (provate!).

• •

🖱 ATTIVITÀ

Aggiungete un oggetto `preset` alla *patch* di figura IC.12, e create diversi *preset* modificando l'altezza delle note, la *velocity*, la durata, e la lunghezza del *Loop Ruler*.

• •

Prima di estendere il nostro *step sequencer* è necessario introdurre due nuovi oggetti: il primo si chiama **router**. Questo oggetto è l'equivalente Max dell'oggetto MSP `matrix~` che abbiamo visto nel quarto capitolo del primo volume. Vi consigliamo perciò, prima di proseguire, di rileggere con attenzione il paragrafo 4.7P (specialmente la parte riguardante la matrice di modulazione). Ricostruite ora la *patch* di figura IC.13.

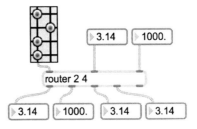

fig. IC.13: l'oggetto **router**

---

[9] Vi ricordiamo che questa banda grigia, insieme alla tastiera stilizzata, prende il nome di *Unit Ruler*.

In alto a sinistra nella figura vediamo l'oggetto `matrixctrl` (anch'esso presentato al paragrafo 4.7P) che serve a gestire gli ingressi e le uscite di `router` esattamente come per `matrix~`.

Gli argomenti di `router` sono 2 e 4, e l'oggetto presenta quindi 2 ingressi e 4 uscite. Di conseguenza `matrixctrl` deve avere 2 colonne (che rappresentano gli ingressi di `router`) e 4 righe (che rappresentano le uscite).

Per modificare `matrixctrl`, che di *default* ha 8 colonne e 4 righe, bisogna aprire l'*inspector* relativo e andare alla categoria "Behaviour". Qui dobbiamo attivare l'attributo "Autosize to Rows & Columns" (che fa sì che l'oggetto si ridimensioni automaticamente quando cambia il numero delle righe o delle colonne), poi impostare gli attributi "Number of columns" a 2 e "Number of Rows" a 4, e infine attivare l'attributo "One Non-Zero Cell Per Row" per evitare che i valori dei due ingressi vadano contemporaneamente ad una stessa uscita (vedi fig. IC.14).

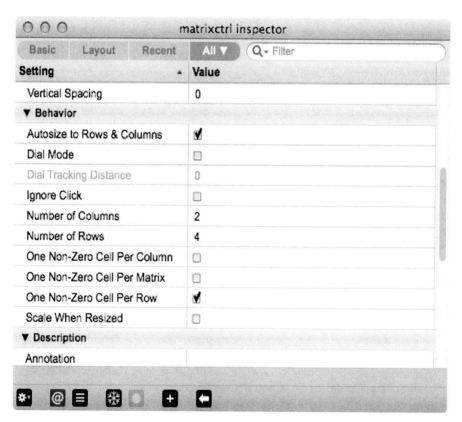

fig. IC.14: impostazioni per l'*inspector* di `router`

Torniamo alla figura IC.13: la configurazione di `matrixctrl` mette in connessione l'ingressso 1 con le uscite 1, 3 e 4, e l'ingresso 2 con l'uscita 2, come si vede dal contenuto dei *float number box* collegati agli ingressi e alle uscite di `router`. Provate altre configurazioni di `matrixctrl` e verificate che il comportamento di `router` sia corretto.

Il secondo oggetto di cui avremo bisogno è l'oggetto **translate**: tale oggetto ci permette di effettuare la conversione tra le diverse unità di tempo disponibili in Max. Ricostruite la *patch* di fig. IC.15.
I due argomenti dell'oggetto rappresentano le unità di tempo del valore in ingresso e del valore in uscita. In figura abbiamo la conversione di un valore in millisecondi in *ticks*, valori di nota e hertz.

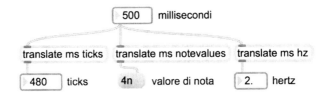

fig. IC.15: l'oggetto **translate**

I risultati in *ticks* e in valori di nota, essendo valori di tempo relativi, dipendono dal tempo in bpm del *master clock*. I valori in figura si riferiscono ad un tempo di 120 bpm (tempo di *default*).
I simboli utilizzabili come argomenti per le diverse unità di tempo sono: ms, *ticks*, *notevalues*, *hz*, *bbu*, *samples* e *hh.mm.ss* (ore, minuti secondi).

Aprite ora il file **IC_02_subsynth_seq.maxpat**. In questa *patch* utilizziamo uno *step sequencer* con il sintetizzatore sottrattivo che abbiamo presentato nel primo volume al paragrafo 3.5P. Anche in questo caso vi consigliamo vivamente di rileggere il paragrafo per rinfrescarvi la memoria. Fate particolare attenzione all'uso degli oggetti **pvar**, mediante i quali, vi ricordiamo, è possibile stabilire una "connessione senza fili" con altri oggetti (come ad esempio dei *number box*) a cui è stato dato un nome tramite l'attributo "Scripting Name".
Vediamo lo *step sequencer* (che si trova nella parte destra della *patch*) in figura IC.16.

Anche qui, come nella *patch* di figura IC.12, gli elementi della lista generata da live.step vengono separati da un oggetto **unpack.** Il valore corrispondente all'altezza della nota viene passato ad un oggetto **pvar** con argomento "nota". Questo valore viene direttamente trasmesso all'oggetto **kslider** (il cui *scripting name* è appunto "nota") che si trova nel pannello di controllo del sintetizzatore, nella parte destra della *patch* (vedi figura IC.17) [10].
Il valore successivo in uscita da **live.step** corrisponde alla *velocity* della nota. Questo valore viene prima riscalato dall'intervallo 1, 127 all'intervallo -30, 0, poi convertito da valore in dB a valore di ampiezza, e infine passato all'oggetto [pvar ampmult] che lo trasmette al *float number box* che si trova alla destra del **kslider**, e il cui *scripting name* è ovviamente "ampmult".

---

[10] Se tutto questo vi risulta oscuro, vi rinnoviamo l'invito a rileggere con attenzione il paragrafo 3.5P del primo volume.

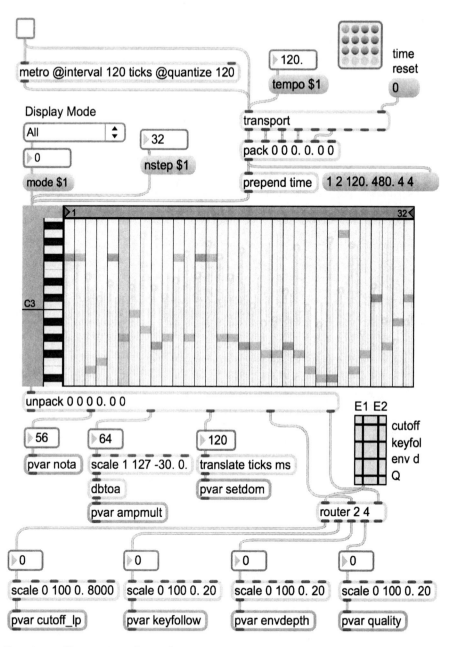

fig. IC.16: file **IC_02_subsynth_seq.maxpat**, lo *step sequencer*

Il terzo valore in uscita da `live.step` è la durata della nota. Tale valore è espresso come sappiamo in *ticks*, e viene tradotto in millisecondi dall'oggetto `translate`. Il valore viene poi trasmesso da [`pvar` setdom] al *float number box* che si trova sopra al *message box* [setdomain $1], a sua volta collegato all'oggetto `function` che contiene l'inviluppo del suono (lato destro della *patch*, vedi fig. IC.17).

145

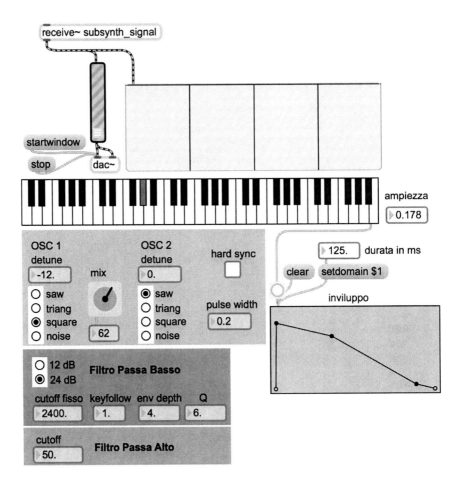

fig. IC.17: file **IC_02_subsynth_seq.maxpat**, parametri del sintetizzatore

Notate che l'oggetto **pvar** può sia ricevere sia inviare messaggi ad un oggetto il cui *scripting name* corrisponda all'argomento di **pvar.** In altre parole **pvar** si comporta contemporaneamente come un **send** e come un **receive**.

Più precisamente, un oggetto **pvar** che ha come argomento, ad esempio, "freq", invia messaggi all'oggetto il cui *scripting name* è "freq", e questo a sua volta li invia a tutti gli oggetti **pvar** che hanno lo stesso argomento "freq" e si trovano nella stessa *patch* (in una *patch* non possono esistere due oggetti con lo stesso *scripting name*, ma possono esistere più oggetti **pvar** con lo stesso argomento). Se ora passate in modalità *edit* potete visualizzare il "motore audio" del sintetizzatore che è stato nascosto con il comando di menù *Object->Hide on Lock*, di cui abbiamo già parlato al paragrafo 1.1P. Questa parte della *patch* contiene i diversi oggetti **pvar** (già presenti nella *patch* del sintetizzatore del capitolo 3) che ricevono i messaggi dai corrispondenti oggetti del pannello di controllo del sintetizzatore e/o dai valori prodotti dallo *step sequencer*. Attiviamo ora la *patch* (clic sul **toggle** collegato al **metro** in alto a sinistra e sul messaggio "startwindow") e ascoltiamo il primo *preset*: notate i valori prodotti da **live.step** e le relative variazioni nell'oggetto **kslider** e nel *float number box* sulla destra.

Modificate il *Display Mode* tramite l'oggetto `umenu` che si trova sopra a *live.step*, per visualizzare i 5 parametri (nota, *velocity*, durata, extra 1 e extra 2). È possibile cambiare il numero di *step* dell'oggetto `live.step` (che in questa *patch* sono 32) con il messaggio *nstep* seguito da un valore numerico: provate a cambiare il valore del *number box* collegato al messaggio "nstep $1", sempre al di sopra di `live.step`.

Gli altri tre *preset* della prima riga presentano una variazione delle *velocity* della sequenza originale (oltre ad una variazione timbrica del suono del sintetizzatore). I quattro *preset* della seconda riga presentano invece variazioni delle durate della sequenza. Ascoltate attentamente tutti i *preset* delle prime due righe, osservando le sequenze generate dall'oggetto `live.step`.

Esaminiamo ora i valori che escono dalle ultime due uscite dell'oggetto `unpack` collegato a `live.step`: si tratta dei valori corrispondenti ai parametri Extra 1 e Extra 2. Questi valori possono essere inviati, tramite un oggetto `router`, a quattro parametri di controllo del filtro passa-basso: frequenza di taglio fissa, *key follow*, *envelope depth* e fattore Q. Per ciascuno di questi quattro parametri i valori prodotti da Extra 1 e Extra 2 vengono riscalati, da un oggetto `scale`, in un intervallo compatibile con il parametro in questione[11]. Gli ultimi quattro *preset* (terza riga) utilizzano i valori prodotti da Extra 1 e Extra 2: ascoltateli attentamente e osservate come i valori vengono smistati dall'oggetto `router`.

• •

ATTIVITÀ

- Realizzate nuovi *preset*, modificando anche il timbro del suono (forme d'onda, inviluppo etc.) e il tempo in bpm. Variate tramite `live.step` l'ampiezza, la durata e i parametri del filtro passa-basso, prima separatamente per ciascun nuovo *preset*, e poi insieme. Se salvate la *patch* in una nuova cartella ricordate che dovrete copiare anche le *abstraction* subsynth.filter~.maxpat e subsynth. oscil~.maxpat nella stessa cartella. Questo vale anche per la prossima attività.

- Aggiungete la possibilità di controllare (tramite i parametri Extra 1 e Extra 2 di `live.step`) anche la frequenza di taglio del filtro passa-alto e il parametro *detune* del secondo oscillatore. Dovete modificare di conseguenza gli oggetti `matrixctrl` e `router`. Create nuovi *preset* per questi controlli.

• •

IC.3 LA POLIFONIA

Se, nel creare nuovi *preset* per la *patch* **IC_02_subsynth_seq.maxpat** nel paragrafo precedente, avete impostato la durata delle note su valori superiori

---

[11] Come si può vedere, in questa *patch* i parametri Extra 1 e Extra 2 variano tra 0 e 100. Questo intervallo (che di *default* è 0-127) è stato impostato nell'*inspector* (etichetta "Value").

a 1/16 (ovvero 120 *ticks*) vi sarete probabilmente accorti che il sintetizzatore produce dei click. Questo è dovuto al fatto che la nota più lunga di 120 *ticks* viene interrotta bruscamente dalla nota successiva: il sintetizzatore è infatti monofonico, ovvero non può suonare più di una nota per volta.

In Max è possibile rendere una *patch* polifonica caricandola all'interno di un oggetto **poly~**. Questo oggetto prende generalmente due argomenti: il nome della *patch* da caricare e il numero di note che possono essere prodotte contemporaneamente.[12]

Vediamo un esempio pratico: aprite il file **IC_03_polifonia.maxpat** (fig. IC.18).

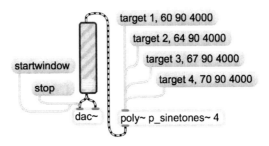

fig. IC.18: file **IC_03_polifonia.maxpat**

La *patch* è molto semplice e contiene un oggetto **poly~** i cui argomenti sono "p_sinetones~" e "4". Il primo argomento indica che l'oggetto ha caricato al suo interno il file **p_sinetones~.maxpat** (è un normale file Max, creato appositamente per questo capitolo, che si trova nella stessa cartella di IC_03_polifonia.maxpat).

Il secondo argomento stabilisce che la polifonia dell'oggetto è 4. Si dice anche che l'oggetto ha 4 "voci", ovvero contiene 4 **"istanze"** (copie) della *patch* caricata al suo interno.

All'oggetto sono collegati 4 *message box*. Attiviamo la *patch* e facciamo clic in rapida successione sui 4 *message box*: udremo 4 suoni sinusoidali che si sovrappongono.

Ogni *message box* contiene due messaggi separati da una virgola. Il primo messaggio è formato dall'attributo "target" seguito da un numero progressivo da 1 a 4: questo parametro serve ad indicare a quale voce (o istanza) verranno inviati i messaggi successivi. Il secondo messaggio è una lista di 3 valori che, come vedremo tra poco, vengono usati per impostare la frequenza (espressa come nota MIDI), l'ampiezza (espressa come *velocity*) e la durata (in millisecondi) del suono da generare. È importante capire la differenza tra i due messaggi: il primo ("target n") è destinato all'oggetto **poly~**, il secondo (la lista di tre valori) è destinato alla *patch* caricata all'interno di **poly~** (nel nostro caso p_sinetones~.maxpat).

---

[12] In realtà parlare di "note" è riduttivo perché le *patch* che vengono caricate all'interno di **poly~** possono svolgere qualsiasi funzione; possiamo ad esempio usare una *patch* che contiene un filtro, e realizzare così un filtro polifonico, ovvero un banco di filtri paralleli (lo vedremo tra poco).

Come abbiamo detto, infatti, l'oggetto **poly~** è un contenitore di *patch*, esattamente come l'oggetto **patcher** (p) che usiamo per creare le *subpatch*. Se facciamo doppio clic sull'oggetto (in modalità *performance*) si aprirà la *patcher window* del file p_sinetones~.maxpat (fig. IC.19).

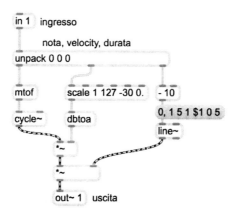

fig. IC.19: file **p_sinetones~.maxpat**

Questa *patch* è molto simile ad una *subpatch* o una *abstraction*, ha infatti un ingresso e un'uscita con cui scambia messaggi con l' "esterno". La differenza è che ingressi e uscite non sono rappresentati dagli oggetti **inlet** e **outlet**, ma dagli oggetti **in** e **out** (per i messaggi Max), e **in~** e **out~** (per i segnali MSP). Questi oggetti hanno un argomento numerico che indica la posizione che l'ingresso o l'uscita avranno nel **poly~** che li ha caricati: il valore 1 indica l'ingresso o l'uscita più a sinistra, il 2 l'ingresso o l'uscita successiva e così via.
Questa *patch* riceve la lista di tre valori - nota, *velocity* e durata - inviata dai *message box* di fig. IC.18. Lasciamo al lettore il compito di analizzare il funzionamento di questo semplicissimo algoritmo.
Torniamo alla *patch* di fig. IC.18: ogni volta che facciamo clic su uno dei quattro *message box* inviamo una lista di tre valori a una delle quattro istanze della *patch* contenuta in **poly~**. Provate ad esempio a fare clic sul *message box* che contiene il messaggio [**target** 1, 60 90 4000], e subito dopo aprite con un doppio clic l'oggetto **poly~**: apparirà una finestra il cui titolo è "p_sinetones~ (1)". Il numero tra parentesi è il numero dell'istanza mostrata. Se fate clic sul messaggio [target 2, 64 90 4000] e poi doppio clic su poly~, si aprirà una nuova finestra il cui titolo è "p_sinetones~ (2)", e così via. Ogni volta si apre la finestra che mostra l'ultima istanza richiamata dal messaggio "target".
Come vedremo più avanti, il messaggio "target 0" dice all'oggetto **poly~** di inviare i messaggi successivi a tutte le istanze della *patch* interna.

· ·

ATTIVITÀ

- Fate clic due o più volte su uno stesso *message box* prima che il suono si sia estinto. Cosa succede? Perché?

- Portate il numero delle voci polifoniche a 8 e aggiungete altri *message box* per far suonare le nuove istanze. Variate la *velocity* e la durata all'interno dei *message box*. Se memorizzate la *patch* in una nuova cartella ricordatevi che dovete copiare anche il file p_sinetones~.maxpat nella stessa cartella. Questo vale anche per le prossime attività.

· ·

Vediamo ora come collegare un oscillatore polifonico ad uno *step sequencer*: caricate il file **IC_04_poly_step_seq.maxpat** (fig. IC.20).

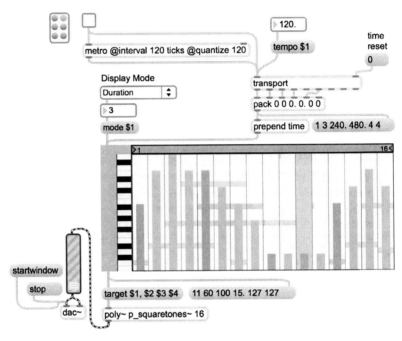

fig. IC.20: file **IC_04_poly_step_seq.maxpat**

Prima di analizzare la *patch* provate i primi 4 *preset*.
Come sappiamo l'oggetto `live.step` genera, ad ogni *step*, una lista i cui primi 4 valori sono: numero dello *step*, nota, *velocity* e durata in *ticks*.
Osservate il *message box* [`target` $1, $2 $3 $4] che si trova sotto l'oggetto `live.step`. Il primo messaggio, "target $1", fa sì che il primo elemento della lista generata da `live.step` (corrispondente al numero dello *step*) venga utilizzato per richiamare un'istanza della *patch* p_squaretones~ contenuta nell'oggetto `poly~` (che ha una polifonia a 16 voci, una per ogni *step*). Il secondo messaggio, "$2 $3 $4", invia i valori di nota, *velocity* e durata in *ticks*. Aprite ora con un doppio clic sull'oggetto `poly~` la *patch* del file **p_squaretones~.maxpat** (fig. IC.21)[13].

---
[13] Per convenzione abbiamo assegnato a tutte le *patch* da caricare all'interno di un poly~ il suffisso "p_".

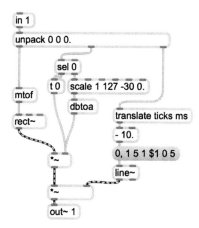

fig. IC.21: file **p_squaretones~.maxpat**

Questa *patch* è molto simile a quella di fig. IC.19: una prima differenza è che l'oscillatore è un generatore di onda quadra limitata in banda (**rect~**) e non un generatore di onda sinusoidale.
Un'altra differenza è nella presenza dell'oggetto **translate** che converte la durata in *ticks*, generata da **live.step**, in millisecondi.[14]
Infine abbiamo aggiunto un sistema per gestire correttamente il messaggio di *note-off* (ovvero un messaggio di nota MIDI con *velocity* 0)[15]: l'oggetto [**sel** 0] collegato alla seconda uscita di **unpack** (corrispondente alla *velocity*) invia al convertitore scale solo i valori 1-127, mentre quando riceve il valore 0 (appartenente al messaggio *note-off*) genera un *bang* alla sua uscita di sinistra che viene trasformato in uno 0 dall'oggetto **trigger**. Questo valore inviato al moltiplicatore annulla l'ampiezza dell'oscillatore, e la nota quindi non viene eseguita (o meglio, viene eseguita a volume zero). Gli ultimi due *preset* illustrano il funzionamento del note-off in questa *patch*.

· ·

ATTIVITÀ

Implementate la gestione del messaggio di *note-off* vista in fig. IC.21 anche alla *patch* IC_02_subsynth_seq.maxpat (fig. IC.16).

· ·

Per quanto perfettamente funzionante, la *patch* di fig. IC.21 è piuttosto dispendiosa per la CPU (ovvero per il processore del computer). Ci sono infatti 16

---

[14] Piccola notazione tecnica: nell'oggetto **translate** è stato necessario disattivare nell'*inspector* l'attributo "Listen to Tempo Changes", per evitare la generazione di un nuovo valore ad ogni cambiamento di tempo dell'oggetto **transport**.
[15] Abbiamo parlato del messaggio di *note-off* nel paragrafo IB.1 del primo volume.

oscillatori sempre attivi, ciascuno dei quali esegue solo i valori inviati da un singolo *step* del sequencer. Per un computer moderno il carico di lavoro è modesto, ma immaginiamo di avere uno *step sequencer* con 64 note; con questa tecnica avremmo bisogno di una polifonia a 64 voci, ovvero 64 oscillatori. Se poi, ad esempio, volessimo gestire parallelamente 8 sequencer gli oscillatori diventerebbero 512. E se, per rendere più interessante il suono, decidessimo di aggiungere un paio di filtri per ogni voce, avremmo 1024 filtri sempre attivi. Come si vede con la polifonia è facile "affaticare" anche il computer più potente se le risorse non vengono gestite in modo efficiente. Inoltre, se cerchiamo di generare una nota con una determinata istanza prima che la nota precedente di quell'istanza sia terminata, rischiamo di generare un click anche con 512 voci di polifonia!
Naturalmente con Max è possibile trovare un modo più intelligente di gestire la polifonia, ed è anche possibile disattivare le istanze contenute in un oggetto `poly~` quando non vengono utilizzate.
Per prima cosa introduciamo l'oggetto **thispoly~**. Questo oggetto serve ad attivare e disattivare le diverse istanze della *patch* caricata all'interno di `poly~`; in figura IC.22 vediamo le caratteristiche dell'oggetto.

fig. IC.22: l'oggetto `thispoly~`

Per una volta non vi chiediamo di ricostruire la *patch* perché l'oggetto `thispoly~` funziona solo all'interno di una *patch* caricata in `poly~`.
Vediamo innanzitutto il messaggio **"mute"**: questo messaggio serve a disattivare (mettere in *mute*) la generazione del segnale all'interno di un'istanza. Quando l'oggetto `thispoly~`, presente in una particolare istanza, riceve il messaggio "mute 1", il "motore" DSP non esegue più i calcoli relativi alla generazione di segnale per quell'istanza: questo comporta un risparmio di CPU. Se abbiamo un oggetto `poly~` con 512 voci (e quindi 512 istanze della *patch* caricata al suo interno), e 510 istanze sono in *mute*, il consumo di CPU sarà relativo soltanto alle 2 istanze attive.
Inviando i messaggi numerici "1" e "0" all'oggetto `thispoly~` attiviamo e disattiviamo lo stato *busy* (occupato) dell'istanza. Quando un'istanza è "occupata", generalmente perché sta generando del segnale, non può essere "disturbata" dall'oggetto `poly~` con una nuova richiesta fino a che non torna "libera" (vedremo tra poco come funziona il meccanismo).
Il messaggio "bang", infine, richiede all'oggetto `thispoly~` di generare il numero dell'istanza in cui è presente (uscita di sinistra) e il relativo stato *mute* (uscita di destra).

Vediamo ora l'oggetto `thispoly~` inserito in una *patch*: diamo un'occhiata al file **p_triangletones~.maxpat**, presente nella cartella "Interludio C Patch" (fig. IC.23).

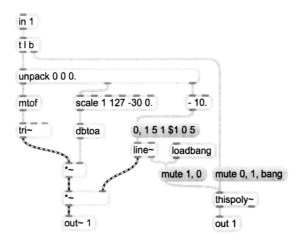

fig. IC.23: file **p_triangletones~.maxpat**

Questa *patch*, molto simile alle precedenti p_sinetones~ e p_squaretones~, naturalmente funziona solo all'interno di un oggetto `poly~`; prima però di una prova "sul campo" analizzamo il suo funzionamento.

L'oggetto `thispoly~` si trova nella parte in basso a destra, e riceve informazioni da due *message box*. Il *message box* di sinistra è collegato ad un `loadbang` e quindi genera i suoi due messaggi ("mute 1" e "0") quando la *patch* viene caricata (i messaggi vengono generati in tutte le istanze create dall'oggetto `poly~` che contiene la *patch*). Nel momento in cui viene caricata la *patch* quindi, tutte le istanze sono disattivate (messaggio "mute 1") e sono libere (messaggio "0").

Quando dalla *patch* principale (cioè la *patch* che contiene il `poly~` che contiene p_triangletones~) arriva un messaggio all'ingresso [`in 1`], l'oggetto `trigger` collegato all'ingresso invia per prima cosa un *bang* al *message box* di destra collegato a `thispoly~`. Questo *message box* contiene tre messaggi: "mute 0" che attiva l'istanza, "1" che la rende occupata (in modo che non possano arrivare altri messaggi dalla *patch* principale), e un *bang* che dice a `thispoly~` di generare il numero di istanza in cui si trova; questo valore viene inviato all'uscita [`out 1`][16].

Torniamo al `trigger` che si trova in alto: il secondo messaggio che invia è la lista di tre elementi che, come sappiamo, viene utilizzata per generare un suono (notate che stavolta l'oscillatore limitato in banda genera una forma d'onda triangolare).

Osserviamo l'oggetto `line~` che genera l'inviluppo della nota: come sappiamo, alla fine del percorso l'oggetto emette un *bang* dall'uscita di destra.

---

[16] La numerazione per le uscite dei segnali (`out~`) e dei messaggi (`out`) è indipendente. Le uscite dei segnali si trovano sempre a sinistra di quelle dei messaggi.

Questo messaggio viene utilizzato per generare nuovamente i messaggi del *message box* di sinistra: alla fine della nota, quindi, l'istanza torna ad essere disattivata ("mute 1") e libera ("0"), ed è pronta a ricevere un nuovo messaggio dalla *patch* principale.

Vediamo ora la *patch* principale: aprite il file **IC_05_poly_step_seq2.maxpat** (fig. IC.24).

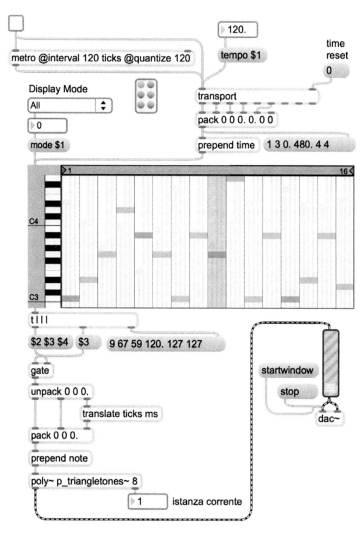

fig. IC.24: file **IC_05_poly_step_seq2.maxpat**

La parte superiore, relativa allo *step sequencer*, è identica a quella della *patch* precedente, e quindi non la analizziamo. Osserviamo invece la parte che si trova al di sotto di `live.step`.

Un oggetto trigger genera tre copie della lista ricevuta dal *sequencer*; la lista generata dall'uscita di destra viene semplicemente visualizzata da un *message box*.

La lista generata dall'uscita centrale viene invece usata per gestire il *note-off*: usiamo un metodo diverso dal precedente per rendere ancora più efficiente l'algoritmo.

Con il sistema utilizzato nella *patch* IC_04_poly_step_seq (o meglio nella *patch* p_squaretones~ contenuta in `poly~`) infatti la nota veniva comunque eseguita, anche se ad ampiezza 0. Con questo nuovo sistema la lista di valori contenente una *velocity* pari a 0 non viene neanche inviata all'oggetto `poly~`.

Vediamo come funziona: il *message box* collegato all'uscita centrale di `trigger` preleva il terzo elemento della lista ($3) corrispondente alla *velocity*. Questo valore viene passato all'ingresso di sinistra del *gate* sottostante: quando la *velocity* vale 0 (*note-off*) il *gate* si chiude, quando ha un valore maggiore di 0 si apre.

Torniamo al `trigger`: la lista generata dall'uscita di sinistra viene inviata ad un *message box* che preleva il secondo, terzo e quarto elemento ($2 $3 $4) corri-spondenti, come sappiamo, a nota, *velocity* e durata. Questa lista viene inviata all'ingresso di destra di `gate`, da cui può uscire, come abbiamo visto, solo se la *velocity* è maggiore di 0.

All'uscita di `gate` un oggetto `unpack` scompone la lista nei suoi tre elementi: la durata in *ticks* viene convertita in millisecondi e la lista viene riassemblata dall'oggetto `pack`.

Ora c'è il passaggio più importante di tutta la *patch*: come si può vedere, prima dell'oggetto `poly~` non c'è un messaggio "target" che seleziona l'istanza a cui passare la lista.

Abbiamo invece l'oggetto `prepend` che antepone alla lista il messaggio "note": questo messaggio posto all'inizio di una lista dice all'oggetto `poly~` di cercare la prima istanza libera (ovvero con lo stato *busy* disattivato) e di passarle il resto della lista (nel nostro caso i tre valori nota, *velocity* e durata).

In pratica l'oggetto `poly~` "decide" da solo a quale istanza passare la lista, andandone a cercare una libera. Se, poniamo, la prima istanza sta già suonando una nota, ed è quindi occupata, la lista verrà passata alla seconda istanza; se anche la seconda istanza è occupata, verrà passata alla terza, etc.

Ricordatevi che la *patch* interna all'oggetto `poly~` deve contenere l'algoritmo necessario per rendere l'istanza occupata quando riceve una lista e per liberarla nuovamente alla fine della nota (è esattamente quello che abbiamo fatto nella *patch* p_triangletones~, vedi fig. IC.23). In assenza di tale algoritmo l'oggetto `poly~` passerà tutti i messaggi alla prima istanza, perché questa risulterà sempre libera.

Provate i diversi *preset* e osservate il *number box* collegato all'uscita di destra dell'oggetto `poly~`, che rappresenta il numero delle istanze che vengono richiamate (rallentate il tempo per vedere meglio la sequenza di numeri).

· ·

ATTIVITÀ

- Fate in modo che lo *step sequencer* del file IC_05_poly_step_seq2.maxpat (fig. IC.24) generi due note (simultaneee) per ogni *step*, alla distanza di una quinta giusta (7 semitoni). È sufficiente aggiungere un oggetto.

- Implementate il nuovo sistema di gestione del messaggio di *note-off* visto in figura IC.24 alla *patch* del file IC_02_subsynth_seq.maxpat (fig. IC.16).
- Utilizzate un oggetto `poly~` con la *patch* p_triangletones~ in tutti gli arpeggiatori che abbiamo realizzato ai parr. IB.2-5 del primo volume. Per fare in modo che il file p_triangletones~.maxpat venga caricato da `poly~`, dovete copiarlo nella cartella che contiene gli arpeggiatori o, se volete che sia visibile da qualunque *patch* di Max, dovete inserirlo nel percorso di ricerca (vedi par. 1.2 e il sottoparagrafo "Le Abstraction" del par. IA.4 del primo volume).

. . . .

Rendiamo un po' più complesso lo strumento polifonico aggiungendo un inviluppo definito tramite l'oggetto `function` e un filtro i cui parametri sono impostati globalmente (cioè per tutte le istanze).
Caricate il file **IC_06_poly_step_seq3.maxpat** (fig. IC.25).

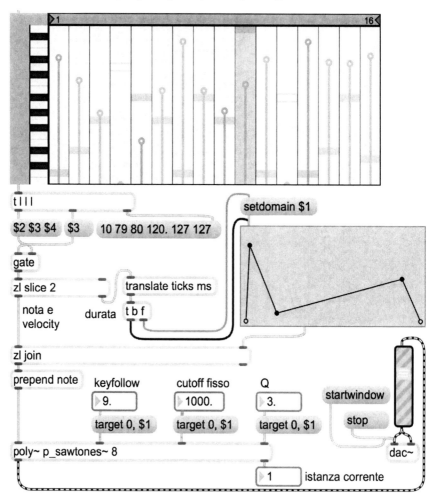

fig. IC.25: file **IC_06_poly_step_seq3.maxpat**

In questa versione dello *step sequencer* l'oggetto `poly~` utilizza una nuova *patch*, p_sawtones~ che, come vedremo più avanti, contiene un generatore di onda a dente di sega e un filtro passa-basso. Un problema che dobbiamo affrontare nella *patch* principale è il fatto che la lista generata da `function` per l'inviluppo può avere un numero arbitrario di elementi: non possiamo quindi usare l'oggetto `pack` per assemblare la lista da inviare allo strumento polifonico, perché dovremmo sapere in anticipo di quanti elementi è composta la lista, il che non è possibile. Vediamo come è stato risolto il problema: la lista di tre valori (nota, *velocity* e durata) generata da `live.step` viene divisa in due parti dall'oggetto [`zl slice 2`] (per `zl` e slice vedi par. IA.7 nel primo volume) e il valore relativo alla durata viene utilizzato per definire appunto la durata dell'inviluppo, tramite il messaggio "setdomain" inviato a `function`.

Subito dopo l'oggetto `function` è raggiunto da un *bang* e genera la lista di valori per l'inviluppo. Questa lista viene unita ai valori di nota e *velocity* tramite [`zl join`][17]. Alla lista così risultante viene anteposto il messaggio "note", e il tutto viene trasmesso all'oggetto `poly~`.[18]

Notate che l'oggetto `poly~` ha altri tre ingressi che utilizziamo per inviare al filtro passa-basso contenuto in p_sawtones~ i parametri *keyfollow* (cioè un fattore di moltiplicazione della frequenza dell'oscillatore), *cutoff* fisso (che verrà sommato al *keyfollow*) e fattore Q. Questi parametri sono preceduti dal messaggio "target 0" che, come abbiamo accennato in precedenza, dice all'oggetto `poly~` di inviare i messaggi successivi a tutte le istanze della *patch* interna. Provate i diversi *preset* osservando come l'inviluppo e i parametri del filtro influenzino il timbro dell'oscillatore.

Possiamo ora vedere il contenuto della *patch* polifonica, **p_sawtones~.maxpat** (fig. IC.26).

Come vediamo, la lista inviata all'ingresso [`in 1`] viene separata in due liste dall'oggetto [`zl slice 2`]: la prima lista contiene i valori di nota e *velocity* (a loro volta separati dall'oggetto `unpack`) e la seconda l'inviluppo che viene inviato a `line~`. Notate poi, nella parte bassa della *patch*, i tre ingressi [`in 2`], [`in 3`] e [`in 4`] che trasmettono i parametri di *keyfollow*, *cutoff* fisso e fattore Q al filtro `vs.lowpass~`.

Per il resto la *patch* è molto simile alle precedenti e dovrebbe essere facile da analizzare.

---

[17] Come abbiamo visto nel par. IA.7 del primo volume l'oggetto `zl` con argomento "join" serve appunto a unire due liste.

[18] In realtà l'oggetto `function` genera di *default* due messaggi: il primo è un valore singolo che rappresenta il punto di partenza dell'inviluppo, il secondo è una lista contenente il resto del percorso (vedere anche la *patch* 01_08_inviluppi_2 discussa al paragrafo 1.3P del primo volume). Dal momento che entrambi i messaggi vengono inviati all'ingresso destro di [`zl join`], il primo messaggio si perde, perché viene immediatamente sostituito dal secondo. Questo non costituirebbe un problema nella nostra *patch*, perché il valore del primo messaggio è sempre 0 (cioè il punto di attacco dell'inviluppo), e l'oggetto *line~*, nel momento in cui si inizia una nuova nota, si trova già al punto 0. È possibile comunque trasformare i due messaggi di `function` in una singola lista contenente l'intero percorso assegnando, nell'*inspector* di `function`, all'attributo "Output mode" il valore "List": è quello che abbiamo fatto nella *patch*.

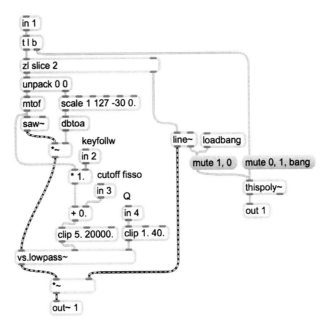

fig. IC.26: file **p_sawtones~.maxpat**

• •

ATTIVITÀ

- Aggiungere a p_sawtones~ un nuovo parametro globale per controllare l'*env depth*, ovvero l'influenza che l'inviluppo può avere sulla frequenza di taglio del filtro (vedi anche "Anatomia di un sintetizzatore in sintesi sottrattiva" nel par. 3.5P del primo volume). Creare, nella *patch* IC_06_poly_step_seq3.maxpat, dei nuovi *preset* che sfruttino tale parametro.
- Trasformare i parametri *keyfollow* e *env depth* da globali a definibili per ogni singola nota. Usare i parametri Extra 1 e Extra 2 dello *step sequencer* per modificarne i valori.
- Rendere polifonica la *patch* contenuta nel file 05_10_monosampler.maxpat che abbiamo visto nel par. 5.3P di questo volume. Per fare ciò dovete creare un'*abstraction* da caricare nell'oggetto `poly~` e dovete metterla nella stessa cartella della *patch* principale, oppure nel percorso di ricerca.
Gestite il nuovo campionatore polifonico con uno *step sequencer*. Utilizzare inoltre il campionatore polifonico con gli arpeggiatori dei parr. IB.2-5 del primo volume.
- Rendere polifonico il sintetizzatore sottrattivo IC_02_subsynth_seq.maxpat (fig. IC.16).

• •

Come abbiamo detto, l'oggetto `poly~` può essere usato non solo per i generatori di suono, ma per qualsiasi tipo di elaborazione.

Vediamo ad esempio come realizzare un banco di filtri risonanti: aprite il file **p_resonbank~.maxpat**, presente nella cartella "Interludio C Patch" (fig. IC.27).

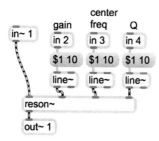

fig. IC.27: file **p_resonbank~.maxpat**

Quest *patch* semplicissima contiene un filtro passa-banda risonante del secondo ordine (reson~), e ha 4 ingressi[19], rispettivamente per il segnale da filtrare e per i parametri *gain*, frequenza di taglio e fattore Q. I tre oggetti line~ collegati agli ingressi dei parametri del filtro servono ad evitare un brusco cambiamento degli stessi. Passiamo adesso alla *patch* principale: aprite il file **IC_07_filtri_risonanti.maxpat** (fig. IC.28).

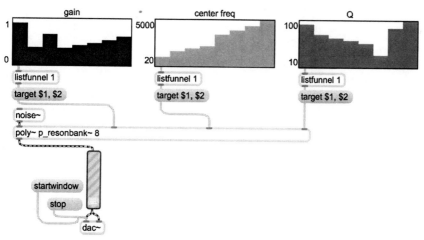

fig. IC.28: file **IC_07_filtri_risonanti.maxpat**

L'oggetto poly~ ha 8 voci di polifonia, e ci sono tre oggetti multislider (ciascuno con 8 *slider*) che modificano i parametri del filtro risonante. Il primo multislider genera valori tra 0 e 1 per il *gain* del filtro, il secondo genera

---

[19] Notate che, a differenza delle uscite, la numerazione per gli ingressi dei segnali (in~) e dei messaggi (in) è comune. Se usassimo l'ingresso [in 1], questo corrisponderebbe, nell'oggetto poly~, all'*inlet* più a sinistra, e coinciderebbe quindi con l'ingresso [in~ 1] per il segnale da filtrare. Ciò sarebbe perfettamente legittimo, ma abbiamo preferito separare l'ingresso del segnale da quello del primo parametro per rendere più chiara la *patch*.

valori tra 20 e 5000 per la frequenza di taglio e il terzo genera valori tra 10 e 100 per il fattore Q. Il segnale in ingresso (primo *inlet* di `poly~`) è un generatore di rumore bianco.

Ogni volta che modifichiamo i valori di un `multislider`, l'intera lista di 8 elementi viene generata all'uscita e inviata all'oggetto `listfunnel`. Questo oggetto, che abbiamo già visto al paragrafo 2.4P del primo volume, riceve una lista e la restituisce un elemento alla volta, facendo precedere ogni elemento da un numero d'ordine (e l'argomento 1 fa sì che la numerazione parta, appunto, da 1). Le 8 coppie numero d'ordine-elemento vengono inviate al *message box* sottostante che, tramite il messaggio "target", invia i valori alle istanze relative. Notate che il segnale prodotto da `noise~` non deve essere preceduto da nessun messaggio "target", perché i segnali vengono sempre trasmessi a tutte le istanze.

Provate a cambiare la configurazione dei `multislider` per generare risonanze diverse. Ora modificate la *patch* nel modo illustrato in fig. IC.29.

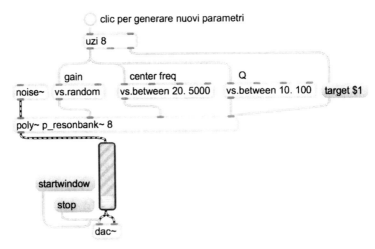

fig. IC.29: generazione casuale di risonanze.

Abbiamo tolto i `multislider` (con gli oggetti sottostanti) e abbiamo aggiunto un oggetto `uzi` che ad ogni *bang* ricevuto genera una sequenza di valori da 1 a 8 dall'uscita di destra, e una sequenza di *bang* dall'uscita sinistra.

Avviate la *patch* e fate clic più volte sul *bang button* collegato all'oggetto `uzi`.

. . . .

ATTIVITÀ

- Analizzate e descrivete il funzionamento della *patch* di fig. IC.29.
- Le frequenze dei risuonatori sono scelte casualmente nell'intervallo 20-5000 Hz. Questo privilegia le frequenze acute, perché come sappiamo la sensazione di altezza non è lineare rispetto alla frequenza. Come possiamo trasformare la *patch* in modo che le altezze siano distribuite uniformemente rispetto alla nostra percezione?

La *patch* p_resonbank~, come si vede in fig. IC.27, non contiene il meccanismo per mettere in *mute* le istanze polifoniche che è presente, ad esempio, nella *patch* p_sawtones~ (fig. IC.26).
È possibile però mettere in *mute* dall'esterno le diverse istanze contenute in un `poly~` tramite il messaggio "mute" seguito dal numero di istanza e dallo stato *mute* (0 oppure 1) che si vuole impostare. Modificate la *patch* di fig IC.29 nel modo illustrato in figura IC.30.

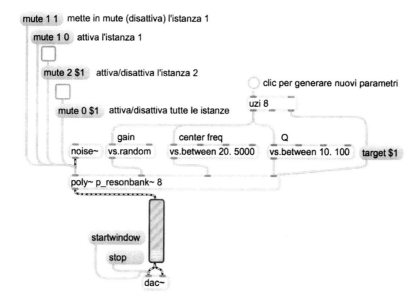

fig. IC.30: messaggio "mute" esterno

Come si vede in figura, inviando ad esempio il messaggio "mute 1 1" ad un oggetto `poly~` si mette in *mute*, ovvero si disattiva, la prima istanza. Con il messaggio "mute 1 0" si riattiva l'istanza. Il messaggio "mute 2 1" mette in *mute* la seconda istanza, il messaggio "mute 2 0" la riattiva. Naturalmente i messaggi "mute 3 1", "mute 3 0", "mute 4 1", "mute 4 0" etc. mettono in *mute* o riattivano le altre istanze.
Infine il messaggio "mute 0 1" mette in *mute* tutte le istanze e il messaggio "mute 0 0" le riattiva[20].

---

[20] I comandi globali "mute 0 1" e "mute 0 0" non modificano lo stato individuale delle istanze, ma si aggiungono ad esso: possiamo pensare ai comandi di *mute* globali come all'interruttore dell'elettricità generale di un appartamento e ai comandi individuali come agli interruttori delle singole luci. Questo significa che, ad esempio, se la terza istanza è in *mute* (cioè ha ricevuto il comando "mute 3 1"), non viene riattivata dal comando globale "mute 0 0", ma deve ricevere (anche) il comando individuale "mute 3 0". Inoltre se tutte le istanze sono state messa in *mute* dal comando globale "mute 0 1", il comando individuale "mute 3 0" non riattiva la terza voce: è necessario inviare il comando globale "mute 0 0" (ovvero accendere l'interruttore generale!).

Nel primo volume, al paragrafo 3.9P, abbiamo visto come costruire "corpi risonanti" mediante impulsi e filtri passa-banda con fattore Q molto alto.
Nel paragrafo IB.7, poi, abbiamo visto un algoritmo per generare corpi risonanti
che rimbalzano, utilizzando l'oggetto `fffb~` come banco di filtri risonanti. Ora
possiamo riprendere quell'algoritmo e renderlo più flessibile grazie all'oggetto
`poly~`. Caricate il file **IC_08_bouncing_bodies.maxpat** (fig. IC.31).

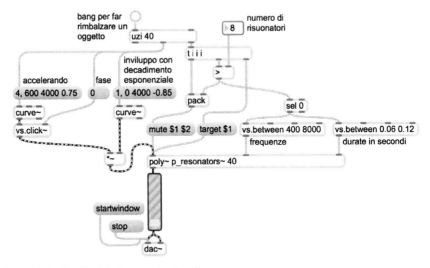

fig. IC.31: file IC_08_bouncing_bodies.maxpat

Questa *patch* è molto simile alla *patch* IB_05_rimbalzi.maxpat che abbiamo visto
nel paragrafo IB.7 del primo volume[21].
Innanzitutto provate la *patch*: ad ogni clic sul *bang button* in alto viene simulato il suono di un piccolo oggetto che rimbalza su una superficie. Il suono
di questo oggetto è realizzato con una serie di impulsi (generati dall'oggetto
`vs.click~`) filtrati da dei risuonatori (ovvero dei filtri passa-banda risonanti),
che si trovano nelle istanze della *patch* p_resonators~ (che vedremo tra poco)
contenuta nell'oggetto `poly~`.
La quantità di risuonatori utilizzati (cioè di istanze) dipende dal *number box* in
alto e può variare tra 1 e 40 (notate che questo *number box* raggiunge l'ingresso freddo dell'operatore relazionale >). Tramite il messaggio esterno "mute"
che abbiamo visto in fig. IC.30, le istanze inutilizzate vengono messe in *mute*,
mentre le altre vengono attivate. In figura il numero di risuonatori utilizzati è 8,
questo significa che le prime 8 istanze vengono attivate e le restanti 32 vengono
messe in *mute*.
Vediamo come funziona: il *bang button* attiva un oggetto `uzi` che genera una
serie di numeri consecutivi da 1 a 40 dalla sua uscita di destra. Questi valori
vengono replicati dalle tre uscite dell'oggetto `trigger` sottostante.

---

[21] La *patch* IC_08_bouncing_bodies, come le successive, prende ispirazione da un esempio
("bouncing lightbulbs, pencils, cans, and other assorted objects") scritto da James McCartney per il
suo linguaggio di programmazione SuperCollider (v. 2).

Il valore generato dall'uscita di destra di **trigger** viene passato ad un *message box* che contiene il messaggio "target $1" e seleziona quindi l'istanza a cui verranno inviati i messaggi successivi. Il valore generato dall'uscita centrale di **trigger** viene inviato all'ingresso caldo dell'operatore > che, se il valore ricevuto è maggiore di 8 produrrà il valore 1 (vero), se è minore o uguale a 8 produrrà il valore 0 (falso). Il valore generato da > raggiunge a destra l'oggetto [**sel 0**], che produce un *bang* quando riceve uno 0, ovvero quando il valore generato da **uzi** è minore o uguale a 8. In altre parole l'oggetto **sel** produce un *bang* solo per i primi 8 valori generati da **uzi** (corrispondenti alle istanze che vogliamo utilizzare). Il *bang* prodotto da **sel** viene inviato a due oggetti **vs.between** che generano rispettivamente un valore compreso tra 400 e 8000 (che verrà usato per la frequenza della risonanza) e un valore compreso tra 0.06 e 0.12 (che verrà usato per la durata della risonanza).

Il valore generato dall'oggetto > viene inviato anche all'ingresso freddo dell'oggetto **pack** sottostante. Torniamo all'oggetto **trigger**: il valore generato dall'uscita di sinistra viene inviato all'ingresso di sinistra (ingresso caldo) dell'oggetto **pack** (il quale, ricordiamo, ha già ricevuto all'ingresso destro il valore generato da >). La lista assemblata da **pack** viene passata al *message box* contenente il messaggio "mute $1 $2": questo messaggio quindi lascia attive le istanze da 1 a 8 e mette in *mute* le istanze da 9 a 40 e (per verificarlo collegate un oggetto **print** all'uscita del *message box* "mute $1 $2" e osservate i messaggi stampati sulla finestra Max ad ogni *bang* inviato all'ogetto **uzi**).

Risaliamo ora fino all'oggetto **uzi**: come si vede, usiamo qui per la prima volta l'uscita centrale dell'oggetto. Questa uscita produce un *bang* (denominato *carry bang*) quando l'oggetto ha terminato di generare la sequenza numerica dall'uscita di destra e la serie di *bang* dall'uscita di sinistra. Il *carry bang* raggiunge tre *message box*, due dei quali sono collegati ad altrettanti oggetti **curve~**: occupiamoci innanzitutto di questi. L'oggetto **curve~** di destra genera un inviluppo con decadimento esponenziale della durata di 4 secondi; quello di sinistra controlla la frequenza del generatore di impulsi (oggetto **vs.click~**): questa frequenza accelera, in 4 secondi, da 4 impulsi al secondo a 600. L'ultimo *message box* contiene il messaggio "0" ed è collegato all'ingresso destro di **vs.click~**. Questo messaggio serve a riportare a 0 la fase del generatore di impulsi: in questo modo il successivo impulso generato coincide esattamente con l'inizio dell'inviluppo esponenziale.

Provate a cambiare il *number box* in alto a destra e ascoltate come cambia il timbro del corpo risonante al variare del numero di risuonatori.

Vediamo ora la *patch* **p_resonators~** contenuta nell'oggetto **poly~** (fig. IC.32).

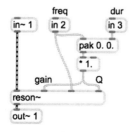

fig. IC.32: file **p_resonators~.maxpat**

Si tratta anche in questo caso di una *patch* molto semplice: sfruttando la tecnica discussa al par. 3.9P del primo volume (vedi in particolare la fig. 3.69), moltiplichiamo tra loro la frequenza e la durata del risuonatore e ricaviamo così il valore di *gain* e fattore Q da passare al filtro `reson~`.

Agendo sui parametri di frequenza e durata, nonché sull'inviluppo e la velocità dei rimbalzi è possibile modificare le caratteristiche del corpo risonante. Aprite il file **IC_09_bouncing_bodies2.maxpat** (fig. IC.33).

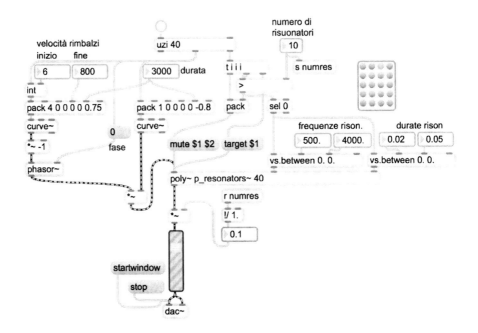

fig. IC.33: file **IC_09_bouncing_bodies2.maxpat**

Rispetto alla *patch* precedente abbiamo aggiunto la possibilità di regolare la velocità dei rimbalzi iniziale e finale e la durata dell'inviluppo generale: ci sono infatti tre *number box* per gestire questi parametri nella parte sinistra della *patch*. Abbiamo sostituito i due *message box* che nella *patch* precedente erano collegati agli oggetti `curve~` con due `pack`: in questo modo è più semplice modificare i parametri. Notate l'uso dell'oggetto `int` (a sinistra) che memorizza il valore della velocità iniziale di rimbalzo: questo valore viene inviato all'ingresso caldo dell'oggetto `pack` dal *carry bang* dell'oggetto `uzi`.

In questa *patch* è anche possibile definire il valore minimo e massimo delle frequenze dei risuonatori e il valore minimo e massimo della loro durata: fate riferimento ai 4 *number box* a destra, collegati ai generatori di valori casuali `vs.between`.

Il valore generato dal *number box* in alto, che determina il numero dei risuonatori da attivare, viene inviato, tramite la coppia di oggetti [s numres] [r numres] all'operatore matematico `!/`, visibile in basso, sotto l'oggetto `poly~`: che funzione ha questa nuova parte dell'algoritmo?

Vediamo infine che l'oggetto **vs.click~**, che nella *patch* precedente generava gli impulsi da filtrare, è stato sotituito dall'oggetto **phasor~**: infatti l'impulso generato da **phasor~** ha meno energia nelle componenti acute rispetto all'impulso di **vs.click~** ed è più efficace con le risonanze nel registro grave. Notate che il valore di frequenza generato da **curve~** viene moltiplicato per -1, e quindi reso negativo, prima di essere passato a **phasor~**. Come sappiamo una frequenza negativa fa sì che l'oggetto **phasor~** produca rampe che vanno da 1 a 0 anziché rampe che vanno da 0 a 1. Perché è stato necessario rendere la frequenza negativa? Provate a togliere il moltiplicatore [*~ -1], che differenza notate? (Non trascurate il fatto che la fase dell'oggetto **phasor~** viene riportata a 0 dal *carry bang* di **uzi**).

Ascoltate tutti i *preset* osservando attentamente l'impostazione dei diversi parametri, poi provate a creare nuove configurazioni.

· ·

ATTIVITÀ

- Aggiungete alla *patch* di fig. IC.33 un oggetto **metro** per generare serie successive di rimbalzi ad intervalli regolari.

- Utilizzando la tecnica già vista nella *patch* 05_15_rand_blocks.maxpat (par. 5.4P), rendete irregolare la scansione prodotta da **metro**.

- Anche in questo caso le frequenze dei risuonatori sono scelte uniformemente in un intervallo espresso in hertz. Questo privilegia le frequenze acute, perché come sappiamo la sensazione di altezza non è lineare rispetto alla frequenza. Come possiamo trasformare la *patch* in modo che le altezze siano distribuite uniformemente rispetto alla nostra percezione?

· ·

In queste ultime *patch* abbiamo sfruttato la polifonia per definire le componenti di un suono complesso, ma quest'ultimo è rimasto comunque monofonico: non è infatti possibile produrre più "oggetti che rimbalzano" contemporaneamente.
Nessuno ci impedisce però di includere (con le opportune modifiche) l'intera *patch* di figura IC.33 in un oggetto **poly~** e avere così la possibilità di creare una polifonia di oggetti. In questo caso avremo quindi un oggetto **poly~** che contiene una *patch* che a sua volta contiene un altro oggetto **poly~**.
Vediamo come si fa: caricate il file **IC_10_poly_bouncing_bodies.maxpat** (fig. IC.34).

Vediamo innanzitutto un nuovo oggetto, **vs.randmetro**, in alto a sinistra nella *patch*. Questo oggetto funziona come un normale **metro**, con la differenza che l'intervallo di tempo tra un *bang* e il successivo non è uniforme, ma scelto casualmente tra un minimo e un massimo. In figura l'oggetto **vs.randmetro**

165

produce quindi una serie di *bang* a intervalli di tempo variabili casualmente tra 100 e 1200 millisecondi.

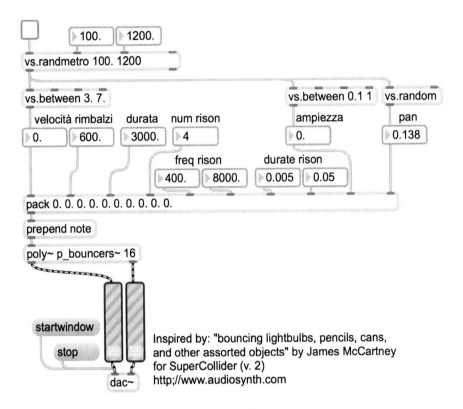

fig. IC.34: file **IC_10_poly_bouncing_bodies.maxpat**

I *bang* prodotti da **vs.randmetro** raggiungono tre generatori casuali che sono collegati ad altrettanti *number box*. Questi valori casuali, insieme ad altri valori fissi, vengono usati dall'oggetto **pack** al centro della *patch* per assemblare una lista che viene inviata, assieme al messaggio "note", all'oggetto **poly~** sottostante.
La lista contiene i valori per i parametri che avevamo utilizzato nella *patch* precedente, e precisamente: la quantità iniziale (variabile tra 3 e 7) e finale (600) di rimbalzi al secondo, la durata dell'inviluppo generale (3000 millisecondi), il numero di risuonatori (4), la frequenza minima e massima che può essere data a ciascun risuonatore (da 400 a 8000 Hz), la durata minima e massima per ciascun risuonatore (da 0.005 a 0.05 secondi). Ci sono inoltre due nuovi parametri che abbiamo aggiunto per modificare l'ampiezza globale di ogni serie di rimbalzi (variabile tra 0.1 e 1) e la posizione stereofonica (pan) che varia tra 0 e 1 (ovvero ogni serie di rimbalzi può essere posizionata in un punto qualunque del fronte stereofonico).

Vediamo come viene gestita questa lista dalla *patch* polifonica caricata nell'oggetto **poly~**; aprite il file **p_bouncers~.maxpat** (fig. IC.35).

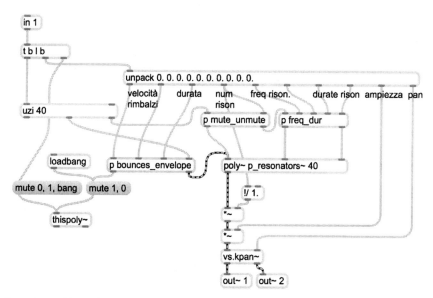

fig. IC.35: file **p_bouncers~.maxpat**

Questa *patch* contiene essenzialmente lo stesso algoritmo della *patch* IC_09_bouncing_bodies2 (fig. IC.33): per semplificare i collegamenti con la lista in entrata, le diverse parti della *patch* sono state incapsulate in tre oggetti `patcher` (p): notate che la *patch* contiene il meccanismo di gestione dinamica delle voci polifoniche realizzato tramite l'oggetto `thispoly~` che abbiamo visto per la prima volta in fig. IC.23).

Quando viene ricevuta una lista dalla *patch* principale, il primo messaggio che viene inviato è un *bang* al *message box* "mute 0, 1", che attiva la *patch* e la rende occupata. Dopo di che la lista viene disassemblata dall'oggetto `unpack` e i singoli valori vengono inviati ai diversi oggetti presenti.

Il valore più a destra serve ad impostare il pan del suono, tramite **vs.kpan~** che funziona come l'oggetto **vs.pan~** che già conosciamo (par. 4.1P del primo volume), ma può ricevere solo messaggi Max (non segnali MSP) per impostare una posizione stereofonica fissa.

Il secondo valore da destra regola il volume globale del suono prodotto dall'istanza.

I successivi quattro valori vengono inviati alla *subpatch* [p freq_dur] contenente i generatori casuali che impostano frequenza e durata per ciascun risuonatore. Il valore seguente ("num rison") serve ad impostare il numero di risuonatori utilizzati e viene inviato alla *subpatch* [p mute_unmute] contenente l'algoritmo che attiva e disattiva le istanze di **p_resonators~** (contenuto nell'oggetto **poly~** sottostante). A sinistra, infine, gli ultimi tre valori vengono inviati alla *subpatch* [p bounces_envelope] contenente la parte che genera i rimbalzi del corpo risonante e il suo inviluppo globale; alla fine dell'inviluppo questa *subpatch* invia un *bang* al *message box* "mute 1, 0" che libera la *patch* e la mette in *mute*.

Attivate la *patch* principale per sentire una polifonia di oggetti che rimbalzano; dopo di che aggiungete un oggetto **preset** e memorizzate nuove impostazioni dei parametri.

167

Aggiungete alla *patch* di fig. IC.35 altri generatori random per modificare in modo casuale i diversi parametri: ad esempio il numero dei risuonatori, la durata di una serie di rimbalzi, etc.

· ·

IC.4 ABSTRACTION E ARGOMENTI

Quasi tutti gli oggetti Max standard possono avere, come sappiamo, degli argomenti che impostano il valore delle variabili principali dell'oggetto. In questo paragrafo vedremo come sia possibile avere degli argomenti anche nelle *abstraction*; in quelle *patch*, cioè, che vengono utilizzate come oggetti. Caricate il file **IC_11_abstraction_arguments.maxpat** (fig. IC.36).

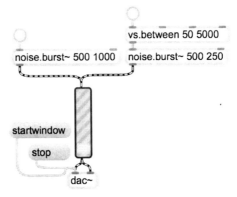

fig. IC.36: file **IC_11_abstraction_arguments.maxpat**

In questa *patch* abbiamo due copie (o istanze) dell'oggetto `noise.burst~`: questo oggetto, creato appositamente per questo esempio, produce una breve esplosione (*burst*) realizzata tramite un inviluppo a decadimento esponenziale applicato a un generatore di rumore a banda variabile[22]. I due argomenti regolano rispettivamente la larghezza della banda di rumore (in hertz) e la durata del suono (in millisecondi). La prima istanza di **noise.burst~** riceve un *bang* al suo ingresso di destra e genera il rumore utilizzando i valori dei due argomenti (500 Hz e 1000 ms); la seconda istanza riceve un valore casuale compreso tra 50 e 5000, che utilizza come larghezza della banda di rumore, mentre la durata, data dal secondo argomento, è sempre 250 millisecondi. Prima di continuare ascoltate i suoni generati dai due oggetti.

L'oggetto **noise.burst** è in realtà un'*abstraction* e facendo doppio clic sulla copia di sinistra possiamo vederne il contenuto (fig. IC.37a).

---

[22] Si tratta, come vedremo, del generatore **rand~**.

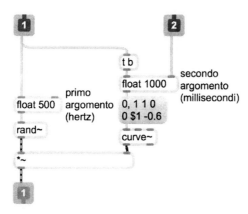

fig. IC.37a: un'istanza di `noise.burst~`

Osservate attentamente la *patch* in figura e analizzatene il funzionamento.
Come si può vedere, i valori dei due argomenti si trovano all'interno di due
oggetti `float`: quando l'oggetto `noise.burst~` riceve un *bang* al suo
ingresso di sinistra, viene generato un inviluppo esponenziale della durata di 1
secondo tramite l'oggetto `curve~` (sapete ricostruire l'andamento dell'inviluppo osservando il contenuto del *message box*?), mentre il valore 500 contenuto
nell'oggetto `float` di sinistra viene inviato al generatore di rumore `rand~`.
Se l'oggetto `noise.burst~`, invece di un *bang*, riceve un valore numerico
al suo ingresso di sinistra, tale valore sostituirà il valore contenuto nell'oggetto `float` sottostante (e verrà trasmesso a `rand~`), mentre l'oggetto `float` di
destra riceverà comunque un *bang* dall'oggetto [`t b`].
Infine, inviando un valore numerico all'ingresso di destra di `noise.burst~`
viene modificato il contenuto dell'oggetto `float` di destra, che determina la
durata del suono prodotto. Nella *patch* di fig. IC.36, aggiungete un *number
box* all'ingresso di destra della prima istanza di `noise.burst~` e variate la
lunghezza dell'inviluppo.
Per capire come fanno gli argomenti di `noise.burst~` a "finire" all'interno
dei due oggetti `float` dobbiamo aprire il file originale **noise.burst~.maxpat**
contenuto nella cartella "Interludio C Patch" (fig. IC.37b)[23].

Come si può vedere, al posto del valore corrispondente al primo argomento, il file
originale di `noise.burst~` contiene il simbolo #1, e al posto del secondo argomento il simbolo #2. Questi simboli (denominati *replaceable arguments*, ovvero
"argomenti sostituibili") fungono da segnaposto per gli argomenti che verranno
passati all'oggetto: naturalmente se abbiamo bisogno di un terzo argomento
useremo il simbolo #3 e così via.

---

[23] È possibile aprire il file originale di un'*abstraction* anche partendo da un'istanza dell'*abstraction*
stessa: è sufficiente aprire la finestra dell'istanza e fare clic sulla prima icona (denominata "Modify
Read-Only") della Toolbar in basso. L'icona, che inizialmente rappresenta una matita, si trasformerà nel
noto lucchetto che sarà possibile aprire. In alternativa si può fare clic sulla seconda icona denominata
"Patcher Windows". Apparirà un menù a discesa da cui potremo scegliere la voce "Open Original"

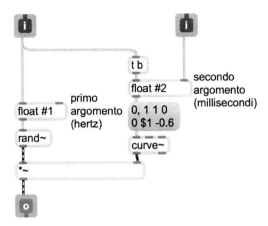

fig. IC.37b: file **noise.burst~.maxpat**

Anche con le *abstraction* contenute in un oggetto `poly~` è possibile utilizzare gli argomenti sostituibili: per distinguere questi argomenti dagli argomenti di `poly~` è necessario farli precedere dal simbolo "args".
Caricate il file **IC_12_poly_arguments.maxpat** (fig. IC.38).

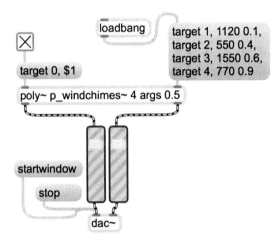

fig. IC.38: file **IC_12_poly_arguments.maxpat**

L'oggetto `poly~` visibile in figura ha 4 argomenti: i primi due come sappiamo rappresentano il nome dell'*abstraction* da caricare e il numero di voci polifoniche da attivare. Il terzo argomento è il simbolo "args", che come abbiamo detto precede gli argomenti da passare all'*abstraction* contenuta in `poly~`. Il quarto argomento (il valore 0.5), quindi, è in realtà il primo (e unico) argomento dell'*abstraction* p_windchimes~ contenuta in `poly~`.
Avviamo il "motore" DSP e attiviamo la *patch* con un clic sull'oggetto `toggle` in alto a sinistra: il suono prodotto è simile a quello di piccoli campanellini che oscillano al vento. Apriamo, con un doppio clic, l'*abstraction* p_windchimes~ contenuta nell'oggetto `poly~` (fig. IC.39).

Come si può vedere l'argomento "0.5" viene utilizzato dall'oggetto **vs.dust~** [24]: se caricate la *patch* originale potete verificare che l'oggetto **vs.dust~** contiene come argomento il simbolo #1.

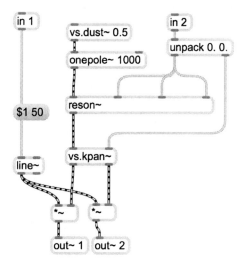

fig. IC.39: un'istanza di p_windchimes~

. . . .

ATTIVITÀ

- Analizzate le *patch* di figura IC.38 e IC.39.
- Per quale motivo il primo elemento della lista passata dall'oggetto [**in** 2] viene trasmesso a tutti e tre gli ingressi di **reson~**? Cosa si ottiene impostando i parametri in questo modo?
- A cosa serve l'oggetto [**onepole~** 1000] che si trova al di sotto di **vs.dust~**? Provate a cancellarlo o a modificarne l'argomento (nella *patch* originale): come cambia il suono?
- Modificate l'*abstraction* p_windchimes~ in modo che sia possibile impostare la quantità di click prodotti da **vs.dust~** dall'esterno (tramite un ingresso). Modificate la *patch* principale IC_12_poly_arguments.maxpat (fig. IC.38) di conseguenza.

. . . .

---

[24] Vi ricordiamo che **vs.dust~** è un oggetto che genera una serie irregolare di click audio, e l'argomento rappresenta la quantità media di click prodotti in un secondo: vedi par. 3.9P.

LISTA OGGETTI MAX

in
Inlet per i messaggi Max in un **poly~**. Questo oggetto ha un argomento numerico che indica la posizione che l'ingresso avrà nel **poly~** che li ha caricati: il valore 1 indica l'ingresso più a sinistra, il 2 l'ingresso successivo e così via.

in~
Inlet per i segnali MSP in un **poly~**. Questo oggetto ha un argomento numerico che indica la posizione che l'ingresso avrà nel **poly~** che li ha caricati: il valore 1 indica l'ingresso più a sinistra, il 2 l'ingresso successivo e così via.

live.step
Oggetto grafico che ha la funzione di *step sequencer*. È costituito da diverse colonne, dette *step*. Ogni colonna contiene cinque valori liberamente assegnabili: i primi tre, per *default*, vengono usati rispettivamente come valore di nota MIDI, *velocity* e durata.

matrixctrl
Oggetto grafico utilizzato per stabilire le connessioni tra gli ingressi e le uscite degli oggetti **router** e di **matrix~**.

out
Outlet per i messaggi Max in un **poly~**. Questo oggetto ha un argomento numerico che indica la posizione che l'uscita avrà nel **poly~** che li ha caricati: il valore 1 indica l'uscita più a sinistra, il 2 l'uscita successiva e così via. Se nell'oggetto **poly~** sono presenti anche delle uscite per i segnali (v. oggetto **out~**), queste si trovano sempre a sinistra delle uscite per i messaggi Max.

out~
Outlet per i segnali MSP in un **poly~**. Questo oggetto ha un argomento numerico che indica la posizione che l'uscita avrà nel **poly~** che li ha caricati: il valore 1 indica l'uscita più a sinistra, il 2 l'uscita successiva e così via.

poly~
Questo oggetto serve a rendere una *patch* polifonica. Ciò avviene se la *patch* stessa viene caricata all'interno di **poly~**. I due argomenti principali dell'oggetto sono il nome della *patch* da caricare e il numero di note che possono essere prodotte contemporaneamente.

router
Oggetto dotato di un numero liberamente impostabile di ingressi ed uscite che gestiscono messaggi Max. È l'equivalente Max dell'oggetto MSP **matrix~**.

thispoly~
Questo oggetto serve ad attivare e disattivare istanze specifiche di una *patch* caricata all'interno di **poly~** e a fornire informazioni sull'istanza in cui è caricato. Funziona solo all'interno di una *patch* caricata in **poly~**.

timer
Permette di calcolare l'intervallo (in millisecondi) tra un *bang* e il successivo.

translate
Converte i valori di tempo assoluti o relativi in qualsiasi altro tipo di valore di tempo relativo o assoluto, ad es. da *ticks* a msec.

transport
Consente di attivare e disattivare il passaggio del tempo globale. È possibile creare degli oggetti **transport** indipendenti dal tempo globale aggiungendo un nome come argomento. Gli oggetti che condividono lo stesso nome, tramite l'attributo "Transport", seguiranno il tempo del **transport** indipendente.

vs.kpan~
Oggetto che realizza l'algoritmo di panning prendendo un suono dall'ingresso sinistro e spostandolo nel fronte stereo secondo i messaggi Max ricevuti all'ingresso destro.

LISTA ATTRIBUTI, MESSAGGI ED ELEMENTI GRAFICI PER OGGETTI MAX SPECIFICI

@ (simbolo)
Precede il nome di un attributo all'interno dell'oggetto.

live.step
-Loop Ruler (elemento grafico)
Si trova nella parte superiore dell'oggetto. Modificando la lunghezza del Loop Ruler si modifica il numero degli *step* che vengono eseguiti.

-Unit Ruler (elemento grafico)
Si trova nella parte sinistra dell'oggetto. Comprende una tastiera musicale stilizzata e una banda grigia verticale con i nomi delle note.

makenote
- Duration (attributo)
gestisce la durata della nota in **makenote**.

matrixctrl
- Autosize to Rows & Columns (attributo)
fa sì che l'oggetto si ridimensioni automaticamente quando cambia il numero delle righe o delle colonne.

- Number of Columns (attributo)
Numero delle colonne dell'oggetto.

- Number of Rows (attributo)
Numero di righe dell'oggetto.

- One Non-Zero Cell Per Row (attributo)
Se attivato si può avere una sola connessione per riga. Serve per evitare, ad es. che i valori di due ingressi vadano contemporaneamente ad una stessa uscita.

metro
- Active (attributo)
consente di avviare (se seguito dal valore 1) e arrestare (se seguito dal valore 0) l'oggetto **metro**.

- Interval (attributo)
consente di impostare l'intervallo tra i *bang* prodotti dall'oggetto. Si può usare qualunque unità di tempo disponibile in Max.

- Quantize (attributo)
permette di specificare un valore che rappresenta una "griglia temporale" che viene imposta alla scansione di **metro**. Come unità di tempo si possono usare i *ticks*, bbu o valori di nota.

poly~
- Target (attributo)
serve ad indicare a quale voce (o istanza) verranno inviati i messaggi successivi.

- Mute (messaggio)
questo messaggio, seguito dal numero di istanza e dallo stato *mute* (0 oppure 1), serve a disattivare (mettere in *mute*) o attivare la generazione del segnale all'interno delle diverse istanze contenute in un **poly~**.

- Note (messaggio)
questo messaggio posto all'inizio di una lista dice all'oggetto **poly~** di cercare la prima istanza libera (ovvero con lo stato *busy* disattivato) e di passarle il resto della lista.

thispoly~
- 1 e 0 (messaggi)
Servono ad attivare e disattivare lo stato *busy* (occupato) dell'istanza.

- Bang (messaggio)
Serve a richiedere all'oggetto **thispoly~** di generare il numero dell'istanza in cui è presente (uscita di sinistra) e il relativo stato *mute* (uscita di destra).

- Mute (messaggio)
Questo messaggio serve a disattivare (mettere in *mute*) la generazione del segnale all'interno di un'istanza.

transport
- Tempo (messaggio)
Questo attributo esprime il numero di bpm e di *default* il suo valore è 120.

uzi
- Carry bang (messaggio)
È un *bang* che viene generato dall'uscita centrale, quando l'oggetto **uzi** ha terminato di generare sequenze dall'uscita di destra e di sinistra.

GLOSSARIO

Argomenti sostituibili (Replaceable Arguments)
Simboli costituiti dal carattere # e da un numero intero compreso tra 1 e 9 (ad es. #1, #2, #3...) che vengono utilizzati all'interno di un'*abstraction* e fungono da segnaposto per gli argomenti che verranno passati all'oggetto.

Attribute
Colonna che mostra il *nome reale* di un attributo in un *inspector*, nome con cui un attributo può essere usato anche in un messaggio esterno.

BBU
Formato di tempo relativo (*bars/beats/units*), cioè con durate non espresse in millisecondi ma in *ticks*, pulsazioni e battute.

BPM
Pulsazioni al minuto.

Fixed Time Values
Valori di tempo assoluti o fissi, ovvero valori di tempo che non dipendono dal *master clock*.

Global Transport
Finestra indipendente che contiene i comandi per il *master clock*. Tramite questa finestra si possono attivare e disattivare il *master clock*, cambiare il tempo in bpm, visualizzare il tempo trascorso, etc.

Istanze
Dette anche "voci" della polifonia, si tratta di copie di una *patch* all'interno di un oggetto `poly~`

Master clock
Sistema di scansione globale del tempo nell'ambiente Max.

Setting
Colonna che mostra il *nome descrittivo* di un attributo in un *inspector*. Al contrario del *nome reale* (reperibile sotto la colonna Attribute) non può essere usato in un messaggio esterno.

Step sequencer
Dispositivo che ripete ciclicamente una sequenza di eventi sonori i cui parametri possono essere preimpostati.

Tempo-Relative Time Values
Valori di tempo relativi, ovvero valori di tempo dipendenti dal *master clock*.

6T

LINEE DI RITARDO: ECO, LOOP, FLANGER, CHORUS, FILTRI COMB E ALLPASS, PHASER, PITCH SHIFTING, REVERSE, ALGORITMO DI KARPLUS-STRONG

6.1 IL DELAY TIME: DAI FILTRI ALL'ECO
6.2 ECO
6.3 LOOPING MEDIANTE LINEA DI RITARDO
6.4 FLANGER
6.5 CHORUS
6.6 FILTRI COMB
6.7 FILTRI ALLPASS
6.8 PHASER
6.9 PITCH SHIFTING, REVERSE E DELAY VARIABILE
6.10 L'ALGORITMO DI KARPLUS-STRONG

CONTRATTO FORMATIVO

PREREQUISITI PER IL CAPITOLO
- Contenuti del volume 1, del capitolo 5 (teoria e pratica) e dell'interludio C

OBIETTIVI
Conoscenze
- Conoscere l'uso di linee di ritardo utilizzate a diversi scopi
- Conoscere l'uso di simulazioni di eco singole e multiple
- Conoscere l'uso del loop e dello slapback, multitap e ping-pong delay
- Conoscere i parametri e l'uso del flanger, del chorus e del phaser
- Conoscere la teoria di base e alcune possibili applicazioni dei filtri comb e allpass
- Conoscere l'uso del pitch shifting e del reverse
- Conoscere la teoria di base dell'algoritmo di Karplus-Strong
- Conoscere alcune applicazioni per la simulazione del suono di corde pizzicate e percussioni tramite l'algoritmo di Karplus-Strong

Abilità
- Saper individuare all'ascolto i differenti tipi di eco e saperli descrivere
- Saper individuare all'ascolto le differenze di base fra chorus, phaser e flanger e saperle descrivere
- Saper individuare all'ascolto le modifiche dei parametri base dell'algoritmo di Karplus-Strong e saperli descrivere.

CONTENUTI
- Linee di ritardo
- Vari tipi di eco
- Uso di linee di ritardo per loop, chorus, flanger, phaser, pitch shifting e reverse
- Filtri comb e allpass
- Sintesi mediante algoritmo di Karplus-Strong

ATTIVITÀ
- Esempi sonori e interattivi

VERIFICHE
- Test a risposte brevi
- Test con ascolto e analisi

SUSSIDI DIDATTICI
Concetti di base - Glossario - Discografia

6.1 IL *DELAY TIME*: DAI FILTRI ALL'ECO

Il ritardo del segnale è uno degli strumenti più potenti e versatili che abbiamo a disposizione per la computer music: le tecniche di sintesi ed elaborazione del suono più diverse, dalla sintesi sottrattiva a quella per modelli fisici, dalla costruzione dei riverberi all'applicazione della maggior parte degli effetti "classici" (che affronteremo in questo capitolo), hanno in comune l'utilizzo di un ritardo più o meno lungo del segnale. Nel par. 3.6 abbiamo visto, ad esempio, che per realizzare i filtri digitali è necessario utilizzare delle linee di ritardo: in quel caso il tempo fra il segnale in ingresso e il segnale in uscita dal filtro (*delay time*) è brevissimo, calcolato in singoli campioni (ad es. il tempo che separa un campione dal successivo, ad una frequenza di campionamento di 48000 Hz è di 1/48000 di secondo, cioè 0.00002 secondi ca.). Nel momento in cui, da questa dimensione "microscopica" del *delay time*, si passa ad una dimensione più ampia, di diversi millisecondi, si possono ottenere in uscita dal *delay* effetti diversi. In particolare, in questo capitolo, ci occuperemo del *flanger* (in genere da 1 a 20 msec. con *delay time* continuamente variato) di *chorus* (tipicamente da 20 a 30 msec. con *delay time* continuamente variato), di *slapback delay*, cioè di effetti di raddoppio quasi simultaneo di un suono (da 10 msec a 120 msec ca.) e di diversi effetti di *eco* (da 100 msec. fino a diversi secondi). Inoltre ci occuperemo del filtro *comb* che viene usato in modi diversi, fra cui quello di creare risonanze multiple in rapporto armonico fra loro. Vedremo anche due diverse implementazioni del filtro *allpass* (passa-tutto): la prima viene usata unitamente al *comb* per la creazione dei riverberi (di cui parleremo nel terzo volume); la seconda serve a realizzare l'effetto *phaser*. In figura 6.1 vediamo un grafico indicativo: i valori di tempo servono a dare un'idea approssimativa del ritardo necessario per ottenere i diversi effetti, e vanno considerati come valori puramente indicativi che possono variare sensibilmente in relazione al materiale sonoro in ingresso.

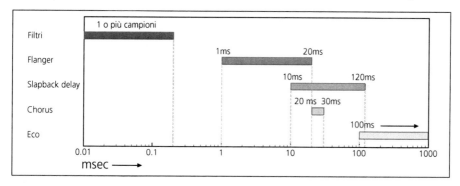

fig. 6.1: diversi tempi di ritardo, dai filtri all'eco

6.2 ECO

L'effetto di **eco**, cioè la ripetizione di un suono, è percepibile se la replica del suono ha luogo dopo un tempo superiore a quello definito come *zona di Haas* (25-35 msec.). Se la replica del suono invece arriva all'ascoltatore prima di tale tempo, l'ascoltatore stesso avrà difficoltà a percepire il secondo suono come suono separato, e nei casi di suoni con attacco lento tenderà a percepire la replica non come un suono a sé stante ma come un suono "fuso" con il primo. Per simulare un semplice effetto di eco abbiamo bisogno di un algoritmo contenente un *delay* (ritardo), il quale riceve in ingresso un segnale audio, e lo replica in uscita dopo un tempo (*delay time*) che possiamo determinare e che può variare da pochi millisecondi a vari secondi. Il suono ritardato poi può essere sommato, oppure no, al suono originario (in genere detto suono *dry*). Se si desidera ottenere solo il suono dell'effetto (in genere definito *wet*), è sufficiente dare ampiezza zero al suono *dry*. La regolazione del rapporto fra la quantità di suono *dry* e di suono *wet* viene chiamata *balance* e viene spesso indicata in percentuale (ad es. 100% significa solo suono *wet*, 50% pari ampiezza al suono *wet* e *dry*, 0% solo suono *dry*). In fig. 6.2 un esempio semplice di *delay*.

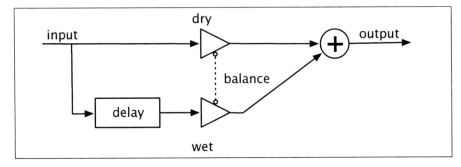

fig. 6.2: esempio semplice di *delay*

. . . .

ESEMPIO INTERATTIVO 6A.1 • *Effetti eco con* delay time *fuori e dentro zona Haas*

. . . .

Se le repliche del suono sono più di una otteniamo un'eco multipla. Per ottenere eco multiple abbiamo bisogno di inserire nell'algoritmo un *feedback* cioè la possibilità di rimandare nell'*inpu*t il segnale di uscita del *delay*.
In fig. 6.3 un esempio di *delay* con *feedback*.

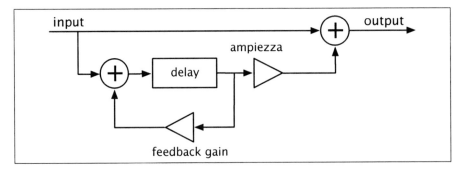

fig. 6.3: *delay* con *feedback*

ESEMPIO INTERATTIVO 6A.2 • *Eco multiple*

• •

In questo modo si può ripetere l'effetto di eco molte volte, regolando il *gain* del *feedback*. Se il *gain* è nullo non avremo alcun *feedback* quindi la ripetizione del segnale avverrà una volta sola, man mano che aumentiamo il *gain* otteniamo un numero sempre maggiore di ripetizioni.

Tecnicamente il *gain* del *feedback* è una moltiplicazione del segnale, e il fattore di moltiplicazione varia tipicamente tra 0 e 1. Con un *gain* al 50% ad esempio il segnale viene moltiplicato per 0.5 (ovvero la sua ampiezza viene ridotta alla metà ad ogni rientro nel circuito): ad esempio, se il moltiplicatore ha valore 0.5 e l'ampiezza iniziale è 1, nei vari riscalamenti del segnale avremo valori uguali a 0.5, 0.25, 0.125 etc.

Con un *gain* allo 0% il segnale viene moltiplicato per 0 (e quindi viene annullato), con un *gain* al 100% viene moltiplicato per 1 (cioè non viene modificato). La percentuale di *gain* infatti indica il rapporto fra l'ampiezza del segnale in uscita e quella del segnale che torna in *input*, quindi, se il valore del moltiplicatore è 0.99 (pari al 99%), il suono in uscita sarà ridotto solo dell'1% ogni volta che viene rinviato all'*input*. Il valore di moltiplicazione 1 (pari al 100%) è sconsigliabile in quanto si ottiene una ripetizione virtualmente infinita alla stessa ampiezza, e se al segnale in ingresso nel frattempo vengono inviati altri segnali audio si rischia la distorsione una volta che diversi segnali entrano nel circuito del *feedback* e le loro ampiezze vengono sommate. Ovviamente valori superiori a 1 sono sconsigliati per gli stessi motivi.

L'ACCUMULO DEL *DC OFFSET*

Può capitare (fig.6.4) che la forma d'onda di un suono contenga un *DC offset* positivo o negativo (vedi par. 5.3).

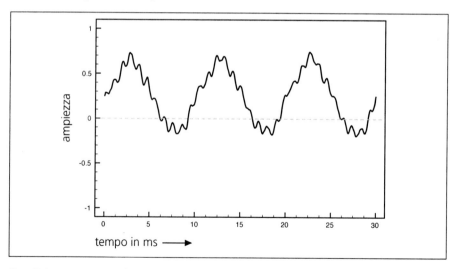

fig. 6.4: suono campionato con un sensibile *DC offset*

Questo sbilanciamento, se lieve, può non essere problematico nella riproduzione diretta del suono. Bisogna però tenere presente che nella realizzazione di un *delay* con *feedback* il *DC offset* delle diverse ripetizioni si accumula e ciò può facilmente portare il suono al di fuori del *range* di ampiezza della scheda audio. In questo caso è necessario intervenire con un filtro passa-alto con frequenza di taglio molto bassa (ad esempio 10 Hz): come abbiamo già spiegato nel par. 4.2 il *DC offset* è infatti un segnale con frequenza 0 che può essere opportunamente filtrato da un passa-alto.

SIMULAZIONE DEL TAPE DELAY E DEI DELAY ANALOGICI

Il termine **tape delay** fa riferimento ai vecchi sistemi di eco in cui un suono veniva registrato su nastro mediante una testina di registrazione e successivamente riletto da una testina di lettura, con possibilità di *feedback*. Il *delay time* dipendeva dalla distanza fra una testina e l'altra e dalla velocità di scorrimento del nastro. Questo tipo di eco poteva anche avere *delay time* molto lunghi (utilizzando due registratori posti a grande distanza l'uno dall'altro) oppure diverse testine di lettura per ottenere eco multiple. Alcuni sistemi usavano, al posto del nastro, dischi magnetici simili agli attuali hard disk. Il suono ripetuto risultava "filtrato" ogni volta che passava dalla testina di lettura a quella di registrazione, a causa della perdita di ampiezza delle componenti acute tipica delle registrazioni analogiche. La simulazione digitale di un *tape delay* prevede quindi, oltre al *delay* stesso, l'utilizzo di filtri che alterino il contenuto spettrale del suono ogni volta che passano per il circuito del *feedback*. Oltre al passa-basso si può anche inserire nel circuito un filtro passa-alto per evitare l'accumulo di frequenze basse: con questi accorgimenti è possibile simulare anche un altro tipo di *delay* analogico, di una generazione successiva rispetto al *tape delay*, ovvero una linea di ritardo che non si avvale di supporti magnetici ma di componenti *solid-state* (utilizzano questa tecnologia i *delay* analogici a pedale usati dai chitarristi).

· ·

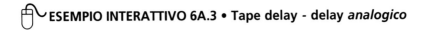**ESEMPIO INTERATTIVO 6A.3 • Tape delay - delay *analogico***

· ·

SLAPBACK DELAY

Per **slapback delay** si intende un tipo di eco, con *delay time* compreso in genere fra 10 e 120 millisecondi di solito senza *feedback* e quindi con una sola replica, che dà all'ascoltatore un senso di raddoppio, o di rimbalzo, del suono originario. Questo tipo di raddoppio può essere utilizzato in mono, ma più spesso si utilizza come effetto di spazializzazione del suono, cioè con il segnale d'ingresso su un canale e la replica sull'altro canale. A seconda del *delay time*, l'effetto può essere quello di percepire due "voci" in quasi-sincrono, una a destra e una a sinistra, oppure una che risponde all'altra come appunto un "rimbalzo" del suono da destra a sinistra o viceversa. Si può ovviamente pensare ad una spazializzazione più complessa di tali rimbalzi del suono, se si ha a disposizione un impianto multicanale.

ESEMPIO INTERATTIVO 6A.4 • Slapback delay *con diversi tempi, in mono* o *in stereo*

• •

MULTITAP DELAY

Il **multitap delay** consente di creare effetti di eco con tempi irregolari e con il controllo dell'ampiezza di ognuna delle ripetizioni in modo indipendente. Il *multitap delay* si costruisce mediante diversi *delay* disposti in parallelo su una stessa linea di ritardo, con tempi regolabili a piacere, indipendentemente l'uno dall'altro (vedi fig. 6.5). Ognuno di questi *delay* può essere regolato in ampiezza, anche fino al punto di eliminarlo completamente, se la sua ampiezza è uguale a zero. Ciascun ritardo non può essere superiore comunque rispetto al tempo totale della linea di ritardo. Oltre a ciò è possibile avere un *multitap* realizzato con *delay* indipendenti, ovvero in cui ciascuno ha la propria linea di ritardo, (vedi, ad esempio, fig. 6.6). Una caratteristica particolare dell'effetto di *multitap delay*, oltre a quello della irregolarità delle ripetizioni nel tempo, è quello di poter avere un *feedback* per ognuno dei *delay*, mentre nel *delay* semplice, spiegato precedentemente, si può avere un solo *feedback*. Nel caso in cui il *multitap* sia realizzato con una sola linea di ritardo (vedi fig. 6.5) è necessario assicurarsi che la somma del *gain* di tutti i *feedback* non superi complessivamente il 100%, nel caso in cui ci sia una linea di ritardo per ogni *tap* (vedi fig. 6.6) ciascun *feedback* può avere un *gain* tra 0% e 100%: chiaramente l'effetto dei due sistemi sarà diverso. La configurazione dei ritmi (regolari o no) del *multitap delay*, può anche essere impostata su una serie di valori con andamento logaritmico o esponenziale, in modo da creare, ad esempio, effetti di accelerando o rallentando.

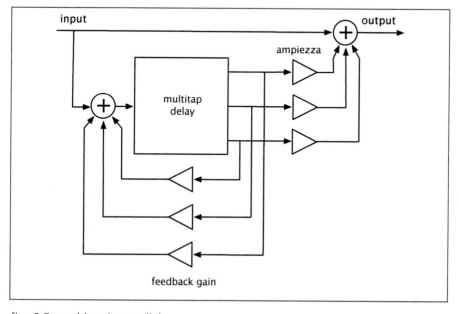

fig. 6.5: *multitap* in parallelo

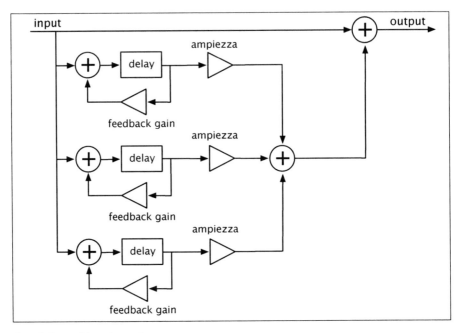

fig. 6.6: *multitap* in serie

Tali tempi possono essere alterati da una modulazione di un LFO che fa oscillare il *delay time* specifico di ogni *delay*: come spiegheremo nel par. 6.9 una modulazione del tempo di ritardo comporta anche un'alterazione della frequenza del suono ritardato; con modulazioni minime è possibile ottenere un interessante effetto di battimenti tra il suono originale e i suoni ritardati.

· ·

ESEMPIO INTERATTIVO 6A.5 • *Diversi* **multitap delay**

· ·

MULTIBAND-MULTITAP DELAY

Una variante più complessa del *multitap delay* (il **multiband-multitap delay**) si può realizzare se il segnale in entrata viene separato in due o più bande di frequenza mediante un filtro **crossover** (cioè un sistema di separazione delle frequenze). I diversi segnali in uscita dal *crossover* entrano in altrettanti *delay*. In questo modo si può applicare ad ogni banda un *delay time* e un *feedback* diverso, consentendo, ad esempio, di avere un *delay* di 500 millisecondi sui bassi e di 1 secondo sui medio-acuti.

· ·

ESEMPIO INTERATTIVO 6A.6 • *Diversi* **multiband-multitap delay**

PING-PONG DELAY

L'effetto di **ping-pong delay**, cioè del rimbalzare delle repliche di un suono alternando il suono fra il canale sinistro e quello destro, si può realizzare con due linee di ritardo separate. Il *feedback*, invece che tornare sull'*input* del proprio *delay*, viene inviato all'*input* del *delay* opposto, incrociando in questo modo i rimbalzi del suono. Si può decidere di avere una sola sorgente iniziale oppure due (una per ogni linea di ritardo, vedi fig. 6.7).

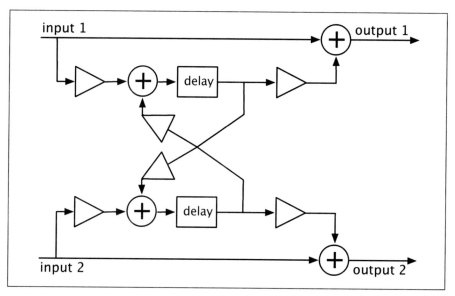

fig. 6.7: *ping-pong delay*

....

ESEMPIO INTERATTIVO 6A.7 • *Diversi* ping-pong delay

....

IMPLEMENTAZIONE

Per implementare un *delay* digitale, abbiamo bisogno di una certa quantità di memoria, in cui possa essere immagazzinato il valore di ogni campione in entrata. Vengono utilizzati puntatori per la scrittura (**write pointer**) e puntatori per la lettura (**read pointer**). Ogni campione in entrata viene memorizzato dal *write pointer* in locazioni di memoria successive. Ad ogni periodo di campionamento (vedi par. 5.1), il *read pointer* legge il valore di un campione precedentemente scritto; la distanza, in termini di celle di memoria, tra il *write pointer* e il *read pointer* dipende dal ritardo che si vuole ottenere: se ad esempio la frequenza di campionamento è 44100 Hz e vogliamo un ritardo di mezzo secondo, la distanza tra i due puntatori sarà di 22050 celle. Quando la memoria viene riempita completamente, si torna a scrivere sulla prima locazione di memoria. A causa di questa circolarità di scrittura e lettura della memoria, quest'ultima viene definita come **circular buffer** (o **buffer circolare**, vedi fig. 6.8). Si può utilizzare un numero superiore di *read pointer* per implementare *delay* più complessi, come il *multitap delay*.

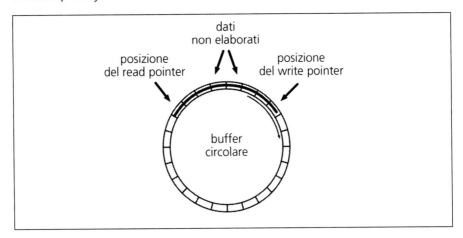

fig. 6.8: *buffer* circolare

6.3 LOOPING MEDIANTE LINEA DI RITARDO

Una tecnica molto utilizzata nelle applicazioni dal vivo è quella dell'uso del *delay* per realizzare dei *loop*, cioè delle ripetizioni cicliche dello stesso frammento di suono. La tecnica consiste nel mandare un segnale in ingresso (ad esempio una voce da un microfono) nella linea di ritardo con un *delay time* pari alla durata del *loop* che intendiamo generare. Una volta che l'intero *buffer* del *delay* è riempito, si porta il moltiplicatore dell'ampiezza nel circuito del *feedback* a 1 (equivalente ad un *gain* del 100%) e si pone il segnale dell'ingresso a 0. In questo modo il segnale che è nel *buffer* viene ripetuto ciclicamente senza diminuzione dell'intensità perché continua a circolare nel circuito del *feedback* senza essere mai riscalato in ampiezza, mentre il nuovo segnale proveniente dal microfono viene annullato prima di entrare in ingresso. Costruendo linee di ritardo di questo tipo si possono creare diverse linee di *loop* che possono essere attivate o interrotte a piacere, ad esempio riattivando l'ingresso e producendo un nuovo *loop* mentre altri *delay* continuano a leggere altri frammenti ripetuti. Programmando *delay time* dei *buffer* con durate specifiche si possono creare specifici rapporti ritmici fra i diversi *loop* attivati.[1]

---

[1] È possibile anche attivare una lettura del *loop* in *reverse*, cioè dall'ultimo campione presente nel *buffer* fino al primo, ma, se vogliamo mettere questo suono rovesciato in *loop*, conviene affidarsi alla scrittura di una tabella, (o *buffer*) che non si trovi all'interno di un circuito di *delay*, ma che venga semplicemente scritta mediante campionamento e attivata con un lettore di tabelle. Il *reverse* semplice (senza *loop*) può essere invece realizzato con una linea di ritardo, vedi par. 6.9

Non va dimenticato che è necessario attivare delle dissolvenze, o inviluppi per ogni *loop*, in modo da evitare eventuali mutamenti bruschi di ampiezza quando si passa dalla lettura dell'ultimo campione a quella del primo. Tali "sbalzi" di ampiezza potrebbero infatti produrre *click* indesiderati, come abbiamo visto nel cap. 1.3.

· ·

ESEMPIO INTERATTIVO 6B.1 • Loop *singoli e multipli*

· ·

6.4 FLANGER

"Il ***flanging*** consiste nel sommare a un suono lo stesso suono, sottoposto a un ritardo variabile ciclicamente" (Bianchini, R., Cipriani, A., 2001, p.275).
Il ***flanger***, infatti, come il *chorus* e il *phaser* che tratteremo nei prossimi paragrafi, è un effetto di *delay* a tempo variabile.
Il *flanger* viene inventato negli anni cinquanta come effetto ottenibile registrando contemporaneamente un suono su due registratori a bobine, successivamente azionando in modo sincronizzato il play dei due registratori, e mixando le due uscite su un terzo registratore. Il tecnico, nel momento in cui i due registratori erano in play, rallentava a tratti uno dei due registratori premendo leggermente con le dita sulle flange, cioè i supporti rotanti del nastro. Da qui viene il nome *flanging*, come dire "operare sulle flange".
L'effetto *flanger* viene riprodotto digitalmente mediante l'uso di un ritardo in cui il *delay time* viene modulato mediante LFO (vedi fig. 6.9).

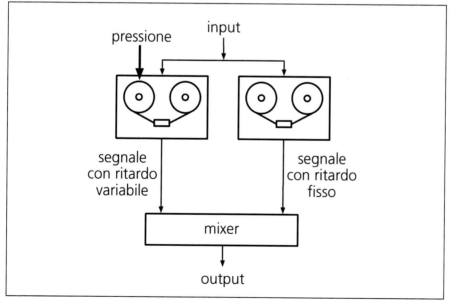

fig. 6.9: *flanging*

Si ottiene l'attenuazione di alcune bande di frequenza mediante:
- l'uso di un *delay*
- il successivo missaggio del segnale in uscita dal *delay* con il segnale d'ingresso.

La particolarità rispetto ad un normale *delay* sta nell'uso di *delay time* in continuo cambiamento e in un ambito molto limitato, fra 1 e 10 millisecondi. Con un *delay time* così ridotto l'effetto percepito non sarà quello del ritardo (impossibile da individuare come tale quando il *delay time* è così breve) ma quello di un filtraggio dovuto al missaggio del suono in ingresso con la sua versione ritardata, la quale avrà, a causa di questo piccolo ritardo, una fase diversa rispetto al suono in ingresso, ed è proprio a causa di queste differenze di fase che si creano zone di attenuazione, che chiameremo *notch*. Tale filtraggio, inoltre, è dinamico a causa del continuo oscillare del valore di *delay time*; di solito tale oscillazione fra un valore minimo e un valore massimo è messa in atto mediante l'uso di un LFO con forma d'onda sinusoidale. Missando il segnale d'ingresso e questo particolare segnale ritardato in modo dinamico possiamo dunque ottenere diversi effetti, fra cui l'attenuazione di alcune frequenze. Quando il *delay time* è in aumento, le frequenze centrali delle bande attenuate glissano verso il grave, nella fase in cui il *delay time* è in diminuzione le frequenze centrali di tali *notch* glissano verso l'acuto. Nel par. 6.9 approfondiremo questo meccanismo. Nel *flanger* le zone frequenziali attenuate o eliminate hanno la particolarità di essere equispaziate; questi *notch* vengono espansi e contratti in modo oscillatorio. L'espansione avviene quando il *delay time* diminuisce, la contrazione quando il *delay time* aumenta (vedi fig. 6.10).

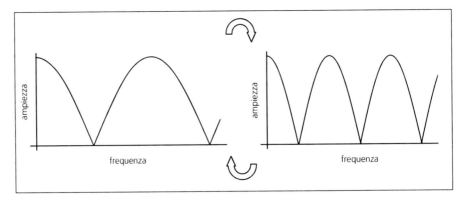

fig. 6.10: espansione e contrazione dei *notch* nel *flanger*

Cerchiamo di capire come si produce questo particolare effetto di filtraggio: immaginiamo di avere un ritardo di 5 millisecondi; in questo caso un'eventuale componente del suono a 100 Hz verrebbe eliminata, perché il periodo di tale componente sarebbe 10 millisecondi e nel suono ritardato si troverebbe in opposizione di fase rispetto al suono originale (vedi fig. 6.11).
Questa componente non è però l'unica a essere filtrata; anche una sinusoide di 300 Hz verrebbe filtrata, in quanto la copia ritardata e quella non ritardata si troverebbero in opposizione di fase (fig. 6.12).

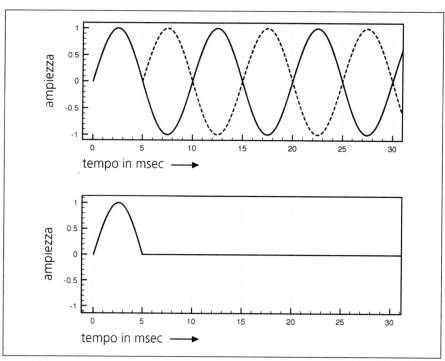

fig. 6.11: eliminazione di una componente del suono a 100 Hz

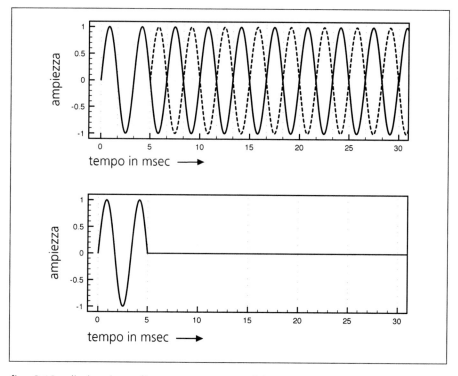

fig. 6.12: eliminazione di una componente del suono a 300 Hz

Lo stesso discorso vale per le componenti di 500 Hz, 700 Hz, 900 Hz etc. In altre parole per tutte le *armoniche dispari* di una fondamentale 100 Hz. Dato che il periodo corrispondente a 100 Hz è 10 millisecondi, ovvero il doppio del ritardo impostato (5 millisecondi) possiamo dire che il *flanger elimina le frequenze corrispondenti alle armoniche dispari di una fondamentale il cui periodo è il doppio del ritardo impostato*.

Le armoniche pari (200 Hz, 400 Hz, 600 Hz, etc.) sono invece in fase con la copia ritardata del segnale e vengono quindi enfatizzate: va notato che le armoniche pari della fondamentale 100 Hz coincidono con tutte le armoniche (pari e dispari) della fondamentale 200 Hz. Il periodo corrispondente a 200 Hz inoltre è 5 millisecondi, ovvero esattamente il ritardo che avevamo impostato: possiamo quindi dire che il *flanger enfatizza maggiormente le frequenze corrispondenti a tutte le armoniche di una fondamentale il cui periodo è pari al ritardo impostato*.

Riassumendo: dato un ritardo di **r** secondi il *flanger* enfatizza le armoniche della fondamentale di 1/r Hz ed elimina le armoniche dispari della fondamentale di 1/(2·r) Hz.

Va notato che il *flanger* è maggiormente percepibile quando vengono utilizzati segnali con uno spettro ampio, che possano contenere quindi molte delle componenti enfatizzate e/o eliminate dall'effetto.

Nella tabella 6.A vediamo alcuni esempi di componenti eliminate ed enfatizzate con l'impostazione di diversi ritardi.

r (ritardo)	Fondamentale 1/(2·r)	Componenti eliminate	Fondamentale 1/r	Componenti enfatizzate
10 ms	50 Hz	50 hz, 150 Hz, 250 Hz, 350 Hz...	100 Hz	100 Hz, 200 Hz, 300 Hz, 400 Hz...
5 ms	100 Hz	100 Hz, 300 Hz, 500 Hz, 700 Hz	200 Hz	200 Hz, 400 Hz, 600 Hz, 800 Hz...
2 ms	250 Hz	250 Hz, 750 Hz, 1250 Hz, 1750 Hz...	500 Hz	500 Hz, 1000 Hz, 1500 Hz, 2000 Hz...

Tabella A

Abbiamo finora considerato l'utilizzazione del segnale d'ingresso (o *dry*, cioè senza elaborazione) e il suono ritardato con *delay time* oscillante (o *wet* ovvero elaborato). Nell'implementazione del *flanger* si usa spesso ritardare in modo fisso il suono in ingresso per dare modo al suono *wet* di non essere sempre in ritardo rispetto al suono *dry* ma di poterlo in alcuni istanti anticipare, laddove il *delay time* del suono *wet* sia minore del *delay* fisso applicato al suono *dry*.

In fig. 6.13 vediamo un algoritmo per il *flanger*.

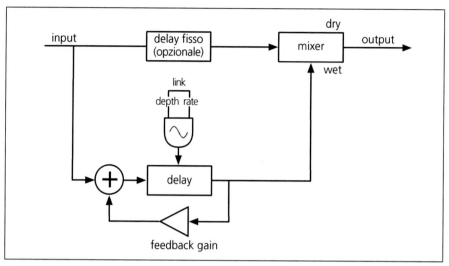

fig. 6.13: algoritmo per il *flanger*

• •

ESEMPIO INTERATTIVO 6C.1 • *Esempi di* flanger

• •

I PARAMETRI DEL FLANGER

Come afferma Rocchesso (2003) "la terminologia utilizzata per gli effetti audio non è coerente, dato che termini come *flanger*, *chorus* e *phaser* sono spesso associati a una grande varietà di effetti che possono essere molto differenti l'uno dall'altro"[2]. Dovremo necessariamente, nelle spiegazioni riguardanti i parametri di tali effetti, operare una mediazione fra i termini più in uso (come *depth*, *width* etc.) e la terminologia scientifica riguardante il trattamento dei segnali (come ampiezza, frequenza, *offset* etc.) tentando di connetterne i significati.

DEPTH

Nel *flanger* è utile decidere la quantità di suono filtrato da missare all'originale, potremmo quindi inserire un parametro che regola il *balance* fra il suono *dry* e quello *wet*, che nelle applicazioni di *flanger* viene chiamato *depth*: maggiore è questo *depth* (in percentuale) maggiore è l'attenuazione della banda di frequenza interessata (100%). In pratica ha una funzione di moltiplicatore dell'ampiezza del suono filtrato e del suono originale che serve a regolarne il missaggio o meglio il *balance* (vedi fig. 6.13).

---

[2] "the terminology used for audio effects is not consistent, as terms such as *flanger*, *chorus*, and *phaser* are often associated with a large variety of effects, that can be quite different from each other." (Rocchesso 2003)

ESEMPIO INTERATTIVO 6C.2 • *Esempi di* **flanger** *con variazione di* **depth**

• •

DELAY

Con questo termine, quanto mai ambiguo e fuorviante, ci si riferisce, nelle applicazioni di *flanger* commerciali, al *delay time* minimo, a cui viene poi aggiunto un certo valore (chiamato *width*) per ottenere il *delay* massimo. Al *delay* minimo corrisponde la massima frequenza della prima banda enfatizzata, mentre la massima frequenza della prima banda attenuata ha un periodo, come abbiamo detto, che corrisponde al doppio del *delay* minimo (vedi tabella 6.A).

• •

 ESEMPIO INTERATTIVO 6C.3 • *Esempi di* **flanger** *con variazione di* **delay time** *minimo*

• •

WIDTH

Con questo parametro viene controllato il *range* di variazione del *delay time*, cioè l'ampiezza dell'LFO che controlla tale variazione. Questa ampiezza, sommata al *delay* minimo, determina il *delay* massimo, a cui corrisponde la minima frequenza del primo *notch*. A volte questo parametro viene chiamato anche *depth*, oppure *sweep depth*. Come già detto, infatti, la terminologia di questi effetti, data la loro diffusione nel campo commerciale, può confondere. Per noi è comunque importante capire le funzioni di ogni parametro per poter costruire un algoritmo in modo chiaro. Il *delay time* oscilla fra un valore minimo determinato dal parametro *delay* (di cui sopra) e un valore massimo dato dalla somma dei valori di *delay* e del *width* (vedi fig.6.14).

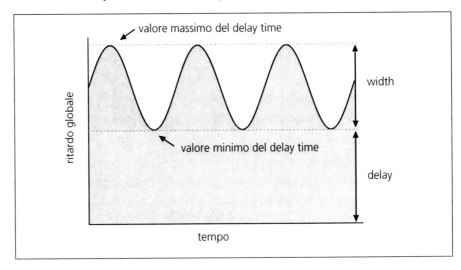

fig. 6.14: *delay* e *width* nel *flanger*

ESEMPIO INTERATTIVO 6C.4 • *Esempi di* **flanger** *con variazione di* **width**

· ·

FORMA D'ONDA DELL'LFO

Si può scegliere la forma d'onda che controlla le variazioni del *flanger* (a volte si usa un'onda triangolare a causa della sua linearità) ma può essere preferibile utilizzare una sinusoide: con un LFO triangolare la frequenza viene deviata, infatti, solo su due valori fissi; con una sinusoide, invece, la frequenza glissa tra un minimo e un massimo. Il glissando si ha quando c'è un'accelerazione o un rallentamento della variazione di *delay*: con la sinusoide l'incremento o il decremento del *delay* è variabile perché la forma d'onda segue una curva, e dunque viene generato un glissando; con un triangolo l'incremento o il decremento del *delay* è costante perché segue una linea retta, quindi non otterremo alcun glissando, ma solo un *pitch shift* improvviso da un valore minimo a uno massimo[3]. Si possono sperimentare, comunque, gli effetti di altri tipi di onda.

· ·

ESEMPIO INTERATTIVO 6C.5 • *Esempi di* **flanger** *con variazione di forma*
*d'onda dell'***LFO**

· ·

FEEDBACK (fattore di moltiplicazione)

Il *feedback*, come sappiamo, è l'aggiunta di segnale dall'*output* nell'*input* (vedi fig.6.13). Il fattore di moltiplicazione incide sull'ampiezza di ogni suono che rientra nel circuito. Se abbiamo un suono con ampiezza *x*, ad esempio, e il fattore di moltiplicazione è 0.5, ogni volta che tale suono rientrerà nell'*input*, sarà dimezzato in ampiezza. La prima volta il suo valore sarà *x*/2, la seconda *x*/4, la terza *x*/8 etc.[4] Il fattore di moltiplicazione deve essere sempre minore di uno in quanto l'ampiezza non può aumentare ad ogni passaggio nel *feedback*, pena l'instabilità del sistema, ovvero il raggiungimento di ampiezze che vanno oltre la gamma dinamica consentita dal numero di bit utilizzati.

Posto, quindi, che si possono utilizzare solo fattori di moltiplicazione minori di 1, più il fattore di moltiplicazione è vicino al valore 1, più numerose saranno le repliche del suono. Nel *flanger* si può anche avere un *feedback* negativo (sottrazione del segnale dell'*output* dall'*input*), e questo naturalmente inverte la distribuzione dei punti di *notch* e di enfasi, perché la fase del segnale che rientra nel circuito viene rovesciata: il fenomeno che si percepisce è quello di abbassamento di un'ottava dell'effetto.

---

[3] Per ulteriori approfondimenti vedi par. 6.9

[4] Come abbiamo visto per l'eco, il *feedback* può essere espresso anche come percentuale, anziché come fattore di moltiplicazione; in questo caso la percentuale del 50% corrisponderà ad un fattore di moltiplicazione 0.5, la percentuale del 99% al fattore di moltiplicazione 0.99 etc.

ESEMPIO INTERATTIVO 6C.6 • *Esempi di* flanger *con variazione di* feedback

. . . .

SPEED (o RATE)

Frequenza dell'LFO che controlla la velocità con cui ha luogo un ciclo di variazione, o meglio quante oscillazioni fra valore minimo e valore massimo del *delay time* vengono effettuate al secondo.

LINK

Per introdurre il concetto di *link* dobbiamo fare alcune considerazioni sugli effetti prodotti dalla modulazione del tempo di *delay*; infatti se paragoniamo la linea di ritardo digitale di un *flanger* al ritardo analogico ottenuto con il nastro (vedi par. *tape delay*), è come se la testina di lettura si spostasse, in questo caso, in avanti e indietro, con la frequenza e l'ampiezza dell'LFO. La velocità relativa del nastro rispetto alla posizione della testina in questo caso si modifica, e si altera di conseguenza l'altezza del suono riprodotto[5]. Questa deviazione del *pitch* è direttamente proporzionale sia alla frequenza sia all'ampiezza dell'LFO. Di conseguenza abbiamo un aumento della deviazione sia se aumentiamo la frequenza tenendo fissa l'ampiezza, sia se aumentiamo l'ampiezza tenendo fissa la frequenza. Se volessimo variare la frequenza dell'LFO senza aumentare la deviazione di intonazione, dovremmo perciò fare in modo che la frequenza e l'ampiezza dell'LFO diventino inversamente proporzionali, ovvero che all'aumentare della frequenza l'ampiezza diminuisca proporzionalmente (se la frequenza raddoppia, l'ampiezza si dimezza, e così via). Per ottenere questo risultato in genere si implementa nel circuito un'operazione che fa in modo che i due parametri siano sempre inversamente proporzionali in modo da mantenere costante la deviazione di intonazione del suono ritardato anche quando si aumenti la frequenza. Utilizzando questo accorgimento, infatti, se aumentiamo gradualmente la frequenza dell'LFO, l'oscillazione sarà sempre più veloce, ma la deviazione del *pitch* rimarrà costante. Utilizzeremo quindi la frequenza come fattore di divisione dell'ampiezza (che quindi cessa di essere un'ampiezza assoluta per diventare un parametro di "deviazione del *pitch*"). Con questa configurazione non abbiamo più un valore di ampiezza o di frequenza dell'LFO da impostare liberamente, ma un parametro di "deviazione del *pitch*" il cui valore dipende dal rapporto tra frequenza e ampiezza dell'LFO. In ambito commerciale si trova spesso un interruttore, chiamato *link*, che consente l'attivazione e la disattivazione di tale operazione.

. . . .

ESEMPIO INTERATTIVO 6C.7 • *Esempi di* flanger *con variazione del* rate *e deviazione del* pitch

. . . .

---

[5] Per approfondimenti vedi par. 6.9

6.5 CHORUS

"Il *chorus* è un effetto che simula, a partire da una sola sorgente sonora, la presenza di molte sorgenti che emettono più o meno lo stesso suono: la stessa differenza che c'è fra una voce sola e un coro all'unisono. Tale effetto viene creato tramite la sovrapposizione di più copie di uno stesso suono con sfasamenti variabili" (Bianchini, R., Cipriani, A., 2001, p.279). Le variazioni di ampiezza, frequenza e tempo di attacco delle voci portano ad una ricchezza timbrica particolare. Naturalmente il *chorus* può essere applicato a qualsiasi suono, ed è particolarmente efficace nel caso di suoni armonici. Per ottenere queste piccole differenze fra una voce e l'altra si utilizza un singolo suono che viene ritardato, mediante *delay*, utilizzando un *delay time* a lunghezza variabile. Attraverso la variazione del *delay time* viene prodotto un leggero *detuning* (o scordatura) fra il segnale in ingresso e quello ritardato (per una trattazione approfondita vedi il par. 6.9), che vengono missati fra loro (vedi fig. 6.15).

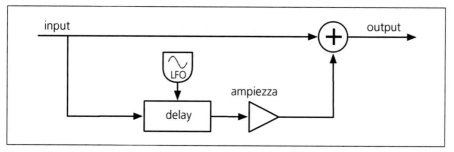

fig. 6.15: algoritmo per il *chorus*

. . . .

ESEMPIO INTERATTIVO 6D.1 • *Esempi di* chorus

. . . .

Il *delay time* in un *chorus* è maggiore che nel *flanger* (valori tipici del *delay* sono fra 20 e 30 msec.) Va ricordato, tuttavia, che spesso i controlli negli algoritmi consentono di variare i valori più bassi ed arrivare, ad esempio, vicino a quelli del *flanger*. È proprio in questi casi che comprendiamo quanto i nomi di questi effetti non si riferiscano tanto all'algoritmo, quanto all'effetto, o meglio alla funzione che deve avere quel tale effetto. Nella realtà della programmazione i confini sono labili, e si possono creare passaggi da un effetto ad un altro senza soluzione di continuità semplicemente variando i parametri di uno stesso algoritmo.

Si può utilizzare un LFO per controllare la variazione del *delay time* (un LFO può avere ad esempio una frequenza di 3 Hz). La forma d'onda di tale LFO potrà essere periodica, ad es. sinusoidale, ma si possono ottenere risultati dal suono più naturale utilizzando una forma d'onda pseudo-random oppure un altro LFO che modifica nel tempo le variazioni d'ampiezza e/o di frequenza del primo LFO.

Mutando ampiezza, frequenza o forma d'onda dell'LFO si possono cambiare l'ampiezza, e la frequenza della variazione del *chorus* e il modo in cui tale variazione viene effettuata nel tempo.

Si possono costruire anche *chorus* stereo, costituiti da due *chorus* monofonici in cui gli LFO differiscono in fase.

I PARAMETRI DEL CHORUS

DELAY
Il *delay* è un parametro che indica il valore del *delay time* minimo a cui può essere aggiunta una variazione (data dall'ampiezza dell'LFO, o *width*).[6]

WIDTH (o SWEEP DEPTH)
Questo termine si trova spesso nei *plug-in* che simulano l'effetto, o negli expander hardware: si tratta semplicemente, come già detto per il *flanger*, dell'ampiezza dell'LFO, che indica di quanto varia il *delay time* nel tempo. Il *delay time* oscilla quindi fra un valore minimo determinato dal parametro *delay* (di cui sopra) e un valore massimo dato dalla somma dei valori di *delay* e del *width* (fig. 6.14). Questa variazione del tempo di ritardo ha effetto sulla frequenza del suono ritardato.

• •

ESEMPIO INTERATTIVO 6D.2 • *Esempi di* chorus *con variazione di* depth

• •

FORMA D'ONDA DELL'LFO
Il tipo di forma d'onda che utilizzeremo nell'LFO, come già spiegato, determina il modo in cui varia il *delay time* nel tempo (ad es. in modo sinusoidale, o seguendo una forma triangolare, etc.). Dato che la frequenza del suono *wet* dipende dalle variazioni del *delay time*, la forma d'onda dell'LFO determina anche il modo in cui varia tale frequenza nel tempo: ad esempio con una forma d'onda triangolare si ottiene una variazione costante del tempo di *delay* (in aumento e in diminuzione) e il *detuning* avviene solo tra due valori fissi; con una sinusoide, invece, la variazione del *delay* non è costante nel tempo (perché segue la curva continuamente variabile della sinusoide) e il *detuning* di conseguenza varia in continuazione, creando un effetto di glissando più o meno pronunciato. Come abbiamo già detto è possibile anche utilizzare come LFO un generatore pseudo-random che produce glissandi non ripetitivi.[7]

---

[6] In alcune implementazioni si può decidere di indicare come *delay* il *delay time* massimo (a cui sottrarre l'ampiezza dell'LFO).

[7] Va notato infine che usando una forma d'onda quadra la variazione del ritardo avverrebbe solo fra due valori, senza valori intermedi, e non ci sarebbe quindi alcun effetto di *detuning*.

ESEMPIO INTERATTIVO 6D.3 • *Esempi di* chorus *con variazione forma* *d'onda* LFO

• •

SPEED (o RATE)
Questo parametro si riferisce alla frequenza dell'LFO, la quale indica quante volte al secondo avviene un ciclo di variazione del *delay time* nel tempo.

• •

ESEMPIO INTERATTIVO 6D.4 • *Esempi di* chorus *con variazione di* rate

• •

NUMERO DI VOCI
Si possono utilizzare più copie del suono, anziché una. Per numero di voci intendiamo il numero di copie ritardate del segnale, le quali possono essere controllate mediante diversi LFO (ottenendo un effetto più naturale), oppure con uno stesso LFO con fasi diverse in modo da avere *delay time* diversi nello stesso istante.

6.6 FILTRI COMB

Il **filtro *comb*** non è altro che un *delay* sommato al segnale in ingresso, identico in tutto e per tutto a quelli che abbiamo usato finora. È proprio con questo tipo di filtro, infatti, che si possono realizzare effetti di eco, *flanger* e *chorus* come quelli appena descritti. Si possono avere filtri *comb* FIR, che sono *delay* senza *feedback* (e utilizzano soltanto il *feedforward*, vedi fig. 6.16) e filtri *comb* IIR[8], che sono *delay* con *feedback* (fig.6.17). Ci sono anche configurazioni più complesse di filtri comb IIR che utilizzano sia il *feedback*, sia il *feedforward*, di cui vedremo un esempio nella parte pratica.

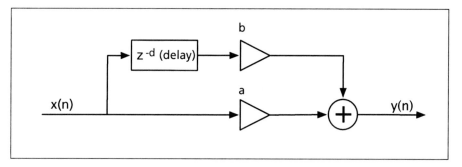

fig. 6.16: filtro *comb* FIR con *feedforward*

_____
[8] Sui filtri FIR e IIR vedi par. 3.4

Come vediamo in figura 6.17, nel filtro *comb* IIR, prima di rientrare nell'*input* il segnale viene moltiplicato per un fattore (indicato con la lettera *c*) che ne modifica l'ampiezza.

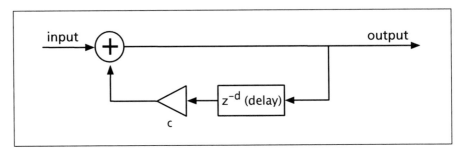

fig. 6.17: filtro *comb* IIR con *feedback*

In figura 6.18 vediamo un diagramma di flusso di un filtro IIR che utilizza sia il *feedforward*, sia il *feedback*. Con *a* identifichiamo il *Gain*, con la lettera *b* indichiamo il fattore di moltiplicazione del *feedforward*, con *c* quello del *feedback*, e con *d* il tempo di *delay* espresso in campioni, con *x(n)* il campione in ingresso, con *y(n)* il campione in uscita. Notiamo che, mentre nei filtri (cap.3.6 della teoria) utilizzavamo il simbolo *x(n-1)* per indicare il campione in ingresso precedente, qui, trattandosi di un utilizzo di filtri per i *delay*, abbiamo il simbolo *x(n-d)* cioè il campione in ingresso meno *d* campioni. In modo simile nei filtri utilizzavamo il simbolo z^{-1} per indicare l'operazione di ritardo di un campione, mentre qui troviamo il simbolo z^{-d} cioè l'operazione di ritardo di *d* campioni.

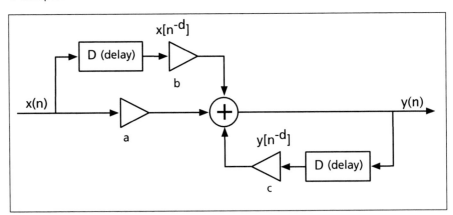

fig. 6.18: filtro *comb* IIR con *feedforward* e *feedback*

Il *comb* (o filtro a pettine), è così denominato a causa della forma caratteristica dello spettro in uscita, in cui vengono esaltate alcune frequenze equispaziate, formando appunto una configurazione che assomiglia ai denti di un pettine. Il fenomeno è udibile quando il *delay time* è breve, in genere meno di 10 msec., a causa delle cancellazioni di fase prodotte dall'addizione del segnale lievemente ritardato (e agli ulteriori ritardi prodotti dal *feedback*) al segnale in ingresso.

All'aumentare del *delay time*, in genere sopra i 10 msec., si cominciano a distinguere, all'ascolto, i singoli ritardi con ampiezze in decrescendo generati dal *feedback*[9]. Il tempo che impiegano queste ampiezze ad attenuarsi di 60 dB rispetto al suono in ingresso è chiamato tempo di *decay*. Vediamo in figura 6.19 la risposta all'impulso del filtro *comb* di fig. 6.17.

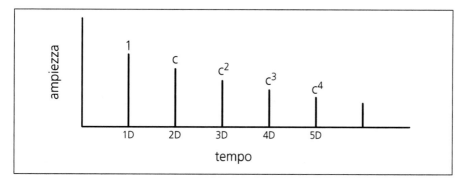

fig. 6.19: risposta all'impulso di un filtro *comb* IIR

Il *comb*, dunque, può essere utilizzato anche per produrre eco, ma è usato soprattutto per produrre risonanze armoniche complesse, ed è utilizzato anche per la creazione di riverberi, in connessione con filtri *allpass*, come vedremo nel terzo volume.

A questo punto ci si potrebbe chiedere: che differenza c'è tra un filtro *comb* IIR come lo abbiamo descritto finora e il *flanger* con *feedback* di cui abbiamo parlato al paragrafo 6.4? La risposta è: nessuna differenza! Come abbiamo già detto, infatti, la terminologia degli effetti "commerciali" (che ha coniato il termine *flanger*) è alquanto vaga e imprecisa, e uno stesso processo cambia nome a seconda dell'uso che se ne fa (in ogni caso chiariamo che il termine filtro *comb* IIR appartiene a una terminologia scientifica).

Per decidere se usare l'uno o l'altro termine dobbiamo perciò vedere come viene utilizzato l'algoritmo e con quali parametri: se il tempo di ritardo è compreso tra 1 e 10 millisecondi, viene variato da un LFO sinusoidale e sommato al segnale originale, ci troviamo generalmente in presenza di un *flanger*; parleremo invece di filtri *comb* negli altri casi, ad esempio quando abbiamo a che fare con la costruzione dei riverberi, che di solito richiede l'utilizzo di più linee di ritardo in parallelo ciascuna con un proprio tempo di ritardo fisso e superiore, in genere, ai 10 millisecondi. Uno degli utilizzi più frequenti del filtro *comb* è per la costruzione di risuonatori intonati. Ad esempio, immettendo in un filtro *comb* un impulso con un *delay* di un millisecondo, otterremo una risonanza a 1000 Hz più una serie di risonanze in rapporto armonico fra loro, dovute, appunto allo spettro "a pettine" tipico del filtro *comb*. Naturalmente è importante avere spettri complessi in entrata, in modo che ci sia segnale significativo alle frequenze delle risonanze che vogliamo esaltare. Introducendo un *feedback* si possono prolungare tali risonanze, come vedremo nella parte pratica dedicata al filtro *comb*.

---

[9] A causa del superamento della zona di Haas, vedi par. 6.2

 **ESEMPIO INTERATTIVO 6E.1** • *Diversi effetti* comb

· ·

I PARAMETRI DEL FILTRO COMB

DELAY TIME (o tempo di ritardo)

Il *delay time*, nel filtro *comb* IIR è il tempo che impiega un segnale a compiere un ciclo intero (dall'*input* all'*output* e ritorno all'*input*); in questo caso è anche chiamato *loop time*. L'inverso di questo tempo corrisponde alla frequenza fondamentale di risonanza del filtro (chiamato anche frequenza naturale del filtro *comb*). Ad esempio se il *loop time* è di 1 msec. la frequenza naturale sarà 1000 Hz (1/0.001 = 1000); se il *loop time* è di 20 msec. la frequenza naturale sarà di 50 Hz (1/0.02 = 50) etc.

Ricordiamo che oltre a questa frequenza fondamentale, troveremo in uscita dal filtro anche diverse armoniche, con valori di frequenza multipli di tale fondamentale.

· ·

 **ESEMPIO INTERATTIVO 6E.2** • *Diversi effetti* comb *con variazione di* loop time

· ·

FEEDBACK (o fattore di moltiplicazione)

Come per il *flanger* il fattore di moltiplicazione incide sull'ampiezza di ogni suono che rientra nel circuito. Come abbiamo visto dalla figura 6.17, infatti, l'ampiezza delle copie ritardate è dipendente dal fattore di moltiplicazione.

Posto che si possono utilizzare solo fattori di moltiplicazione minori di 1, più il fattore di moltiplicazione è vicino al valore 1, più numerose saranno le repliche del suono, o meglio più lungo sarà il *decay* del suono filtrato, a parità di frequenza naturale del filtro. Ovviamente se la frequenza naturale del *comb* è più grave, sarà necessario un tempo più lungo per il *decay*, data la durata maggiore del periodo di tale frequenza rispetto ad una più acuta.

· ·

ESEMPIO INTERATTIVO 6E.3 • *Diversi effetti* comb *con variazione di fattore di moltiplicazione*

· ·

IMPLEMENTAZIONE

Il sistema del filtro *comb* classico è diverso da quello spiegato nel par. 6.2 riguardo l'eco. In quel caso infatti, fra un *write pointer* e un *read pointer* possiamo inserire altri *read pointer* (come nel caso del *multitap delay*) oppure filtri etc. Il sistema del *comb* classico, invece, non prevede aggiunte agli algoritmi descritti sopra. Naturalmente ogni sistema può essere mutato, ma il filtro *feedback* comb tipico, ad esempio, è composto da una linea di ritardo e un *feedback*. Dodge e Jerse (1997) suggeriscono la formula per definire quale sia il fattore di moltiplicazione da usare per ottenere un tempo di *decay* entro il quale l'intensità del segnale si attenui di 60 dB: posto che il fattore di moltiplicazione sia chiamato *g*, il *delay time* (o *loop time*) D, e il tempo di *decay* T, la formula è la seguente: $g = 0.001^{D/T}$. Ad esempio se abbiamo un valore di *loop time* uguale a 50 msec. e desideriamo ottenere un tempo di *decay* di 2 secondi, avremo $0.001^{0.05/2}$, equivalente a $0.001^{0.025}$, cioè 0.841395 che è, appunto, il fattore di *feedback* da utilizzare.

· ·

ESEMPIO INTERATTIVO 6E.4 • *Diversi effetti* comb *con variazione di* 🖱
tempo di decay

· ·

6.7 FILTRI ALLPASS

I **filtri *allpass*** consentono di ritardare un segnale lasciando passare inalterate tutte le frequenze, introducendo però una modifica della fase. Il nome *allpass* (cioè passa-tutto) rende bene l'idea: così come nel passa-basso vengono lasciate inalterate (ovvero "passano") le frequenze al di sotto della frequenza di taglio e vengono attenuate quelle al di sopra, nel filtro *allpass* abbiamo una risposta in ampiezza inalterata su tutte le frequenze (cioè "passa" tutto, non vi è attenuazione) mentre la risposta di fase, cioè il modo in cui la fase varia a seconda della frequenza, subisce un'alterazione.[10]

Fra i vari tipi di filtri *allpass* ve ne sono due che ci interessano più da vicino per le loro caratteristiche: i filtri *allpass* basati sul modello di Schroeder e i filtri *allpass* di secondo ordine.

MODELLO DI SCHROEDER

Il **filtro *allpass* di Schroeder**, esistente in diverse versioni, è stato utilizzato molto frequentemente per le unità di riverbero commerciali. Il modello più semplice è costruito con un filtro *comb* IIR che utilizza il *feedback*, a cui viene aggiunta una componente FIR che utilizza il *feedforward*[11] (fig.6.20).

È fondamentale per questo tipo di *allpass* che il *gain* del segnale diretto (-*g* in figura 6.20, in alto) sia il negativo del *gain* del *feedback* (*g* in basso nella figura).

---

[10] In realtà come riferisce Roads (1996) l'*allpass* può avere un effetto udibile quando un segnale ha un attacco o un *decay* improvviso: in questo caso si può percepire la colorazione dipendente dallo scostamento di fase. Un *allpass* è perfettamente "trasparente" quindi solo nel caso di un suono tenuto.

[11] Per la definizione di *feedforward* vedi glossario alla fine di questo capitolo.

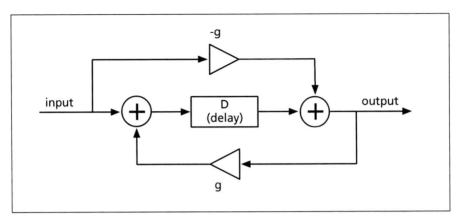

fig. 6.20: filtro *allpass* di Schroeder (con un *delay*)

Questo tipo di filtro viene anche definito comb universale.[12]
Il coefficiente di *gain* (-*g*) crea una cancellazione di fase tale che l'effetto "a pettine" sullo spettro determinato dal *comb* IIR viene eliminato, senza cancellare però l'effetto di *delay*.
Roads (1996) riferisce che quando il *delay time* è ampio (superiore a 5 msec.), con questo modello di *allpass* si ottengono una serie di ritardi con ampiezze in decrescendo esponenziale, simile a quella dei *comb* con *delay time* lungo.

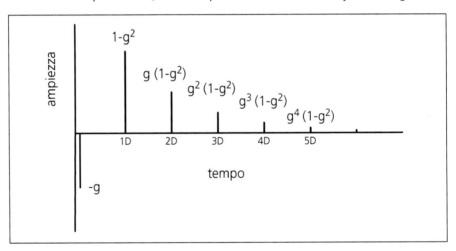

fig. 6.21: risposta all'impulso di un filtro *allpass*

Nella fig. 6.21 vediamo la risposta all'impulso del filtro *allpass* di fig. 6.20 con *delay time* uguale a D. Possiamo individuare l'ampiezza dell'impulso in uscita al tempo 0 che è pari a -*g*. Questo segnale viene riscalato per *g* e rimandato indietro. A questo punto quindi la sua ampiezza è:
$-g \cdot g = -g^2$

---

[12] A. Uncini, (2006). P. Dutilleux, U. Zolzer, (2002).

Questo segnale di *feedback* inoltre viene sommato al segnale diretto (non riscalato, cioè moltiplicato per il fattore 1) prima di entrare nella linea di ritardo. L'ampiezza dell'impulso è ora (al tempo D):
$1 + (-g^2)$, cioè $1 - g^2$
Le successive repliche del suono vengono sempre moltiplicate per g prima di essere rimandate al *feedback* e di conseguenza avremo ampiezze sempre decrescenti, cioè al tempo 2D l'ampiezza dell'impulso sarà $g \cdot (1-g^2)$, al tempo 3D sarà $g^2 \cdot (1-g^2)$ etc.[13]
Potremo utilizzare i filtri *allpass* di questo tipo, il cui *delay* è variabile a piacere, per la costruzione di riverberi, come vedremo più in dettaglio nel terzo volume.

Un'alternativa a questo modello è quella illustrata in figura 6.22

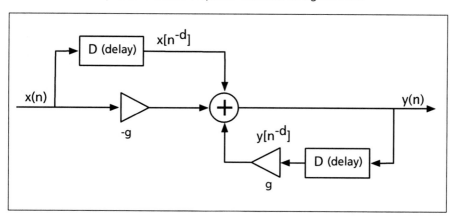

fig. 6.22: filtro *allpass* di Schroeder (con due *delay*)

In questa configurazione l'algoritmo presenta due *delay* e una sola somma (invece che un *delay* e due somme come in fig. 6.20). Il *delay* aggiuntivo (quello in alto a destra) ritarda il *feedback*, con coefficiente g; l'algoritmo inoltre utilizza un *feedforward* non riscalato.

Vediamo il percorso del segnale:
-il segnale diretto (in basso nella figura) viene dapprima invertito di segno (a causa della moltiplicazione per il coefficiente $-g$) e mandato in uscita;
-successivamente, al segnale ritardato del *feedforward* (in alto a sinistra) viene sommato il segnale (moltiplicato per il coefficiente g) proveniente dal *feedback*;
-la somma di questi due segnali viene ulteriormente immessa nel circuito di *feedback* e ulteriormente riscalata sempre con coefficiente g etc.

La risposta all'impulso di questo filtro *allpass* ha quindi gli stessi risultati di quello descritto precedentemente.

---

[13] Essendo g un fattore minore di 1 (come sempre nel *feedback*) all'aumentare dell'esponente, il valore diminuisce.

🖰 **ESEMPIO INTERATTIVO 6F.1** • *Diversi effetti con filtro* allpass *di Schroeder*

• •

FILTRI ALLPASS DEL SECONDO ORDINE

I **filtri** *allpass* **del secondo ordine** sono filtri IIR, e, a differenza di quelli di Schroeder non presentano un tempo di ritardo variabile ma, come sappiamo, prendono in considerazione i due campioni precedenti[14]. Quando il *delay time* è molto breve (come in questo caso), in uscita dal filtro *allpass* non si sente alcun effetto, né di ritardo né (ovviamente) di modifica delle frequenze, perché l'unica alterazione di un filtro *allpass* riguarda la fase come già spiegato sopra.[15]

Se però sommiamo il segnale che esce dall'*allpass* al segnale originale avremo un chiaro effetto di filtraggio. Ciò avviene perché una frequenza in uscita dall'*allpass* si troverà (a causa dello sfasamento prodotto dal filtro) in opposizione di fase rispetto alla stessa frequenza del segnale originale e verrà quindi cancellata[16], mentre le frequenze adiacenti risulteranno tanto più attenuate quanto più sono vicine a tale frequenza.

Considerato un dato filtro *allpass*, e osservando il modo in cui viene modificata la fase rispetto al suono in ingresso, partendo dai suoni gravi verso gli acuti, vedremo che essa varia, e ovunque ci sia un punto, sull'asse delle frequenze, in cui lo sfasamento è di 180 gradi, si ha un rovesciamento di fase. Tale punto viene chiamato **frequenza di turnover**. La fase di queste frequenze è tanto più alterata quanto più si trovano vicine a tale frequenza.

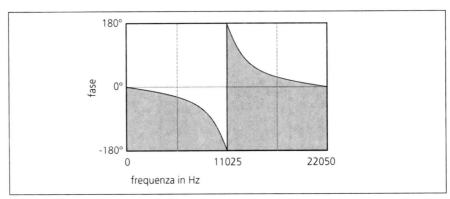

fig. 6.23: risposta di fase di un filtro *allpass* di secondo ordine

---

[14] Questo tipo di filtro infatti è assimilabile agli altri tipi di filtro del secondo ordine, passa-basso, passa-alto etc., e utilizza la stessa equazione che abbiamo visto nel par. 3.6, differenziandosi, naturalmente, per il valore dei coefficienti.

[15] Bisogna comunque sottolineare il fatto che l'alterazione della fase di una determinata frequenza non è altro che un ritardo di quella frequenza: qualsiasi filtro, infatti, introduce un ritardo temporale (vedi anche par. 3.6)

[16] A rigor di logica avremmo dovuto inserire questo paragrafo nel capitolo dei filtri, ma preferiamo parlarne qui perché tramite l'*allpass* di secondo ordine è possibile realizzare l'effetto *phaser*, che viene solitamente inserito nella categoria degli effetti che discutiamo in questo capitolo.

Nella figura 6.23 vediamo, ad esempio, la risposta di fase di un filtro *allpass* di secondo ordine: sull'asse delle x abbiamo le frequenze da 0 Hz alla frequenza di Nyquist (cioè 22050 Hz, considerando una frequenza di campionamento pari a 44100 Hz); sull'asse delle y abbiamo al centro una deviazione di fase di 0° (ovvero la fase non viene alterata), in alto una deviazione positiva (fino a 180°) e in basso una deviazione negativa (fino a -180°). Come vediamo dal grafico le frequenze vicine a 0 Hz non sono alterate mentre, man mano che si sale di frequenza, la fase viene progressivamente deviata nella parte negativa del grafico; in corrispondenza della frequenza di turnover[17] il grafico passa da -180° a 180°, per poi ritornare gradualmente a 0°: dal momento che, in una rotazione a 360° gli angoli -180° e 180° coincidono, notiamo che il filtro *allpass* fa compiere una rotazione completa di fase alle frequenze da 0 Hz alla frequenza di Nyquist. La risposta in frequenza invece è ovviamente piatta, trattandosi di un filtro *allpass*. Missando il suono originale con quello ritardato osserveremo un'attenuazione progressiva delle frequenze a partire dai bassi fino ad arrivare alla frequenza di *turnover* dove si ottiene una vera e propria cancellazione di fase.

L'implementazione del filtro *allpass* di secondo ordine è uguale a quella dei filtri biquadratici che abbiamo descritto nel par. 3.6 come si può vedere in figura 6.24. L'unica differenza nell'implementazione sta nella relazione dei cinque coefficienti.

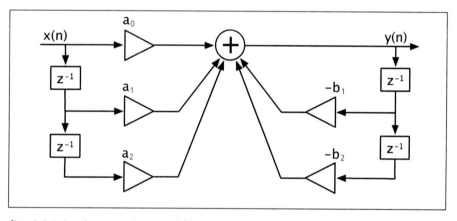

fig. 6.24: implementazione del filtro *allpass* di secondo ordine

L'effetto di questo filtro, come già detto, è diverso dagli altri filtri biquadratici, in quanto esso non ha una funzione sottrattiva di per sé (come il passa-basso, il passa-alto, il passa-banda, etc.) ma solo una funzione di alterazione della fase. La funzione sottrattiva può entrare in gioco solo se si somma il suono in uscita dal filtro *allpass* a quello diretto.
Nel filtro *allpass* di secondo ordine si può controllare il parametro Q, che in questo caso rappresenta la pendenza della curva della fase.

---

[17] La frequenza di *turnover* corrisponde, nel caso illustrato, alla metà della frequenza di Nyquist, ma naturalmente è possibile impostare qualunque frequenza.

Vediamo in figura 6.25 (a e b) due esempi di Q del filtro *allpass* di secondo ordine: all'aumentare del Q (da 1 a 5) si ha un aumento della pendenza della curva della fase. Come si vede quando la pendenza è maggiore la rotazione della fase avviene in una porzione minore dello spettro, questo significa che sommando il segnale diretto e il segnale filtrato la banda di frequenze che vengono attenuate o cancellate sarà più stretta.

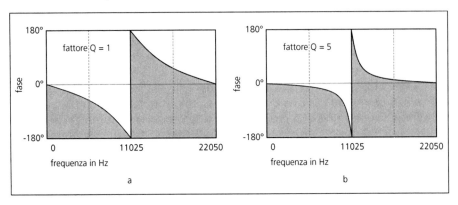

fig. 6.25: risposte di fase di due filtri *allpass* con Q diversi

Dalla similitudine con gli altri filtri di secondo ordine, possiamo capire che la frequenza di *turnover* dei filtri *allpass* di questo tipo corrisponde a ciò che nel passa-basso e passa-alto è la frequenza di taglio e ciò che nel passa-banda è la frequenza centrale.

Mettendo in catena più filtri *allpass* a due poli e sommando l'uscita finale con il segnale originale si possono ottenere degli interessanti *pattern* di filtraggio a più bande, e modulando la frequenza degli *allpass* con uno o più LFO si ottiene l'effetto *phaser*, che tratteremo nel prossimo paragrafo.

6.8 PHASER

Il **phase shifting** o **phasing**, come il *flanger*, provoca l'attenuazione di alcune bande di frequenza; a differenza del *flanger*, ciò avviene mediante:
-   l'uso di uno o più filtri *allpass* (al posto del *delay*)
-   il successivo missaggio del segnale in uscita dal filtro *allpass* con il segnale d'ingresso.

Le differenze principali rispetto al *flanger* sono le seguenti:
-   le bande di frequenza non sono necessariamente equispaziate
-   in genere nel *flanger* non si possono controllare i valori della larghezza di banda dei *notch* mentre nel *phaser* è possibile mediante il parametro Q del filtro *allpass* di secondo ordine.

ESEMPIO INTERATTIVO 6G.1 • *Diversi effetti* phaser

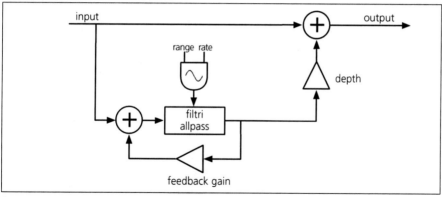

fig. 6.26: algoritmo per il *phase shifting*

Per la realizzazione di un algoritmo per il *phase shifting* si possono utilizzare filtri *allpass* di secondo ordine (fig.6.26). Questi filtri, come abbiamo visto, hanno la caratteristica di alterare la fase delle frequenze che si trovano attorno ad una frequenza di *turnover* liberamente impostabile. Ricordiamo che la fase di queste frequenze è tanto più alterata quanto più esse si trovano vicine alla frequenza di *turnover*, mentre la fase di quest'ultima viene rovesciata (ovvero ruotata di 180°, vedi fig. 6.23).

Come abbiamo spiegato nel paragrafo precedente, se missiamo insieme il segnale d'ingresso e il segnale cambiato di fase, otterremo un'attenuazione delle frequenze che hanno una sensibile differenza di fase (**phase lag**) rispetto alla fase delle stesse frequenze presenti nel suono in ingresso. Le frequenze centrali delle bande attenuate non sono fisse ma vengono fatte variare in modo oscillatorio nel tempo mediante l'uso di un LFO. La particolarità del *phase shifter* rispetto al *flanger* (come abbiamo accennato) è che tali frequenze centrali non sono necessariamente equispaziate ma possono essere scelte arbitrariamente. Dato che ogni *notch* è controllato da un differente *allpass*, si possono variare le larghezze di banda, il numero delle bande attenuate, e la frequenza centrale di tali bande.

Per attenuare più bande, dunque, è necessario avere più filtri *allpass* (uno per ogni banda) collegati in cascata. Lo scostamento di fase dei filtri in questo caso si somma; ad esempio collegando in serie due *allpass* la fase compie due rotazioni (fig. 6.27).

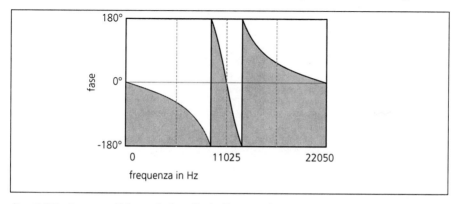

fig. 6.27: risposta di fase di due filtri *allpass* collegati in serie

Nel grafico in figura abbiamo collegato due filtri *allpass*, entrambi con una frequenza centrale pari a 11025 Hz (la metà della frequenza di Nyquist, considerando una frequenza di campionamento di 44100 Hz): vediamo che le bande attenuate si trovano un po' prima e un po' dopo la frequenza centrale (che risulta essere perfettamente in fase), questo è dovuto al fatto che le rotazioni di fase dei due filtri vengono sommate.

Nei *phaser* il numero di filtri *allpass* determina il numero delle bande attenuate. Un *phaser* con 16 filtri *allpass*, ad esempio, presenta 16 *notch* nello spettro. Nelle configurazioni commerciali dei *phaser* viene usato il termine stadi (*stages* in inglese): un *phaser* a 4 stadi è un *phaser* con due *allpass* (due stadi per ogni filtro), quindi un *phaser* a *n* stadi avrà *n*/2 bande attenuate.

Collegando tre filtri con gli stessi parametri si ottiene questa risposta di fase (fig. 6.28):

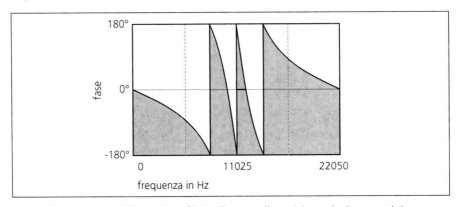

fig. 6.28: risposta di fase di tre filtri *allpass* collegati in serie (I esempio)

Adesso abbiamo tre bande attenuate e la seconda si trova nuovamente a 11025 Hz. In pratica quindi, in presenza di più *allpass*, non è facile definire le frequenze che vogliamo eliminare, perché le risposte di fase dei filtri si influenzano reciprocamente. Se ad esempio impostiamo la frequenza centrale di uno dei tre *allpass* a 8000 Hz, il grafico (fig. 6.29) della risposta di fase diventa:

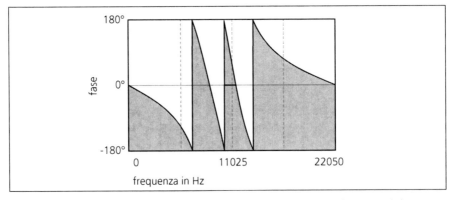

fig. 6.29: risposta di fase di tre filtri *allpass* collegati in serie (II esempio)

Come si può vedere, il cambiamento della frequenza centrale di un solo filtro ha provocato lo spostamento di tutte e tre le bande.

I PARAMETRI DEL PHASER

DEPTH

Nel *phaser* è utile decidere la quantità di suono filtrato da missare all'originale, potremmo quindi inserire un parametro che regola il *balance* fra il suono *dry* e quello *wet*, che nelle applicazioni di *phaser* viene chiamato *depth*: maggiore è questo **depth**, maggiore è l'attenuazione della banda di frequenza interessata. In pratica ha una funzione di moltiplicatore dell'ampiezza del suono filtrato che serve a regolarne il missaggio o meglio il *balance* (fig. 6.30).

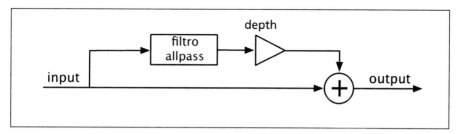

fig. 6.30: il *depth* nel *phaser*

· ·

ESEMPIO INTERATTIVO 6G.2 • *Diversi effetti* phaser *con variazione di*
depth

· ·

RANGE

ampiezza dell'LFO che controlla l'ambito di variazione della frequenza di *turnover* (a volte in alcuni software o hardware ci si riferisce a questo parametro come *depth*, o *sweep depth* quindi occorre fare attenzione).

· ·

ESEMPIO INTERATTIVO 6G.3 • *Diversi effetti* phaser *con variazione di*
range

· ·

FEEDBACK

l'aggiunta di segnale dall'*output* nell'*input* (fig. 6.31). Nel *phaser*, come nel *flanger*, si può anche avere un *feedback gain* negativo. In questo caso il segnale di *feedback* viene sottratto dall'*input* (e non sommato).

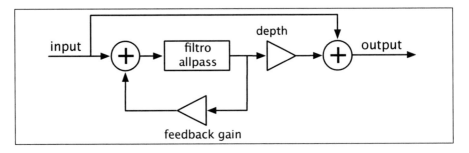

fig. 6.31: il *feedback gain* nel *phaser*

· ·

ESEMPIO INTERATTIVO 6G.4 • *Diversi effetti* **phaser** *con variazione di* **feedback**

· ·

SPEED/RATE
Velocità con cui ha luogo un ciclo di variazione di frequenza dell'LFO, o meglio quante oscillazioni fra valore minimo e valore massimo della frequenza di *turnover* vengono effettuate al secondo.

FATTORE Q
Fattore che consente di allargare o restringere la banda di attenuazione. Più diminuisce il valore del fattore Q, più si allarga la banda di attenuazione, fino ad eliminare la gran parte del segnale per fattori vicini allo 0.

6.9 PITCH SHIFT, REVERSE E DELAY VARIABILE

In questo paragrafo vedremo come realizzare un *pitch shift*, ovvero la variazione della frequenza di un suono mediante l'uso di un *delay*. Ciò ci permetterà di modificare in tempo reale l'altezza di un segnale esterno e di realizzare diversi effetti interessanti, come l'*harmonizer*, in cui ad un suono base viene sovrapposto in tempo reale lo stesso suono variato in altezza senza alterarne la durata. L'*harmonizer* consente di creare *pitch* doppi, tripli, etc. che possono essere intonati su intervalli determinati dall'utente e fare riferimento ad accordi specifici.
Come sappiamo una linea di ritardo si realizza mediante un *write pointer* e un *read pointer* (vedi par. 6.2) e abbiamo paragonato questa implementazione ad un sistema analogico di registrazione a bobine con una testina di scrittura e una testina di lettura la quale, posta a una certa distanza, rilegge il segnale registrato con un ritardo dipendente dalla distanza stessa e dalla velocità di scorrimento del nastro. Quando la posizione della "testina di lettura" di una linea di ritardo viene variata in modo continuo (senza salti) si ha una variazione della frequenza del suono (**pitch shift**), perché viene modificata la velocità relativa tra il "nastro" e la testina. Si possono avere diversi casi:
    1) La testina è *ferma* - la velocità relativa è ovviamente pari a quella del nastro;
    2) La testina si muove in *direzione opposta* a quella del nastro (avvicinandosi

alla testina di scrittura) - la velocità relativa è data dalla somma delle velocità del nastro e della testina (come quando due macchine si incrociano in una strada), e si ha quindi un aumento della frequenza;

3) La testina si muove nella *stessa direzione* del nastro (allontanandosi dalla testina di scrittura) ma *più lentamente* di quest'ultimo - le due velocità si sottraggono e la velocità relativa quindi diminuisce causando un abbassamento della frequenza.

4) La testina si muove *più velocemente* del nastro (sempre nella *stessa direzione*), è come se il nastro scorresse all'indietro (come quando una macchina ne sorpassa un'altra e la vede andare all'indietro), e si ha quindi un effetto di *reverse*, di cui possiamo anche regolare la frequenza. Ricordiamo che in generale l'effetto di **reverse** implica la lettura di un suono dall'ultimo campione presente nel *buffer* (o nel file audio) fino al primo.

5) La testina si muove alla *stessa velocità* del nastro e nella *stessa direzione*, la velocità relativa è nulla (come se due macchine procedessero affiancate alla stessa velocità) e quindi non si sente niente.

• •

ESEMPIO INTERATTIVO 6H.1 • *Esempi dei 5 casi*

• •

Per calcolare la velocità relativa bisogna *sottrarre* alla velocità del nastro la velocità della testina. Bisogna però tenere conto che se la testina va nella stessa direzione del nastro la sua velocità è positiva e se va in direzione opposta è negativa: in quest'ultimo caso quindi la sottrazione diventa un'addizione, perché sottrarre un numero negativo equivale ad addizionare lo stesso numero positivo. Vediamo alcuni esempi pratici:

a) partiamo dall'ultimo caso esposto (numero 5), se la velocità del nastro è v e anche la velocità della testina è v, abbiamo v-v = 0;

b) se la velocità della testina è v/2 (nella stessa direzione del nastro) abbiamo v-v/2 = v/2, ovvero la frequenza viene dimezzata;

c) se la velocità della testina è uguale a quella del nastro, *ma in direzione opposta*, diremo che la sua velocità è -v, e abbiamo quindi v-(-v) = 2v, ovvero la frequenza è raddoppiata. (Questo concorda con l'osservazione che abbiamo fatto più sopra che la frequenza aumenta quando nastro e testina vanno in direzioni opposte e diminuisce quando vanno nella stessa direzione)

d) per quanto riguarda il caso del *reverse* dobbiamo muovere la testina più velocemente del nastro e nella stessa direzione (come abbiamo detto sopra), se ad esempio la velocità della testina è 2v, abbiamo v-2v = -v, ovvero un *reverse* senza alterazione di altezza.

Se vogliamo alterare la frequenza definendo un rapporto preciso (2 = ottava sopra, 1/2 = ottava sotto etc) dobbiamo sottrarre tale rapporto a 1, e utilizzare il risultato come moltiplicatore della velocità v per ottenere la velocità della testina. Vediamo alcuni esempi:

a) se vogliamo l'ottava sopra (rapporto 2) avremo 1 - 2 = -1, e la velocità è -v (cioè velocità pari a quella del nastro ma in direzione opposta, come abbiamo visto sopra);

b) per ottenere l'ottava sotto (rapporto 1/2) calcoliamo 1 - 1/2 = 1/2 ovvero v/2 (cioè velocità pari alla metà di quella del nastro e nella stessa direzione);

c) per il *reverse* (rapporto -1) abbiamo 1 - (-1) = 2, ovvero 2v;

d) per il *reverse* l'ottava sopra (rapporto -2) abbiamo 1 - (-2) = 3, ovvero 3v;

e) se vogliamo alzare di un semitono (rapporto 1.059463, ovvero radice dodicesima di 2) abbiamo 1 - 1.059463 = -0.059463, e la velocità è quindi -0.059463v (notare che è un valore negativo, e quindi la testina va in direzione opposta a quella del nastro);

f) infine se non vogliamo alterare il *pitch* (rapporto 1) abbiamo 1 - 1 = 0, ovvero la testina sta ferma.

• •

 ESEMPIO INTERATTIVO 6H.2 • *Diversi effetti di* **pitch shifting**

• •

Come si traduce tutto ciò in tempi di *delay* nella linea di ritardo? In pratica se la testina si muove alla velocità v, significa che in un secondo incrementa il tempo di *delay* di 1 secondo, se si muove alla velocità 2v significa che in un secondo lo incrementa di 2 secondi, se si muove alla velocità -v in un secondo lo *decrementa* di un secondo.

Poniamo di voler abbassare il *pitch* di 12 semitoni per 5 secondi: la testina si deve muovere quindi alla velocità v/2. Il *delay* sarà quindi inizialmente a 0 e verrà incrementato gradualmente fino a diventare, 5 secondi dopo, un *delay* di 2.5 secondi.

Se vogliamo alzarlo di 12 semitoni per 5 secondi la testina si deve muovere alla velocità -v (direzione opposta) e quindi partirà da un delay di 5 secondi e dopo 5 secondi arriverà a 0.

Quindi riassumendo:

-per incrementare il *pitch* si parte da un determinato tempo di *delay* e si arriva a 0;

-per decrementare il *pitch* o fare il *reverse*, si parte da 0 e si arriva ad un determinato tempo di *delay*;

-il tempo di *delay* da cui si parte o si arriva è dato dalla durata desiderata, moltiplicata per la velocità della testina: ad esempio, per abbassare un suono di 12 semitoni (velocità 1/2) per 5 secondi, dobbiamo partire da 0 e raggiungere un delay di 2.5 secondi (5 * 1/2)

Tutto questo vale se la velocità della testina è costante (ovvero non ha accelerazioni). Nel caso in cui la velocità sia variabile, con accelerazioni e rallentamenti, otterremmo dei glissandi.

DELAY VARIABILE SENZA TRASPOSIZIONE

È possibile anche variare la velocità della testina, con accelerazioni e rallentamenti senza percepire alcuna trasposizione in altezza del suono. Ciò è possibile tramite una o più dissolvenze incrociate fra un ritardo e il successivo. In pratica invece di variare progressivamente la velocità di lettura (che provocherebbe glissandi), viene operata una dissolvenza incrociata fra le uscite di due (o più) linee di ritardo con tempi diversi. In questo modo si ha un ***delay* variabile senza trasposizione del suono**.

6.10 ALGORITMO DI KARPLUS-STRONG

In questo paragrafo parleremo di una tecnica di sintesi basata su un sistema di linee di ritardo dovuta ad Alex Karplus e Kevin Strong. Questa tecnica (**algoritmo di Karplus-Strong**) è utilizzata per la simulazione del suono di corda pizzicata e di percussione.

"L'idea di base, nel 1983, fu di partire da un rumore e di operare una sorta di filtraggio ricorsivo di questo rumore fino a ottenere un suono a spettro molto più semplice, al limite una sinusoide. Poiché Karplus e Strong cercavano di mettere a punto un algoritmo che potesse essere facilmente implementato in *hardware* (in particolare sui *microcomputer* degli inizi degli anni Ottanta), dovevano limitare al massimo il numero delle operazioni. Pensarono quindi di iniziare da una tabella, riempita con valori casuali, e di leggerla ciclicamente, facendo, a ogni lettura, la media fra il valore del campione corrente e il valore del campione precedente" (Bianchini, R., Cipriani, A., 2001, pp. 343-344).

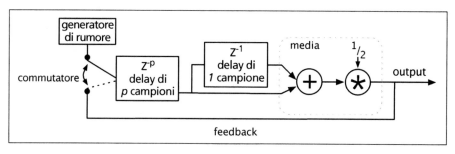

fig. 6.32: algoritmo di Karplus-Strong

Questa tabella è in pratica una linea di ritardo che viene letta ripetutamente (**buffer circolare**), utilizzando una tecnica analoga a quella usata per realizzare il *loop* e che è stata spiegata nel par. 6.3: in quel caso si trattava di linee di ritardo lunghe uno o più secondi, in questo caso si tratta invece di linee di ritardo molto più brevi, la cui lunghezza corrisponde al periodo della nota che vogliamo produrre. Il commutatore rappresentato in figura 6.32 collega la tabella con il generatore di rumore[18]. Tale generatore, attivo solo in fase di inizializzazione della nota, riempie il *buffer* circolare (cioè la linea di ritardo con *feedback*) con una serie di valori casuali. Appena la tabella è stata riempita, il commutatore scatta, e il segnale inizia a circolare.

"Il ripetuto passaggio attraverso la linea di ritardo fa sì che si generi una forma d'onda periodica, con periodo pari alla durata dell'intero ciclo.(...) La lunghezza della linea di ritardo determina il pitch e per ottenere un suo esatto controllo si può usare una linea di ritardo frazionaria" (Uncini 2006, p. 547).

---

[18] Ovvero generatore di numeri pseudocasuali, vedi par. 3.7

Sorvolando per il momento sulla questione del *delay* frazionario, possiamo affermare che è proprio attraverso questa ricorsività che il segnale in entrata, pur caratterizzato da valori casuali, diventa in uscita, già dall'attacco, un segnale ad altezza determinata. Il suono in uscita dall'algoritmo di simulazione della corda pizzicata è in genere brillante e metallico nella fase di attacco, e via via perde energia nella zona frequenziale acuta e si modifica in un suono quasi sinusoidale. La frequenza del suono prodotto dipende (oltre che dalla lunghezza della tabella) anche dalla frequenza di campionamento.

• •

 ESEMPIO INTERATTIVO 6J.1 • *Simulazione corda pizzicata mediante K&S*

• •

Come accennato, la tabella all'inizio viene riempita con valori casuali, poi viene prelevato dalla tabella il primo valore, il quale viene sdoppiato: da una parte procede verso l'uscita, dall'altra entra in un *delay*, viene ritardato di un campione, e viene sommato al campione successivo. In questo modo si ha sempre una somma di un campione con il campione precedente ritardato, e questa somma viene divisa per due (vedi figura 6.32): si ottiene così una media fra i valori d'ampiezza dei due campioni, il cui risultato viene riscritto nella tabella, realizzando quindi un *feedback* nella linea di ritardo. Terminata la lettura dei campioni iniziali si torna all'inizio della tabella dove ora si trovano i valori medi scritti in precedenza e si continua il meccanismo della media fra un campione e quello precedente: in tal modo, dopo un certo tempo, il segnale si attenua, perdendo armoniche alte, fino a scomparire.

Più in dettaglio, il calcolo di un campione di suono avviene secondo la formula:

$$y(n) = \frac{x(n) + x(n-1)}{2}$$

in cui x(n) è il campione corrente, x(n-1) è il campione precedente. L'operazione realizza una media, che in termini audio non è altro che un semplice filtro passa-basso del primo ordine. Bisogna però tenere presente che il campione y(n) così calcolato viene riscritto nella linea di ritardo per essere utilizzato come valore in entrata nel prossimo ciclo. Si tratta di un particolare da non trascurare: un filtro passa-basso opera normalmente su un segnale in ingresso sempre "nuovo", mentre nel caso dell'algoritmo di Karplus e Strong il filtro, dopo la prima lettura, si trova ad operare ciclicamente su un segnale già filtrato in precedenza. Una volta che la linea di ritardo è stata riempita di valori casuali e il commutatore illustrato in fig. 6.32 viene chiuso, non vengono più utilizzati nuovi valori in entrata e la formula può essere scritta così:

$$y(n) = \frac{x(n-p) + y(n-p-1)}{2}$$

In questo caso definiamo con **p** la lunghezza in campioni della linea di ritardo (che rappresenta il periodo della nota da produrre), ed indichiamo che per calcolare il campione corrente utilizziamo due campioni adiacenti che erano stati calcolati **p** campioni fa. Notate, infatti, che nella parte destra della formula non utilizziamo più nuovi campioni **x** in entrata, come nella formula precedente, ma esclusivamente i campioni **y** in uscita che sono stati riscritti nella linea di ritardo. Facciamo un esempio. Ipotizziamo, per rendere più semplice la lettura, di avere una tabella di soli 16 valori (ovviamente di solito sono molti di più). Invece di utilizzare valori casuali (come dovrebbe essere) poniamo valori di semplice lettura. La tabella (qui di lunghezza 16, per cui **p** vale 16) contiene inizialmente i seguenti valori:

```
0
0.25
0.5
0.75
1
0.75
0.5
0.25
0
-0.25
-0.5
-0.75
-1
-0.75
-0.5
-0.25
```

l'applicazione della formula darà:

(campione x(n)   +   campione x(n-1)   /2   =   valore in uscita

0	+	0)	/2	=	0
(0.25	+	0)	/2		0.125
(0.5	+	0.25)	/2		0.375
(0.75	+	0.5)	/2		0.625
(1	+	0.75)	/2		0.875
(0.75	+	1)	/2		0.875
(0.5	+	.75)	/2		0.625
(0.25	+	0.5)	/2		0.375
(0	+	0.25)	/2		0.125
(-0.25	+	0)	/2	=	-0.125
(-0.5	+	-0.25)	/2		-0.375
(-0.75	+	-0.5)	/2		-0.625
(-1	+	-0.75)	/2		-0.875
(-0.75	+	-1)	/2		-0.875
(-0.5	+	-0.75)	/2		-0.625
(-0.25	+	-0.5)	/2		-0.375

e da questo punto:

| (campione (n-p) + | campione (n-p-1)) /2 | = | valore in uscita |

(0	+	-0.25)	/2	=	-0.125
(0.125	+	0)	/2		0.0625
(0.375	+	0.125)	/2		0.25
(0.625	+	0.375)	/2		0.5

Il secondo gruppo di valori sarà dunque:
   0
   0.125
   0.375
   0.625
   0.875
   0.875
   0.625
   0.375
   0.125
   -0.125
   -0.375
   -0.625
   -0.875
   -0.875
   -0.625
   -0.375

La tabella che segue dà conto dei valori d'ampiezza in uscita (per brevità indichiamo solo di quelli iniziali): continuando il calcolo, i valori assoluti tendono a diminuire costantemente, fino ad arrivare a zero dopo un numero (teoricamente) infinito di cicli.[19]

0	1	2	3	2	1	0	-1	-2	-3	-2	-1
0	0,5	1,5	2,5	2,5	1,5	0,5	-0,5	-1,5	-2,5	-2,5	-1,5
-0,5	0,25	1	2	2,5	2	1	0	-1	-2	-2,5	-2
-1	-0,125	0,625	1,5	2,25	2,25	1,5	0,5	-0,5	-1,5	-2,25	-2,25
-1,5	-0,5625	0,25	1,0625	1,875	2,25	1,875	1	0	-1	-1,875	-2,25
-1,875	-1,0313	-0,1563	0,6563	1,4688	2,0625	2,0625	1,4375	0,5	-0,5	-1,4375	-2,0625
-2,0625	-1,4531	-0,5938	0,25	1,0625	1,7656	2,0625	1,75	0,9688	0,	-0,9688	-1,75
-2,0625	-1,7578	-1,0234	-0,1719	0,6563	1,4141	1,9141	1,9063	1,3594	0,4844	-0,4844	-1,3594
-1,9063	-1,9102	-1,3906	-0,5977	0,2422	1,0352	1,6641	1,9102	1,6328	0,9219	0	-0,9219
-1,6328	-1,9082	-1,6504	-0,9941	-0,1777	0,6387	1,3496	1,7871	1,7715	1,2773	0,4609	-0,4609
-1,2773	-1,7705	-1,7793	-1,3223	-0,5859	0,2305	0,9941	1,5684	1,7793	1,5244	0,8691	0
-0,8691	-1,5239	-1,7749	-1,5508	-0,9541	-0,1777	0,6123	1,2813	1,6738	1,6519	1,1968	0,4346

---

[19] Nella realtà il suono non arriva mai a zero e spesso si può creare un *DC offset* il quale, con le diverse ripetizioni si accumula: si rende necessario pertanto applicare un filtro passa-alto a bassa frequenza per eliminarlo (vedi par. 6.1)

-0,4346	-1,1965	-1,6494	-1,6628	-1,2524	-0,5659	0,2173	0,9468	1,4775	1,6628	1,4243	0,8157
0	-0,8156	-1,423	-1,6561	-1,4576	-0,9092	-0,1743	0,582	1,2122	1,5702	1,5436	1,12
0,4078	-0,4078	-1,1193	-1,5396	-1,5569	-1,1834	-0,5417	0,2039	0,8971	1,3912	1,5569	1,3318
0,7639	0	-0,7635	-1,3294	-1,5482	-1,3701	-0,8626	-0,1689	0,5505	1,1441	1,474	1,4443
1,0479	0,382	-0,3817	-1,0465	-1,4388	-1,4592	-1,1164	-0,5158	0,1908	0,8473	1,3091	1,4592
1,2461	0,7149	0,0001	-0,7141	-1,2426	-1,449	-1,2878	-0,8161	-0,1625	0,519	1,0782	1,3841
1,3526	0,9805	0,3575	-0,357	-0,9784	-1,3458	-1,3684	-1,0519	-0,4893	0,1783	0,7986	1,2312
1,3684	1,1666	0,669	0,0003	-0,6677	-1,1621	-1,3571	-1,2102	-0,7706	-0,1555	0,4884	1,0149

Ciò che abbiamo utilizzato è un filtro passa-basso del primo ordine con frequenza di taglio pari alla metà della frequenza di Nyquist (vedi par. 3.4). Questo filtro, inviando in uscita un valore intermedio fra il campione attuale e quello precedente, realizza in realtà un ritardo di 1/2 campione. Per poter intonare in modo preciso il suono abbiamo bisogno, però, di poter avere un *delay* in grado di ritardare il segnale di una frazione qualunque di un campione (ovvero un *delay* frazionario), altrimenti le altezze disponibili sarebbero solo quelle determinate, di volta in volta, dal numero di campioni della tabella più mezzo campione. Dodge e Jerse (1997) riferiscono che un modo di ottenere una linea di ritardo frazionaria è quello di inserire un *allpass* nel sistema. I filtri *allpass*, come abbiamo visto, possono cambiare la fase di un suono. Tramite lo scostamento di fase generato dall'*allpass* possiamo ottenere un ritardo che non è necessariamente un multiplo intero del periodo di campionamento. In questo caso, la frequenza fondamentale del suono in uscita sarà determinata dal numero di campioni della tabella, più mezzo campione, più una componente di sfasamento data dall'*allpass* che possiamo regolare a nostro piacimento. Alcuni linguaggi di programmazione dispongono già della possibilità di impostare un *delay* frazionario, ovvero contengono, nell'algoritmo che gestisce le linee di ritardo, un filtro *allpass* con un sistema di calcolo che consente di impostare i parametri in relazione alla frequenza desiderata.

La simulazione del suono di una corda pizzicata mediante questo algoritmo è abbastanza realistica, e il tempo di calcolo molto basso. Per un effetto più accurato, Roads (1996) consiglia di caricare la tabella con valori casuali diversi ad ogni nota, in modo da dare strutture timbriche leggermente diverse ad ogni evento. Ottenere un effetto realistico, quando si simula un suono di uno strumento acustico, implica molti confronti e ragionamenti. Vediamo, ad esempio, la questione della durata del suono. Non solo la frequenza fondamentale, ma anche il tempo di *decay* dei suoni prodotti con l'algoritmo di Karplus-Strong è direttamente proporzionale alla lunghezza della tabella: da ciò possiamo dedurre che le note acute avranno un *decay* minore rispetto a quelle gravi, così come succede anche per le corde pizzicate. La differenza fra il *decay* delle note acute e quello delle note gravi nel nostro algoritmo è però troppo marcata e Jaffe e Smith (1983) proposero di introdurre un fattore di smorzamento del *decay* per abbreviare la durata del *decay* laddove necessario: la tecnica consiste nel riscalamento, ovvero nella moltiplicazione per un numero compreso tra 0 e 1, del segnale che passa nel circuito del *feedback*. In questo modo ad ogni ciclo il suono viene attenuato a causa di questa moltiplicazione e il *decay* risulta più rapido: naturalmente questa tecnica deve essere applicata solo alle note più gravi.

VERIFICA • TEST A RISPOSTE BREVI (max 30 parole)

1) Qual è la differenza nella percezione di un suono ritardato con *delay time* *superiore* alla zona di Haas e quello di un suono ritardato con *delay time* *inferiore* alla zona di Haas? Tale percezione è dipendente anche dall'inviluppo del suono?

2) Cosa succede al segnale quando il *gain* del *feedback* di un *delay* è del 98%? Per quale motivo non si debbono usare valori del *feedback gain* superiori al 100%?

3) In un *circular buffer*, se la frequenza di campionamento è 48000 Hz e vogliamo un ritardo di 25 centesimi di secondo, qual è la distanza in campioni da utilizzare fra il *write pointer* e il *read pointer*?

4) Quali sono le principali differenze fra *flanger* e *phaser*?

5) Come si realizza tecnicamente un *loop* utilizzando una linea di ritardo?

6) Come si realizza il *detuning* fra il segnale *dry* e quello *wet* nel *chorus*? Come controlliamo l'ampiezza e la frequenza di tale *detuning*?

7) In che modo si può controllare un filtro *comb* in modo tale che passi da un effetto di filtro a pettine a un effetto di *delay*?

8) Che differenza c'è fra il modello di Schroeder del filtro *allpass* e il filtro *allpass* del secondo ordine?

9) In una linea di ritardo per il *pitch shifting* come si calcola la velocità relativa tra il "nastro" e la "testina"?

10) Perché nell'implementazione dell'algoritmo di Karplus-Strong si preferisce caricare la tabella con valori casuali diversi ad ogni nota?

ATTIVITÀ DI ASCOLTO E ANALISI

Nel suono dell'esempio sonoro AA6.1 l'effetto è quello di un *flanger* o di un *chorus*?

Nel suono dell'esempio sonoro AA6.2 l'effetto è quello di un *flanger* o di un *phaser*?

Nel suono dell'esempio sonoro AA6.3 l'effetto è quello di un *phaser* o di un *chorus*?

Nel suono dell'esempio sonoro AA6.4 l'effetto è quello di un eco o di un *loop*? Nel suono dell'esempio sonoro AA6.5 il valore di quale parametro del *phaser* viene aumentato?

Nel suono dell'esempio sonoro AA6.6 l'effetto del filtro *comb* è quello di *notch* equispaziati o quello di un *delay*?

Nel suono dell'esempio sonoro AA6.7 quale parametro dell'algoritmo di Karplus-Strong viene modificato?

Nel suono dell'esempio sonoro AA6.8 quale parametro dell'algoritmo di Karplus-Strong viene modificato?

Nel suono dell'esempio sonoro AA6.9 quale parametro dell'algoritmo di Karplus-Strong viene modificato?

abc CONCETTI DI BASE

1) Per simulare un effetto di eco, *flanger*, *chorus*, *loop*, *pitch shifting*, o *reverse* abbiamo bisogno di un algoritmo, (più o meno complesso) contenente un *delay* (ritardo), il quale riceve in ingresso un segnale audio, e lo replica in uscita dopo un tempo che possiamo determinare, chiamato *delay time*, e che può variare da pochi millisecondi a vari secondi, o variare in modo oscillatorio. Il suono ritardato poi può essere sommato, oppure no, al suono originario, a seconda dell'effetto che intendiamo creare. Nella gran parte dei casi tale *delay* è implementato mediante un filtro *comb* IIR.

2) Come afferma Rocchesso (2003) "la terminologia utilizzata per gli effetti audio non è coerente, dato che termini come *flanger*, *chorus* e *phaser* sono spesso associati a una grande varietà di effetti che possono essere molto differenti l'uno dall'altro". Si dovrà necessariamente, nella costruzione di un algoritmo, avere ben presenti i parametri di tali effetti, e saper operare una mediazione fra i termini più in uso (come *depth*, *width* etc.) e la terminologia scientifica riguardante il trattamento dei segnali.

3) Per la realizzazione di un algoritmo per il *phase shifting* si possono utilizzare filtri *allpass* di secondo ordine, ovvero con due soli campioni di ritardo. Questi filtri hanno la caratteristica di alterare la fase delle frequenze che si trovano attorno ad una frequenza di *turnover* liberamente impostabile. Le frequenze centrali delle bande attenuate non sono fisse ma variano in modo oscillatorio nel tempo mediante l'uso di un LFO. Nel *phaser* tale oscillazione in genere viene implementata in modo non lineare.

4) La tecnica di sintesi di Karplus-Strong è basata su un sistema di linee di ritardo. Questa tecnica è utilizzata, ad esempio, per la simulazione del suono di corda pizzicata. L'algoritmo si basa su un generatore, attivo solo in fase di inizializzazione della nota, il quale riempie un *buffer* circolare con una serie di valori casuali: a ogni lettura, viene effettuata la media fra il valore corrente e quello precedente (mediante l'uso di un *delay* di un campione). Tale valore intermedio costituisce il nuovo valore da inviare al *buffer* circolare.

GLOSSARIO

Balance
Parametro per la regolazione del rapporto fra la quantità di suono *dry* e di suono *wet*. Il termine è utilizzato anche per il rapporto canale sinistro/canale destro in un sistema stereo.

Chorus
Effetto che nasce dall'idea di imitare le voci di un coro che canta all'unisono, con relative variazioni d'ampiezza, frequenza, tempo d'attacco di ogni voce.

Circular buffer
Buffer (o memoria) circolare. Dopo essere stata riempita completamente dalla prima all'ultima locazione, il *write pointer* torna a scrivere sulla prima locazione di questa memoria.

Delay time
[tempo di ritardo]
Dato un suono A, il *delay time* è il tempo dopo il quale la replica del suono A ha luogo.

Dry
Segnale audio senza alcuna elaborazione del segnale.

Eco
Effetto di eco, cioè la ripetizione di un suono dopo un tempo sufficiente affinché essa sia recepita come separata rispetto all'originale. Se le repliche del suono sono più di una otteniamo un'eco multipla.

Feedback
Meccanismo per cui una copia ritardata del segnale in uscita viene scalata e rimandata all'ingresso dove viene sommata al segnale diretto.

Feedforward
Meccanismo per cui il segnale scalato e ritardato, viene sommato direttamente al segnale diretto in uscita.

Filtro Allpass
[passa-tutto]
Filtro che non modifica l'ampiezza delle componenti del segnale in entrata, ma ne modifica la fase.

Filtro Comb
Filtro a *pettine*, così denominato a causa della forma caratteristica dello spettro in uscita in cui vengono esaltate alcune frequenze.

Flanger
Effetto di filtraggio dinamico costruito mediante l'uso di un *delay* con *delay time* oscillante e in continuo cambiamento.

Frequenza di turnover
In un sistema *allpass* è il punto, sull'asse delle frequenze, in cui lo sfasamento è di 180 gradi.

Loop
Ripetizioni cicliche dello stesso frammento di suono.

Loop multipli
Diverse linee di *loop* contemporanee che possono essere attivate o interrotte a piacere, ad esempio riattivando l'ingresso e producendo un nuovo *loop* mentre altri *delay* continuano a leggere altri frammenti ripetuti.

Loop time
Parametro di un filtro con *feedback*: indica il tempo che impiega un segnale a compiere un ciclo intero (dall'*input* all'*output* e ritorno all'*input*).

221

Multitap delay
Multi-delay costruito mediante diversi *delay* disposti in parallelo su una stessa linea di ritardo, con tempi regolabili a piacere, indipendentemente l'uno dall'altro, oppure mediante diversi *delay* disposti in serie con controllo dei tempi e dell'ampiezza di ognuna delle ripetizioni regolabile in modo indipendente.

Phase lag
Differenza di fase misurata in gradi di un suono rispetto a un altro.

Phase shifting (o Phasing)
Effetto costruito mediante filtri *allpass* che provoca l'eliminazione di alcune bande di frequenza in modo oscillatorio e non lineare.

Ping-pong delay
Delay basato sul "rimbalzo" delle repliche di un suono in alternanza fra il canale sinistro e quello destro.

Pitch shift
Variazione della frequenza di lettura di un suono.

Read pointer
Puntatore per la lettura che legge il valore del campione precedentemente scritto da un *write pointer*.

Reverse
Lettura di un suono dall'ultimo campione presente nel *buffer* (o nel file audio) fino al primo.

Slapback delay
Un tipo di eco, in genere senza *feedback* e quindi con una sola replica, che dà un senso di raddoppio, o di rimbalzo, del suono originario.

Wet
Segnale audio elaborato.

Write pointer
Puntatore per la scrittura che scrive il valore del campione in entrata in una locazione di memoria.

Zona di Haas
Zona di tempo entro la quale la ripetizione di un suono viene percepita come fusa al suono originale.

DISCOGRAFIA

(*Karplus-Strong*) **David A. Jaffe** "Silicon Valley Breakdown" in "Dinosaur Music" CD Wergo (WER 2016-50) 1982
(*flanger*) **The Beatles** "Tomorrow Never Knows" in Revolver Parlophone 1966
(*phase shifting*) **Jimi Hendrix** "Machine Gun" in Band of Gypsies Polidor 1960

• •

6P

LINEE DI RITARDO: ECO, LOOP, FLANGER, CHORUS, FILTRI COMB E ALLPASS, PHASER, PITCH SHIFTING, REVERSE, ALGORITMO DI KARPLUS-STRONG

6.1 IL DELAY TIME: DAI FILTRI ALL'ECO

6.2 ECO

6.3 LOOPING MEDIANTE LINEA DI RITARDO

6.4 FLANGER

6.5 CHORUS

6.6 FILTRI COMB

6.7 FILTRI ALLPASS

6.8 PHASER

6.9 PITCH SHIFTING, REVERSE E DELAY VARIABILE

6.10 L'ALGORITMO DI KARPLUS-STRONG

6.11 LINEE DI RITARDO PER I MESSAGGI MAX

CONTRATTO FORMATIVO

PREREQUISITI PER IL CAPITOLO
• CONTENUTI DEL VOLUME 1, DEL CAPITOLO 5 (TEORIA E PRATICA), DELL'INTERLUDIO C E DEL CAPITOLO 6T

OBIETTIVI
ABILITÀ
• SAPER DISTINGUERE E GESTIRE I DIVERSI TIPI DI LINEE DI RITARDO
• SAPER COSTRUIRE MEDIANTE LINEE DI RITARDO EFFETTI DI ECO, ECO CON FEEDBACK, SIMULAZIONE DI TAPE DELAY, SLAPBACK DELAY, PING-PONG DELAY, MULTITAP DELAY, MULTIBAND-MULTITAP DELAY
• SAPER COSTRUIRE E GESTIRE LOOP MEDIANTE LINEE DI RITARDO
• SAPER COSTRUIRE ALGORITMI DI FLANGER E CHORUS
• SAPER PROGRAMMARE E UTILIZZARE ALGORITMI DI COMB FILTER E ALLPASS FILTER DI DIVERSO TIPO, ANCHE PER LA COSTRUZIONE DI RISUONATORI ARMONICI E DI EFFETTI PHASER
• SAPER COSTRUIRE DELAY PER GESTIRE IL PITCH SHIFTING, IL REVERSE ED EFFETTI DI RITARDO VARIABILE, INCLUSI I GLISSANDI E I CAMBI DI DELAY TIME SENZA TRASPOSIZIONE DI PITCH
• SAPER PROGRAMMARE ALGORIITMI DI KARPLUS-STRONG PER LA SIMULAZIONE DEL SUONO DI CORDA PIZZICATA ED ALTRI SUONI
• SAPER UTILIZZARE LINEE DI RITARDO PER I MESSAGGI MAX

COMPETENZE
• SAPER REALIZZARE UNA BREVE COMPOSIZIONE BASATA SULL'USO DI SUONI CAMPIONATI, CON UTILIZZO DI LOOP, REVERSE, DIVERSI TIPI DI LINEE DI RITARDO CON VARI TIPI DI ELABORAZIONE

ATTIVITÀ
• COSTRUZIONE E MODIFICHE DI ALGORITMI

SUSSIDI DIDATTICI
• LISTA OGGETTI MAX - LISTA ATTRIBUTI, MESSAGGI E ARGOMENTI PER OGGETTI MAX SPECIFICI

6.1 IL *DELAY TIME*: DAI FILTRI ALL'ECO

Per realizzare una linea di ritardo con MaxMSP possiamo usare, come abbiamo già visto nel paragrafo 3.6P del primo volume, l'oggetto `delay~` che ritarda il segnale di un certo numero di campioni: ricostruite la *patch* di fig. 6.1.

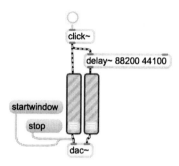

fig. 6.1: l'oggetto `delay~`

Il segnale generato dall'oggetto `click~` viene ritardato, sul canale destro, di 44100 campioni[1]: nel caso in cui la frequenza di campionamento della scheda audio sia 44100 Hz, il ritardo sarebbe quindi di 1 secondo.
È facile capire che specificare il ritardo in campioni è piuttosto scomodo se abbiamo bisogno di un tempo di *delay* espresso in secondi: il numero di campioni necessari infatti varia con il variare della frequenza di campionamento e non possiamo essere sicuri che il tempo di *delay* sarà lo stesso in ogni situazione. Generalmente l'oggetto `delay~` viene usato nei casi in cui abbiamo bisogno di ritardare il segnale di un numero esatto di campioni (come abbiamo visto per i filtri nel paragrafo 3.6P); tuttavia è possibile indicare il tempo di ritardo anche in altri formati, utilizzando la sintassi delle diverse unità di tempo che abbiamo visto al paragrafo IC.1. Modificate la *patch* precedente nel modo illustrato in figura 6.2.

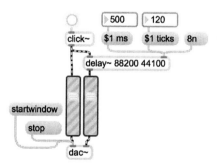

fig. 6.2: specificare il tempo di ritardo in diversi formati

---

[1] Ricordiamo che i due argomenti dell'oggetto rappresentano rispettivamente la quantità di memoria riservata al ritardo (ovvero il massimo ritardo che è possibile ottenere) e il ritardo effettivo: entrambe le quantità sono espresse, di *default*, in campioni.

In figura vediamo il modo di indicare il tempo di ritardo dell'oggetto `delay~` in tre diversi formati: millisecondi, *ticks* e *note value*. Il valore desiderato deve essere passato al secondo ingresso dell'oggetto e sostituisce l'argomento 44100. Fate riferimento al paragrafo IC.1 (sottoparagrafo "Valori di tempo") per l'elenco completo dei formati disponibili[2].

Nel seguito di questo capitolo ci capiterà spesso di utilizzare valori di ritardo che variano in modo continuo nel tempo. In questo caso, per evitare discontinuità, il tempo di ritardo va passato come segnale, e non come messaggio Max.
È possibile variare il tempo di ritardo dell'oggetto `delay~` tramite un segnale, ma solo utilizzando il tempo in campioni, e questo ci riporta alla situazione "scomoda" che abbiamo evidenziato sopra.
Se abbiamo bisogno di un ritardo variabile in modo continuo è preferibile usare una coppia di oggetti, `tapin~` e `tapout~`, che servono rispettivamente a scrivere e leggere (con un ritardo definito) il segnale in una determinata zona di memoria. Il tempo di ritardo viene espresso in millisecondi, e può essere modificato tramite un segnale. Inoltre con la coppia `tapin~` e `tapout~` è possibile inserire un *feedback* (retroazione) nel circuito del *delay*: è possibile cioè rimandare all'ingresso il suono ritardato, cosa che con l'oggetto `delay~` non si può fare. Un limite della coppia `tapin~ tapout~` è che non è possibile impostare un ritardo inferiore al *Signal Vector Size* (vedi par. 5.1P), mentre, come sappiamo, con l'oggetto `delay~` possiamo avere ritardi anche di un singolo campione. Gli oggetti `tapin~` e `tapout~` ci saranno molto utili nei prossimi paragrafi; cerchiamo quindi di capirne bene il funzionamento. Ricostruite la *patch* di fig. 6.3.

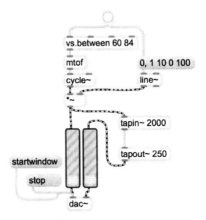

fig. 6.3: gli oggetti `tapin~` e `tapout~`

Nella parte alta abbiamo un semplice algoritmo che genera ad ogni *bang* un suono di breve durata con frequenza casuale. Questo suono viene eseguito immediatamente sul canale sinistro e ritardato, nel modo che ora vedremo, dalla coppia `tapin~ tapout~` sul canale destro.

---

[2] Un'altra possibilità è convertire in campioni il valore espresso in millisecondi tramite l'oggetto `mstosamps~` che abbiamo visto al paragrafo 2.4P del primo volume.

L'oggetto `tapin~` ha un argomento che indica in millisecondi (non in campioni) il massimo ritardo che sarà possibile realizzare: questo oggetto, infatti, si "appropria" di una porzione di memoria la cui lunghezza in campioni è data dall'argomento che viene diviso per 1000 (per ottenere la durata equivalente in secondi) e moltiplicato per la frequenza di campionamento. Nel nostro caso ad esempio l'argomento è 2000 (millisecondi) che diviso per 1000 ci dà 2 (secondi); se la frequenza di campionamento fosse 44100, la porzione di memoria a disposizione dell'oggetto sarebbe di 88200 campioni. Questa memoria viene usata da `tapin~` per scrivere, ovvero per registrare, il segnale che riceve: ogni volta che arriva alla fine della memoria (ogni due secondi, nel nostro caso) ricomincia da capo, cancellando ciò che aveva registrato precedentemente. Tecnicamente si dice che sta utilizzando un *buffer circolare* (vedi anche il paragrafo 6.2 della teoria), che possiamo immaginare come un nastro magnetico chiuso ad anello che scorre sotto una testina di registrazione (rappresentata da `tapin~`). L'oggetto `tapout~` invece funge da testina di lettura, e legge lo stesso *buffer* circolare ad una certa distanza (data dall'argomento) rispetto alla testina di registrazione di `tapin~`, generando quindi il ritardo desiderato. Nel caso illustrato in figura 6.3 il *buffer* circolare è lungo 2 secondi (2000 millisecondi) come indicato dall'argomento di `tapin~`, e il tempo effettivo di *delay* è 250 millisecondi, come indicato dall'argomento di `tapout~`. Vedremo nel prossimo paragrafo come variare questi argomenti.

Resta da dire del cavo che collega `tapin~` a `tapout~`: come si può vedere non si tratta di un cavo audio (dal momento che è un cavo nero), ma di un collegamento che fa sì che `tapin~` e `tapout~` condividano lo stesso *buffer* circolare. Se colleghiamo un oggetto `print` all'uscita di `tapin~` e facciamo clic sul *message box* "startwindow", possiamo vedere nella finestra Max il messaggio "tapconnect": questo messaggio viene inviato dall'oggetto `tapin~` all'oggetto `tapout~` ogni volta che si avvia il motore DSP e serve appunto a far condividere ai due oggetti la stessa zona di memoria.

Per avere più punti di lettura in una stessa linea di ritardo è possibile collegare più oggetti `tapout~` ad uno stesso `tapin~`, oppure fornire a `tapout~` un numero di argomenti pari alla quantità di punti di lettura che desideriamo.

6.2 ECO

Per ottenere un effetto di eco con gli oggetti `tapin~` e `tapout~` ricostruite la *patch* di fig. 6.4.

Notate che il *message box* a destra contiene due messaggi separati da una virgola: con il primo apriamo un file audio, con il secondo impostiamo la modalità *loop* per l'oggetto `sfplay~`. Come sappiamo il file audio vs_flute_bourree.wav è contenuto nella libreria *Virtual Sound*, e viene ritrovato da Max senza bisogno di specificare un percorso (naturalmente se avete installato correttamente la libreria!). Se volete caricare un altro suono vi ricordiamo che dovete inviare a `sfplay~` il messaggio "open", e si aprirà una finestra che vi permetterà di selezionare il file che volete. Se invece volete provare l'effetto utilizzando uno strumento o la voce, collegate un microfono alla vostra scheda audio e sostituite l'oggetto `sfplay~` con `adc~`: potete fare questa sostituzione su gran parte delle *patch* di cui parleremo nel seguito di questo capitolo, fate però attenzione al *feedback* tra casse e microfono! Soprattutto all'inizio, quando ancora dovete prendere confidenza con gli effetti, vi consigliamo di utilizzare una cuffia.

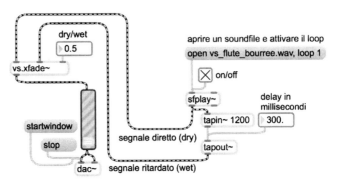

fig. 6.4: effetto eco

L'oggetto **vs.xfade~** sulla sinistra ci permette di miscelare il suono diretto (*dry*) proveniente da **sfplay~** con il suono ritardato (*wet*) proveniente da **tapout~**. Abbiamo già visto l'oggetto **vs.xfade~** nel paragrafo 3.5P del primo volume: ricordiamo che il numero inviato al terzo ingresso serve a modificare la proporzione tra i segnali che entrano nei primi due ingressi; con 0 viene riprodotto solo il primo segnale, con 1 solo il secondo, con 0.5 vengono miscelati i due segnali in parti eguali e così via.

Inviando un messaggio numerico a **tapout~** possiamo impostare il tempo di *delay*. Fate clic sul **toggle** collegato al **metro** e provate a variare il tempo di *delay* per sentire diversi possibili effetti di eco. Verifichiamo innanzitutto che per sentire la ripetizione del suono è necessario superare la *zona di Haas* di 25-35 millisecondi. Con il file audio specificato in figura (un suono di flauto il cui attacco è abbastanza dolce) si ha una chiara sensazione di raddoppio del suono quando si superano i 50 millisecondi. Dal momento che l'esecuzione della *bourrée* è a 100 bpm, provate anche un *delay* di 300 millisecondi (corrispondente al ritardo di una croma, ovvero un ottavo) e multipli. Con la coppia **tapin~ tapout~** è possibile introdurre il *feedback* per realizzare eco multiple (cosa che invece è impossibile con **delay~**), modificate la *patch* come illustrato in fig. 6.5.

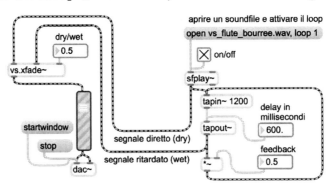

fig. 6.5: eco con *feedback*

Dall'uscita di `tapout~` viene prelevato il segnale, che viene riscalato tramite un *floating point number box* (sotto la scritta "feedback"). Il segnale riscalato viene rimandato all'ingresso di `tapin~` dove si somma con il nuovo segnale prodotto da `sfplay~`.

Attenzione! Per evitare distorsioni dovete immettere un limite nel *floating point number box* che regola il *feedback*; aprite l'*inspector* dell'oggetto, andate alla categoria "Value", e impostate gli attributi "Minimum" e "Maximum" rispettivamente a 0 e 0.99.

Questi attributi limitano l'intervallo di valori che è possibile produrre con il *number box*: in questo modo eviterete di impostare un *feedback* superiore o pari a 1 e sarete sicuri che le ripetizioni dell'eco si estingueranno gradualmente.

Il *feedback*, come abbiamo già detto, è realizzabile con la coppia `tapin~`-`tapout~` ma non con `delay~`: MSP infatti non permette che il circuito del segnale si chiuda in un anello o *loop* (detto anche *feedback loop*[3]). Osservando la figura 6.6 possiamo vedere la differenza tra un *feedback* realizzato con l'oggetto `delay~` (che blocca il motore DSP) e uno realizzato con `tapin~`-`tapout~`: nel primo caso il circuito audio si chiude ad anello (il circuito infatti contiene solo cavi giallo-neri), nel secondo caso il circuito audio resta aperto, perché il cavo di collegamento tra `tapin~` e `tapout~` non è un cavo audio[4].

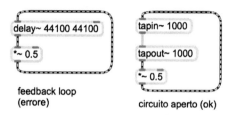

feedback loop
(errore)

circuito aperto (ok)

fig. 6.6: il *feedback loop*

. . . .

ATTIVITÀ

Per evitare l'accumulo del *DC offset* nella *patch* di fig. 6.5, inserite un filtro passa-alto del primo ordine (vedi par. 3.4P del primo volume) tra l'oggetto `sfplay~` e l'algoritmo di *delay*. La frequenza di taglio deve essere al di sotto della banda audio (ad es. 10 Hz) per evitare di eliminare componenti significative del segnale in ingresso.

. . . .

---

[3] Attenzione, il *feedback loop*, che costituisce un errore in MSP, non va confuso con il *loop* di un file audio di cui abbiamo parlato nel capitolo 5.

[4] Come abbiamo detto, mediante questo collegamento l'oggetto `tapin~` trasmette il messaggio "tapconnect" all'oggetto `tapout~`, e questo fa sì che i due oggetti condividano lo stesso buffer circolare.

SIMULAZIONE DEL TAPE DELAY

Per realizzare una simulazione del *tape delay* dobbiamo inserire un filtro passa-basso all'uscita di `tapout~` (fig. 6.7).

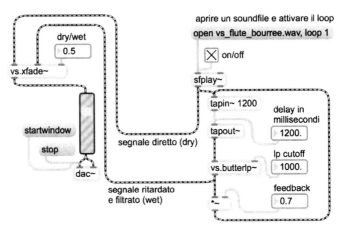

fig. 6.7: "tape delay" con filtro passa-basso e *feedback*

Qui abbiamo utilizzato un filtro di Butterworth (**vs.butterlp~**, vedi capitolo 3); provate a ricostruire la *patch* inserendo i parametri indicati in figura: sentirete che ogni copia ritardata del suono è più scura della precedente. Per sentire l'effetto da solo, fate clic sul **toggle** "on/off" per eseguire il file di suono e dopo circa un secondo di nuovo clic per arrestare il suono originale. Per evitare l'accumulo di frequenze basse, e per rendere più definite le ripetizioni, possiamo aggiungere il filtro passa-alto **vs.butterhp~** (fig. 6.8): tale filtro ci permette (come "effetto collaterale") anche di evitare l'accumularsi del *DC offset* eventualmente presente nel segnale in ingresso.

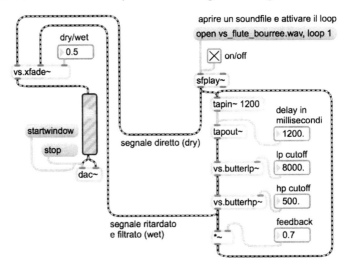

fig. 6.8: aggiunta di un filtro passa-alto al *tape delay*

Provate diverse frequenze di taglio: con una banda abbastanza stretta sulle frequenze medio-alte (*low-pass* 4000 Hz, *high-pass* 1000 Hz) è possibile ad esempio realizzare un suono "telefonico".

· ·

ATTIVITÀ

Partendo dalla *patch* di fig. 6.7 utilizzate filtri diversi, ad esempio il filtro passa-banda **vs.butterbp~**, oppure un banco di filtri tramite **fffb~** (vedi par. 3.7P) per trasformare il contenuto spettrale del segnale ritardato: in entrambi i casi fate molta attenzione ai valori di Q!, non devono assolutamente andare sotto lo 0, né essere troppo alti; partite sempre da un *feedback* = 0, e poi alzatelo cautamente.

· ·

SLAPBACK DELAY

Con lo *slapback delay* possiamo, come abbiamo detto nel capitolo di teoria, spa-zializzare un suono monofonico mandando una copia del suono su un canale ed una copia leggermente ritardata sull'altro canale. Dato che per questo effetto non è necessario variare continuamente il tempo di ritardo, né viene usato il *feedback*, possiamo usare l'oggetto **delay~**. Ricostruite la *patch* di figura 6.9.

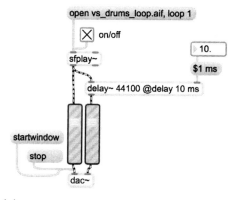

fig. 6.9: *slapback delay*

Come si vede, è possibile specificare il tempo di ritardo in formati diversi dai cam-pioni direttamente all'interno dell'oggetto **delay~** tramite l'attributo @delay, oppure, come abbiamo già visto, inviando all'ingresso destro un valore seguito dal simbolo dell'unità di tempo che vogliamo usare.

Torniamo al nostro *slapback delay* e proviamo diversi tempi di ritardo: utiliz-ziamo come suono il file vs_drums_loop.aif, che si trova nella libreria *Virtual Sound*, o comunque un suono con attacchi netti.

Potrà essere utile ascoltare questo effetto con una cuffia; già con 1 millisecon-do di ritardo il suono appare sensibilmente spostato verso sinistra, cioè verso il canale che ha il segnale diretto: ciò è dovuto all'*effetto di Haas*, detto anche effetto di precedenza, che fa sì che un suono (che normalmente, rimbalzando sui muri di una stanza, arriva all'orecchio più volte a distanza ravvicinata) appaia posizionato nella direzione da cui giunge per primo[5]. Questo effetto è sempre più accentuato se aumentiamo il *delay* fino a circa 20 millisecondi. Aumentando ancora il tempo di *delay* cominceremo invece, con sempre maggiore evidenza, a sentire l'effetto di sdoppiamento tipico dello *slapback delay*: i valori più efficaci, con il file vs_drums_loop.aif, sono quelli che vanno da 30 a 50 millisecondi. Man mano che ci avviciniamo a 100 millisecondi i suoni dei due canali appaiono sempre più separati, e sopra i 100 millisecondi l'effetto di "rimbalzo" comincia a svanire mentre il progressivo spostamento di accento del canale ritardato confonde la chiara percezione del ritmo del *loop* di batteria.

· ·

ATTIVITÀ

- Applicate lo *slapback delay* alla *patch* IC_06_poly_step_seq3.maxpat che abbiamo visto al paragrafo IC.3 dell'interludio C (aggiungete il ritardo all'uscita dell'oggetto `poly~`). Ascoltate la diversa influenza che l'effetto ha sulle note brevi e su quelle lunghe.
- Variazione dell'attività precedente: inserite lo *slapback delay* all'interno della *patch* polifonica p.sawtones~.maxpat e controllate il tempo di *delay* tramite il parametro "Extra 1" dell'oggetto `live.step`. Notate che l'istanza polifonica va in *mute* quando è finita la nota, ovvero quando termina l'inviluppo: per evitare click indesiderati bisogna invece fare in modo che rimanga attiva fino alla fine del segnale ritardato. Una possibilità consiste nell'allungare l'inviluppo (nella *patch* principale) aggiungendo in coda alla lista generata dall'oggetto `function` un segmento "silenzioso" (ovvero che parta da 0 e arrivi a 0) di durata pari al *delay.*

· ·

MULTITAP DELAY

Per questo effetto torniamo alla coppia `tapin~ tapout~`.
L'oggetto `tapout~`, come abbiamo già accennato nel par. 6.1, può avere più "testine di lettura", ciascuna con un diverso tempo di ritardo, e questo ci permette di realizzare agevolmente un *multi-tap delay*. Per realizzare un `tapout~` multiplo è sufficiente dare all'oggetto un numero di argomenti pari al numero delle uscite che desideriamo: ricostruite la *patch* di figura 6.10.
In questa configurazione, ancora abbastanza elementare, abbiamo dato a `tapout~` 4 argomenti numerici. Tali argomenti hanno valore 0 perché ci servono esclusivamente per creare i 4 diversi ritardi liberamente impostabili: l'oggetto ora presenta infatti 4 ingressi per l'impostazione del tempo di ritardo e 4 uscite per i 4 diversi segnali ritardati. Vi ricordiamo che anche qui potete sostituire l'oggetto `sfplay~` con `adc~` e provare ad usare un microfono.

---

[5] Vedremo approfonditamente questo ed altri fenomeni di spazializzazione nel terzo volume.

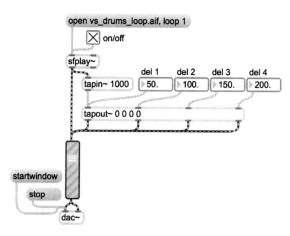

fig. 6.10: *delay* multiplo

I tempi di ritardo possono essere anche inviati come lista a `tapout~`, e questo è molto comodo se vogliamo gestire un certo numero di ritardi (ad esempio 16) con un oggetto grafico come `multislider`.

Aprite il file **06_01_multitap.maxpat** (figura 6.11).

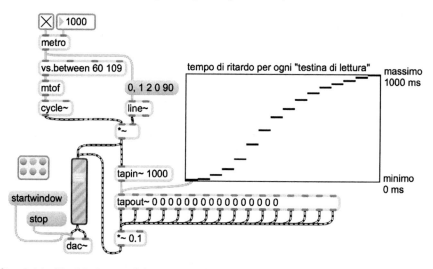

fig. 6.11: file **06_01_multitap.maxpat**

Un flusso di brevi suoni sinusoidali viene inviato ad un sistema `tapin~`/`tapout~` a 16 uscite i cui tempi di *delay* sono definiti con una lista di 16 elementi generata dal `multislider`. Abbiamo modificato le caratteristiche del `multislider` in modo che possa generare 16 valori che variano tra 0 e 1000 (che è il tempo massimo di *delay* che abbiamo impostato in `tapin~`). Provate i diversi *preset* e notate che i suoni ritardati si sovrappongono al successivo suono diretto quando il tempo di scansione del metronomo è inferiore a 1000 millisecondi. Create e memorizzate dei nuovi *preset*.

Nella prossima *patch* utilizzeremo l'oggetto **vs.explist** per dare una sensazione di accelerando o ritardando ai tempi impostati nel *multitap*.
Abbiamo già visto l'oggetto **vs.explist** nel paragrafo 2.4P del primo volume: si tratta di un oggetto che genera liste di valori con un andamento esponenziale o logaritmico.
Caricate il file **06_02_multitap2.maxpat** (fig. 6.12).

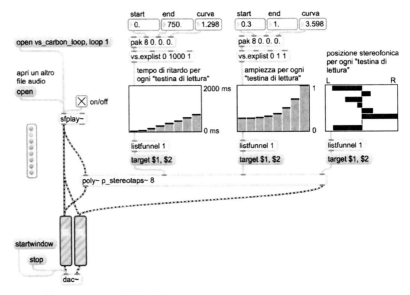

fig. 6.12: file **06_02_multitap2.maxpat**

Come si può vedere ci sono due oggetti **vs.explist** che generano ciascuno una lista di 8 elementi (visibili nei due **multislider** sottostanti): i valori di queste liste impostano i parametri per i tempi di ritardo e per le ampiezze di ogni "testina di lettura". Per ogni ritardo è inoltre possibile definire la posizione stereofonica (pan) tramite il **multislider** a destra. Ascoltate innanzitutto i *preset* osservando i parametri che vengono inviati agli oggetti **vs.explist**.
In questa *patch* abbiamo usato l'oggetto **poly~** per gestire i ritardi: la *patch* polifonica p_stereotaps contiene, come vedremo, un oggetto **delay~**. In questo caso non abbiamo quindi un unico *buffer* circolare condiviso dalle diverse testine di lettura, ma tanti *buffer* quante sono le istanze polifoniche. Il risultato dell'elaborazione non cambia, ma c'è un maggiore consumo di memoria (questo non costituisce comunque un problema, viste le attuali dotazioni di un computer di media potenza).[6]
Notate che il segnale prodotto dall'oggetto **sfplay~** viene inviato al primo ingresso dell'oggetto **poly~**: come abbiamo detto nel paragrafo IC.3, un segnale inviato ad un **poly~** raggiunge tutte le istanze della *patch* polifonica.

---

[6] Sarebbe teoricamente possibile avere un oggetto **tapin~** esterno collegato a dei **tapout~** interni all'oggetto **poly~**: si tratta comunque di una procedura sconsigliata che (almeno fino a Max 6) può dare dei problemi.

I valori delle liste generate dai `multislider` e dagli oggetti `vs.explist` vengono passati alle diverse istanze polifoniche tramite l'oggetto `listfunnel`[7]. Analizziamo il file **p_stereotaps~.maxpat** che viene caricato nell'oggetto `poly~` (fig. 6.13).

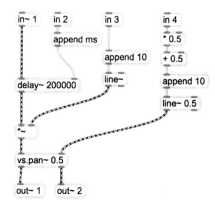

fig. 6.13: file **p_stereotaps~.maxpat**

Si tratta di una *patch* molto semplice: il primo ingresso trasmette il segnale audio, il secondo ingresso il tempo di ritardo, il terzo l'ampiezza e il quarto la posizione stereofonica. Poiché l'oggetto `vs.pan~` utilizza i valori tra 0 e 1 per definire la posizione stereofonica del suono, mentre il `multislider` esterno (per motivi di chiarezza grafica) invia valori compresi tra -1 e 1, è stato necessario convertire tali valori tramite una moltiplicazione e una somma. Ascoltate nuovamente tutti i *preset* e poi provate a crearne altri.[8].

Vediamo ora una variazione della *patch* precedente, caricate il file **06_03_multitap3.maxpat** (fig. 6.14).

In questa *patch* abbiamo aggiunto un filtro risonante per ogni ritardo, e un circuito di *feedback* indipendente. Ascoltate innanzitutto i *preset*: quelli della prima colonna sono senza *feedback*, quelli della seconda con *feedback*.
Nella parte bassa della *patch* ci sono i parametri per i filtri risonanti: tramite un `multislider` vengono impostate le frequenze di risonanza per ciascuna istanza dell'oggetto `poly~`, mentre il fattore Q e il *gain* vengono impostati globalmente. Le frequenze di risonanza sono definite tramite valori di nota MIDI da DO1 a DO6 (potete verificarlo aprendo l'*inspector* del `multislider`), e vengono successivamente trasformate in hertz dall'oggetto `mtof`. I parametri vengono inviati all'oggetto `poly~` tramite coppie di oggetti **send-receive**.

---

[7] Come sappiamo questo oggetto riceve una lista e la restituisce un elemento alla volta, facendo precedere ogni elemento da un numero d'ordine: l'argomento 1 fa sì che la numerazione parta, appunto, da 1.

[8] C'è un *device* di Max for Live (M4L) che è simile a questa *patch* anche se leggermente più complesso; si chiama "Max DelayTaps". Se avete M4L potete fare il confronto tra i due algoritmi. Vi ricordiamo che parleremo di M4L nell'Interludio E alla fine del presente volume.

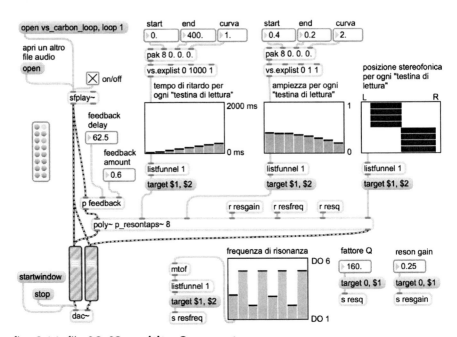

fig. 6.14: file **06_03_multitap3.maxpat**

Come abbiamo detto il circuito di *feedback* è indipendente dai ritardi gestiti dall'oggetto **poly~** e si trova all'interno della *subpatch* [p feedback]. In figura 6.15 vediamo il contenuto della *subpatch*.

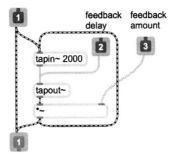

fig. 6.15: *subpatch* [p tapin+fbk]

Come si vede in figura, c'è un circuito di *feedback* realizzato dalla coppia di oggetti **tapin~** e **tapout~**. Dal primo **inlet** arriva il segnale audio, dal secondo il tempo di ritardo ("feedback delay") e dal terzo il fattore di moltiplicazione per il *feedback* ("feedback amount"). Il segnale diretto e il segnale del circuito di *feedback* vengono entrambi inviati all'uscita.
Vediamo ora il contenuto del file **p_resontaps~.maxpat** che viene caricato all'interno dell'oggetto **poly~** (fig. 6.16).

Lasciamo l'analisi di questa semplice *patch* al lettore: notate che, come altre volte, abbiamo reso il *gain* del filtro direttamente proporzionale al fattore Q.

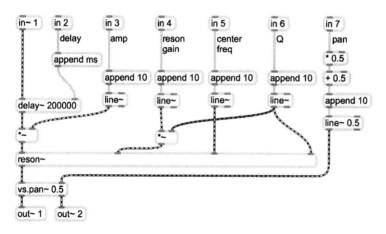

fig. 6.16: file **p_resontaps~.maxpat**

ATTIVITÀ

Creare una *patch* polifonica contenente una coppia `tapin~` `tapout~` con *feedback*, posizione stereofonica e filtro passa-banda. Creare poi una *patch* con un oggetto `poly~` che gestisca 6 istanze della *patch* polifonica: ogni istanza conterrà quindi un proprio *feedback*. I parametri per tempo di *delay*, *feedback*, frequenza centrale del filtro, fattore Q e posizione stereofonica verranno passati da altrettanti `multislider`.

MULTIBAND-MULTITAP DELAY

Se separiamo il segnale in entrata in diverse bande di frequenza e applichiamo ad ogni banda un *delay* diverso, possiamo creare degli effetti molto interessanti. Per separare il segnale in bande di frequenza utilizzeremo l'oggetto `cross~` che è pensato appunto per questo scopo. Questo oggetto contiene due filtri del terzo ordine (con pendenza quindi di 18 dB per ottava), un passa-basso e un passa-alto, a cui viene assegnata una stessa frequenza di taglio (che viene chiamata in questo caso frequenza di *crossover*). Ricostruite la semplice *patch* di figura 6.17.

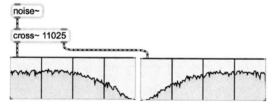

fig. 6.17: l'oggetto `cross~`

Questo oggetto ha due uscite, rispettivamente per la banda di frequenza che si trova al di sotto della frequenza di *crossover* e per la banda di frequenza che si trova al di sopra. La frequenza di *crossover* può essere definita come argomento, oppure può essere passata all'ingresso di destra dell'oggetto. In figura 6.17 vediamo negli spettroscopi le due bande di frequenza che si determinano applicando una frequenza di *crossover* di 11025 Hz. Vediamo una possibile applicazione del filtro *crossover*: ricostruite la *patch* di figura 6.18.

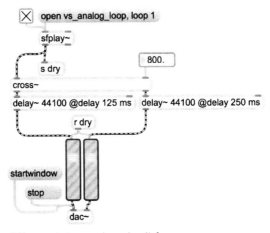

fig. 6.18: *delay* differenziato per bande di frequenza

In questa *patch* un *loop* di batteria viene inviato (tramite la coppia **send** e **receive** con argomento "dry") ai due canali dell'uscita audio, e viene inoltre mandato ad un filtro *crossover* che divide il segnale in due bande di frequenza. La banda grave (tra 0 e 800 Hz) viene ritardata di 125 millisecondi e inviata al canale sinistro, la banda acuta (tra 800 Hz e la frequenza di Nyquist) viene ritardata di 250 millisecondi e inviata al canale destro. Provate a cambiare i tempi di ritardo (aggiungendo un *number box* a ciascun oggetto **delay~**) e la frequenza di *crossover*.
Per dividere il segnale in tre o più bande di frequenza, è necessario mettere più filtri *crossover* in cascata, come illustrato in figura 6.19.

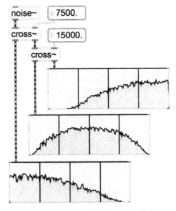

fig. 6.19: due filtri *crossover* in cascata dividono il segnale in tre bande

In questa figura il rumore bianco in ingresso viene diviso in tre bande di frequenza, rispettivamente da 0 a 7500 Hz, da 7500 a 15000 Hz e da 15000 a 22050 Hz (la frequenza di campionamento dell'esempio è quindi 44100 Hz).
Vediamo un esempio più complesso: caricate il file **06_04_multiband_tap.maxpat** (fig. 6.20).

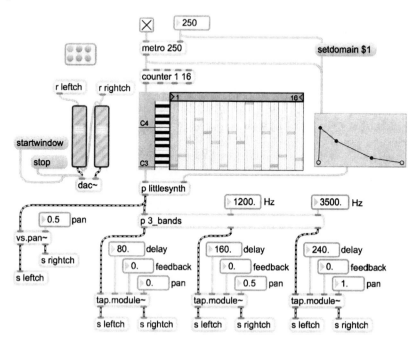

fig. 6.20: file **06_04_multiband_tap.maxpat**

In questa *patch* abbiamo un piccolo sintetizzatore sottrattivo (all'interno della *subpatch* [p littlesynth]) controllato da uno *step sequencer* e da un oggetto **function** che ne determina l'inviluppo. Il suono del sintetizzatore viene inviato:
- ad un oggetto **vs.pan~** (a sinistra), che a sua volta lo invia, tramite una coppia **send receive**, all'uscita stereofonica;
- alla *subpatch* [p 3_bands], che contiene due filtri **cross~** in cascata e divide il suono in ingresso in tre bande di frequenza.
Notate che il secondo e il terzo ingresso della *subpatch* [p 3_bands] servono ad impostare le due frequenze di *crossover* per la definizione delle bande di frequenza.
Dalla *subpatch* [p 3_bands] il suono viene inviato a tre *abstraction* **tap.module~**: queste *abstraction*, che si trovano nella stessa cartella (Capitolo 06 Patch) in cui si trova la *patch* principale[9], contengono un *delay* con *feedback* e posizione stereofonica (pan) regolabile.

---

[9] Queste *abstraction*, quindi, sono visibili solo per le *patch* memorizzate nella stessa cartella. Se si trovassero invece nel "percorso di ricerca" di Max, sarebbero visibili per qualunque *patch*: per tutti i dettagli vi rimandiamo al paragrafo IA.4 del primo volume.

Provate i diversi *preset* e studiate attentamente i valori dei diversi parametri: analizzate e descrivete l'algoritmo della *patch*. Infine aprite e analizzate le *subpatch* [p littlesynth] e [p 3_bands], e l'*abstraction* `tap.module~`.

. . . .

🖱 ATTIVITÀ

Modificate la *patch* di fig. 6.20 nei seguenti modi:
- variate le frequenze di *crossover* tramite una coppia di LFO
- variate tramite LFO la posizione sterofonica del segnale diretto e dei segnali ritardati
- create 4 bande di frequenza
- usate come segnale in ingresso un suono campionato

. . . .

PING-PONG DELAY

Realizzare un *ping-pong delay* è abbastanza semplice, è sufficiente creare due linee di ritardo e mandare il *feedback* della prima alla seconda e viceversa. Caricate il file **06_05_pingpong_delay.maxpat** (fig. 6.21).

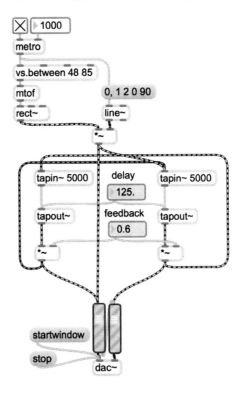

fig. 6.21: file **06_05_pingpong_delay.maxpat**

Nella *patch* in figura il segnale diretto va al canale sinistro e al *delay* del canale destro, mentre i valori di ritardo e di *feedback* sono comuni alle due linee di ritardo.

• •

ATTIVITÀ

Realizzate le seguenti variazioni della *patch* di figura 6.21:
- aggiunta di filtri passa-alto e passa-basso come per il *tape delay*.
- due diverse sorgenti per i canali destro e sinistro
- tempi di *delay* diversi per i due canali
- aggiunta di un *feedback* diretto su ciascun canale, con un tempo di *delay* diverso rispetto a quello del *feedback* "incrociato" (sarà necessario dare due argomenti ai due oggetti `tapout~`)

• •

6.3 LOOPING MEDIANTE LINEA DI RITARDO

Per realizzare un *loop* con una linea di ritardo utilizzeremo la coppia `tapin~`-`tapout~` con un sistema di apertura e chiusura automatica dell'ingresso audio e del *feedback*. Caricate il file **06_06_ delay_loop.maxpat** (fig. 6.22).

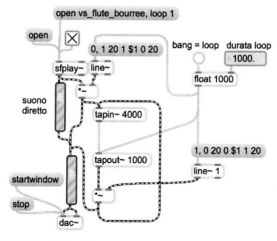

fig. 6.22: file **06_06_ delay_loop.maxpat**

In questo algoritmo abbiamo due `line~` che realizzano la dissolvenza incrociata fra suono in ingresso e *feedback*. All'inizio il suono in ingresso, in alto a sinistra, è chiuso (perché viene moltiplicato per l'uscita di `line~` che di *default* è 0), mentre il *feedback*, nella parte bassa della *patch*, è aperto (perché viene moltiplicato per l'uscita di un `line~` che ha come argomento 1, e quindi genera un flusso costante di campioni di valore 1). Quando si fa clic sul *bang button* a destra il valore contenuto nell'oggetto `float` (che è 1000 nella figura) raggiunge i due *message box* collegati ai rispettivi `line~` e l'oggetto `tapout~`.

243

Il *message box* collegato al `line~` che regola l'ingresso audio, realizza un inviluppo che apre l'ingresso per una durata pari al contenuto dell'oggetto `float` che abbiamo appena visto più 20 millisecondi di attacco e 20 di rilascio, che hanno la funzione di evitare i click. Nello stesso tempo l'altro oggetto `line~` chiude il *feedback* per la stessa durata. Ogni volta che si invia un *bang* quindi viene registrata nella linea di ritardo una porzione del segnale in ingresso, e alla fine della registrazione viene aperto il *feedback*. In questo modo il segnale nella linea di ritardo ricircola continuamente e realizza il *loop*, fino all'attivazione di un nuovo *bang*, che causa di nuovo l'apertura dell'ingresso e la chiusura e riapertura del *feedback*. È possibile cambiare la durata del nuovo *loop* modificando il valore del *number box* collegato al `float`. Questo valore, essendo il `float` collegato anche a `tapout~`, modificherà anche la durata del tempo di *delay*.

• •

ATTIVITÀ

- Aggiungere un oggetto `metro` per variare il *loop* a cadenza regolare: per ogni *bang* del `metro` ci devono essere 4 ripetizioni del *loop*.
- Rendere variabile in modo casuale il numero di ripetizioni del *loop* dell'esercizio precedente.
- Realizzare un sistema con più *loop* attivabili e disattivabili indipendentemente, ciascuno con una scansione metronomica diversa. Gli algoritmi per i *loop* dovranno essere contenuti in istanze polifoniche all'interno di un oggetto `poly~`.
- Creare una catena di effetti collegando i *loop* ottenuti nel precedente esercizio ad un altro algoritmo di *delay*, ad esempio lo *slapback delay* o il *ping-pong delay*.

• •

6.4 FLANGER

Per impostare i ritardi minimi che caratterizzano questo effetto, dobbiamo assicurarci che il *Signal Vector Size* nella finestra *Audio Status* sia sufficientemente piccolo[10]. Il minimo *delay* che si può ottenere con `tapin~` e `tapout~`, infatti, è pari alla lunghezza del *Signal Vector Size*: impostando questo valore a 16 campioni, ad esempio, possiamo ottenere (alla frequenza di campionamento di 44100 Hz) un *delay* minimo di 0.36 millisecondi, che è sufficiente per i nostri scopi. Impostate dunque il valore di 16 campioni per questo parametro nella finestra *Audio Status*; ci servirà anche per il resto del capitolo.

L'effetto *flanger* prevede la modulazione del tempo di ritardo con un LFO (*Low Frequency Oscillator*): come sappiamo quest'ultimo è in genere un oscillatore

---

[10] Vi ricordiamo che abbiamo parlato diffusamente della finestra *Audio Status* e di tutti i parametri che contiene nel paragrafo 5.1P.

unipolare i cui due estremi, entrambi positivi, rappresentano rispettivamente il ritardo minimo e massimo. Utilizziamo quindi l'oggetto `cycle~` come LFO, trasformandolo prima in un oscillatore unipolare (fig. 6.23).

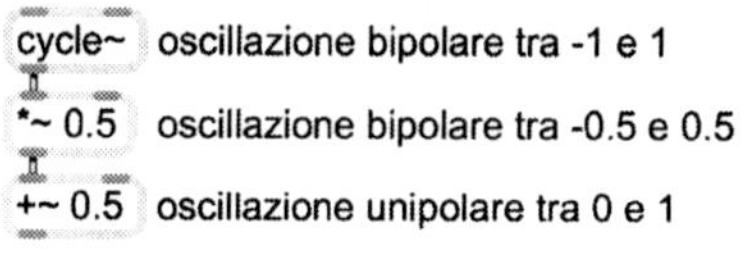

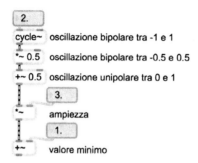

fig. 6.23: da oscillazione bipolare a unipolare

Abbiamo innanzitutto dimezzato l'ampiezza e poi abbiamo aggiunto un *DC offset* di 0.5, in questo modo l'oscillatore varia tra 0 e 1.
Con un ulteriore moltiplicatore possiamo ora variare l'ampiezza, e con un sommatore impostare il valore minimo generato dall'LFO, mentre il valore massimo corrisponde all'ampiezza più il minimo (fig. 6.24).

fig 6.24: LFO con *range*

Nell'esempio illustrato in figura abbiamo quindi un LFO sinusoidale che oscilla alla frequenza di 2 Hz, con un'ampiezza pari a 3 (il parametro indicato nella parte teorica come *width*) e un valore minimo pari a 1 (nella parte teorica abbiamo ricordato che questo parametro è indicato impropriamente, in molte applicazioni di *flanger* commerciali, come *delay*). Il valore massimo sarà quindi pari a 3 + 1 = 4.[11] I due valori minimo e massimo, ricordiamolo, rappresentano i tempi di ritardo in millisecondi: se colleghiamo questo LFO ad un oggetto `tapout~`, quindi, faremo oscillare la sua "testina di lettura" tra le due posizioni corrispondenti a 1 e 4 millisecondi di ritardo. Questa oscillazione avviene alla frequenza di 2 Hz, ovvero ogni secondo abbiamo due cicli di "andata e ritorno" tra le due posizioni. Questo è il parametro indicato nella parte teorica come *speed* o *rate*.
Ecco quindi una prima implementazione del *flanger*; ricostruite la *patch* di figura 6.25.

---

[11] I più ferrati in matematica si saranno probabilmente accorti che si potrebbero risparmiare due operatori MSP moltiplicando l'oscillatore bipolare per metà dell'ampiezza desiderata e aggiungendo un *DC offset* pari a metà ampiezza più il minimo, ma abbiamo preferito illustrare il procedimento passo-passo, sperando che così risulti più chiaro.

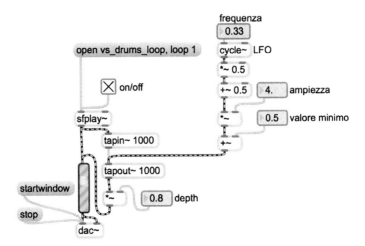

fig. 6.25: effetto *flanger*

Abbiamo aggiunto, all'uscita del suono ritardato, un moltiplicatore per regolare la quantità di suono da mixare con il suono originale: è il parametro che abbiamo definito "depth" nella parte teorica.
Provate diverse impostazioni dei parametri, variando ad esempio i parametri tra i valori indicati qui di seguito:

frequenza LFO tra 0.1 e 1 Hz
ampiezza tra 1 e 10
valore minimo tra 0.4 e 3
depth tra 0.75 e 1

Probabilmente i risultati più evidenti si avranno con un suono ad ampio spettro, come ad esempio un *loop* di batteria.
Se provate ad incrementare la frequenza dell'LFO al di sopra di 1 Hz vi renderete probabilmente conto che l'effetto di cambiamento di *pitch* provocato dal *flanger* aumenta con l'aumentare della frequenza dell'oscillatore unipolare. Ad esempio, utilizzando il file di suono **vs_flute_bourree.wav** con questi parametri

frequenza LFO: 0.1 Hz
ampiezza: 5
valore minimo: 1
depth:1

l'effetto è molto delicato e a tratti appena percepibile, ma se provate ad aumentare la frequenza dell'LFO a 2 Hz, otterrete un effetto di vibrato che diventa sempre più evidente all'aumentare della frequenza, e a 30 Hz si trasforma in un vero e proprio effetto di modulazione (ne riparleremo nel terzo volume).
A cosa si deve questa variazione dell'effetto? Al fatto che all'aumentare della frequenza dell'LFO la "testina di lettura" di `tapout~` si muove sempre più velocemente sulla linea di ritardo, alterando in modo sempre più evidente l'intonazione del suono originale.

Se però volessimo variare la frequenza dell'LFO senza aumentare la deviazione di intonazione, dovremmo fare in modo che la frequenza e l'ampiezza dell'oscillatore unipolare siano inversamente proporzionali, ovvero che all'aumentare della frequenza, l'ampiezza diminuisca proporzionalmente (se la frequenza raddoppia, l'ampiezza si dimezza, e così via). Per ottenere questo risultato dobbiamo utilizzare la frequenza come fattore di divisione dell'ampiezza (che quindi cessa di essere un'ampiezza assoluta per diventare un parametro di "deviazione del pitch"); modificate la *patch* come indicato in figura 6.26.

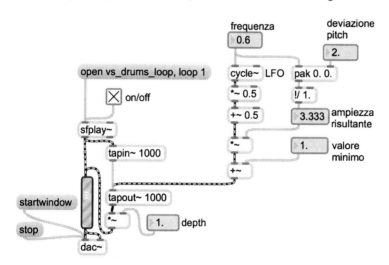

fig. 6.26: effetto *flanger* versione 2

Come potete vedere abbiamo collegato la frequenza dell'LFO e la "deviazione del pitch" ad un divisore, che ci restituisce una "ampiezza risultante": nell'esempio in figura, con frequenza pari a 0.6 Hz e fattore di deviazione pari a 2, l'ampiezza è 3.333; il valore minimo è 1 e questo significa che il massimo è 4.333 (1 + 3.333). In altre parole il tempo di ritardo oscilla sinusoidalmente tra 1 e 4.333 millisecondi alla frequenza di 0.6 hertz. Partite con i parametri illustrati in figura, e poi aumentate gradualmente la frequenza dell'LFO: l'oscillazione sarà sempre più veloce, ma la deviazione del *pitch* rimarrà costante.

Ricapitolando, con questa configurazione non abbiamo più un valore di ampiezza dell'LFO da impostare liberamente, ma un parametro di "deviazione del pitch", mentre l'ampiezza varia in relazione a questo parametro e alla frequenza dell'LFO. Vediamo ora lo stesso algoritmo con l'aggiunta del *feedback*: caricate il file **06_07_flanger.maxpat** (figura 6.27).

In questa *patch* è possibile utilizzare diversi file audio: i nomi dei file sono stati inseriti in un oggetto **umenu** (in alto a sinistra). Spiegate cosa succede nel percorso che dall'**umenu** va all'oggetto **sfplay~**. Provate i *preset* impostati e poi createne di nuovi.

Notate che se tentate di cambiare il valore nel *float number box* indicato con "ampiezza risultante", non riuscirete a farlo; il *number box* sembra "bloccato". Questo succede perché abbiamo attivato nell'*inspector* l'attributo "Ignore Click", che fa sì che l'oggetto non possa essere selezionato né modificato con il *mouse* in modalità *performance*. L'attivazione di questo attributo è utile quando usiamo un oggetto per mostrare una determinata informazione, ma non vogliamo che possa essere modificata dall'utente (come in questo caso).

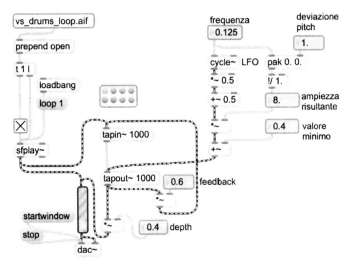

fig. 6.27: *flanger* con *feedback* (file **06_07_flanger.maxpat**)

Per evitare di saturare il circuito, i valori del *float number box* che regola il *feedback* sono stati limitati tra -0.999 e 0.999 (usando l'*inspector*). Aumentando il *feedback* è possibile aumentare l'effetto del *flanger* fino ad ottenere una riso-nanza molto evidente che oscilla alla frequenza corrispondente al periodo dato dal ritardo, ovvero tra **1/delay_minimo** Hz e **1/delay_massimo** Hz: con le impostazioni di figura 6.27, in cui abbiamo un *delay* minimo di 0.4 millisecondi ed un massimo di 8.4 millisecondi, la risonanza oscilla tra **1/0.0004 = 2500** Hz e **1/0.0084 = 119.05** Hz.[12] Quando il valore del *feedback* è negativo (ad es. -0.6), la frequenza della risonanza si dimezza (scende di un'ottava), perché il segnale ritardato che passa nel circuito di *feedback* viene invertito ad ogni ripetizione. La forma d'onda viene cioè rovesciata di fase ad ogni ciclo: questo fa sì che due cicli consecutivi, le cui fasi sono opposte, vengano percepiti come singolo ciclo, determinando un abbassamento di ottava della risonanza (provate!).

• •

ATTIVITÀ

1) Aggiungete un filtro passa-basso o un passa-alto al circuito di *feedback*. Non usate filtri risonanti, che potrebbero facilmente saturare, usate invece i filtri di Butterworth: **vs.butterlp~** e **vs.butterhp~**.

---

[12] Ricordiamo che per ottenere la frequenza in hertz corrispondente ad un periodo è necessario esprimere quest'ultimo in secondi e non in millisecondi: i tempi che si ricavano dalla figura 6.31, di 0.4 e 8.4 millisecondi, vanno quindi convertiti in 0.0004 e 0.0084 secondi.

2) Partendo dall'esercizio precedente, utilizzate l'oggetto `selector~` (cfr par. 1.6) per immettere nel circuito di *feedback* il filtro passa-basso, il passa-alto, oppure il suono originale non filtrato (l'argomento di `selector~` dovrà quindi essere 3).

3) Applicate il *flanger* ad uno dei sintetizzatori che abbiamo usato nell'Interludio C.

4) Modificate la forma d'onda dell'LFO. Ad esempio provate l'oscillatore `vs.triangle~` (forma d'onda triangolare non limitata in banda), o i generatori di rumore `rand~` e `vs.rand3~`.

5) Nel paragrafo 6.4T abbiamo detto che nell'implementazione del *flanger* si aggiunge spesso un ritardo fisso al suono *dry* per dare modo al suono *wet* di non essere sempre in ritardo rispetto al suono *dry* ma di poterlo anche anticipare (quando il *delay time* variabile del suono *wet* è minore del *delay* fisso applicato al suono *dry*). Aggiungete tale meccanismo alla *patch* **06_07_flanger.maxpat**, facendo in modo che il suono *dry* si trovi sempre al centro dell'oscillazione del suono *wet*. In altre parole se l'LFO fa oscillare il ritardo del suono *wet* tra 0 e 10 millisecondi, il suono *dry* dovrà avere un ritardo (calcolato automaticamente dalla *patch* in base all'ampiezza dell'LFO, e non impostato "a mano"!) di 5 millisecondi.

. . . .

6.5 CHORUS

L'algoritmo del *chorus* è essenzialmente lo stesso del *flanger*: un *delay* con tempo di ritardo variabile. Le differenze più importanti sono la scelta dei parametri (i tempi di ritardo sono generalmente più lunghi), il tipo di LFO (in genere si usa un generatore random), l'assenza di *feedback* e l'utilizzo di più linee di ritardo contemporaneamente.

Procediamo con ordine, vediamo una prima semplice versione dell'effetto (fig. 6.28).

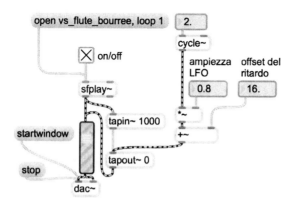

fig. 6.28: effetto *chorus*

Rispetto al *flanger* abbiamo leggermente variato la gestione dell'LFO: ora utilizziamo un ritardo centrale (*offset* del ritardo) che viene accorciato e allungato

249

da un oscillatore bipolare. In realtà, stando a quello che abbiamo detto nella teoria, sarebbe stato sufficiente prendere la *patch* che realizza il *flanger* senza *feedback* e variare opportunamente i parametri per ottenere l'effetto del *chorus*. Abbiamo preferito invece mostrare un modo diverso, e a nostro avviso più comodo, per gestire i parametri di questo particolare effetto in maniera più efficace. Questo sistema oltretutto ci permette di risparmiare due operatori MSP per ogni LFO. Nel caso in figura il ritardo effettivo varia tra 16 + 0.8 = **16.8** millisecondi e 16 - 0.8 = **15.2** millisecondi.

Provate a ricostruire la *patch* ed usate un suono melodico, come ad esempio quello del file **vs_flute_bourree.wav** indicato in figura: il tipico effetto di filtraggio del *flanger* non c'è più, perché il suono diretto e quello ritardato non sono mai così vicini da causare una cancellazione o un'enfatizzazione delle componenti comuni. C'è però un effetto di continuo *detuning* della voce ritardata, che sommata alla voce diretta, dovrebbe dare una sensazione di "inspessimento" del suono. Aggiungiamo una seconda voce per aumentare l'effetto (fig. 6.29).

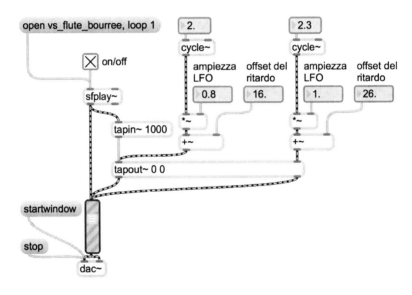

fig. 6.29: effetto *chorus* versione 2

Notate che le frequenze dei due LFO sono diverse (per mascherare l'effetto di oscillazione periodica dell'intonazione che si aveva con la *patch* precedente) e i tempi di ritardo sono abbastanza distanziati da evitare che le oscillazioni si incrocino tra loro (cosa che produrrebbe un "flanging"). Cambiate i parametri e sperimentate le diverse sonorità del *chorus*; provate a utilizzate anche valori "estremi" come ritardi superiori a 200 millisecondi o frequenza dell'LFO di 100 HZ o più: otterrete risultati che hanno ben poco a che fare con l'effetto di partenza.

Facciamo un ulteriore passo avanti: modifichiamo la *patch* utilizzando degli LFO random, aumentiamo le voci e inseriamo un parametro "depth" (fig. 6.30; file **06_08_chorus.maxpat**).

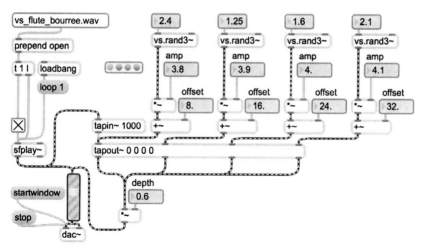

fig. 6.30: effetto *chorus* versione 3 (file **06_08_chorus.maxpat**)

Ora che abbiamo 4 voci di *chorus*, la regolazione della profondità (*depth*) dell'effetto è importante perché il volume delle quattro linee di ritardo sommate è molto più alto di quello del suono originale.

Quest'ultima *patch* ci permette di realizzare degli effetti di *chorus* più che accettabili; abbiamo utilizzato il generatore **vs.rand3~** di cui abbiamo parlato nel capitolo 3 che ci permette di eliminare del tutto la sensazione di periodicità causata da **cycle~**: c'è da dire che con il generatore random dobbiamo usare in genere un'ampiezza maggiore di quella che usavamo con il generatore sinu- soidale, perché mentre quest'ultimo oscilla da 1 a -1 ad ogni ciclo, il generatore random "vaga" all'interno della banda di oscillazione toccando raramente gli estremi e coprendo quindi distanze minori durante il ciclo.

Per realizzare un *chorus* stereofonico possiamo utilizzare uno stesso oscillatore LFO su due linee di ritardo, invertendo la forma d'onda dell'LFO per una delle due linee (fig. 6.31).

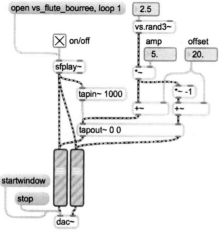

fig. 6.31: *chorus* stereofonico

Moltiplicando per -1 l'uscita dell'LFO invertiamo la forma d'onda del segnale e ogni volta che il ritardo aumenta in un canale diminuisce nell'altro e viceversa. Questo ci permette di dare profondità stereofonica ad un suono monofonico.

• •

ATTIVITÀ

1) Realizzate dei *chorus* stereofonici a due e quattro voci per canale (dobbiamo quindi avere due o quattro LFO; la forma d'onda di questi LFO deve essere invertita in uno dei due canali).
2) Applicate un *chorus* stereofonico ad uno dei sintetizzatori che abbiamo usato nell'Interludio C.
3) Modificate il *chorus* di fig. 6.28 sostituendo l'oscillatore sinusoidale dell'LFO con il generatore random **vs.rand3~** e aggiungete un circuito di *feedback*: create dei *preset* con questa configurazione.
4) Realizzate un *flanger* stereofonico adottando la stessa tecnica usata per il *chorus* in fig. 6.31. Per implementare efficacemente il *feedback* in entrambi i canali vi consigliamo di utilizzare due coppie indipendenti di **tapin~ tapout~**.

• •

6.6 FILTRI COMB

In MSP abbiamo l'oggetto **comb~** che implementa il *delay* con *feedback* con utilizzo anche del *feedforward*. (fig. 6.32).

fig. 6.32: il filtro *comb*

Questo oggetto riceve quattro parametri: il tempo di *delay* in millisecondi, il *gain*, ovvero un fattore di moltiplicazione del segnale in ingresso, un fattore di *feedforward*, ovvero un fattore di moltiplicazione per il suono ritardato senza il *feedback* e il fattore di *feedback*, ovvero un fattore di moltiplicazione per il suono ritardato con il *feedback*. Impostando a 0 il valore del *feedback* otteniamo un filtro *comb* FIR, impostando un valore diverso da 0 otteniamo un filtro *comb* IIR (vedi il par, 6.6T). L'oggetto può avere 5 argomenti, rispettivamente per *delay* massimo (ovvero la quantità di memoria che l'oggetto si riserva per effettuare il *delay*), *delay* iniziale, *gain*, *feedforward* e *feedback*; nella figura abbiamo impostato come argomento solo il *delay* massimo, mentre gli altri parametri vengono inviati direttamente negli ingressi relativi tramite dei *number box*.
In figura 6.33 vediamo il diagramma di flusso dell'oggetto, già ampiamente descritto nella teoria (Par.6.6). L'unica differenza con quella descrizione è che nell'implementazione di Max l'utente esprime il tempo di *delay* in millisecondi anziché in campioni.

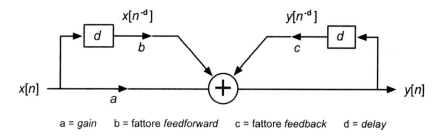

fig. 6.33: diagramma di flusso dell'oggetto `comb~`

Ci si potrebbe chiedere: perché, se esiste un singolo oggetto per il filtro *comb*, finora abbiamo usato per i nostri esempi la coppia `tapin~`/`tapout~`, che occupa più spazio sullo schermo e realizza in pratica lo stesso circuito (vedi par. 6.6T)? Risposta: perché nell'oggetto `comb~` non è possibile inserire nessun algoritmo di elaborazione nel circuito di *feedback* e quindi non è possibile realizzare alcuni degli effetti descritti finora (come ad esempio il *tape delay*). Inoltre non è possibile avere una singola "testina di scrittura" da associare a più "testine di lettura" (come avviene con `tapin~` e `tapout~`), quindi per realizzare un *multitap* servirebbero tanti `comb~` quante sono le "testine di lettura" che vogliamo implementare, e questo comporta un maggior impiego di memoria e una minore efficienza.

Si potrebbe fare allora la domanda opposta: a che serve un oggetto `comb~` visto che la coppia `tapin~`/`tapout~` permette di fare le stesse cose ed è molto più flessibile?

Risposta: l'oggetto `comb~` permette ritardi inferiori al *Signal Vector Size* (vedi par. 6.2), è probabilmente più efficiente di `tapin~`/`tapout~` se non viene usato per il *multitap* (ma questo può dipendere dall'implementazione di Max che avete nel vostro computer) e inoltre occupa meno spazio sullo schermo!

Provate ora a ricostruire la *patch* di fig. 6.34 (attenzione al *feedback*! non deve superare il valore 1): ad ogni impulso prodotto dall'oggetto `click~` viene creata una risonanza con fondamentale a 1000 Hz (dal momento che il tempo di ritardo è 1 millisecondo) e con spettro a "pettine".

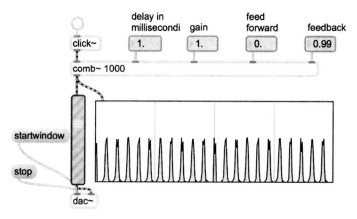

fig. 6.34: risposta all'impulso del filtro *comb*

253

Per realizzare dei risuonatori intonati su frequenze arbitrarie dobbiamo trasformare i valori di frequenza in intervalli di tempo espressi in millisecondi (fig. 6.35).

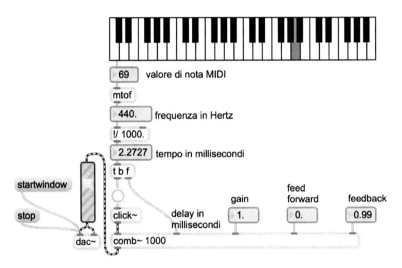

fig. 6.35: risuonatore *comb*

In genere quando si crea un risuonatore *comb* è utile poter impostare il tempo di risonanza invece del coefficiente di *feedback*. Sappiamo dalla teoria come si calcola il tempo di risonanza, ma non è necessario realizzare l'algoritmo: possiamo utilizzare l'oggetto **vs.comb~** (fig. 6.36).

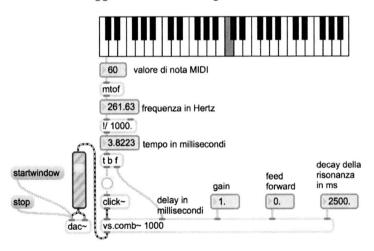

fig. 6.36: l'oggetto **vs.comb~**

Questo oggetto è molto simile a **comb~**: l'unica differenza sta nel fatto che al posto del coefficiente di *feedback* dobbiamo impostare il tempo di *decay* della risonanza: all'interno dell'oggetto viene effettuato il calcolo che trasforma il tempo di *decay* in coefficiente di *feedback*.

I filtri *comb* possono essere naturalmente applicati a qualunque segnale: ad esempio un file audio. Vediamo una possibile applicazione in una *patch* che implementa un banco di risuonatori *comb* tramite l'oggetto `poly~`.
Caricate il file **06_09_comb_resonators.maxpat** (figura 6.37).

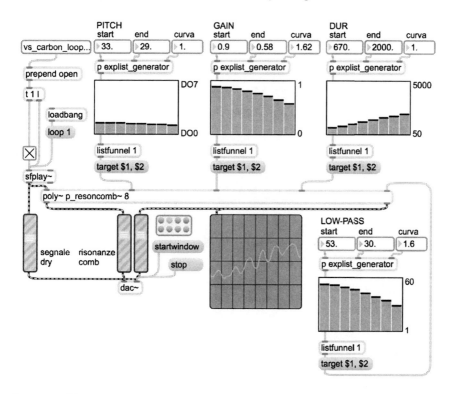

fig. 6.37: file **06_09_comb_resonators.maxpat**

Per prima cosa ascoltate tutti i *preset*: notate che potete regolare indipendentemente l'intensità del segnale *dry* (non elaborato) e l'intensità delle risonanze *comb* (oggetti `gain~` in basso a sinistra). Le otto risonanze sono distribuite sul fronte stereofonico, e se le ascoltate con attenzione abbastanza a lungo potrete notare che si spostano molto lentamente, in modo casuale (vedremo poi come è stato ottenuto questo effetto).
L'oggetto `poly~` contiene la *patch* polifonica p_resoncomb~ (che analizzeremo tra poco) e realizza un banco di filtri *comb*: i parametri di questo banco sono generati da altrettanti oggetti `vs.explist`, secondo una tecnica che abbiamo già visto nelle *patch* del *multitap*.[13]
Come si può vedere i parametri sono: frequenza di risonanza (espressa come altezza MIDI da DO0 a DO7), *gain*, durata (in millisecondi) e frequenza di taglio di un filtro passa-basso. La frequenza di taglio non è espressa in hertz, ma è un fattore di moltiplicazione della frequenza di risonanza: questo significa che se,

---

[13] Per risparmiare spazio abbiamo inserito gli oggetti **pak** e **vs.explist** in una *subpatch*.

ad esempio, la risonanza di un determinato filtro *comb* è 220 hertz e il fattore di moltiplicazione della frequenza di taglio del filtro relativo è 20, l'effettiva frequenza di taglio è pari a 220 * 20 = 4400 hertz.
Vediamo ora il contenuto di p_resoncomb~ (fig. 6.38).

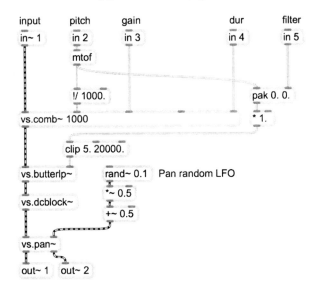

fig. 6.38: p_resoncomb~

Notate che il *pitch* viene convertito in frequenza dall'oggetto **mtof** e quest'ultima in tempo di *delay* dal divisore. Nella parte in alto a destra abbiamo il fattore di moltiplicazione del filtro che moltiplica la frequenza di risonanza. Sotto il filtro *comb* abbiamo il filtro passa-basso e successivamente l'oggetto **vs.dcblock~** che serve ad eliminare l'eventuale *DC offset* (si tratta quindi di un filtro passa alto, come potete verificare aprendo l'oggetto con un doppio clic). Infine, come avevamo accennato, ogni risuonatore *comb* viene spostato casualmente nel fronte stereofonico grazie ad un LFO casuale che si muove alla frequenza di 0.1 Hz.

. . . .

ATTIVITÀ

- Aggiungete alla *patch* polifonica p_resoncomb~ la possibilità di impostare dall'esterno la frequenza del generatore random che controlla il movimento stereofonico delle risonanze.
- Aggiungete poi un secondo LFO casuale per variare la frequenza di risonanza di una piccola percentuale impostabile liberamente (ad es. dallo 0% al 10%): la frequenza di questo LFO sarà la stessa dell'LFO che controlla la posizione spaziale.

. . . .

6.7 FILTRI ALLPASS

In MSP abbiamo un oggetto `allpass~` che implementa il modello di Schroeder visibile in fig. 6.39 e già descritto nel Par. 6.7 della teoria.

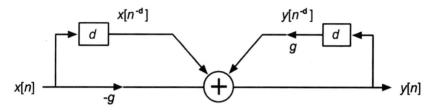

fig. 6.39: diagramma di flusso dell'oggetto `allpass~`

Questo oggetto ha tre ingressi, rispettivamente per il segnale, il tempo di *delay* e il *gain/feedback* (ovvero il coefficiente **g**) e accetta come argomenti il *delay* massimo, il *delay* iniziale e il *gain* (fig. 6.40).

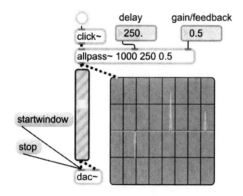

fig. 6.40: l'oggetto `allpass~`

Se ricostruite la *patch* di fig. 6.40 possiamo fare una "analisi fenomenologica" di questo importante filtro, ovvero analizzarne la risposta all'impulso. Partendo dalle impostazioni illustrate in figura e inviando un impulso unitario al filtro, otteniamo in uscita innanzitutto il segnale invertito di segno (perché viene moltiplicato per **-g**) e dimezzato in ampiezza (perché **g** vale 0.5). Dopo 250 millisecondi (il tempo di *delay*) abbiamo la somma del segnale non riscalato (*feedforward*) e del segnale in *feedback* moltiplicato per **g**: dal momento che quel segnale era già stato moltiplicato per **-g**, ora la sua ampiezza è riscalata per **g·(-g) = -g²** che sommato al segnale in *feedforward* (che non è riscalato e ha quindi un'ampiezza pari ad **1**) ci dà un'ampiezza totale di **1-g²**. Le repliche successive del *feedback* vengono progressivamente scalate di **g** e abbiamo quindi questa serie di ampiezze: **g·(1-g²)**, **g²·(1-g²)**, **g³·(1-g²)** e così via.

Se aumentiamo il valore di **g** (stando attenti a non superare 1) avremo una serie di impulsi via via più lunga, ma sempre più attenuata, perché se **g** è molto vicino a 1, il moltiplicatore comune a tutte le repliche del *feedback*, **1-g²**, sarà ovviamente molto vicino allo 0.

257

Provate ad esempio a mettere **g** uguale a 0.99: avremo una lunga serie di impulsi di ampiezza molto bassa. Con **g** a 1 elimineremo del tutto il *feedback*, perché in quel caso **1-g²** sarà uguale a 0.

Anche per il filtro *allpass* esiste una versione della libreria *Virtual Sound* (`vs.allpass~`) che permette di impostare, invece del coefficiente **g**, la durata del *feedback* (fig. 6.41).

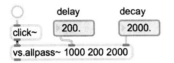

fig. 6.41: l'oggetto `vs.allpass~`

Questo oggetto, insieme a `vs.comb~`, ci sarà utile per la costruzione di riverberi nel prossimo volume.

6.8 PHASER

Per realizzare un *phaser* abbiamo bisogno, come sappiamo, di un filtro *allpass* del secondo ordine; nella libreria *Virtual Sound* troviamo l'oggetto `vs.allpass2~`, che è appunto un *allpass* del secondo ordine e che è realizzato semplicemente collegando un `filtercoeff~` a un `biquad~` (come avevamo già visto per altri filtri nel cap. 3P). Questo oggetto ci permette di impostare una frequenza centrale e un fattore Q: dal momento che il filtro lascia passare tutte le frequenze senza alterarne l'ampiezza, possiamo sentire l'effetto del filtro solo sommandolo al segnale non filtrato. Provate a ricostruire la *patch* di figura 6.42.

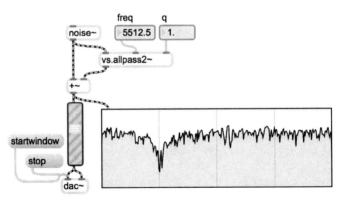

fig. 6.42: filtro *allpass* del secondo ordine

Come segnale sorgente abbiamo usato un rumore bianco, che a causa del suo spettro piatto ci permette di valutare l'effetto del filtro su tutte le frequenze udibili. Notate innanzitutto che l'effetto di filtraggio (che possiamo vedere grazie allo `spectroscope~` collegato al segnale) è dato dalla somma del segnale originale e del segnale filtrato: il solo segnale filtrato avrebbe uno spettro piatto come quello del segnale originale.

L'effetto sembra quello di un filtro elimina-banda, che attenua le frequenze vicine ad una frequenza centrale; in realtà come sappiamo questa attenuazione è ottenuta perché sommiamo frequenze con fase diversa o opposta (vedi par. 6.8 del libro di teoria). Variando il fattore Q possiamo allargare o restringere la banda di attenuazione, un valore vicino allo 0 elimina la gran parte del segnale.

Verifichiamo ora l'effetto di due filtri in cascata con parametri identici (fig. 6.43).

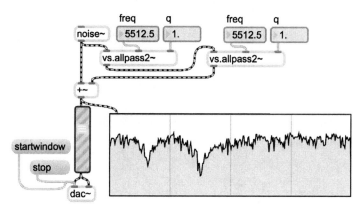

fig. 6.43: due filtri *allpass* in cascata

Adesso le due bande di attenuazione si trovano simmetricamente distanti dalla frequenza centrale, e questo concorda con la risposta di fase che avevamo visto nel paragrafo 6.8T. È arrivato il momento di realizzare un primo semplice *phaser*; ricostruite la *patch* di figura 6.44.

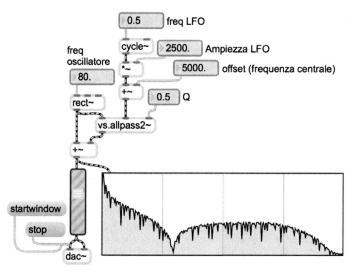

fig. 6.44: effetto *phaser*

Come sorgente sonora utilizziamo un oscillatore limitato in banda: `rect~` (generatore di onda quadra). L'effetto è ottenuto con un singolo filtro *allpass* la cui frequenza centrale è modulata da un LFO sinusoidale.

I parametri dell'LFO sono la frequenza di oscillazione (descritta come *speed* o *rate* nel par. 6.8 della teoria), l'ampiezza (*range*) e un *offset* che serve a spostare il punto attorno al quale oscilla la sinusoide. In figura abbiamo un *offset* di 5000 e un'ampiezza di 2500, l'oscillazione avviene quindi tra i valori 2500 (5000-2500) e 7500 (5000+2500). Il fattore Q è pari a 0.5 e questo ci garantisce un'ampia banda di attenuazione.

Dal momento che la sorgente sonora è un'onda quadra a 80 Hz, l'effetto influisce sulle armoniche superiori del suono.

Provate a cambiare l'*offset* e l'ampiezza dell'LFO e il fattore Q per sperimentare diverse sonorità. Come si può constatare l'effetto è abbastanza sottile: aggiungiamo un altro *allpass* e facciamo qualche cambiamento all'LFO (fig. 6.45).

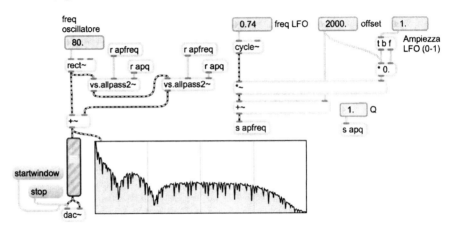

fig. 6.45: *phaser*, versione 2

Un unico LFO modifica la frequenza centrale di entrambi gli *allpass* (a cui è collegato tramite gli oggetti **send** e **receive**); notiamo che l'ampiezza non è più espressa in valori assoluti, ma come fattore di moltiplicazione del valore di *offset*. Questo significa che quando l'ampiezza vale 1 (come nel caso in figura) la sinusoide oscilla tra 0 e il doppio dell'*offset* (nel caso in figura, tra 0 e 4000): i valori utili dell'ampiezza sono quindi tra 0 (nessuna oscillazione) e 1 (massima oscillazione). Provate a sostituire l'oscillatore sinusoidale dell'LFO con un altro generatore, ad esempio un'onda triangolare non limitata in banda (vedi l'oggetto **triangle~** al par. 1.2) o un generatore casuale come **rand~** o **vs.rand3~**. Provate poi ad utilizzare un file audio come sorgente sonora (l'effetto sarà più efficace con un suono ricco di parziali, come ad esempio un set di percussioni o una batteria, oppure un suono di chitarra elettrica). Vediamo infine un esempio più complesso di *phaser*, aprite il file **06_10_stereo_phaser.maxpat** (fig. 6.46).

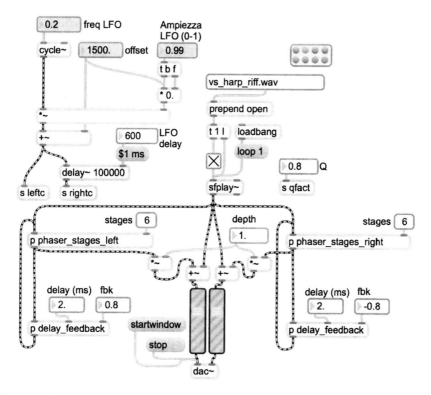

fig. 6.46 file **06_10_stereo_phaser.maxpat**

Si tratta di un *phaser* stereofonico a 8 stadi (ovvero 4 filtri *allpass*) per ogni canale. Ad ogni canale è stato aggiunto un *delay* con *feedback* per variare l'effetto[14].

In alto a sinistra abbiamo il modulo LFO che invia il segnale di controllo a due oggetti **send**, [**s** leftc] e [**s** rightc] (quest'ultimo con un ritardo impostabile, in modo da differenziare l'effetto nei due canali): vedremo tra poco i relativi **receive**. Sulla destra è visibile un *float number box* collegato all'oggetto [**s** qfact]: questo valore rappresenta il fattore Q dei filtri *allpass* contenuti nel *phaser* (anche di questo riparleremo tra poco).

Il segnale audio viene inviato a due *subpatch*, [**p** phaser_stages_left] e [**p** phaser_stages_right]; l'uscita di queste due *subpatch* (ovvero il suono *wet*) viene sommata al segnale non elaborato (suono *dry*).

Inoltre il suono *wet*, prima di essere miscelato con il suono *dry*, viene moltiplicato dal parametro *depth* (variabile tra 0 e 1), che regola l'intensità dell'effetto. L'ingresso di destra delle *subpatch* [**p** phaser_stages_left] e [**p** phaser_stages_right] serve ad impostare il numero di stadi del *phaser*: l'oggetto collegato non è un

---

[14] Il *delay* con *feedback* introduce invitabilmente un filtraggio comb, ma entro certi limiti questo non snatura il *phaser*. Il *delay* deve essere molto basso, nell'ordine di pochi millisecondi, altrimenti si genera una sorta di "riverbero" che rende confuso l'effetto. Vi ricordiamo che il *delay*, essendo realizzato con la coppia **tapin~ tapout~** non può mai essere inferiore al *Signal Vector Size*. Notate infine la differenza tra *flanger* e *phaser*: nel *flanger* è il tempo di *delay* ad essere modulato, nel *phaser* la frequenza centrale dei filtri allpass.

number box ma un **umenu** che contiene i numeri pari da 0 a 8. In figura 6.47 vediamo il contenuto della *subpatch* di sinistra (quella di destra è del tutto simile).

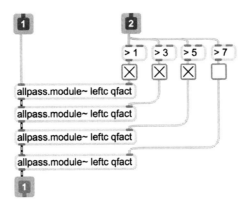

fig. 6.47: contenuto di [**p** phaser_stages_left]

Ci sono 4 copie dell'*abstraction* chiamate **allpass.module~** in cascata[15]. L'ingresso di destra di questa *abstraction* serve ad attivare e disattivare il modulo: in figura vediamo che i primi tre moduli sono attivati mentre l'ultimo è disattivato. Si tratta infatti (vedi anche fig. 6.46) di una configurazione a 6 stadi (ovvero 3 filtri *allpass* in cascata). Per attivare e disattivare i moduli utilizziamo l'operatore relazionale >: dall'**inlet** di destra della *subpatch* [**p** phaser_stages_left] arriva il valore 6, che è maggiore di 1, di 3 e di 5, ma è minore di 7. I **toggle** collegati ai primi tre operatori relazionali quindi vengono attivati, mentre l'ultimo viene disattivato. L'*abstraction* **allpass.module~** può accettare due argomenti, e ovviamente contiene al suo interno due argomenti sostituibili (ovvero i simboli #1 e #2, vedi il paragrafo IC.4 in questo volume). I due argomenti sono "leftc" e "qfact": se tornate alla figura 6.46 potrete constatare che si tratta degli argomenti utilizzati da altrettanti oggetti **send** per inviare i valori di controllo dell'LFO e il fattore Q per i filtri *allpass*. Vediamo quindi in figura 6.48 il contenuto del file originale dell'*abstraction* **allpass.module~**.

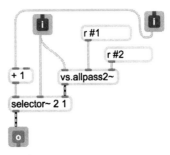

fig. 6.48: file **allpass.module~.maxpat**

---

[15] Anche questa *abstraction* è "locale", ovvero si trova nella stessa cartella della *patch* principale.

Possiamo notare che il primo argomento (#1), ovvero il segnale di controllo dell'LFO, viene utilizzato come frequenza centrale del filtro *allpass*, mentre il secondo argomento (#2) viene utilizzato per il fattore Q. Lasciamo al lettore l'analisi del resto di questa semplice *abstraction*.

Torniamo alla *patch* principale: la *subpatch* contenente i filtri *allpass* è collegata ad un'altra *subpatch* ([p delay_feedback]) che contiene il modulo di ritardo.

Si tratta di una *subpatch* molto semplice e anche in questo caso ne lasciamo l'analisi al lettore.

Ascoltate attentamente tutti i *preset* che abbiamo memorizzato, osservando i valori dei diversi parametri, e createne di nuovi.

· ·

ATTIVITÀ

Modificate la *patch* del file **06_10_stereo_phaser.maxpat** nei seguenti modi:
- Cambiate l'oscillatore dell'LFO
- Aggiungete altri stadi di *phase shifting*
- Differenziate *offset* e ampiezza dell'LFO per ciascuno stadio di *phase shifting*
- Differenziate la forma d'onda e la frequenza degli LFO per il canale destro e il canale sinistro
- Modificate la sorgente sonora mettendo al posto di `sfplay~` uno dei sintetizzatori che abbiamo usato nell'interludio C.

· ·

6.9 PITCH SHIFTING, REVERSE E DELAY VARIABILE

PITCH SHIFTING E REVERSE

Come sappiamo dal par. 6.9 della teoria, per modificare la frequenza di un suono con una linea di ritardo dobbiamo variare il tempo di *delay*, cosa che possiamo fare con l'oggetto `line~`. Provate a ricostruire la *patch* di fig. 6.49.

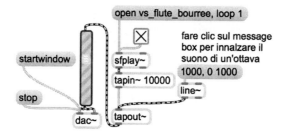

fig. 6.49: trasposizione tramite *delay*

In questo caso un suono campionato viene innalzato di un'ottava per un secondo: l'oggetto `line~`, infatti, porta il tempo di *delay* da 1000 millisecondi a 0 in 1 secondo (1000 millisecondi), e la velocità della "testina di lettura" della linea di ritardo è quindi pari a -v (ovvero si muove in direzione opposta a quella del "nastro" registrato dalla "testina di scrittura", vedi par. 6.9 della teoria). Per abbassare il suono di un'ottava provate a collegare all'oggetto `line~` un *message box* con il messaggio [0, 500 1000]. In questo modo il tempo di *delay* varia da 0 a 500 in un secondo: si muove quindi alla velocità v/2 nella stessa direzione del nastro[16].

Nella *patch* in figura inserite i seguenti valori nel *message box* collegato a `line~` e ascoltate come varia il *pitch* (usate un campione con altezze determinate, ad esempio un suono di pianoforte, o di flauto)

2000, 0 1000 - il suono si alza di 1 ottava più una quinta per un secondo
0, 1500 2000 - il suono si abbassa di due ottave per 2 secondi
0, 3000 2000 - il suono va in reverse, abbassato di un'ottava per 2 secondi
0, 500 500 - il suono si "ferma" (silenzio) per mezzo secondo

Come si vede, lavorare direttamente con i tempi di ritardo non è molto intuitivo, sarebbe molto meglio poter impostare il rapporto di frequenza che vogliamo e la sua durata e far calcolare a Max i valori giusti per `line~`.
Nella teoria abbiamo visto che, dato un determinato rapporto di frequenza, dobbiamo sottrarlo ad 1 per calcolare la velocità della testina.
Se ad esempio vogliamo abbassare il suono di 2 ottave (rapporto 1/4, cioè 0.25) dobbiamo impostare una velocità di 1 - 0.25 = 0.75v. Dal momento che il valore è positivo, dobbiamo partire dal tempo di *delay* 0 ed incrementarlo, perché ci muoviamo nella stessa direzione del nastro. Se volessimo far durare questo spostamento di *pitch* 2 secondi, dovremmo raggiungere un *delay* di 1.5 secondi in 2 secondi (vedi il secondo esempio qui sopra). In pratica, come già sappiamo dalla teoria, dobbiamo moltiplicare la durata desiderata per la velocità della testina; proviamo quindi a modificare la *patch* di fig. 6.49 nel modo indicato in fig. 6.50.

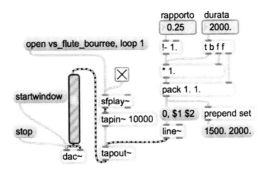

fig. 6.50: trasposizione con rapporto e durata

---

[16] Utilizziamo, come abbiamo già fatto nel libro di teoria, valori positivi per indicare un incremento del *delay* e valori negativi per indicare una diminuzione.

Qui possiamo impostare un rapporto a piacere (attenzione però, funziona solo per l'abbassamento della frequenza o per il *reverse*, quindi per rapporti inferiori a 1) e una durata in millisecondi. Notate che il rapporto viene sottratto ad 1 dall'oggetto !- e poi viene moltiplicato per la durata. Il risultato viene unito alla durata in una lista di due elementi (oggetto **pack**) che viene trasmessa al message box [0, $1 $2], e i due elementi prendono quindi il posto delle variabili $1 e $2.

Ogni volta che cambiamo la durata o il rapporto, il *pitch* del file audio viene variato; per ripetere l'ultima impostazione è sufficiente fare clic sul *message box* collegato a **line~**. Il *message box* in basso a destra ci fa vedere quali sono i valori di *delay* e di durata.

Come abbiamo detto questa configurazione funziona solo per rapporti inferiori ad 1, per rapporti superiori dobbiamo usare la configurazione di fig. 6.51.

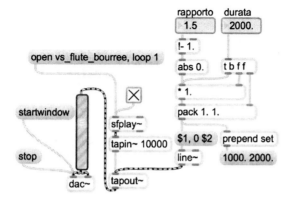

fig. 6.51: algoritmo per trasposizione all'acuto

Anche qui il valore del rapporto viene sottratto a 1, ma dal momento che i rapporti sono uguali o superiori a 1 otterremmo un valore negativo che dobbiamo trasformare in positivo con l'oggetto **abs** (non dimenticate di inserire nell'oggetto un argomento con la virgola, altrimenti tratterà solo i numeri interi)[17].

Il valore che otteniamo, moltiplicato per la durata, rappresenta il punto di partenza del *delay*, e non il punto di arrivo; questo significa che il contenuto del *message box* collegato a **line~** diventa [$1, 0 $2].

Vediamo come possiamo realizzare una *patch* che gestisca sia i rapporti superiori a 1 sia quelli inferiori, aprite il file **06_11_pitch_shift.maxpat** (fig. 6.52).

Il *number box* che regola il rapporto (e che si trova più o meno al centro della *patch*) viene mandato all'oggetto **vs.split**. Questo oggetto ha un argomento che determina il punto di "split" dei numeri in ingresso: i numeri inferiori all'argomento escono dall'uscita sinistra, i numeri superiori (o uguali) dall'uscita destra. In questo modo possiamo mandare i rapporti inferiori o superiori a 1 ai relativi algoritmi.

---

[17] In realtà, dato che i rapporti sono uguali o superiori a 1, basterebbe sostituire [!- 1.] con [- 1.], senza aggiungere l'oggetto **abs**, ma preferiamo esplicitare l'operazione.

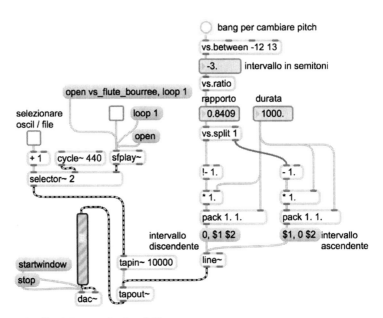

fig. 6.52: file **06_11_pitch_shift.maxpat**

Grazie all'oggetto **vs.ratio** (vedi par. 5.4P) inoltre, possiamo definire un intervallo in semitoni, ascendente o discendente, e trasformarlo in un rapporto: diventa così molto più agevole trasporre il suono a qualsiasi intervallo. Ad ogni clic sul *bang button* collegato all'oggetto **vs.between** viene generato un diverso intervallo in semitoni: se usate come sorgente l'oscillatore **cycle~** potete sentire chiaramente l'intervallo temperato di trasposizione.

PITCH SHIFTING IN TEMPO REALE

La tecnica di *pitch shifting* che abbiamo appena illustrato comporta un percepibile ritardo del segnale in entrata, e pertanto non sembra adatta per effettuare trasposizioni in tempo reale. In realtà, se utilizzassimo ritardi minimi (ad esempio 1/10 di secondo), il *delay* sarebbe accettabile; ma in questo caso il frammento di suono trasposto sarebbe troppo breve. Si può risolvere questo problema utilizzando non un singolo segmento prodotto da **line~**, ma una serie regolare di segmenti prodotta da **phasor~**. Il modo più semplice per capire come funziona questa tecnica consiste nel vederla in azione: ricostruite la *patch* di fig. 6.53.

Questa *patch*, oltre a produrre una quantità considerevole di click di cui ci occuperemo tra poco, trasporta un'ottava sotto il suono in ingresso. Vediamo come funziona: il **phasor~** e il moltiplicatore generano ogni secondo 5 rampe che vanno da 0 a 100 e le trasmettono all'oggetto **tapout~**. La durata di ciascuna rampa è 200 millisecondi (ovvero il periodo corrispondente alla frequenza di 5 Hz), e in questo tempo il ritardo va da 0 a 100 millisecondi: ciò significa che la "testina di lettura" si muove ad una velocità v/2 nella stessa direzione del "nastro". Questo, come sappiamo dal capitolo di teoria, comporta l'abbassamento di un'ottava del suono in ingresso.

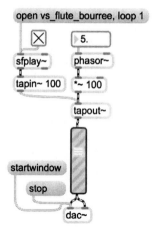

fig. 6.53: *pitch shifting* in tempo reale, versione 1

A cosa corrisponde, in questo algoritmo, la velocità v di scorrimento del nastro? Chiariamo questo punto che, applicato alla frequenza del **phasor~**, potrebbe non essere di immediata comprensione: il sistema, come abbiamo visto, genera rampe cha vanno da 0 a 100, e copre quindi 100 millisecondi di ritardo. Questo significa che il "nastro", muovendosi alla velocità v, "scorre" interamente nel tempo di 100 millisecondi, ovvero in 1/10 di secondo, periodo che corrisponde alla frequenza di 10 Hz. Se impostiamo la frequenza del **phasor~** a 10 Hz, non udiamo più nulla, perché la "testina di lettura" si muove alla stessa velocità e nella stessa direzione del "nastro", e risulta quindi ferma relativamente a quest'ultimo (provate: si udranno solo i click).

Se volessimo abbassare il suono di 2 ottave, quale sarebbe la frequenza di **phasor~**? Dato che un abbassamento di 2 ottave equivale ad un rapporto di 1/4 (0.25), la velocità della testina di lettura deve essere 1 - 0.25 = 0.75v. Siccome sappiamo che v equivale (nella nostra *patch*) a 10 Hz, 0.75v equivale a 7.5 Hz (provate!).

Ora alziamo il suono di un'ottava: il rapporto è 2, e la velocità è 1 - 2 = -1v. La frequenza del **phasor~** sarà quindi -10 Hz: provate.

Notate che la frequenza negativa che ricaviamo da questo calcolo funziona perfettamente per la trasposizione verso l'acuto: la rampa generata dal **phasor~** e dal moltiplicatore infatti va ora da 100 a 0 (e non da 0 a 100 come per le frequenze positive), la "testina" si muove quindi in senso contrario alla direzione del "nastro" e questo concorda con quanto abbiamo detto nella teoria.

In generale, dato un rapporto di trasposizione, lo sottraiamo a 1 come al solito, e lo moltiplichiamo per 10 per ottenere la frequenza in Hz del **phasor~**[18]: modificate la *patch* come illustrato in fig. 6.54.

---

[18] Ribadiamo il concetto perché è importante: la moltiplicazione per 10 è ricavata dalla lunghezza del "nastro" che in questo caso è 100 ms (1/10 di secondo); se ad esempio fosse stata di 200 ms (1/5 di secondo) avremmo dovuto moltiplicare per 5 (e naturalmente avremmo dovuto moltiplicare per 200, e non per 100, le rampe prodotte da **phasor~**).

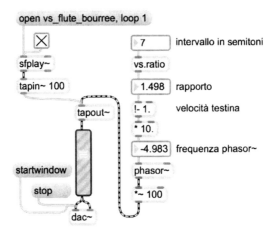

fig. 6.54: *pitch shifting* in tempo reale, versione 2

In questa *patch* stabiliamo un intervallo di trasposizione in semitoni, lo convertiamo in rapporto tramite l'oggetto **vs.ratio** ed eseguiamo il calcolo della frequenza del **phasor~** nel modo già spiegato.

Vediamo ora come possiamo sbarazzarci dei fastidiosi click presenti nell'algoritmo. Questi click si producono quando la testina di lettura, guidata dal **phasor~** e dal moltiplicatore, salta improvvisamente da 100 a 0 (o da 0 a 100), creando una discontinuità nel segnale in uscita; per eliminarli utilizzeremo un inviluppo che porti il volume a 0 nel punto in cui avviene il salto. A questo scopo scegliamo un inviluppo sinusoidale, ottenuto rendendo unipolare la (co)sinusoide prodotta da **cycle~**. Modificate la *patch* nel modo illustrato in figura 6.55.

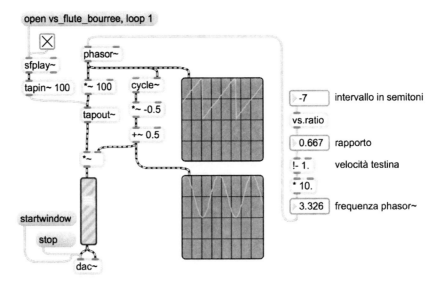

fig. 6.55: *pitch shifting* in tempo reale, versione 3

Notate che l'oggetto **phasor~** invia il suo segnale all'ingresso destro di **cycle~**, e ne modifica quindi continuamente la fase[19]. La sinusoide generata da **cycle~** viene per prima cosa dimezzata in ampiezza e invertita di fase dall'oggetto [*~ -0.5], poi viene resa unipolare dall'oggetto [+~ 0.5], infine viene utilizzata come inviluppo per l'uscita di **tapout~**. Confrontando i due oscilloscopi vediamo che nel momento in cui **phasor~** (oscilloscopio in alto) produce una discontinuità, e quindi un click, l'inviluppo (oscilloscopio in basso) è a 0 e il click diventa inudibile.

Con l'applicazione dell'inviluppo abbiamo eliminato i click, ma abbiamo reso l'ampiezza del suono in uscita continuamente oscillante. Possiamo rimediare a questo nuovo difetto introducendo una seconda testina di lettura, che viene guidata da una serie di rampe sfasate di mezzo ciclo rispetto alle rampe della prima testina. In questo modo quando il primo inviluppo si trova ad ampiezza 0, il secondo inviluppo si trova ad ampiezza 1 e viceversa: in pratica c'è una continua dissolvenza incrociata tra i due ritardi. Per vedere l'implementazione completa, caricate il file **06_12_rt_pitch_shift.maxpat** (fig. 6.56).

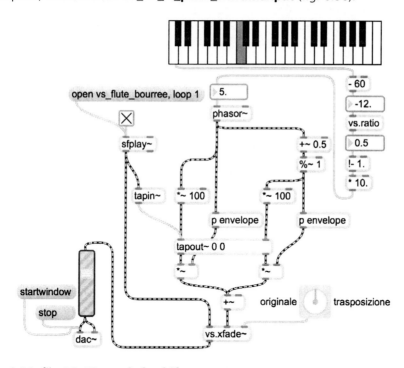

fig. 6.56: file **06_12_rt_pitch_shift.maxpat**

Come si può vedere, l'oggetto **tapout~** ha ora due "testine di lettura", e per entrambe il tempo di ritardo viene guidato da un **phasor~**; per la seconda testina però il segnale del **phasor~** viene sfasato di mezzo ciclo tramite una

---

[19] Abbiamo approfonditamente discusso l'uso dell'ingresso destro di **cycle~** nel par 2.1P del primo volume (nella sezione dedicata alla fase).

somma e l'operatore modulo[20]. All'interno delle *subpatch* [p envelope] troviamo l'algoritmo che genera inviluppi sinusoidali (identico a quello di fig. 6.55).
La tastiera `kslider` in alto ci permette di trasportare il suono da 2 ottave sotto
a un'ottava sopra. L'oggetto `dial` in basso serve a miscelare il suono originale
con quello trasportato.

Questo algoritmo funziona abbastanza bene con suoni melodici con attacco
dolce (come il flauto) e meno bene per suoni percussivi. Inoltre con trasposizioni troppo elevate (soprattutto nel registro acuto) diventa chiaramente udibile
la modulazione d'ampiezza (di cui parleremo nel terzo volume) generata dagli
inviluppi sinusoidali che si alternano velocemente. Nel terzo volume vedremo
altre tecniche per la trasposizione dei suoni.

· ·

ATTIVITÀ

- Nella *patch* di fig. 6.56 gestite il fattore di trasposizione tramite un LFO collegato ad uno `snapshot~`: usate ad esempio un generatore di rumore per
variare leggermente l'intonazione del suono, oppure un oscillatore sinusoidale
per creare dei glissandi ciclici sopra e sotto l'intonazione originale.
- Aggiungete alla *patch* di fig. 6.56 un circuito di *feedback* nella linea di
ritardo. Fate in modo che il fattore di *feedback* non superi l'intervallo -1/1:
notate che ogni volta che il segnale trasportato rientra nella linea di ritardo viene ulteriormente trasportato. Per evitare l'eventuale accumulo di *DC
Offset*, aggiungete un filtro passa-alto (o l'oggetto `vs.dcblock~`) nel circuito di *feedback*.
- Aggiungete altri circuiti di *pitch shift*, con diverso fattore di trasposizione, per
creare un effetto "harmonizer" al segnale in ingresso. Per risparmiare spazio
inserite i circuiti in altrettante *subpatch*.

· ·

GLISSANDO

Come sappiamo, se vogliamo realizzare un glissando tramite un *delay*, non
possiamo limitarci a muovere la testina di lettura della linea di ritardo, ma
dobbiamo far sì che questo movimento avvenga con un accelerando o un
ritardando: in altre parole il cambiamento del tempo di *delay* non deve seguire
una linea retta, ma una curva.

L'oggetto `line~` che abbiamo usato precedentemente genera solo segmenti
di retta, ma, come abbiamo visto nel paragrafo 1.3P, esiste anche l'oggetto
`curve~` che genera appunto delle curve con una sintassi simile a quella usata
con `line~`. L'oggetto necessita, come sappiamo, di un terzo parametro per
ogni punto che deve raggiungere: oltre al valore e al tempo per raggiungerlo,

---

[20] Descrivete l'algoritmo che genera lo sfasamento. Abbiamo già utilizzato una procedura simile
nella sezione dedicata allo Shepard Tone nel par. IB.9 del primo volume.

abbiamo infatti un "fattore di curvatura" che varia da -1 a 1. I valori positivi indicano le curve esponenziali, con diversi gradi di curvatura, e i negativi le curve logaritmiche.

Per sentire l'effetto di **curve~** su una linea di ritardo, carichiamo il file **06_13_delay_gliss.maxpat** (fig. 6.57).

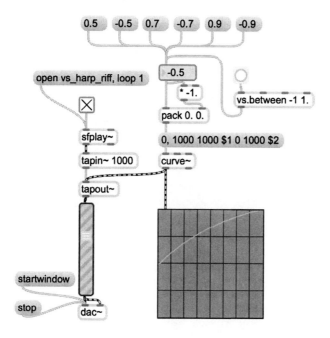

fig. 6.57: file **06_13_delay_gliss.maxpat**

Il tempo di *delay* varia da 0 a 1000 millisecondi e poi ritorna a 0 nel tempo complessivo di 2000 millisecondi. I fattori di curvatura ascendente e discendente sono di segno opposto. È possibile selezionare i fattori di curvatura preimpostati nei *message box* in alto, o generarne uno casuale con l'oggetto **vs.between**.

· ·

ATTIVITÀ

Nella *patch* di fig. 6.57 modificate il contenuto del *message box* e create dei glissandi diversi.

· ·

DELAY VARIABILE SENZA TRASPOSIZIONE

L'oggetto **delay~** ci permette di ottenere un ritardo variabile senza che questo generi una trasposizione del suono. Quando il tempo di ritardo viene modificato, infatti, l'oggetto `delay~` non muove la "testina di lettura", ma fa una dissolvenza incrociata tra il ritardo precedente e il nuovo ritardo (contiene quindi due linee di ritardo che si alternano). È possibile determinare la lunghezza di questa dissolvenza incrociata (che di *default* è 50 millisecondi) tramite il messaggio "ramp".

Quando il ritardo viene modificato in modo continuo (ad esempio tramite l'oggetto `line`), l'oggetto `delay~` produce internamente una serie di dissolvenze incrociate tra tempi di ritardo fissi.

Grazie a questa caratteristica è possibile modificare la durata del suono in entrata senza modificarne l'altezza. Ricostruite la *patch* di fig. 6.58.

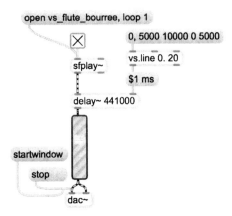

fig. 6.58: *delay* variabile

Fate attenzione all'argomento dell'oggetto `delay~`, che è 441000 campioni, corrispondenti, se la frequenza di campionamento è di 44100 Hz, a 10 secondi di memoria per il ritardo. Se la frequenza di campionamento del vostro sistema è diversa, modificate l'argomento di conseguenza. Provate ora ad avviare la *patch* e, dopo qualche secondo necessario a riempire la linea di ritardo, a fare clic sul *message box* collegato all'oggetto `vs.line`: il suono del flauto verrà eseguito a velocità dimezzata per 10 secondi e a velocità raddoppiata per 5 senza variazione dell'altezza. Se avessimo usato la coppia `tapin~ tapout~` con questi stessi parametri avremmo ottenuto una trasposizione del suono un'ottava sotto per 10 secondi e successivamente un'ottava sopra per 5 secondi; il che corrisponde rispettivamente al dimezzamento e al raddoppio della velocità di esecuzione.

6.10 L'ALGORITMO DI KARPLUS-STRONG

Per simulare una corda pizzicata secondo l'algoritmo di Karplus-Strong abbiamo bisogno di un generatore di rumore con cui riempire un *buffer* di memoria, questo *buffer* viene eseguito ciclicamente e filtrato con un passa-basso ad ogni ciclo. La lunghezza del *buffer* determina la frequenza del suono risultante, mentre il filtro fa perdere progressivamente energia alle componenti del suono.

Possiamo usare la coppia `tapin~/tapout~` con *feedback* per creare un *buffer* circolare: il tempo di *delay* rappresenta la lunghezza del *buffer* e di conseguenza la frequenza del suono. Per suonare una nota dobbiamo immettere nella linea di ritardo un rumore bianco (ovvero una sequenza random di campioni) che duri esattamente un ciclo: per aprire e chiudere il generatore di rumore useremo quindi un inviluppo gestito tramite l'oggetto `line~`. In figura 6.59 vediamo una prima implementazione dell'algoritmo.

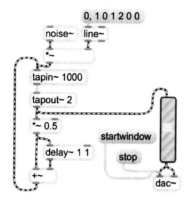

fig. 6.59: algoritmo di Karplus e Strong

Prima di tutto verificate nella finestra di *Audio Status* che il *Signal Vector Size* sia abbastanza basso (16 o 32 campioni) altrimenti non sarà possibile realizzare suoni acuti. Abbiamo applicato al generatore di rumore un inviluppo rettangolare (cioè con attacco e rilascio immediati) della durata di 2 millisecondi, che è la stessa durata del *delay*: otterremo quindi un suono di 500 Hz (dato che 1/0.002 = 500). Nel circuito di *feedback* vediamo il filtro passa-basso del primo ordine, di cui abbiamo parlato nel par. 6.10 del libro di teoria, realizzato con un `delay~` e un moltiplicatore. In realtà come sappiamo la frequenza non è esattamente di 500 Hz, perché il filtro introduce un *delay* di mezzo campione; ipotizzando un *Sample Rate* di 44100 Hz la frequenza ottenuta dovrebbe essere pertanto 44100 / (88 + 0.5) = 498.3 Hz. Notate come siamo giunti a questo valore: il *delay* di due millisecondi corrisponde a 88.2 campioni, ma dal momento che il *delay* deve essere di un numero intero di campioni è stato arrotondato a 88, a cui abbiamo aggiunto il mezzo campione di ritardo causato dal filtro. Il rapporto di questo valore con la frequenza di campionamento ci dà la frequenza del suono generato.

Una frequenza di esattamente 500 Hz non sembra quindi realizzabile a causa di quello 0.2 di campioni che dev'essere arrotondato, ma come sappiamo dalla teoria, possiamo ottenere un'intonazione precisa introducendo un filtro *allpass* che causa un *delay* frazionario. Realizzare questo *allpass* non è molto agevole, ma c'è una buona notizia: l'algoritmo di `tapout~` contiene già un sistema di interpolazione che permette di avere *delay* frazionari, quindi non è necessario aggiungere un *allpass* al circuito.

Per generare un suono ad una frequenza arbitraria dobbiamo quindi convertire prima la frequenza in campioni, sottrarre 0.5, riconvertirla in millisecondi e usarla come tempo di *delay*. In realtà, per questioni inerenti l'algoritmo di interpolazione, il *delay* effettivamente realizzato è superiore di un campione al

delay specificato, dobbiamo quindi sottrarre un ulteriore campione per compensare questa differenza.
In figura 6.60 vediamo l'algoritmo completo.

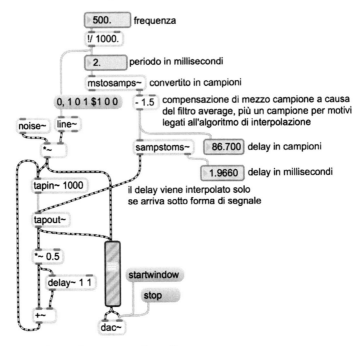

fig. 6.60: Karplus e Strong, versione 2

Notate innanzitutto che in questa implementazione abbiamo mandato all'uscita anche il segnale prodotto da **noise~** e dal suo inviluppo: questo perché l'uscita di **tapout~** avviene con un periodo di ritardo, che nelle note più gravi diventa percepibile. Il tempo di *delay* viene inviato a **tapout~** come segnale (uscita sinistra di **sampstoms~**) perché l'interpolazione non viene calcolata se il *delay* è espresso in numeri Max.
Vediamo ora come possiamo migliorare questo algoritmo: innanzitutto avrete notato che le note più gravi sono più lunghe di quelle acute, e questo corrisponde a ciò che succede nelle corde pizzicate reali, ma questa differenza è eccessiva. Si potrebbe perciò introdurre un fattore di attenuazione del *feedback* per le note più gravi, come suggerito da Jaffe e Smith[21], in modo da accorciarle. Inoltre la linea di ritardo con il *feedback* può produrre un *DC offset* che tende ad accumularsi, è quindi il caso di aggiungere un filtro passa-alto prima dell'uscita per eliminarlo.
Infine abbiamo il problema del minimo ritardo consentito dalla coppia **tapin~ tapout~**, che come sappiamo corrisponde al *Signal Vector Size*. Questo valore determina quindi la nota più acuta riproducibile con l'algoritmo di Karplus Strong: supponiamo infatti che il *Signal Vector Size* sia di 16 campioni.

---

21 Vedi il par. 6.10T.

Alla frequenza di campionamento di 44100 Hz, il minimo ritardo possibile sarebbe pari a 16/44100 = 0.000363 secondi, un periodo corrispondente a circa 2765 Hz. Se volessimo ottenere suoni più acuti dovremmo diminuire il *Signal Vector Size*, ma, come sappiamo dal paragrafo 5.1P, questo comporterebbe un aumento della percentuale di CPU utilizzata da MSP per far girare la *patch* (ovvero una minore efficienza). Esiste però un modo per ridurre il *Signal Vector Size* solo per una parte della *patch*, utilizzando un oggetto `poly~`. Questo oggetto infatti ci permette di definire, tramite l'argomento "vs", un *Signal Vector Size* diverso da quello della *patch* principale, che viene applicato all'*abstraction* caricata nel `poly~` stesso. Sarà quindi sufficiente inserire in un `poly~` (con una sola voce) il circuito di ritardo con *feedback*, e impostare un *Signal Vector Size* basso, ad esempio di 4 bit.

Caricate il file **06_14_karplus_strong.maxpat** che contiene tutti gli accorgimenti di cui abbiamo discusso (fig. 6.61).

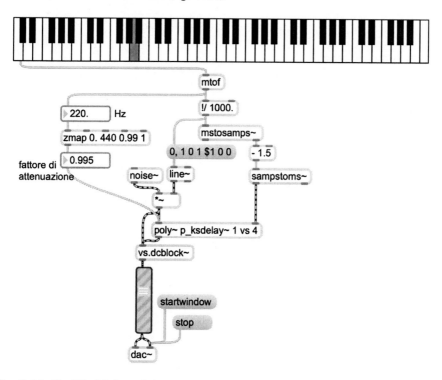

fig. 6.61: file **06_14_karplus_strong.maxpat**

A sinistra, sotto la tastiera, viene generato il fattore di attenuazione (che altro non è che un fattore di *feedback*), che diminuisce la durata di tutte le note con frequenza inferiore a 440 Hz. Abbiamo usato l'oggetto `zmap` che è molto simile a `scale` (per quest'ultimo vedi par. IB.8): una differenza con `scale` è che in `zmap` i valori in entrata che sono al di fuori dell'intervallo definito, vengono costretti all'interno dell'intervallo in uscita.

Nel nostro caso questo significa che tutti i valori in ingresso superiori a 440 Hz producono in uscita un fattore di attenuazione pari a 1, ed eventuali valori

inferiori a 0 Hz produrrebbero in uscita un fattore di attenuazione pari a 0.99.[22]
Come si può vedere il fattore di attenuazione è sempre un valore molto vicino a
1 (che corrisponde a nessuna attenuazione): i valori sono stati trovati empirica-
mente e può darsi che nelle note molto gravi la risonanza sia ora troppo breve,
provate a modificare i parametri per renderli più naturali (ricordate che il fattore
di attenuazione non deve essere mai superiore a 1!).
La linea di ritardo si trova all'interno dell'oggetto `poly~`: notate l'argomento
"vs" che stabilisce il *Signal Vector Size* interno a `poly~`, in questo caso 4 bit.
Come si può vedere, non usiamo l'oggetto `poly~` per sfruttare la polifonia
(infatti abbiamo specificato una singola voce), ma per avere un *Signal Vector
Size* sufficientemente basso senza che questo pesi eccessivamente sulla CPU.
In effetti l'oggetto `poly~` ha un campo di utilizzo che va ben al di là di quello che suggerisce il suo nome: esistono ad esempio gli argomenti "up" e
"down" che servono rispettivamente per alzare o abbassare la frequenza di
campionamento interna; "up 4" ad esempio significa che la frequenza di campionamento di `poly~` è quadrupla rispetto alla frequenza di campionamento
del sistema. In figura 6.62 vediamo il contenuto di `poly~` ovvero l'*abstraction*
p_ksdelay~.maxpat.

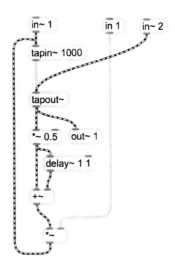

fig. 6.62: *abstraction* **p_ksdelay~.maxpat**

Al circuito di *delay* dell'algoritmo di Karplus e Strong è stato aggiunto (in basso)
un moltiplicatore per il fattore di attenuazione. Notate che ci sono due oggetti,
in alto, `in~` e `in` (vedi par. IC.3), entrambi con argomento 1: in questo modo
il primo *inlet* dell'oggetto `poly~` può ricevere sia segnali sia messaggi Max; i
segnali passeranno attraverso l'oggetto `in~` e i messaggi Max attraverso `in`.
Lasciamo al lettore l'analisi del resto della *patch* principale.

---

[22] Se avessimo usato l'oggetto **scale**, un valore in ingresso di 880 Hz avrebbe generato un fattore
di attenuazione, ovvero un *feedback*, pari a 1.01, il che avrebbe fatto "esplodere" la linea di ritardo!

ATTIVITÀ

Fate le seguenti modifiche alla *patch* di fig. 6.61

- Normalmente una corda pizzicata con forza ha uno spettro più brillante di una corda pizzicata delicatamente. Questo effetto si può ottenere aumentando o restringendo la banda passante del generatore di rumore bianco. Aggiungete quindi all'uscita di `noise~` un filtro passa-basso la cui frequenza di taglio è tanto più bassa quanto più piano viene suonata la corda (trovate voi i valori opportuni). Controllate il tutto con il `keyslider` e associate la frequenza alla nota MIDI prodotta dall'oggetto e la frequenza di taglio del passa-basso alla sua *velocity* (dovrete utilizzare un oggetto `scale` o `zmap`).
- Gestite la generazione di note con uno *step sequencer*.
- Aggiungete uno *slapback delay* al suono di corda pizzicata.
- Sostituitelo con un *tape delay*.
- Sostituitelo con il *multitap delay* della *patch* **06_02_multitap2.maxpat** (fig. 6.12).
- Sostituitelo con il *delay* multibanda della *patch* **06_04_multiband_tap.maxpat** (fig. 6.20)
- Applicate un *flanger*.
- Sostituitelo con un *chorus*.
- Sostituitelo con un *phaser*.

. . . .

6.11 LINEE DI RITARDO PER I MESSAGGI MAX

Oltre ai segnali audio è possibile ritardare, tramite appositi oggetti, anche i messaggi Max. Il primo oggetto che analizzeremo si chiama `delay` (senza tilde) e serve a ritardare i *bang* in ingresso (fig. 6.63).

fig. 6.63: l'oggetto `delay`

Questo oggetto può avere un argomento che indica il tempo di ritardo in millisecondi o in uno dei valori di tempo che abbiamo discusso nel paragrafo IC.1 (in questo caso bisogna utilizzare l'attributo @delaytime). In alternativa è possibile inviare il tempo di ritardo all'ingresso destro.

Quando l'oggetto `delay` riceve un *bang* all'ingresso sinistro, aspetta il tempo indicato e poi lo trasmette all'uscita.

In figura 6.64 vediamo un esempio che ogni due secondi genera un flusso di click della durata di mezzo secondo. Ricostruite la *patch* e analizzatela.

277

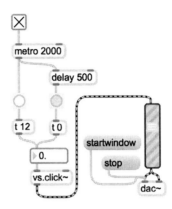

fig. 6.64: generatore di click

L'oggetto può ritardare solo un *bang* alla volta; se riceve un nuovo *bang* prima che sia passato il tempo di ritardo, il *bang* precedente viene cancellato e non viene trasmesso all'uscita, mentre il nuovo *bang* viene ritardato. Se ovviamente arriva un terzo *bang* prima che sia passato il tempo di ritardo, anche il secondo *bang* viene cancellato, e così via. Nella *patch* di figura 6.65, ad esempio, l'oggetto `delay` trasmette un *bang* solo quando il `metro` viene fermato, perché dal momento che il tempo di ritardo è maggiore della scansione metronomica, ogni nuovo *bang* prodotto da `metro` cancella il *bang* precedente contenuto in `delay` (provate!).

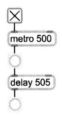

fig. 6.65: *bang* continuamente rinviato

Se inviamo un valore numerico all'ingresso sinistro di `delay`, l'oggetto aspetta un tempo corrispondente e poi genera un *bang*.

Per ritardare valori numerici possiamo usare l'oggetto `pipe`, che può avere un numero variabile di ingressi e uscite (impostabili tramite gli argomenti). Ricostruite la *patch* di fig. 6.66.

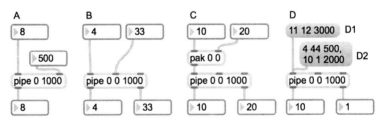

fig. 6.66: l'oggetto `pipe`

Nell'esempio A vediamo un oggetto `pipe` con due argomenti: l'ultimo argomento viene sempre usato per impostare il tempo di *delay*, mentre gli argomenti precedenti determinano il numero di elementi che vengono ritardati (in questo caso uno). Un valore numerico all'ingresso di destra viene utilizzato per modificare il tempo di ritardo. A differenza di `delay`, l'oggetto `pipe` può memorizzare più di un elemento da ritardare: provate ad inviare una serie di numeri facendo scorrere il mouse sul *number box* di sinistra.

L'esempio B ci mostra il ritardo di due valori numerici; bisogna tenere presente che solo l'*inlet* di sinistra di `pipe` è un ingresso caldo, e quindi per ottenere i due valori in uscita dobbiamo inviare un valore al primo ingresso.

È possibile mandare i valori numerici anche come lista (esempio C), e utilizzando l'oggetto `pak` possiamo rendere caldo (come sappiamo) anche il secondo ingresso. Se la lista ha un elemento in più dei valori che `pipe` può ritardare, quest'ultimo elemento è utilizzato come nuovo tempo di ritardo (esempio D1). Liste diverse possono avere tempi di ritardo diversi, e `pipe` è in grado di gestirle contemporaneamente (esempio D2).

Come l'oggetto `delay` anche l'oggetto `pipe` è in grado di gestire i valori di tempo che abbiamo discusso nel paragrafo IC.1 (utilizzando l'attributo @delaytime).

Vediamo una possibile applicazione di `pipe`, caricate il file **06_15_delay_max. maxpat** (fig. 6.67).

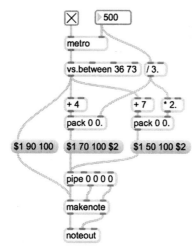

fig. 6.67: file **06_15_delay_max.maxpat**

Tramite l'oggetto **vs.between** questa *patch* genera un flusso di note casuali; per ciascuna nota generata si sente l'arpeggio di una triade maggiore con *velocity* discendente. In pratica se la nota generata casualmente è un DO centrale, si sentiranno queste tre note in successione:

Nota	Velocity
DO3 (60)	90
MI3 (64)	70
SOL3 (67)	50

Se la nota casuale successiva è un RE3, si sentiranno queste tre note in successione

Nota	Velocity
RE3 (62)	90
FA#3 (66)	70
LA3 (69)	50

E così via. Come potete vedere ci sono tre *message box*: quello più a sinistra è collegato direttamente all'oggetto **makenote** e trasmette una lista contenente il valore di nota casuale generato da **vs.between** ($1), il valore 90 (utilizzato da **makenote** come *velocity*) e il valore 100 (utilizzato come durata della nota). Il secondo *message box* trasmette all'oggetto **pipe** una lista il cui primo elemento è la somma della nota casuale e del valore 4 ($1), il secondo elemento è 70, il terzo è 100 e il quarto (che viene usato come tempo di *delay*) è 1/3 del tempo di scansione del metronomo ($2). Il terzo *message box* trasmette all'oggetto **pipe** una lista il cui primo elemento è la somma della nota casuale e del valore 7 ($1), il secondo elemento è 50, il terzo è 100 e il quarto (che viene usato come tempo di *delay*) è 2/3 del tempo di scansione del metronomo ($2).

• •

🖱 ATTIVITÀ

- Analizzate la *patch* di fig. 6.67 e spiegate come funziona.
- Aggiungete una quarta nota a distanza di settima minore (10 semitoni): per ogni *bang* del metronomo devono quindi essere eseguite 4 note (e non 3) a intervalli di tempo regolari.

• •

Con l'oggetto **pipe** è anche possibile creare un effetto di *feedback*: aprite il file **06_16_feedback_max.maxpat** (fig. 6.68).

Ad ogni clic del mouse l'oggetto **kslider** trasmette un valore di nota al *message box* che crea la lista [$1 100]. Questa lista viene trasmessa direttamente all'oggetto **makenote**, che trasmette a sua volta a **noteout** la nota MIDI generata da **kslider** con *velocity* 100 e durata 125 millisecondi. La stessa lista viene inviata all'oggetto **pipe** che la ritarda di 125 millisecondi. All'uscita di **pipe** la *velocity* viene diminuita di 5: se il risultato è maggiore di 0, la nota con la *velocity* diminuita passa attraverso il *gate*, viene suonata e inviata nuovamente all'oggetto **pipe**, dove il ciclo ricomincia. Dopo un certo numero di ripetizioni la *velocity* non è più maggiore di 0, il *gate* viene chiuso e il ciclo si interrompe.

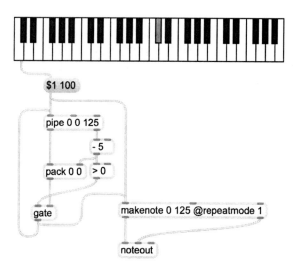

fig. 6.68: file **06_16_feedback_max.maxpat**

Notate l'attributo "repeatmode 1" che abbiamo dato all'oggetto **makenote**: questo attributo serve a definire il comportamento dell'oggetto quando più note di uguale altezza si sovrappongono. Di *default* ("repeatmode 0") l'oggetto genera il normale *note off* per ogni nota, anche in presenza di note uguali sovrapposte: questo significa che se abbiamo due o più DO3 sovrapposti, il primo *note off* che arriva potrebbe chiudere la nota DO3 più recente, oppure tutte le note DO3 attive. Quando l'argomento "repeatmode" è 1, ogni volta che viene inviato un *note on* di una nota già attivata precedentemente, viene prima generato il *note off* per la vecchia nota, e poi il nuovo *note on*: in altre parole non ci sono più note uguali sovrapposte, perché ogni nota precedente viene disattivata. Esiste anche la modalità "repeatmode 2" che, in caso di più note uguali sovrapposte, invia un *note off* solo per l'ultima nota sovrapposta, sopprimendo tutti i *note off* precedenti. Nell'*inspector* queste tre modalità dell'attributo "repeatmode" sono indicate rispettivamente come "Poly", "Re-trigger" e "Stop Last".

ATTIVITÀ

Realizzate le seguenti variazioni della *patch* di figura 6.68
- oltre alla *velocity* anche l'altezza della nota viene abbassata di un semitono ad ogni ripetizione
- ad ogni ripetizione l'altezza della nota varia in modo casuale intorno alla nota originale (non più di 3 semitoni sopra e sotto)
- ad ogni ripetizione il valore della *velocity* non diminuisce ma aumenta, partendo ad esempio da 30 per fermarsi quando il valore supera 127 (la massima *velocity* possibile)
- la durata della nota diminuisce ad ogni ripetizione (si passa da legato a staccato)
- l'intervallo di tempo tra una ripetizione e l'altra diminuisce (accelerando)
- l'intervallo di tempo tra una ripetizione e l'altra varia in modo casuale

LISTA OGGETTI MAX

allpass~
Filtro *allpass* che implementa due linee di ritardo con un *feedforward* e un *feedback*.

biquad~
Permette di definire qualsiasi filtro del secondo ordine. Al posto dei parametri di regolazione dei filtri normalmente usati, come frequenza di taglio o fattore Q, questo oggetto richiede i 5 coefficienti del filtro. Tali coefficienti possono essere forniti tramite gli oggetti **filtercoeff~** e **filtergraph~**.

comb~
Filtro comb che implementa il *delay* con *feedback* con utilizzo anche del *feedforward*.

cross~
Filtro del terzo ordine che separa il segnale in due bande di frequenza, è anche detto filtro *crossover*.

delay
Oggetto che ha la funzione di ritardare i *bang* in ingresso. Il tempo di ritardo, espresso in millisecondi, può essere impostato come argomento o trasmesso all'ingresso destro.

delay~
Unità di ritardo: ha due argomenti, il primo indica il massimo ritardo possibile e il secondo il ritardo effettivo, entrambi in campioni.

pipe
Unità di ritardo per messaggi numerici; può avere un numero variabile di ingressi e uscite (impostabili tramite gli argomenti).

tapin~
Testina di registrazione di una linea di ritardo. Questo oggetto si "appropria" di una porzione di memoria. Questa memoria viene usata da **tapin~** per scrivere, ovvero per registrare, il segnale che riceve: ogni volta che arriva alla fine della memoria ricomincia da capo, cancellando ciò che aveva registrato precedentemente. Tecnicamente si dice che sta utilizzando un *buffer* circolare.

tapout~
Questo oggetto, che si utilizza in coppia con **tapin~** (vedi), ha la funzione di testina di lettura, e legge lo stesso *buffer* circolare di **tapin~** ad una certa distanza rispetto alla testina di registrazione di **tapin~**, generando il ritardo desiderato.

vs.allpass2~
Filtro *allpass* del secondo ordine.

vs.comb~
Filtro *comb* che implementa il *delay* con *feedback* con utilizzo anche del *feedforward*. A differenza di **comb~**, al posto del coefficiente di *feedback* si imposta il tempo di *decay* della risonanza: all'interno dell'oggetto viene effettuato il calcolo che trasforma il tempo di *decay* in coefficiente di *feedback*.

vs.dcblock~
Filtro passa-alto che elimina il *DC offset*.

vs.explist
Genera una lista di numeri. Tramite i 4 ingressi è possibile specificare, il numero di elementi, il valore minimo, il massimo e l'andamento di questa serie.

vs.pan~
Oggetto che realizza l'algoritmo di *panning* prendendo un suono dall'ingresso sinistro e spostandolo nel fronte stereo secondo il segnale di controllo ricevuto all'ingresso destro.

vs.split
Questo oggetto ha un argomento che determina il punto di "split" dei numeri in ingresso: i numeri inferiori all'argomento escono dall'uscita sinistra, i numeri superiori (o uguali) dall'uscita destra.

zmap
Converte un intervallo di valori in ingresso in un intervallo diverso in uscita, riscala cioè ogni valore in entrata sulla base del nuovo intervallo e manda il valore così convertito in uscita. I valori in entrata che sono al di fuori dell'intervallo definito vengono costretti all'interno dell'intervallo in uscita.

LISTA ATTRIBUTI, MESSAGGI E ARGOMENTI PER OGGETTI MAX SPECIFICI

delay~
-Ramp (messaggio)
Serve a determinare la lunghezza della dissolvenza incrociata tra due linee di ritardo interne all'oggetto. Tale dissolvenza avviene quando si modifica il tempo di ritardo.

flonum
-Minimum e Maximum (attributi)
Questi attributi limitano l'intervallo di valori che è possibile produrre con un *floating point number box*. Sono presenti anche nel *number box* per i numeri interi.

makenote
-Repeat Mode (attributo)
Determina la gestione dei messaggi di *note off* in presenza di più note di uguale altezza sovrapposte.

poly~
-Vs (argomento)
Consente di definire un *Signal Vector Size* diverso da quello della *patch* principale, applicabile ad una *abstraction* caricata nel **poly~** stesso.

-Up e Down (argomenti)
Servono rispettivamente per alzare o abbassare la frequenza di campionamento interna rispetto alla frequenza di campionamento del sistema.

tapin~ e tapout~
-Tapconnect (messaggio)
Questo messaggio fa sì che gli oggetti **tapin~** e **tapout~** condividano lo stesso *buffer* circolare.

vari oggetti
-Ignore Click (attributo)
Impedisce all'oggetto di essere selezionato o modificato con il *mouse* in modalità *performance*.

7T
PROCESSORI DI DINAMICA

7.1 ENVELOPE FOLLOWER

7.2 COMPRESSORI E DOWNWARD COMPRESSION

7.3 LIMITER E LIVE NORMALIZER

7.4 ESPANSORI E DOWNWARD EXPANSION

7.5 GATE

7.6 UPWARD COMPRESSION E UPWARD EXPANSION

7.7 SIDE-CHAIN ESTERNO, DUCKING

7.8 ALTRI USI CREATIVI DEI PROCESSORI DI DINAMICA

CONTRATTO FORMATIVO

PREREQUISITI PER IL CAPITOLO
- CONTENUTI DEL VOLUME 1, DEI CAPITOLI 5 E 6 (TEORIA E PRATICA) E DELL'INTERLUDIO C

OBIETTIVI
CONOSCENZE
- CONOSCERE I DIVERSI USI DEI PROCESSORI DI DINAMICA
- CONOSCERE LE POSSIBILITÀ DI UTILIZZO DEGLI ENVELOPE FOLLOWER
- CONOSCERE L'UTILIZZO E I PARAMETRI DEI COMPRESSORI, DEI DE-ESSER E DEI LIMITER
- CONOSCERE L'UTILIZZO E I PARAMETRI DEGLI ESPANSORI E DEI GATE
- CONOSCERE GLI UTILIZZI E LE DIFFERENZE FRA:
  DOWNWARD COMPRESSION; DOWNWARD EXPANSION;
  UPWARD COMPRESSION; UPWARD EXPANSION; PARALLEL COMPRESSION;
  COMPRESSORI MULTI-ZONA; COMPRESSORI MULTI-BANDA; COMPRESSORI A SOGLIA TEMPORALE
  EXTERNAL SIDE-CHAIN E DUCKING; GATE E DUCKER ADATTIVI, TRIGGERING GATE, GATE
  SEQUENCER; FEEDBACK CONTROLLATO IN DINAMICA.

CONTENUTI
- ENVELOPE FOLLOWER
- COMPRESSORI E LIMITER
- ESPANSORI E GATE
- DOWNWARD UPWARD E PARALLEL COMPRESSION
- DOWNWARD E UPWARD EXPANSION
- SIDE-CHAIN E DUCKING
- UTILIZZI TECNICI E CREATIVI DEI PROCESSORI DI DINAMICA

ATTIVITÀ
- ESEMPI SONORI

VERIFICHE
- TEST A RISPOSTE BREVI
- TEST CON ASCOLTO E ANALISI

SUSSIDI DIDATTICI
- CONCETTI DI BASE - GLOSSARIO - DISCOGRAFIA

Abbiamo parlato, nel par. 5.1, di **gamma dinamica** (o *dynamic range*) come rapporto fra l'ampiezza massima e l'ampiezza minima che è possibile rappresentare all'interno di un determinato hardware, software o supporto. Questo è un fatto puramente tecnico, dovuto al numero di bit. All'interno del *range* consentito dal numero di bit possiamo operare scelte tecnico-espressive molto diverse, diverse per ogni pezzo, per ogni suono. Possiamo lavorare con un sistema che tecnicamente ci consente una gamma dinamica massima di 90 dB, ma scegliere di comporre un lavoro per la televisione in cui la gamma dinamica può essere molto ridotta, diciamo ad esempio 15 dB. Il contesto in cui si inserisce il discorso sui processori di dinamica non influirà quindi sul numero di bit, che viene deciso all'inizio del lavoro e non dovrebbe essere più mutato, ma sulle scelte tecnico-espressive che si possono operare all'interno di un sistema dato per mutare il *range* dinamico di un suono o di un pezzo. I **processori di dinamica** sono dispositivi che utilizzano tecniche di trasformazione del *range* dinamico di un suono (o una serie di suoni, o un pezzo etc.), per scopi molto diversi, sia tecnici, sia creativi. Ricordiamo che la gamma dinamica esprime *un rapporto*, o *una differenza* fra ampiezza massima e ampiezza minima, e che è concetto ben diverso dall'ampiezza assoluta. Si può avere un pezzo in cui la gamma dinamica è di 20 dB e l'ampiezza massima sia a 0 dB e un altro in cui la gamma dinamica sia identica ma l'ampiezza massima sia a –3 dB. Vedremo come lavorare su entrambi i parametri, ma la specificità dei processori di dinamica è quella di trasformare il *range* dinamico in modi diversissimi.

Ci occuperemo in particolare, in questo capitolo, degli *envelope follower/envelope shaper* (estrattori/modellatori di inviluppo), dei diversi tipi e diversi usi di compressori ed espansori, del *limiter* e del *gate*.

7.1 ENVELOPE FOLLOWER

L'**envelope follower** (o *peak amplitude follower*, o *envelope detector*) svolge la funzione di estrazione dell'inviluppo, misurando l'ampiezza dei picchi positivi di una forma d'onda. Sulla base di questa serie di valori d'ampiezza estratti da un suono A, l'*envelope follower* produce un segnale di controllo che può, ad esempio, essere "imposto" ad un suono B come controllo dell'inviluppo d'ampiezza (semplicemente facendo un'operazione di moltiplicazione fra il suono e l'inviluppo estratto), oppure come controllo della frequenza centrale di un filtro o di altri parametri. Le applicazioni possono essere molteplici, si possono ad esempio applicare inviluppi percussivi a suoni continui, oppure applicare l'inviluppo delle onde del mare a un suono di coro, come negli esempi che seguono.

Si può persino privare un suono del suo inviluppo, dividendo il segnale del suono per l'inviluppo stesso. Se dividiamo un suono per il suo inviluppo, infatti, è come se annullassimo l'inviluppo implicito nel suono stesso, trasformandolo nella costante 1.[1] In questo modo il suono risulta privo di escursione dinamica. Una volta appiattita la dinamica di un suono, è possibile applicare un inviluppo

---

[1] Qualsiasi numero diviso per se stesso dà infatti come risultato 1.

tratto da un suono diverso. Il suono con un inviluppo piatto potrà cioè essere poi moltiplicato per l'inviluppo di un altro suono.

Si può anche ottenere l'inverso di un inviluppo, in modo che quando il suono originale è al suo picco massimo, l'inviluppo inverso è al suo minimo. In alcuni casi ci si riferisce a questo tipo di operazioni anche con il termine *envelope shaping*.

Un'altra funzione è quella denominata *balance* in alcuni linguaggi di programmazione per l'audio[2] (da non confondere con lo stesso termine usato per indicare il controllo della spazializzazione stereo). Questa tecnica si utilizza, ad esempio, nel caso in cui un suono filtrato risulti troppo debole (o troppo forte) rispetto allo stesso suono prima del filtraggio. Un tipico esempio si ha quando la frequenza centrale di un filtro passa-banda non è presente, o ha un'ampiezza molto bassa, nel suono da filtrare. In questo caso si può, tramite l'algoritmo illustrato, applicare al suono filtrato l'ampiezza del suono prima del filtraggio.

• •

ESEMPIO SONORO 7A.1

    a) Inviluppo del pianoforte a suono di flauto
    b) Inviluppo di un rullante a un suono di tromba
    c) Esempio da A.Cipriani *Aqua Sapientiae/Angelus Domini*: inviluppo di suoni di onde del mare applicato a voci in contrappunto

• •

La misurazione dell'inviluppo può essere realizzata con sistemi diversi: uno di questi, descritto da Dodge e Jerse, è quello di utilizzare una tecnica chiamata *rectification*, cioè quella di trasformare i valori di ampiezza dei campioni di un suono in valori assoluti (cioè indipendenti dal segno + o -). I valori negativi dei campioni diventeranno così tutti positivi. Il segnale "rettificato" verrà quindi passato attraverso un filtro passa-basso (solitamente a frequenza sub-audio) che serve ad arrotondare il segnale "spigoloso". Se il filtraggio è troppo pesante, la curva risulterà troppo lontana dall'originale, se invece il filtraggio è troppo leggero, si possono avvertire le asperità e discontinuità dell'inviluppo. E' importante perciò saper decidere che tipo di filtro passa-basso applicare a seconda della complessità dell'inviluppo del suono A, e anche dell'uso che se ne vuole fare come segnale di controllo. E' bene comunque avere una definizione alta per realizzare estrazione di inviluppi complessi.

Un altro sistema è quello di calcolare una media dei valori assoluti d'ampiezza dei campioni. In questo caso il grado di definizione dell'inviluppo sarà dato anche dal numero di campioni che vengono considerati per calcolare la media: maggiore è il numero di campioni, meno accurato sarà il profilo dell'inviluppo. Il segnale di controllo generato dall'*envelope follower* può essere applicato, come detto, anche ai filtri. Si può decidere per esempio che tale segnale,

---

[2] Cfr. Dodge and Jerse 1997, p. 181

opportunamente modificato, controlli la frequenza centrale di un filtro passa-banda o la frequenza di taglio di un filtro passa-basso. Questi filtri possono agire su un secondo suono, o per elaborare il suono di partenza. (Attenzione! E' importante in questo caso non confondere la funzione di arrotondamento del primo filtro passa-basso sul segnale di controllo in uscita dall'*envelope follower* rispetto al secondo filtro passa-basso che invece è controllato da tale segnale e che agisce su un suono). Con questo sistema si può anche simulare un risultato simile a quello del VCF di un sintetizzatore (descritto nel par.3.5 della teoria), cioè quello in cui la frequenza del filtro dipende dall'inviluppo d'ampiezza, ovvero può seguirne il profilo, restituendo un suono più brillante quando l'ampiezza è massima e più scuro quando l'ampiezza diminuisce, comportandosi quindi come buona parte degli strumenti acustici.

• •

ESEMPIO SONORO 7A.2

a) *Envelope follower* come controllo per il filtraggio di un secondo suono (passa banda)
b) *Envelope follower* come controllo per il filtraggio di un secondo suono (passa-basso)
c) *Envelope follower* come controllo per il filtraggio dello stesso suono da cui è estratto l'inviluppo (passa-banda)
d) *Envelope follower* come controllo per il filtraggio dello stesso suono da cui è estratto l'inviluppo (passa-basso).

• •

7.2 COMPRESSORI E DOWNWARD COMPRESSION

IL COMPRESSORE

Il **compressore**[3] è un processore di dinamica che serve a ridurre la gamma dinamica di un suono. Gli usi tecnici e creativi del compressore sono molteplici, si tratta di un dispositivo molto importante nella catena elettroacustica. Proviamo, prima di parlare degli usi possibili di questo dispositivo, a descrivere qualcosa di simile a ciò che succede in un compressore semplice. Immaginiamo di avere un amplificatore con un potenziometro del volume. Abbiamo un suono in ingresso che varia in modi imprevedibili. Vogliamo che tale suono,

---

[3] Attenzione! La parola compressione può creare ambiguità, dal momento che viene usata sia per la riduzione dei dati (come nel caso di cui abbiamo trattato nel par. 5.3) sia per la compressione intesa come riduzione del *range* dinamico di un suono (di cui tratteremo in questo paragrafo). Per questo nel cap. 5 ci siamo riferiti alla riduzione dei dati chiamandola compressione dei dati, lasciando, in questo capitolo, il termine semplice "compressione" per indicare una riduzione del *range* dinamico.

mantenga in uscita un livello di pressione sonora alto, ma non superi una certa intensità. Cosa facciamo? Non appena ci accorgiamo che il suono supera una certa soglia, provvediamo immediatamente a diminuire il guadagno (cioè "abbassiamo il volume"), e quando il suono torna sotto la soglia riportiamo il guadagno alla posizione iniziale.

- Qual'è la soglia oltre la quale "abbassiamo il volume"?
- Di quanto lo abbassiamo?
- A che velocità ruotiamo il potenziometro per abbassare il volume?
- Con quale velocità ruotiamo il potenziometro per rialzare il volume?

Rispondendo a queste domande ci avviciniamo ad alcuni concetti fondamentali che riguardano i parametri di un compressore:

la soglia (threshold) ovvero: oltre quale soglia in dB entra in funzione l'azione di compressione?

il rapporto di compressione (*ratio* oppure ***slope***) ovvero: come viene riscalata l'ampiezza del segnale quando supera la soglia?

il tempo d'attacco (*attack*) ovvero: a partire dal momento in cui il segnale in ingresso supera la soglia, in quanto tempo, ad ogni aumento di ampiezza, il compressore raggiunge il *ratio* stabilito mediante la diminuzione del guadagno?

il tempo di rilascio (*release*) ovvero: in quanto tempo il compressore, ad ogni diminuzione di ampiezza raggiunge il *ratio* stabilito mediante l'aumento del guadagno?

È importante notare che molta letteratura su questo tema insiste sulla falsa nozione che il *release* abbia luogo solo quando il suono rientra al di sotto della soglia o che l'attacco abbia luogo solo nel momento in cui si supera la soglia. In realtà il *release* avviene ad ogni diminuzione dell'ampiezza anche quando il suono rimane sopra la soglia. Solo l'ultimo *release* ha luogo in corrispondenza del rientro dell'ampiezza del suono al di sotto della soglia.[4] Allo stesso modo, finché il suono rimane sopra la soglia l'attacco ha luogo anche ogni volta in cui ci sia un mutamento di ampiezza.

Alcuni degli usi di un compressore sono:
- **rendere più comprensibile la voce di uno speaker** in un documentario: immaginiamo ad esempio un passaggio di un documentario in cui ci sia musica e suoni d'ambiente, e immaginiamo di voler sovrapporre ad essi la voce di uno speaker senza diminuire troppo il livello degli altri due segnali, ma lasciando la piena comprensibilità della voce. Può succedere che alcuni fonemi dello speaker vengano mascherati dalla musica e altri siano invece comprensibili, cioè abbiano l'intensità giusta: un compressore può servire proprio per attenuare le parti più forti senza che le parti più deboli del segnale vengano attenuate per poter poi, una volta livellato il segnale, aumentarne l'intensità globale.
- **ottenere effetti musicali**, ben noti nel *rock*, come per esempio la compressione molto accentuata di un suono di chitarra elettrica, che al limite fa scomparire l'attacco della nota, togliendole la caratteristica di corda

---

[4] A questo proposito si veda Izhaki, R., 2012, pp. 280-1

pizzicata oppure la forte compressione di una voce, che comprimendo i picchi vocali lascia trasparire meglio tutti i suoni meno evidenti di una voce come quello della saliva e del respiro.

- comprimere la gamma dinamica e successivamente poter **aumentare il livello complessivo del segnale**. Se ad esempio un dato pezzo musicale ha alcuni picchi a 0 dB, ma la gran parte dei suoni nel pezzo ha una intensità molto più bassa, ci troviamo nell'impossibilità di aumentare l'ampiezza di tutto segnale perché altrimenti i picchi, che già sono a 0 dB, verrebbero distorti. A questo punto applichiamo una compressione tale da ridurre a –3 dB tutti i picchi, lasciando inalterati tutti i suoni a intensità bassa. Una volta applicata la compressione, potremo a quel punto aumentare di 3 dB il livello complessivo del segnale compresso, riportando perciò i picchi a 0 dB ma avendo aumentato il livello di tutti gli altri suoni presenti nel segnale. Se questa funzione viene applicata su un file audio intero (ad esempio su un intero pezzo musicale, cioè in fase di mastering) anziché su un suono o una serie di suoni, si preferisce fare uso di un *limiter* (di cui parleremo più avanti in questo capitolo).

- **Livellare la pressione sonora diseguale di alcuni strumenti**, ad esempio i fiati, i quali tendono a produrre un'intensità maggiore sulle frequenze acute rispetto a quelle gravi (in questo caso, come vedremo, si può utilizzare un compressore multibanda).

- **Ridurre le sibilanze di una voce**. Ciò è possibile tramite una combinazione speciale di un filtro passa-banda con un compressore. Esiste, a questo scopo, uno speciale compressore, che ha il nome di *de-esser* (utile, ad esempio, quando uno speaker o un cantante ha *s* troppo sibilanti), di cui parleremo alla fine di questo paragrafo.

· ·

ESEMPIO SONORO 7B.1 • *Esempi di compressione*
(esempi prima e dopo la compressione)

a) Voce di uno speaker resa più comprensibile tramite compressione
b) Compressione come mezzo per il mutamento del timbro (es. chitarra elettrica)
c) Uso della compressione per aumentare il livello complessivo del segnale
d) Uso della compressione per livellare la pressione sonora diseguale di alcuni strumenti
e) Uso del *de-esser* per la riduzione delle sibilanze di una voce

· ·

PARAMETRI DEL COMPRESSORE E *DOWNWARD COMPRESSION*

Si possono distinguere una compressione verso il basso, o **downward compression** (che attenua i picchi sopra la soglia, è la compressione di cui abbiamo parlato finora) e una compressione verso l'alto, o **upward compression** (che aumenta il livello delle zone con bassa intensità, ne parleremo più avanti).

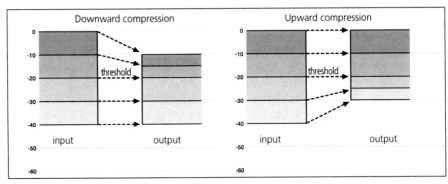

fig. 7.1: *downward* e *upward* compression[5]

Come per tutti i parametri dei processori di dinamica, sulla regolazione dei valori non si possono fornire regole assolute, in quanto ogni situazione è diversa dall'altra, e le strategie per arrivare a uno stesso scopo possono essere molteplici. Daremo perciò indicazioni fondamentali e piccoli consigli. In questo paragrafo osserveremo nel dettaglio i vari parametri di un compressore analizzandone i parametri dal punto di vista della *downward compression*, cioè dell'attenuazione dei picchi sopra la soglia.

THRESHOLD (soglia) in dB.
È il livello oltre il quale viene attivata la compressione. Come regolare questa soglia? Nella *downward compression* una soglia molto bassa può portare ad un appiattimento del livello generale perché non vengono compresse solo le zone dei picchi ma anche quelle a intensità media. Una *threshold* molto alta invece riduce soltanto l'ampiezza dei picchi più estremi lasciando la gran parte dei suoni così com'erano in partenza (ma ci sono situazioni in cui ciò può rientrare nei nostri scopi). Un consiglio che fornisce Bob Katz nel suo testo "Mastering Audio" (Katz 2003) è quello di iniziare a individuare una soglia fra ciò che vogliamo comprimere e ciò che non vogliamo comprimere, mantenendo, durante questa ricerca, un *ratio*[6] molto alto e un *release* breve. Ascoltando il suono e regolando la soglia si può decidere su quali suoni interverrà il compressore e quali rimarranno come sono, dopodiché si può cominciare ad abbassare il *ratio* e trovare il *release time* giusto.

RATIO (rapporto di compressione)
Viene indicato anche come *slope* (in italiano pendenza), in particolare quando si ha un *ratio* complesso. Nel *ratio* il denominatore è 1 e il numeratore chiarisce il rapporto di compressione rispetto alla dinamica originaria. Ad esempio se il rapporto è di 3:1, la parte di un segnale che supera la soglia viene ridotta a 1/3 del valore originale, e quindi un suono che superi la soglia di 6 dB, dopo la compressione arriverà a 2 dB sopra la soglia.

---

[5] Immagine adattata da Izhaki, R. - 2012 - pag. 263

[6] La parola *ratio*, di origine latina, esiste anche in italiano con il significato di "ragione". Il termine utilizzato in questo testo è un termine tecnico inglese che significa "rapporto" e per questo viene utilizzato al maschile.

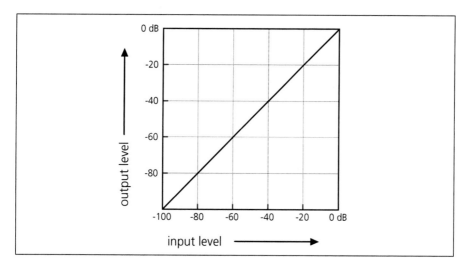

fig. 7.2: livello di un segnale non compresso

Vediamo in fig. 7.2 un grafico ampiezza di ingresso/ampiezza di uscita (espresse in dB). Sull'asse delle *x* abbiamo l'ampiezza del suono in entrata, su quello delle *y* quello in uscita. Pertanto dato che la funzione è una linea perfettamente diagonale, il valore in entrata corrisponderà a quello in uscita, -60 dB sull'asse delle *x* corrisponderà a −60 dB sull'asse delle *y*, −20 dB sull'asse delle *x* corrisponderà a −20 dB sull'asse delle *y*, etc. La diagonale rappresenta quindi il livello di un segnale non compresso.

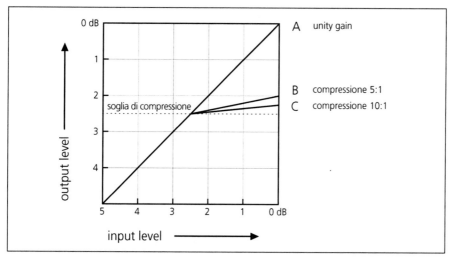

fig. 7.3: livello di segnali compressi e non compressi

Nella figura 7.3 la linea A rappresenta la stessa condizione della figura precedente, cioè quella condizione a cui ci si riferisce con il termine *unity gain* (o guadagno unitario, in cui un valore 1 in entrata corrisponde a 1 in uscita). La linea B rappresenta un rapporto di compressione di 5:1, applicato, come normale, solo al

295

di sopra della soglia di compressione: qualunque valore sull'asse delle x, sotto la soglia, corrisponderà allo *unity gain* e quindi non subirà alcuna compressione. Per i valori sopra la soglia in entrata si ha compressione, ad esempio sull'asse delle x il valore +5 dB sopra la soglia corrisponderà a +1 dB sull'asse delle y etc. La linea C rappresenta un rapporto di compressione maggiore, di 10:1: sotto la soglia il segnale resterà com'è, sopra la soglia ci sarà una compressione più incisiva rispetto alla B, ad esempio sull'asse delle x il valore di +5 dB sopra la soglia corrisponderà a 0.5 dB in uscita (cioè sull'asse delle y). È possibile rappresentare il *ratio*, oltre che in termini di rapporti, anche come percentuale.

Le linee spezzate che vediamo non hanno sempre questa forma, con un solo punto di mutamento dell'angolazione, i punti possono essere più di uno e si possono determinare persino vere e proprie curvature. Nella determinazione del vero rapporto di compressione va considerato infatti anche il seguente sotto-parametro del *ratio*: il *knee*.

KNEE (curvatura)

Letteralmente *knee* significa ginocchio ma in italiano si traduce meglio come curvatura, o si può intendere come "gomito" in senso architettonico). Un grafico della compressione può cambiare angolazione in uno o più punti (e quindi cambia lo *slope* o *rapporto di compressione*. Quando abbiamo una spezzata fatta di due soli segmenti (lo *unity gain* e un segmento del *ratio*) siamo di fronte a uno *hard knee* (una curvatura angolosa, dura) fino ad arrivare, quando si ha un *soft knee*, a una curvatura morbida, come in figura 7.4.

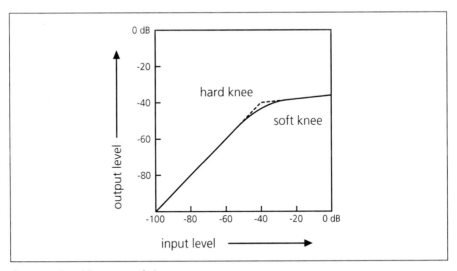

fig. 7.4: *hard knee* e *soft knee*

In questa figura abbiamo una soglia molto bassa (-40 dB) e un rapporto di compressione molto alto (10:1). Un *soft knee* come questo consente, rispetto alle condizioni della figura 7.3, una transizione più morbida nella zona di confine fra i suoni compressi e quelli non compressi, diciamo "uno scalino meno ripido" pur in presenza di un *ratio* molto pesante e un aumento della curvatura (e quindi della pesantezza dell'intervento di compressione) man mano che si comprimono suoni con intensità più alta. Se il rapporto di compressione è 3:1, quando abbiamo un *soft knee* tale rapporto cresce gradatamente dallo *unity gain* (1:1) fino a 3:1. Ciò avviene in una regione di transizione che spazia da sotto a sopra la soglia. L'estensione di questa regione di transizione si misura in relazione alla scala in dB del suono in entrata. Al centro della zona di transizione vi è la soglia (ad esempio -6 dB); se la zona di transizione è di 4 dB (2 dB sotto e 2 dB sopra la soglia), la curvatura del *soft knee* (e quindi l'attivazione del compressore) inizierà da -8 dB (chiameremo questo valore *lower knee threshold*) e arriverà al *ratio* impostato quando il suono in entrata raggiunge i -4 dB (chiameremo questo valore *higher knee threshold*). Ovviamente se la zona di transizione è di 0 dB otterremo un *hard knee*.

RAPPORTO FRA THRESHOLD E RATIO

Prendiamo un suono di voce abbastanza regolare intorno a -6 dB con due brevi picchi a 0 dB e un calo di ampiezza a -12 dB. Ipotizziamo due tipi diversi di compressione:

1)   un contenimento dei picchi
2)   riduzione generale della gamma dinamica di tutto il suono

Se ci interessa semplicemente contenere i picchi possiamo porre la soglia a -5 dB (poco sopra il livello intermedio del suono) e utilizzare un *ratio* alto, ad esempio 9:1. Se invece desideriamo ridurre fortemente la gamma dinamica del suono, potremo porre la soglia a -11 dB e ricorrere a un rapporto di compressione molto più limitato, ad esempio 1.5:1.
Da ciò deduciamo che se abbassiamo la soglia l'effetto di compressione sarà maggiore perché comprimeremo porzioni più grandi del suono. Ma se il *ratio* non è sufficientemente alto potremmo non sentirne gli effetti.

• •

ESEMPIO SONORO 7B.2 • *Esempi di compressione*

   a) File non compresso
   b) File compresso (contenimento dei picchi)
   c) File compresso (riduzione generale della gamma dinamica di tutto il suono)

• •

ATTACK (attacco) in millisecondi

Nel momento in cui il suono supera la soglia, l'attacco è il tempo in cui il compressore da completamente inattivo diventa completamente attivo, cioè il tempo in cui la compressione raggiunge il *ratio* desiderato. Se il suono si trova già al di sopra della soglia e si verifica un aumento dell'ampiezza, l'attacco è il tempo che intercorre dal momento in cui il suono cambia ampiezza al momento in cui la compressione raggiunge il nuovo livello (vedi figura 7.5).

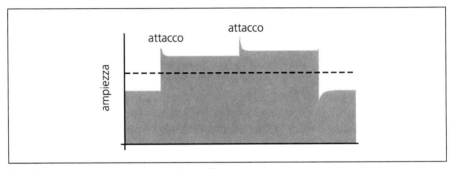

fig. 7.5: attacco sopra e sotto la soglia

Se abbiamo un suono impulsivo con un attacco percussivo, possiamo scegliere, ponendo l'attacco sotto i 10 msec., di far agire il compressore già nella primissima fase dell'attacco del suono. Ciò può determinare un "arrotondamento" dell'attacco, cioè una minore impulsività del suono nella primissima fase, rendendolo più morbido. Se invece si vuole lasciare inalterata la sensazione percussiva del suono, bisogna lavorare con tempi d'attacco maggiori di 10 millisecondi. Tempi d'attacco tipici variano da 50 a 250 msec. Quando invece si lavora al di sotto dei 50 msec. (e soprattutto sotto i 10 msec.) bisogna fare attenzione ai suoni gravi, il cui *periodo* può avere una durata maggiore rispetto al tempo di attacco del compressore, quando quest'ultimo è molto breve. Bisogna essere molto cauti in questo caso, perché l'intervento del compressore può determinare uno "scalino" di riduzione dell'ampiezza proprio durante lo svolgimento del primo ciclo del suono grave, provocando una distorsione udibile della forma d'onda. In realtà questo tipo di alterazione della forma d'onda è utilizzabile in modo creativo (come vedremo nel paragrafo sulla distorsione non lineare, nel prossimo volume) ma questo genere di intervento, anche se è lecito, "tradisce" in un certo senso lo scopo dei processori di dinamica, i quali debbono lavorare invece sulla dinamica del suono cercando di ridurre al massimo l'alterazione della forma d'onda. Ci sono comunque tipi di musica che utilizzano anche i semplici compressori per distorcere il master finale, ma in questo caso si tratta di una trasgressione creativa, il che conferma ciò che avevamo detto: i modi di impiegare i compressori sono moltissimi. Ciò che cercheremo di fornirvi è la conoscenza di base per operare sapendo bene cosa state facendo, anche se doveste inventare un modo nuovo di usare i processori di dinamica.

RELEASE (estinzione della compressione) in millisecondi
Quando l'ampiezza del suono è sopra la soglia, il *release* è il tempo in cui il compressore, dopo ogni diminuzione di ampiezza, raggiunge il nuovo livello di compressione. Quando la diminuzione di ampiezza è tale che il suono torni al di sotto della soglia, il *release* corrisponde al tempo che intercorre fra il momento in cui il suono torna al di qua della soglia e il momento in cui il segnale ritorna al normale *unity gain* (vedi figura 7.6).
Il problema dell'attacco troppo veloce con i suoni bassi, che causa distorsione della forma d'onda, o un mutamento innaturale e brusco della dinamica, c'è in realtà anche per il tempo di *release*, quindi è bene fare attenzione ai suoni gravi quando il *release* è molto breve.

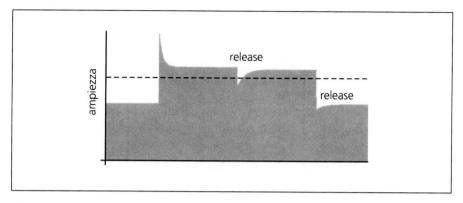

fig. 7.6: *release* sopra e sotto la soglia

Tempi tipici di *release* vanno da 50 a 500 msec., ma potete decidere di ricorrere a tempi più brevi o più lunghi. In alcuni compressori c'è una funzione di *auto-smoothing* (cioè di ammorbidimento automatico) che attenua gli effetti di distorsione della forma d'onda a causa di attacchi o *release* troppo immediati. Esiste anche la possibilità, in alcuni compressori di qualità, di avere *due tipi di release* (veloce e lento). Ponendo per esempio un discrimine a 75 msec. si può "istruire" il compressore a considerare *veloci* i transienti che durano meno di 75 msec. e *lenti* quelli che durano di più. Il compressore quindi applicherà un *release* più breve per i suoni a transiente veloce e un *release* lungo per i suoni a transiente lento, fornendo una sensazione più naturale e coerente con il suono.

• •

ESEMPIO SONORO 7B.3 • *Attack e release nel compressore*

Diverse configurazioni di *attack* e *release*

• •

GAIN REDUCTION METER (indicatore della riduzione del guadagno)
o semplicemente **reduction meter**. Si tratta di un indicatore del livello di riduzione istantanea in dB (nel compressore sono valori sotto lo 0 dB) che ci consente di monitorare istante per istante il livello di riduzione in dB dei suoni su cui sta agendo il compressore (cioè quelli che in quell'istante sono sopra la soglia).

OUTPUT GAIN o gain makeup (regolazione del guadagno in uscita)
C'è la possibilità di regolare il guadagno in uscita del suono compresso. La regolazione è in dB.
La regolazione del segnale in uscita dopo la compressione può essere utile per aumentare (o diminuire) il livello di intensità in uscita per compensare gli effetti della compressione sul livello generale.

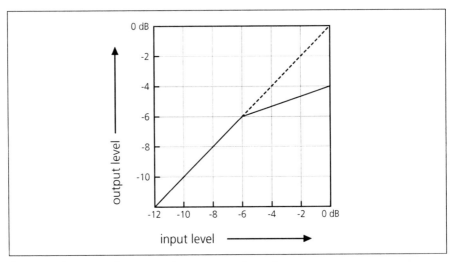

fig. 7.7: *downward compression* senza *gain makeup*

Nella fig. 7.7 vediamo una downward compression con soglia a –6 dB. Notiamo che i picchi del suono che (proseguendo la linea tratteggiata della unity gain) avrebbero avuto un'ampiezza a 0 dB sono compressi di 4 dB perciò sarà utile prevedere un makeup gain di +4 dB. Questa è un'operazione tipica, (quando non si usa una regolazione automatica) per aumentare l'intensità generale del suono una volta che questo è stato compresso verso il basso. Vediamo, in fig. 7.8 come muta il grafico dopo l'aumento del guadagno in uscita: i suoni che erano a –12 dB in entrata saranno a –8 dB in uscita, quelli che erano a –6 dB saranno a –2 dB e così via. Abbiamo ottenuto un suono con ampiezza assoluta a 0 dB come quello originario, ma con ampiezza efficace maggiore (**l'ampiezza efficace** o **RMS** corrisponde alla media quadratica delle ampiezze dei campioni, ed è un buon indicatore del volume percepito).[7]
È possibile avere, oltre una regolazione manuale, anche una regolazione automatica.[8]

---

[7] Per calcolare l'ampiezza RMS i campioni in ingresso vengono elevati al quadrato (e diventano perciò tutti positivi), viene poi calcolata la media, e successivamente la radice quadrata di tale media.

[8] Per quanto riguarda questa regolazione, nella gran parte dei compressori, quando si abbassa la soglia si abbassa anche il livello del segnale in uscita, perché c'è una riduzione maggiore. Questa modalità viene chiamata **Low Ref**, oppure **Low level reference mode**. In questo caso, se dopo aver regolato la soglia, il segnale in uscita è troppo debole, possiamo agire con il controllo dell'*output gain* manuale per aumentare il livello di intensità in uscita. Se vogliamo invece che, pur mutando la soglia di intervento del compressore, si ottenga in uscita un livello simile a prima del cambiamento, possiamo utilizzare una modalità chiamata **Peak Ref** o **Peak level reference mod**. In questo caso infatti, quando si abbassa la soglia, viene alzato contemporaneamente il *gain* dell'uscita in modo da compensare la maggiore riduzione e lasciare quindi il livello in uscita più o meno uguale al precedente).

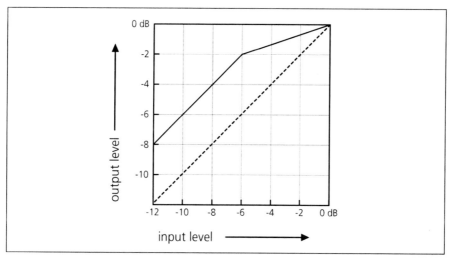

fig. 7.8: *downward compression* con *gain makeup*

SIDE-CHAIN (catena laterale)

Il termine *side-chain* ha due significati: il primo (conosciuto solo dai tecnici) si riferisce al percorso laterale del segnale del quale viene misurato e compresso l'inviluppo passando attraverso i vari stadi dell'elaborazione che descriveremo fra poco. Si tratta di una catena laterale nel senso che non influisce sul segnale audio finché il suo *output* non viene moltiplicato per il segnale stesso. Il secondo significato del termine *side-chain*, molto più conosciuto dai musicisti, si riferisce all'*external side-chain processing*, cioè il tipo di elaborazione che si ha quando l'attivazione del *side-chain* dipende da un segnale esterno (detto *key input*), anziché dallo stesso segnale che verrà compresso: in questo caso il *side-chain* diventa esterno rispetto al suono da comprimere. Ne riparleremo nel par. 7.7.

LA STRUTTURA DI UN COMPRESSORE

La struttura di un compressore può essere molto variabile, consideriamo uno schema di base che può servire a identificare le funzioni dei diversi moduli interni. Come vediamo in fig. 7.9, il segnale in ingresso prende due direzioni: una è quella del *side-chain* interno, dove si ricaverà e trasformerà in vari modi l'inviluppo del suono, l'altra è l'uscita che verrà moltiplicata per l'*output* del *side-chain* ottenendo così il suono compresso. Vediamo dapprima la catena laterale, cioè la parte più complessa. Come abbiamo accennato, il segnale in ingresso nel *side-chain* può essere lo stesso che va verso l'uscita, oppure può essere diverso. In entrambi i casi può risultare utile talvolta filtrare il segnale in *input*, nel caso si intenda utilizzare, del suono in entrata, solo una parte di esso (ad esempio attenuandone le frequenze basse).[9]

---

[9] Come riferisce Izhaki (ivi, p. 307), le frequenze basse tendono ad attivare i compressori più facilmente delle frequenze alte, per due motivi principali. Il primo è che le frequenze basse, essendo caratterizzate da un periodo più lungo, tendono a rimanere oltre la soglia per un tempo più lungo rispetto alle frequenze acute.

Il segnale viene poi misurato mediante un *envelope follower*. Si può scegliere la modalità *peak* che segue il profilo dei picchi del segnale oppure RMS che segue l'ampiezza efficace. Quest'ultima viene spesso utilizzata per la compressione della voce. Ricavato l'inviluppo del segnale in ingresso della quantità di campioni considerata, ne viene misurato l'*overshoot*, cioè l'eccedenza in dB rispetto alla soglia impostata, e poi riscalata l'ampiezza sulla base del *ratio* impostato. Ma tale riscalamento avviene secondo una curva data dal parametro *knee*, il cui valore in dB indica la zona di transizione che va dalla soglia inferiore in cui comincia effettivamente il *knee* alla soglia superiore. Ad esempio, se il valore è 0 dB si avrà un *hard knee*, cioè la compressione inizia in modo netto al superamento della soglia. Viceversa se il valore è, ad esempio, di 6 dB, la curva del *knee* inizierà 3 dB sotto la soglia e terminerà 3 dB sopra la soglia. I valori di riscalamento non vengono raggiunti immediatamente al variare dell'ampiezza del segnale, ma sono soggetti ai tempi di attacco e *release* impostati (ad esempio 30 msec. e 100 msec.). L'andamento di questi valori, tutti positivi, delinea quindi un vero e proprio inviluppo che dev'essere invertito di segno per ottenere il *gain* da applicare al segnale audio per ridurne l'intensità (vedi fig. 7.9 e ed f). Ricordiamo che il segnale audio in ingresso viene ritardato per compensare la latenza del segnale nel *side-chain*. Dopo il riscalamento, il segnale passa attraverso il modulo di *make-up gain* con il quale si può compensare la riduzione globale dell'ampiezza dell'inviluppo ottenuta mediante la compressione. Si tratta di un controllo del guadagno che influisce ovviamente sia sulla parte di segnale compresso, sia sulla parte di segnale non compresso.

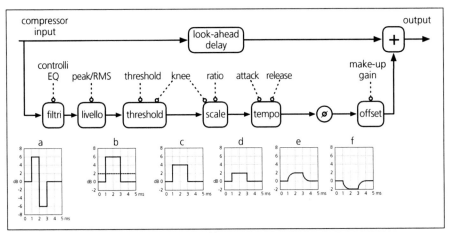

fig. 7.9: struttura di un compressore[10]

Il secondo è che per ottenere la stessa intensità percepita, le frequenze gravi vengono poste ad un' ampiezza maggiore (vedi par.1.2T sulle curve isofone). Ad evitare che i compressori vengano attivati in modo eccessivo dalle frequenze basse, e che quindi si produca un'inutile compressione anche sulle frequenze acute compresenti, si può utilizzare un filtro passa-alto prima dell'ingresso nel *side-chain*. Un filtro simile può anche essere utilizzato per evitare, ad esempio nella voce, che vi sia una compressione diversa sulle basse rispetto alle frequenze acute. Naturalmente, a seconda del suono di partenza e degli obbiettivi, tale filtro può essere regolato in vari modi o integrato con altre elaborazioni prima che il suono entri nel *side-chain*.

[10] Immagine adattata da Izhaki, R., 2012 - pp. 272 e 283

PARALLEL COMPRESSION

Una soluzione interessante per ottenere un'ampiezza efficace alta e contemporaneamente non schiacciare i picchi del pezzo è l'uso della **parallel compression**. Questo metodo prevede il missaggio di due segnali, il segnale originario (non compresso) e il segnale compresso. Dato che in genere un suono compresso viene ritardato dal compressore di ca. 5-10 campioni rispetto all'originale, missandoli insieme si potrebbero avere problemi di interferenza distruttiva (vedi par. 2.1), pertanto bisogna ritardare il suono originario di alcuni campioni per poter sincronizzare le due forme d'onda in modo da eliminare tale problema.

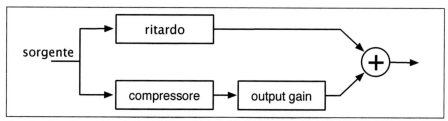

fig. 7.10: missaggio del segnale originario e di quello compresso in una *parallel compression*

Mantenendo l'intensità del suono compresso molto bassa rispetto a quella del suono originario, e mettendo in evidenza solo i suoni a bassa intensità, otteniamo un aumento dell'ampiezza efficace, una maggiore definizione dei suoni sotto la soglia e una sensazione naturale del suono dato che i picchi nella zona alta non vengono compressi, ma la sensazione di "volume" generale aumenta. Al contrario, la riduzione dei picchi, e il conseguente "arrotondamento" degli attacchi, tendono ad essere notati maggiormente rispetto ad un aumento di intensità della zona bassa della dinamica, per questo in molti casi si può preferire questo metodo a quello della semplice *downward compression*.

Un metodo per realizzare la *parallel compression*, come riferisce Bob Katz[11], è quello di utilizzare, per il suono da comprimere, una *downward compression* a soglia molto bassa. In questo modo tutti i suoni sopra tale soglia saranno ipercompressi, soltanto i suoni a bassa intensità non saranno compressi e quindi potranno emergere di più rispetto agli altri. Una tale configurazione, ascoltata da sola, darebbe un risultato pessimo, ma quando la utilizziamo per realizzare una *parallel compression* può risultare molto efficace, vediamo come: il suono compresso viene missato (ad un livello basso) con il suono originale, il quale rimane prevalente all'ascolto. Nei momenti di picco della musica non ci accorgeremo della presenza del suono compresso, in quanto il rapporto fra i picchi originari e quelli compressi è molto a favore dei primi. Quando l'intensità generale scende verso il basso, ecco che emergerà (ma sempre in modo discreto) il suono che abbiamo trattato con la *downward compression*.

---

[11] Il metodo è stato sperimentato da Richard Hulse e Bob Katz, e di cui quest'ultimo ci riferisce in B.Katz (2003).

Il rapporto tra il suono originario e il suono compresso determinerà un aumento dell'ampiezza efficace e una maggiore definizione dei suoni a bassa intensità. Per realizzare questo tipo di *parallel compression* viene consigliato l'uso di: una soglia fra -30 e -40 dBFS [12]; un *ratio* fra 4:1 e 10:1 a seconda del file audio da comprimere [13]; un tempo di attacco il più rapido possibile, per lasciare in evidenza gli attacchi naturali del suono, e comprimere da subito quelli nel file compresso; un tempo di *release* da sperimentare fra i 250 e i 500 msec; un *output gain* fra –5 e –15 dB del suono compresso, e un livello del suono "dry", cioè senza effetto, più basso di 0 dB in modo da lasciare spazio per l'aumento di intensità portato dalla somma con il segnale compresso. Vedremo un altro tipo di *parallel compression* nel par. 7.6, che in alcuni casi è persino più efficace del modello che abbiamo appena presentato.

• •

 ESEMPIO SONORO 7B.4 • *Parallel compression*

    a) suono *dry*
    b) suono compresso mediante *downward compression*
    c) suono trattato con *parallel compression*

• •

COMPRESSORI MULTI-BANDA

Finora abbiamo parlato di processori di dinamica considerando il segnale come un tutt'uno. In realtà alcune delle applicazioni più efficaci dei processori di dinamica sono quelle che consentono di suddividere il segnale in "zone di ampiezza"[14], "zone di frequenza" o "zone basate sui tempi"[15] per poi elaborarle in modi diversi.

---

[12] dBFS= deciBel Full Scale, cioè –50dB ponendo la condizione che 0 dB sia il livello massimo prima della distorsione.

[13] Bob Katz consiglia soglie più basse (intorno ai -50dBFS) e *ratio* fra 2:1 e 2.5:1. Ovviamente con una soglia così bassa il *ratio* deve essere minore. Fate attenzione, comunque, quando impostate la soglia a cosa state esaltando, a volte sotto i -50dBFS può esserci prevalentemente rumore di fondo o riverbero, in altri casi ci sono anche suoni da mettere in evidenza. La soglia pertanto deve essere impostata sulla base dell'ascolto attento del segnale.

[14] I compressori (o espansori) multizona, consentono una suddivisione in zone di ampiezza del segnale in ingresso e una configurazione diversa degli algoritmi di compressione (o espansione) a seconda della zona. Si può ad esempio decidere di comprimere la zona da 0 a – 6 dB in un certo modo, quella da -6 dB a -12 dB in un altro modo e così via.

[15] In questo caso la suddivisione in zone del segnale in ingresso è basata sui tempi dei transienti del suono. Si può decidere di applicare, ad esempio, un tempo di *release* del compressore più lungo a suoni che abbiano un attacco meno rapido, e tempi di *release* del compressore molto brevi a suoni in ingresso che abbiano un attacco breve. Il sistema è basato sull'estrazione di inviluppo: in sostanza viene stimata l'ampiezza istantanea dei vari picchi della forma d'onda in entrata, e si può mutare l'attacco o il *decay* dei suoni modificando i parametri del compressore a seconda se l'attacco o il *decay* del suono ricadono entro o oltre una data soglia temporale. La differenza con un mutamento

In questo capitolo ci occuperemo solo dei **compressori multi-banda**, largamente usati, i quali consentono di suddividere il segnale in zone frequenziali e comprimere in modi diversi i segnali che ricadono nelle diverse zone individuate. Si tratta in un certo senso di una fusione fra il concetto di equalizzatore e quello di compressore. In alcuni casi in cui il segnale non è troppo complesso, si può decidere ad esempio di utilizzare un suono in una certa banda come *key* per la compressione di altre zone, o si possono realizzare equalizzazioni speciali in cui la modifica dell'ampiezza di una certa zona frequenziale non avviene in modo lineare ma dipendente dall'ampiezza dei segnali in ingresso in quella zona di frequenze.

· ·

ESEMPIO INTERATTIVO 7B.5 • *Compressore multibanda*

  a) suono *dry*
  b) diversi tipi di compressione multi-banda

· ·

IL DE-ESSER

Un parente stretto dei compressori multi-banda è il ***de-esser*** cioè un attenuatore di suoni sibilanti. A volte può accadere, quando si effettua, ad esempio, una *downward compression* di un suono di voce, che si ottenga un suono con sibilanti molto in evidenza. Ciò accade perché spesso le "esse" della voce ricadono in una zona sotto la soglia di compressione. I suoni sibilanti ricadono in una zona frequenziale a cui l'orecchio umano è particolarmente sensibile (fra i 2.5 e i 9 kHz). In questo, e in ogni esempio in cui abbiamo suoni sibilanti particolarmente evidenti, si può ricorrere a un tipo di compressore speciale, molto veloce e a banda stretta, chiamato *de-esser* (o *sibilance controller*). Si può anche fare uso di un compressore multi-banda e comprimere solo la banda in cui ricade il suono sibilante, come vedremo nel par.7.2P.

· ·

ESEMPIO SONORO 7B.6 • *De-esser*

  a) suono *dry*
  b) suono compresso mediante *downward compression*
  c) suono trattato con *parallel compression*

· ·

---

effettuato con un normale compressore è che la modifica sul suono tiene conto, appunto, anche della specificità dell'attacco o del *decay* di ogni suono in entrata.

7.3 LIMITER E LIVE NORMALIZER

IL LIMITER

Il **limiter** ha, come nella *downward compression*, lo scopo di diminuire il *range* dinamico di un segnale che entra nel circuito. L'uso più diffuso del *limiter* è nella fase di *mastering* di un pezzo, di una colonna sonora o altro. Questa fase avviene dopo il missaggio, quando le scelte riguardanti il contenuto sonoro del pezzo (compresi riverberi, equalizzazioni, compressioni, etc.) sono già state fissate in un file audio. La caratteristica di un *limiter,* infatti, è quella di incrementare il livello medio del segnale di un file audio senza introdurre "effetti collaterali" udibili. In linea di massima l'uso del compressore può modificare il "feeling" (in definitiva il timbro) del suono in questione, mentre l'uso del *limiter* tende verso una certa trasparenza dal punto di vista del risultato finale rispetto a quello iniziale, si tratta pertanto di un uso prevalentemente tecnico, non creativo della riduzione. In genere la soglia (nel *limiter* chiamata **ceiling**) è 0 dBFS (con *ratio* ∞:1), ma si possono costruire *limiter* con soglie più basse, ad esempio nel lavoro di *mastering* si preferisce spesso limitare il livello finale a -0.2 dBFS per evitare possibili piccole distorsioni durante la conversione da analogico a digitale. In genere l'attacco è immediato cioè 0 millisecondi, e viene anche implementata una funzione di **look-ahead**, che consente al *limiter* di "conoscere in anticipo" l'andamento del suono. Ciò è possibile grazie ad un meccanismo di ritardo del suono da elaborare rispetto all'inviluppo rilevato dal *peak follower* presente nel *limiter*. Questo tempo di anticipo (in millisecondi) consente al *limiter* di reagire già quando il suono è sotto la soglia e quindi entrare in azione con un *soft knee* per ammorbidire l'impatto dell'*hard knee* che entra in azione al superamento del *ceiling*. Ovviamente è sempre possibile un uso creativo del *limiter*, portando molto in basso la soglia di intervento si può "schiacciare" l'ampiezza del suono fino a mutarne sensibilmente il timbro, ma gli utilizzi più tipici di un *limiter* sono, come già detto, puramente tecnici. Non a caso nei *limiter* comuni non si può regolare l'attacco, il *ratio* e anche altri parametri sono fissi[16]. Vediamo a cosa può servire un *limiter*:

- **Aumentare l'ampiezza efficace di un suono o di un mix**: viene applicata una limitazione tale da ridurre l'ampiezza di tutti i picchi, lasciando inalterati tutti i suoni a intensità bassa. È previsto in ogni *limiter* un *output gain* per riportare al massimo l'uscita del segnale dopo la limitazione.
- **Bloccare, in una registrazione dal vivo, eventuali possibili overload** dati da suoni improvvisi di intensità eccessiva che possono arrivare dai musicisti sul palco. In questo caso si pone il *limiter* (analogico) prima dell'entrata nel sistema di registrazione.
- **Ridurre la gamma dinamica di un pezzo musicale** quando questo deve essere trasmesso in tv o radio le quali non possono sostenere gamme dinamiche troppo ampie.

---

[16] Si trovano sovente meccanismi di *Program Dependent Release*, cioè una regolazione "intelligente" del *release* per lasciare che il suono risulti il più possibile naturale e vicino al suono in entrata (nonostante la riduzione della gamma dinamica), mentre nei compressori (che pure possono consentire un PDR) possiamo anche esagerare i nostri interventi su attacco e *release* a volontà e, per così dire, spaziare da un intervento "naturale" fino a "reinventare" il suono.

È bene chiarire che, in linea di tendenza, per la gran parte della musica pop, techno, house etc., il *range* dinamico a disposizione non viene sfruttato se non in minima parte. Compressori e *limiter* sono usati, oltre che per la qualità del suono, anche per dare una sensazione di maggiore "volume", e per conformarsi ai *range* dinamici limitati di radio e tv, o al bisogno di omogeneità dinamica dato dall'uso della musica in situazioni di inquinamento acustico, come nei supermercati, negozi, automobili, aerei o altro. Se c'è un notevole rumore di fondo nell'ambiente, una musica con molta escursione dinamica sarà ascoltata solo quando supera una certa intensità e le parti con minore intensità saranno mascherate dal rumore di fondo stesso. La tendenza a comprimere sempre di più per avere un livello sempre più alto e omogeneo porta ad avere forme d'onda appiattite, escursioni minime etc. Bisogna valutare però che nella sensazione di volume andrebbero considerate alcune questioni di tipo psicoacustico legate alla percezione. Un suono di intensità molto alta, ad esempio, viene percepito in modo ancora più "potente" se preceduto da suoni di bassa intensità. Il gioco di dinamiche estreme è molto efficace ad esempio nel suono cinematografico e nella musica classica. La tendenza a dover schiacciare la dinamica nella musica commerciale (e non solo) finisce per "comprimere" anche la "*libertà di dinamica*" di chi fa musica. Per aderire agli standard di "volume" si è costretti a muoversi in un territorio dinamico molto limitato, nonostante il supporto su cui viene memorizzato il suono consentirebbe una libertà di escursione dinamica amplissima. Quando la compressione è eccessiva ne risentono anche la profondità e l'ampiezza dell'immagine stereo, le quali vengono deteriorate, schiacciate. Ciò, come sempre, può far sì che i mezzi utilizzati influenzino alcuni stili musicali e favoriscano alcuni comportamenti creativi rispetto ad altri. Come si può notare il tema della compressione non è affatto secondario in musica, e a seconda del tipo di musica o di lavoro che componiamo dovremo adottare differenti strategia nell'uso dei processori di dinamica.

Nonostante la precedente affermazione, secondo la quale il *limiter* ha uno scopo tecnico e non creativo, vale la pena ricordare che ogni algoritmo può comunque essere piegato alle nostre esigenze per inventarne usi "impropri" e creativi. Ciò può avvenire in due modi:

1) modificando l'algoritmo in modo tale che la sua funzione cambi (Vedremo esempi di questo tipo nel par. 7.8)
2) utilizzando l'algoritmo così com'è e alterandone semplicemente i valori dei parametri per ottenere effetti particolari

Un esempio eclatante del secondo tipo è l'uso di un *limiter* con *ceiling* molto basso nella sezione finale del pezzo "Exsultet" di Luigi Ceccarelli[17] in cui vengono messi in forte evidenza tutti gli aspetti nascosti della voce e dei suoni del respiro della cantante.

---

[17] Pezzo elettroacustico basato su un canto gregoriano che ha ottenuto la *Honorary Mention* al Prix Ars Electronica 1997- Linz, Austria

ESEMPIO SONORO 7C.1

Esempio da L.Ceccarelli "Exsultet" (RAI Trade/Ducale)

· ·

Questo esempio nasce da un uso "improprio" di un processore di dinamica che normalmente serve a limitare l'intensità di un suono mantenendone il più possibile la fedeltà al suono originale. È bastato cambiare il valore del *ceiling* per dare un senso nuovo all'uso di questo processore il cui algoritmo però non è stato modificato.

IL LIVE NORMALIZER

Modificando un algoritmo di *limiter* possiamo ottenere un processore di dinamica speciale, che chiameremo *live normalizer*, da non confondere con il *normalizer* che si trova in tutti i software di *hard disk recording*, con il quale si realizza un aumento dell'ampiezza di un suono portandone i picchi a 0 dB e aumentando proporzionalmente l'ampiezza di tutti gli altri campioni. Con il **live normalizer** si portano a 0 dB sia i segnali che superano tale soglia, sia i segnali che ne sono al di sotto. Ovvero un "normalizzatore live" porta a 0 dB (o al livello desiderato) l'ampiezza media del segnale.
La differenza con il *limiter* sta nel fatto che viene utilizzata una soglia minima (ad es. -120 dB), quindi potenzialmente tutto il suono viene alterato nella sua dinamica, e non solo la parte del suono che supera lo 0 dB come nel *limiter*. Ciò significa che qualunque segnale al di sopra dei -120 dB viene riportato a 0 dB, ovvero viene amplificato se minore di 0 dB o attenuato se maggiore di 0 dB. Come possiamo immaginare, l'algoritmo del *live normalizer* può essere usato per scopi creativi.

· ·

ESEMPIO SONORO 7C.2 • *Live normalizer*

    a) suono *dry*
    b) suono compresso mediante *live normalizer*

· ·

7.4 ESPANSORI E DOWNWARD EXPANSION

L'ESPANSORE

L'**espansore** *aumenta* la gamma dinamica di un suono. Si può avere una *downward expansion* o un'*upward expansion* (vedremo quest'ultima nel capitolo 7.6). Con la **downward expansion** (espansione verso il basso) viene ridotto il *gain* dei suoni che sono sotto la soglia, rendendo la loro intensità ancora minore. La quantità di riduzione dell'intensità dipenderà quindi dall'**undershoot**, cioè dal segnale che oltrepassa la soglia verso il basso.

Diminuirà l'intensità dei suoni deboli, ma si espanderà il *range* dinamico, cioè la differenza fra zona bassa e zona alta della dinamica di un suono. In alcuni casi questo tipo di espansione può servire per attenuare suoni indesiderati che sono a bassa intensità. Normalmente si utilizza il *gate* a questo scopo (vedi par. 7.5), ma in alcuni casi può essere importante attenuare tali suoni con una *downward expansion* perché, al contrario del *gate*, essa attenua in modi regolabili a seconda del *ratio* e in proporzione all'*undershoot*. Questo tipo di espansione, perciò, può essere utile quando si voglia attenuare tali suoni in modo più morbido e controllabile.

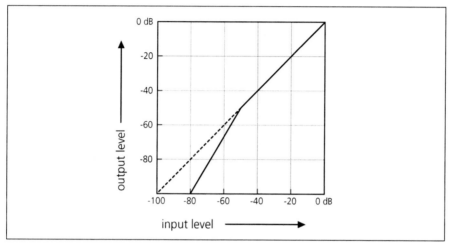

Fig. 7.11: *downward expansion*

I PARAMETRI DELL'ESPANSORE

La gran parte dei parametri dell'espansore si possono ricavare intuitivamente dalle informazioni che abbiamo acquisito riguardo quelli del compressore. Valutiamo tali parametri in relazione alla *downward expansion*.

THRESHOLD (soglia)
Nella *downward expansion* la soglia è quella *al di sotto* della quale il suono viene ridotto di intensità.

RATIO (rapporto di espansione)
I rapporti degli espansori devono sempre essere compresi fra i valori 0 e 1 dato che, dal punto di vista del *range* dinamico, l'*input* è sempre minore dell'*output*, ad esempio un rapporto di espansione di 1:2 significa che se il suono in *input* oltrepassa la soglia verso il basso di -1 dB tale suono verrà espanso a -2 dB e mandato all'*output*.

KNEE
Il concetto del *knee* rimane identico a quello della compressione, ma nel *soft knee* il punto di *higher knee threshold* sarà ovviamente quello in cui non c'è ancora espansione (*unity gain*), e il punto di *lower knee threshold* sarà quello in cui viene raggiunto il *ratio* stabilito .

ATTACK (attacco)

Nel momento in cui il suono scende al di sotto della soglia, l'attacco è il tempo in cui l'*expander* da completamente inattivo diventa completamente attivo, cioè il tempo in cui l'espansione raggiunge il *ratio* desiderato. Se il suono si trova già al di sotto della soglia e si verifica una diminuzione dell'ampiezza, l'attacco è il tempo che intercorre dal momento in cui il suono cambia ampiezza al momento in cui l'espansione raggiunge il nuovo livello.

RELEASE (estinzione dell'espansione)

Quando l'ampiezza del suono è sotto la soglia, il *release* è il tempo in cui l'*expander*, dopo ogni aumento di ampiezza, raggiunge il nuovo livello di espansione. Quando l'aumento di ampiezza è tale che il suono torni al di sopra della soglia, il *release* corrisponde al tempo che intercorre fra il momento in cui il suono supera la soglia e il momento in cui il segnale ritorna al normale *unity gain*. La funzione dell'attacco e del *release* nell'*expander* è naturalmente diversa dalle analoghe fasi del compressore. Ad esempio in un compressore l'attacco entra in funzione ogni volta che il suono presenta un accento (come un colpo di tamburo), mentre nell'*expander* è il *release* che entra in funzione. Questo fa sì che se vogliamo modellare un accento con un compressore agiremo sull'attacco, mentre in un *expander* agiremo sul *release*. Ad esempio, un *release* lento in un *expander* rischia di attenuare troppo, o addirittura di "mangiarsi" l'accento che lo ha provocato.

GAIN REDUCTION METER

Il concetto del *gain reduction meter* è speculare a quello della *downward compression*. Si tratta di un indicatore di livello che ci consente di monitorare istante per istante il livello di riduzione in dB dei suoni su cui sta agendo l'espansore (cioè quelli che in quell'istante sono oltre la soglia).

OUTPUT GAIN o gain makeup (regolazione del guadagno in uscita)

Il concetto dell'*output gain* è uguale a quello della compressione. Infatti quando operiamo una *downward compression* o una *downward expansion*, in entrambi i casi l'intensità del suono diminuisce e possiamo utilizzare il *gain makeup* per aumentarne di nuovo tutto il livello d'ampiezza.

SIDE-CHAIN (letteralmente catena laterale)

La catena laterale è uguale a quella del compressore, ma con valori e usi diversi. Si può fare uso, volendo, di un *side-chain* esterno anche con l'espansore.

. . . .

ESEMPIO SONORO 7D.1 • *Downward expansion*

 a) suono *dry*
 b) suono compresso mediante *downward expansion*

. . . .

7.5 GATE

Il **noise gate** (letteralmente "porta del rumore") agisce come una specie di
downward expansion estrema cioè diminuisce, fino ad annullarli, i suoni che
sono sotto una certa soglia. Il termine *noise gate* viene spesso abbreviato usando
solo il termine *gate*.[18] Ciò è coerente con il fatto che questo processore di dinamica non viene usato solo per abbattere il rumore, ma può avere usi molto vari,
come eliminare problemi di *feedback* dal vivo, o accorciare suoni percussivi, etc.
Nel *gate* il segnale al di sopra della soglia passa inalterato. Quando l'ampiezza
del segnale diminuisce fino a passare al di sotto della soglia, il suono viene annullato del tutto (o attenuato fortemente, come vedremo). Tutto ciò avviene in un
tempo determinato dal parametro del *release*, il quale inizia al momento in cui il
livello va sotto la soglia.[19] Se il *release* è lento il suono si estinguerà gradatamente, se è brevissimo il suono verrà chiuso in modo netto. Il segnale risulterà annullato finché l'intensità del segnale in ingresso aumenta di nuovo fino a superare
la soglia. In quell'istante la "porta si riapre", con un tempo determinato dall'attacco. Nelle applicazioni pratiche si preferisce costruire un *gate* a due soglie, una
di apertura e una di chiusura. Si definisce con il termine **isteresi** (*hysteresis* in
inglese), la distanza in dB fra la soglia di chiusura e quella di apertura. Osserviamo
la figura 7.12: il *gate* si apre lasciando passare il segnale quando questo oltrepassa la soglia di apertura. Quando il segnale oltrepassa (verso il basso) la soglia
di chiusura (che come si vede è più in basso rispetto a quella di apertura) il *gate*
si chiude annullando (o attenuando fortemente) il suono.

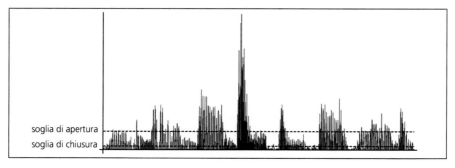

Fig. 7.12: soglie di apertura e chiusura in un *gate*

Perché è utile avere due soglie? Per evitare l'effetto di **chattering** cioè una
specie di distorsione del segnale che avviene quando, avendo una sola soglia, si
ha l'apertura e la chiusura del *gate* molte volte in un piccolo spazio di tempo.

---

[18] Questa abbreviazione può determinare confusione, in quanto la parola *gate* è usata nei
sintetizzatori come sinonimo di *voltage trigger* o anche semplicemente come sinonimo di attivazione
di una nota dalla tastiera. In ogni caso in questo testo troverete il termine *gate* semplicemente come
abbreviazione del termine che si riferisce al processore di dinamica chiamato *noise gate*.

[19] Da notare che sia l'attacco, sia il *release* nel *gate* si comportano in modo opposto rispetto alla
downward expansion. Ad esempio il *release* è il tempo che va dal momento in cui l'ampiezza del
suono oltrepassa la soglia verso il basso al momento in cui si raggiunge l'elaborazione del suono
impostata. Nella *downward expansion* è l'attacco ad avere questa funzione.

Come abbiamo accennato, il *gate* può essere utile per ridurre il rumore di un segnale, specialmente quando questo rumore è avvertibile solo durante le pause. Un altro uso, ad esempio, è quello di tenere il *release* del *gate* basso sui suoni di percussione per accentuare la velocità di estinzione del suono e rendere perciò tali suoni ancora più percussivi. Un utilizzo dal vivo di questo effetto può ridurre le possibilità di *larsen* (un sibilo che si verifica quando il microfono capta dall'altoparlante una frequenza particolarmente evidente), ad esempio se si ha un suono di uno strumento con *release* lungo su cui è presente anche un effetto di riverbero, si può impegare un *gate* per evitare l'innesco e dosare il riverbero in modo che il suono non risulti "tagliato". Un parametro tipico del *gate* è quello del **floor**, cioè del livello di arrivo (di solito regolato al minimo, cioè -∞, ma si usano spesso livelli di *floor* da -80 a -100 dB) del suono quando il *gate* è in funzione. Si può scegliere in alcuni casi (come quello riguardante il *larsen*), di regolare tale *floor* ad un livello basso, anziché annullare completamente i suoni a bassa intensità, in modo da ammorbidire l'effetto di "chiusura" del segnale. In questo caso, si potrebbe pensare che si tratti di *downward expansion* più che di *gate*, dato che il suono viene solo attenuato e non annullato. In realtà però anche in questo caso rimane una differenza fra i due: la quantità di attenuazione del *gate* (spesso definita con il termine *range*) è pre-definita dall'utente, mentre in un *downward expander* la quantità di attenuazione dipende dall'intensità del segnale, cioè dall'*undershoot*. È proprio a causa della varietà di possibili *floor* e a causa dell'indipendenza dell'attenuazione dall'*undershoot* che la regolazione non è basata su un *ratio* (cioè un rapporto) ma su un *range* (cioè una quantità di attenuazione).

. . . .

ESEMPIO INTERATTIVO 7D.1 • *Gate*

a) suono di percussione o pianoforte staccato *dry*
b) stessi suoni con *gate* ma con diversi attacchi e *release*
c) stessi suoni con *gate* con diversi *floor*

. . . .

7.6 UPWARD COMPRESSION E UPWARD EXPANSION

UPWARD EXPANSION

Mediante l'**upward expansion**, vengono *aumentati* di intensità i suoni al di sopra di una certa soglia. È utile ad esempio per ridare impatto o vitalità a suoni che hanno subito una compressione sui picchi troppo pesante. Mentre nella *downward compression* si riducono i picchi, e si aumenta l'intensità dei suoni che sono sotto i picchi (aumentando l'*output gain* dopo la compressione), nella *upward expansion* si restituisce una certa dinamica ai picchi. Spesso dopo questa operazione di espansione della dinamica, per evitare che i picchi vadano in distorsione, si diminuisce il livello dell'*output gain*.

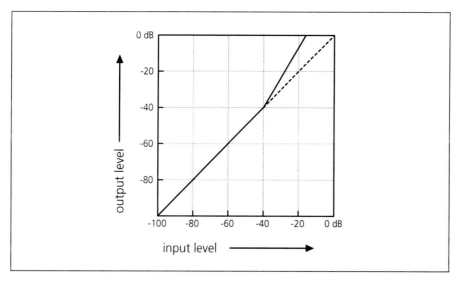

Fig. 7.13: *upward expansion*

Nell'*upward expansion* il *threshold* è la soglia *al di sopra* della quale il suono viene espanso.
Un rapporto di espansione di 1:2 significa che se il suono oltrepassa la soglia di 1 dB (verso l'alto) tale suono verrà espanso a 2 dB. Generalmente nella *upward expansion*, quando è usata per ridare dinamica ai picchi, si impostano rapporti di espansione leggeri, normalmente non superiori a 1:1.2. In ogni caso tali rapporti saranno sempre fra 0 e 1, dato che il *range* dinamico dell'*input* è sempre minore di quello dell'*output*.
Nella *upward expansion*, aumentare il *release* può aiutare a dare un *sustain* più lungo all'espansione anche subito dopo l'attacco. Per ridare "spinta" agli attacchi del suono troppo piatti si possono scegliere tempi d'attacco molto brevi, anche di pochi millisecondi, se questi attacchi risultano eccessivamente immediati si può salire fino a 150-300 ms. Se la sensazione rimane, vuol dire che la *upward expansion* non è ciò che state cercando.

UPWARD COMPRESSION

Spesso, pensando all'*upward compression*, si commette l'errore di credere che un aumento di intensità come questo (cioè un aumento del livello delle zone con bassa intensità) non corrisponda a una compressione. Ricordiamo ancora una volta che la compressione o l'espansione non si riferiscono all'intensità di un suono, ma alla sua gamma dinamica. Quando parliamo di gamma dinamica di un insieme di suoni non ci riferiamo all'ampiezza assoluta di quell'insieme (l'ampiezza infatti in questo caso potrebbe aumentare) ma di un rapporto fra intensità alte e quelle basse, perciò se all'interno di quell'insieme i suoni a bassa intensità vengono aumentati di ampiezza dal compressore avremo una riduzione della differenza fra intensità alta e intensità bassa, cioè effettivamente una compressione della gamma dinamica del segnale audio originale.

313

Ricordiamo che nell'**upward compression** si verifica un aumento del *gain* sotto una certa soglia, quindi viene aumentata l'intensità dei suoni che si trovano nella zona bassa della dinamica lasciando inalterati quelli al di sopra della soglia (vedi figura 7.14).

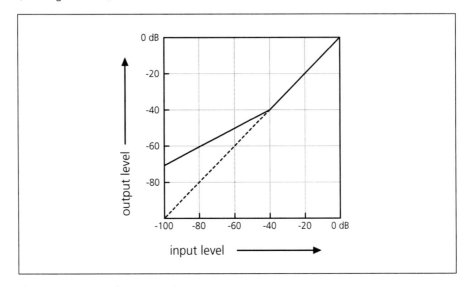

Fig. 7.14: *upward compression*

In realtà non sono molti i compressori commerciali che consentono direttamente la *upward compression*. Questa può essere realizzata (come abbiamo visto precedentemente) mediante una *parallel compression*, oppure, come in figura, tramite un espansore "al contrario", cioè con un ratio maggiore di 1:1. Con la *downward expansion* avevamo espanso la dinamica di suoni che erano sotto il *threshold*, (ad esempio usando un ratio di 1:2). Se usiamo però rapporti di espansione maggiori di 1 (ad es. 1:0.5) i suoni sotto la soglia saranno compressi verso l'alto.

AZIONI E PROCESSORI DI DINAMICA
Riassumendo, bisogna saper distinguere fra l'azione che si vuole compiere e il processore di dinamica da utilizzare. Vediamo i diversi processori di dinamica nella tabella 7A:

AZIONE	DINAMICA PRIMA E DOPO L'INTERVENTO DEL PROCESSORE	ALGORITMO	RAPPORTO	VALORE ASSOLUTO
Downward compression		Compressore	>1:1	>1
Downward expansion		Espansore	1:>1	fra 0 e 1
Upward compression		Espansore (con ratio invertito)	1:<1	>1
Upward expansion		Compressore (con ratio invertito)	<1:1	fra 0 e 1
Gate		Gate	_ _ _ _	_ _ _ _
Limiter		Limiter	_ _ _ _	_ _ _ _

Tabella A

315

UPWARD PARALLEL COMPRESSION

Come abbiamo visto nel par.7.2, la *parallel compression* prevede il missaggio di due segnali, il segnale originario (non compresso e leggermente ritardato) e il segnale compresso. Presentiamo qui un modello diverso, meno conosciuto, di *parallel compression* in cui viene utilizzata, per il segnale compresso, non una *downward compression* ma una *upward compression*.[20] Il suono compresso non subirà quindi, in questo caso, una limitazione dei picchi, ma sarà un segnale in cui, al di sotto di una certa soglia (che porremo ad un livello basso, da -30 dB a -40 dB) i suoni verranno aumentati di intensità (con un *ratio* fra 1:3 e 1:5). Questo suono compresso verrà missato con l'originale (ricordatevi di ritardarlo di alcuni campioni in modo da evitare interferenze distruttive). Il segnale compresso dovrà essere posto a circa il 5-10% dell'ampiezza rispetto a quello *dry*. È proprio la prevalenza del suono *dry* l'elemento che ci fa preferire una *upward parallel compression* rispetto ad una semplice *upward compression*. La gran parte del suono che ascolteremo, infatti, non avrà subito alcun passaggio all'interno del compressore, e il suono ne guadagnerà in "naturalezza". Naturalmente i valori da impostare sono variabili e dipendono dal contenuto del file audio da comprimere e dallo scopo per cui viene utilizzata la *parallel compression*. Uno degli usi più diffusi è all'interno del processo di *mastering* finale, cioè il processo di finalizzazione in cui vengono decisi i livelli definitivi di un *master* di un pezzo musicale o di un lavoro di *sound design*. Bisogna ricordare che il suono, prima di essere compresso, dovrà essere posto ad un livello inferiore a 0 dB, in quanto con l'aggiunta del suono compresso l'intensità aumenterà. Spesso si preferisce tenere l'intensità su valori che vanno da -3 a -4 dB, in modo da avere la possibilità di variare l'intensità del suono compresso nel mix senza incorrere nel pericolo di distorsioni.

Rispetto alla *downward parallel compression* (spiegata nel par. 7.2) l'*upward parallel compression* ha il vantaggio di non comprimere i picchi e di conseguenza risulta anche più "naturale".

7.7 SIDE-CHAIN ESTERNO, DUCKING

Normalmente un compressore entra in funzione ogni volta che il segnale in ingresso (che chiameremo A) supera il *threshold*. Quando viene attivata la funzione di **side-chain esterno**, invece, il compressore comprime il suono A ogni volta che esso viene attivato da un segnale B (detto in genere *key*, **key input** o **external key input**). Tutto il *side-chain* diventa quindi "esterno" (rispetto al suono da comprimere) dato che è attivato da un altro suono.

Un uso creativo dell'**external side-chain processing** si trova spesso nei missaggi e nella composizione di musica *techno*, *house* e simili.

---

[20] I dettagli di questa tecnica ci sono stati mostrati dal Prof. Marco Massimi all'interno di una serie di lezioni tenute nel 2009 presso la Scuola di Musica Elettronica del Conservatorio di Musica di Frosinone e il Master di Ingegneria del Suono presso la Facoltà di Ingegneria Elettronica dell'Università di Roma *Tor Vergata*.

In ambito commerciale (sia fra i musicisti, sia nei manuali dei *plug-in*) ci si riferisce a questa tecnica con il nome abbreviato *side-chain*.

Questa tecnica consiste nell'uso, ad esempio, di una cassa di batteria come segnale di *key* e il resto della musica (o una parte di essa) come segnale A, in modo tale che ad ogni colpo di cassa il resto della musica (o parte di essa) venga compressa per l'attimo che serve a far percepire in modo chiaro il colpo. In questo modo si rende più definito il suono della cassa stessa e si consente un livello generale più alto. Il segnale A infatti, quando la cassa non è presente, può essere tenuto ad un livello più alto di quanto non sarebbe consentito se ci fosse una semplice sovrapposizione del suono B più il suono A senza la compressione in *side-chain*. Analogamente anche la dinamica della cassa può rivelarsi meglio, con meno mascheramento.

Ovviamente questo tipo di tecniche influenzano il pensiero e il gusto musicale e spingono i programmatori di effetti a proseguire nell'invenzione di nuove possibilità nella stessa direzione.

Un'altra tecnica molto conosciuta è il **ducking**, usato nelle radio commerciali, in cui non appena il conduttore parla, l'intensità della musica viene ridotta, evitando così che la musica mascheri la voce e la renda incomprensibile e mantenendo l'intensità globale sempre al massimo senza distorsione. Non appena lo speaker smette di parlare la musica automaticamente torna alla sua intensità massima: in questo caso il segnale di *key* che dà il *trigger* al compressore è la voce (il segnale B) e il segnale compresso è la musica. La particolarità dell'algoritmo del *ducker*, però, non è tanto quella di utilizzare un segnale di *key input* diverso dal segnale da comprimere (è possibile realizzare anche un *ducker* in cui il suono in *input* e quello da comprimere coincidono, come vedremo nel par. 7.8). La sua specificità consiste nel non essere dipendente dal livello di *overshooting*, come invece è il compressore. La quantità di riduzione dell'intensità, infatti, è fissa e tale riduzione viene attivata ogni volta che il suono supera la soglia (non importa di quanto) e rimane attiva finché il suono in *input* rimane sopra la soglia.

7.8 ALTRI USI CREATIVI DEI PROCESSORI DI DINAMICA

Avevamo visto, nella sezione dedicata al *limiter*, un uso creativo basato sulla semplice modifica dei valori dei parametri di un algoritmo. Ci occuperemo invece, in questo paragrafo, di tre algoritmi particolari pensati specificamente per un uso creativo dei processori di dinamica, il *gate/ducker adattivo*, il *gate-trigger* e il *gate sequencer* (o *live slicer*).

GATE ADATTIVO

Si può creare un *gate* che, anziché chiudersi quando l'intensità del suono va al di sotto della soglia, si chiuda (annullando il suono) ogni volta in cui il suono diminuisca di intensità e si apra (lasciando passare il suono) ogni volta che il suono aumenti di intensità indipendentemente da una soglia prefissata. Chiameremo questo tipo di *gate* "adattivo" in quanto il suo comportamento varia continuamente al variare dell'ampiezza del suono. Per rilevare gli accenti dinamici del suono indipendentemente dall'ampiezza assoluta, sarà necessario costruire un sistema formato da due *envelope follower*. Il primo *envelope follower* considererà pochi campioni precedenti, di conseguenza sarà relativamente veloce nel seguire e descrivere le variazioni d'intensità del suono. Il secondo utilizzerà per il calcolo dell'inviluppo molti campioni precedenti, sarà quindi più lento dell'altro nella descrizione delle variazioni d'intensità. Il *gate* adattivo lascerà passare il suono ogni volta che l'intensità dell'*envelope follower* veloce superi quella dell'*envelope follower* lento, e si chiuderà in caso contrario. Naturalmente, a seconda del tipo di effetto che vogliamo ottenere, dovremo calibrare la quantità di campioni considerati sia nell'*envelope follower* veloce sia in quello lento. Molto importanti sono i parametri di *attack* e *release* che in questo caso definiscono semplicemente l'attacco e il *release* del suono così come li ascoltiamo in *output*. Con un *release* veloce potremo far quasi coincidere il momento in cui l'intensità dell'*envelope follower* lento supera quello veloce e il momento di chiusura del suono, e potremo creare un accorciamento degli eventi sonori originari (vedi esempio sonoro 7A.11). Si possono anche rendere più lenti gli attacchi (vedi esempio sonoro 7A.12), rallentando il tempo che va dal superamento dell'*envelope follower* lento da parte di quello veloce, e l'effettiva apertura del *gate* adattivo.

• •

ESEMPIO SONORO 7A.11

    a) Suono originario (sequenza batteria)
    b) Suono sottoposto a *gate adattivo* con *release* veloce
    c) Suono sottoposto a *gate adattivo* con *release* lento

ESEMPIO SONORO 7A.12

    a) Suono originario (sequenza batteria)
    b) Suono sottoposto a *gate adattivo* con attacco veloce
    c) Suono sottoposto a *gate adattivo* con attacco lento

• •

DUCKER ADATTIVO

Il *ducker*, come abbiamo accennato, può essere costruito anche utilizzando lo stesso suono, senza *external key input*. Normalmente ciò potrebbe sembrare inutile, ma se utilizziamo un *gate* adattivo al contrario (cioè se chiudiamo il *gate* quando l'*envelope follower* veloce supera quello lento e lo riapriamo quando quello lento supera quello veloce) otteniamo un *ducker* adattivo. Un *ducker* infatti non è altro che un *gate* con comportamenti opposti. Gli effetti possibili con un *ducker* adattivo sono particolari, in quanto ogni volta che l'intensità scende il suono appare e ogni volta che il suono in *input* sale d'intensità, il suono stesso in uscita scompare. In realtà, sia nel *gate* adattivo, sia nel *ducker* adattivo, si può scegliere di regolare il *floor* ad un livello basso, anziché annullare completamente i suoni a bassa intensità, in modo da ammorbidire l'effetto di "chiusura" del segnale.

ESEMPIO SONORO 7A.13

a) suono originario
b) suono sottoposto a *ducker* adattivo

• •

TRIGGERING GATE

Normalmente, quando il suono in *input* supera la soglia, un *gate* si apre lasciando passare il suono. Se invece al superamento della soglia succedesse qualcosa di diverso? Ad esempio se venisse attivato un inviluppo, un filtraggio, un *delay*, uno spostamento nel fronte stereofonico, una riproduzione in *reverse* dello stesso suono? In questi casi la funzione del *gate* sarebbe simile a quella di un *trigger* di eventi, cioè di un attivatore di un processo, con la differenza, rispetto ad un normale *trigger*, che l'attivazione dipende dal superamento di una soglia.[21]

• •

ESEMPIO SONORO 7A.14

a) suono originario
b) sottoposto a diverse elaborazioni collegate a un *triggering gate*

• •

GATE SEQUENCER (LIVE SLICING)

Nel par. 5.4T abbiamo descritto il *live slicer*, che abbiamo chiamato anche *gate sequencer*. Si tratta, come sappiamo di una tecnica in cui il segnale in entrata nel *live slicer* viene sottoposto in tempo reale ad inviluppi ritmici regolari. Applicando processi diversi (anch'essi sincronizzati) ai singoli frammenti si possono creare sequenze ritmiche con accenti determinati, ad esempio, dalle variazioni d'intensità, o dei filtri e dalle variazioni di pitch o spazializzazioni, *delay*, etc. In realtà le aperture e chiusure ritmiche del *gate* non sono basate sulla determinazione di una soglia, in quanto l'algoritmo non prevede un *envelope follower*. Di conseguenza il termine *gate sequencer* va inteso in senso ampio, in quanto del *gate* rimane solamente l'idea dell'apertura e chiusura basata sull'ampiezza.

Negli esempi sonori che seguono, potrete ascoltare processi di filtraggio e spazializzazione basati su un ritmo base e le sue suddivisioni (ad esempio metà, 1/3, 1/4 1/5 etc.). In questi esempi i valori della frequenza di taglio e quelli della

---

[21] Di nuovo chiariamo che il termine *gate* e il termine *trigger* sono qui usati al di fuori della nomenclatura tipica dei sintetizzatori, nella quale il *gate* è considerato sinonimo di *voltage trigger*. Qui, invece, si intende il *gate* come processore di dinamica (*noise gate*), e il *trigger* come generico attivatore di eventi.

spazializzazione sono generati in modo *random* sulla base di un *range* determinabile dall'utente, e variano sulla base dei suddetti ritmi. Vedremo nella parte pratica un modo per realizzare questo tipo di *gate sequencer*.

ESEMPIO SONORO 7A.15

- Diversi esempi di *live slicer*

FEEDBACK CONTROLLATO IN DINAMICA

Nel par. 6.2 abbiamo parlato di *feedback* nelle linee di ritardo. Abbiamo visto come il coefficiente di attenuazione del segnale nel *feedback* non può avere valori pari a 1 (100%) o più di 1, in quanto l'ampiezza aumenterebbe indefinitamente.

D'altra parte il suono di questo tipo di *feedback*, se controllato in ampiezza, potrebbe essere timbricamente interessante. Per poterlo utilizzare liberamente possiamo servirci di un *limiter* all'interno di un algoritmo di un *delay* con *feedback* per fare in modo che il suono non superi mai lo 0 dBFS. In questo modo saremo liberi di adoperare fattori di moltiplicazione del *feedback* superiori a 1 senza che l'ampiezza del segnale cresca indefinitamente e potendo quindi sperimentare diverse possibilità timbriche derivate da un uso insolito del *feedback* stesso. Ad esempio se, in un tale sistema, il tempo di *delay* viene variato tramite un LFO, e magari ci sono più linee di ritardo indipendenti, possiamo creare degli interessanti effetti di distorsione e risonanza.

ESEMPIO SONORO 7A.16

a) Suono originario
b) Suono sottoposto a *delay* con *feedback* limitato in dinamica

VERIFICA • TEST

1)   Analizzate queste forme d'onda:

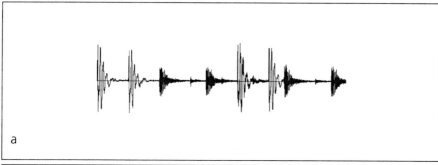

a

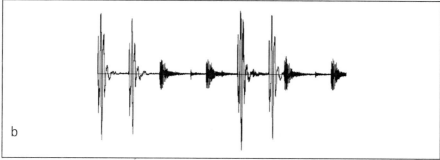

b

Che tipo di elaborazione della dinamica stiamo realizzando? (test a scelta multipla)
a) *upward compression*
b) *upward expansion*
c) *downward compression*
d) *downward expansion*
e) *gating*
f) *limiting*
g) *parallel compression*
h) compressione multi-zona
i) compressione multibanda

2)   Analizzate queste forme d'onda:

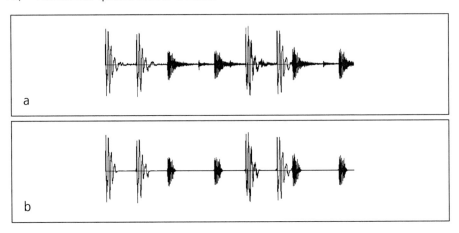

a

b

Che tipo di elaborazione della dinamica stiamo realizzando? (test a scelta multipla)
a) *upward compression*
b) *upward expansion*
c) *downward compression*
d) *downward expansion*
e) *gating*
f) *limiting*
g) *parallel compression*
h) compressione multi-zona
i) compressione multibanda

3)   Se si deve ridare dinamicità a un pezzo musicale del quale possediamo solo una versione che ha i picchi troppo compressi, che tipo di processore di dinamica impiegheremo e come? (max 30 parole)

4)   Se vogliamo aumentare il livello RMS di un pezzo musicale, senza attenuarne i picchi con una *downward compression*, che tipo di elaborazione della dinamica utlizzeremo e come? (max 30 parole)

5)   Se stiamo elaborando un suono in tempo reale, proveniente da uno strumento la cui uscita contiene un rumore di fondo che si può percepire solo quando lo strumento non suona, mentre quando lo strumento suona tale rumore di fondo viene mascherato, che tipo di processore di dinamica potremmo applicare per eliminare tale rumore di fondo nei momenti di pausa? (max 30 parole)

6)   Se vogliamo realizzare un effetto di "ducking" dal vivo, quale processore di dinamica useremo e come, e inoltre quale *key input* utilizzeremo? (max 30 parole)

VERIFICA • ATTIVITA' DI ASCOLTO E ANALISI

1) Nei due suoni dell'esempio sonoro 8 quale ha subito una *downward compression*?

2) Nell'effetto di *ducking* dell'esempio numero 9 quale dei due segnali è il *key input*?

· ·

CONCETTI DI BASE

1) I processori di dinamica sono dispositivi che utilizzano tecniche di trasformazione del *range* dinamico di un suono (o una serie di suoni, o un pezzo etc.), per scopi molto diversi, sia tecnici sia creativi.

2) Gli *envelope follower* possono essere utili per l'elaborazione del suono, in modo particolare per modellare diversamente un segnale sonoro mediante l'imposizione ad esso dell'inviluppo di un altro segnale sonoro. La riconoscibilità di un suono dipende molto dall'attacco del suono stesso, pertanto è possibile, non alterando la forma d'onda ma solo l'inviluppo di un suono, renderlo completamente diverso e irriconoscibile. Gli *envelope follower* sono alla base del *side chain* di processori di dinamica quali il compressore o l'espansore.

3) In linea di massima l'uso del compressore può modificare il "feeling" (in definitiva il timbro) del suono in questione, mentre l'uso del *limiter* tende verso una certa trasparenza dal punto di vista del risultato finale rispetto a quello iniziale. Nel caso del *limiter* si tratta pertanto di un uso prevalentemente tecnico per una limitazione dei picchi che non risulti troppo evidente, mentre il compressore viene utilizzato anche per scopi molto diversi, ad esempio di elaborazione creativa del suono. Parallelamente il *gate* viene utilizzato, in genere, per motivi tecnici, mentre gli usi dell'espansore sono vari e comprendono molte possibilità di tipo sia tecnico sia creativo. Il *limiter* e il *gate* possono comunque essere utilizzati a scopi creativi, cambiandone i valori dei parametri rispetto a quelli normalmente usati, o inserendoli in un algoritmo più complesso.

4) Compressori e *limiter* sono usati molto spesso per dare una sensazione di maggiore "volume", e per conformarsi ai *range* dinamici limitati di radio e tv, o alla necessità di omogeneità dinamica dato dall'uso della musica in situazioni di inquinamento acustico. La tendenza a comprimere sempre di più per avere un livello sempre più alto e omogeneo porta ad avere forme d'onda appiattite, escursioni minime etc. Quando la compressione è eccessiva ne risentono anche la profondità e l'ampiezza dell'immagine stereo, le quali vengono deteriorate, schiacciate, ma l'utilizzo di tali dinamiche può essere il frutto di una scelta artistica. E' importante comunque tenere conto della destinazione e del canale di diffusione del lavoro per poter decidere sulla gamma dinamica da utilizzare. Un uso accorto dei processori di dinamica consente di realizzare buoni compromessi fra varietà dinamica e necessità date dagli standard.

GLOSSARIO

Attack (Attacco)
Tempo in cui il processore di dinamica da completamente inattivo diventa completamente attivo. Nel *gate* l'attacco è il tempo in cui il suono, oltrepassando la soglia, dal livello del *floor* raggiunge il livello della sua intensità originaria.

Ceiling (nel *limiter*)
Termine con cui si identifica la soglia in un *limiter*.

Chattering (nel *gate*)
Distorsione del segnale che ha luogo quando, avendo una sola soglia, si ha l'apertura e la chiusura del *gate* molte volte in un piccolo spazio di tempo.

Compressore
Processore di dinamica che serve a ridurre la gamma dinamica di un suono.

Compressori / Espansori a soglia temporale
Processori di dinamica che analizzano l'inviluppo del segnale e consentono di configurare la soglia sulla base dei tempi dei transienti in entrata, per poi elaborarne il contenuto in modi diversi mediante compressione o espansione.

Compressori / Espansori multibanda
Processori di dinamica che uniscono la funzione di equalizzazione e quella di *dynamic processing*. Consentono di suddividere il segnale in "zone di frequenza" per poi elaborarne il contenuto in modi diversi, mediante compressione o espansione.

Compressori /Espansori Multizona
Processori di dinamica che consentono di suddividere il segnale in "zone di ampiezza" per poi elaborarne il contenuto in modi diversi mediante compressione o espansione.

De-esser
Compressore speciale che attenua le sibilanze delle "esse" della voce o altri suoni sibilanti. Molto veloce e a banda stretta, detto anche *sibilance controller*, comprime solo la banda in cui ricade il suono sibilante.

Downward compression
Tipo di compressione in cui si attenuano i picchi sopra la soglia.

Downward expansion
Espansione verso il basso: viene ridotto il *gain* dei suoni che sono sotto la soglia, rendendo la loro intensità ancora minore.

Ducker adattivi
Tipologia di *ducker* che si chiudono ogni volta in cui il suono aumenti di intensità e si aprono ogni volta che il suono diminuisca di intensità indipendentemente da una soglia prefissata.

Envelope follower
Estrattore d'inviluppo, detto anche *peak amplitude follower*, svolge la funzione di estrazione dell'inviluppo, misurando l'ampiezza dei picchi positivi di una forma d'onda. Sulla base di questa serie di valori d'ampiezza estratti dal suono, l'*envelope follower* produce un segnale di controllo che può a questo punto essere "imposto" ad un altro suono come controllo dell'inviluppo d'ampiezza o sotto altra forma.

Envelope shaper
Modellatore d'inviluppo. L'*envelope shaping* è un altro modo per indicare

la funzione, presente nell'*envelope follower*, di rimodellare l'inviluppo di un suono mediante l'imposizione di un segnale di controllo proveniente da un altro suono.

Espansore
Processore di dinamica che serve ad aumentare la gamma dinamica di un suono.

Feedback controllato in dinamica
Circuito con *feedback* controllato da un *limiter* o altro processore di dinamica atto ad evitare che il suono superi lo 0dBFS quando la percentuale di attenuazione del *feedback* sia uguale o superiore al 100%.

Floor
Livello minimo del suono che viene raggiunto quando un *gate* (o un *downward expander*) è in funzione. Sovente nel *gate* il *floor* è regolato al minimo, cioè -∞.

Gain attenuation
Parametro in uso negli espansori atto ad diminuire il guadagno in uscita del suono.

Gain expansion meter
Indicatore di livello che consente di monitorare istante per istante il livello di espansione in dB dei suoni su cui sta agendo l'espansore (cioè quelli che in quell'istante sono oltre la soglia).

Gain reduction meter
Indicatore di livello che consente di monitorare istante per istante il livello di riduzione in dB dei suoni su cui sta agendo il compressore (cioè quelli che in quell'istante sono sopra la soglia).

Gamma dinamica (Dynamic range)
Rapporto fra l'ampiezza massima e l'ampiezza minima che è possibile rap-

presentare all'interno di un determinato hardware, software o supporto.

Gate (o Noise gate)
Processore di dinamica che attenua, fino ad annullarli (quando il livello del *floor* è uguale a -∞), i suoni che sono sotto una certa soglia. Al di sopra della soglia il segnale passa inalterato.

Gate adattivi
Tipologia di *gate* che si chiudono ogni volta in cui il suono diminuisca di intensità e si aprono ogni volta che il suono aumenti di intensità indipendentemente da una soglia prefissata.

Gate-sequencer
Algoritmo in cui il segnale in entrata viene sottoposto in tempo reale ad inviluppi ritmici regolari. Applicando processi diversi (anch'essi sincronizzati) ai singoli frammenti si possono creare sequenze ritmiche con accenti determinati, ad esempio, dalle variazioni d'intensità, o dei filtri e dalle variazioni di *pitch* o spazializzazioni, *delay*, etc. Le aperture e chiusure ritmiche del *gate* non sono basate sulla determinazione di una soglia, in quanto l'algoritmo non prevede un *envelope follower*.

Isteresi (Hysteresis)
Distanza in dB fra la soglia di chiusura e quella di apertura in un gate o altro sistema.

Key Input o External Key Input
Segnale che attiva un processore di dinamica utilizzato per l'elaborazione di un segnale diverso. Si utilizza il *key input* quando è attivata la funzione di *side-chain* esterno. Tutto il *side-chain* in questo caso è "esterno" rispetto al suono da comprimere dato che è attivato da un altro suono.

Knee (Curvatura)
Curvatura del rapporto di compressione. Si può avere un *soft knee* (curvatura morbida) e uno *hard knee* (curvatura dura).

Limiter
Processore di dinamica che ha lo scopo di impedire che il segnale in ingresso superi una determinata soglia, detta *ceiling*.

Live slicer
Vedi *gate-sequencer*.

Output gain o Gain makeup
Parametro dei processori di dinamica atto a regolare il guadagno in uscita del suono.

Parallel compression
Metodo di compressione che prevede il missaggio di due segnali, il segnale originario (non compresso) e il segnale compresso allo scopo di aumentare il livello RMS del suono senza comprimerne i picchi.

Processori di dinamica
Dispositivi che utilizzano tecniche di trasformazione del *range* dinamico di un suono.

Ratio (Rapporto)
Rapporto di compressione (o di espansione) dei segnali il cui livello è oltre la soglia, rispetto all'intensità originaria. Può essere espresso come rapporto o come percentuale.

Release (Estinzione)
Tempo in cui il compressore (o l'espansore) da completamente attivo diventa completamente inattivo, cioè il tempo che intercorre fra il momento in cui il suono torna al di qua della soglia e il momento in cui il segnale ritorna al normale *unity gain*. Nel

gate il *release* è il tempo in cui il suono dal livello di intensità originaria raggiunge il livello del *floor*.

Side-chain
Termine con doppio significato, il primo si riferisce alla catena laterale interna ad un processore di dinamica. La seconda (detta anche *external side-chain processing*) si riferisce alla modalità di funzionamento di un processore di dinamica che consente di svincolare l'attivazione del processore stesso data dal segnale in ingresso, per rendere tale attivazione dipendente da un altro segnale esterno (*key input*).

Slope (Pendenza)
Altro modo per indicare il rapporto di compressione, basato sulla pendenza della curva di compressione.

Threshold (Soglia)
Livello oltre il quale viene attivata l'elaborazione della dinamica.

Triggering gate
Gate la cui funzione è simile a quella di un *trigger* di eventi, cioè di un attivatore di un processo, con la differenza rispetto ad un normale *trigger* che l'attivazione dipende dal superamento di una soglia.

Upward compression
Tipo di compressione in cui viene aumentato il livello delle zone con bassa intensità.

Upward expansion
Espansione verso l'alto: vengono aumentati di ampiezza i suoni al di sopra di una certa soglia.

DISCOGRAFIA

Luigi Ceccarelli "Exsultet", Rai Trade, CD RTC006
Alessandro Cipriani "Aqua Sapientiae/Angelus Domini" in Al Nur, CNI, CD CNDL 13172

. . . .

7P
PROCESSORI DI DINAMICA

7.1 ENVELOPE FOLLOWER

7.2 COMPRESSORI E DOWNWARD COMPRESSION

7.3 LIMITER E LIVE NORMALIZER

7.4 ESPANSORI E DOWNWARD EXPANSION

7.5 GATE

7.6 UPWARD COMPRESSION E UPWARD EXPANSION

7.7 SIDE-CHAIN E DUCKING

7.8 ALTRI USI CREATIVI DEI PROCESSORI DI DINAMICA

CONTRATTO FORMATIVO

PREREQUISITI PER IL CAPITOLO
- CONTENUTI DEL VOLUME 1, DEI CAPITOLI 5 E 6 (TEORIA E PRATICA), DELL'INTERLUDIO C E DEL CAPITOLO 7T

OBIETTIVI
ABILITÀ
- SAPER APPLICARE L'INVILUPPO DI UN SUONO A UN ALTRO SUONO O AD ALTRI PARAMETRI.
- SAPER COSTRUIRE ALGORITMI PER GLI ENVELOPE FOLLOWER, DOWNWARD E UPWARD COMPRESSION, PARALLEL COMPRESSION, DE-ESSER, LIMITER E LIVE NORMALIZER.
- SAPER APPLICARE I VALORI DEI PARAMETRI ADATTI PER QUALSIASI PROCESSORE DI DINAMICA.
- SAPER COSTRUIRE ALGORITMI PER IL GATE, DOWNWARD O UPWARD EXPANDER, PER IL SIDE-CHAIN E IL DUCKING.
- SAPER USARE I PROCESSORI DI DINAMICA SIA PER SCOPI TECNICI, SIA PER FINI CREATIVI.

CONTENUTI
- ENVELOPE FOLLOWER
- COMPRESSORI, LIMITER, LIVE NORMALIZER E DE-ESSER
- ESPANSORI E GATE
- REALIZZAZIONI DI DOWNWARD E UPWARD COMPRESSION ED EXPANSION
- REALIZZAZIONI DI PARALLEL COMPRESSION
- REALIZZAZIONI DI SIDE-CHAIN ESTERNI E DUCKING
- REALIZZAZIONI DI GATE E DUCKER ADATTIVI, TRIGGERING GATE, GATE-SEQUENCER E FEEDBACK CONTROLLATI IN DINAMICA

ATTIVITÀ
- COSTRUZIONE E MODIFICHE DI ALGORITMI

SUSSIDI DIDATTICI
- LISTA OGGETTI MAX - LISTA COMANDI, ATTRIBUTI E PARAMETRI PER OGGETTI MAX SPECIFICI

7.1 ENVELOPE FOLLOWER

Ci sono diversi modi per realizzare un *envelope follower* in Max: come vedremo ogni metodo ha caratteristiche proprie che possono renderlo più o meno utile nelle diverse applicazioni. Analizzeremo i diversi metodi e ne discuteremo gli usi più efficaci.

Il primo oggetto che presentiamo è **average~**: ricostruite la semplice *patch* di figura 7.1.

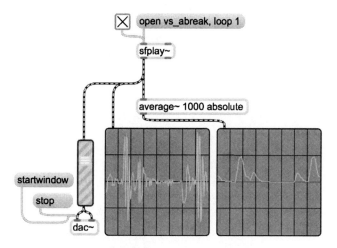

fig. 7.1: *envelope following* con **average~**

Questo oggetto genera un segnale che rappresenta una media (in inglese *average*) dei valori dei campioni in entrata. Come vediamo in figura, il segnale in uscita segue il profilo dinamico, ovvero l'inviluppo, del segnale in ingresso. Il primo argomento di **average~** indica il numero di campioni in ingresso da considerare per il calcolo della media (in figura 1000), il secondo argomento (in figura è "absolute") specifica il modo in cui viene calcolata la media.

I modi possono essere tre:

1) *bipolar* (modalità di *default*), viene semplicemente calcolata la media dei campioni in ingresso; ovvero si somma il valore dei campioni e si divide il risultato per il numero dei campioni. Nel caso di segnali audio tale media, quando è calcolata su un grande numero di valori (pari almeno ad un ciclo della forma d'onda in ingresso), risulta molto vicina allo zero, in quanto i valori positivi e quelli negativi di un segnale bipolare tendono ad equivalersi, annullandosi a vicenda.

2) *absolute*, la media viene calcolata sul valore assoluto (cioè sempre positivo) dei campioni in entrata. È la modalità usata in figura.

3) *rms* (*root mean square*). In questa modalità i campioni in ingresso vengono elevati al quadrato (e diventano perciò tutti positivi), viene poi calcolata la media, e successivamente la radice quadrata di tale media. Questo processo, che è il più dispendioso per la CPU, è quello che dà i risultati più accurati. La modalità *absolute* è comunque sufficiente in molti casi.

È possibile modificare il modo di calcolo inviando all'ingresso di **average~** i messaggi "bipolar", "absolute" o "rms". È anche possibile modificare il numero di campioni da utilizzare per il calcolo della media inviando all'oggetto un valore intero. Tale valore però non può essere superiore all'argomento specificato.

Quanti campioni devono essere utilizzati per ottenere un buon *envelope following*? Non è possibile indicare un valore buono per tutte le situazioni; notate comunque che all'aumentare del numero di campioni il segnale risultante tenderà ad appiattire gli accenti del suono in ingresso, mentre diminuendo il numero dei campioni l'inviluppo seguirà sempre più fedelmente l'ampiezza di picco, fino a che, utilizzando un solo campione per la "media", verrà riprodotto l'andamento istantaneo della forma d'onda in entrata.

Possiamo utilizzare l'inviluppo ricavato da **average~** applicandolo ad un segnale ad ampiezza costante: modificate la *patch* nel modo indicato in figura 7.2.

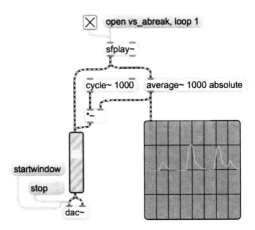

fig. 7.2: inviluppo applicato ad un oscillatore

In questo caso, a un oscillatore sinusoidale a 1000 Hz viene applicato l'inviluppo del *loop* di batteria. Se avviate la *patch* noterete che l'inviluppo applicato all'oscillatore appare ritardato rispetto al suono diretto della batteria: questo avviene perché ogni campione generato dall'oggetto **average~** è il risultato della media dei 1000 campioni precedenti. Una soluzione semplice consiste nel ritardare il segnale diretto (quello che va dall'oggetto **sfplay~** all'oggetto **gain~**) finché i due suoni non sembrino sincronizzati: provate ad esempio ad inserire un *delay* di 200-300 campioni.

Modificate poi il numero di campioni utilizzati da **average~** per calcolare la media collegando un *number box* all'oggetto. Cosa succede con 100 campioni? E con 10? E con 1?

Possiamo anche utilizzare l'inviluppo ricavato dall'envelope follower per controllare alcuni parametri di elaborazione del suono. Modificate la *patch* come indicato in fig. 7.3.

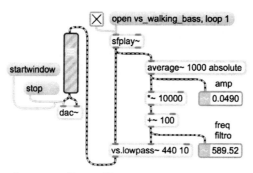

fig. 7.3: inviluppo che controlla un filtro

Il suono caricato è vs_walking_bass.wav, e l'inviluppo calcolato dall'oggetto **average~** viene utilizzato per controllare un filtro passa-basso applicato al soundfile. Come potete notare, la frequenza del filtro segue il profilo dinamico del suono. L'ampiezza dell'inviluppo viene moltiplicata per 10000, viene poi sommato il valore 100 e il risultato viene usato come frequenza di taglio. In realtà, dato che in questo caso il segnale generato dall'*envelope follower* raramente supera il valore 0.1, la frequenza di taglio massima sarà all'incirca di 1100 Hz (10000 · 0.1 + 100).

Provate a cambiare i valori del moltiplicatore, del sommatore, del fattore Q (secondo argomento del filtro) e il tipo di filtro (ad esempio usate un filtro passa-alto).

Vediamo come possiamo controllare parametri diversi tramite l'*envelope follower*: aprite la *patch* **07_01_envfollow.maxpat** (fig. 7.4).

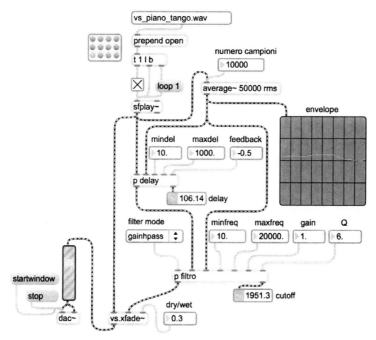

fig. 7.4: file **07_01_envfollow.maxpat**

333

In questa *patch* l'*envelope follower* serve a controllare contemporaneamente un tempo di *delay* e la frequenza di taglio di un filtro. Il segnale prodotto da `sfplay~` viene infatti inviato ad un oggetto `average~` che genera l'inviluppo (in modalità *rms*) e lo trasmette a due *subpatch*. La prima *subpatch*, [p delay], riceve l'inviluppo al secondo ingresso e lo usa per controllare il tempo di ritardo del suono che arriva all'ingresso di sinistra; il tempo di ritardo può variare tra un minimo e un massimo liberamente impostabili (vedi i due *flonum* "mindel" e "maxdel"), è inoltre possibile impostare un *feedback*. Il segnale ritardato viene generato all'uscita di sinistra della *subpatch*, mentre all'uscita di destra viene trasmesso il tempo effettivo di *delay* (visualizzato da un oggetto `number~`). Il contenuto della *subpatch* è abbastanza semplice (fig. 7.5).

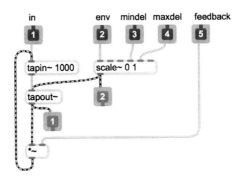

fig. 7.5: *subpatch* [p delay]

Il segnale generato da `average~` (inlet "env") viene passato ad un oggetto `scale~` che trasforma l'intervallo 0-1 dell'inviluppo nell'intervallo mindel-maxdel impostato nella *patch* principale[1]. Il tempo di ritardo viene trasmesso al circuito `tapin~`/`tapout~` con *feedback* visibile sulla sinistra.

Il segnale ritardato passa poi alla *subpatch* [p filtro], che utilizza l'inviluppo per modulare la frequenza di taglio di un filtro. Anche in questo caso il parametro viene impostato entro un minimo e un massimo ("minfreq" e "maxfreq") ed è inoltre possibile regolare l'ampiezza del segnale filtrato ("gain") e il fattore Q.

Si può cambiare il tipo di filtro utilizzando l'oggetto `umenu` "filter mode". I filtri disponibili sono tre: *gainlpass*, *gainhpass* e *gainbpass*; ovvero, filtro passa-basso, passa-alto e passa-banda, tutti e tre con regolazione del *gain*. Vediamo il contenuto della *subpatch* (fig. 7.6).

Anche qui un oggetto `scale~` trasforma il *range* dell'inviluppo da 0-1 all'intervallo di frequenza ("minfreq" e "maxfreq") che abbiamo impostato. In basso vediamo il filtro `vs.2ndorder~`. Si tratta di un filtro del secondo ordine il cui comportamento può essere modificato a piacere trasmettendo al secondo ingresso il tipo di filtro che si desidera (passa-alto, passa-basso, etc.). In realtà

---

[1] C'è da notare che è molto improbabile che l'inviluppo calcolato da `average~` si avvicini al valore massimo 1 e che si ottenga quindi il massimo ritardo. Il parametro "maxdel" va perciò impostato tenendo conto di questo fatto.

questo oggetto è realizzato semplicemente utilizzando i due oggetti standard `filtercoeff~` e `biquad~`[2]. Nella *patch* di *help* dell'oggetto è possibile vedere quali sono i diversi tipi di filtro che si possono impostare (sono gli stessi dell'oggetto `filtercoeff~`).

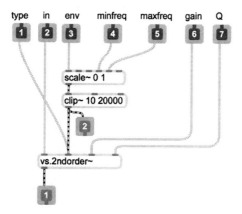

fig. 7.6: *subpatch* [p filtro]

Tornate alla *patch* principale e ascoltate tutti gli esempi, dopodiché provate a crearne di nuovi. Osservate che per variare l'inviluppo generato da `average~` e renderlo più o meno reattivo rispetto al segnale di ingresso, nei diversi *preset* viene variato il numero di campioni utilizzato per calcolare la media. Non trascurate, inoltre, il parametro "dry/wet" in basso, che regola il rapporto tra il segnale diretto e quello trattato.

L'oggetto `average~`, se ci riflettiamo un momento, appartiene alla categoria dei filtri: il valore che produce, infatti, è il risultato della somma di un certo numero di valori precedenti moltiplicati per un coefficiente. Si tratta quindi di un particolare tipo di filtro FIR (per la precisione un passa-basso) che moltiplica gli ultimi n valori in entrata per il coefficiente 1/n e somma il risultato. Quando, ad esempio, la media viene calcolata su due soli campioni (in modalità *bipolar*) il segnale audio prodotto è identico a quello prodotto dal filtro passa-basso che abbiamo discusso nel paragrafo 3.6[3], in entrambi i casi l'equazione del filtro è infatti **y(n) = 1/2 x(n) + 1/2 x(n-1)** (fig. 7.7).

---

[2] Abbiamo presentato questi oggetti nel cap. 3P.
[3] Si tratta dello stesso filtro utilizzato nell'algoritmo di Karplus-Strong (par. 6.10), che fa la media (*average*) tra il valore del campione in ingresso e il valore del campione precedente.

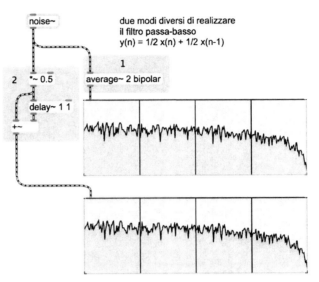

fig. 7.7: l'oggetto **average~** è un filtro passa-basso.

Dal momento che l'oggetto **average~** è un filtro passa-basso, possiamo usare un "normale" passa-basso per realizzare un *envelope follower*? Certamente, è necessario però trasformare i valori negativi dell'onda bipolare in entrata in valori positivi, e usare una frequenza di taglio molto bassa (fig. 7.8).

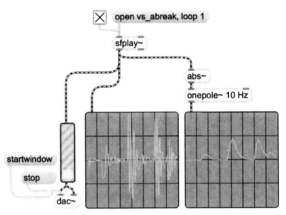

fig. 7.8: *envelope following* con un filtro passa-basso.

In figura abbiamo utilizzato l'oggetto **onepole~**, che è un filtro passa-basso IIR del primo ordine, con una frequenza di taglio di 10 Hz.

. . . .

ATTIVITÀ

Nella *patch* 07_01_envfollow.maxpat (fig. 7.4) sostituite l'oggetto **average~** con la coppia **abs~/onepole~**. Il numero di campioni utilizzato nei diversi *preset* dall'oggetto **average~** deve ora essere trasformato nella frequenza di taglio di **onepole~**, che tipo di operazione potremmo fare? Notate che non sarà comunque possibile ottenere esattamente lo stesso effetto della *patch* originale.

• •

Vediamo ora altri due oggetti in Max che ci permettono di creare un *envelope follower*: **rampsmooth~** e **slide~**. Ricostruite la *patch* di fig. 7.9.

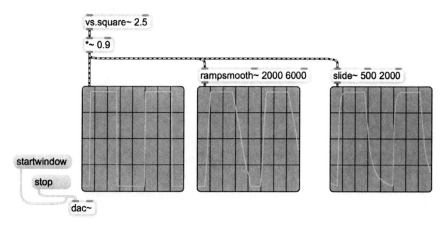

fig. 7.9: oggetti **rampsmooth~** e *slide~*

Questi oggetti hanno lo scopo di "smussare" il segnale in entrata, ovvero di interpolare i salti tra un campione e il successivo, tramite una rampa lineare (**rampsmooth~**) o logaritmica (**slide~**). In fig. 7.9 un'onda quadra oscilla alla frequenza di 2.5 Hz tra -0.9 e 0.9, come si vede nel primo oscilloscopio. Gli oggetti **rampsmooth~** e **slide~**, come si vede negli altri due oscilloscopi, modificano la forma d'onda rendendo meno repentino il salto tra i due valori.

La rampa ascendente può avere una durata diversa dalla rampa discendente: entrambi gli oggetti, infatti, utilizzano due argomenti numerici (oppure due valori al secondo e terzo ingresso) per determinare i tempi di interpolazione delle due rampe. Nell'oggetto **rampsmooth~** i due argomenti (detti "ramp up" e "ramp down") indicano il numero di campioni da utilizzare per passare da un valore al successivo: in figura abbiamo quindi un'interpolazione lineare che dura 2000 campioni quando la forma d'onda passa dal valore -0.9 al valore 0.9 (rampa ascendente), e 6000 campioni quando passa da 0.9 a -0.9 (rampa discendente).

Il caso di **slide~** è leggermente più complesso. I due argomenti (detti "slide up" e "slide down") rappresentano infatti un *fattore di slide* per i valori crescenti e decrescenti. Se chiamiamo **sl** il fattore di *slide*, **x(n)** il campione in entrata, **y(n)** il campione in uscita e **y(n-1)** il campione in uscita precedente, abbiamo la seguente relazione:

$y(n) = y(n-1) + ((x(n) - y(n-1))/sl)$

In figura il fattore di *slide* è 500 per valori crescenti ("slide up") e 2000 per valori decrescenti ("slide down").

Con questi due oggetti è possibile creare degli *envelope follower* con tempi di reazione distinti per l'attacco e il *release* di un suono, e questo ci sarà molto utile, come vedremo, per la realizzazione dei diversi processori di dinamica. Normalmente in un processore di dinamica (ad esempio in un compressore) i tempi di reazione per l'attacco e il *release* di un suono vengono espressi in secondi (o in millisecondi). Per trasformare i parametri dell'oggetto `rampsmooth~` in tempi di attacco e *release* è sufficiente utilizzare un oggetto che converta i millisecondi in campioni, come `mstosamps~` o `translate`[4] (fig. 7.10).

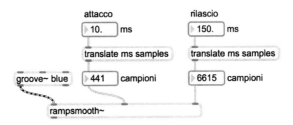

fig. 7.10: tempi di attacco e *release* per `rampsmooth~`

L'utilizzo di tempi di attacco e di *release* con l'oggetto `slide~` presenta maggiori difficoltà. La funzione di interpolazione logaritmica che abbiamo illustrato sopra, infatti, è tale che il valore del nuovo campione viene raggiunto, in teoria, solo dopo un tempo infinito. In realtà, a causa dei limiti di precisione numerica di un sistema digitale (di cui abbiamo parlato nel capitolo 5), il valore del nuovo campione viene raggiunto in un tempo finito, seppure troppo lungo per i nostri scopi.
Una soluzione pratica consiste nel calcolare il tempo impiegato per coprire il 99% dell'intervallo: il fattore di *slide* relativo (o meglio, una sua buona approssimazione) si ottiene convertendo tale tempo in campioni e dividendo il risultato per 4.6 (fig. 7.11).

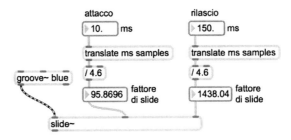

fig. 7.11: tempi di attacco e *release* per `slide~`

---

[4] Abbiamo incontrato questo oggetto nel par. IC.2

Con questo calcolo, quindi, possiamo stabilire (approssimativamente) il tempo che l'oggetto **slide~** deve impiegare per generare un segnale che copra il 99% della distanza tra due valori.

Impostando a 0 il tempo di attacco, otteniamo un *envelope follower* che registra istantaneamente il valore di picco raggiunto dal suono in ingresso e non presenta i problemi di ritardo riscontrati nella *patch* di figura 7.2. Provate a modificare quella *patch* nel modo illustrato in fig. 7.12.

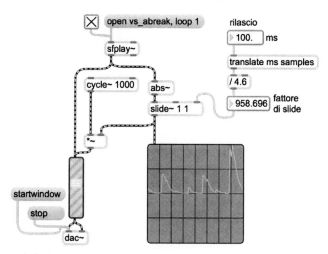

fig. 7.12: *peak follower*

In questa patch l'oggetto **slide~** ha un fattore di *slide* pari a 1 per i valori crescenti ("slide up"), e questo significa che non crea alcuna interpolazione[5], mentre ha un fattore di *slide* variabile per i valori decrescenti ("slide down"). Notate che il segnale, prima di essere trasmesso all'oggetto **slide~** viene reso unipolare dall'oggetto **abs~**.

Tramite un *envelope follower* possiamo "appiattire" l'inviluppo di un suono, rendendo la sua ampiezza media pari ad 1. Per fare ciò è sufficiente dividere un segnale sonoro per l'inviluppo dello stesso segnale ricavato dall'*envelope follower*, come abbiamo visto nel cap 7.1T. Ricostruite la *patch* di fig. 7.13 (è una variazione della *patch* precedente), basata su questo sistema.
Si tratta in pratica dell'operazione inversa all'applicazione di un inviluppo. Come sappiamo fin dal primo capitolo, infatti, per dare un inviluppo ad un suono che ne è privo (ad esempio ad un segnale prodotto da un oscillatore), dobbiamo moltiplicare il suono per un segnale che rappresenti l'evoluzione dell'inviluppo stesso. Se quindi con una moltiplicazione applichiamo un inviluppo, con una divisione lo togliamo.

---

[5] Se infatti nell'equazione $y(n) = y(n-1) + ((x(n) - y(n-1))/sl)$ sostituiamo sl con 1 otteniamo $y(n) = y(n-1) + ((x(n) - y(n-1))/1) = y(n-1) + x(n) - y(n-1) = x(n)$. Ovvero il campione in uscita $y(n)$ è uguale al campione in ingresso $x(n)$.

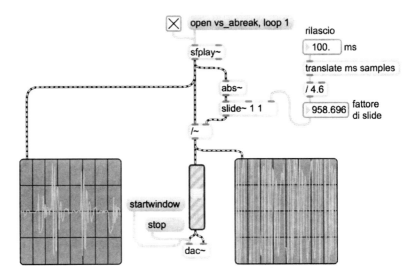

fig. 7.13: come privare un suono del suo inviluppo

Caricate ora il file **07_02_balance.maxpat (fig. 7.14)**.

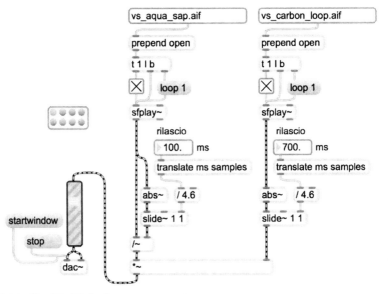

fig. 7.14: file **07_02_balance.maxpat**

In questa *patch* un file audio caricato nell'oggetto `sfplay~` di sinistra viene privato dell'inviluppo con il procedimento che abbiamo appena illustrato; il suono privo di inviluppo viene poi moltiplicato per l'inviluppo ricavato da un altro suono (oggetto `sfplay~` a destra). Notate come cambia l'effetto agendo sul parametro "release" dei due generatori di inviluppo.
Provate i diversi *preset* (variando per ciascuno i parametri di *release*) e poi createne di nuovi.

Oltre che per imporre l'inviluppo di un suono ad un altro suono, questo procedimento è utile anche per realizzare una funzione di *balance* (già descritta
nel par. 7.1T): nella libreria *Virtual Sound Macros*, sono presenti due oggetti,
vs.balance~ e **vs.balance2~** che la implementano. Il primo oggetto usa
un filtro passa-basso come *envelope follower*, il secondo un oggetto **slide~**
(in pratica contiene l'algoritmo illustrato nella *patch* di fig. 7.14).
Vediamo un esempio in figura 7.15.

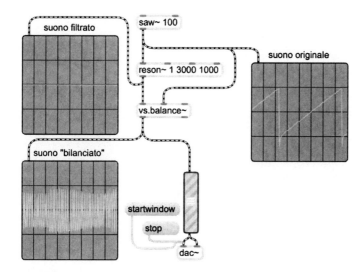

fig. 7.15: l'oggetto **vs.balance~**

L'oggetto **vs.balance~** riceve un segnale al suo primo ingresso e vi applica
l'ampiezza del segnale che riceve al secondo ingresso. Il terzo ingresso serve a
definire la frequenza del filtro passa-basso utilizzato per l'*envelope following*: di
default tale frequenza è 10 Hz.
In figura abbiamo un'onda a dente di sega a 100 Hz che viene filtrata da un
filtro passa-banda con frequenza centrale 3000 Hz (in pratica sulla 30ma armonica del suono in ingresso) e un fattore Q pari a 1000. Come si vede nell'oscilloscopio in alto a sinistra, il suono filtrato ha un'ampiezza prossima allo zero.
Questo suono viene trasmesso al primo ingresso dell'oggetto **vs.balance~**,
mentre al secondo ingresso viene inviato il suono non filtrato. All'uscita di
vs.balance~ abbiamo il suono filtrato a cui è stata applicata l'ampiezza del
suono non filtrato.

7.2 COMPRESSORI E DOWNWARD COMPRESSION

La libreria standard di Max contiene alcuni processori di dinamica pronti per
l'uso:
omx.comp~ compressore *upward/downward*
omx.4band~ compressore multibanda a 4 bande
omx.5band~ compressore multibanda a 5 bande
omx.peaklim~ *limiter*

In questo capitolo però non ci occuperemo di tali oggetti per i seguenti motivi:
1) Non ci sono tutti i processori di dinamica, ad esempio mancano oggetti specifici per il *gating* e il *ducking*. Inoltre il compressore è contemporaneamente *upward* e *downward*, e non è possibile separare le due funzioni.

2) Alcuni parametri degli oggetti **omx** vengono gestiti con scale di valori arbitrarie e di difficile comprensione.

3) Questi oggetti sono "scatole nere", di cui non è dato sapere l'esatto funzionamento. A noi interessa invece assemblare i processori di dinamica partendo dagli elementi di base, per poterne così comprendere meglio i dettagli e il comportamento.

4) Costruire dei processori di dinamica partendo da zero, infine, ci permetterà di approfondire nuove interessanti tecniche di manipolazione del segnale con Max.

Vediamo quindi come possiamo costruire il "nostro" compressore.
Occupiamoci innanzitutto dell'algoritmo che deve calcolare l'attenuazione dell'intensità del segnale in ingresso. Come sappiamo questo algoritmo deve individuare la parte di segnale che supera una soglia (*threshold*) impostata, e deve calcolare di quanto deve essere attenuata questa parte di segnale affinché risulti compressa nella misura indicata dal *ratio*.
Per fare un esempio immaginiamo di avere una soglia pari a -20 dB e un *ratio* pari a 4. Se a un dato momento il segnale raggiunge un'intensità di -4 dB, ha superato la soglia di 16 dB (ovvero la quantità di *overshoot* è 16 dB). Dividendo tale quantità per il *ratio* otteniamo 16/4 = 4; ovvero dopo la compressione il segnale deve eccedere la soglia di 4 dB (e non più di 16). Questo significa che in quel punto il segnale va attenuato di 16 − 4 = 12 dB.
Notate che c'è una relazione lineare tra quantità di *overshoot* e attenuazione del segnale. Se indichiamo la quantità di *overshoot* con **os**, il *ratio* con **rt** e l'attenuazione con **at** abbiamo

at = os − os/rt

In particolare, nell'esempio precedente, quando l'intensità del segnale varia tra −20 e 0 dB (e di conseguenza la quantità di *overshoot* varia tra 0 e 20 dB), l'attenuazione varia tra 0 e 15 dB (20 -20/4 = 15).
In figura 7.16 vediamo come possiamo trasformare questi semplici calcoli in una *patch*.

Per prima cosa viene ricavato l'inviluppo del segnale in ingresso, tramite l'oggetto **average~**. La quantità di segnale da considerare viene espressa in millisecondi e successivamente convertita in campioni[6].

---

[6] Notate l'uso dell'oggetto **int** che trasforma il numero in virgola mobile generato da **mstosamps~** in un numero intero, l'oggetto infatti accetta solo valori interi.

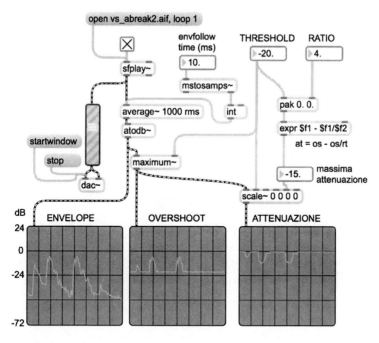

fig. 7.16: calcolo dell'attenuazione di un segnale

Il segnale generato dall'*envelope follower* viene successivamente convertito in dB, dal momento che il compressore lavora sull'intensità in decibel; per questo motivo i tre oscilloscopi in basso hanno un *Display Range* (impostato tramite l'*inspector*) compreso tra -72 e 24 dB.

Tramite l'oggetto **maximum~** (che confronta i valori ricevuti all'ingresso sinistro e destro, e manda in uscita il più alto tra i due)[7] isoliamo la parte del segnale che supera la soglia (*threshold*): il secondo oscilloscopio mostra la quantità di *overshoot* del segnale. Il segnale così trattato viene inviato all'oggetto **scale~** che trasforma i valori in decibel compresi tra -20 (ovvero la soglia) e 0 (massima intensità possibile) in valori di attenuazione compresi tra 0 (nessuna attenuazione) e -15 (massima attenuazione): l'andamento del fattore di attenuazione è visibile nel terzo oscilloscopio. La massima attenuazione viene ottenuta, applicando la formula che abbiamo discusso sopra, con l'oggetto **expr**, che permette di costruire espressioni matematiche tramite combinazioni di operatori e funzioni (ne abbiamo parlato nell'Interludio B, paragrafo IB.8).

Come sappiamo il compressore non segue istantaneamente il profilo di attenuazione così come l'abbiamo calcolato, ma la risposta viene rallentata dai parametri di attacco e di *release*. Per la precisione il tempo di attacco influenza i valori crescenti di attenuazione, e il tempo di *release* i valori decrescenti. Come si vede in fig. 7.17 possiamo usare l'oggetto **slide~** per gestire questi parametri.

---

[7] È l'equivalente MSP dell'oggetto **maximum** che abbiamo usato nel par. 5.3P, fig. 5.21.

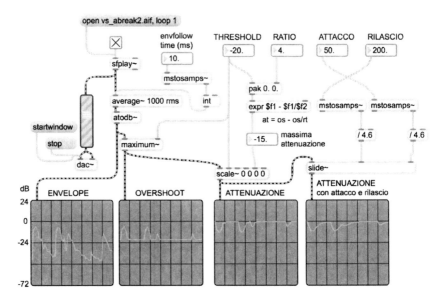

fig. 7.17: i parametri di attacco e *release*

Notate che i parametri di attacco e *release* vengono invertiti prima di essere inviati all'oggetto `slide~`; essendo l'attenuazione un valore negativo infatti, un aumento della stessa comporta una serie di valori discendenti ("slide down"), mentre una diminuzione comporta una serie di valori ascendenti ("slide up").
Prima di esaminare un esempio completo di compressore, vediamo come possiamo realizzare graficamente una curva di compressione: avere un *feedback* visivo, infatti, aiuta a capire come viene modificata la dinamica del segnale.
Ricreate la *patch* di fig. 7.18. L'oggetto grafico a destra è un **multislider** il cui parametro "range" è stato impostato a [-100, 0] nell'*inspector*.

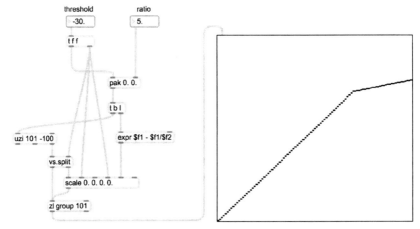

fig. 7.18: curva di compressione

Questa *patch* contiene un algoritmo simile a quello utilizzato per calcolare l'attenuazione del segnale da comprimere. Tramite due *number box* possiamo impostare la soglia (*threshold*) e il *ratio*. Questi due valori sono utilizzati per trasformare, tramite l'oggetto **scale** l'intervallo che va dalla soglia a 0 in un intervallo che va dalla soglia a (soglia – (soglia/ratio)). Ad es. in figura l'intervallo che va da -30 a 0 diventa un intervallo che va da -30 a -24.

Ogni volta che si modifica la soglia o il *ratio* l'oggetto **uzi** riceve un *bang* e produce una sequenza di valori da -100 a 0. Questi valori vengono inviati all'oggetto **vs.split**, che abbiamo già incontrato nel paragrafo 6.9P. Questo oggetto mette a confronto un numero ricevuto all'ingresso di sinistra con l'argomento (o con un numero ricevuto all'ingresso di destra, come in questo caso): se il numero è minore dell'argomento viene inviato all'uscita di sinistra, se è maggiore o uguale viene mandato all'uscita di destra. Quindi tutti i valori minori della soglia (-30) vengono inviati all'uscita di sinistra (e non subiscono trasformazioni), e tutti i valori maggiori o uguali vengono inviati all'uscita di destra e da qui all'oggetto scale (e si trasformano nel modo che abbiamo già visto). I valori trasformati e non trasformati vengono inviati all'oggetto [**zl** group 101] che li assembla in una lista di 101 elementi e li invia all'oggetto **multislider**. A questo punto possiamo esaminare il compressore completo: aprite il file **07_03_compressor.maxpat** (fig. 7.19).

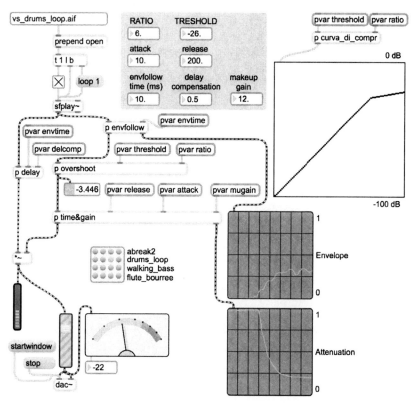

fig. 7.19: file **07_03_compressor.maxpat**

In questa *patch* sfruttiamo l'oggetto **pvar**, che, come sappiamo, ci permette di separare l'interfaccia dalla parte algoritmica. Abbiamo usato questa tecnica nel sintetizzatore sottrattivo (vedi parr. 3.5P e IC.2). Tutti in *number box* visibili nel riquadro in alto hanno uno *scripting name* corrispondente ad un oggetto `pvar` (è possibile verificare lo *scripting name* aprendo l'*inspector* di ciascun oggetto). Oltre agli algoritmi esaminati nelle tre figure precedenti abbiamo aggiunto un fattore di guadagno (*makeup gain*) per aumentare l'intensità del suono dopo la compressione, e un ritardo (*delay compensation*) che si applica al segnale da comprimere e serve a compensare il ritardo introdotto dall'*envelope follower*. Notate che il parametro *delay compensation* non si esprime in valori assoluti, ma è proporzionale al parametro *envfollow time*: quando *delay compensation* vale 1 il ritardo introdotto è pari al valore di *envfollow time*, quando vale 0.5 è pari alla metà, e così via.

Vediamo il funzionamento del compressore: il segnale prodotto dall'oggetto `sfplay~` viene inviato (a destra) all'algoritmo di compressione che abbiamo già visto in figg. 7.16 e 7.17, e che è stato suddiviso in tre *subpatch*. La prima, [p envfollow], contiene l'oggetto `average~` e realizza l'*envelope following* (visibile nel primo oscilloscopio sulla parte destra della *patch*). L'inviluppo viene poi inviato alla *subpatch* [p overshoot] che calcola il fattore di attenuazione per i valori che superano la soglia (*threshold*). La *subpatch* [p time&gain] riceve il fattore di attenuazione e vi applica, tramite l'oggetto `slide~`, i parametri di attacco e *release*. Il risultato è visibile nel secondo oscilloscopio nella parte destra della *patch* principale. Al segnale generato da `slide~` viene poi sommato (sempre all'interno della *subpatch* [p time&gain]) il fattore di guadagno (*makeup gain*). Il risultato viene infine convertito in ampiezza lineare (tramite `dbtoa~`) e moltiplicato (nella *patch* principale) con il segnale da comprimere.

Come abbiamo detto, prima della compressione il segnale audio viene ritardato in modo da compensare il *delay* introdotto dall'*envelope follower* (*subpatch* [p delay] visibile a sinistra). Il parametro *delay compensation* è un fattore di moltiplicazione della quantità di segnale utilizzata per l'*envelope following* (parametro *envfollow time*). Nell'esempio in figura tale tempo di ritardo è quindi 5 millisecondi (10 · 0.5).

Ascoltate i diversi *preset*: il primo di ogni riga contiene il suono non compresso, gli altri utilizzano diversi fattori di compressione.

Un'avvertenza: questo non è un testo sul missaggio e il *mastering*, ma sull'uso creativo della sintesi ed elaborazione del suono. I *preset* del nostro compressore (e dei processori di dinamica che seguiranno) sono quindi volutamente "esagerati", in modo da far vedere come si possono trasformare le caratteristiche di un suono manipolandone la dinamica.

Notate che con il sound file vs_walking_bass.wav abbiamo usato un *envelope follower* molto veloce rispetto al contenuto frequenziale del suono, e questo ha causato una compressione della forma d'onda, ovvero una distorsione (ascoltate soprattutto il quarto *preset* della terza riga). Si tratta di un "effetto collaterale" del compressore che a volte può risultare utile per la manipolazione del suono. Ascoltate l'ultimo *preset* del suono di flauto (il quarto della quarta riga) e confrontatelo con il suono originale (il primo *preset* della quarta riga): tramite il compressore abbiamo reso il fraseggio più legato rispetto all'originale.

Osservate bene tutti i parametri e provate a cambiarli uno per volta per vedere come influenzano il risultato finale. Provate a creare dei nuovi *preset* utilizzando suoni diversi.

ATTIVITÀ

Nella *subpatch* [p time&gain] sostituite l'oggetto `slide~` con `rampsmooth~`, in modo da avere attacco e *release* lineari invece che logaritmici (dovete anche modificare la parte che converte il tempo in campioni, vedi figura 7.10). Ascoltate nuovamente i *preset*: riuscite a sentire la differenza?

· ·

Vediamo ora come possiamo implementare il *soft-knee* nell'algoritmo di compressione. Come sappiamo si tratta di una funzione che rende graduale il passaggio tra la parte non compressa che si trova al di sotto della soglia e la parte compressa che si trova al di sopra. Il *soft-knee* ha una larghezza in dB che viene centrata sul livello di soglia: se la soglia ad esempio è a -10 dB, e la larghezza del *soft-knee* è 12 dB, la curva inizierà a -16 dB (chiamiamo questo punto *lower knee threshold*) e terminerà a -4 dB (*higher knee threshold*). Ovviamente per le intensità al di sotto dei -16 dB il ratio sarà 1:1 (ovvero nessuna compressione) mentre per le dinamiche al di sopra dei -4 dB avremo la compressione impostata. Che compressione si applica invece all'interno del range del *soft-knee*? Ad esempio, supponendo che il *ratio* sia 4:1, la curva del *knee* deve passare in modo graduale da un *ratio* iniziale di 1:1 (*unity gain*) ad un *ratio* finale che si congiunga senza "spigoli" con il ratio 4:1 della compressione impostata. La soglia su cui calcolare questo *ratio* non è il livello di *threshold*, ma il punto di *lower knee threshold* (vedi fig. 7.20).

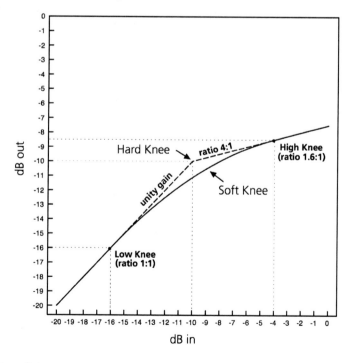

fig. 7.20: *soft-knee*

Come si calcola quindi il *ratio* finale del *soft-knee*? Consideriamo innanzitutto il fatto che l'equivalente algoritmo *hard-knee*, per metà del percorso del *soft-knee* (da -16 a -10 dB) non riduce l'intensità (*ratio* 1:1) e per la restante metà (da -10 a -4 dB) la riduce a 1/4 (*ratio* 4:1). L'intensità alla fine del *soft-knee* dovrà essere quindi (1 + 1/4)/2 = 5/8 = 0.625 rispetto all'intensità in ingresso. Di conseguenza il *soft-knee ratio* finale sarà 1/0.625 = 1.6:1.
Verifichiamo: con i valori indicati (soglia = -10 dB, ratio = 4:1), un segnale in ingresso con intensità -4 dB, viene compresso con la seguente formula:

soglia   + overshoot/ratio
-10 db   + 6/4 dB   = -8.5 dB

Questo significa che quando il segnale in ingresso ha un'intensità di -4 dB, il compressore porta tale intensità a -8.5 dB.
Con un *soft-knee* di ampiezza 12 dB, e di conseguenza un *lower knee threshold* pari a -16 dB, abbiamo:

low knee + overshoot/soft_knee_ratio
-16 dB   + 12/1.6   = -8.5 dB

Anche in questo caso a un'intensità in ingresso di -4 dB corrisponde un'intensità in uscita di -8.5 dB. I due punti quindi coincidono, e la curva di *soft-knee* si congiunge perfettamente al segmento di *ratio* 4:1.

Vediamo ora come è stato implementato il compressore *soft-knee*: aprite il file **07_04_soft_knee_compressor.maxpat** (fig. 7.21).

Oltre alla possibilità di indicare un *soft-knee* (terzo parametro nel riquadro in alto), questa *patch* contiene anche un filtro passa-alto (sesto parametro) che attenua le frequenze basse nel segnale usato per l'*envelope following* (vedi *subpatch* [p filter_envfollow]); in questo modo, come sappiamo, impediamo alle frequenze basse di causare un'eccessiva compressione. Notate che i due parametri "loknee" e "hiknee", in alto a destra, non vanno impostati manualmente, ma vengono calcolati dalla *subpatch* [p kneecalc] (che vi invitiamo ad analizzare) ogni volta che si modifica il valore di soglia o di *soft-knee*.
In questa *patch* abbiamo implementato un compressore stereofonico. In questo caso l'*envelope follower* viene applicato ad entrambi i canali, i due inviluppi vengono confrontati e quello che, istante per istante, ha il valore massimo viene inviato all'algoritmo di compressione.

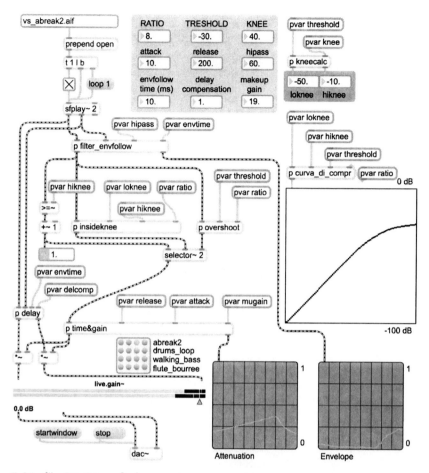

fig. 7.21: file **07_04_soft_knee_stereo_compressor.maxpat**

In figura 7.22 possiamo vedere la *subpatch* [p filter_envfollow] che contiene il filtro passa-alto e il sistema di gestione per l'inviluppo stereofonico.

Vediamo, nella parte bassa della *patch* principale, un nuovo oggetto: `live.gain~`. Questo oggetto fa parte della libreria *Max for Live* (ma è disponibile anche per chi non ha la licenza *Max for Live*), e sostituisce l'oggetto `gain~`. Lo usiamo qui perché ci permette di gestire in modo compatto un segnale stereofonico e dispone di indicatori di livello del segnale di entrata. Per alzare il guadagno di `live.gain~` dovete trascinare verso sinistra il cursore triangolare che si trova nella parte bassa dell'oggetto.

Analizziamo adesso l'algoritmo che gestisce il *soft-knee*: notate che oltre alla *subpatch* [p overshoot] abbiamo la *subpatch* [p insideknee] che applica la compressione all'interno del *soft-knee*. Le due *subpatch* vengono inviate ad un oggetto `selector~` che lascia passare il segnale calcolato dalla *subpatch* [p insideknee] quando il segnale in ingresso è inferiore al punto di *higher knee threshold*, e lascia passare il segnale calcolato dalla *subpatch* [p overshoot] quando il segnale in ingresso è superiore o uguale al punto di *higher knee threshold*: siete in grado di descrivere il funzionamento del meccanismo?

349

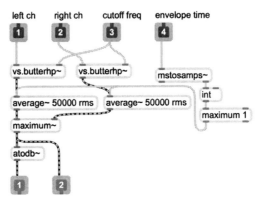

fig. 7.22: *subpatch* [p filter_envfollow]

Aprite ora la subpatch [p insideknee] (fig. 7.23).

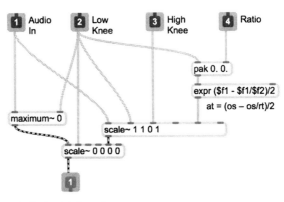

fig. 7.23: *subpatch* [p insideknee]

Ci sono due oggetti **scale~** in questa *patch*: l'oggetto in basso serve a calcolare l'attenuazione per il segnale in ingresso, come già avevamo visto nel
precedente compressore in fig. 7.16.
L'oggetto **scale~** in alto serve a calcolare il *ratio* all'interno del *soft-knee*.
Come già nella *patch* precedente, calcoliamo l'attenuazione da applicare al
segnale in ingresso tramite la formula:

at = os – os/rt

Dove l'*overshoot* os, in questo caso, va calcolato a partire dal punto di *lower
knee threshold* e non dal livello di soglia. Come abbiamo detto, questa formula viene applicata nell'oggetto **scale~** in alto nella fig. 7.22, e per i motivi
spiegati sopra, il risultato va diviso per 2. In particolare, quando il segnale in
ingresso è uguale o inferiore al punto di *lower knee threshold* l'attenuazione è
pari a 0; quando il segnale in ingresso si trova sul punto di *higher knee threshold*
l'attenuazione è pari a (os – os/rt)/2; quando il segnale si trova in un punto intermedio tra *lower knee threshold* e *higher knee threshold* l'attenuazione si trova
in un punto intermedio tra 0 e (os – os/rt)/2.

Ascoltate ora tutti i *preset* e per ciascuno provate a variare il *soft-knee* e la frequenza di taglio del filtro passa-alto per sentire come cambia il suono compresso. Poi realizzate dei nuovi *preset*.

• •

ATTIVITÀ

Come per la *patch* precedente, sostituite nella *subpatch* [p time&gain] l'oggetto `slide~` con `rampsmooth~`, in modo da avere attacco e *release* lineari invece che logaritmici (dovete anche modificare la parte che converte il tempo in campioni, vedi figura 7.10). Ascoltate nuovamente i *preset*: riuscite a sentire la differenza?

• •

PARALLEL COMPRESSION

Il compressore parallelo si realizza aggiungendo al segnale compresso il segnale non trattato (*dry*). Quest'ultimo però (come spiegato nella teoria) deve essere ritardato come il segnale compresso, altrimenti si verificheranno cancellazioni di fase indesiderate durante la somma dei due segnali. L'algoritmo è sostanzialmente identico al precedente; nella *patch* **07_05_parallel_compressor.maxpat** abbiamo aggiunto un controllo per l'inserimento e la regolazione dell'intensità del segnale *dry* (fig. 7.24).

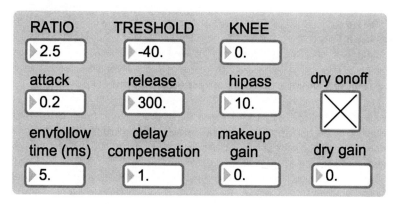

fig 7.24: pannello di controllo della *patch* **07_05_parallel_compressor.maxpat**

Nella *patch* principale notate la *subpatch* [p mix] in basso a sinistra che serve a miscelare il segnale *dry* con il segnale *wet*. Vi invitiamo ad aprirla e ad analizzarne il (semplice) funzionamento.

Ascoltate tutti i *preset*; notate che il tempo d'attacco è sempre brevissimo, perché vogliamo comprimere istantaneamente il segnale al di sopra della soglia in modo da poter aumentare il volume per i segnali più deboli.

MULTIBAND COMPRESSION

Per realizzare un compressore multibanda dobbiamo dividere il segnale in ingresso in bande di frequenza tramite l'uso di filtri, comprimere ciascuna banda con un compressore diverso e sommare infine i segnali compressi per ottenere nuovamente il suono completo.

Nella patch **07_06_multiband_compressor.maxpat** (fig. 7.25) possiamo vedere la realizzazione di un compressore a tre bande.

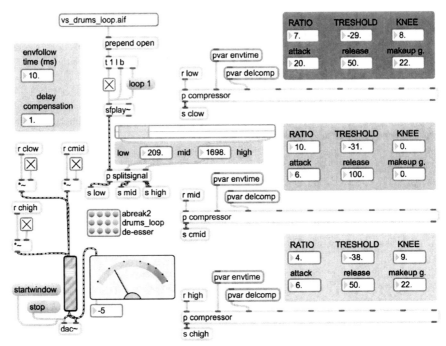

fig. 7.25: file **07_06_multiband_compressor.maxpat**

Il segnale generato da **sfplay~** viene trasmesso alla *subpatch* [p splitsignal] che lo divide in tre bande di frequenza. La *subpatch* contiene due filtri *crossover* (**cross~**, che abbiamo già incontrato al paragrafo 6.2P) in cascata: aprite la *subpatch* per verificare.

L'oggetto che si trova immediatamente al di sotto di **sfplay~** si chiama **rslider**: questo è uno *slider* che ci permette di selezionare un intervallo di valori. In figura ad esempio è stato selezionato l'intervallo di valori 209-1698. Questo intervallo è evidenziato da una banda grigia, e i due valori estremi sono visibili nei due *float number box* al di sotto dell'oggetto[8]. Questi due valori rappresentano le frequenze di *crossover* dei due filtri **cross~**. Ciò significa che la prima banda di frequenza va, in questo caso, da 0 a 209 Hz, la seconda va da 209 a 1698 Hz, e la terza da 1698 a 22050 Hz.

---

[8] Il *range* di valori gestito da **rslider** è stato impostato, tramite l'*inspector*, tra un minimo di 50 e un massimo di 4000.

Le tre bande di frequenza generate da [p splitsignal] vengono inviate, tramite tre oggetti **send** alle tre *subpatch* [p compressor] visibili sulla destra. Ciascun compressore ha dei parametri propri, tranne quelli relativi all'*envelope follower* e al tempo di ritardo, che sono in comune e si trovano nella parte sinistra della *patch*. Ciascun compressore invia il segnale compresso al **gain~** sulla sinistra, tramite altri oggetti **send**. Ogni banda di frequenza può essere attivata o disattivata tramite dei **toggle** (sempre sulla sinistra) e questo è molto utile in fase di regolazione dei parametri per sentire l'effetto prodotto sulle singole bande di frequenza. Ascoltate i *preset* e notate come questa *patch* riassuma in sé le funzioni di compressore e di equalizzatore, e ci permetta di alterare anche sensibilmente il suono in ingresso.

L'ultima riga di *preset* simula un *de-esser* tramite la compressione della sola banda di frequenza acuta. Il primo *preset* della riga contiene la registrazione di una voce con forte presenza di sibilanti. I *preset* successivi attenuano, con parametri diversi, le sibilanti.

Provate a creare altri *preset*.

. . . .

ATTIVITÀ

Rendete stereofonico il compressore multibanda.

. . . .

7.3 LIMITER E LIVE NORMALIZER

Come sappiamo il *limiter* deve impedire al suono in ingresso di superare la soglia di 0 dB (o qualsiasi altra soglia desideriamo impostare). Per questo motivo dobbiamo usare un *peak follower* (cfr. fig. 7.12) che ci segnali senza ritardi il superamento della soglia, che nel caso del *limiter*, come sappiamo, è definita *ceiling*. La parte di segnale che supera la soglia viene riportata all'interno della stessa. Questo significa che, se ad esempio il segnale in ingresso supera la soglia di 6 dB, il *limiter* deve attenuare questo segnale di -6 dB. Vediamo una semplice implementazione di questo meccanismo in fig. 7.26.

La *patch* è ripetuta tre volte con tre valori di ampiezza diversi. Nella *patch* di sinistra, immaginiamo di avere un valore in ampiezza (generato da un ipotetico *peak follower*) pari a 2, la cui intensità è quindi di circa 6 dB. L'oggetto [**maximum 0.**] serve a lasciar passare l'intensità che supera il *ceiling* (ovvero l'*overshoot*). L'*overshoot* viene poi reso negativo (-6 dB) e, trasformato in ampiezza dall'oggetto **dbtoa**, diventa un fattore di attenuazione (0.5). Questo fattore di attenuazione riduce l'ampiezza da 2 a 1 (ovvero da 6 a 0 dB).

Nella *patch* centrale l'ampiezza in ingresso (0.5) non supera il *ceiling* e di conseguenza non c'è *overshoot*; il fattore di attenuazione è quindi pari a 1 (nessuna attenuazione). Come si può vedere, l'ampiezza in uscita è uguale all'ampiezza in ingresso.

353

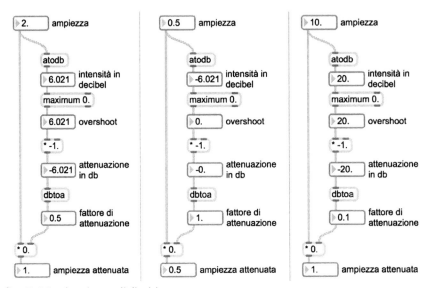

fig. 7.26: algoritmo di *limiting*

Nella *patch* di destra (ampiezza in ingresso pari a 10), l'*overshoot* è 20 dB, il fattore di attenuazione è 0.1 e, come nel primo caso, l'ampiezza in uscita è pari a 1 (cioè 0 dB).

Nel caso in cui il *ceiling* fosse un valore minore di 0 dB, bisognerebbe amplificare l'ampiezza in ingresso in modo che il *ceiling* torni a trovarsi a 0 dB. Se ad esempio il *ceiling* è -3 dB, bisogna aumentare l'intensità dell'inviluppo di 3 dB. Vediamo l'applicazione in fig. 7.27.

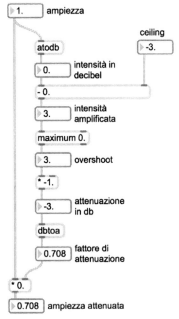

fig. 7.27: *limiting* con *ceiling*

Dal momento che il *ceiling* è un valore negativo, per amplificare l'intensità in ingresso tale valore va sottratto, e non aggiunto. Come vediamo in figura, un'ampiezza pari a 1 (cioè 0 dB) ha un *overshoot* di 3 dB, ovvero supera di 3 dB il valore di *ceiling* (che in questo caso è -3 dB). Il fattore di attenuazione sarà quindi 0.708 (corrispondente appunto a -3 dB).

Caricate adesso la *patch* **07_07_limiter.maxpat (fig. 7.28)**.

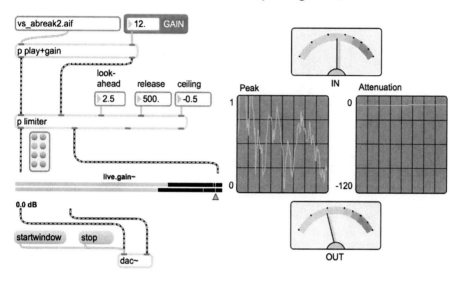

fig. 7.28: *patch* **07_07_limiter.maxpat**

In questa *patch* simuliamo un suono di ampiezza superiore a 0 dB amplificando (nella *subpatch* [**p** play+gain]) il suono proveniente da un audio file. In figura vediamo che il suono prodotto dall'audio file vs_abreak2.aif viene amplificato di 12 dB tramite il *floating point number box* etichettato "GAIN".
La *subpatch* [**p** limiter] contiene l'algoritmo del nostro *limiter*: prima di analizzarne il funzionamento osserviamo i parametri che vengono inviati all'oggetto. Il primo parametro è il *look-ahead*, ovvero il tempo (in millisecondi) dato al *limiter* per conoscere "in anticipo" l'andamento del suono: in realtà questa funzione ritarda il suono da elaborare rispetto all'inviluppo rilevato dal *peak follower*.
Il secondo parametro è il *release* (in millisecondi) del *peak follower* (l'attacco è, naturalmente, sempre pari a 0), e il terzo parametro è il *ceiling* (in dB).
In figura 7.29 vediamo il contenuto della *subpatch* [**p** limiter].

Questa *subpatch* contiene a sua volta quattro *subpatch*; la prima ([**p** delay]) ritarda, come abbiamo detto, il suono da elaborare rispetto al *peak follower*. La seconda *subpatch* ([**p** maximum_peak]) confronta il canale destro e sinistro del suono in entrata e trasmette l'ampiezza di picco massima tra i due canali. Queste due *subpatch* sono piuttosto semplici e lasciamo al lettore l'analisi del contenuto.

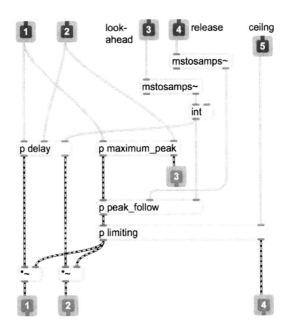

fig. 7.29: *subpatch* [p limiter]

La terza subpatch realizza il peak follower: ne vediamo il contenuto in figura 7.30.

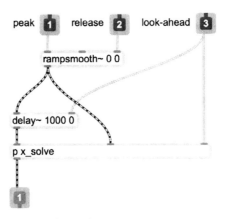

fig. 7.30: *subpatch* [p peak_follow]

Il *peak follower* viene realizzato con l'oggetto **rampsmooth~** e non con l'oggetto **slide~** che abbiamo usato nei compressori, perché il *release* lineare di **rampsmooth~** altera la dinamica del suono in ingresso in modo meno percepibile[9].

---

[9] Il compito del *limiter* infatti non è modificare il profilo dinamico del suono ma evitare che venga superata una certa soglia.

L'inviluppo generato da `rampsmooth~` viene ritardato dal parametro *look-ahead*, e viene inviato, assieme ad una versione non ritardata dello stesso inviluppo, ad una ulteriore *subpatch*: [p x_solve]. Perché usiamo due diverse versioni dell'inviluppo? La versione non ritardata serve a "prevedere" l'arrivo di un *overshoot* (superamento della soglia), in modo che il *limiter* si possa attivare in anticipo; la versione ritardata (che è in sincrono con il segnale audio, anch'esso ritardato, vedi sopra) serve a mantenere l'attenuazione quando la soglia viene effettivamente superata. In pratica il *limiter* deve seguire l'andamento dell'inviluppo che, istante per istante, produce i valori maggiori.

Vediamo ora la *subpatch* [p x_solve] (fig. 7.31).

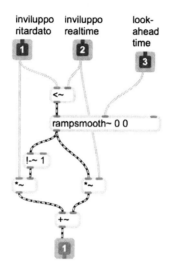

fig. 7.31: *subpatch* [p x_solve]

In questa *subpatch* confrontiamo il segnale dell'inviluppo ritardato con quello dell'inviluppo non ritardato (inviluppo *realtime*). Quando il primo è minore del secondo, l'oggetto `<~` genera un 1, in caso contrario genera uno 0. Tralasciamo per il momento l'oggetto `rampsmooth~` e osserviamo che quando l'oggetto `<~` genera un 1 (ovvero quando l'inviluppo *realtime* è maggiore dell'inviluppo ritardato), l'inviluppo *realtime* viene moltiplicato per 1, e quindi viene lasciato passare, mentre l'inviluppo ritardato viene moltiplicato per 0 (a causa dell'oggetto [!-~ 1]) e quindi annullato. Il contrario avviene quando l'oggetto `<~` genera uno 0.

All'uscita della *subpatch* [p x_solve] abbiamo quindi sempre l'inviluppo che in quel momento sta generando i valori più alti.

L'oggetto `rampsmooth~` serve a far sì che quando `<~` genera un 1, cioè quando l'inviluppo *realtime* è maggiore dell'inviluppo ritardato, il passaggio tra i due inviluppi avvenga in modo graduale, tramite una dissolvenza incrociata della durata del tempo di *look-ahead*: questo accorgimento serve ad evitare discontinuità nell'attenuazione (cosa che potrebbe generare dei click). Quando invece si deve passare dall'inviluppo *realtime* a quello ritardato, il passaggio deve essere immediato, altrimenti il segnale in ingresso supererebbe il valore di *ceiling*: in questo caso la possibilità che si verifichi un click è trascurabile, perché l'inviluppo *realtime* è in fase di *release*, che non è immediata come la fase di attacco.

La combinazione dei due inviluppi viene infine inviata alla *subpatch* [p limiting] che contiene l'algoritmo di attenuazione che abbiamo discusso sopra (vedi figg. 7.26 e 7.27).

Ascoltate ora i diversi *preset*: notate che il *limiter* funziona anche se aumentiamo il volume del segnale in ingresso di 120 dB (ovvero aumentiamo l'ampiezza 1.000.000 di volte).

Per evitare di alterare il profilo dinamico del suono è necessario impostare adeguatamente il tempo di *release*: un tempo troppo breve dà un effetto di compressione dinamica del suono, mentre un tempo troppo lungo rischia di attenuare per troppo tempo l'intensità del suono dopo un *overshoot*. A seconda del materiale in entrata, i tempi di *release* adeguati variano tra 500 millisecondi e 5 secondi. I *preset* numero 7 e 8 utilizzano un tempo di *release* estremamente breve, e il suono risulta pesantemente distorto (cosa che può essere utile per ottenere appunto un effetto di distorsione). In particolare nel *preset* numero 8 è possibile sentire, enormemente amplificato, il suono della presa di fiato del flautista.

Provate a creare dei nuovi *preset*.

• •

ATTIVITÀ

- Realizzate una *patch* mettendo in serie il compressore stereofonico con *soft-knee* che abbiamo analizzato sopra e il *limiter*, e create dei *preset* in cui il compressore supera la soglia di 0 dB e il *limiter* riporta la dinamica all'interno degli 0 dB.

- Realizzate una *patch* simile alla precedente, usando però il *multiband compressor* (che va reso stereofonico) al posto del *soft-knee compressor*.

• •

LIVE NORMALIZER

Con una piccola modifica all'algoritmo del *limiter* possiamo ottenere un processore di dinamica che porta a 0 dB sia i segnali che superano tale soglia, sia i segnali che ne sono al di sotto, come spiegato nella teoria. È sufficiente, all'interno della *subpatch* [p limiting] abbassare l'argomento dell'oggetto maximum~ (fig. 7.32).

L'oggetto maximum~ con argomento 0 che usiamo nel *limiter* serve, come sappiamo, a fare in modo che il segnale che supera gli 0 dB venga riportato a tale valore. Nel *normalizer* l'argomento di maximum~ è -120: questo significa che qualunque segnale al di sopra dei -120 dB viene riportato a 0 dB, ovvero viene amplificato se minore di 0 dB o attenuato se maggiore di 0 dB.

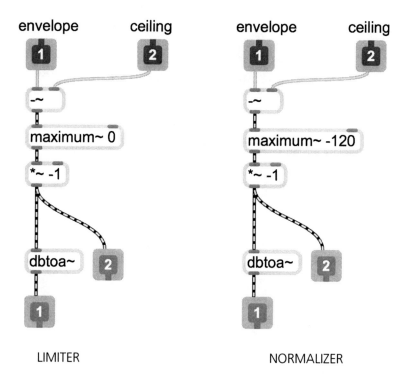

fig. 7.32: dal *limiter* al *normalizer*.

La *patch* **07_07b_normalizer.maxpat** (quasi identica alla precedente) illustra l'effetto di questo algoritmo. Ci sono quattro coppie di *preset*: con il primo *preset* di ogni coppia è possibile ascoltare il suono originale, con il secondo il suono normalizzato (abbiamo aggiunto un pulsante "bypass" per passare rapidamente dal suono originale a quello normalizzato. Nella prima coppia di *preset* possiamo ascoltare l'effetto di normalizzazione applicato ad un file audio che ha un'attenuazione progressiva di 20 dB: con il *normalizer* tale attenuazione scompare. Utilizzando un valore di *release* molto breve è possibile ottenere una pesante distorsione anche se l'ampiezza del file audio originale si trova al di sotto degli 0 dB (vedi *preset* 6 e 8).

7.4 ESPANSORI E DOWNWARD EXPANSION

L'algoritmo dell'*expander* è molto simile a quello del compressore che abbiamo visto nel paragrafo precedente. Come sappiamo dal par. 7.4T, la differenza più importante con la *downward compression* è che con la *downward expansion* non viene attenuato il segnale sopra la soglia, ma quello che si trova al di sotto della stessa.
Aprite la *patch* **07_08_soft_knee_stereo_expander.maxpat** (fig. 7.33).

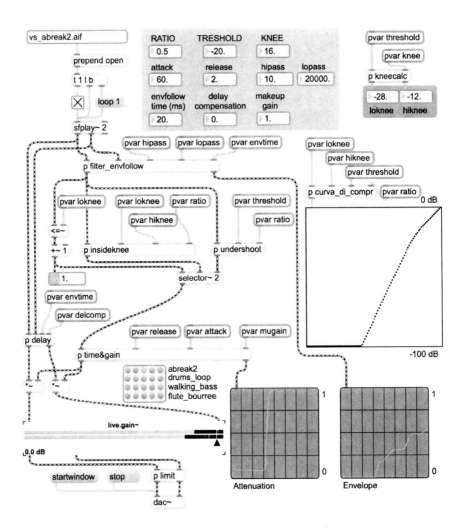

fig. 7.33: *patch* **07_08_soft_knee_stereo_expander.maxpat**

Come si può vedere questa *patch* è molto simile a quella del compressore di fig. 7.21. Analizziamo le differenze:

- L'operatore relazionale >=~ visibile sul lato sinistro del compressore è stato sostituito con l'operatore <=~, che ci permette di verificare se l'ampiezza del segnale va al di sotto del livello di *lower knee threshold*. Quando l'ampiezza è minore del *lower knee threshold* viene usata l'attenuazione della *subpatch* [p undershoot] (identica alla *subpatch* [p overshoot] del compressore); quando l'ampiezza è maggiore viene usata l'attenuazione prodotta dalla *subpatch* [p insideknee].

- Nella *subpatch* [p insideknee] la funzione svolta dai parametri *higher knee threshold* e *lower knee threshold* è stata invertita: il fattore di attenuazione è infatti pari a 1:1 quando il segnale raggiunge il livello di *higher knee threshold* e pari a (1 + *ratio*)/2 quando il segnale raggiunge il livello di *lower knee threshold* (nel compressore era l'inverso).

360

- Abbiamo aggiunto un filtro passa-basso (oltre al passa-alto) nell'*envelope follower*: modificando la frequenza di taglio dei due filtri presenti è possibile fare interessanti modifiche alla dinamica del suono.
- Abbiamo aggiunto un *limiter* (*subpatch* [p limit]) prima dell'uscita. Questa *subpatch* contiene il *limiter* che abbiamo analizzato nel paragrafo precedente, e serve ad evitare che il segnale superi la soglia degli 0 dB (cosa che può avvenire quando si imposta il livello di *makeup gain* e successivamente si cambia il *threshold*).

Ascoltate i *preset* e provate a crearne di nuovi: come sappiamo dal par. 7.4T il *ratio* deve variare tra 0 e 1, e non tra 1 e valori maggiori di 1 come nel compressore o nel *limiter*. Notate che, se volete evitare che l'attacco di un suono venga "mangiato" dall'attenuazione causata da un basso livello del segnale precedente, dovete impostare un tempo di *release* basso. Notate infine l'uso dei filtri negli ultimi due *preset* di ogni riga.

7.5 GATE

Il *gate* esegue un'operazione simile a quella del *downward expander*: attenua l'intensità dei suoni al di sotto di una certa soglia. La differenza, come sappiamo dal par. 7.5T, è che la quantità di attenuazione del *gate* è fissa, mentre in un *downward expander* la quantità di attenuazione dipende dall'intensità del segnale. Vediamo subito la *patch* che realizza questo algoritmo: caricate il file **07_11_gate.maxpat** (fig. 7.34).

I parametri di questo *gate* sono i seguenti:

attack:	tempo di apertura del *gate*
hold:	tempo in cui il *gate* rimane aperto dopo che il segnale è sceso al di sotto della soglia
release:	tempo di chiusura del *gate*
range:	quantità di attenuazione del segnale al di sotto della soglia (in dB)
threshold:	soglia per l'apertura del *gate*
hysteresis:	distanza (in dB) della soglia di chiusura dalla soglia di apertura
envfollow time (ms):	quantità di segnale considerata per il calcolo dell'*envelope follower* rms
delay compensation:	fattore di compensazione per il *delay* causato dall'*envelope follower*
highpass:	frequenza di taglio del filtro passa-alto applicato all'*envelope follower*
lowpass:	frequenza di taglio del filtro passa-basso applicato all'*envelope follower*

Alcuni di questi parametri sono identici a quelli che abbiamo usato nel compressore e nell'*expander*. Ascoltiamo i diversi *preset* e osserviamo come sono stati impostati i parametri (attenzione all'uso dei filtri!). Notate il primo *preset* della terza riga: il *gate* in questo caso serve ad eliminare le prese di fiato del flautista del file audio vs_flute_q2.aif.

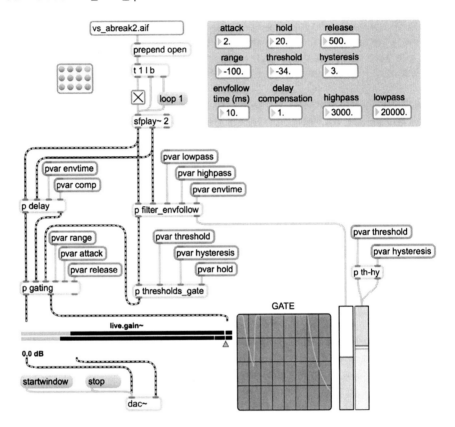

fig. 7.34: file **07_11_gate.maxpat**

Analizziamo ora il funzionamento della *patch*. Il contenuto della due *subpatch* [p delay] e [p filter_envfollow] è identico a quello delle *subpatch* omonime che abbiamo visto nell'*expander* (fig. 7.33) e nel compressore (fig. 7.21) e non le analizzeremo nuovamente. Ci limitiamo a ricordarvi che nella *subpatch* [p filter_envfollow] il segnale, dopo essere stato filtrato, viene utilizzato per realizzare l'*envelope following*, mentre nella *subpatch* [p delay] il segnale in ingresso viene ritardato per compensare il ritardo introdotto dall'*envelope follower*.

Il segnale prodotto dall'*envelope follower* viene passato alla *subpatch* [p thresholds_gate] che si occupa di aprire e chiudere il *gate* in funzione del livello raggiunto dall'inviluppo (fig. 7.35).

Analizzeremo questa *patch* tra breve, per il momento notiamo che contiene un nuovo oggetto, **thresh~**. Questo oggetto verifica se il segnale in ingresso si trova al di sopra o al di sotto di due soglie specificate come argomenti o tramite il secondo e il terzo ingresso. In particolare l'oggetto genera il valore 0 quando il segnale in ingresso va al di sotto della prima soglia, e genera il valore 1 quando il segnale in ingresso va al di sopra della seconda soglia.

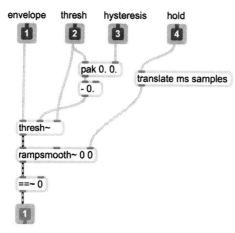

fig. 7.35: *subpatch* [p thresholds_gate]

Ricostruite la patch di fig. 7.36.

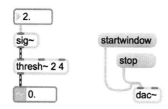

fig. 7.36: l'oggetto `thresh~`

Affinché la *patch* funzioni dovete avviare il "motore" DSP con un clic sul messaggio "startwindow".
Agendo sul *number box* verificate che l'oggetto `thresh~` genera un 1 quando il segnale in ingresso è uguale o superiore a 4. Scendendo sotto il valore 4, l'oggetto `thresh~` continua a generare un 1, fino a quando il segnale in ingresso non raggiunge il valore 2, o un valore inferiore. A questo punto l'oggetto `thresh~` genera uno 0. Se poi risaliamo al di sopra di 2, l'oggetto `thresh~` continua a generare uno 0, fino a quando il segnale in ingresso non raggiunge nuovamente il valore 4, o superiore.
Questo oggetto è quindi perfetto per gestire una soglia con un valore di isteresi. Tornando alla *subpatch* [p thresholds_gate] (figura 7.35), possiamo vedere che il primo livello di `thresh~` è impostato sul valore di *threshold – hysteresis* (che chiameremo soglia di chiusura del *gate*), mentre il secondo livello è impostato sul valore di *threshold* (che chiameremo soglia di apertura del *gate*). Quando l'inviluppo va al di sopra della soglia di apertura, quindi, l'oggetto `thresh~` genera un 1, quando va al di sotto della soglia di chiusura, genera uno 0.
L'oggetto `rampsmooth~` collegato a `thresh~` ci serve per gestire la fase di *hold*. Attraverso tale oggetto, infatti, il passaggio da 0 a 1 (inviluppo al di sopra della soglia di apertura) è istantaneo, mentre il passaggio da 1 a 0 (inviluppo al di sotto della soglia di chiusura) avviene nel tempo di *hold* tramite una rampa discendente che porta gradualmente da 1 a 0.

Sotto `rampsmooth~` l'oggetto [==~ 0] verifica se il segnale in ingresso è uguale a 0, e attua quindi una specie di rovesciamento dei valori. Infatti quando il segnale in ingresso vale 0, viene generato un 1 (che corrisponde, come vedremo analizzando la prossima *subpatch*, alla chiusura del *gate*), e quando il segnale in ingresso è diverso da 0 (cioè quando il segnale è uguale a 1 oppure è uguale ai valori di rampa generati da `rampsmooth~`) viene generato uno 0 (corrispondente all'apertura del *gate*).

Ricapitolando, la *subpatch* [p thresholds_gate] riceve l'inviluppo prodotto dall'*envelope follower*; quando l'inviluppo supera il valore di soglia di apertura, la *subpatch* genera un segnale che vale 0. Tale valore continua ad essere generato fino a quando l'inviluppo non scende al di sotto del livello di soglia di chiusura e rimane al di sotto di tale livello per un periodo di tempo pari al valore impostato dal parametro *hold*, a questo punto il segnale generato dalla *subpatch* passa da 0 a 1. Non appena l'inviluppo torna al di sopra del valore di soglia di apertura, il segnale generato dalla *subpatch* passa da 1 a 0 e il ciclo ricomincia.

Il segnale prodotto dalla *subpatch* [p thresholds_gate] viene passato alla *subpatch* [p gating] (fig. 7.37).

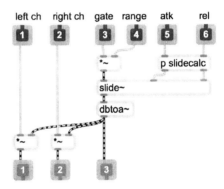

fig. 7.37: *subpatch* [p gating]

Come si vede in figura, ai primi due ingressi della *subpatch* arrivano i due canali del segnale da elaborare; il terzo ingresso riceve il segnale di apertura e chiusura del *gate* generato dalla *subpatch* [p thresholds_gate] e il quarto il *range*, ovvero l'attenuazione in dB corrispondente alla chiusura del *gate*. Il *gate* e il *range* vengono moltiplicati tra loro, e il risultato è l'attenuazione in dB da applicare al segnale audio in ingresso.

Immaginiamo ad esempio che il valore del *range* sia -110 dB. Come sappiamo il *gate* aperto corrisponde al valore 0, che moltiplicato per il valore del *range* (-110 dB) dà come valore 0 dB, ovvero nessuna attenuazione. Il *gate* chiuso corrisponde invece al valore 1, che moltiplicato per il valore del *range* (-110 dB) dà come valore -110 dB, ovvero l'attenuazione desiderata.

I valori prodotti dalla moltiplicazione vengono inviati all'oggetto `slide~` che smussa il passaggio brusco tra l'apertura e la chiusura del *gate* (tramite i parametri attacco e *release*).

A conclusione dell'analisi di questo algoritmo vi mostriamo un'interessante tecnica per comporre oggetti grafici "complessi". Alla destra dell'oggetto **scope~** che mostra l'apertura e la chiusura del *gate* ci sono due indicatori di livello: il primo mostra l'andamento dell'inviluppo del suono, e il secondo i due livelli di soglia di apertura e soglia di chiusura. In entrambi i casi sono stati usati dei **multislider**. Il secondo indicatore è stato realizzato sovrapponendo due **multislider**, uno per la soglia di apertura (colore rosso) e uno per la soglia di chiusura (colore giallo). Per far sì che due oggetti sovrapposti siano entrambi visibili, abbiamo reso trasparente lo sfondo dell'oggetto che si trova al livello superiore, ovvero l'oggetto che è stato creato per ultimo, in modo che non copra l'altro oggetto. Notate che è possibile modificare il livello di un oggetto selezionando nel menù *Arrange* le voci *Bring to Front* e *Send to Back*, che portano l'oggetto selezionato rispettivamente al livello più alto e al livello più basso, oppure *Bring Forward* e *Send Backward* che alzano e abbassano il livello dell'oggetto selezionato.

Torniamo al nostro oggetto da rendere trasparente; il parametro che abbiamo impostato è il parametro "**Opacity**" del colore di sfondo: dopo aver richiamato l'*inspector* del **multislider** selezionate l'attributo "**Background Color**" (nella categoria "Color") e fate clic sulla banda che si trova alla destra del nome dell'attributo. Apparirà una finestra per la scelta del colore: nella parte bassa di questa finestra si trova il parametro "Opacity" che va impostato a 0%. Il risultato è visibile in fig. 7.38.

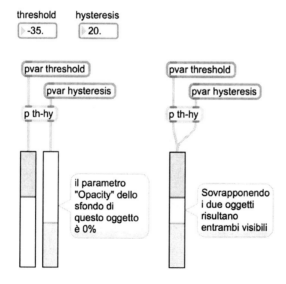

fig. 7.38: uso del parametro "Opacity"

La *subpatch* [**p** th-hy] è molto semplice e vi invitiamo ad analizzarne il funzionamento.

Ascoltate nuovamente i *preset* della *patch* e provate a crearne di nuovi.

7.6 UPWARD COMPRESSION E UPWARD EXPANSION

In questo paragrafo e nel precedente abbiamo visto il funzionamento degli algoritmi per la *downward compression* e la *downward expansion*. Modificando semplicemente il *ratio* in questi due algoritmi, possiamo ottenere rispettivamente un'*upward expansion* e un'*upward compression*, come abbiamo visto nella tabella del par. 7.6T.

In particolare, l'algoritmo per la *downward compression*, utilizzato con *ratio* compresi tra 0 e 1, realizza una *upward expansion*; l'algoritmo per la *downward expansion*, utilizzato con *ratio* maggiori di 1, realizza un'*upward compression*. Le *patch* **07_09_upward_stereo_compressor.maxpat** e **07_10_upward_stereo_expander.maxpat** contengono le modifiche alle *patch* precedenti ed alcuni preset di esempio.

Il compressore parallelo *upward* è invece contenuto nella *patch* **07_09b_upward_parallel_compressor.maxpat**. Come per il compressore parallelo "classico" anche questo è stato ottenuto con una semplice modifica di una *patch* precedente: abbiamo infatti aggiunto il segnale *dry* al compressore *upward*.

Non c'è molto altro da dire dal punto di vista degli algoritmi su queste due *patch*: provate i diversi *preset* e createne di nuovi. Notate che l'*upward expander* genera un notevole incremento del volume generale quando il *ratio* è basso, ed è quindi necessario attenuare l'intensità del segnale con valori negativi di *makeup gain*.

7.7 SIDE-CHAIN E DUCKING

Trasformare il nostro compressore stereofonico in un compressore dotato di *side-chain* esterno è abbastanza semplice. È sufficiente inviare un suono all'algoritmo che calcola l'attenuazione, e applicare tale attenuazione ad un suono diverso.

Aprite il file **07_12_side_chain_compressor.maxpat** (fig. 7.39).

Rispetto al precedente compressore abbiamo aggiunto, in alto a sinistra, un nuovo **sfplay~** che legge il suono da comprimere. Questo suono e il suono utilizzato per il *side-chain* (*key input*) vengono inviati alla *subpatch* [**p** delay_mix], in basso a sinistra, che miscela i due suoni e applica il *delay* di compensazione. Tramite un **toggle** collegato alla stessa *subpatch* è possibile escludere l'audio del suono usato per il *side-chain* esterno e ascoltare solo il suono compresso.

Ascoltate i diversi *preset*: per ciascuna riga il primo *preset* fa sentire entrambi i suoni senza nessuna compressione; il secondo attua la compressione e fa sentire anche il suono del *key input*; il terzo fa sentire solo il suono compresso.

Provate a creare dei nuovi *preset*.

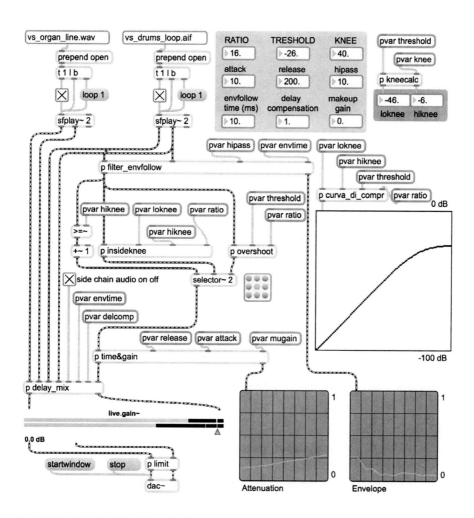

fig. 7.39: file **07_12_side_chain_compressor.maxpat**

· ·

ATTIVITÀ

Spiegate il funzionamento della *subpatch* [**p** delay_mix].

· ·

Come abbiamo visto nel capitolo di teoria anche il *gate* può essere utilizzato con il *side-chain* esterno, e questo ci permette di realizzare alcuni interessanti effetti. Aprite il file **07_13_key_input_gate.maxpat** (fig. 7.40).

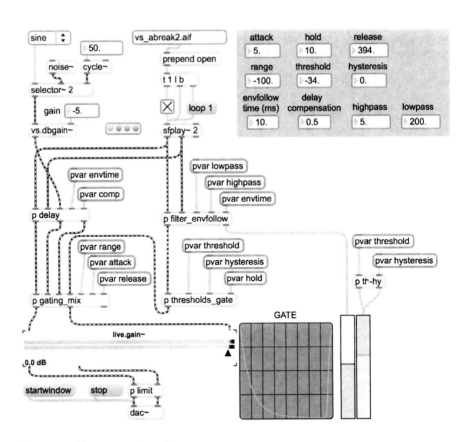

fig. 7.40: file **07_13_key_input_gate.maxpat**

Anche in questo caso abbiamo due segnali diversi in ingresso. Il suono usato per il *key input* è un file audio, mentre in questo esempio il suono che passa attraverso il *gate* può essere un rumore bianco oppure una sinusoide: vediamo in alto a sinistra che questo suono viene scelto tramite un **umenu** collegato ad un **selector~**. L'ampiezza del suono che passa attraverso il *gate* viene modificata dall'oggetto **vs.dbgain~** (sotto l'oggetto **selector~**), che regola l'intensità del suono in ingresso tramite un valore in dB.

Ci sono quattro *preset*: nel primo abbiamo aggiunto un suono grave (*sub-bass*) alla grancassa di un *loop* di batteria, nel secondo un rumore bianco ad ogni colpo di rullante, nel terzo un suono acuto in corrispondenza degli accenti e nel quarto nuovamente un rumore bianco in corrispondenza del rullante. Osservate attentamente l'uso dei filtri, e provate a creare dei nuovi *preset*.

. . . .

ATTIVITÀ

- Analizzate il funzionamento delle *subpatch* [p delay] e [p gating_mix].
- Sostituite i generatori di suono **noise~** e **cycle~** con un secondo lettore di file audio e preparate degli altri *preset*.

DUCKING

Un *ducker* si realizza facilmente partendo da un *gate* dotato di *key input* e rovesciandone il comportamento: bisogna fare in modo cioè che il suono in ingresso venga attenuato quando il segnale di *key input* supera la soglia, e torni all'ampiezza originale quando il segnale di *key input* scende al di sotto della soglia. Aprite il file **07_14_ducker.maxpat** (fig. 7.41).

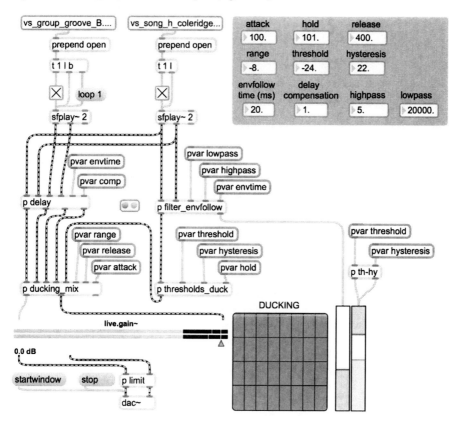

fig. 7.41: file **07_14_ducker.maxpat**

Come si può notare, questa *patch* è molto simile alla precedente (07_13_key_input_gate.maxpat), e i parametri sono praticamente gli stessi. Nel caso del *ducker* però il parametro *range* rappresenta l'attenuazione in dB da applicare al suono in ingresso quando il segnale di *key input* supera la soglia.

Per prima cosa ascoltiamo i due *preset*: in entrambi i casi abbiamo una voce recitante (che funge anche da segnale di *key input*) accompagnata da una base musicale. Nel primo *preset* il *ducking* non è attivo (il *range* è pari a 0 dB) e la base musicale rende poco intelligibile la voce recitante. Il secondo *preset* invece ha un range di -8 dB, e ogni volta che la voce recitante supera la soglia di -24 dB, la base musicale viene attenuata, appunto, di 8 dB.

Le differenze tra questo algoritmo e quello del *gate* sono due: la prima si trova nella *subpatch* [p thresholds_duck] (fig. 7.42).

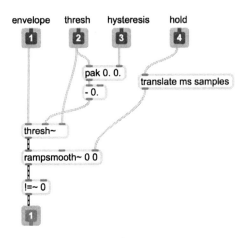

fig. 7.42: *subpatch* [p thresholds_duck]

Questa *subpatch* è l'equivalente di [p thresholds_gate] del *gate* (cfr. figura 7.35), e la sua funzione, anche in questo caso, è aprire o chiudere il *gate* generando uno 0 per l'apertura e un 1 per la chiusura. Notate l'oggetto in basso, l'operatore relazionale [==~ 0] della *subpatch* precedente è stato sostituito con l'operatore [!=~ 0][10], che ha un comportamento opposto. Questo oggetto infatti genera un 1 quando il valore generato da **rampsmooth~** è diverso da 0 (ovvero quando la soglia viene superata dal segnale di *key input*), e genera uno 0 quando il valore è uguale a 0 (ovvero quando il segnale di *key input* va sotto la soglia ed è passato un periodo di tempo pari al parametro *hold*). Questo significa che, come avevamo anticipato, il superamento della soglia da parte del segnale di *key input* chiude il *gate*, mentre quando il segnale si trova al di sotto della soglia il *gate* viene aperto. La seconda differenza tra la *patch* del *ducker* e quella del *gate* è visibile agli ultimi due ingressi della *subpatch* [p ducking_mix], in basso a sinistra: i parametri di attacco e *release* (che vengono inviati all'oggetto **slide~** all'interno della *subpatch*) sono stati invertiti. Questo è dovuto al fatto che, nel caso del *ducker*, l'attacco corrisponde ad una attenuazione ("slide down"), e il *release* corrisponde al ritorno all'ampiezza originale ("slide up").

• •

ATTIVITÀ

Ascoltate nuovamente i *preset* della *patch* 06_03_multitap3.maxpat (dal capitolo 6P). Notate che in alcuni casi il suono diretto viene coperto dai suoni ritardati del *multitap*. Aggiungete alla *patch* un *ducker*, e usate il suono diretto come *key input* per attenuare i suoni prodotti dal *multitap*. Questa è una tecnica che si usa spesso nei casi in cui l'elaborazione produce una quantità di suoni che rischiano di "sommergere" il suono *dry*. Un altro possibile uso si ha nell'applicazione dei riverberi (di cui parleremo nel prossimo volume).

---

[10] Vi ricordiamo che != significa "diverso da".

7.8 ALTRI USI CREATIVI DEI PROCESSORI DI DINAMICA

Come abbiamo già visto nei paragrafi precedenti, l'elaborazione del profilo dinamico di un suono non deve essere necessariamente legata a questioni di *mixing* e *mastering* ma può essere impiegata a fini creativi. Vediamo in quest'ultimo paragrafo altre possibili applicazioni, senza pretendere di esaurire questo vasto argomento.

GATE/DUCKER ADATTIVO

Se creiamo due *envelope follower* tramite l'oggetto **average~**, uno "veloce" (ovvero che considera pochi campioni precedenti) e uno "lento" (che considera molti campioni precedenti), possiamo creare un *gate* che si apre quando l'*envelope follower* veloce supera quello lento e si chiude in caso contrario. Questo *gate* ha la caratteristica di rilevare gli accenti dinamici di un suono, indipendentemente dall'ampiezza assoluta: possiamo quindi definirlo "adattivo" in quanto il suo comportamento varia con il variare dell'ampiezza del suono. Se poi rovesciamo il comportamento di questo *gate*, ovvero chiudiamo il *gate* quando l'*envelope follower* veloce supera quello lento, otteniamo un *ducker* adattivo. (vedi anche par. 7.8T)
Caricate la *patch* **07_15_adaptive_gate.maxpat** (fig. 7.43).

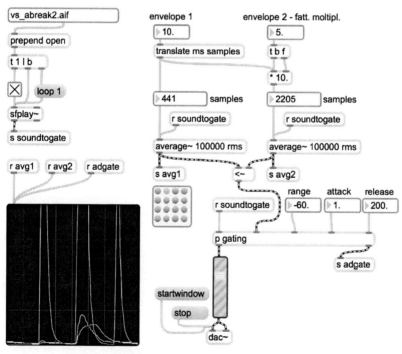

fig. 7.43: *patch* **07_15_adaptive_gate.maxpat**

I due *number box* in alto servono rispettivamente a impostare la lunghezza del segnale (espressa in millisecondi) usata dal primo **average~** per l'*envelope* *follower* veloce, e un fattore di moltiplicazione da applicare a tale lunghezza per ottenere, con il secondo **average~**, un *envelope follower* lento. L'oggetto **<~** confronta i due *envelope follower* e apre (0) e chiude (1) il *gate* a seconda se il primo inviluppo si trovi al di sopra o al di sotto del secondo. Il valore del *gate* viene inviato alla *subpatch* [**p** gating] (molto simile alla omonima *subpatch* contenuta in 07_11_gate.maxpat) che applica la variazione di dinamica al suono. Ricordiamo che l'attacco viene attivato all'apertura del *gate*, e il *release* alla sua chiusura.

Nella parte in basso a sinistra possiamo vedere graficamente l'andamento dei due inviluppi (tracciato giallo e tracciato azzurro) e del *gate* (tracciato arancio). Il grafico è ottenuto sovrapponendo tre oggetti **scope~** due dei quali hanno lo sfondo trasparente; si tratta quindi della stessa tecnica che abbiamo usato nella patch 07_11_gate.maxpat.

Ascoltate innanzitutto la prima riga di *preset*. Sono stati tutti realizzati usando un *loop* di batteria, e presentano dei micromovimenti della dinamica del suono che sarebbero impossibili da ottenere con un *gate* normale.

La seconda riga utilizza un frammento di un solo di percussioni che ha un'ampia escursione dinamica. Notate l'ultimo *preset* di questa riga: il secondo inviluppo ha un fattore di moltiplicazione minore di 1 ed è quindi più veloce del primo. Questo trasforma l'effetto in un *ducker* adattivo, e il risultato sonoro ricorda un nastro mandato in *reverse*.

Nella terza riga il processore viene applicato a suoni non percussivi, così come nella quarta riga, ma in quest'ultimo caso l'effetto è un *ducker* (il secondo inviluppo è più veloce del primo).

· ·

ATTIVITÀ

- Rendete stereofonico il *gate* adattivo.
- Aggiungete il parametro *hold*.
- Usate un suono come *key input* e fate passare attraverso il *gate* un oscillatore sinusoidale o un rumore bianco (come nella patch 07_13_key_input_gate. maxpat).
- Sostituite l'oscillatore e il generatore di rumore dell'attività precedente con un secondo file audio.

· ·

TRIGGERING GATE

Con il termine *triggering gate* vogliamo indicare un algoritmo che, al superamento di una certa soglia di ampiezza, fa scattare un particolare processo: un inviluppo, un filtraggio, uno spostamento nel fronte stereofonico, etc. (vedi par. 7.8T)

Prima di procedere dobbiamo introdurre due nuovi oggetti: il primo si chiama **edge~** (fig. 7.44).

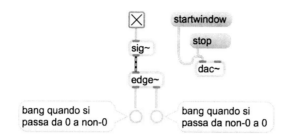

fig. 7.44: l'oggetto **edge~**

Questo oggetto riceve un segnale e genera un *bang* alla sua uscita di sinistra
quando il segnale passa dal valore 0 ad un valore diverso da 0, mentre quando
passa da un valore diverso da 0, a 0 genera un *bang* all'uscita di destra. Se
ricostruite la *patch* in figura e attivate e disattivate il **toggle** in alto l'oggetto **edge~** invierà un *bang* alternativamente all'uscita di sinistra e a quella di
destra.

Useremo questo oggetto per attivare dei processi quando il segnale generato
dall'*envelope follower* supera una soglia definita.

Notate che tutti gli algoritmi dei processori di dinamica fin qui illustrati funzionano in *audio rate*, ovvero tutta l'elaborazione viene fatta in MSP. Nel caso
dell'oggetto **edge~**, invece, passiamo da un segnale (ambiente MSP) ad un
bang (ambiente Max): ciò comporta una minore precisione temporale degli
eventi, ma in cambio rende più semplice la gestione dei processi di elaborazione. Questo compromesso è del tutto accettabile, dal momento che nelle
applicazioni "creative" di cui parleremo tra poco non è necessaria la stessa
precisione temporale richiesta dai processori classici come il compressore e il
limiter. Inoltre, se impostiamo nella finestra di *Audio Status* (vedi par. 5.1P) un
Signal Vector Size di 16 campioni o meno, e attiviamo i parametri *Scheduler in
Overdrive* e in *Audio Interrupt*, il massimo ritardo che possiamo avere rispetto al
segnale audio è pari a 16 campioni.

Il secondo oggetto è **vs.speedlim** (fig. 7.45).

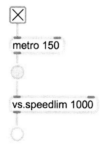

fig. 7.45: l'oggetto **vs.speedlim**

Questo oggetto limita la velocità dei messaggi in ingresso; l'argomento indica
il tempo minimo che deve passare tra un messaggio e il successivo. I messaggi
ricevuti prima che sia trascorso il tempo minimo dal messaggio precedente

vengono scartati. Se ricostruite la *patch* in figura, noterete come i *bang* prodotti da **vs.speedlim** siano molto più lenti di quelli inviati da **metro**[11].
A questo punto possiamo caricare la *patch* **07_16_triggering_gate.maxpat** (fig. 7.46).

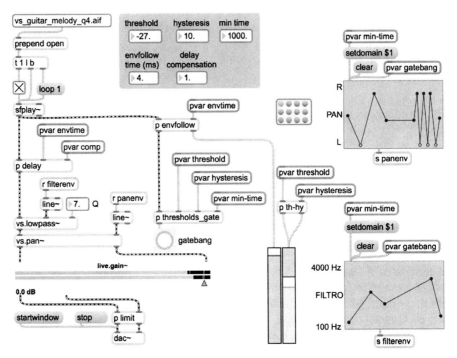

fig. 7.46: file **07_16_triggering_gate.maxpat**

In questa *patch* ogni volta che l'*envelope follower* supera la soglia impostata, viene prodotto un *bang* (visualizzato dall'oggetto **button** nella metà bassa della figura, accanto al nome "gatebang"). Questo *bang* attiva le traiettorie (o inviluppi) visibili nei due oggetti **function** sulla destra, che modificano rispettivamente la posizione stereofonica di un file audio e la frequenza di taglio di un filtro passa-basso ad esso applicato.
I parametri di questo processore sono (oltre alle traiettorie) la soglia (*threshold*), l'isteresi, il tempo minimo tra un *bang* e il successivo (*min time*), la quantità di segnale (in millisecondi) utilizzata per l'*envelope follower* e la compensazione del ritardo.
Ascoltate innanzitutto i *preset* e osservate attentamente come sono stati impostati i diversi parametri.

---

[11] Esiste anche l'oggetto standard **speedlim** che fa quasi la stessa cosa. La differenza è che, scaduto il tempo limite, **speedlim** invia l'ultimo messaggio ricevuto al di sotto di tale tempo, mentre **vs.speedlim** scarta tutti i messaggi che arrivano prima che sia passato il tempo limite. Come vedremo, questa differenza è essenziale per il funzionamento delle nostre *patch*, poiché useremo **vs.speedlim** per distanziare tra loro i processi attivati dal superamento della soglia.

Analizziamo ora la *patch*: il segnale prodotto dall'oggetto **sfplay~** viene inviato alla *subpatch* [**p** envfollow], che è molto simile agli analoghi algoritmi di *envelope following* già visti negli altri processori; l'inviluppo generato viene passato alla *subpatch* [**p** threshold_gate] (fig. 7.47).

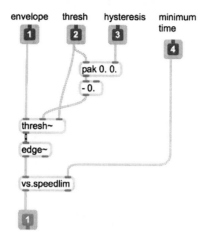

fig. 7.47: *subpatch* [**p** threshold_gate]

Quando l'inviluppo in ingresso supera la soglia, l'oggetto **thresh~** genera un 1, ovvero passa da un valore 0 a un valore diverso da 0, e questo come abbiamo visto fa sì che l'oggetto **edge~** generi un *bang* dalla sua uscita sinistra. L'oggetto **vs.speedlim** lascia passare il *bang* solo se questo dista dal *bang* precedente un tempo superiore al tempo minimo (*minimum time*) impostato. Notate che se usassimo l'oggetto standard **speedlim**, un *bang* ricevuto troppo presto sarebbe comunque inviato allo scadere del tempo limite, senza che questo coincida con un effettivo superamento della soglia in quel momento.
Tornando alla *patch* principale, vediamo che il *bang* prodotto dalla *subpatch* [**p** threshold_gate] viene trasmesso ad un *bang button*, a cui è stato dato (tramite l'*inspector*) lo *scripting name* "gatebang". Ogni *bang* ricevuto da questo oggetto, quindi, viene trasmesso ai due oggetti [**pvar** gatebang] collegati ai due **function** visibili nella parte destra della *patch*. Le liste prodotte dai due **function** vengono inviate tramite due coppie **send-receive** ai due oggetti **line~** a sinistra, collegati alla frequenza di taglio del filtro passa-basso e alla posizione stereofonica del file audio. Notate il parametro "min time" (terzo *number box* in alto), che oltre a impostare, come abbiamo visto, il tempo minimo nell'oggetto **vs.speedlim**, determina anche la lunghezza delle traiettorie disegnate nei due **function** (tramite il noto comando "setdomain").
Provate a creare delle nuove *patch*.

Il *triggering-gate* può essere usato per attivare gli effetti più disparati: vediamo ad esempio una *patch* che riproduce il suono in *reverse* ogni volta che si supera una soglia. Aprite il file **07_17_gate_reverse.maxpat** (fig. 7.48).

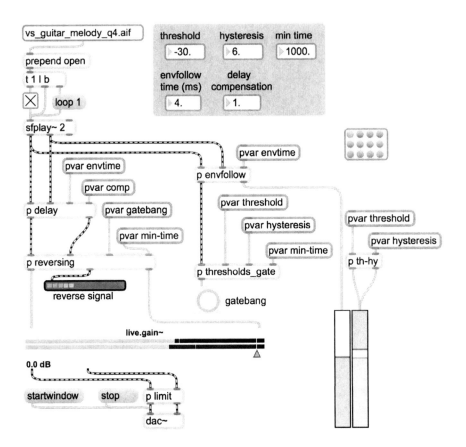

fig. 7.48: file **07_17_gate_reverse.maxpat**

Rispetto alla *patch* precedente, abbiamo sostituito il filtro passa-basso e l'oggetto **vs.pan~** con la *subpatch* [p reversing], che manda in *reverse* (per una durata pari a *min time*) il suono in ingresso ogni volta che viene superata la soglia (fig. 7.49).

Dai primi due **inlet** arrivano i due canali del segnale stereo che vengono inviati ad una coppia di linee di ritardo (**tapin~/tapout~**). L'ultimo **inlet** trasmette il valore del parametro *min time* all'ingresso freddo di un oggetto **float**. Ogni volta che il segnale supera la soglia, il *bang* relativo viene passato dal terzo **inlet** all'oggetto **float** che trasmette il valore di *min time* a due diverse sezioni. La sezione di destra genera un inviluppo, con attacco e *release* molto rapidi, che apre e chiude la linea di ritardo. Il circuito di sinistra modifica il tempo di ritardo in modo da riprodurre il suono in *reverse*. Riuscite a ricostruire il meccanismo del *reverse* tramite *delay*? Se non vi ricordate vi rimandiamo ai paragrafi 6.9T e 6.9P.
Notate che i due canali audio vengono anche inviati direttamente all'uscita della *subpatch*, e si sommano quindi ai suoni in *reverse*.
Ascoltate tutti i *preset* (osservando attentamente i parametri) e provate a crearne di nuovi.

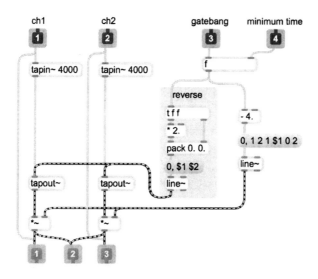

fig. 7.49: *subpatch* [p reversing]

· ·

ATTIVITÀ

- Usate il *triggering-gate* per modificare la frequenza di taglio di un filtro risonante applicato al segnale in ingresso, in modo da ottenere un effetto *sample
and hold* governato dall'*envelope follower*.
- Variate la *patch* di fig. 7.48, in modo che al superamento della soglia il suono
venga inviato ad un *delay* con *feedback*.
- Aggiungete alla *patch* del punto precedente una variazione casuale del tempo
di *delay* ogni volta che viene superata la soglia.
- Applicate l'algoritmo del *gate* adattivo (fig. 7.43) a tutte le *patch* di *triggering-
gate* realizzate finora.

· ·

GATE SEQUENCER (LIVE SLICING)

Prima di vedere come si costruisce un *gate sequencer*, dobbiamo presentare
un nuovo oggetto: **vs.divmetro**. Aprite la patch **07_18_divmetro.maxpat**
(fig. 7.50).
Questo oggetto è simile all'oggetto **metro**, in quanto genera una serie di *bang*
a intervalli regolari. È però possibile suddividere tali intervalli in parti eguali
inviando all'oggetto una lista di divisioni. Ad esempio, se il tempo di scansione metronomica è 500 millisecondi e la lista di divisioni è "2 4 5", l'oggetto
vs.divmetro produrrà 2 *bang* a intervalli di 250 millisecondi (500/2), seguiti
da 4 *bang* a intervalli di 125 millisecondi (500/4) ed infine 5 *bang* a intervalli

di 100 millisecondi (500/5). Il quarto ingresso determina la direzione di lettura della lista di divisioni: 0 indica la lettura in senso normale, 1 la lettura a ritroso e 2 l'alternanza di lettura normale e lettura a ritroso. In tutti e tre i casi la lista viene letta ciclicamente (si tratta quindi di un *loop*). Un *bang* all'ultimo ingresso riporta la lettura della lista al primo elemento.

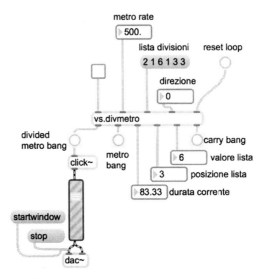

fig. 7.50 file **07_18_divmetro.maxpat**

L'uscita di sinistra genera i *bang* secondo il ritmo stabilito dalla lista di divisioni; la seconda uscita genera la scansione non suddivisa (come nell'oggetto **metro** standard), la terza uscita riporta l'intervallo corrente tra un *bang* e il successivo, la quarta la posizione dell'elemento corrente della lista di divisioni, la quinta il valore dell'elemento corrente della lista di divisioni e l'ultima genera un *bang* ogni volta che si raggiunge la fine del *loop*.

Vediamo come quest'oggetto viene utilizzato nel nostro *gate sequencer*: caricate il file **07_19_gate_sequencer.maxpat** (fig. 7.51).

Il file audio (riprodotto dall'oggetto **sfplay~** in alto a sinistra) viene fatto passare attraverso un filtro passa-basso, attraverso un inviluppo che "taglia a fette" (*slice*) il suono e infine attraverso l'oggetto **vs.pan~** che invia ogni "fetta" in una posizione diversa del fronte stereofonico.

In alto a destra abbiamo un **multislider** con cui è possibile impostare la lista di divisioni dell'oggetto **vs.divmetro** visibile al centro della *patch*. Il ritmo generato dall'oggetto **vs.divmetro** determina la scansione degli *slice* di suono.

Sotto il **multislider** c'è un pannello di controllo con il quale si possono impostare la frequenza di taglio minima e massima del filtro passa-basso, nonché il fattore Q, la scansione metronomica e un fattore di durata dell'inviluppo dello *slice* rispetto alle suddivisioni prodotte da **vs.divmetro** (1 = tempo intero della suddivisione, 0.5 metà del tempo della suddivisione etc.).

Ascoltate i diversi *preset* e osservate attentamente le impostazioni della lista di divisioni e degli altri parametri.

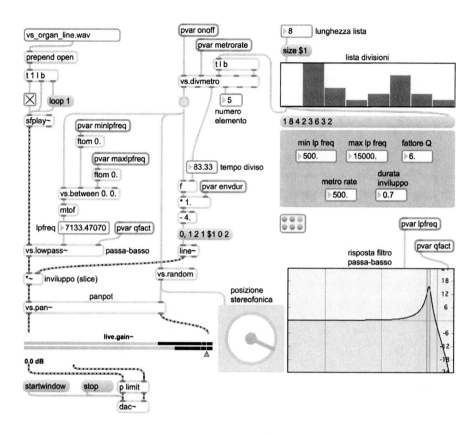

fig. 7.51: file **07_19_gate_sequencer.maxpat**

Analizziamo ora la *patch*: la lista prodotta dal **multislider** viene inviata al terzo ingresso di **vs.divmetro** insieme ad un *bang* al quinto ingresso che posiziona la lettura della lista al primo elemento. Il tempo di scansione viene trasmesso a **vs.divmetro** dall'oggetto [**pvar** metrorate] collegato con il *number box* "metro rate" del pannello di controllo. L'attivazione di **vs.divmetro** avviene tramite l'oggetto [**pvar** onoff] collegato con il **toggle** che attiva l'oggetto **sfplay~** (all'oggetto **toggle** è stato infatti assegnato lo scripting name "onoff").

Il *bang* prodotto da **vs.divmetro** viene innanzitutto inviato ad un oggetto **float** (visibile al di sotto di **vs.divmetro**) nel quale è stata previamente memorizzata (sempre tramite **vs.divmetro**) la durata della divisione corrente. Questo valore viene moltiplicato per il fattore di durata dell'inviluppo (equivalente a 0.7 in figura) e successivamente inviato, tramite un *message box*, ad un oggetto **line~** che genera un inviluppo trapezoidale con attacco e *release* molto rapidi[12]. L'inviluppo viene infine inviato al moltiplicatore che si trova sotto il filtro passa-basso.

---

[12] Sapreste dire perché, dopo aver moltiplicato il tempo di divisione per il fattore di durata dell'inviluppo abbiamo sottratto 4 al risultato?

379

Torniamo al *bang* prodotto da **vs.divmetro**: la seconda destinazione del messaggio è l'oggetto **vs.random** che genera numeri casuali compresi tra 0 e 1. Questi valori casuali vengono utilizzati dall'oggetto **vs.pan~** per collocare ogni *slice* in una diversa posizione stereofonica.

L'ultima destinazione del *bang* prodotto da **vs.divmetro** è l'oggetto **vs.between** che genera una frequenza di taglio per il filtro passa-basso compresa tra un minimo e un massimo. Notate che le frequenze impostate nel pannello di controllo vengono trasformate in valori MIDI prima di essere inviate all'oggetto **vs.between**. I valori MIDI casuali prodotti da quest'ultimo vengono poi trasformati nuovamente in frequenze per il filtro passa-basso. Secondo voi qual è il senso di tale operazione?

Notate infine gli oggetti **dial** e **filtergraph~** presenti in basso a destra nella *patch*: questi due oggetti hanno il solo scopo di fornirci un *feedback* visivo del processo applicato ad ogni *slice*.

Provate a creare dei nuovi *preset*.

• •

ATTIVITÀ

- Aggiungete alla *patch* di fig. 7.51 un sistema per bypassare il filtro passa-basso per una certa percentuale di *slice* impostabile dal pannello di controllo. Dovrete usare un oggetto **selector~** per commutare tra segnale *dry* e segnale filtrato. La tecnica per attivare degli eventi secondo una percentuale è illustrata nel paragrafo IB.4 del primo volume (vedi "Un Metronomo Probabilistico"),

- Usando la stessa tecnica dell'attività precedente aggiungete un *delay* con *feedback* che viene attivato solo per una certa percentuale di *slice*.

- Rendete il tempo di *delay* dell'attività precedente variabile ad ogni *slice*.

- Aggiungete un algoritmo che mette in *reverse* una certa percentuale di *slice*.

• •

FEEDBACK CONTROLLATO IN DINAMICA

Abbandoniamo il *gating* per qualcosa di completamente diverso: l'uso di processori di dinamica all'interno di un circuito di *feedback*.

Come abbiamo visto nel par 7.8T, possiamo inserire un *limiter* in un delay con *feedback*, di conseguenza possiamo usare un fattore di moltiplicazione del *feedback* superiore ad 1 senza che l'ampiezza del segnale cresca indefinitamente. Se, in un tale sistema, il tempo di *delay* viene variato tramite un LFO, e magari ci sono più linee di ritardo indipendenti, possiamo creare degli interessanti effetti di distorsione e risonanza.

Vediamo ad esempio una trasformazione dell'algoritmo di *chorus* che abbiamo visto nel cap. 6.5P. Aprite la *patch* **07_20_limited_feedback.maxpat** (fig. 7.52).

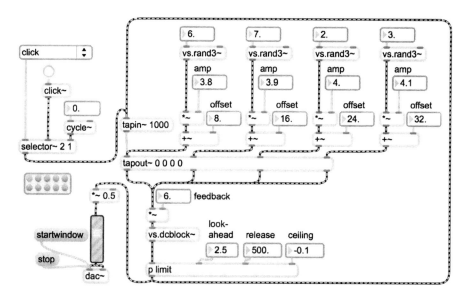

fig. 7.52: file **07_20_limited_feedback.maxpat**

Innanzitutto fate molta attenzione ad impostare un volume basso nel vostro sistema di ascolto! I suoni prodotti da questa *patch* possono essere estremamente penetranti; come precauzione abbiamo dimezzato l'ampiezza del segnale, ma è bene tenere un livello di ascolto basso, e soprattutto è sconsigliabile usare le cuffie.

In questa *patch* abbiamo preso l'algoritmo del *chorus* già utilizzato nel file 06_08_chorus.maxpat, e lo abbiamo dotato di *feedback*. Nel circuito del *feedback* abbiamo inserito un *limiter* e l'oggetto **vs.dcblock~** che elimina l'eventuale *DC offset*. Le sorgenti sonore sono un semplice click e una sinusoide. Il sistema infatti si autoalimenta, e basta un impulso iniziale per innescare il *feedback*; la sinusoide viene usata per fornire una frequenza costante che viene variata con il variare dei tempi di ritardo. Il risultato sonoro potrebbe essere inquadrato in un'estetica "noise": distorsioni modulate che sfociano spesso nel rumore più o meno "colorato".

Ascoltate ora i diversi *preset*: nella prima riga la sorgente è il click, nella seconda la sinusoide. Osservate bene i diversi parametri: frequenza e ampiezza degli LFO, *offset* di ritardo, fattore di *feedback*; notate soprattutto come i parametri di *look- ahead* e *release* del *limiter* abbiano influenza sul risultato finale. Provate a creare nuovi *preset*.

• •

ATTIVITÀ

- Aggiungete nel circuito del *feedback* un filtro passa-basso e un filtro passa-alto in serie.
- Utilizzate un compressore al posto del *limiter*: dal momento che con particolari impostazioni del compressore (ad esempio un *ratio* basso) il segnale

381

in *feedback* potrebbe crescere indefinitamente, aggiungete un *limiter* prima dell'uscita (ma fuori dal circuito di *feedback*).
- Utilizzate un compressore multibanda, con le stesse precauzioni dell'esercizio precedente.
- Sostituite il *chorus* con un *phaser* (ma usate un LFO casuale al posto della sinusoide).

. . . .

LISTA OGGETTI MAX

average~
Genera un segnale che rappresenta una media dei valori dei campioni in entrata.

edge~
Invia un *bang* all'uscita di sinistra quando il segnale in ingresso passa da 0 a non-0, e un bang all'uscita di destra quando il segnale in ingresso passa da non-0 a 0.

live.gain~
Simile all'oggetto `gain~`. Fa parte della libreria di oggetti Max for Live, ma può essere usato anche all'interno delle normali patch di Max.

maximum~
Confronta i valori ricevuti all'ingresso sinistro e destro, e manda in uscita il più alto tra i due.

rampsmooth~
Ha lo scopo di "smussare" il segnale in entrata, ovvero di interpolare i salti tra un campione e il successivo, tramite una rampa lineare.

rslider
Slider che permette di selezionare un intervallo di valori.

scale~
Trasforma i valori di un segnale compresi tra un valore minimo e un valore massimo in un *range* di valori scelti dall'utente.

slide~
Ha lo scopo di "smussare" il segnale in entrata, ovvero di interpolare i salti tra un campione e il successivo, tramite una rampa logaritmica.

thresh~
Verifica se il segnale in ingresso si trova al di sopra o al di sotto di due soglie specificate come argomenti o tramite il secondo e il terzo ingresso. Questo oggetto genera il valore 0 quando il segnale in ingresso va al di sotto della prima soglia, e genera il valore 1 quando il segnale in ingresso va al di sopra della seconda soglia.

vs.2ndorder~
Filtro del secondo ordine il cui comportamento può essere modificato a piacere trasmettendo al secondo ingresso il tipo di filtro che si desidera.

vs.balance~
Riceve un segnale al suo primo ingresso e vi applica l'ampiezza del segnale che riceve al secondo ingresso. Il terzo ingresso serve a definire la frequenza del filtro passa-basso utilizzato per l'*envelope following*.

vs.balance2~
Simile a **vs.balance~** , utilizza un oggetto **slide~** per l'*envelope following* invece del filtro passa-basso.

vs.dbgain~
Regola l'intensità del suono in ingresso tramite un valore in dB.

vs.divmetro
Simile a **metro**, ma può suddividere la scansione uniforme di *bang* in parti eguali, utilizzando una lista di valori interi inviata al terzo ingresso dell'oggetto.

LISTA ATTRIBUTI, ARGOMENTI E PARAMETRI PER OGGETTI MAX SPECIFICI

average~
-Bipolar (argomento)
(modalità di *default*), con questo argomento viene semplicemente calcolata la media dei campioni in ingresso;

-Absolute (argomento)
con questo argomento la media viene calcolata sul valore assoluto (cioè sempre positivo) dei campioni in entrata;

-Rms (argomento)
con questo argomento i campioni in ingresso vengono elevati al quadrato (e diventano perciò tutti positivi), viene poi calcolata la media, e successivamente la radice quadrata di tale media.

slide~
-Slide Up (argomento)
fattore di *slide* per i valori crescenti;

-Slide Down (argomento)
fattore di *slide* per i valori decrescenti.

Tutti gli oggetti
- Background Color (attributo)
attributo dell'*inspector* (nella categoria "Color") per la scelta del colore di sfondo dell'oggetto;

- Opacity (parametro)
(opzione presente nel selettore di colore).
Può dare maggiore o minore trasparenza al colore scelto.

Interludio D
GESTIONE AVANZATA DEI PRESET, BPATCHER E ARGOMENTI VARIABILI, GESTIONE DATI E PARTITURE

ID.1 GESTIONE AVANZATA DEI PRESET

ID.2 BPATCHER, ARGOMENTI VARIABILI E LOCALI

ID.3 GESTIONE DATI E PARTITURE CON MAX

CONTRATTO FORMATIVO

PREREQUISITI PER IL CAPITOLO
• CONTENUTI DEL VOLUME 1, DEI CAPITOLI 5, 6 E 7 (TEORIA E PRATICA) E DELL'INTERLUDIO C

OBIETTIVI
ABILITÀ
• SAPER GESTIRE SISTEMI DI MEMORIZZAZIONE COMPLESSA
• SAPER GESTIRE LA VISUALIZZAZIONE PARZIALE O TOTALE DI ABSTRACTION E SUBPATCH ALL'INTERNO DI UNA PATCH
• SAPER GESTIRE ARGOMENTI VARIABILI E LOCALI IN ABSTRACTION O SUBPATCH
• SAPER GESTIRE INSIEMI DI DATI E REALIZZARE ALGORITMI PER LA GESTIONE DI "PARTITURE"

CONTENUTI
• SISTEMI AVANZATI DI GESTIONE E DI INTERPOLAZIONE FRA PRESET
• SISTEMI DI VISUALIZZAZIONE DI ABSTRACTION E SUBPATCH ALL'INTERNO DI UNA PATCH
• GESTIONE DEI DATI IN MAX

SUSSIDI DIDATTICI
• LISTA OGGETTI MAX - LISTA ATTRIBUTI, ARGOMENTI, MESSAGGI E COMANDI PER OGGETTI MAX SPECIFICI - GLOSSARIO

ID.1 GESTIONE AVANZATA DEI PRESET

Finora per gestire i parametri presenti in una *patch* abbiamo utilizzato l'oggetto **preset**, che permette una facile memorizzazione dei valori contenuti in oggetti interfaccia come il *number box* o il **multislider**.
In figura ID.1 ricapitoliamo rapidamente le caratteristiche dell'oggetto.

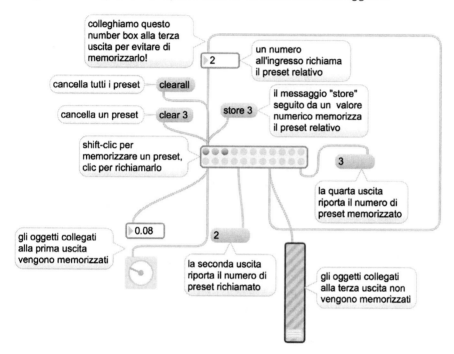

fig. ID.1: l'oggetto **preset**

È possibile includere o escludere determinati oggetti dalla memorizzazione nei *preset* tramite la prima e la terza uscita; cerchiamo di capire come funziona il meccanismo.
- Quando l'oggetto **preset** non ha nessun oggetto collegato alla prima e alla terza uscita, memorizza tutti i valori presenti negli oggetti interfaccia della *patch*.
- Quando alcuni oggetti sono collegati alla prima uscita, vengono memorizzati solo i valori contenuti in tali oggetti, tutti gli altri vengono ignorati.
- Quando alcuni oggetti sono collegati alla terza uscita (ma nessuno alla prima), i valori di tali oggetti vengono ignorati e tutti gli altri memorizzati (abbiamo utilizzato spesso la terza uscita per escludere dalla memorizzazione oggetti che regolano il volume dell'audio in uscita, come **gain~** o **live.gain~**, poiché tale regolazione deve dipendere dal sistema di ascolto che si ha a disposizione).
- Se ci sono oggetti collegati sia alla prima sia alla terza uscita, tali oggetti vengono rispettivamente memorizzati e ignorati, come nei casi precedenti, e eventuali oggetti non collegati vengono ignorati.

387

Come sappiamo per memorizzare una configurazione (o *preset*) bisogna fare shift-clic con il mouse su uno dei "pallini" di **preset**, mentre con un clic semplice richiamiamo la configurazione.
È inoltre possibile richiamare una configurazione inviando un numero intero all'ingresso di **preset**: il valore 1 corrisponde al primo "pallino" e così via.
Per memorizzare un configurazione si può anche mandare all'ingresso di **preset** il comando "store" seguito da un numero. Se vogliamo cancellare un *preset* possiamo inviare all'oggetto il comando "clear" seguito da un numero; per cancellarli tutti possiamo inviare il comando "clearall".
Quando un *preset* viene richiamato, il numero corrispondente viene riportato alla seconda uscita, quando un *preset* viene memorizzato, il numero corrispondente viene riportato alla quarta uscita.
Notate che nella *patch* in figura abbiamo escluso dalla memorizzazione il *number box* collegato all'ingresso di **preset**: sapreste dire perché?

Per quanto semplice e funzionale, il sistema di gestione dei parametri tramite **preset** è abbastanza limitato: non ci permette ad esempio di memorizzare oggetti interfaccia contenuti in *subpatch*, né di interpolare i valori tra due configurazioni. Vedremo quindi, nel seguito di questo paragrafo, un sistema più raffinato (e naturalmente più complesso) di gestione dei *preset*.

L'OGGETTO PATTR

L'oggetto **pattr** è un contenitore universale di dati (può infatti memorizzare valori numerici, liste o stringhe) in grado di condividere il proprio contenuto con gli oggetti interfaccia di Max. È inoltre l'oggetto che ci permetterà di muovere i primi passi nel sistema avanzato di gestione dei *preset*. Vediamone alcune caratteristiche nelle *patch* di figura ID.2.

Nonostante siano molto semplici, vi raccomandiamo di ricreare tutte e sei le *patch* contenute in figura, poiché l'oggetto **pattr** per alcune caratteristiche si discosta dagli oggetti standard di Max.
Nella *patch* numero 1 vediamo che un oggetto **pattr** può ricevere qualunque messaggio (numeri, stringhe o liste), e tali messaggi vengono immediatamente passati all'uscita di sinistra. Un *bang* trasmette di nuovo l'ultimo messaggio ricevuto.
È possibile "legare" (in inglese *to bind*) un oggetto interfaccia ad un **pattr** collegando la seconda uscita di quest'ultimo all'oggetto che si desidera legare (*patch* numero 2). Qualunque valore generato dall'oggetto legato viene anche memorizzato in **pattr** e passato alla sua uscita sinistra. Inoltre, come si vede dalla *patch* 3, un valore inviato a **pattr** viene trasmesso anche all'oggetto legato.
Il primo argomento di **pattr** diventa il suo *scripting name*. L'oggetto **pattr** deve avere obbligatoriamente uno *scripting name*, in assenza di un argomento lo *scripting name* viene assegnato da Max (*patch* numero 4).
Il secondo argomento di **pattr**, se corrisponde allo *scripting name* di un oggetto interfaccia, crea un legame senza bisogno di un collegamento: per ricostruire la *patch* numero 5 dovete, tramite l'*inspector*, assegnare lo *scripting*

name "guitar" al *floating point number box*. Affinché l'oggetto venga legato è necessario assegnare prima lo *scripting name* e poi creare l'oggetto [pattr blue guitar]. Notate che abbiamo in questo caso due *scripting name*: uno per l'oggetto **pattr** e uno per il **flonum**. Non sarebbe possibile assegnare lo stesso nome all'oggetto **pattr** e al **flonum** perché lo *scripting name* deve essere unico per ogni oggetto[1].

Possiamo legare "al volo" un oggetto interfaccia ad un **pattr** inviando a quest'ultimo il messaggio "bindto" seguita dallo *scripting name* dell'oggetto interfaccia (*patch* 6).

Quando si salva una *patch* che contiene un **pattr**, i dati eventualmente contenuti nell'oggetto vengono richiamati ogni volta che si carica la *patch*: questa caratteristica è gestita dall'attributo di **pattr** "autorestore" che di *default* è attivato. Per verificarlo provate a impostare a metà corsa lo **slider** della *patch* 3, poi salvate e ricaricate la *patch*: il cursore dello **slider** apparirà nella stessa posizione in cui lo abbiamo salvato, e non a 0 come avverrebbe per un oggetto non legato.

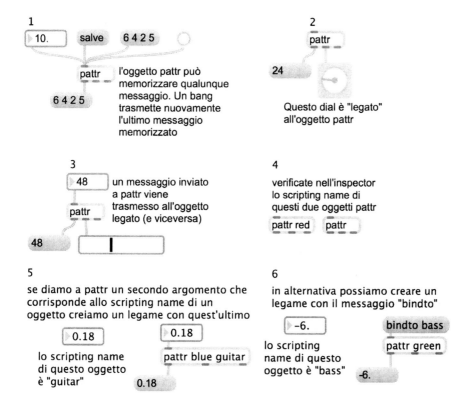

fig. ID.2: l'oggetto **pattr**

---

[1] Ci sono, come sappiamo, alcuni oggetti che condividono uno stesso nome, come ad esempio **buffer~** e **groove~**; ma in quel caso non si tratta dello *scripting name* degli oggetti, ma del nome dato allo spazio in memoria che contiene i dati condivisi.

L'OGGETTO PATTRSTORAGE

A parte la funzione *autorestore*, l'oggetto `pattr` non sembra introdurre particolari novità rispetto a quanto possiamo fare, ad esempio, con la coppia di oggetti `send/receive` o con l'oggetto `pvar`. Se però affianchiamo a `pattr` l'oggetto **pattrstorage** possiamo scoprire alcune novità interessanti. Aprite la *patch* **ID_01_pattrstorage.maxpat** (fig. ID.3).

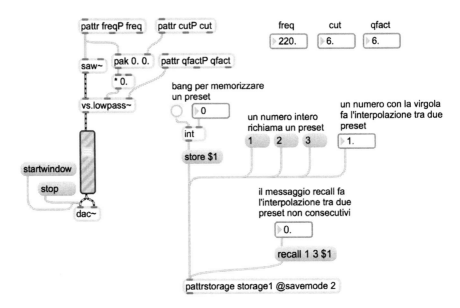

fig. ID.3: file **ID_01_pattrstorage.maxpat**

L'oggetto **pattrstorage** è il cuore del sistema evoluto di gestione dei *preset*. È con questo oggetto infatti che vengono memorizzati e richiamati i valori contenuti negli oggetti `pattr`.

I tre **flonum** in alto a destra hanno gli *scripting name* "freq", "cut" e "qfact" e di conseguenza sono legati ai tre oggetti `pattr` visibili a sinistra. Notate, infatti, che i tre oggetti `pattr` hanno due argomenti: il primo è lo *scripting name* del `pattr` stesso, il secondo è lo *scripting name* di uno dei tre *number box* in alto a destra. Attivate il "motore" DSP, e fate i clic sui tre *message box* al centro contenenti i numeri 1, 2 e 3: vengono selezionati tre *preset* che sono stati memorizzati con **pattrstorage**.

Se ora generate dei valori con la virgola tramite il *floating point number box* collegato a **pattrstorage**, otterrete un'interpolazione tra due *preset* consecutivi: con il valore 1.5 ad esempio verranno impostati dei parametri a metà strada tra quelli contenuti nel primo *preset* e quelli contenuti nel secondo.

Si può fare anche un'interpolazione tra due *preset* non consecutivi tramite il messaggio "recall" seguito dai numeri dei due *preset* e da un numero compreso tra 0 e 1: quest'ultimo valore determina l'interpolazione tra i due *preset*. Ad esempio, se inviamo il messaggio "recall 1 3 0.5", i valori dei parametri saranno a metà strada tra i valori del primo *preset* e i valori del terzo *preset*.

Un nuovo *preset* si memorizza con il messaggio "store" seguito dal numero di *preset*.

Fate ora doppio clic sull'oggetto `pattrstorage`; apparirà la finestra di figura ID.4.

☑ Name	Priority	Interp	Data
☑ freqP	0	⇕ linear	360.
☑ cutP	0	⇕ linear	4.
☑ qfactP	0	⇕ linear	4.05

Client Objects [storage1]

fig. ID.4: `pattrstorage` *client window*

Questa finestra è chiamata *client window* e mostra i valori memorizzati nei *preset*. Come si può vedere la colonna "Name" contiene gli *scripting name* degli oggetti `pattr` (non dei *number box*!) e la colonna "Data" (l'ultima) i valori correnti. La prima colonna contiene dei *checkbox* che ci permettono di selezionare e deselezionare i parametri: un parametro deselezionato non viene aggiornato quando si richiama un *preset*. La colonna "Priority" permette di indicare l'ordine in cui vengono aggiornati i parametri (i valori più bassi hanno la priorità sui valori più alti), e questo può essere utile in caso di *patch* particolarmente complesse. La colonna "Interp" definisce il tipo di interpolazione quando viene selezionato un numero di *preset* frazionario; non ci addentriamo per ora nei tipi di interpolazione disponibili, notate soltanto che abbiamo l'interpolazione lineare in tutti e tre i parametri.

L'oggetto `pattrstorage`, come abbiamo visto, è in grado di "vedere" e memorizzare il contenuto degli oggetti `pattr` mentre ignora tutti gli altri oggetti (almeno per il momento). L'insieme dei *preset* non viene memorizzato nella *patch*, ma in un file che di *default* prende il nome del `pattrstorage` (il suo primo argomento) seguito dal suffisso ".json": nel nostro caso questo file si chiama quindi "storage1.json"[2]. Questo file è memorizzato nella stessa cartella in cui risiede la *patch*. L'attributo "@savemode 2"[3] che vediamo all'interno di `pattrstorage` indica la modalità di salvataggio dei *preset*: in questo caso il file viene salvato automaticamente ogni volta che si salva la *patch*. Le modalità di salvataggio associate a "savemode" sono quattro, numerate da 0 e 3, e precisamente: 0, nessun salvataggio; 1, salvataggio con richiesta del nome; 2 salvataggio automatico quando si salva la *patch*; 3, salvataggio automatico quando si chiude la *patch*.

È possibile legare gli oggetti interfaccia a dei `pattr` che si trovano all'interno di *subpatch*. Vediamo come: caricate il file **ID_02_pattrstorage2.maxpat** (fig. ID.5).

---

[2] Come vedremo tra poco, è possibile salvare il file con qualsiasi nome: non c'è nessuna relazione obbligatoria tra il nome dell'oggetto `pattrstorage` e il nome del file "*.json".

[3] Ricordiamo che, quando il nome di un attributo viene scritto all'interno di un oggetto deve essere preceduto dal simbolo @. In realtà quindi il nome di questo attributo è semplicemente "savemode".

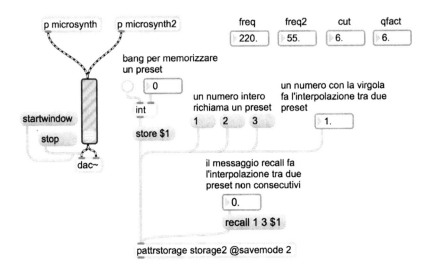

fig. ID.5: file **ID_02_pattrstorage2.maxpat**

Le due *subpatch* contengono lo stesso generatore di suono della *patch* precedente; a ciascun generatore possiamo assegnare una frequenza indipendente, mentre la frequenza di taglio del filtro e il fattore Q sono in comune. Vediamo in figura ID.6 il contenuto della prima *subpatch*.

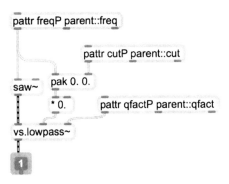

fig. ID.6: *subpatch* [p microsynth]

Notate che il secondo argomento di ogni oggetto **pattr** comincia con il prefisso "parent::" (*parent* in inglese significa genitore). Questo prefisso indica che l'oggetto interfaccia da legare si trova ad un livello superiore, cioè nella *patch* che contiene la *subpatch*. La seconda *subpatch* è identica, a parte il **pattr** in alto che è legato al *number box* "freq2" (il secondo dei quattro *number box* in alto a destra nella *patch* principale). Provate i tre *preset*, dopo di che aprite con un doppio clic la *client window* dell'oggetto **pattrstorage** (fig. ID.7).
I nomi "ms1" e "ms2" visibili nella colonna "Name" sono gli *scripting name* che abbiamo dato alle due *subpatch*. Al di sotto di questi due nomi vediamo gli

scripting name degli oggetti `pattr` contenuti in ciascuna *subpatch*.
Questi nomi sono spostati leggermente a destra (indentati) ad indicare che si trovano ad un livello inferiore rispetto alla *patch* principale in cui si trova l'oggetto `pattrstorage`.

Name	Priority	Interp	Data
✔ ms1		÷	
✔ freqP	0	÷ linear	220.
✔ cutP	0	÷ linear	6.
✔ qfactP	0	÷ linear	6.
✔ ms2		÷	
✔ freqP	0	÷ linear	55.
✔ cutP	0	÷ linear	6.
✔ qfactP	0	÷ linear	6.

Client Objects [storage2]

fig. ID.7: *client window* con i parametri delle *subpatch*

L'OGGETTO AUTOPATTR

L'oggetto **autopattr** ci permette di semplificare la gestione dei *preset*; quando questo oggetto è presente in una *patch*, infatti, l'oggetto `pattrstorage` è in grado di "vedere" direttamente gli oggetti interfaccia dotati di un nome, senza che questi siano necessariamente legati ad un oggetto `pattr`. Possiamo pensare all'oggetto `autopattr` come a una specie di "super" `pattr` che lega automaticamente tutti gli oggetti che hanno un nome. Caricate la *patch* **ID_03_autopattr.maxpat** (fig. ID.8)

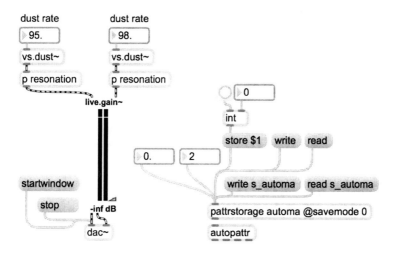

fig. ID.8: *patch* **ID_03_autopattr.maxpat**

Notate innanzitutto l'oggetto **autopattr** nella parte bassa della figura: non è collegato a nessun altro oggetto, ma la sua presenza fa sì che gli oggetti

interfaccia dotati di *scripting name* vengano visti da `pattrstorage`.
In figura ID.9 vediamo il contenuto della *subpatch* [p resonation].

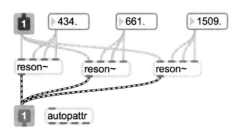

fig. ID.9: *subpatch* [p resonation]

Anche in questo caso è presente un `autopattr`, e naturalmente i tre *number box* sono dotati di *scripting name*.
Ascoltate i tre *preset* memorizzati, dopo di che richiamate la *client window* con un doppio clic su `pattrstorage` (fig. ID.10).

Client Objects [automa]			
Name	**Priority**	**Interp**	**Data**
✔ dustrate	0	⇕ linear	95.
✔ dustrate[1]	0	⇕ linear	98.
☐ live.gain~	0	⇕ linear	-70.
✔ resonation		⇕	
✔ resonfreq	0	⇕ linear	219.
✔ resonfreq[1]	0	⇕ linear	234.
✔ resonfreq[2]	0	⇕ linear	272.
✔ resonation[1]		⇕	
✔ resonfreq	0	⇕ linear	121.
✔ resonfreq[1]	0	⇕ linear	186.
✔ resonfreq[2]	0	⇕ linear	156.

fig. ID.10: *client window*

I primi due nomi appartengono ai due *number box* che, nella *patch* principale, sono collegati agli oggetti `vs.dust~`. Notate che il nome del secondo *number box* è "dustrate[1]". Questo oggetto è infatti stato duplicato dal primo *number box*, e quando un oggetto dotato di *scripting name* viene duplicato, il nuovo oggetto eredita il nome dal precedente. Ma dal momento che non possono esistere in una stessa *patch* due oggetti con lo stesso *scripting name*, al nome del nuovo oggetto viene aggiunto automaticamente un numero progressivo tra parentesi quadre.
La stessa cosa è successa a due dei tre *number box* presenti nelle *subpatch*.
Notate infine che nella *client window* è presente il nome dell'oggetto `live.gain~` che però è stato deselezionato. Gli oggetti della libreria "Max for Live", infatti, hanno uno *scripting name* assegnato di *default*; ma dal momento che non vogliamo memorizzare il volume d'uscita nei *preset*, abbiamo escluso

tale oggetto. Avremmo potuto escludere l'oggetto anche collegandolo alla seconda uscita di `autopattr`; mentre per memorizzare solo determinati oggetti ed escludere tutti gli altri, è sufficiente collegarli alla prima uscita di `autopattr`. La prima e la seconda uscita dell'oggetto hanno quindi la stessa funzione della prima e terza uscita dell'oggetto `preset`.

Anche l'oggetto `autopattr` è dotato, come `pattr`, dell'attributo "autorestore" che di *default* è attivo. Tutti gli oggetti interfaccia gestiti da `autopattr` vengono quindi impostati ai valori che avevano quando è stata salvata la *patch* (notate infatti che appena caricate la *patch* ID_03_autopattr.maxpat è già presente una configurazione, che oltretutto è diversa dai tre *preset* memorizzati)

Tramite l'attributo "autoname" dell'oggetto `autopattr` è possibile semplificare ulteriormente la gestione dei parametri. Se impostiamo ad 1 tale attributo infatti (tramite l'*inspector* o direttamente all'interno dell'oggetto), `autopattr` assegnerà automaticamente uno *scripting name* ad ogni oggetto interfaccia presente nella *patch*, e `pattrstorage` sarà in grado di vedere (e memorizzare) tutti gli oggetti. Naturalmente in questo modo non sarà possibile avere nomi significativi per i diversi oggetti, e questo potrebbe essere uno svantaggio per *patch* molto complesse. Inoltre, dal momento che tutti gli oggetti interfaccia verranno visti da `pattrstorage` sarà necessario escludere manualmente quelli che vogliamo ignorare. Provate ad esempio ad aggiungere l'attributo "@autoname 1" all'interno dell'oggetto `autopattr` di fig. ID.8: i tre *number box* utilizzati per memorizzare e richiamare i *preset* verranno dotati di *scripting name* e `pattrstorage` sarà in grado di vederli. Verificatelo aprendo la *client window* di `pattrstorage`. Notate, sempre in figura ID.8, l'attributo "@savemode 0" dell'oggetto `pattrstorage`, che esclude la memorizzazione automatica dei *preset*. Il file in cui abbiamo salvato le configurazioni si chiama s_automa.json[4], e qualunque modifica ai *preset* deve essere memorizzata manualmente tramite il messaggio "write" inviato a `pattrstorage`. Il messaggio "write" può essere seguito o no dal nome del file, ed è possibile memorizzare diverse serie di *preset* in file diversi, ovviamente con nomi diversi.

Per leggere un file di *preset* bisogna inviare a `pattrstorage` il messaggio "read". Quando viene aperta la *patch* l'oggetto `pattrstorage` tenta di leggere l'ultimo file di *preset* che era stato caricato prima che la *patch* venisse salvata. Se per qualche motivo il file s_automa.json non dovesse caricarsi automaticamente, fate clic sul *message box* [read s_automa].

PRESET E PATTRSTORAGE

È possibile gestire graficamente le configurazioni memorizzate con `pattrstorage` tramite un oggetto `preset`. L'oggetto `preset` infatti contiene un attributo "pattrstorage" a cui è possibile assegnare un nome; quando a questo attributo viene assegnato il nome di un oggetto `pattrstorage` presente nella stessa *patch*, l'oggetto `preset` diventa un'interfaccia per il `pattrstorage`.

---

[4] Notate che è un nome arbitrario, diverso dal nome dell'oggetto: ribadiamo ancora una volta che non c'è nessuna relazione tra il nome di `pattrstorage` e il nome del file di *preset*.

Caricate la *patch* **ID_03b_graphic_preset.maxpat**. Questa *patch* è identica alla precedente, ma contiene un oggetto `preset` al cui attributo "pattrstorage" è stato assegnato (tramite l'*inspector*) il nome "automa"; lo stesso nome, cioè, dell'oggetto `pattrstorage` presente nella *patch*. Provate a memorizzare delle nuove configurazioni tramite l'oggetto `preset`, e poi salvatele facendo clic sul *message box* [write s_automa] collegato a `pattrstorage`. Notate che utilizzando il solo oggetto `preset` (senza `pattrstorage`) sarebbe impossibile memorizzare il valore dei *number box* all'interno delle *subpatch*, né si potrebbe fare l'interpolazione tra i diversi *preset*.

. . . .

ATTIVITÀ

Applicate un sistema di memorizzazione dei *preset* tramite `pattrstorage` e `autopattr` alla *patch* 06_03_multitap3.maxpat. Create e memorizzate su disco dei nuovi *preset* con questo sistema. Usate un oggetto `preset` per gestire graficamente i *preset* memorizzati con `pattrstorage`.

. . . .

ID.2 BPATCHER, ARGOMENTI VARIABILI E LOCALI

In questo paragrafo approfondiremo alcuni importanti aspetti delle *abstraction* e delle *subpatch* che ci permetteranno di rendere ancora più flessibile la programmazione Max.

L'OGGETTO BPATCHER

Vediamo per prima cosa un oggetto, **bpatcher**, all'interno del quale è possibile caricare un'*abstraction* o una *subpatch* e visualizzarla, in tutto o in parte, nella *patch* principale.
Aprite la *patch* **ID_04_bpatcher.maxpat** (fig. ID.11).

Per poter ascoltare i *preset* è necessario fare clic sul `toggle` "on/off" in alto, e naturalmente alzare il volume dell'oggetto `live.gain~`. Nell'oggetto `preset` è stato assegnato all'attributo "pattrstorage" il nome dell'oggetto `pattrstorage` "texture": i due oggetti condividono quindi gli stessi dati. Per selezionare i *preset* fate clic su `preset`, per interpolare tra due *preset* usate il *floating point number box* collegato a `pattrstorage`.
I tre pannelli di controllo che occupano la metà alta della *patch* sono altrettanti oggetti **bpatcher**, all'interno dei quali è stata caricata un'*abstraction* il cui nome è **texture.generator.maxpat**.
Ciascun pannello controlla un flusso di suoni di cui è possibile definire il tempo di scansione, la percentuale di suoni effettivamente prodotti, un intervallo di altezze casuali, la posizione stereofonica e l'inviluppo.

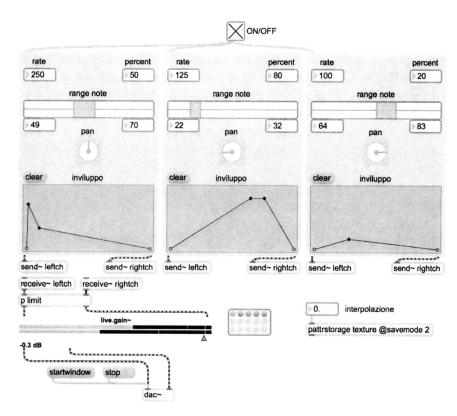

fig. ID.11: *patch* **ID_04_bpatcher.maxpat**

Per poter vedere il contenuto dell'*abstraction* originale, passate in modalità *edit* e fate clic con il pulsante destro del mouse (Windows) oppure *Control*-clic (Mac) all'interno di uno dei tre **bpatcher**. Apparirà un menù contestuale: selezionate in fondo l'elemento "Object/Open Original texture.generator. maxpat". Si aprirà una finestra con l'*abstraction* originale. La *patch* si apre in *presentation mode*, perché nel *Patcher Inspector* è stato attivato l'attributo "Open in Presentation"[5] ; fate clic, nella *Toolbar* in basso, sull'icona della "lavagna" per uscire dalla modalità *Presentation*, entrare in *Patching Mode* e visualizzare quindi la *patch* completa (fig. ID.12).
Notate l'oggetto **autopattr** all'interno dell'*abstraction* che ci permette di memorizzare i parametri con l'oggetto **pattrstorage** nella *patch* principale. Lasciamo l'analisi di questa semplice *subpatch* al lettore.
Per inserire un'*abstraction* in un **bpatcher** è necessario, tramite l'*inspector*, assegnare il percorso del file all'attributo "Patcher File" dell'oggetto. Provate ad esempio a creare un nuovo oggetto **bpatcher** in una *patch* vuota e caricate al suo interno il file texture.generator.maxpat o qualunque altra *patch*: la parte in

---

5 Abbiamo parlato del *Patcher Inspector* nel cap. 1.3P: vi ricordiamo che si può richiamare tramite il menù *View* oppure facendo clic con il tasto destro del mouse sulla *Patcher Window* in modalità *edit*.

alto a destra della *patch* sarà visualizzata nell'oggetto **bpatcher**. Se ingrandite l'oggetto trascinando il suo angolo in basso a destra, potrete visualizzare l'intera *abstraction*.

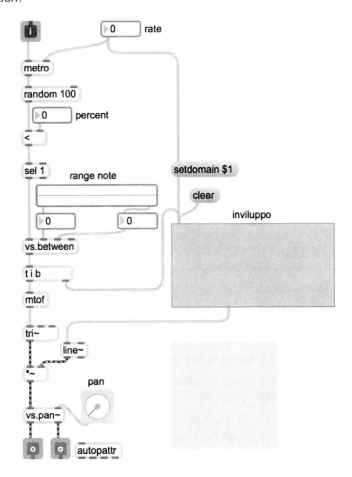

fig. ID.12: *patch* texture.generator.maxpat

È possibile cambiare la parte dell'*abstraction* visualizzata nel **bpatcher** tenendo pigiati i tasti *Maiuscole-Control* (Windows) o *Maiuscole-Command* (Mac), e trascinando contemporaneamente il puntatore del mouse all'interno del **bpatcher**.

È anche possibile inserire all'interno di un **bpatcher** una *subpatch*, cioè un programma Max memorizzato nella *patch* principale e non in un file a parte. Aprite la *patch* **ID_05_bpatcher_subpatch.maxpat** (fig. ID.13).
I tre pannelli colorati della *patch* sono altrettanti **bpatcher** contenenti ciascuno una *subpatch*. Se passate in modalità *edit* e fate clic con il pulsante destro del mouse (Windows) oppure *Control*-clic (Mac) all'interno del **bpatcher** in alto, apparirà il solito menù contestuale. Scegliete dal menù la voce in fondo "Object/ New View of <none>" per richiamare la *subpatch*. Notate che non è presente

il nome di un file, come nella *patch* precedente, ma la stringa <none>, che è il "nome" che di *default* viene assegnato alle *subpatch* create all'interno di un `bpatcher`. Disattivate la modalità *presentation* nella finestra della *subpatch* e notate che è presente un oggetto [`autopattr` @autoname 1] che assegna un nome a tutti gli oggetti interfaccia presenti (ovvero i due *number box*). Aprite allo stesso modo le altre due *subpatch* ed analizzate il funzionamento dell'algoritmo.

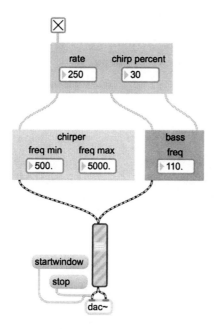

fig. ID.13: *patch* **ID_05_bpatcher_subpatch.maxpat**

Per creare una *subpatch* all'interno di un `bpatcher` è necessario attivare nell'*inspector* l'attributo "Embed Patcher in Parent", dopo di che si può aprire la finestra della *subpatch* tramite il menù contestuale.
Dal momento che non esiste alcun oggetto `preset` né `pattrstorage`, sapreste spiegare perché, all'avvio della *patch* di fig. ID.13, i valori all'interno dei *number box* risultano già impostati?

ARGOMENTI VARIABILI E LOCALI

Come sappiamo dal paragrafo IC.4, possiamo dotare le *abstraction* di argomenti utilizzando, all'interno della *patch* relativa, il carattere # seguito da un numero, ad es. #1, #2 etc. Questi simboli (detti *replaceable arguments*, cioè "argomenti sostituibili") fanno da "segnaposto" per gli argomenti che vengono passati all'oggetto.
Si possono utilizzare gli argomenti sostituibili anche con l'oggetto `bpatcher`. Tramite l'*inspector* dell'oggetto, infatti, è possibile impostare una lista di elementi nell'attributo "Argument(s)". Caricando all'interno del `bpatcher` una *patch* contenente i simboli #1, #2 etc., tali simboli verranno sostituiti dagli elementi della lista impostata.

Uno dei tanti possibili usi degli argomenti sostituibili, è quello di dare un nome alle coppie **send/receive** all'interno di un'*abstraction*. Immaginiamo ad esempio di avere un'*abstraction* come quella in fig. ID.14a.

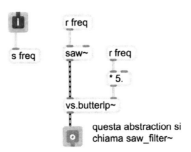

fig. ID.14a: *abstraction* contenente **send/receive**

Se creassimo una *patch* contenente più copie di questa *abstraction*, sarebbe impossibile modificare la frequenza di una copia senza modificare quella di tutte le altre, poiché l'oggetto [**s** freq] all'interno di un'*abstraction* comunica con tutti gli oggetti [**r** freq], anche quelli che si trovano nelle altre copie dell'*abstraction*. Se però sostituiamo il nome "freq" con #1 (vedi fig. ID.14b) possiamo risolvere il problema.

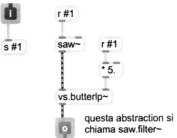

fig. ID.14b: uso di argomenti sostituibili (#) negli oggetti **send/receive** di un'*abstraction*

In questo modo è possibile differenziare il nome delle diverse coppie **send/receive** assegnando un diverso argomento ad ogni copia dell'*abstraction*, ad esempio [**saw.filter~** freq1], [**saw.filter~** freq2], [**saw.filter~** freq3], etc. Se avessimo bisogno di due o più coppie **send/receive** in un'*abstraction*, potremmo usare due o più argomenti, ma il sistema rischia di diventare scomodo, se gli argomenti diventano troppi. In questo caso possiamo sfruttare un'altra caratteristica degli argomenti sostituibili: la possibilità di aggiungere un testo che diventa parte integrante dell'argomento.
Aprite la *patch* **ID_06_arguments.maxpat** (fig. ID.15).

In questa semplice *patch* ci sono tre copie dell'*abstraction* **saw.filter~** e ciascuna ha un diverso argomento.

Se apriamo il file originale[6] possiamo vedere che all'argomento sostituibile #1 è seguito (senza spazi) da due diversi suffissi ("_freq" e "_fact") utilizzati in due coppie **send/receive**.[7]

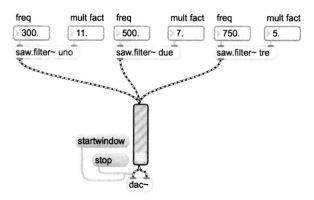

fig. ID.15: *patch* **ID_06_arguments.maxpat**

Aprendo con un doppio clic la prima copia dell'*abstraction* presente nella *patch* principale vediamo come l'argomento sostituisca il simbolo #1 formando due nomi diversi: "uno_freq" e "uno_fact". (fig. ID.16 a e b). Con questo sistema è quindi possibile utilizzare un singolo argomento sostituibile per generare nomi diversi da applicare, come in questo caso, a diverse coppie **send/receive**.

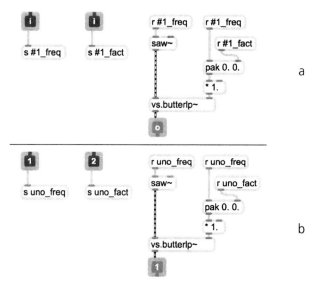

fig. ID.16: generare nomi diversi con gli argomenti sostituibili

---

[6] Vi ricordiamo che per aprire il file originale di un'*abstraction* è sufficiente aprire con un doppio clic la finestra dell'oggetto e fare clic sulla prima icona (denominata "Modify Read-Only") della *Toolbar* in basso. L'icona, che inizialmente rappresenta una matita, si trasformerà nel noto lucchetto che sarà possibile aprire.
[7] In questi casi l'argomento sostituibile deve venire sempre per primo. Non è possibile quindi scrivere freq_#1.

Se vogliamo possiamo anche risparmiarci la "fatica" di inventare un argomento diverso per ogni copia di una *subpatch*; è sufficiente usare il simbolo #0. Questo simbolo infatti, a differenza di #1, #2 etc., non viene sostituito da un argomento ma da un identificatore unico generato automaticamente da Max. Tale identificatore è diverso in ogni copia dell'*abstraction*. Vediamo un esempio, aprite la *patch* ID_07_unique_identifiers.maxpat (fig. ID.17).

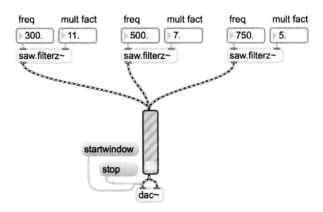

fig. ID.17: file **ID_07_unique_identifiers.maxpat**

Questa *patch* è molto simile alla precedente, ci sono tre copie di una nuova *abstraction*, `saw.filterz~`, prive di argomenti: confrontiamo il contenuto di una delle copie con il file originale (fig. ID.18).

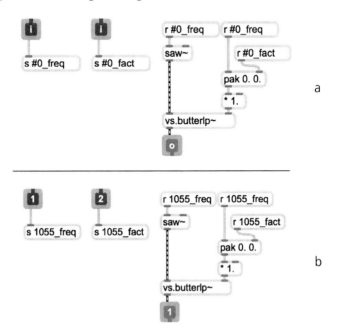

fig. ID.18: uso del simbolo #0

In figura 18a (il file originale), vediamo che le coppie di oggetti **send/receive** contengono un argomento che inizia con il simbolo #0; in figura 18b (il contenuto dell'*abstraction*), il simbolo è stato sostituito da Max con l'identificatore unico 1055. È molto probabile che l'identificatore presente nella vostra *abstraction* sia diverso. Aprite tutte e tre le *abstraction* e notate che ognuna ha un identificatore diverso: in questo modo le coppie **send/receive** non trasmettono messaggi da un'*abstraction* all'altra.

ARGOMENTI E ATTRIBUTI NELLE ABSTRACTION E NELLE SUBPATCH

Negli oggetti Max standard, come sappiamo, oltre agli argomenti è possibile impostare degli attributi, ovvero delle variabili il cui valore definisce il comportamento degli oggetti. Gli attributi possono essere impostati nell'*inspector,* oppure all'interno dell'oggetto stesso utilizzando il simbolo @ seguito dal nome dell'attributo e dal valore che intendiamo assegnargli. Ad esempio nell'oggetto [**autopattr** @autoname 1], viene assegnato il valore 1 all'attributo "autoname".

Vediamo ora come sia possibile, grazie all'oggetto **patcherargs**, gestire gli attributi (e gli argomenti) anche nelle *abstraction* e nelle *subpatch*.

Prima di parlare di **patcherargs** dobbiamo però introdurre un altro importantissimo oggetto che ci sarà utile anche nei prossimi capitoli: **route**. Ricostruite la *patch* di figura ID.19.

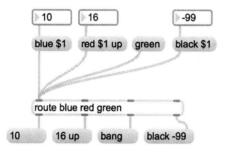

fig. ID.19: l'oggetto **route**

L'oggetto **route**[8] è abbastanza simile all'oggetto **select**, in quanto confronta il messaggio in ingresso con i suoi argomenti. Se il messaggio in ingresso è una lista il cui primo elemento corrisponde ad un argomento, **route** invia il resto della lista all'uscita che occupa la stessa posizione dell'argomento (la prima uscita per il primo argomento, la seconda per il secondo argomento etc.). Se il messaggio in ingresso non è una lista ma un singolo elemento corrispondente a uno degli argomenti, viene inviato un *bang* all'uscita che occupa la stessa posizione dell'argomento (in questo caso quindi si comporta come **select**). Se il primo elemento del messaggio in ingresso non corrisponde a nessun argomento, l'intero messaggio viene inviato all'ultima uscita.

---

[8] Da non confondere con l'oggetto **router** che abbiamo presentato al paragrafo IC.2.

Vediamo un semplice esempio di utilizzo di **route**, caricate il file **ID_08_route. maxpat** (figura ID.20)

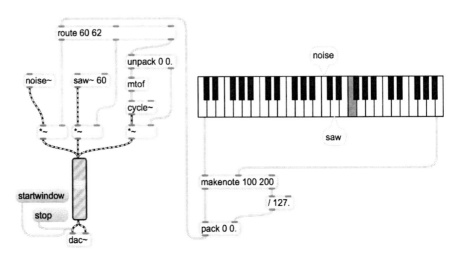

fig. ID.20: file **ID_08_route.maxpat**

In questa *patch* ogni volta che si fa clic nel **kslider** sulle note DO3 e RE3 si ottengono rispettivamente un suono di rumore bianco e una forma d'onda a dente di sega a 60 Hz. Tutte le altre note generano un suono sinusoidale alla frequenza corrispondente. L'analisi della *patch* è abbastanza semplice: la *velocity* viene trasformata in ampiezza tramite una semplice divisione per 127; la coppia nota-ampiezza viene riunita in una lista e inviata all'oggetto [**route** 60 62]: se il primo elemento della lista è il numero 60 (cioè il DO3), l'ampiezza corrispondente viene passata alla prima uscita di **route** e inviata al moltiplicatore per il rumore bianco, se il primo elemento della lista è il numero 62 (RE3), l'ampiezza viene passata alla seconda uscita di **route** e da qui al moltiplicatore per l'oscillatore a dente di sega. In tutti gli altri casi la lista nota-ampiezza viene passata alla terza uscita di **route** e serve a generare una nota sinusoidale.

Passiamo ora all'oggetto **patcherargs**: innanzitutto aprite la finestra Max, poi caricate il file **ID_09_patcherargs.maxpat** (figura ID.21).

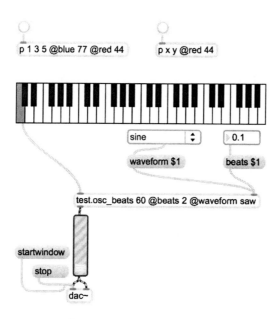

fig. ID.21: file **ID_09_patcherargs.maxpat**

Nella parte alta della *patch* ci sono due *subpatch* contenenti argomenti e attributi (questi ultimi preceduti dal simbolo @). Apriamo la prima *subpatch* (figura ID.22).

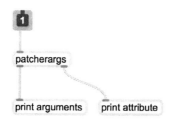

fig. ID.22: una *subpatch* contenente l'oggetto `patcherargs`

Il contenuto di questa *subpatch* è semplicissimo: abbiamo un oggetto `patcherargs` collegato a due oggetti `print` che stampano sulla finestra Max i messaggi che ricevono. Al caricamento della *patch* gli argomenti contenuti nell'oggetto `p` vengono inviati, come lista, dall'uscita di sinistra di `patcherargs`, mentre gli attributi vengono inviati, uno per volta e privi del prefisso @, dall'uscita di destra di `patcherargs`. Quando tutti gli argomenti e gli attributi sono stati inviati, viene inviato il messaggio "done" ("fatto") all'uscita di destra.
Notate che nella finestra Max sono comparse alcune righe di testo:

arguments:	1 3 5
attribute:	blue 77
attribute:	red 44
attribute:	done

argumentsB: x y c d
attributeB: red 44
attributeB: blue 666
attributeB: done

Le prime quattro righe sono state prodotte dalla *subpatch* di sinistra, le ultime 4 dalla *subpatch* di destra. Possiamo vedere che mentre la *subpatch* di sinistra ha stampato nella finestra Max esattamente gli attributi e gli argomenti inscritti nell'oggetto **p**, la *subpatch* di destra ha stampato degli attributi ed argomenti in più. Questo è dovuto al fatto che l'oggetto **patcherargs** contenuto nella *subpatch* di destra contiene dei valori di *default* (figura ID.23), che ovviamente vengono sostituiti dagli eventuali valori presenti nell'oggetto che contiene il **patcherargs**.

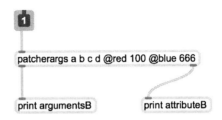

fig. ID.23: una *subpatch* contenente l'oggetto **patcherargs** con valori di *default*

Vediamo ora un esempio "reale" fatto con l'*abstraction* **test.osc_beats** (presente nella stessa cartella in cui si trova la nostra *patch*) nella parte bassa della *patch*: questa *abstraction* realizza dei battimenti con forme d'onda diverse selezionabili tramite un **umenu**. Notate che abbiamo assegnato all'*abstraction* un argomento (60) e due attributi ("@beats 2" e "@waveform saw"). Provate a suonare qualche nota utilizzando il **kslider** presente nella *patch*; selezionate le diverse forme d'onda utilizzando l'oggetto **umenu** e modificate il numero dei battimenti con il *float number box* collegato al *message box* [beats $1]. Poi aprite con un doppio clic l'oggetto **test.osc_beats** (fig. ID.24).

Come abbiamo detto, al caricamento della *patch* l'oggetto **patcherargs** passa agli oggetti a cui è collegato i valori degli argomenti e degli attributi che abbiamo assegnato all'*abstraction*.
A questo punto l'algoritmo dell'*abstraction* dovrebbe essere abbastanza comprensibile, e potete senz'altro analizzarlo da soli. Notate sulla sinistra il blocco di oggetti che calcola la frequenza per gli oscillatori che devono realizzare i battimenti: si tratta dello stesso calcolo che abbiamo usato nel paragrafo 2.2P del primo volume. Fate inoltre attenzione all'uso degli oggetti **route** e **sel** che servono a smistare i messaggi inviati come attributi.
Anche nei **bpatcher** è possibile usare l'oggetto **patcherargs**, in tal caso gli attributi vanno scritti, dopo gli argomenti e ciascuno preceduto dal simbolo @, nell'*inspector* all'interno dell'attributo "Argument(s)" di cui abbiamo parlato nella sezione "Argomenti variabili e locali" di questo paragrafo.

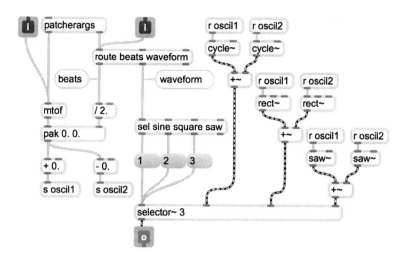

fig. ID.24: il contenuto dell'oggetto `test.osc_beats`

ID.3 GESTIONE DATI E PARTITURE CON MAX

Finora per gestire e memorizzare i dati abbiamo usato oggetti capaci di manipolare le liste, come gli oggetti `zl` oppure i *message box*. In questo paragrafo
vediamo su quali risorse possiamo contare quando abbiamo bisogno di gestire
una grande quantità di dati.

L'OGGETTO TABLE

Iniziamo con l'oggetto **table**: questo oggetto ci permette di gestire e memorizzare un *array* di numeri interi. Un *array* è una sorta di variabile multipla, contenente un certo numero di elementi dello stesso tipo (numeri interi, *floating
point*, stringhe...) ciascuno individuabile tramite un numero di indice. Vediamo
alcune caratteristiche dell'oggetto in figura ID.25.
L'oggetto **table** può avere un argomento che ne definisce il nome; due
oggetti **table** con lo stesso nome condividono gli stessi elementi. Con un
doppio clic sull'oggetto (in modalità *performance*) si apre una finestra nella
quale è possibile disegnare graficamente i valori.
L'elemento grafico al centro della figura è l'oggetto **itable**: si tratta di una
versione di **table** in cui la parte grafica è visualizzata direttamente nella *patch*,
senza bisogno di aprire una seconda finestra. È possibile assegnare un nome
all'**itable** tramite l'**inspector** (attributo "Table Name", categoria "Table"):
in figura abbiamo dato all'**itable** lo stesso nome ("somedata") assegnato ai
due oggetti **table** ai lati. Modificando graficamente il contenuto di **itable**
si modifica quello dei due oggetti **table**, e viceversa.
Di *default* un oggetto **table** contiene 128 valori interi compresi tra 0 e 127, e
il cui numero di indice varia tra 0 e 127. Nella rappresentazione grafica abbiamo l'indice sull'asse delle x e i valori corrispondenti sull'asse delle y. Inviando un
numero di indice all'ingresso sinistro si ottiene in uscita il valore corrispondente

(vedi l'oggetto `table` a destra in figura ID.25).

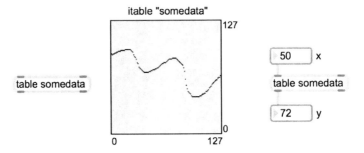

fig. ID.25: oggetti `table` e `itable`.

Per impostare i valori senza ricorrere all'interfaccia grafica, è possibile inviare la coppia indice-valore come lista al primo ingresso, oppure inviare il valore all'ingresso di destra e successivamente il numero di indice all'ingresso di sinistra (figura ID.26).

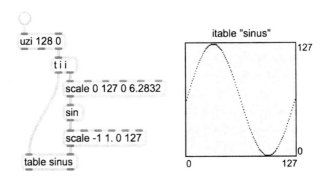

fig. ID.26: un algoritmo per l'oggetto `table`.

In questa *patch*, che vi invitiamo a ricostruire, generiamo i dati relativi ad un ciclo di sinusoide e li memorizziamo in un oggetto `table`.
Per salvare il contenuto di una `table` insieme alla *patch* è necessario attivare l'attributo "Save Data With Patcher" nell'*inspector* (categoria "table"). È inoltre possibile, sempre usando gli attributi della categoria "table", modificare l'intervallo di valori utilizzabili ("Table Range") e le dimensioni della tabella ("Table Size").
I valori contenuti in una tabella si possono salvare in un file a parte, inviando il messaggio "write" all'oggetto `table`, e rileggere successivamente inviando il messaggio "read". Quando viene caricata una *patch* contenente un oggetto `table` dotato di nome, Max cerca su disco un file con lo stesso nome da caricare all'interno dell'oggetto.
Vediamo un esempio di utilizzo degli oggetti `table` per memorizzare diverse scale: caricate il file **ID_10_scales.maxpat** (figura ID.27)

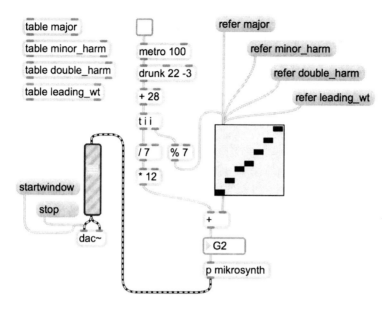

fig. ID.27: file **ID_10_scales.maxpat**

In questa *patch* sfruttiamo la possibilità degli oggetti `table` e `itable` di fare riferimento al contenuto di altre tabelle tramite il messaggio "refer". In alto a sinistra abbiamo 4 tabelle, ciascuna contenenti gli intervalli in semitoni delle scale maggiore, minore armonica, doppia armonica (do, reb, mi, fa, sol, lab, si) ed esatonale con sensibile (do, re, mi, fa#, sol#, la#, si).
I quattro *message box* contenenti il messaggio "refer" seguito dal nome di una tabella fanno sì che l'oggetto `itable` punti al contenuto della tabella relativa. La scelta casuale delle note da suonare è realizzata dall'oggetto `drunk`, che abbiamo conosciuto al paragrafo IA.5 del precedente volume. In questo caso vengono generati valori casuali compresi tra 0 e 21, con uno *step* tra un valore e il successivo non superiore a 2 e, a causa del valore negativo dato all'argomento *step*, senza ripetizione consecutiva dello stesso valore.
In questa *patch* la generazione delle note casuali avviene considerando i 7 gradi di una scala, e non i 12 semitoni; il valore 28 che viene aggiunto all'uscita di `drunk` determina quindi un innalzamento di 4 ottave (7 · 4 = 28) delle note prodotte dal generatore casuale. Il valore risultante viene ridotto modulo 7 per avere il grado della scala da suonare, e viene diviso per 7 (senza decimali) per avere l'ottava su cui suonarlo. Il valore prodotto dall'operatore modulo viene inviato all'`itable` che restituisce il grado della scala in semitoni, e a questo viene aggiunto il valore dell'ottava moltiplicato per 12 (ovvero i semitoni che ci sono in un'ottava). Il risultato della somma viene inviato alla *subpatch* [`p` mikrosynth] che contiene un oscillatore a dente di sega filtrato.

L'OGGETTO COLL

L'oggetto `coll` permette di memorizzare e indicizzare una serie di dati (liste, numeri o stringhe): caricate la *patch* **ID_11_coll.maxpat** (figura ID.28).

409

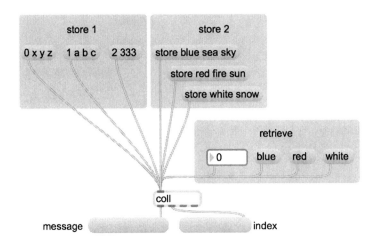

fig. ID.28: la *patch* **ID_11_coll.maxpat**

Per prima cosa fate clic sui tre *message box* contenuti nel riquadro "store 1", dopo di fate un doppio clic sull'oggetto coll: si aprirà una finestra contenente questo testo:

0, x y z;
1, a b c;
2, 333;

Ovvero le tre liste che abbiamo inviato con i *message box*. Notate che il primo elemento di ogni lista è separato con una virgola dal resto. Il primo elemento è in effetti l'indice, mentre il resto è il dato (numero, stringa o lista) memorizzato. Un indice in una coll non deve essere necessariamente un valore numerico: chiudete la finestra della coll, fate clic sui tre *message box* all'interno del riquadro "store 2" e riaprite la finestra della coll. Sono apparse tre nuove righe corrispondenti alle liste inviate con i *message box*. Notate che quando l'indice non è un numero, è necessario anteporre alla lista il messaggio "store" (memorizza).
Ogni volta che l'oggetto coll riceve l'indice (numerico o stringa) di una lista memorizzata in precedenza, invia la lista (priva dell'indice) alla sua prima uscita e l'indice alla seconda uscita. Provate ad inviare i valori 0, 1 e 2 e gli indici stringa tramite il *number box* e i *message box* all'interno del riquadro "retrieve" (recupera). La lista corrispondente verrà visualizzata nel primo *message box* in basso, mentre il numero di indice verrà visualizzato nel secondo *message box*. Notate che quando il dato memorizzato nella coll non è una lista o un valore numerico, ma una singola stringa, questa viene preceduta dal messaggio "symbol". Lo stesso avviene per l'indice: fate clic sul messaggio "white" e otterrete in uscita i messaggi "symbol snow" e "symbol white".
Se volete potete aggiungere altri dati direttamente nella finestra della coll.
Attenzione al formato! Dopo ogni indice deve esserci necessariamente una virgola e alla fine di ogni riga deve esserci necessariamente un punto e virgola. Una volta inseriti i nuovi dati chiudete la finestra della coll: apparirà un

messaggio in cui vi si chiede se volete salvare i cambiamenti effettuati. Fate clic sul pulsante "Save".

Se avete scritto correttamente i nuovi dati, verranno memorizzati nella `coll`. In caso di errore, ad esempio se avete saltato un punto e virgola, avviene qualcosa di poco simpatico: Max vi cancella la riga contente l'errore e tutte le righe successive, senza possibilità di fare un "Undo"! Nelle versioni di Max precedenti la 6.0.7 non viene neanche inviato un avvertimento; dalla versione 6.0.7, fortunatamente, Max è diventato abbastanza "magnanimo" da avvertirvi che state per fare un disastro, e vi permette di cancellare la chiusura della finestra e di correggere l'errore.

Vediamo ora un esempio di utilizzo di una `coll`: abbiamo memorizzato i rapporti di frequenza dei sette gradi della scala naturale (ne abbiamo parlato nel paragrafo 1.4T del primo volume) in una `coll` e li utilizziamo per generare sequenze di note basate appunto sull'intonazione naturale. Aprite la *patch* **ID_12_natural_scale.maxpat** (figura ID.29).

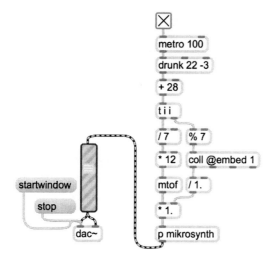

fig. ID.29: la *patch* **ID_12_natural_scale.maxpat**

Aprite con un doppio clic la finestra della `coll` e verificate che contenga i rapporti di frequenza di una scala naturale. Come potete vedere ogni riga contiene due valori numerici corrispondenti rispettivamente al numeratore e al denominatore della frazione che rappresenta il rapporto di frequenza. Notate l'attributo "@embed 1" che fa in modo che la `coll` salvi il suo contenuto insieme alla *patch*.[9]

Questa *patch* è abbastanza simile a ID_10_scales.maxpat: viene generata una serie di valori casuali tramite **drunk** e per ciascun grado della scala l'oggetto `coll` fornisce i due valori che rappresentano il rapporto. Questi valori vengono divisi fra loro, e il risultato viene utilizzato per moltiplicare la frequenza della

---

[9] Notate che "embed" è il nome reale dell'attributo, mentre il nome descrittivo è "Save Data With Patcher"; si tratta dello stesso attributo presente nell'oggetto `table`.

tonica (di cui abbiamo calcolato l'ottava tramite la divisione per 7 e la successiva moltiplicazione per 12). Il tutto viene poi inviato alla *subpatch* [p mikrosynth].

Vediamo adesso come possiamo utilizzare l'oggetto `coll` per memorizzare le caratteristiche timbriche di un suono. Aprite la *patch* **ID_13_gongs.maxpat** (figura ID.30).

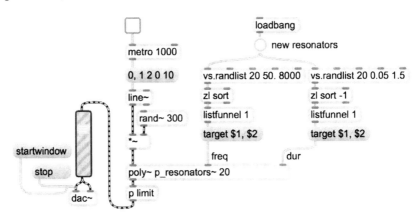

fig. ID.30: la *patch* **ID_13_gongs.maxpat**

In questa *patch* riprendiamo e variamo l'algoritmo dei corpi risonanti che abbiamo utilizzato nella parte finale del paragrafo IC.3 (se non vi ricordate di cosa si tratta vi consigliamo di rileggervi i passaggi relativi).
Parliamo innanzitutto dell'oggetto **vs.randlist**: ogni volta che questo oggetto riceve un *bang* al suo ingresso sinistro, genera una lista di valori casuali; i suoi tre argomenti indicano rispettivamente la lunghezza della lista e il valore minimo e massimo entro cui vengono scelti i numeri casuali. Il primo dei due oggetti **vs.randlist** serve a generare una lista di frequenze scelte nell'intervallo tra 50 e 8000 Hz, il secondo una lista di durate scelte nell'intervallo tra 0.05 e 1.5 secondi. Tramite l'oggetto [**zl** sort], riordiniamo in senso ascendente la lista casuale delle frequenze, dalla più grave alla più acuta; l'analogo oggetto [**zl** sort -1] riordina in senso discendente (a causa dell'argomento -1) la lista delle durate, dalla più lunga alla più breve. Questo significa che le frequenze più gravi vengono associate alle durate maggiori. L'oggetto **listfunnel** e il successivo *message box* servono a distribuire i diversi valori tra le voci dell'oggetto **poly~**: abbiamo già usato questa tecnica nella *patch* IC_07_filtri_risonanti.maxpat.
Notate inoltre che la *patch* polifonica p_resonators~ è la stessa che abbiamo utilizzato nella *patch* IC_08_bouncing_bodies.maxpat. Ogni volta che si invia un *bang* ai due oggetti **vs.randlist** viene creata una nuova configurazione di risuonatori.
Attivando l'oggetto **metro**, a sinistra, possiamo produrre una serie di brevi suoni impulsivi tramite un generatore di rumore **rand~** con frequenza 300 Hz. Questi suoni vengono inviati all'oggetto **poly~** che crea le risonanze. A differenza del click che abbiamo usato nel paragrafo IC.3, il suono impulsivo che usiamo in questa *patch* produce meno energia sulle frequenza acute, evidenziando maggiormente le frequenze gravi. Provate a far suonare la *patch* modificando di tanto in

tanto la configurazione dei risuonatori con un clic sul **button** "new resonators". Notate che ogni nuova configurazione casuale di risuonatori che generiamo sostituisce la precedente, mentre sarebbe interessante memorizzare una serie di configurazioni di risuonatori, ed utilizzarla per simulare una "orchestra di gong": è quanto ci proponiamo di fare grazie all'oggetto **coll**.

Prima di tutto vediamo alcune caratteristiche di **coll**: caricate il file **ID_14_coll_sorting.maxpat** (figura ID.31).

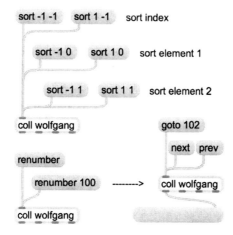

fig. ID.31: *file* **ID_14_coll_sorting.maxpat**

In questa *patch* abbiamo tre oggetti **coll** a cui è stato dato il nome "wolfgang": esattamente come per gli oggetti **table**, due o più **coll** che abbiano lo stesso nome condividono lo stesso contenuto. Inoltre, quando viene caricata una *patch* contenente un oggetto **coll** dotato di nome, Max cerca su disco[10] un file con lo stesso nome da caricare all'interno dell'oggetto. Nel nostro caso esiste effettivamente un file wolfgang.txt, all'interno della cartella "Interludio D patches", che viene caricato nella **coll**. Aprendo la **coll** con un doppio clic dovreste vedere la seguente serie di dati:

620, flauto magico;
492, nozze di figaro;
621, clemenza di tito;
588, così fan tutte;
527, don giovanni;

Come si vede i numeri di indice non sono consecutivi, e non sono neanche in ordine crescente o decrescente.[11]

---

[10] La ricerca avviene, come al solito, nella cartella che contiene la *patch* e nel percorso di ricerca, ovvero nelle cartelle specificate nella finestra "File Preferences" (menù *Options*).

[11] Tenete presente che questo non costituisce un problema: se inviate il numero di indice 620 alla **coll** otterrete comunque in risposta la stringa "flauto magico".

Chiudete la finestra della `coll`, fate clic sul primo *message box* in alto ("sort -1 -1") e riaprite la finestra: ora i numeri di indice appaiono in ordine crescente. Fate clic sul secondo *message box*, chiudete e riaprite la finestra della `coll` e constatate che gli indici sono adesso in ordine decrescente (da 621 a 492). Il messaggio "sort", come è chiaro, riordina i dati contenuti nella `coll`. I due valori che seguono il messaggio indicano rispettivamente il senso del riordino (-1 = crescente, 1 = decrescente)[12] e l'elemento su cui effettuare il riordino: -1 indica l'indice, 0 il primo elemento della lista, 1 il secondo e così via. Fate clic sugli altri *message box* che contengono il messaggio "sort" e constatate che l'ordinamento viene eseguito sull'elemento corrispondente nella lista. Notate che nel caso delle stringhe il sorting viene eseguito, ovviamente, in ordine alfabetico.

È possibile rinumerare gli indici tramite il messaggio "renumber", che sostituisce gli indici con valori crescenti a partire da 0. Un parametro aggiuntivo determina il numero di indice di partenza: provate a fare clic sui *message box* [renumber] e [renumber 100] in basso a sinistra e osservate come cambiano i numeri di indice nei due casi.

Dopo aver fatto clic sul *message box* [renumber 100], provate a fare clic più volte sui messaggi "next" e "prev" in basso a destra: nel *message box* in basso appariranno a rotazione le liste contenute nella `coll`. Il messaggio "next" scorre le liste in senso progressivo, ogni volta che si invia questo messaggio l'oggetto `coll` restituisce la lista che si trova dopo l'ultima lista emessa. Il messaggio "prev", invece, scorre le liste in senso inverso, ogni volta che si invia questo messaggio l'oggetto `coll` restituisce la lista che si trova prima dell'ultima lista emessa. Il messaggio "goto" posiziona la `coll` su un determinato indice, ma senza emettere la lista relativa; se subito dopo si invia un messaggio "next" o "prev" viene emessa la lista puntata da "goto", non la successiva o la precedente (provate).

Ci sono decine di altri possibili messaggi per `coll`, che è un oggetto molto complesso, ma per il momento le nostre conoscenze sono sufficienti. Aprite adesso la *patch* **ID_15_gamelan.maxpat** (figura ID.32).

In questa *patch* vengono memorizzati in una `coll` le frequenze e le durate delle risonanze di 12 diversi "gong", realizzati con gli stessi parametri usati per la *patch* ID_13_gongs.maxpat, e viene utilizzato l'oggetto `live.step` per suonare delle sequenze con questa "orchestra di gong". I 12 timbri sono assegnati alle note da DO3 (60) a SI3 (71). Nell'oggetto `preset` abbiamo memorizzato diverse sequenze per il `live.step`, provatele. Notate che il suono è sensibile alla *velocity*; potete visualizzare i valori di *velocity* all'interno del `live.step` utilizzando l'`umenu` in alto a sinistra.

Ogni volta che fate clic sul `button` in alto connesso alla *subpatch* [p set_resonances], vengono generati i timbri per 12 nuovi "gong". Mentre ascoltate le sequenze, provate a fare clic sul `button` e sentite come cambiano i timbri.

---

[12] Notate che la sintassi è invertita rispetto all'oggetto [z1 sort], in cui l'argomento -1 determina l'ordine decrescente.

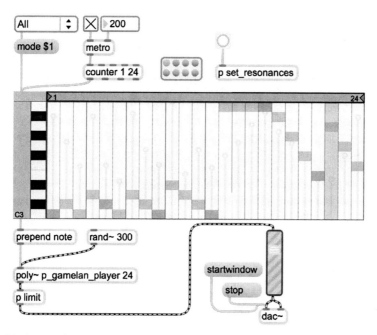

fig. ID.32: la *patch* **ID_15_gamelan.maxpat**

Vediamo ora come funziona questa *patch*: la *subpatch* [**p** set_resonances] contiene l'algoritmo che genera i timbri e li memorizza in una **coll**, apritelo con un doppio clic (figura. ID.33).

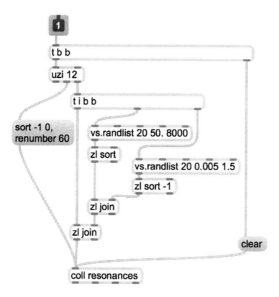

fig. ID.33: la *subpatch* [**p** set_resonances]

In questa *subpatch* per prima cosa viene inviato il messaggio "clear" all'oggetto [**coll** resonances], in modo da cancellarne l'eventuale contenuto presente.

Poi viene inviato un *bang* all'oggetto [uzi 12], che produce una serie numerica da 1 a 12 dalla sua uscita di destra e la invia ad un **trigger**. Per ciascuno dei 12 valori della serie prodotta da **uzi** viene generata una lista di 20 frequenze ordinate in senso ascendente e una di 20 durate ordinate in senso discendente. Queste liste vengono unite al valore corrente della serie e inviate all'oggetto **coll**. Dopo aver prodotto la serie l'oggetto **uzi** genera un *bang* alla sua uscita centrale e lo invia ad un *message box* contenente due messaggi. Il primo dei due messaggi, "sort -1 0", riordina le liste contenute in **coll** disponendole in senso ascendente secondo il primo elemento della lista (cioè la frequenza di risonanza più grave). Il secondo messaggio, "renumber 60", rinumera gli indici delle liste da 60 (corrispondente alla nota MIDI DO3) a 71 (SI3). Questo fa sì che i 12 timbri risultino, grosso modo, ordinati per altezza ascendente; anche se sappiamo dal paragrafo 2.1T del primo volume che la sensazione di "altezza" di uno spettro inarmonico dipende non tanto dalla frequenza della componente più grave quanto dall'ampiezza e dalla distribuzione delle sue componenti.

Aprite con un doppio clic la finestra della **coll** e verificate che contenga 12 liste di 40 elementi ciascuna, riordinate in senso ascendente secondo il valore del primo elemento della lista.

I "gong" vengono suonati dall'oggetto [**poly~** p_gamelan_player 24]: a questo oggetto viene inviata la lista prodotta dal **live.step**, costituita da numero di *step*, nota MIDI e *velocity*. Notate che all'oggetto **poly~** viene inviato anche il segnale prodotto dal generatore di rumore [**rand~** 300]; lo stesso che abbiamo usato nella *patch* ID_13_gongs.maxpat. Vediamo ora il contenuto della *patch* polifonica (figura ID.34).

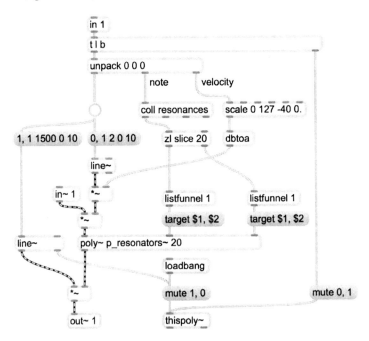

fig. ID.34: la *patch* polifonica p_gamelan_player

Dal `live.step` della *patch* principale arriva una lista di tre elementi: numero di *step*, nota e velocity. La lista raggiunge un `trigger` che disattiva il *mute* dell'istanza e la rende occupata, e successivamente invia la lista ad un `unpack`. Il valore di *velocity* viene convertito in dB e poi in ampiezza nel modo che già conosciamo, e viene utilizzato per moltiplicare il breve inviluppo prodotto dall'oggetto `line~` al centro.

Il valore di nota (da 60 a 71) viene utilizzato come numero di indice per la [`coll` resonances] che abbiamo riempito con la *subpatch* [`p` set_resonances] analizzata sopra. I valori di frequenza e durata dei risuonatori vengono inviati all'oggetto [`poly~` p_resonators~ 20], esattamente come nella *patch* ID_13_gongs.maxpat.

L'inviluppo prodotto dall'oggetto `line~` al centro e riscalato per l'ampiezza definita dalla *velocity* viene applicato al segnale che giunge al primo ingresso di `poly~` tramite l'oggetto [`in~` 1][13]: come abbiamo visto, questo segnale è il rumore prodotto dall'oggetto [`rand~` 300].

Un secondo `line~` sulla destra effettua un rapido *fade out* dopo 1.5 secondi (la massima durata possibile per le nostre risonanze), dopo di che con un *bang* mette in *mute* l'istanza e la libera.

Riascoltate ora i diversi *preset* e provate a crearne di nuovi.

• •

ATTIVITÀ

Provate a modificare i parametri di generazione dei risuonatori nella *subpatch* [`p` set_resonances], per creare una serie di "gong" molto acuti o molto gravi, lunghi o brevi, con poche o molte componenti. Dovrete cambiare di conseguenza anche i relativi parametri della *patch* polifonica.

• •

CREARE PARTITURE CON COLL

Per "partitura" intendiamo una serie di istruzioni distribuite nel tempo che attivano e impostano i parametri di algoritmi di sintesi ed elaborazione del suono. Usiamo quindi il termine con la stessa accezione con cui è usato in Csound.

Mentre Csound è un software che prevede l'uso di partiture, e ne stabilisce dettagliatamente il formato, in Max non esistono formati predeterminati. Non c'è, cioè, nessun oggetto pensato in modo specifico per la gestione delle partiture: quello che faremo, in pratica, è prendere a prestito l'idea di partitura da Csound, e vedere come può essere implementata in Max.

---

[13] Come abbiamo accennato nel paragrafo IC.3, è possibile avere un oggetto `in` e un oggetto `in~` con lo stesso numero: in questo caso avremo in `poly~` un unico ingresso per entrambi gli oggetti. I messaggi Max che entrano in questo ingresso "doppio" sono inviati all'oggetto `in` mentre i segnali sono inviati all'oggetto `in~`.

Per i nostri esempi utilizzeremo l'oggetto **coll** che ci sembra uno degli oggetti più indicati per un compito del genere; ma, come spesso avviene in Max, esistono anche altri modi per ottenere lo stesso risultato.[14]
Caricate la *patch* **ID_16_score1.maxpat** (figura ID.35).

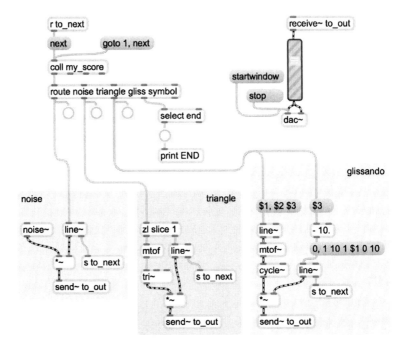

fig. ID.35: la *patch* ID_16_score1.maxpat

Innanzitutto attivate la *patch* e fate clic sul *message box* [goto 1, next] collegato all'oggetto [**coll** my_score]. Dovreste sentire una serie di suoni e contemporaneamente vedere i **button** collegati all'oggetto **route** che si "illuminano".
Ascoltate più volte la serie di suoni prima di proseguire.
In questa *patch* abbiamo tre piccoli strumenti: un generatore di rumore, un oscillatore triangolare e un generatore di glissandi.
Il generatore di rumore riceve dalla **coll** i valori dell'inviluppo per l'oggetto **line~**; l'oscillatore triangolare riceve il valore MIDI della nota e l'inviluppo; il generatore di glissando riceve il valore di partenza, il valore di arrivo e la durata del glissando.
Il contenuto della **coll** è il seguente:

1, triangle 35 0 0 1 50 1 200 0 100;
2, triangle 84 0 0 1 2 0 350;
3, noise 0 0 0.2 1000 0.5 100 0 500;
4, gliss 48 52 1000;
5, gliss 80 24 500;

---

[14] Un oggetto molto adatto per la gestione di partiture è, ad esempio, l'oggetto **qlist** (di cui non parleremo). Preferiamo però usare **coll** per la sua maggiore flessibilità.

6, noise 0 0 1 10 0 250;
7, end;

Vediamo come funziona questa *patch*: quando facciamo clic sul *message box* [goto 1, next], inviamo due messaggi all'oggetto `coll`. Il primo messaggio, "goto 1", fa sì che il puntatore interno alla `coll` si posizioni sull'indice 1, senza però trasmettere la lista relativa. Il secondo messaggio "next", trasmette la lista puntata dal messaggio "goto" (se non vi ricordate com   e funzionano i messaggi "next", "prev" e "goto" in una `coll` tornate all'analisi della *patch* ID_14_sorting.maxpat).
Il messaggio inviato dalla `coll` è quindi "triangle 84 0 0 1 2 0 350", che `route` provvede ad inviare (privato della stringa "triangle") allo strumento centrale. Non analizzeremo questo semplicissimo strumento, notate però che all'uscita destra dell'oggetto `line~` c'è l'oggetto [`s to_next`], mentre il corrispondente oggetto [`r to_next`] è collegato al messaggio "next" a sua volta collegato alla `coll`. Quando l'oggetto `line~` ha completato il suo inviluppo, quindi, invia un *bang* al messaggio "next", che fa generare alla `coll` la prossima lista.
Anche gli altri due strumenti inviano un *bang* al messaggio "next" alla fine del proprio inviluppo. Ogni volta che un suono giunge al termine, quindi, viene prodotto il suono successivo. Analizzate il funzionamento dei tre strumenti, e verificate la sintassi delle liste inviate da `coll`.
Notate l'ultima riga del contenuto della `coll`: "7, end". Come sappiamo, quando un messaggio è costituito da un'unica stringa, la `coll` lo trasmette preceduto dalla stringa "symbol". Per questo motivo l'ultimo argomento dell'oggetto `route`, come vedete, è "symbol"; all'uscita relativa è stato collegato l'oggetto [`select` end] che genera un *bang* quando riceve il messaggio "end".

• •

ATTIVITÀ

- Aggiungete altre righe alla partitura contenuta nella `coll` e verificate che i suoni risultanti siano quelli che vi aspettate.
- Aggiungete un quarto strumento "filtered_saw": un oscillatore a dente di sega filtrato da un passa-basso. Oltre alla nota e all'inviluppo, lo strumento dovrà ricevere la frequenza di taglio del filtro (espressa come moltiplicatore della frequenza fondamentale) e il fattore Q.

• •

Questa prima, semplice implementazione di un partitura in Max ha, naturalmente, alcuni difetti. Il primo è che ogni suono arriva immediatamente dopo il precedente; non è possibile avere una pausa (a meno di non fare un inviluppo con del silenzio in coda), né sovrapporre i suoni. Il secondo difetto non è inerente al meccanismo, ma all'uso che ne abbiamo fatto; definire in modo puntuale tutti i parametri di ogni singola nota comporta la scrittura di partiture molto estese anche per pezzi di breve durata. Un terzo problema è dato dal fatto che con la nostra implementazione è molto difficile gestire l'articolazione temporale degli eventi.

Prima di vedere come si possono risolvere questi problemi, presentiamo un nuovo oggetto: **forward**. Ricostruite la *patch* di figura ID.36.

fig. ID.36: l'oggetto `forward`

Questo oggetto è un "send variabile": come l'oggetto **send**, infatti, invia messaggi all'oggetto **receive** che ha lo stesso nome. È però possibile cambiare il destinatario inviando a **forward** il messaggio "send" seguito dal nome di un oggetto **receive**. Provate a fare clic, ad esempio, sul *message box* "send beta" collegato al **forward** e successivamente inviate dei valori numerici tramite il *number box*: i valori arriveranno al *number box* collegato all'oggetto [**r** beta].
Vediamo ora una nuova *patch* per la gestione delle partiture: caricate il file **ID_17_score2.maxpat** (figura ID.37).

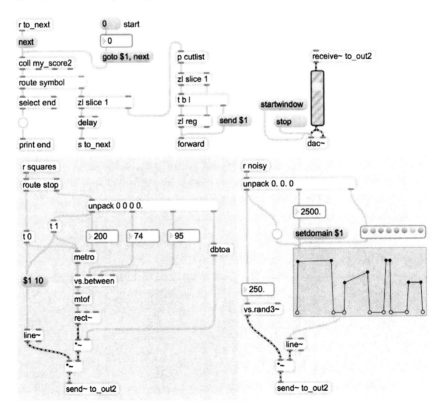

fig. ID.37: file **ID_17_score2.maxpat**

Per prima cosa ascoltate la partitura facendo clic sul *message box* [0] in alto. In questa *patch* ci sono due strumenti: il primo genera una serie di note casuali tramite un oscillatore a forma d'onda quadrata, il secondo un rumore a frequenza variabile con un inviluppo scelto tra 8 memorizzati in un *preset*.
Ora aprite la finestra della `coll`; dovreste visualizzare questa partitura:

1, 2000 squares 125 48 73 -6;
2, 1000 noisy 2000 500 1 : squares 100 60 67 -12;
3, 1000 noisy 4000 1000 3 : squares 60 24 32 -12;
4, 1000 noisy 5000 3000 4 : squares stop;
5, 2000 squares 200 74 95 -18;
6, 0 noisy 250 2500 7 : squares stop;
7, end;

Innanzitutto una precisazione terminologica: chiamiamo "evento" il contenuto di una riga della partitura. La nostra partitura è formata quindi da 7 eventi. È possibile iniziare l'esecuzione della partitura da un punto qualunque impostando il numero dell'evento nel *number box* in alto collegato al *message box* [goto $1, next].
Notate che abbiamo cambiato la sintassi: il primo valore di ogni lista è l'intervallo temporale (espresso in millisecondi) tra gli eventi, ovvero il tempo che deve trascorrere prima di passare all'evento successivo. Dopo l'intervallo abbiamo il nome di uno degli oggetti `receive` connesso agli strumenti ("squares" o "noisy"), seguito dai relativi parametri. È possibile avere più messaggi indirizzati a diversi strumenti in uno stesso evento; è sufficiente separarli con il simbolo ":" (due punti).
Lo strumento "squares" deve ricevere una lista contenente il tempo di scansione delle note casuali, i valori minimo e massimo entro cui le note sono scelte, e l'intensità in dB. Per fermare la scansione delle note è necessario inviare, successivamente, il messaggio "stop" (vedi riga 4 e riga 6 della partitura).
Lo strumento "noisy" deve ricevere una lista contenente la frequenza del generatore di rumore, la durata dell'inviluppo, e il numero di *preset* dell'inviluppo.
Dal momento che abbiamo cambiato la sintassi della partitura, i messaggi in uscita dalla `coll` subiscono un'elaborazione diversa rispetto alla *patch* precedente: innanzitutto viene intercettato, dagli oggetti `route` e `select`, l'eventuale messaggio "end" che indica la fine della partitura. Se il messaggio non è "end", deve essere un messaggio che inizia con un intervallo temporale. Questo messaggio viene inviato all'oggetto [z1 slice 1] che separa l'intervallo, che viene passata all'uscita di sinistra, dal resto del messaggio che viene passato all'uscita di destra e da qui alla *subpatch* [p cutlist], che lo suddivide in base alla posizione del simbolo ":".
Vediamo come funziona questa *subpatch* (figura ID.38).

Introduciamo innanzitutto una caratteristica dell'oggetto [z1 group] di cui non abbiamo ancora parlato. Come sappiamo questo oggetto raggruppa i messaggi che riceve in liste la cui lunghezza può essere specificata come argomento o tramite l'ingresso di destra. È però possibile raggruppare liste di lunghezza variabile tramite il messaggio *bang*: ogni volta che l'oggetto riceve un *bang*, raggruppa gli elementi ricevuti fino a quel momento e li passa come lista. Notate che nell'oggetto non abbiamo specificato una lunghezza per le liste da raggruppare, perché queste saranno appunto determinate dai *bang* ricevuti.[15]

fig. ID.38: la *subpatch* [p cutlist]

Quando la *subpatch* riceve una lista, la invia, tramite [t b l], all'oggetto iter che la scompone in singoli elementi. Il successivo oggetto [sel :], passa gli elementi alla sua uscita di destra e li invia all'oggetto [zl group], con l'eccezione del simbolo ":", che invece provoca un *bang* all'uscita di sinistra e fa sì che l'oggetto [zl group] produca una lista con gli elementi ricevuti in precedenza. Dal momento che la lista ricevuta dalla *subpatch* [p cutlist] non finisce con il simbolo ":", abbiamo bisogno di un *bang* aggiuntivo per generare l'ultima lista: questo *bang* viene prodotto dall'uscita di sinistra dell'oggetto [t b l] in alto, dopo che tutti gli elementi della lista in ingresso sono stati inviati a [zl group]. Torniamo alla *patch* principale: le liste che escono dalla *subpatch* [p cutlist] sono costituite, come abbiamo detto, dal nome di un oggetto receive e da una serie di parametri. Il nome viene usato per impostare il destinatario dell'oggetto forward, dopo di che i parametri vengono inviati a tale destinatario. Analizzate il frammento di *patch* al di sotto di [p cutlist] e spiegate come funziona.
Riprendiamo l'oggetto [zl slice 1] connesso a route: l'intervallo temporale, che esce dall'*outlet* sinistro dell'oggetto, viene inviata all'oggetto delay, che, come sappiamo dal paragrafo 6.11P, è una "linea di ritardo" per messaggi *bang*. Quando questo oggetto riceve un valore numerico al suo ingresso di sinistra, aspetta un tempo corrispondente e poi genera un *bang*, che raggiunge il messaggio "next" e fa generare la lista successiva all'oggetto coll.

• •

ATTIVITÀ

Analizzate e descrivete il funzionamento dei due strumenti nella *patch* ID_17_score2.maxpat.

---

[15] Se non inviamo nessun *bang*, comunque, l'oggetto emette una lista quando viene raggiunto il numero massimo di elementi gestibili (di *default* tale numero è 256).

In quest'ultima *patch* abbiamo separato la scansione temporale degli eventi dalla durata degli eventi stessi, abbiamo aggiunto la possibilità di inviare parametri a diversi strumenti all'interno di uno stesso evento, e abbiamo creato dei "macro-controlli" per gli strumenti, in modo da non dover definire in partitura ogni singola nota o ogni singolo punto dell'inviluppo.

Notate che il punto d'inizio di ogni evento dipende dalla somma di tutti gli intervalli temporali precedenti. Se introduciamo un nuovo evento nel mezzo di una partitura, tutti gli eventi successivi si spostano in avanti di una quantità di tempo pari all'intervallo temporale assegnato al nuovo evento; a meno che, naturalmente, non compensiamo accorciando l'intervallo, o gli intervalli, precedenti.

Possiamo naturalmente tentare un approccio diverso, e creare un algoritmo in cui il punto di inizio di ogni evento sia indipendente dagli eventi precedenti o successivi.

Prima di procedere, però, dobbiamo fare la conoscenza con un nuovo oggetto, `timepoint`: ricostruite la *patch* di figura ID.39.

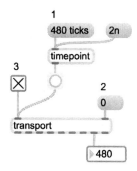

fig. ID.39: oggetto `timepoint`

L'oggetto **timepoint** genera un *bang* quando il *master clock* gestito dall'oggetto **transport** raggiunge un determinato punto nel tempo. La posizione da raggiungere può essere espressa in qualunque valore di tempo e va inviata all'ingresso di **timepoint**, o inserita nell'oggetto come argomento.[16]

Nella *patch* di figura ID.39, fate clic sul *message box* [480 ticks], poi sul *message box* [0] per posizionare il *master clock* all'inizio e infine attivate il **toggle**. Dopo mezzo secondo[17] l'oggetto **timepoint** dovrebbe generare un *bang* e il numero di *ticks* trascorsi dovrebbe essere visibile nel *number box* in basso, collegato all'uscita di **transport** che riporta, appunto, il numero di *ticks* corrente. Fate ora clic sul *message box* [2n], e poi di nuovo sul *message box* [0]: il numero di *ticks* visualizzato dal *number box* dovrebbe diventare, dopo un secondo, 960. Provate con altri valori di tempo, ricordandovi di far ripartire il *master clock* dall'inizio con un clic sul *message box* [0].

---

[16] Su *master clock* e valori di tempo in Max vedi il paragrafo IC.1: se non ricordate bene la gestione del tempo in Max, può essere una buona idea ripassare l'intero paragrafo.

[17] Questo tempo è calcolato sul tempo di metronomo di *default* che è di 120 bpm.

Grazie a questo oggetto possiamo realizzare la nostra terza *patch* per la gestione di partiture: caricate il file **ID_18_score3.maxpat** (figura ID.40)

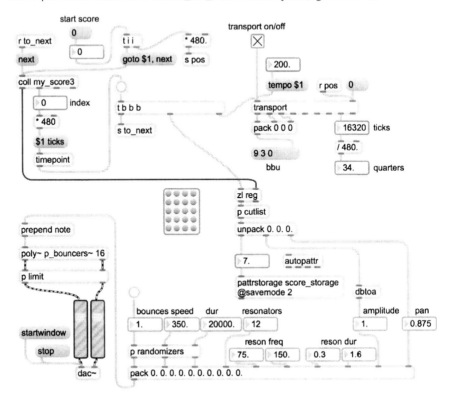

fig. ID.40: file **ID_18_score3.maxpat**

Ecco la partitura contenuta nell'oggetto [coll my_score3]:

0, 1 -6 0.5;
2, 2 -3 0.75;
4, 3 -3 0.1 : 4 -3 0.9;
7, 4 -3 0.5;
8, 5 -3 0.25 : 6 0 0.5 : 7 -3 0.75;
11, 17 -6 0.5;
13, 17 -6 0.5;
14, 17 -6 0.5;
15, 17 -6 0.5;
16, 17 -6 0.5;
18, 16 -9 0.5;
21, 16.25 -9 0.5;
24, 16.5 -9 0.5;
27, 16.75 -12 0.5;
30, 17 -6 0.5 : 11 -6 0.1 : 11 -6 0.9;
34, 8 0 0 : 8 0 0.5 : 8 0 1 : 7 0 0.125 : 7 0 0.875;

Innanzitutto ascoltate la *patch* facendo clic sul *message box* [0] in alto.

Abbiamo un solo strumento, che genera dei corpi sonori che rimbalzano: l'algoritmo è tratto dalla *patch* IC_10_poly_bouncing_bodies.maxpat. Ci siamo limitati ad un unico strumento per concentrare l'attenzione sulla gestione del tempo in questa partitura. Ci sono 20 *preset* in ciascuno dei quali sono memorizzati, tramite `pattrstorage`, 8 dei 10 parametri dello strumento, mentre l'ampiezza e la posizione stereofonica vengono impostati in partitura. Ogni suono è definito quindi da un numero di *preset*, un valore d'ampiezza (in dB) e dalla posizione stereofonica (un valore tra 0 e 1). Il numero di indice rappresenta il tempo di inizio dell'evento espresso in quarti. Notate nella parte destra della *patch* l'oggetto `transport` per il quale è stato impostato un tempo di 200 bpm (ovvero 200 di metronomo).

Vediamo come funziona la *patch*: dopo aver fatto clic sul *message box* in alto, il valore 0 raggiunge, tramite gli oggetti [`s` pos] e [`r` pos], l'ingresso destro di `transport`, il che, come sappiamo, riporta il *master clock* al punto iniziale. Successivamente viene inviato alla `coll` il messaggio "goto 0" seguito da "next"; l'oggetto `coll` risponde producendo il numero di indice alla seconda uscita e la lista che definisce l'evento alla prima uscita. Il numero di indice, che come abbiamo detto rappresenta il tempo di inizio dell'evento espresso in quarti, viene trasformato in *ticks* e inviato a `timepoint`; mentre la lista che definisce l'evento viene memorizzata nell'oggetto [`zl` reg].

Appena il *master clock* raggiunge il punto corrispondente all'indice, l'oggetto `timepoint` genera un *bang* che raggiunge un oggetto `trigger`. Quest'ultimo produce tre *bang*: il primo raggiunge l'oggetto `transport` e ci serve per visualizzare il tempo corrente; il secondo raggiunge l'oggetto [`zl` reg] che invia alla *subpatch* [`p` cutlist] (identica alla *subpatch* dell'esempio precedente) la lista che definisce l'evento. Dalla *subpatch* i tre parametri dello strumento (*preset*, ampiezza in dB e posizione stereofonica) vengono inviati ad un oggetto `unpack` che li invia ai relativi *number box*. Il terzo *bang* prodotto dal `trigger` viene inviato al messaggio "next" in alto a sinistra che fa generare alla `coll` l'evento successivo. Notate, nella parte bassa della *patch*, che i parametri indicati come "bounces speed" (la frequenza iniziale e finale dei rimbalzi) e "dur" (la durata della serie di rimbalzi) vengono inviati ad una *subpatch* [`p` randomizers] che varia in modo casuale tali parametri del 10%. Questo serve ad evitare che due suoni contemporanei realizzati con lo stesso *preset* siano perfettamente in sincrono (perché altrimenti darebbero luogo ad un unico corpo risonante). Aprite la *subpatch* [`p` randomizers] e ricostruitene il funzionamento.

Torniamo per un momento al listato della partitura: gli eventi 21, 24 e 27 hanno un numero di *preset* frazionario. Sfruttiamo qui la capacità di `pattrstorage` di interpolare due *preset* consecutivi. A proposito di interpolazione, se apriamo con un doppio clic la *client window* di `pattrstorage` possiamo vedere che l'interpolazione dei parametri "min_freq" e "max_freq" (minima e massima frequenza di risonanza) e "min_speed" e "max_speed" (minima e massima velocità, ovvero frequenza, dei rimbalzi) è esponenziale, e non lineare: trattandosi di parametri relativi alla frequenza, un'interpolazione esponenziale risulta percettivamente più naturale.

Restiamo sulla *client window* e notiamo che la priorità che abbiamo assegnato al parametro "min_speed" ha un valore più alto (6) del valore di priorità degli altri parametri (0). Dal momento che, come abbiamo detto nel paragrafo ID.1, i valori più bassi hanno la precedenza su quelli più alti, ci assicuriamo in questo modo che il parametro "min_speed" venga inviato per ultimo: questo è necessario perché tale parametro viene inviato all'ingresso caldo dell'oggetto **pack** e deve quindi arrivare dopo che gli altri parametri sono stati impostati.

La definizione dei tempi in quarti è, naturalmente, del tutto arbitraria; potremmo trasformare i quarti in ottavi semplicemente moltiplicando i valori prodotto alla seconda uscita della **coll** per 240 anziché per 480, oppure potremmo moltiplicarli per 120 e ottenere dei sedicesimi: provate!

· ·

ATTIVITÀ

- Aggiungete altri strumenti alla *patch* ID_18_score3.maxpat e usate l'oggetto **forward** per inviare i parametri ai vari strumenti.
- Con l'oggetto **timepoint** è possibile utilizzare, come abbiamo detto, qualunque valore di tempo. Potremmo ad esempio utilizzare il tempo in bbu (che è formato da stringhe del tipo 01.03.120, vedi paragrafo IC.1). Provate: sostituite nella partitura i singoli valori numerici che abbiamo usato per l'indice con il formato bbu. Dovrete naturalmente modificare opportunamente la *patch*.
Ricordatevi che quando l'indice non è un valore numerico ma una stringa l'oggetto **coll** lo fa precedere dalla stringa "symbol". Il formato bbu, con i suoi due punti, non è un valore numerico ma, appunto, una stringa; dovrete quindi usare l'oggetto **route** per filtrare la stringa "symbol".

· ·

LISTA OGGETTI MAX

autopattr
permette a `pattrstorage` (v.) di "vedere" gli oggetti interfaccia dotati di nome.

bpatcher
oggetto in cui possibile caricare un'*abstraction* o una *subpatch* e visualizzarla, in tutto o in parte, nella *patch* principale

coll
permette di memorizzare e indicizzare una serie di dati (liste, numeri o stringhe).

forward
oggetto simile a `send`, al quale è possibile cambiare il destinatario.

patcherargs
permette la gestione di argomenti e attributi nelle *subpatch* e nelle *abstraction*.

pattr
Contenitore universale di dati (può memorizzare valori numerici, liste o stringhe) in grado di condividere il proprio contenuto con gli oggetti interfaccia di Max.

pattrstorage
permette il salvataggio di *preset* e la gestione evoluta degli stessi. Memorizza i valori contenuti nell'oggetto `pattr` e, in presenza di `autopattr` (v.), negli oggetti interfaccia dotati di nome.

route
confronta l'elemento iniziale della lista in ingresso con i propri argomenti. Se l'elemento è uguale ad un argomento, invia il resto della lista all'uscita corrispondente alla posizione occupata dall'argomento.

table
memorizza e gestisce un *array* di numeri interi.

timepoint
genera un *bang* quando il *master clock* raggiunge un determinato punto nel tempo.

vs.randlist
genera una lista di valori casuali

LISTA ATTRIBUTI, ARGOMENTI, MESSAGGI E COMANDI PER OGGETTI MAX SPECIFICI

autopattr
- autoname (attributo)
Quando questo attributo viene attivato, l'oggetto **autopattr** assegna automaticamente uno *scripting name* ad ogni oggetto interfaccia presente nella *patch*.

-autorestore (attributo)
Questo attributo fa sì che, quando si salva una *patch* che contiene un **autopattr**, i dati eventualmente contenuti nell'oggetto vengano richiamati ogni volta che si carica la *patch*.

bpatcher
- Argument(s) (attributo)
Attributo con il quale è possibile specificare una lista di argomenti e attributi per l'*abstraction* caricata in **bpatcher**.

- Embed Patcher in Parent o embed (attributo)
Attivando questo attributo, è possibile creare una *subpatch* all'interno di un **bpatcher**.

- Patcher File (attributo)
Contiene il percorso del file di *abstraction* che viene inserito nel **bpatcher**.

coll
- embed (attributo)
Permette di salvare il contenuto della **coll** insieme alla *patch*.

- goto (messaggio)
Posizione la **coll** su un determinato indice.

- next (messaggio)
Scorre le liste di una **coll** in senso progressivo.

- prev (messaggio)
Scorre le liste di una **coll** in senso inverso.

- renumber (messaggio)
Rinumera gli indici di una **coll** con valori consecutivi crescenti.

- sort (messaggio)
Riordina alfabeticamente o numericamente il contenuto di una **coll**.

forward
- send (messaggio)
Permette di cambiare il destinatario dei messaggi inviati da **forward**.

pattr
- autorestore (attributo)
Questo attributo fa sì che, quando si salva una *patch* che contiene un **pattr**, i dati eventualmente contenuti nell'oggetto vengano richiamati ogni volta che si carica la *patch*.

- bindto (attributo)
Stabilisce un legame tra **pattr** e un oggetto interfaccia dotato di *scripting name*.

- parent::
prefisso per il secondo argomento di ogni oggetto **pattr**. Questo prefisso indica che l'oggetto interfaccia da legare si trova ad un livello superiore, cioè nella *patch* che contiene la *subpatch*.

- *scripting name* (attributo)
Il primo argomento di **pattr** diventa il suo *scripting name*. In questo modo si dà il nome ad un oggetto **pattr**. In assenza di un argomento lo *scripting name* viene assegnato da Max.

pattrstorage
- read (messaggio)
tramite questo messaggio si può leggere un file di *preset*.

- recall (messaggio)
permette l'interpolazione tra due *preset* non consecutivi

- savemode (attributo)
Attributo che indica la modalità di salvataggio dei *preset*.

- write (messaggio)
tramite questo messaggio si memorizzano i *preset* in un file .json.
Il messaggio "write" può essere seguito o no dal nome del file, ed è possibile memorizzare diverse serie di *preset* in file diversi.

preset
- clear (messaggio)
Comando, seguito da un numero, per l'ingresso di **preset**. Serve a cancellare un *preset*.

- clearall (messaggio)
Comando per l'ingresso di **preset**, per cancellare tutti i *preset*

- pattrstorage (attributo)
A questo attributo dell'oggetto **preset** si può dare il nome di un oggetto **pattrstorage**: in questo caso **preset** e **pattrstorage** condivideranno gli stessi dati.

- store (messaggio)
Comando per l'ingresso di **preset** che serve a memorizzare una configurazione. Si può anche mandare all'ingresso di **preset** il comando "store" seguito da un numero.

table
- refer (messaggio)
Permette alla tabella di puntare al contenuto di altre tabelle

- Save Data With Patcher (attributo)
Permette di salvare il contenuto della **table** insieme alla *patch*.

- Table Range (attributo)
Imposta l'intervallo di valori utilizzabili.

- Table Size (attributo)
Imposta la dimensione della tabella.

LISTA COMANDI PRINCIPALI

Visualizzare il contenuto dell'*abstraction* originale in un bpatcher
Fare clic in modalità *edit* con il pulsante destro del mouse (Windows) oppure *Control*-clic (Mac) all'interno di uno del **bpatcher**

Cambiare la parte dell'*abstraction* visualizzata nel bpatcher
Trascinare il puntatore del mouse all'interno del **bpatcher** tenendo premuti i tasti *Maiuscole-Control* (Windows) o *Maiuscole-Command* (Mac).

GLOSSARIO

Client window
Finestra che e mostra i valori memorizzati nei *preset* dell'oggetto `pattrstorage`.

File ".json"
File in cui viene memorizzato l'insieme dei *preset* di un `pattrstorage`. Di *default* prende il nome del `pattrstorage` (il suo primo argomento) seguito dal suffisso ".json".

8T
L'ARTE DELL'ORGANIZZAZIONE DEL SUONO: PROCESSI DI MOVIMENTO

8.1 COSA SONO I PROCESSI DI MOVIMENTO

8.2 MOVIMENTI SEMPLICI

8.3 MOVIMENTI COMPLESSI

8.4 ALL'INTERNO DEL TIMBRO

8.5 MOVIMENTI COMPOSTI

8.6 GESTIONE ALGORITMICA DEI MOVIMENTI

8.7 INTRODUZIONE ALLE SEQUENZE DI MOVIMENTI

CONTRATTO FORMATIVO

PREREQUISITI PER IL CAPITOLO
• CONTENUTI DEL VOL.1, CAP. 5, 6 E 7 (TEORIA E PRATICA), INTERLUDIO C E D

OBIETTIVI
CONOSCENZE
• CONOSCERE VARIE MODALITÀ POSSIBILI DI MOVIMENTO DEI SUONI
• CONOSCERE LE INTERRELAZIONI FRA DIVERSI TIPI DI MOVIMENTO
• CONOSCERE I MOVIMENTI CHE METTONO IN EVIDENZA IL PASSAGGIO NELLA PERCEZIONE DA UN PARAMETRO ALL'ALTRO
• CONOSCERE DIVERSE POSSIBILITÀ DI MOVIMENTO ALL'INTERNO DEL TIMBRO
• CONOSCERE LIMITI E AMBIGUITÀ DELLE CATEGORIZZAZIONI DEI MOVIMENTI

CONTENUTI
• I MOVIMENTI SEMPLICI, COMPLESSI E COMPOSTI
• LE SEQUENZE DI MOVIMENTI
• MODALITÀ DI MOVIMENTI ALL'INTERNO DEL TIMBRO

ATTIVITÀ
• ESEMPI SONORI E INTERATTIVI

VERIFICHE
• TEST A RISPOSTE BREVI DI ASCOLTO E ANALISI (MASSIMO 30 PAROLE)

SUSSIDI DIDATTICI
• CONCETTI DI BASE - GLOSSARIO

Il campo nel quale la musica prende corpo è una temporalità fortemente spazializzata. Intendiamoci: non diventa visiva, la musica. Essa è e rimane nell'orecchio. Tuttavia la sua organizzazione, le sue connessioni logiche provengono alla nostra mente dal mondo visivo, dal mondo dello spazio.(...)
Ci troviamo di fronte al respiro della materia...
(Salvatore Sciarrino, 1998)

La nostra metafora principale per la composizione musicale deve cambiare da quella dell'architettura a quella della chimica (...) Questa mutazione è la più radicale possibile: da un insieme finito di proprietà archetipiche scelte con cura e governate da principi "architettonici" tradizionali, si passa a un continuum di eventi sonori unici e la possibilità di espandere, plasmare e trasformare quel continuum in qualsiasi modo scegliamo, per costruire nuovi mondi di concatenazioni musicali.
(Trevor Wishart, 2004)

Non comporre più con le note ma con i suoni
Non comporre più solo suoni, ma la differenza che li separa
Agire su quelle differenze...controllare l'evoluzione (o non-evoluzione) del suono e la velocità della sua evoluzione
(Gerard Grisey, 2001)

8.1 COSA SONO I PROCESSI DI MOVIMENTO

INTRODUZIONE

Finora abbiamo realizzato suoni singoli o sequenze di suoni senza una particolare intenzione di esplorare l'organizzazione dei suoni. Da ora cominciamo a lavorare sulle possibili articolazioni dei suoni e sul loro movimento. In questo capitolo (e nel corrispettivo di pratica) la conoscenza della teoria e le abilità pratiche sviluppate sinora (sia nel campo dell'analisi all'ascolto del suono, sia nel campo della programmazione) saranno valorizzate ancora di più chiamando in campo la creatività del lettore e la sua capacità di costruire processi di movimento. Come già scritto nell'introduzione a questo volume, qui ci limiteremo ad articolazioni sonore che non superano un minuto: esploreremo un livello intermedio fra la micro-forma dei suoni singoli e la macro-forma di un'intera creazione sonora[1]. I processi di movimento dei suoni, in questo capitolo saranno quindi costruiti in astratto, al di fuori di una dimensione e di un contesto formale più ampio, cioè quello di una creazione sonora vera e propria, di cui parleremo nel prossimo volume. Ciò non significa che il percorso creativo debba seguire questa successione (dai singoli suoni, ai processi di movimento, alla forma generale): questo ordine ha uno scopo puramente didattico.

---

[1] Intendiamo, con il termine composizione, un'attività e un'esperienza che va oltre la composizione musicale in senso stretto, ma comprende la composizione di lavori di sound art o di sound design, o di colonne sonore di lavori audio-visivi, una soundscape composition etc.

Nella pratica, ogni artista del suono segue il proprio modo di costruire una forma nel tempo e/o nello spazio, anche, ad esempio, a partire dal progetto generale verso una specificazione degli aspetti sonori, lavorando contemporaneamente su tutti i livelli, o addirittura affidando al computer il compito di operare alcune scelte formali.

Nelle creazioni di installazioni interattive (anche in rete), poi, le forme assumono contorni non determinati dall'inizio, e lo scopo dei compositori/artisti è quello di creare un ambiente interattivo in cui la forma è sempre rideterminata dalle scelte degli utenti, all'interno di quell'ambiente.

Infine, un sound designer che voglia costruire il suono per immagini in movimento, o giochi interattivi o altro, si troverà a fare scelte formali in relazione all'ambiente creato da altri, o con altri soggetti.

Questo capitolo sarà utile a prescindere dalla forma finale del lavoro creativo che si sta compiendo con il suono. Quando si compone costruendo ed elaborando i timbri fino al più piccolo dettaglio, infatti, è importante saper creare e gestire i vari livelli (dal micro al macro) sulla base del proprio progetto creativo, e quindi anche saper ascoltare e valutare i risultati "zoomando" fuori e dentro i livelli.

Horacio Vaggione a questo proposito parla di "*loop* del *feedback* azione/percezione"[2]. "Come un pittore che lavora direttamente su una tela deve indietreggiare e distanziarsi per percepire i risultati della sua azione, valutandola in diverse prospettive spaziali, così il compositore ha a che fare con differenti misure del tempo[3]. Da ciò ricaviamo che, oltre al *loop* del *feedback* azione/percezione, dobbiamo aggiungere una nuova categoria, cioè una specie di "ascolto mobile", che consente di valutare su diversi piani temporali i risultati delle operazioni svolte. Alcuni di questi livelli temporali non si possono ascoltare direttamente, e bisogna perciò valutarli percettivamente mediante gli effetti spostandosi su altri livelli (più alti)." (Vaggione, 2001, p.60)[4]

Uno di questi spostamenti è appunto quello dal livello dei singoli suoni a quelli dei movimenti dei suoni stessi. In questo modo osserveremo gli effetti dei suoni osservandoli da un piano leggermente più elevato, ma non elevato abbastanza da parlare già di creazione di un'opera completa, in quanto questa presuppone un'idea e un progetto formale e livelli superiori di tempo, che affronteremo nel prossimo volume. In ogni caso questo capitolo di teoria e pratica serve anche a far sviluppare un "ascolto mobile" e la capacità di mettere in moto un *loop*

---

[2] *The meaning of any compositional technique, or any chunk of musical knowledge, arises from its function in support of a specific musical action, which in turn has a strong bearing on the question of how this action is perceived. Action and perception lie at the heart of musical processes, as these musical processes are created by successive operations of concretization having as a tuning tool—as a principle of reality— an action/perception feedback loop.* (Vaggione, 2001, p.61)

[3] Noi aggiungeremmo "e dello spazio".

[4] *As a painter who works directly on a canvas must step back some distance to perceive the result of his or her action, validating it in a variety of spatial perspectives, so must the composer dealing with different time scales. This being so, a new category must be added to the action/perception feedback loop, a kind of "shifting hearing" allowing the results of operations to be checked at many different time scales. Some of these time scales are not audible directly and need to be validated perceptually by their effects over other (higher) time scales.* (trad. Cipriani)

di *feedback* azione/percezione, nel rapporto con la propria conoscenza, abilità e creatività.

I PROCESSI DI MOVIMENTO

I processi di movimento sono processi di evoluzione del suono che possono avvenire mediante la variazione dello spettro, o dello spazio o mediante l'interazione fra questi ed altri parametri[5].

Si possono avere movimenti plurimi e anche contrastanti o ambigui all'interno di una stessa sequenza sonora, ed è molto importante imparare a gestirli e a creare sequenze di movimenti complessi ripartendo dalla combinazione organica di quelli semplici, inventando veri e propri mondi sonori.
In questo capitolo (e in quello di pratica) indicheremo al lettore diversi percorsi di tipo tecnico per costruire sequenze sonore esemplificative dei movimenti che descriviamo.
Attenzione, però! Potrete trovarvi di fronte ad esempi in cui la definizione di alcuni movimenti ha un senso dal punto di vista tecnico e un senso diverso dal punto di vista percettivo: questo non deve rappresentare un problema, ma un'occasione per osservare come, nell'atto dell'organizzazione del suono[6], ci si trovi continuamente a contatto con contraddizioni e ambiguità e che queste vanno conosciute e accettate come elemento di ricchezza e polisemanticità.

---

[5] Questo termine è mutuato da un articolo di Denis Smalley (Smalley 2007), fondamentale per la comprensione dei processi compositivi della musica elettronica e non solo. I processi di movimento per Smalley sono processi di evoluzione del suono che possono avvenire mediante la variazione dello spettro, o dello spazio o mediante l'interazione fra questi ed altri parametri. La prospettiva da cui Smalley osserva i movimenti del suono, tuttavia, non è di tipo tecnologico; l'elettroacustica e le tecniche usate nella produzione della musica non vengono considerate. La concentrazione quindi è focalizzata sull'ascolto e su ciò che del suono emerge dall'ascolto stesso. La terminologia con cui Smalley descrive le varie possibilità di movimento del suono è utile, in assenza di partiture, a comprendere meglio e ad ascoltare (nonché a comporre, se se ne hanno le competenze) con una maggiore consapevolezza un pezzo di musica elettronica. C'è però una importante differenza tra la concezione di Smalley e la nostra: nella nostra prospettiva, infatti, i processi di movimento vengono considerati dal punto di vista tecnico-creativo e non solo da quello dell'ascolto. La conseguenza è che l'idea di movimento unidirezionale, ad esempio, non riguarda nel nostro modo di intenderlo, solo un'ascesa o discesa riconoscibile all'ascolto nello spazio delle frequenze, ma in genere un aumento da valori minori a valori maggiori (o viceversa) in diversi campi percettivamente rilevanti, come quello delle durate, quello dell'ampiezza, etc. In questo modo si intende il movimento unidirezionale in modo più ampio, trasversale rispetto a parametri che invece Smalley descrive separatamente. Il lavoro di separazione dei parametri, utilissimo nell'ascolto analitico di un pezzo, deve lasciare spazio, nel lavoro di creazione sonora, a una prospettiva di complessità e di interrelazione che svilupperemo ulteriormente nel capitolo di avvio alla creazione sonora del prossimo volume. Lo scopo tecnico-compositivo di questo libro ci porta, in sostanza, ad operare un processo diverso da quello spettromorfologico di Smalley. Non si parte, cioè, dall'ascolto per arrivare alla definizione delle caratteristiche del suono e delle sue possibili evoluzioni, ma si parte dall'ascolto e dalle definizioni verso la creazione di movimenti sonori.
[6] Questo è il termine più ampio per parlare di creazione sonora mediante l'uso delle nuove tecnologie, definito da Leigh Landy in un suo importante testo (Landy, 2007), anche in relazione al concetto di "suono organizzato" elaborato da Edgar Varèse.

Il nostro intento pertanto non è quello di costruire una teoria regolare e coerente, ma un percorso didattico aperto, interattivo, a volte problematico, dove il lettore però possa realmente e praticamente imparare a camminare, avventurarsi e fare le sue scelte e le sue scoperte.

Naturalmente è importante capire che in una prospettiva creativa, i nostri scopi, metodi e modi di osservare i parametri e le proprietà del suono sono ben diversi anche da chi si occupa di suono dal punto di vista fisico.

Ad esempio, durante la creazione musicale si può passare in modo 'disinvolto' dal dominio del tempo al dominio delle frequenze. Inoltre, nella percezione e quindi anche nella musica si mescolano parametri che hanno nature molto diverse, si passa attraverso diversi concetti di tempo e di spazio, o si esplorano zone di confine fra una proprietà e un'altra del suono. Di conseguenza, per poter parlare di arte dell'organizzazione del suono, dovremo fondere percorsi che per un fisico sarebbero inconciliabili (in quanto i necessari salti logici non potrebbero essere inquadrati o verificati mediante un metodo scientifico) e ci troveremo a rivedere alcuni concetti che abbiamo spiegato nei capitoli precedenti mediante una visione più ampia, forse meno rigorosa dal punto di vista scientifico, ma più vicina ai percorsi che i compositori, gli artisti del suono e i sound designer hanno bisogno di attraversare. In particolare considereremo frequenza, ampiezza e durata parametri basilari, la cui organizzazione nel tempo dà luogo ad altre proprietà più complesse del suono, come il timbro, il ritmo e la spazializzazione. Ci troveremo spesso a passare dagli uni agli altri senza soluzione di continuità, dando per scontato che questo capitolo è pensato come un percorso esperienziale da attraversare, e persino le categorie che introdurremo serviranno solo come punti di riferimento di passaggio per osservarne meglio i limiti e i confini.

CATEGORIE DI MOVIMENTO

Abbiamo scelto di utilizzare poche categorie, organizzate in ordine di complessità:
-**movimenti semplici**
cioè movimenti dei valori di un solo parametro in un suono
-**movimenti complessi** (che contengono movimenti semplici)
ossia movimenti dei valori di più parametri in un suono
-**movimenti composti** (che possono contenere movimenti semplici e/o complessi)
cioè movimenti dei valori di parametri in più suoni
-**sequenze di movimenti** (che possono contenere qualunque tipo di movimento)
successione di più movimenti in relazione fra loro
Queste categorie non sono assolute, possono esserci zone di ambiguità, e in generale sono basate su convenzioni che abbiamo adottato. Vediamo alcuni esempi di ambiguità:

1) Ambiguità della divisione fra i movimenti in un suono (movimenti semplici e complessi) e movimenti in più suoni (movimenti composti). Cosa è un suono singolo? Dipende dalla percezione: ci sono suoni che possono essere considerati sia come suoni singoli (il suono del mare) sia come composti da singole unità autonome (i suoni delle onde del mare). Dipende anche dalle intenzioni di chi lavora con il suono: si può far muovere un suono con molte componenti come oggetto singolo, oppure muovere i parametri delle sue componenti.

Il suono di un file audio o proveniente da un nostro algoritmo può contenere anche movimenti composti ma se il movimento si concentra su quel suono come elemento unico e ne aumentiamo l'intensità globale, quel movimento sarà semplice, perché variamo un solo parametro di un suono. Viceversa se interverremo separatamente sui vari suoni che compongono il suono composto, allora stiamo realizzando un nuovo movimento composto[7].

2) Ambiguità fra movimento semplice e complesso in un sistema che è a sua volta complesso. Prendiamo l'esempio dei filtri: per convenzione abbiamo inserito nella prima categoria un movimento ascendente della frequenza di taglio di un filtro. Tuttavia, questo movimento è semplice solo dal punto di vista dell'utente, il quale opera su un solo parametro. Ovviamente ciò che succede all'interno del filtro quando l'utente effettua questo movimento è qualcosa di più complesso.
La stessa cosa avviene in un sistema di spazializzazione stereo: il movimento da un estremo all'altro del parametro panning fra valori 0 e 1 è di tipo semplice in quanto lo possiamo implementare con un solo segmento di retta che fa muovere il suono da una parte all'altra. Ma è semplice solo se non osserviamo cosa c'è all'interno di un panner, cioè una doppia regolazione inversamente proporzionale delle intensità del canale destro e del canale sinistro. Tuttavia lo abbiamo inserito, per motivi pratici e logici, nella prima categoria.

Vaggione osserva che: "alcuni tipi di rappresentazione, che sono validi se applicati ad un livello, non mantengono la stessa pertinenza quando sono trasposti su un altro livello. Perciò quando si opera ad un multi-livello non si può escludere che avvengano fratture, distorsioni e discordanze fra i vari livelli. Per affrontare queste discordanze, bisogna "comporre" una strategia multi-sintattica" (ibidem)[8].
In questo senso, paradossalmente, abbiamo diviso i movimenti in categorie anche per poterne mostrare le zone grigie, le zone di sovrapposizione, che si trovano ad ogni passo nella pratica della musica elettronica e del sound design. Le riflessioni che seguiranno non hanno pertanto intenti normativi, né pretese di esaustività, praticamente impossibile nel campo della ricerca sonora, ma sono un viaggio nel suono e nei suoi movimenti, utile per acquisire una consapevolezza più profonda, premessa indispensabile per chi voglia avventurarsi nell'arte dell'organizzazione del suono.

Ora che abbiamo descritto brevemente i nodi più spinosi e i limiti relativi alla formalizzazione dei livelli, possiamo cominciare a descrivere i vari processi di movimento.

---

[7] Anche il concetto di oggetto sonoro, teorizzato da Pierre Schaeffer, ci è sembrato passibile comunque della stessa ambiguità, e abbiamo preferito non introdurlo in questa fase.

[8] *"some types of representation that are valid on one level cannot always retain their pertinence when transposed to another level. Thus, multi-level operations do not exclude fractures, distortions, and mismatches between the levels. To face these mismatches, a multi-syntactical strategy is "composed."* (trad. Cipriani)

8.2 MOVIMENTI SEMPLICI

Chiamiamo **movimenti semplici** quelle evoluzioni del suono in cui vengono modificati i valori di un solo parametro.

MOVIMENTI UNIDIREZIONALI SEMPLICI

I movimenti **unidirezionali** semplici sono movimenti in cui i valori di un parametro si modificano in un'unica direzione, ad esempio da valori minori a valori maggiori, oppure da valori maggiori a valori minori.
Vediamo alcuni esempi:

MOVIMENTI UNIDIREZIONALI - FREQUENZA
Consideriamo qui il movimento ascendente (o discendente) della frequenza di un suono di tipo armonico che glissa da 200 a 2000 Hz (o viceversa). Tale movimento può avvenire mediante l'uso di un segmento di retta, di esponenziale, di logaritmo etc. a seconda della curva che vogliamo imporre al movimento stesso. Si può anche procedere per gradi, mediante un sistema discreto (cioè non continuo) di ascesa tramite l'utilizzo, ad esempio, di un meccanismo di *sample&hold* che campioni ad intervalli di tempo regolari i valori di quel segmento.

È possibile realizzare un movimento ascendente (o discendente) anche mediante un'ascesa (o discesa) della banda spettrale occupata, come nel caso in cui filtriamo con un passa-banda un rumore bianco con una frequenza centrale ascendente (o discendente) e un Q alto.

· ·

Esempio sonoro 8A.1 • *Movimenti unidirezionali semplici – Frequenza*

- Suono armonico (da synth) con frequenza che procede per gradi

· ·

MOVIMENTI UNIDIREZIONALI – DURATE E RITMO
I movimenti unidirezionali riguardano, nella nostra prospettiva, anche altri parametri oltre allo spazio delle frequenze. Se pensiamo all'idea di Stockhausen secondo cui esiste un continuum fra durate formali (cioè di forme che vanno da 15 minuti fino a 8 secondi), delle durate ritmiche (da 8 secondi a 1/16 di secondo) e delle oscillazioni (cioè dei periodi, da 1/16 di secondo, fino a un 4200esimo di secondo e oltre)[9], possiamo in un certo senso interpretare come ascesa (o discesa) non solo un aumento (o diminuzione) del numero di cicli al secondo, ma anche un'accelerazione (o rallentamento) di un ritmo. Esiste comunque una differenza fondamentale fra il parametro della durata e i parametri di frequenza e ampiezza. Le durate infatti non sono variabili nel tempo se

---

[9] Queste idee (con leggere variazioni nei numeri), sono esposte nel seguente articolo (Stockhausen, 1976)

non ripetendo il suono, ad esempio un suono lungo, poi uno breve etc., mentre frequenza e ampiezza possono essere variabili nel tempo all'interno dello stesso suono. Le durate, così come il parametro più complesso del ritmo, cioè l'organizzazione delle durate dei suoni e delle pause nel tempo, possono però essere variabili nel tempo se consideriamo un insieme di suoni omogenei e non un singolo suono. Da questo punto di vista quindi i movimenti di allungamento e accorciamento delle durate o l'accelerando e rallentando del ritmo saranno da noi assimilati a movimenti semplici.

Va notato che il ritmo non è qui considerato nella sua accezione classica, cioè qualcosa che sia necessariamente in relazione con una o più pulsazioni regolari, con un metro, etc.
Nella nostra accezione di ritmo possiamo includere certamente non solo ritmi regolari, politritmi (cioè sovrapposizione di ritmi diversi), ritmi regolari con irregolarità interne, ma anche ritmi completamente irregolari. Una definizione così ampia ci consente di indagare il ritmo come un continuum che va dall'estrema regolarità fino ad una estrema irregolarità, cioè fino al punto "in cui l'organizzazione delle durate prescinde dal riferimento a una pulsazione (si parlerà allora di 'tempo indeterminato' o 'ritmo libero')" (Giannattasio, 1992, pag.108 Quando parliamo di ritmo perciò abbiamo bisogno di definirlo in modo molto ampio e omnicomprensivo. Un esempio di definizione interessante è fornito da Meyer and Cooper. 'Il ritmo va definito come la nostra abilità di raggruppare mentalmente o de-raggruppare eventi che sono vicini o lontani l'uno dall'altro in termini di altezza, tempo, timbro, spazio etc.' (Meyer and Cooper, 1960)[10]
Certamente ci sono dei limiti: esistono ad esempio costruzioni ritmiche dalle maglie così larghe (ad esempio pulsazioni di 30 secondi) o così strette (ad esempio pulsazioni di 10 millesimi di secondo) da far perdere quella possibilità di raggruppare mentalmente gli eventi. In questi casi si perde la percezione del ritmo per entrare in domini di altri parametri o proprietà del suono.
Nelle musiche "a ritmo libero" (come ad esempio in molta della musica elettroacustica) l'organizzazione delle durate, pur rispondendo a una determinata logica temporale musicale, è in effetti svincolata da effettivi condizionamenti ritmici [regolari] (Giannattasio, 1992, pp.108-109).

Vediamo alcuni esempi di movimento unidirezionale del ritmo.
Se facciamo glissare in senso ascendente (o discendente) la frequenza di generazione di suoni omogenei mediante un segmento di retta (o di esponenziale etc.) possiamo creare un movimento ritmico in aumento, cioè un accelerando, (oppure in diminuzione, cioè un rallentando). Nella realizzazione di movimenti ritmici in aumento, si può arrivare a far sovrapporre alcuni eventi quando le loro durate sono maggiori del tempo di pulsazione. Un esempio di aumento (o diminuzione) di un ritmo libero potrebbe essere quello in cui è la densità degli eventi ad aumentare o diminuire.

---

[10] "Rhythm is defined as our ability to mentally group or ungroup events that are close or far from each other in terms of pitch, time, timbre, space etc..."(trad. Cipriani)

Un altro aumento (o diminuzione) del ritmo può essere implementato mediante *delay* multipli del click con diminuzione progressiva (o aumento progressivo) del *delay* fra una ripetizione e quella successiva. Dal punto di vista tecnico-realizzativo tutta la configurazione dei *delay* è già impostata all'inizio, quindi non si tratta di una variazione di un parametro nel tempo. Tuttavia, dal punto di vista percettivo si otterrà un aumento o diminuzione del ritmo.

Un'altra possibilità è quella di utilizzare un *loop* di una parte di un suono più esteso e progressivamente accorciarne (o allungarne) la durata man mano che si ripete variando quindi progressivamente il numero di ripetizioni al secondo del frammento utilizzato.[11]

(Vedi esempio sonoro 8A.2).

Vediamo alcuni esempi di movimento unidirezionale delle durate

Mantenendo fisso il ritmo di generazione di un suono che si ripete ogni 250 millisecondi, possiamo diminuire la durata nel tempo da 250 a 1 millisecondo, aumentando quindi la durata delle pause, e ed arrivando a trasformare il suono stesso un click. Viceversa possiamo aumentare la durata e arrivare ad avere sovrapposizioni di suoni.

• •

Esempio sonoro 8A.2 • *Accelerando o rallentando del ritmo*

   a) Attacco del suono di un basso elettrico con *delay* multipli in rallentando
   b) *Loop* progressivamente accorciato con aumento del numero di *loop* eseguiti al secondo.

• •

I MOVIMENTI PIANI ALL'INIZIO O FINE DI MOVIMENTI UNIDIREZIONALI
Per estensione, possiamo iscrivere nei movimenti unidirezionali anche quelli in cui un movimento di aumento della frequenza o dell'ampiezza termina con uno piano (cioè più o meno fisso nei valori) o viceversa, oppure quelli in cui un movimento di diminuzione termina con uno piano o viceversa. Un esempio di portamento della frequenza si trova nel brano *Glissandi* di Ligeti[12].

• •

Esempio sonoro 8A.3 • *Movimenti piani all'inizio o fine di movimenti unidirezionali*

   a) Portamento: glissando che finisce con un movimento piano.
   b) Portamento ritmico: suoni di basso il cui ritmo inizialmente è stabile. Dopo alcuni secondi il numero di attacchi al secondo decresce.

---

[11] vedi anche cap. 5.4 - Esempio interattivo 5I • PRESET 6 – dai blocchi ai grani.
[12] in Ligeti, G., CD Wergo 60161-50, da 1'58" a 2'02".

442

COMPLESSITÀ DEI MOVIMENTI UNIDIREZIONALI SEMPLICI

I movimenti unidirezionali semplici possono sembrare banali. Meno banali possono risultare, a volte, gli effetti dal punto di vista dell'ascolto.

Pur agendo dal punto di vista tecnico su un solo parametro, ci troviamo ad avere sensazioni di movimento riguardanti altri parametri, o addirittura trasfigurazioni di un parametro in un altro. Vediamo alcuni esempi:

DAL RITMO AL TIMBRO

Un sound file di 1 secondo, ascoltato in modalità *loop*, viene letto ad ogni ripetizione con durata più breve realizzando così un aumento del ritmo. Quando si scende nella zona che va da ca. 80 a 50 msec. si perde la percezione del ritmo data la sua velocità e si entra in una dimensione percettiva in cui le ripetizioni diventano una caratteristica del timbro, che presenta aspetti di rugosità.

· ·

Esempio sonoro 8A.4 • *Incremento progressivo del ritmo, con passaggio*
della percezione dal dominio del ritmo al dominio del timbro[13]

- Accorciamento di un *loop* di un suono di voce da 24 ms. a 0.5ms.

· ·

Si può anche utilizzare un sound file ascoltato in modalità *loop* che viene letto con frequenza di lettura sempre più alta. Stiamo agendo in modo unidirezionale sui valori di un solo parametro sul piano tecnico, ma sul piano percettivo avviene qualcosa di più complesso. Cosa ascoltiamo? La modifica di due parametri: un'ascesa frequenziale e un accelerando del ritmo. Man mano che il ritmo aumenta, inoltre, la percezione dal dominio del ritmo in accelerando passa ad un dominio ambiguo fra ritmo e timbro di un suono continuo fino ad una dimensione prettamente timbrica.

· ·

Esempio sonoro 8A.5 • *Incremento progressivo della frequenza di lettura*
di un file audio

a) Sound file di voce in *loop* letto con frequenza sempre più alta (rapporto da 1 a 16)
b) Pezzo ritmico ascoltato in modalità *loop* che viene letto con frequenza sempre più alta (rapporto da 1 a 80)

---

[13] Nella parte finale del suono si noterà che è stato aggiunto una rielaborazione random degli ultimi frammenti per migliorare la qualità del suono. La sostanza del passaggio dalla dimensione del ritmo a quella del timbro rimane immutata.

Ripartiamo da questi due esempi, il suono sorgente è quello di una voce il suono in uscita è trasformato. Notiamo che ci sono fasi diverse in relazione alla riconoscibilità del suono all'inizio e alla fine della trasformazione: all'inizio il suono pur elaborato rimane riconoscibile, alla fine è totalmente trasformato e irriconoscibile. A questo proposito, Alain Savouret[14] parla di una distinzione fra la "trasformazione basata sulla sorgente" e la "trasformazione basata sul processo". Nella prima il suono in uscita ha una forte relazione con il suono sorgente, quindi c'è una relazione percepibile fra i due. Nel secondo tipo di trasformazione il suono in uscita è più determinato dal processo messo in atto che dal suono sorgente e pertanto la relazione fra i due suoni non è più percepibile. Dobbiamo considerare però che questi sono estremi di un continuum, cioè ci sono molte possibilità intermedie, ed ascoltando i due ultimi esempi possiamo percepire anche queste zone intermedie. Viceversa se ascoltassimo solo il suono iniziale e l'ultimo suono avremmo una sensazione di totale distanza fra l'uno e l'altro, e il loro rapporto risulterebbe irriconoscibile. Va anche valutato che, anche quando la trasformazione è basata sul processo, si possono utilizzare all'interno di una creazione sonora suoni intermedi che consentano all'ascoltatore di ricostruire un percorso che va, ad esempio, da un suono riconoscibile come quello di una voce a quello totalmente astratto di una voce fortemente elaborata.

DAL RITMO ALL'ALTEZZA
Se generiamo un impulso o click (cioè un singolo campione ad ampiezza 1) ogni decimo di secondo percepiremo un ritmo regolare. Se facciamo glissare in senso ascendente la frequenza di generazione degli impulsi, quando entreremo nel campo audio (da 20 Hz in su) perderemo la sensazione dei singoli click e percepiremo un suono continuo grave in glissando.

· ·

Esempio sonoro 8A.6 • *Movimento piano seguito da incremento progressivo del ritmo di generazione di un impulso*

- Singolo campione ad ampiezza 1 ripetuto con un ritmo sempre più veloce e con pause decrescenti fino a diventare un unico lungo suono continuo.

· ·

DALL'ALTEZZA AL TIMBRO
Se facciamo glissare una sinusoide da 20000 Hz a 20 Hz in dieci millesimi di secondo otteniamo un suono inarmonico impulsivo. Si può realizzare anche in senso ascendente.

---

[14] Citato in Wishart, 1994, p.24.

Esempio sonoro 8A.7 • *Movimento unidirezionale veloce della frequenza*

- Cinque glissati discendenti di durata 10, 20, 30 e 40 e 80 ms.

• •

DAL RITMO DEL MOVIMENTO DI OSCILLAZIONE DELL'INTENSITÀ ALL'ALTEZZA

Se creiamo due suoni armonici di uguale frequenza, e facciamo glissare molto lentamente uno dei due di pochi hertz, man mano che aumenta la differenza tra le frequenze delle due onde aumenta anche il ritmo dei battimenti[15]. In questo caso, agendo in modo unidirezionale semplice su un parametro (frequenza), se ne avvertono i mutamenti mediante la percezione dei ritmi del movimento oscillatorio di un altro parametro (ampiezza/intensità).

Come sappiamo (vedi par. 2.2T e P), superata una certa distanza tra le frequenze, non siamo più in grado di percepire i singoli battimenti e il loro ritmo, ma avvertiamo l'interferenza tra le onde come una sorta di "rugosità" del suono, qualcosa di complesso da definire da un punto di vista percettivo, in quanto sia la sensazione di altezza sia quella relativa al timbro vengono coinvolte.

Aumentando ulteriormente la differenza riusciamo a percepire separatamente i due suoni. Dal punto di vista percettivo considerando il punto di partenza e il punto d'arrivo del movimento unidirezionale, si passa da un aumento del ritmo dell'oscillazione d'ampiezza ad un aumento della distanza frequenziale fra due suoni.

Da questi tre esempi si può capire come in realtà le zone intermedie fra un parametro e l'altro siano molte, e come lo studio dei movimenti aiuti a superare le rigidità che spesso provengono da uno studio solo tecnico di questa materia.

MOVIMENTI RECIPROCI SEMPLICI

In modo simile all'accezione omonima di Smalley, consideriamo **movimenti reciproci semplici** quelli in cui, in un suono, il movimento unidirezionale è bilanciato da uno di ritorno.

Tali movimenti possono essere simmetrici o asimmetrici.

MOVIMENTI RECIPROCI ASIMMETRICI

Se ascoltiamo le singole onde del mare e proviamo a separarne alcuni parametri, possiamo ricavare espansioni relativamente veloci (fino al momento in cui l'onda si rompe) e riduzioni più lente della banda spettrale. Questo è un esempio di movimento reciproco asimmetrico. Naturalmente, riconoscendo la fonte del suono del mare, la nostra percezione tende ad associare i due stadi del suono, quello più energico e la sua scia e tende ad associare di conseguenza anche le diverse onde fra loro.

---

[15] In questo caso la frequenza percepita muta. Nel caso in cui invece le due frequenze, inizialmente uguali, varino in modo opposto e simmetrico, la frequenza percepita rimane la stessa anche durante i battimenti, e quindi l'unico parametro che muta è il ritmo dei battimenti.

Per simulare questo suono, possiamo facilmente utilizzare un rumore bianco filtrato con un passa basso facendo glissare la frequenza di taglio prima in senso ascendente e poi discendente, lavorando appunto su tempi di attacco e *release* non simmetrici. Possiamo applicare questo tipo di inviluppo del filtraggio anche a suoni diversi come il rumore del motore di una motocicletta.

Possiamo infine estrarre l'inviluppo di un suono di un'onda del mare con un *envelope follower* ed applicarlo ad un suono armonico ad esempio quello di un coro o di un arpeggio di chitarra. Naturalmente l'asimmetricità tipica delle onde può anche essere rovesciata, e perderemo il senso d'imitazione del suono del mare, ma comunque avremo un senso di ondulazione.

Possiamo anche usare l'inviluppo di una nota di pianoforte ed applicarla agli stessi suoni. Anche in questo caso si tratta di un movimento reciproco asimmetrico.

MOVIMENTI RECIPROCI SIMMETRICI

Se utilizziamo un segmento di esponenziale ascendente a cui facciamo immediatamente seguire un segmento di esponenziale discendente di uguali caratteristiche (curva, lunghezza), otterremo un segnale reciproco simmetrico che possiamo imporre come inviluppo della frequenza o di qualsiasi altro parametro a un suono. Possiamo modificare, ad esempio, l'esempio 8A.7 e renderlo reciproco realizzando un glissando discendente-ascendente con tempi leggermente più lunghi.

• •

 Esempio sonoro 8B.1 • *Movimento reciproco simmetrico*

• •

MOVIMENTI OSCILLATORI SEMPLICI

I movimenti oscillatori semplici sono quelli in cui si ha un'oscillazione dei valori di un solo parametro di un suono. In sostanza, dal punto di vista tecnico, anziché utilizzare un segmento di retta (o di esponenziale, etc.) verranno utilizzati oscillatori a bassa frequenza (LFO) con varie forme d'onda. Anche i movimenti oscillatori quindi hanno una forma, che potrà essere simmetrica come quella sinusoidale, triangolare, quadra o asimmetrica come l'onda a dente di sega, o irregolare come quella pseudo-casuale. Ovviamente queste forme, che si riferiscono alle modalità di mutamento dei parametri, non vanno confuse con le forme d'onda del suono che ascoltiamo durante il movimento. Potremmo per esempio avere un suono a forma d'onda casuale, come il rumore bianco, la cui ampiezza sia controllata da un LFO con forma d'onda quadra. In questo caso il movimento oscillatorio sarà regolare, e la forma d'onda del suono sarà irregolare.

È importante ricordare che l'oscillazione del movimento deve avvenire a frequenze sub-audio altrimenti si rischia di produrre suoni in modulazione di frequenza (nel caso in cui stiamo modulando in modo oscillatorio la frequenza) o in modulazione ad anello (nel caso in cui stiamo modulando in modo oscillatorio l'ampiezza), cioè suoni che contengono coppie di frequenze laterali, come spiegheremo nel terzo volume, nel capitolo dedicato alla sintesi non lineare. Vediamo una serie di esempi di movimenti oscillatori semplici, applicati alla frequenza.

• •

Esempio sonoro 8C.1 • *Movimento oscillatorio semplice della frequenza.*

• •

Si possono anche ottenere movimenti oscillatori dell'ampiezza. Un movimento oscillatorio sinusoidale dell'ampiezza, ha percettivamente un risultato sonoro uguale a quello dei battimenti. In questo caso l'oscillazione dell'ampiezza è dovuta al controllo di un LFO anziché alla differenza fra due frequenze vicine fra loro.

Si possono aggiungere esempi molto vari, in cui il movimento oscillatorio è applicato al ritmo, alla frequenza di lettura di un file, alla spazializzazione stereo etc.

Finora abbiamo utilizzato forme d'onda classiche per il movimento oscillatorio dei parametri. Si può anche utilizzare un sistema di estrazione dell'inviluppo di un suono campionato per determinare la forma del movimento. Ad esempio l'inviluppo del suono di diverse onde di mare può essere estratto con un *envelope follower*, ripetuto in *loop* e applicato come inviluppo a suoni estranei come un suono di coro o un arpeggio di chitarra, oppure applicato come profilo di movimento della frequenza di taglio di un passa-basso che filtra un rumore bianco. Nel primo caso, il profilo di un suono naturale viene imposto ad un altro suono per modificarne la natura, nel secondo caso lo scopo è quello di imitare il suono naturale mediante un movimento oscillatorio di un suono sintetico.

• •

Esempio sonoro 8C.2 • *Movimenti oscillatori asimmetrici.*

a) Estrazione dell'inviluppo del suono di onde del mare applicato ad un suono di coro e di arpeggio di chitarra
b) Stesso inviluppo applicato alla frequenza di taglio di un passa-basso.

• •

ATTIVITÀ DI ASCOLTO E ANALISI

Nel suono dell'esempio sonoro AA8.1 il movimento reciproco è simmetrico o asimmetrico?

Nel suono dell'esempio sonoro AA8.2 percepisci battimenti o due suoni separati e sovrapposti?

Nel suono dell'esempio sonoro AA8.3 nella percezione del passaggio da un parametro all'altro, quale è il primo parametro e quale il secondo?

Nel suono dell'esempio sonoro AA8.4 che tipo di portamento si trova?

....

CONCETTI DI BASE

1) Abbiamo diviso i movimenti in 4 tipologie: movimenti semplici, movimenti complessi, movimenti composti e sequenze di movimenti.

2) I profili di questi movimenti possono essere basati su programmazione, o estratti da suoni già esistenti e imposti ad altri suoni.

3) I movimenti semplici comprendono movimenti unidirezionali, reciproci e oscillatori di un solo parametro di un suono, e questi movimenti possono essere lineari esponenziali, logaritmici, ed anche continui o discontinui.

4) I movimenti reciproci possono essere simmetrici o asimmetrici.

5) I movimenti oscillatori possono essere simmetrici, asimmetrici o pseudo-casuali.

6) I movimenti complessi comprendono più movimenti semplici di un suono, o anche altri movimenti complessi.

7) Queste categorie sono solo convenzioni, in realtà conoscere le zone di ambiguità è parte integrante dell'approfondimento delle proprie relazioni con le multiformità del suono e dei suoi movimenti.

MOVIMENTI SEMPLICI PIANI: UN TEMPO STATICO?

I movimenti piani sono strutture sonore in cui nessun parametro si muove in maniera evidente.

. . . .

Esempio sonoro 8C.3 • *Movimento piano*

- Fascia statica

. . . .

In questi casi si deve pensare ad un'assenza di movimento? O dovremmo chiamarlo movimento a-direzionale? Qui possiamo cominciare ad osservare un duplice senso del tempo, che Jonathan D. Kramer definisce nel seguente modo: "la musica è una serie di eventi; eventi che non solo esistono nel tempo assoluto [quello dell'orologio] ma contengono anche il tempo soggettivo e lo modellano. (...) La differenza fra tempo assoluto e tempo musicale è la differenza fra il tempo che un pezzo di musica occupa e il tempo che un pezzo *presenta* o *evoca*." In sostanza, mentre ascoltiamo un pezzo di 3 minuti diviso in 6 sezioni uguali di 30 secondi, sul piano del tempo assoluto passeranno effettivamente 3 minuti ma, a seconda del contenuto sonoro del pezzo, potremo avere l'impressione di durate globali diverse, maggiori o minori, e addirittura avere la sensazione che le sezioni di 30 secondi siano diverse l'una dall'altra.
Nel nostro caso il movimento piano dell'esempio sonoro occupa un certo numero di secondi quindi, da un certo punto di vista, si tratta sempre di un movimento, perché 'porta' l'ascoltatore da un punto ad un altro nel tempo assoluto pur non contenendo (o contenendo impercettibili) movimenti interni al suono. Ma se osserviamo il tempo musicale che il suono evoca, notiamo una totale stasi, c'è un'allusione a un tempo immobile, a-direzionale, addirittura cancellato. Se ci concentriamo sul tempo dell'orologio, un suono in un tempo statico sarebbe impossibile, ma la potenza del suono organizzato risiede anche in questo, la possibilità di ri-plasmare il tempo assoluto, di ripensarne ogni istante alludendo e creando tempi diversi: in questo caso l'assenza di mutazioni delle proprietà del suono ci può offrire risvolti molto interessanti, fra cui la sensazione che si possa esperire un movimento senza direzione, un tempo sospeso.

TEMPI "ALTRI"

Fra le tre nuove idee strutturali inventate dalla musica elettroacustica di cui parla Marta Grabócz troviamo (insieme ai modelli extra-musicali e alle articolazioni che seguono grafici e diagrammi) proprio le strutture dal carattere statico. Si possono infatti costruire non solo movimenti, ma anche pezzi interi con forme caratterizzate dalla stabilità e con lentissime o impercettibili trasformazioni del materiale sonoro. Grabócz, parla di pezzi in cui "si manifesta una chiara preferenza per le masse fluide, stati di tensione, forme allungate, senza una soluzione normale, e con un'opzione per l'indeterminatezza" (Grabócz, 1997).

449

In questo tipo di categoria viene citato il pezzo "Stria" di John Chowning. Naturalmente questo tipo di pezzi elettronici caratterizzati da movimenti lentissimi o strutture statiche, tempi sospesi, ha influenzato, fin dagli anni '50, anche la scrittura musicale per strumenti e voci, ad esempio quella di Ligeti o dei compositori spettralisti francesi. È il caso, ad esempio, dell'inizio del pezzo *Partiels* di Grisey, in cui l'orchestrazione è basata sulle evoluzioni delle componenti di un suono di *mi* grave di un trombone, analizzate mediante spettrogrammi, e trascritte per un *ensemble* strumentale con i dovuti mutamenti. In questo caso un tempo estremamente breve (quello delle evoluzioni interne al *mi* di un trombone) viene espanso e riprodotto in tempi che consentono agli ascoltatori di apprezzarne percettivamente le evoluzioni. Grisey parlava di 'tempo delle balene' cioè dilatato, 'tempo dell'uomo' e 'tempo degli insetti', cioè compresso. Prima di lui Messiaen aveva trascritto le veloci evoluzioni sonore del canto degli uccelli, e nel suo pezzo "Birds" Luigi Ceccarelli ha prodotto una dilatazione dei suoni veloci di un uccello mettendone in evidenza le similitudini con i suoni di un clarinetto basso. In questo caso il procedimento è elaborazione del suono, non di trascrizione o imitazione, potremmo definirlo uno 'zoom' temporale in un suono naturale, che decontestualizzato e modificato nel tempo si fa suono musicale. La musica elettroacustica quindi può plasmare anche direttamente il tempo assoluto, non in modo metaforico, ma operando direttamente sul suono.

Nella nostra percezione possono avvenire anche altri tipi di elaborazione del tempo. Ciò non avviene soltanto durante l'ascolto di un pezzo ma può avvenire anche dopo l'ascolto. Quando conosciamo un pezzo per averlo ascoltato, ad esempio, possiamo richiamare una memoria globale del pezzo intero in un istante e averne un'immagine mentale. Ciò non accade solo agli ascoltatori, ma ci accadrà anche mentre comporremo un pezzo, anche se il pezzo sarà ancora incompleto, la memoria delle sue parti potrà essere richiamata nella nostra mente in un tempo istantaneo, e proprio questa capacità di contrazione del tempo ci consente di sviluppare quelle connessioni che sono necessarie, non solo quindi quell'ascolto mobile di cui parla Vaggione (vedi par. 8.1) ma anche una 'memoria mobile', che consente di valutare su diversi piani temporali i risultati delle operazioni svolte comprimendone e dilatandone il tempo a seconda del piano temporale a cui stiamo pensando. Ad esempio possiamo immaginare un passaggio di un pezzo e rallentarlo nella nostra memoria. O richiamare in un istante l'immagine mentale di un minuto di musica. Addirittura il *loop* di un pezzo o di una sua parte può rimanere 'nella nostra testa' per ore, persino mentre dormiamo. Queste possibilità di contrazione, di allungamento, di ripetizione di un tempo ci fanno capire che non solo ascoltiamo o componiamo la musica nel tempo, ma che spesso ascoltiamo e sperimentiamo tempi diversi da quello assoluto attraverso la percezione del suono.

Messiaen nel suo *Traité* (Messiaen, 1994, I, p.11) parla di due regole nella percezione del tempo, attribuite al filosofo Armand Cuvillier:

1) Nel presente, più il tempo è riempito da eventi, più ci sembrerà breve; più è vuoto di eventi, più ci sembrerà lungo
2) Nel passato, più il tempo era riempito da eventi, più adesso ci sembrerà lungo; più era vuoto, più adesso ci sembrerà breve.

Esempio sonoro 8C.4 • *Modifica del tempo assoluto*

- Frammento da Ceccarelli, L. - *Birds*

· ·

8.3 MOVIMENTI COMPLESSI

I movimenti complessi sono costituiti da movimenti semplici di più parametri di un suono.

All'interno di un movimento complesso possono esistere altri movimenti complessi. I movimenti complessi possono coinvolgere anche solo due parametri oppure più parametri. Un caso specifico viene definito da Trevor Wishart, nel suo testo *On Sonic Art*, "morfologia dinamica", quando tutte, o la gran parte delle proprietà di un oggetto sonoro sono in movimento (ad esempio il timbro, l'evoluzione nel tempo, l'altezza e l'intensità).

Sia nell'atto della creazione, sia nell'ascolto, un movimento sonoro è un'unica forma in movimento, e possiamo apprezzarne le proprietà in modo globale. Il fatto che in questa sede dividiamo tutti i movimenti osservandoli con parametri separati serve, in una dimensione didattica, a favorire una maggiore consapevolezza dei meccanismi interni. Tuttavia in una fase avanzata dell'apprendimento, si conquista anche la capacità di guardare ai movimenti sonori come un tutt'uno indivisibile e contemporaneamente saperli analizzare nelle loro proprietà.

I movimenti possono essere disposti in parallelo (ovvero ciascun movimento si applica ad un parametro diverso del suono) oppure in serie (ovvero un movimento, ad esempio unidirezionale, si applica ad un altro movimento, ad esempio oscillatorio, che a sua volta si applica ad un parametro del suono). È naturalmente possibile avere movimenti complessi che comprendano sia movimenti in cascata sia movimenti in parallelo.

Diamo alcuni esempi senza naturalmente pretendere di esaurire le innumerevoli combinazioni possibili.

RITMO E DURATE

Nel campo di un ritmo regolare, si possono prevedere accorciamenti progressivi delle durate man mano che il ritmo delle pulsazioni aumenta, e viceversa. In questo modo possiamo decidere, ad esempio di avere sempre suoni legati (cioè il cui inizio corrisponde alla fine del suono precedente), ma mai sovrapposti malgrado l'accelerazione del ritmo. Oppure durante l'accelerazione si possono regolare le durate in modo che ci sia sempre una pausa fra un suono e il successivo.

MOVIMENTO UNIDIREZIONALE DEL RITMO CON MOVIMENTO OSCILLATORIO DELLA FREQUENZA

Se utilizziamo un LFO ad onda quadra che controlla e alterna l'altezza di un suono, possiamo creare un movimento unidirezionale ritmico, cioè un accelerando, facendo glissare in modo ascendente (ad esempio da 0.1 Hz a 7 Hz) il valore della frequenza dell'LFO. Ne otterremo un'intensificazione del ritmo dell'alternanza ciclica della frequenza.

🖱 **Esempio sonoro 8D.1 •** *Aumento del ritmo di oscillazione delle frequenze*

- Suono controllato in frequenza da un LFO ad onda quadra con ampiezza a 200 Hz, DC Offset a 300 Hz e frequenza glissante da 0.125 Hz a 16 Hz.

• •

AUMENTO DI RITMO E FREQUENZA

Nessuno ci impedisce, a questo punto, di creare una combinazione fra i due processi di movimento di aumento, quello relativo all'altezza e quello relativo al ritmo di oscillazione. Basterà far glissare sia l'ampiezza dell'LFO, sia il DC Offset.

AUMENTO DELLA VELOCITÀ DEL MOVIMENTO NELLO SPAZIO STEREOFONICO

Utilizziamo il suono di un'onda a dente di sega con un LFO che ne controlla la posizione nello spazio. Questo LFO potrebbe avere forma d'onda triangolare e quindi creare un effetto di oscillazione, spostando in modo sempre più veloce il suono da destra a sinistra e viceversa.

AUMENTO DEL RITMO E POSIZIONE NELLO SPAZIO STEREOFONICO

La stessa frequenza in glissando ascendente dell'LFO potrebbe creare non solo un ritmo delle alternanze frequenziali (grave/acuto) ma essere applicata, se vogliamo anche in modo sincronizzato, ad un secondo LFO, che può controllare la posizione nello spazio stereofonico del suono. Si potrebbe persino utilizzare lo stesso LFO se la forma d'onda è la stessa (cioè, ad esempio l'onda quadra). Oppure l'LFO che controlla la posizione nello spazio potrebbe avere forma d'onda triangolare e quindi creare un effetto di oscillazione left-right in accelerando. In entrambi i casi possiamo pensare che quando la frequenza si trova nella zona più acuta il suono sarà completamente a destra, e quando la frequenza si trova nella zona più grave il suono sarà presente solamente a destra. Oppure si può ipotizzare di partire da una posizione centrale e man mano far aumentare l'ampiezza dell'LFO per arrivare a posizioni estreme.

Possiamo ipotizzare anche l'aumento di un ritmo contemporaneamente ad una oscillazione nello spazio stereofonico in accelerando e all'aumento dell'intensità e della frequenza. Qui ci avviciniamo al concetto wishartiano di "morfologia dinamica", cioè la condizione in cui la gran parte delle proprietà di un oggetto sonoro sono in movimento.

• •

🖱 **Esempio sonoro 8D.2 •** *Frequenza, Ritmo, accelerazione dell'oscillazione left-right e aumento dell'intensità*

- File audio controllato in ampiezza da un segmento di retta con valori ascendenti, controllato in frequenza da un LFO ad onda quadra nel quale l'ampiezza e il *DC Offset* aumentano in modo proporzionale e da un'LFO a onda triangolare che controlla la disposizione spaziale stereofonica in cui la frequenza glissa da 0.1 Hz a 16 Hz.

UNA SPIRALE: MOVIMENTO OSCILLATORIO DEL RITMO E DELLA SPAZIALIZZAZIONE CON MOVIMENTO UNIDIREZIONALE DELLA FREQUENZA

Se utilizziamo un LFO con forma d'onda sinusoidale con frequenza 0.5 Hz, che controlla la velocità di generazione dei suoni (ad esempio da 8 a 18 Hz) e in sincrono (ma con frequenze da 3 a 4.5 Hz, cioè a un quarto delle frequenze del primo LFO) costruiamo un LFO con onda triangolare che controlla il movimento nello spazio stereofonico di suoni brevi campionati, facendo glissare in modo ascendente esponenziale (ad esempio da 70 Hz a 7000 Hz) la frequenza di un filtro passa-alto applicato a tali suoni, otterremo un suono che può rimandare, per le sue caratteristiche, alla forma di una spirale ascendente. Ovviamente quando parliamo di movimenti nello spazio, dobbiamo valutare che ci sono parametri legati allo spazio di ascolto reale, altri che invece sono connessi a spazi virtuali altri ancora che non sono universalmente condivisi. Un esempio del primo tipo è quello orizzontale del pan, che influenza la percezione della provenienza del suono nello spazio reale mediante un bilanciamento delle intensità fra i canali. Un esempio del secondo tipo è la profondità dello spazio virtuale (simulabile attraverso l'interazione fra equalizzazioni, intensità, riverberi etc.). Un esempio del terzo tipo (che abbiamo utilizzato per accostarci all'idea fisica di una spirale) è lo spostamento verticale, che in assenza di monitor sopra e sotto di noi nello spazio reale, abbiamo provato a realizzare con un movimento unidirezionale della frequenza, ipotizzando una localizzazione dei suoni acuti più in alto, in uno spazio ideale, rispetto a quelli gravi. Nonostante molte persone condividano questa sensazione di localizzazione in verticale delle frequenze, in realtà potrebbe essere messa in discussione molto facilmente, un pianista, quando pensa alla sua tastiera, potrebbe dire che i suoni acuti sono a destra e i bassi a sinistra, un violoncellista potrebbe localizzare suoni più acuti in basso e suoni più gravi in alto, etc. Le relazioni con lo spazio sono complesse e le forme dei movimenti di cui stiamo parlando non vanno prese come relazioni reali ma solo come suggestioni che ci aiutano a dare un nome ad alcuni fenomeni.

· ·

Esempio sonoro 8E.1 • *Spirale ascendente*

· ·

UNA SPIRALE: MOVIMENTO OSCILLATORIO-DISCENDENTE DEL RITMO E DELLA SPAZIALIZZAZIONE CON MOVIMENTO UNIDIREZIONALE DISCENDENTE DELLA FREQUENZA

Si può pensare anche a una spirale discendente in cui i suoni di partenza siano rumori bianchi filtrati con glissato discendente esponenziale della frequenza centrale del filtro (da 7000 a 70 Hz). Allo stesso tempo abbiamo sempre un LFO sinusoidale con frequenza 0.5 che controlla un secondo LFO il quale modifica anche il proprio *DC Offset* in senso discendente lineare in modo che il ritmo di generazione e il movimento nello spazio stereofonico (quest'ultimo sempre a un quarto delle frequenze, come nell'esempio precedente) partano da un'oscillazione fra 12 e 18 Hz per arrivare alla fine a un'oscillazione 2/8 Hz. In questo modo il movimento del ritmo e della spazializzazione non è soggetto ad una semplice oscillazione (come nell'esempio precedente), ma anche ad un movimento discendente di tale oscillazione.

· ·

Esempio sonoro 8E.2 • *Spirale discendente*

· ·

MOVIMENTI PARALLELI[16] DELLA FREQUENZA

Si può utilizzare un *harmonizer* (cioè un effetto di duplicazione o triplicazione della frequenza di un suono tramite *pitch shift* in tempo reale) ed applicarlo a movimenti oscillatori o unidirezionali della frequenza.

· ·

Esempio sonoro 8E.3 • *Movimenti paralleli*

· ·

MOVIMENTI UNIDIREZIONALI OPPOSTI

INCREMENTO DEL RITMO E DECREMENTO DELL'AMPIEZZA E DELLA LARGHEZZA DI BANDA DELLO SPETTRO

Immaginiamo una pallina di ping-pong che venga lanciata dall'alto e lasciata rimbalzare su un tavolo di marmo.
In questo caso abbiamo una combinazione di un incremento progressivo del ritmo e un contemporaneo decremento progressivo dell'ampiezza e diminuzione delle ampiezze delle componenti superiori del timbro.

· ·

Esempio sonoro 8E.4 • *Incremento progressivo del ritmo e contemporaneo decremento progressivo dell'ampiezza e della frequenza di un filtro passa-basso*

· ·

Se leggiamo in *reverse* il suono, avremo un ritmo in rallentando e un'ampiezza in aumento.

---

16 Attenzione! Per movimenti paralleli si intende che le frequenze delle varie linee trasportate in altezza mantengono lo stesso rapporto con la frequenza originaria per tutto il tempo (ad esempio 2/1, ottava etc.). Questo tipo di parallelismo delle frequenze va distinto dall'idea di struttura in parallelo di cui abbiamo parlato all'inizio di questo capitolo. Si tratta ovviamente di due concetti completamente diversi. Possiamo però affermare che un *harmonizer* ha una struttura in parallelo, e che può peraltro realizzare movimenti paralleli della frequenza.

Se vogliamo ottenere lo stesso effetto utilizzando il suono originale di un singolo rimbalzo di pallina possiamo applicare un *multitap delay* con tempi progressivamente sempre più lenti e con intensità sempre maggiori.

Se reintroduciamo anche un movimento oscillatorio per la spazializzazione stereo, possiamo sincronizzare la diminuzione dell'ampiezza globale del suono con la diminuzione dell'ampiezza di un LFO che controlla l'ampiezza della spazializzazione Left-Right in modo che da posizioni estreme nello spazio quando l'ampiezza è al massimo, si arrivi ad una posizione centrale quando il suono sta per scomparire.

· ·

Esempio sonoro 8E.5 • *Decremento progressivo del ritmo, contemporaneo*
incremento progressivo dell'ampiezza e decremento dell'ampiezza della
spazializzazione stereo

- Suono di un singolo suono con *multitap delay* con tempi progressivamente
  sempre più lenti e con intensità sempre maggiori.

· ·

Anche se in questa fase omettiamo discorsi più complessi sulle funzioni strutturali, è comunque interessante notare, in termini di tensione percettiva, la differenza fra il suono dell'esempio 8D.5 in cui la tensione del gesto[17] sonoro (creata mediante il contemporaneo aumento del ritmo di oscillazione delle frequenze, un'accelerazione dell'oscillazione left-right e l'aumento dell'intensità) è progressivamente sempre più forte ed allude ad un climax, e gli esempi 8E.3, 8E.4 e 8E.5 in cui dall'opposizione di movimenti parametrici si ottiene un gesto interpretabile in modi diversi. In una creazione sonora si può decidere, ad esempio, di evitare movimenti chiari come quello dell'es. 8D.5 per concentrarsi su altro tipo di movimenti, ma può essere importante capire come il contemporaneo aumento 'coerente' di vari parametri come quelli descritti può portare a determinati effetti sul piano della percezione e come basti modificare uno dei parametri per ottenere un gesto sonoro diverso, come quello del prossimo esempio.

DECREMENTO DEL RITMO E INCREMENTO DELLA FREQUENZA

· ·

Esempio sonoro 8E.6 • *Decremento progressivo del ritmo, contemporaneo*
incremento progressivo della frequenza

- Frammento da Cipriani, A. - Al Nur (La Luce)

· ·

---

[17] Dei termini gesto e tessitura definiti da Smalley ci occuperemo nel prossimo volume.

UNA SPIRALE CON MOVIMENTI OPPOSTI: MOVIMENTO OSCILLATORIO-DISCENDENTE DEL RITMO E DELLA SPAZIALIZZAZIONE CON MOVIMENTO ASCENDENTE DELLA FREQUENZA

Si può pensare anche a una figura di spirale ascendente con parametri opposti. I suoni di partenza sono rumori bianchi con glissato ascendente esponenziale della frequenza centrale del filtro (da 70 a 7000 Hz).

Allo stesso tempo l'LFO modifica il proprio *DC Offset* in senso discendente lineare in modo che il ritmo di generazione e il movimento nello spazio stereofonico (quest'ultimo sempre a un quarto delle frequenze, come nell'esempio precedente) partano da un'oscillazione fra 12 e 18 Hz per arrivare alla fine a un'oscillazione 2/8 Hz.

· ·

 Esempio sonoro 8E.7 • *Spirale ascendente con ritmo discendente*

· ·

ASPETTI DI CASUALITÀ DEL MOVIMENTO

Proponiamo ora un parametro più astratto, in cui l'idea di movimento è meno legata ad un parametro specifico. Introduciamo un fattore di irregolarità che può essere applicato ai movimenti di diversi parametri passando, ad esempio, da un vibrato dalla forma sinusoidale ad uno dalla forma d'onda random.

Da notare che queste forme interne del movimento, come il random, il sample& hold, le configurazioni esponenziali, etc. sono applicabili su tutti i parametri che consentano una continuità e vanno considerati perciò come un elemento qualitativo e trasversale ai parametri.

Vediamo due esempi:

AUMENTO DEL GRADO DI RANDOMIZZAZIONE DEL RITMO

Introduciamo un fattore di casualità del ritmo. Utilizziamo gli estremi 0 e 1 per indicare rispettivamente un grado di casualità nullo ed uno massimo. Nel caso del ritmo regolare il grado di casualità è 0, quanto più aumenta l'irregolarità del ritmo tanto più si va verso l'estremo opposto (grado 1). Per realizzare questo movimento unidirezionale caratterizzato dall'aumento di casualità della forma d'onda dell'LFO, usiamo una dissolvenza incrociata fra una forma d'onda quadra e una forma d'onda casuale.

· ·

 Esempio sonoro 8F.1 • *Grado di variabilità del ritmo*

- Onda triangolare controllata in frequenza da un LFO ad onda quadra con ampiezza a 200 Hz, DC Offset a 300 Hz. Variabilità della forma d'onda dell'LFO, usiamo una dissolvenza incrociata fra una forma d'onda quadra e una forma d'onda casuale.

RANDOMIZZAZIONE DEI PARAMETRI DI LETTURA DEI BLOCCHI

Nel par. 5.4T e P abbiamo visto la possibilità di avere una variazione random della durata, o della velocità di generazione dei blocchi, o dell'incremento/decremento del cue nell'uso dei blocchi. Si possono pensare varie sincronizzazioni dei 3 tipi di random (ad esempio quando la durata aumenta rispetto al valore centrale la velocità di generazione dei blocchi aumenta della stessa quantità, etc.).

· ·

Esempio sonoro 8F.2 • *Randomizzazione dei parametri di lettura dei blocchi*

· ·

MORFOLOGIA INSTABILE E MORFOLOGIA DINAMICA INSTABILE

Wishart definisce come "morfologia instabile" la condizione in cui il movimento sonoro si esprime attraverso improvvisi e veloci mutamenti di stato a "zig zag". Possiamo applicare questo tipo di movimento a più parametri insieme, fino ad arrivare ad una "morfologia dinamica instabile" in cui tutti o quasi tutti i parametri si muovono in modo instabile.

· ·

Esempio sonoro 8F.3 • *Randomizzazione dei parametri di controllo dei movimenti*

    a) Esempio di morfologia instabile su un solo parametro: frequenza
    b) Esempio di morfologia instabile su quasi tutti i parametri

· ·

Potremmo a questo punto ipotizzare un altro parametro trasversale, cioè un parametro che misura la velocità dei mutamenti del suono nel tempo, in cui i *movimenti piani* sarebbero a un lato del continuum e la *morfologia dinamica instabile* dall'altra. A questo proposito, seppur nell'ambito di una riflessione sull'audiovisivo, Michel Chion (1997) parla di suono lento e suono veloce (e naturalmente anche di immagine lenta e immagine veloce). Torneremo nel prossimo volume su questo tema.

PASSAGGI DA UNA PROPRIETÀ DEL SUONO AD UN'ALTRA

DALL'ALTEZZA AL RITMO AL MOVIMENTO PIANO

Un esempio interessante proviene da una delle opere più importanti della musica elettronica degli anni '50, "Kontakte".[18] Stockhausen mette in pratica la sua concezione secondo la quale si può passare idealmente dal mondo della

---

[18] Da 17'00" a 18'30", "K.Stockhausen, CD3 Stockhausen Verlag

frequenza a quello del ritmo, realizzando un suono ad impulsi che glissa verso il grave, e non appena il suono sta per raggiungere frequenze delle fondamentali quasi inascoltabili, passa dal decremento della frequenza al decremento del ritmo, e quindi separare gli impulsi dapprima serratissimi e in continuo diminuendo fino ad allungarne le pause fra l'uno e l'altro e successivamente anche la durata per arrivare infine a quello che Smalley chiamerebbe probabilmente un movimento piano, cioè un suono prolungato stabile nella frequenza, ma in questo caso anche nel timbro e nell'ampiezza. Di grande interesse l'utilizzo del riverbero in questa fase, che aumenta ancora di più il senso di diminuzione progressiva della tensione realizzato con i decrementi di frequenza e ritmo, e anche di estinzione della direzionalità, mediante il passaggio da un decremento ad un movimento piano[19].

• •

 Esempio sonoro 8F.4 • *Decremento progressivo del ritmo, contemporaneo decremento progressivo dell'altezza*

- Frammento da Stockhausen, K. - *Kontakte*

• •

8.4 ALL'INTERNO DEL TIMBRO

DALLA NOTA INTERVALLARE AL RUMORE

La musica elettronica ha come suo parametro specifico quello della creazione e trasformazione di timbri. Il timbro come già abbiamo accennato diverse volte è un parametro che è dipendente da molte variabili e non è riducibile a semplici numeri come è per i valori d'ampiezza o di frequenza. L'idea di organizzare scale e gerarchie di timbri, operata da Lerdahl (1987), può difficilmente avere un'applicazione coerente per i nostri scopi, proprio per la natura non lineare di un parametro complesso come il timbro.

D'altra parte sono proprio le ampiezze e frequenze delle varie componenti di un suono, nella loro evoluzione, a caratterizzarne il timbro. Possiamo partire dunque ad osservare alcune caratteristiche del timbro utilizzando la sintesi additiva, quella sottrattiva e la sintesi vettoriale.

L'IMPORTANZA DELL'ATTACCO NELLA PERCEZIONE DEL TIMBRO

L'attacco del suono contiene in genere molta informazione per il riconoscimento dei vari timbri. Vediamone diverse proprietà.

Consideriamo per primi i suoni brevissimi, quelli nei quali ci sembra di percepire soltanto l'attacco (ad esempio un *rim shot* con una bacchetta su un bordo di un rullante, un suono di *wood block*, due sassi che sbattono fra di loro etc.)

---

[19] Per un'analisi di *Kontakte* vedi Cipriani, 1998

Wishart[20] propone tre tipi di inviluppo che possono essere imposti a questi suoni brevissimi:

imponendo inviluppi del primo tipo (fig. 8.1a) si possono ottenere qualità tipiche di oggetti colpiti;

con il secondo tipo (fig.8.1b) avremo un attacco più graduale che in alcuni casi, a seconda del suono utilizzato, può dare una qualità vicina a quella dello strofinamento;

con il terzo tipo (fig. 8.1c) possiamo avere suoni in cui il suono può sembrare messo in vibrazione da un oggetto esterno come quando si usa un archetto di violino, oppure una sega etc. Naturalmente per ottenere questi effetti bisogna provare con diversi tipi di suono.

Una possibilità, ad esempio, è quella di applicare questi inviluppi, nella tecnica dei blocchi, ad ogni singolo blocco, otterremo qualità molto diverse.

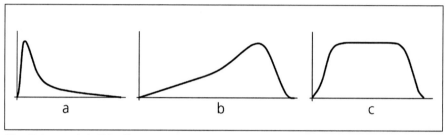

Fig. 8.1: tre tipi di inviluppo

· ·

Esempio sonoro 8G.1 • *Vari tipi di inviluppo su suoni brevissimi*

· ·

Naturalmente è possibile dare una qualità timbrica diversa a suoni anche di maggior durata alterandone le componenti dell'attacco. Wishart, ad esempio, definisce una tecnica chiamata *octave stacking*, utile se vogliamo dare una qualità più brillante a un suono. Nell'**octave stacking** versioni più acute dell'attacco dello stesso suono (realizzate mediante una frequenza di lettura più alta, ad esempio doppia per ottenere un'ottava) vengono mixate all'attacco del suono stesso, facendo in modo che poi scompaiano non appena terminato l'attacco, e lasciando che rimanga solo il suono originale. Si possono anche utilizzare versioni dell'attacco più gravi dell'originale, per creare una maggiore profondità del suono.

· ·

Esempio sonoro 8G.2 • *Vari tipi di octave stacking*

---
[20] in Wishart, 1994, p. 45

MOVIMENTI TIMBRICI MEDIANTE FILTRI RISONANTI
Se applichiamo 4 filtri risonanti con frequenze fisse diverse fra loro ad un suono di voce che parla o canta, e in parallelo un *harmonizer* con 4 frequenze in glissando, dopo l'addizione delle due uscite otterremo un mutamento del timbro con alcune ambiguità fra una percezione delle altezze dei vari suoni dell'*harmonizer* (che tendono ad essere percepite come accordi), e le altezze del filtro in cui le frequenze messe in evidenza possono essere percepite come componenti interne al suono. I 4 filtri risonanti mettono in evidenza alcune frequenze fisse mentre gli *harmonizer* sono in relazione ai cambiamenti di frequenza della voce.

• •

Esempio sonoro 8G.3 • *Vari tipi di movimenti timbrici mediante filtri risonanti*

• •

AUMENTO DELLA COMPLESSITÀ SPETTRALE
Nel cap. 8.2 abbiamo parlato dell'aumento dell'intensità o della frequenza del suono nella sua interezza, ora osserviamo l'aumento dell'intensità applicato alle sue componenti.
Alcuni suoni occupano una regione molto piccola dello spazio. Altri suoni riempiono completamente lo spazio spettrale. Il continuum che va dalla prima tipologia alla seconda può essere regolato mediante aumento dell'intensità delle componenti di un suono a partire da zero: Le componenti del suono diventano una dopo l'altra progressivamente sempre più intense, e possiamo accorgerci di come la complessità spettrale aumenti.
Un altro modo per realizzare un aumento della complessità spettrale è quello di utilizzare un movimento frequenziale di componenti che partono da un'unica frequenza (quindi creando la sensazione di un suono unico) per glissare con curve diverse verso diverse altezze (ma mantenendo la componente più grave fissa), oppure partendo da un suono armonico (quindi che nella percezione risulterà unico) da cui le componenti glissano verso rapporti inarmonici con la componente più grave che rimane fissa (creando una sensazione di ricchezza spettrale maggiore).

• •

Esempio sonoro 8G.4 • *Occupazione progressiva dello spazio spettrale*

a) Aumento dell'occupazione dello spazio spettrale – Sintesi additiva a spettro variabile a 20 componenti . Ogni componente progressivamente aumenta la propria intensità e diviene percepibile.

b) Aumento dell'occupazione dello spazio spettrale – Sintesi additiva a spettro variabile a 20 componenti. Ogni componente parte dalla stessa frequenza (100 Hz) e progressivamente glissa in modo diverso.

c) Aumento dell'occupazione dello spazio spettrale – Sintesi additiva a spettro variabile a 20 componenti. Ogni componente parte da frequenze in rapporto intero con la fondamentale (100 Hz) e progressivamente glissa in modo diverso anche al di sotto dei 100 Hz.

In questi 3 esempi passiamo dalla dimensione che Smalley chiama di note inter-vallari, cioè note con altezza riconoscibile, a quella di note relative, cioè quelle altezze che riusciamo a percepire in uno spettro inarmonico di cui ci è difficile identificare gli intervalli. "La campana e le risonanze metalliche costituiscono esempi frequenti di inarmonicità, e rappresentano opportunamente il dilemma inarmonico: gli spettri inarmonici infatti possono essere ambigui per il fatto che includono alcune altezze intervallari. Per essere considerato autentico, uno spettro inarmonico non può risolversi come nota singola, e le sue componenti dell'altezza vanno considerate come relative, non intervallari." (Smalley 2006, p.100). Smalley individua inoltre un continuum che ha per estremi la nota intervallare da una parte e il rumore saturo dall'altra, cioè aree di spazio spet-trale estremamente stipate, in cui diventa impossibile riconoscere un'altezza qualsiasi (ad esempio il rumore del mare). In mezzo fra questi due estremi ci sono gli spettri inarmonici contenenti altezze relative. In questo continuum, però, possiamo trovare molte ambiguità. Ci sono ad esempio note intervallari suonate da strumenti che hanno un attacco con componenti di rumore (ad esempio il martelletto del pianoforte), ed esistono rumori saturi in cui una nota è riconoscibile all'interno (ad esempio quando filtriamo un rumore del mare con un passa-banda molto stretto).

Vediamo proprio un esempio di questo tipo: filtriamo un segnale audio con-tenente il rumore del mare mediante un passa-banda di sesto ordine con larghezza di banda in partenza strettissima (es. 1 Hz) e poi progressivamente allarghiamo la larghezza di banda. All'inizio sentiremo una sola nota, simile ad una sinusoide. Basterà aumentare di poco il valore della larghezza di banda e subito sentiremo un rumore in cui però rimarrà distinguibile la stessa nota di prima. Più aumentiamo la larghezza di banda meno riusciremo a sentire quella componente che prima era in evidenza e sentiremo che lo spazio spettrale verrà occupato da una banda di rumore sempre più ampia. Da notare che anche quando una banda è stretta si può parlare di rumore saturo, purché non sia distinguibile alcuna altezza in particolare. Ad esempio se pronunciamo in modo prolungato il suono della s sorda (quella della parola "sale"), la zona dello spettro che verrà occupata sarà molto limitata, ma allo stesso tempo il rumore sarà saturo. Se pronunciamo in modo prolungato il suono della "s" sonora (quella della parola "sdentato" o quando imitiamo il suono di una zan-zara) noteremo che al rumore viene aggiunta una componente riconoscibile in altezza. Se passate dall'una all'altra potrete ancora sentire una parte del suono del rumore saturo all'interno della esse sonora, mascherato però dalle componenti armoniche.

· ·

Esempio sonoro 8G.5 • *Occupazione progressiva dello spazio spettrale*

- Rumore bianco filtrato da un passa-banda con larghezza di banda in aumento a partire da 1Hz

· ·

OCCUPAZIONE PROGRESSIVA DELLA COMPLESSITÀ SPETTRALE IN GLISSANDO ASCENDENTE O DISCENDENTE

Il continuum che va da una regione molto piccola dello spazio spettrale a regioni che riempiono completamente lo spazio spettrale può essere combinato con un'ascesa sul piano delle frequenze. Modificando gli esempi 8E.4 abbiamo una sensazione di aumento della complessità spettrale e nel contempo tutto il suono glissa verso l'acuto o verso il grave. Da notare che se il glissato è molto pronunciato, la percezione del suono si concentra più sul movimento globale del suono nel suo insieme, anziché sui movimenti interni, viceversa se il glissato è molto leggero si può trovare un equilibrio fra riconoscibilità del glissato generale e riconoscibilità dei movimenti interni al suono.

. . . .

Esempio sonoro 8G.6 • *Occupazione progressiva dello spazio spettrale in glissando leggero e più pronunciato*

- Tutti gli esempi 8G.4 trasformati in sound file, vengono letti con frequenza di lettura sempre più alta (o più bassa) creando complessivamente un'ascesa o una discesa frequenziale durante il fenomeno di occupazione progressiva dello spazio spettrale.

. . . .

AUMENTO DEL GRADO DI RANDOMIZZAZIONE DELLA FORMA D'ONDA

Un altro esempio di aumento della variabilità è il riempimento progressivo dello spazio spettrale mediante sintesi vettoriale. Si parte da una forma d'onda complessa ma periodica, poi si opera una dissolvenza incrociata con una seconda tabella che contiene la somma di 30 altre onde periodiche ma con fondamentali in rapporto non armonico fra loro, e un'ulteriore dissolvenza incrociata con una forma d'onda casuale. In questo esempio percepiamo all'inizio una sola nota, con progressiva aggiunta di componenti inarmoniche fino ad arrivare al rumore bianco.

. . . .

Esempio sonoro 8H.1 • *Grado di variabilità della forma d'onda*

- Da un'onda a dente di sega viene messa in atto una dissolvenza incrociata con una seconda forma d'onda che contiene la somma di 30 altre onde a struttura periodica ma con fondamentali in rapporto non armonico fra loro, e un'ulteriore dissolvenza incrociata con una forma d'onda casuale.

. . . .

CURVE DI DISTRIBUZIONE DELLE COMPONENTI NELLO SPETTRO

Finora abbiamo descritto i suoni inarmonici in modo generico, nel senso che abbiamo detto che le componenti che non siano in rapporto intero con la fondamentale sono inarmoniche.

Già nel box sulla periodicità/aperiodicità del cap. 2.1 avevamo accennato a diverse situazioni in cui il suono, pur essendo periodico può risultare inarmonico all'ascolto, e quelle in cui il suono, pur essendo aperiodico, potesse produrre una sensazione di armonicità.

Un esempio è quello dei battimenti armonici (già discusso nei parr. 2.2T e 2.2P) ottenuto tramite la somma di onde armoniche complesse le cui frequenze sono distanziate di pochissimo (ad esempio di 0.07 Hz, come le frequenze 109.86, 109.93, 110 Hz, 110.07 Hz, 110.14 Hz etc. quindi in rapporto non armonico fra loro).

• •

Esempio sonoro 8H.2 • *Battimenti armonici*

• •

In questo caso percepiamo un suono armonico intorno ai 110 Hz con una grande varietà timbrica data dal ritmo complesso dei battimenti che mettono in evidenza nel tempo diverse armoniche dei vari suoni.

Questo interessante esempio (unito a quelli appena descritti sul passaggio da un parametro all'altro) ci fa capire quanto le categorie in cui iscriviamo i parametri siano piene di zone di intersezione, di zone grigie in cui una cosa è quello che è, ma è anche altro da sé allo stesso tempo. Bene, questa non è una caratteristica negativa, o da evitare, ma un vero e proprio territorio da esplorare. Anche mediante l'analisi più accurata, sappiamo che la musica (e l'arte in genere) è qualcosa di non completamente descrivibile con definizioni o comunque qualcosa che può essere interpretata in molti modi, o persino alludere ad altro da sé. Il suono non è da meno. L'esempio dei battimenti armonici però ci dice qualcos'altro: le strutture inarmoniche possono anche non essere casuali, e possono essere invece programmate in modo da ottenere particolari tipi di suono.

DISTRIBUZIONE DELLE COMPONENTI NEL RUMORE BIANCO E ROSA
Iniziamo dal rumore bianco: la distribuzione spettrale delle intensità delle componenti del rumore bianco è uniforme, cioè costante a tutte le frequenze. Ogni valore compreso entro limiti definiti (massimo positivo e minimo negativo) ha la stessa probabilità di verificarsi di qualsiasi altro nella gamma. Se misuriamo il rumore bianco per ogni banda di ottava si ha un aumento di 3dB ad ogni ottava man mano che misuriamo ottave più acute, ciò è dato dall'aumento dell'ampiezza di banda per ogni ottava: essendo la distribuzione costante, non è però costante il risultato se misurato ad ottave.
Nel rumore rosa abbiamo invece una distribuzione spettrale delle intensità decrescente all'aumentare delle frequenze, e questo ci consente di ottenere livelli costanti alle varie bande d'ottava.

DAL RUMORE ALLA NOTA
Se generiamo un impulso determinato da un solo campione ad ampiezza 1 ogni decimo di secondo, e lo filtriamo con 30 filtri in parallelo su 30 frequenze diverse inarmoniche vicinissime e poi progressivamente in allontanamento, passere-

mo da un suono inarmonico saturo ad un suono inarmonico in cui si cominciano a distinguere alcune componenti, fino a un suono inarmonico con 30 altezze relative. Se poi le frequenze di questi filtri si disporranno progressivamente in rapporto intero con la frequenza del filtro a frequenza più grave, passeremo da altezze relative alla percezione di una sola altezza intervallare.

· ·

Esempio sonoro 8H.3 • *Dal rumore alla nota*

- Da click a rumore colorato a note relative a una nota intervallare.

· ·

Vi invitiamo a riascoltare con attenzione i vari esempi, cercando di descriverli per iscritto o mentalmente. Nella parte pratica si ripartirà da questi esempi per passare ad attività di programmazione e di creazione di movimenti sonori.

8.5 MOVIMENTI COMPOSTI

I movimenti composti sono movimenti di suoni diversi. Possono essere sincronici oppure non sincronici. Possono contenere movimenti semplici, movimenti complessi e anche altri movimenti composti. Vediamone alcuni.

MOVIMENTI COMPOSTI FREQUENZIALI E SPAZIALI CENTRIFUGHI O CENTRIPETI

Proviamo ad immaginare movimenti che implichino contemporaneamente aumenti e diminuzioni, cioè movimenti unidirezionali opposti fra loro che partano da una zona frequenziale che rappresenta un punto di riferimento centrale (a nostra scelta) e che si allontanino da esso in ogni direzione o viceversa.

Possiamo, ad esempio, creare 5 glissati ascendenti e 5 discendenti simmetrici, partendo da un'unica frequenza fondamentale e con 10 frequenze di arrivo diverse. Le durate dei 10 glissati saranno uguali. Possiamo anche sincronizzare il movimento centrifugo delle frequenze con un movimento centrifugo nello spazio, a partire da una localizzazione centrale fino ad arrivare a posizioni più estreme (vedi es. sonoro 8I.1). Naturalmente è possibile anche costruire movimenti opposti cioè centripeti.

· ·

Esempio sonoro 8I.1 • *Movimenti frequenziali e spaziali centrifughi e centripeti*

· ·

MOVIMENTI OSCILLATORI CENTRIFUGHI/CENTRIPETI SINCRONIZZATI

Una possibilità è quella di creare movimenti centrifughi (o centripeti) in cui i vari glissati non siano univocamente diretti verso l'alto o verso il basso, ma che presentino delle oscillazioni nel loro andare verso una meta, come delle "incertezze" sulla meta da raggiungere. Si può costruire, ad esempio, un movimento oscillatorio di 4 suoni armonici che partano da un *range* frequenziale piccolo a uno sempre più grande, ma con dei ritorni provvisori e limitati verso il centro, per poi conquistare un *range* sempre più ampio dopo ogni ritorno indietro. Come abbiamo già spiegato, è possibile che questi movimenti ascendenti e discendenti siano continui oppure a gradini, cioè che siano controllati da un *sample and hold* oppure da un *random walk* (che abbiamo già incontrato nel par. IA.5).

· ·

Esempio sonoro 8I.2 • *Movimenti oscillatori centrifughi/centripeti*
sincronizzati

· ·

I movimenti appena descritti (continui o discontinui che siano) possono essere sincronizzati fra loro, oppure essere diversi nelle durate. Nel primo caso avremo un meccanismo di ripetizione globale del movimento composto alla fine di ogni ritorno. Vediamo invece un caso diverso:

MOVIMENTI OPPOSTI: DECREMENTO E INCREMENTO CONTINUO DELL'ALTEZZA MEDIANTE SHEPARD TONE

Come sappiamo (vedi parr. 2.3T e IB.9), nello *Shepard tone*[21] un suono sembra glissare all'infinito senza mai raggiungere un punto d'arrivo. Da un certo punto di vista, pur non essendo tecnicamente un movimento semplice, sul piano percettivo questo tipo di suono genera l'illusione di un movimento unidirezionale perenne che allo stesso tempo crea, in modo diverso dai movimenti piani, l'illusione di una sospensione del tempo. In questo caso non possiamo dire che il movimento è a-direzionale, perché nello *Shepard tone* il suono è chiaramente o ascendente o discendente. Tuttavia anche qui, come nei movimenti piani, arriviamo al paradosso di qualcosa che si muove continuamente e che è statico allo stesso tempo. Ma durante un tempo assoluto che scorre, mentre nei movimenti piani il tempo musicale evoca la stasi, nello *Shepard tone* abbiamo l'illusione che il tempo sia rotatorio. Facendo un parallelo con la percezione visiva, è come se, avendo una grande ruota che gira su sé stessa in senso orario continuamente, ne potessimo percepire solo un quarto, ad esempio il settore circolare in alto a sinistra. Tornando al campo sonoro, come sappiamo, questo movimento è ottenuto mediante dissolvenza incrociata di suoni i cui glissati, che procedono per ottave parallele, sono leggermente sfasati nel tempo fra di loro.

· ·

Esempio sonoro 8I.3 • *Movimenti opposti: Shepard tone ascendente e*
discendente

---

[21] (Shepard, Journal of the Acoustical Society of America, 1964)

Ascoltiamo ora un movimento opposto, sovrapponendo uno *Shepard tone* ascendente e uno discendente. Avremmo potuto pensare di avere un doppio effetto di glissato infinito, uno ascendente, uno discendente. Paradossalmente, invece, avvertiamo i limiti dell'illusione e ne scopriamo il gioco, in quanto la sensazione che dà questo movimento opposto è quello di porre dei limiti alle due oscillazioni e addirittura produrre un senso di oscillazione del glissato (ascendente, poi discendente poi ancora ascendente, etc.).

• •

Esempio sonoro 8I.4 • *Movimenti opposti: due Shepard tone opposti*

• •

MOVIMENTI OSCILLATORI DELLA BANDA PASSANTE SU MOVIMENTI CENTRIFUGHI

Se utilizziamo il suono proveniente dall'esempio 8I.1 ed utilizziamo un passabanda con frequenza centrale controllata da un LFO random fra 100 a 10100 Hz (con frequenza dell'LFO 1 Hz), possiamo attraversare i movimenti mettendone in evidenza bande diverse.

• •

Esempio sonoro 8I.5 • *Movimenti oscillatori sincroni - forma d'onda dell'lfo random della frequenza centrale su suoni opposti centrifughi*

> a) Suoni con 3 LFO random che controllano un filtro a 1 Hz, 2Hz e 3Hz (minimo comune multiplo fra le durate 1 sec)
> b) Suoni con 2 LFO random a .7 Hz e .5 Hz (m.c.m. 10 secondi)

• •

Osservando l'ultimo esempio, possiamo dire di aver espanso in un tempo più ampio (e quindi riconoscibile all'ascolto) un meccanismo che di solito abbiamo osservato nella micro-forma dei singoli suoni, cioè il movimento oscillatorio di componenti all'interno di un suono. Nel nostro esempio, infatti, abbiamo detto che il ciclo si ripete quando viene raggiunto il minimo comune multiplo fra le durate. Nel primo caso è 1 secondo, dato che abbiamo una durata di 333.333 ms., una di 500 ms e una di 1 secondo sincronizzate). In questo caso siamo in grado di riconoscere la sincronia fra i tre ritmi.

Nel secondo esempio il minimo comune multiplo è 10 secondi, diventa più complesso il rapporto di sincronia, in quanto il ciclo ritmico si ripeterà ogni 10 secondi.
Se invece i rapporti fra le durate sono irrazionali, avremo un movimento globale continuo senza ripetizioni, e non ci sarà nessun minimo comune multiplo tra le durate. Se il mcm fra le durate ha un periodo talmente lungo da non consentire di riconoscerlo, dal punto di vista percettivo il risultato è simile a quello

delle durate con rapporti irrazionali. Un esempio di questo tipo può essere il seguente:

• •

Esempio sonoro 8I.6 • *Movimenti oscillatori asincroni*

- con 2 LFO random a .77 e .97 Hz

• •

Gli esempi qui esposti rimandano a un concetto simile alla periodicità o aperiodicità delle forme d'onda, visto però con una durata più ampia, tale che non siamo più nel campo delle frequenze delle componenti, ma nel campo dei ritmi . È interessante osservare quindi che, a seconda delle scelte operate, si possono individuare forme nelle microstrutture dei suoni che possono corrispondere, in senso logico, alla forma della macrostruttura, cioè la struttura di un intero pezzo, e anche a forme intermedie, come quelle che stiamo studiando in questo paragrafo. Naturalmente non è detto però che un ascoltatore sia in grado di percepire questi rapporti fra micro e macrostruttura. Quando si sceglie di ricercare un rapporto o una struttura simile fra la macro-forma e la micro-forma (quella interna al suono), spesso lo si fa per motivi di coerenza concettuale, o per darsi un'organizzazione che possa avere un senso logico, o matematico. Questa, tuttavia, non è che una possibilità fra migliaia, e indagheremo più approfonditamente su queste questioni nel capitolo di organizzazione del suono del prossimo volume.

MOVIMENTI CENTRIPETI O CENTRIFUGHI CON "SBANDAMENTO": RANDOM WALK APPLICATO ALLA FREQUENZA
Un'altra possibilità è quella di utilizzare un *random walk*. In particolare l'applicazione di un sistema di *random walk* alle 16 frequenze in movimento opposto implica che i valori casuali che vengono via via scelti non possano distare dai valori precedenti più di quanto indicato nel parametro *step*.

• •

Esempio sonoro 8I.7 • *Random walk applicato alla frequenza*

• •

MOVIMENTI COMPOSTI CON "SBANDAMENTO": RITMI, ALTEZZE E SPAZIALIZZAZIONI IRREGOLARI E SINCRONIZZATI
Si può anche sincronizzare la frequenza di mutamento del *random walk* con un *random walk* della spazializzazione stereo in modo da dare un senso di "sbandamento" ancora più forte. Per aumentare questo effetto è possibile applicare il *random walk* anche alla frequenza con cui il generatore di *random walk* genera i propri numeri, creando così ritmi altezze e spazializzazioni non regolari ma sincronizzate.

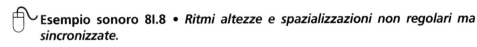

Esempio sonoro 8I.8 • *Ritmi altezze e spazializzazioni non regolari ma sincronizzate.*

. . . .

MOVIMENTI COMPOSTI CENTRIFUGHI E CENTRIPETI: SPAZIO E ALTEZZA

Se utilizziamo centinaia di suoni brevissimi (20 millisecondi) che vengono generati ad un alto tasso ritmico e li posizioniamo tutti al centro dello spazio, possiamo farli muovere in direzione centrifuga e viceversa. Lo stesso movimento può coinvolgere contemporaneamente anche processi centrifughi o centripeti della frequenza.

. . . .

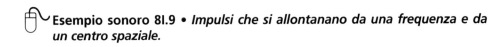

Esempio sonoro 8I.9 • *Impulsi che si allontanano da una frequenza e da un centro spaziale.*

. . . .

MOVIMENTI COMPOSTI DI ACCUMULAZIONE/RAREFAZIONE

Salvatore Sciarrino, definendo i processi di accumulazione, li descrive come "Il passaggio da una minore densità di eventi a una maggiore" (ivi, p.28) e propone l'esempio della pioggia su un balcone, in cui, in relazione al bagnato, si passa da una situazione rarefatta, di poche gocce, a una satura. Se si osserva invece lo stesso fenomeno in relazione all'asciutto, si partirà da una situazione satura ad una rarefatta.

Al momento non abbiamo ancora affrontato spazi a due o tre dimensioni nella spazializzazione ma possiamo immaginare di porre, sugli assi cartesiani, lo stereo sull'asse delle *x* e la frequenza sull'asse delle *y* (vedi figura).

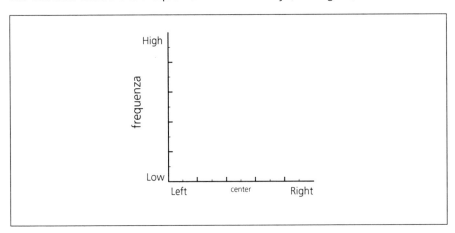

fig. 8.2: spazio frequenza/altezza

Si possono utilizzare movimenti di incremento del ritmo di generazione dei suoni. Per quanto riguarda lo spazio del quadrato virtuale in cui iscrivere "le gocce di pioggia" ovvero i brevi suoni, facciamo interagire due LFO: uno che controlla in modo random (con valori da 0 a 1) la spazializzazione stereo (nel quadrato l'asse delle *x*); l'altro che controlla in modo random (con valori, ad esempio, da 50 a 10000 Hz) la frequenza. La sensazione di spazializzazione sarà naturalmente più chiara con i suoni acuti, che sono più localizzabili rispetto a quelli gravi.

Via via che si raggiungono ritmi di generazione sempre più elevati, si tende a passare da una sensazione di aggregazione di più suoni ad una sensazione di fusione in un solo suono "brulicante".
Nell'accumulazione e rarefazione si possono tenere presenti comunque suoni in primo piano e suoni di sfondo. Al momento, in assenza di alcune tecniche come quella della riverberazione, possiamo cercare di creare 'gocce più lontane' mediante l'applicazione di un passa-basso e gocce più vicine con il suono non filtrato. Come sappiamo, ogni volta che filtriamo un suono in senso sottrattivo, diminuiamo anche l'ampiezza globale del suono, a meno che non intervengano meccanismi di compensazione.

· ·

Esempio sonoro 8I.10 • *Accumulazione con due lfo (spazio e altezza)*

· ·

Un altro esempio è l'intervento progressivo di più oscillatori (da 2 a 200) che generano suoni brevi in un ambito frequenziale ristretto e con variazioni di frequenza regolati da sistemi di *random walk* separati per ogni oscillatore, ma con il medesimo *range*. Avremo in questo caso una sensazione di eventi discreti quando gli oscillatori sono pochi, mentre alla fine si avrà una banda ristretta satura.

· ·

Esempio sonoro 8I.11 • *Da 2 a 200 oscillatori in una banda ristretta*

· ·

8.6 GESTIONE ALGORITMICA DEI MOVIMENTI

Per gestione algoritmica intendiamo una generazione di eventi i cui parametri sono definiti tramite calcoli e non decisi in maniera puntuale dall'artista del suono. In un certo senso tutti gli esempi che abbiamo visto finora sono algoritmici, perché abbiamo quasi sempre generato i parametri tramite dei processi realizzati con il calcolatore: l'obiettivo era però quello di ottenere un determinato tipo di movimento, e l'algoritmo veniva adattato a tale scopo.
In questo paragrafo ci concentriamo invece sui "movimenti" algoritmici, ovvero su dei processi il cui esito sonoro nel dettaglio è un effetto collaterale e non derivante da una decisione puntuale in cui i parametri sono controllati al livello più dettagliato. In generale può esserci sempre un obiettivo predeterminato, ma il dettaglio interno dei movimenti è affidato più al computer che all'uomo.

Un esempio classico è quello di alcuni famosi brani di Steve Reich.
I suoi primi lavori per nastro di ("It's gonna rain" e "Come Out") e successiva-mente anche il suo primo pezzo per due pianoforti ("Piano Phase") sono carat-terizzati dallo studio su una leggerissima differenza di velocità di lettura di stessa sequenza sonora. In tal modo molto lentamente si realizza uno sfasamento prima timbrico, poi ritmico, fra le sequenze, per poi ritrovare una sincronizza-zione e poi perderla di nuovo etc. In questo caso Reich costruisce un processo, affidandone i dettagli all'evoluzione del processo stesso.

In questi pezzi possiamo parlare di un movimento oscillatorio simile a quello dei battimenti, ma allargato ad un tempo più ampio, e più complesso negli esiti. Possiamo realizzare mediante mascheratura questa tipologia di movimento, uti-lizzando 2 o più copie del suono a *loop*, e lavorando su distribuzioni temporali/frequenziali delle sequenze di tipi diversi.

• •

 Esempio sonoro 8J.1 • *Sfasamento fra 2 o più copie dello stesso loop*[22]

    a) 2 copie
    b) 8 copie
    c) 36 copie lineare

• •

Nei parr. 2.4T e P abbiamo descritto l'uso delle mascherature mediante il quale, ad esempio, è facile pensare a movimenti centrifughi o centripeti, data la natura grafica e di controllo a livello alto del movimento delle componenti.

DALL'ALTEZZA AL TIMBRO
Se osserviamo il prossimo esempio, realizzato con il metodo delle mascherature e utilizzando il meccanismo dei battimenti, possiamo percepire come i battimen-ti stessi possono creare fenomeni non solo di tipo ritmico ma anche relativo alla grana del suono. Ciò avviene quando le 10 componenti del suono (equidistanti in quanto la disposizione delle componenti è lineare) sono così vicine da creare battimenti ma, allontanandosi e avvicinandosi fra loro nello spazio di pochi hertz creano accelerazioni e rallentandi multipli.

• •

Esempio sonoro 8J.2 • *Battimenti fra 10 suoni controllati in frequenza mediante mascheratura (distribuzione delle componenti lineare)*

• •

---

[22] Da un frammento di "La danza del tempo" di Vincenzo Core (2011)

GESTIONE ALGORITMICA DI RITMI

Lo stesso tipo di movimenti piani in cui la scelta dei vari ritmi sia determinata algoritmicamente cioè mediante un *range*, può essere creato con possibili distribuzioni diverse, ad esempio lineari, esponenziali, logaritmiche, etc..

GESTIONE ALGORITMICA DI SPAZIALIZZAZIONI

Abbiamo intravisto solo alcune delle molte possibilità, mediante un controllo di livello alto dei valori dei parametri. A questo punto ci domanderemo: "In quali situazioni mi conviene utilizzare una gestione algoritmica dei movimenti? Cosa perdo se non controllo singolarmente tutti i valori dei parametri? Si tratta di una questione pratica o di una questione ideologica?"

Le posizioni a questo proposito sono molto diversificate, ma uno degli elementi che consigliamo di considerare sempre è l'ascolto, la percezione di ciò che stiamo componendo. Ad esempio, se vogliamo costruire una sezione di un pezzo controllando 30 linee ritmiche diverse e sovrapposte, probabilmente un approccio algoritmico può essere utile, in quanto, se anche determinassimo tutti i singoli valori, quasi certamente un ascoltatore non noterebbe la differenza, e mediante un controllo di alto livello possiamo in tempi ragionevoli fare diverse prove finché non raggiungeremo ciò che stiamo cercand.[23] Naturalmente però, se è la precisione estrema di ogni valore che stiamo cercando, allora vale la pena programmare ogni singolo evento, ma accertiamoci che questa precisione sarà significativa dal punto di vista percettivo.

Come afferma Horacio Vaggione (2002) si tratta di "superare la spaccatura tra i due modi del trattamento algoritmico e dell'intervento diretto (...) Un azione locale di scrittura ha la possibilità di integrarsi in un processo algoritmico, nello stesso modo in cui, simmetricamente, il prodotto di un processo algoritmico può essere trasformato localmente da un'azione di scrittura diretta." Non siamo costretti a pensare, quindi, a una separazione rigida fra i due metodi, ma possiamo lavorare per una loro possibile integrazione.

Paradossalmente lo stesso Xenakis, che utilizzava processi stocastici, automi cellulari e altri algoritmi generativi per determinare la lunghezza degli eventi, la quantità di eventi sonori in una data unità di tempo, la distribuzione delle altezze, etc., considerava "l'istinto e la scelta soggettiva [come] i soli garanti del valore di un'opera". (Xenakis, 1958/59)

---

[23] Qualcosa di simile ad alcuni processi algoritmici lo possiamo ritrovare anche in alcune composizioni per strumenti basate su un sistema chiamato "alea controllata", come nel primo movimento della Sinfonia n.2 di Witold Lutoslawski. Il compositore fissa alcuni parametri (come le altezze e le intensità) ma lascia i musicisti liberi di suonare senza preoccuparsi della sincronizzazione con gli altri. Ciò significa che il risultato non sarà sempre lo stesso, ma il compositore sa che nella sua intenzione tale precisione non è richiesta, perché l'organizzazione musicale non è centrata su questi aspetti di esattezza ritmica.

8.7 INTRODUZIONE ALLE SEQUENZE DI MOVIMENTI

CONTRASTI

CONTRASTI SOVRAPPOSTI

Si può lavorare con i contrasti in musica, che possono essere di movimenti sovrapposti o anche contrasti in alternanza temporale.

Esempi di co-presenza di movimenti sonori contrastanti, in questo caso di suoni gravissimi e suoni acutissimi insieme, appaiono in diverse opere strumentali, dall'ultima variazione della sonata op.109 o la bagatella n.7 op.119 di Beethoven, fino a diverse opere di Ligeti come Volumina o Lux Aeterna. Nella musica elettronica gli esempi sono numerosi.
Si possono realizzare anche contrasti di ritmo (un ritmo veloce insieme ad un ritmo serratissimo), di timbro (armonicità estrema e inarmonicità satura), etc.

· ·

**Esempio sonoro 8K.1**

      Co-presenza di suoni acuti e gravi
a) Frammento da Ligeti, G. - *Volumina*
b) Frammento da Ligeti, G. - *Lux aeterna*
c) Co-presenza di ritmi veloci e lentissimi
     Frammento dall'opera audiovisiva "Rotazione" di A. Cipriani e G. Latini
d) Co-presenza di timbri opposti
     Frammento da Parmerud, A. - *Les objets obscurs*

· ·

CONTRASTI DINAMICI ALTERNATI

Già nel '500 le alternanze fra piano e forte costituivano elementi fondamentali dell'espressione per Giovanni Gabrieli, come lo sono per un pezzo contemporaneo come *Schattentanz*[24] di Helmuth Lachenmann che utilizza solo due note con forti contrasti dinamici e timbrici. Un chiaro esempio nella musica elettronica in cui si danno sensi diversi ad uno stesso gesto a seconda se sia intenso o meno intenso, lo troviamo nel pezzo *Glissandi* di György Ligeti.[25]
Un esempio di contrasti alternati molto estremo si trova in diversi pezzi di Ludger Brümmer, ad esempio in "The Gates of H." e in "Below the Walls of Jericho" di Paul Dolden.

---

[24] Ultimo pezzo di "Ein Kinderspiel"
[25] Da 1'16" a 1'23" e da 1'24" a 1'46" (Ligeti, G. CD Wergo 60161-50). In queste due zone del pezzo si avverte chiaramente un effetto "memoria" dato dalla ripetizione a bassissima intensità di suoni che precedentemente avevano una intensità forte e una definizione maggiore dei particolari spettrali dei suoni.

Esempio sonoro 8K.2 • *Alternanza di movimenti composti con suoni intensi a movimenti composti con suoni uguali ma meno intensi*

a) Frammento da Gabrieli, G. - *Sonata Pian e forte*
b) Frammento da Lachenmann, H. - *Schattentanz*
c) Frammento da Ligeti, G. da *Glissandi*
d) Frammento da Brümmer, L. - *The gates of H.*
e) Frammento da Dolden, P. - *Below the walls of Jericho*

• •

CONTRASTI CHE DETERMINANO FUSIONE: IL "LITTLE BANG"

I movimenti reciproci che abbiamo considerato nel par. 8.2 e 8.3 finora portavano con sé un'associazione con una fonte visibile o immaginata (in questo caso quella del mare). In realtà però il fenomeno dell'associazione che come ascoltatori tendiamo a creare fra un suono più intenso e veloce e uno meno intenso che scaturisce da esso, avviene nella percezione anche quando il fenomeno non sia ondulatorio (ad esempio un suono percussivo con una scia) e addirittura quando a vibrare non sia lo stesso materiale (come ad esempio quando percuotiamo il legno di una chitarra ed ascoltiamo dopo la percussione la vibrazione delle corde come una scia del primo evento percussivo).

L'associazione fra un evento energico e la sua scia si ha quasi sempre persino in assenza di riferimenti ad una fonte conosciuta e anche nel caso in cui si tratti di due eventi provocati da suoni diversi generati separatamente e posti l'uno dopo l'altro. Parliamo del fenomeno del *little bang*, di cui scrive Sciarrino in un'illuminante testo sulle figure della musica (Sciarrino, 1998). Il nome di questo fenomeno nasce in riferimento al concetto di *big bang*, la teoria sull'esplosione da cui sarebbe nato l'universo.
Sciarrino afferma, parlando di una sequenza di due eventi sonori: "Non è necessaria un'esplosione gigantesca perché vengano associate le due componenti[26], quella più energica e la sua scia (...) Basta poco perché un elemento sembri prendere una posizione di supremazia e attragga gli elementi deboli (...) Qualora pure gli eventi fossero davvero diversi fra loro, la loro vicinanza è sufficiente ad associarli. Se il primo dei due eventi si distingue vuoi per incisività, vuoi peso, o forza, esso assumerà il ruolo di madre, di evento generatore: è il caso del *little bang*, dove la componente più leggera sembra levitare al seguito di quella più pesante. La nostra percezione istituisce continuamente collegamenti di causa-effetto tra i fenomeni. Quando in una situazione musicale statica interviene un evento imprevisto, esso non sarà senza conseguenze." (ivi, p.68)

---

[26] Attenzione! Non essendo "Le Figure della Musica" un testo tecnico, la parola componente in questo caso non si riferisce a componenti interne a un suono ma ai due diversi suoni, quello "scia" che segue a quello più energico.

Esempio sonoro 8K.3 • *Little bang*

· ·

Ma cosa vuol dire evento imprevisto in musica?

Se costruiamo un movimento unidirezionale complesso, mediante un aumento del ritmo, dell'intensità e della occupazione dello spazio spettrale, creiamo un movimento, un gesto direzionale il cui eventuale arrivo ad un picco massimo non sarà imprevisto. Viceversa se abbiamo un movimento piano oppure un'alternanza molto rarefatta e con basse intensità di eventi con attacchi lenti, nel momento in cui arrivasse un suono molto intenso, percussivo, o di voce urlata, seguito da un suono "scia" di nuovo rarefatto, l'evento non è preparato ed è quindi imprevisto. In questo caso la frase di Sciarrino ("Quando in una situazione musicale statica interviene un evento imprevisto, esso non sarà senza conseguenze") pone questioni che riguardano l'aspettativa dell'ascoltatore, difficilmente razionalizzabili in una teoria. Possiamo in senso generale considerare questi eventi (Smalley li chiamerebbe gestures) improvvisi come una domanda, qualcosa in relazione alla quale ci si attende qualcosa, come una ripetizione immediata o dilazionata dello stesso gesto, anche trasformato, oppure una risposta realizzata mediante un gesto diverso etc. Attenzione però, non stiamo dando regole di comportamento, un'aspettativa può anche essere tradita ad arte! L'importante è sapere che la domanda è stata posta, che l'attesa di qualcosa è stata creata, dopo la quale si può decidere di rispondere o non rispondere, o far finta di rispondere o di non rispondere in vari modi, con logiche creative e con modalità temporali e spettrali diverse.

Dowling e Harwood descrivono nel seguente modo alcuni concetti derivanti dalla teoria delle emozioni di Mandler (Dowling e Harwood, 1986, p.214)

"Il processo cognitivo umano opera per mezzo di schemi percettivi-motorii attraverso cui si generano aspettative (in gran parte inconsce) circa l'insorgere degli eventi e si programmano i futuri comportamenti. L'interruzione di uno schema o di un progetto in atto causa una sollecitazione biologica: un segnale che qualcosa è andato storto. Questa reazione a sua volta provoca una ricerca di un'interpretazione cognitiva di cosa è successo: una ricerca di significato. Sollecitazione e interpretazione compartecipano nel determinare una esperienza emozionale di particolare qualità."

Le attese, le predizioni, le aspettative si basano sulla conoscenza e la familiarità che l'ascoltatore possiede dello stile di musica che sta ascoltando.

Secondo molti ricercatori[27], esistono però anche alcuni princìpi generali, basati sulla *Gestalttheorie* sulla cui base gli stimoli si raggrupperebbero in configurazioni. Questi meccanismi di raggruppamento in musica si basano sui seguenti princìpi, descritti da Giannattasio (ivi, p.267):

"a) il principio di **prossimità**, per cui si tende ad associare assieme elementi contigui; (…)

---

[27] Fra cui Meyer, Imberty, Deutsch, Howell, Cross, West, Dowling e Harwood

b) il principio di **continuità**, per il quale si tendono a considerare come un insieme elementi sonori che seguono una regola comune;

c) il principio di **similarità**, che interviene dove non si possono rilevare contiguità o regole comuni (ad esempio per successioni di suoni timbricamente affini);

d) il principio di **regolarità**, per cui si ha la tendenza a raggruppare gli eventi sonori sulla base della loro uniformità (…)

e) il principio di **simmetria**, per cui nella percezione sono privilegiati raggruppamenti (…) simmetrici a gruppi asimmetrici

f) il principio di **complementarità** (*common fate*) per cui si colgono i diversi elementi nelle loro relazioni reciproche e si è in grado, col variare di un elemento (ripetizione, trasposizione, modulazione ecc.), di prevedere come tale cambiamento si rifletta sull'insieme."

Ovviamente questi princìpi generali vanno adattati ai vari contesti alle varie culture, alle loro interazioni nel tempo, etc. Proprio questa flessibilità ci fa ritenere che sia possibile immaginare esempi di questi princìpi anche nella musica elettronica. Vediamone alcuni:

• •

Esempio sonoro 8K.4

   a) Prossimità
   b) Continuità
   c) Similarità
   d) Regolarità
   e) Simmetria
   f) Complementarità

• •

GESTI E TESSITURE

Abbiamo citato il termine *gesture* (in italiano "gesto"). Smalley individua un continuum in cui a un estremo si ha il gesto, dall'altro la *texture*[28]. Il **gesto** è una categoria in cui si possono iscrivere singoli suoni anche brevi, ma anche intere parti di una creazione sonora (basate appunto su un approccio gestuale) ed è caratterizzato da un movimento energetico in cui riscontriamo un forte senso di cambiamento spettrale e morfologico, che tende a disporre l'ascoltatore in attesa dei prossimi eventi. "Il gesto è in relazione con un'azione che ha una direzione di allontanamento da una meta precedente oppure verso una meta successiva (…) è sinonimo di intervento, crescita e progresso, ed è sposato con la causalità (…) La *texture*, dall'altra parte, è in relazione con il design del comportamento inter-

---

[28] In italiano questo termine è traducibile come "trama" o "tessitura". Questo secondo termine non va confuso con "tessitura" come concetto tipico della terminologia musicale tradizionale, che definisce un ambito di altezze.

no, con l'energia direzionata verso l'interno del suono o reimmessa nel suono, autorigenerante" (Smalley 1986) "La musica gestuale, quindi, è governata da un senso di movimento in avanti, di linearità, di narratività" (Smalley, 1996). Questa tendenza al gesto può appartenere sia a un movimento all'interno di una sequenza, sia a sequenze di movimenti. Avvicinandoci all'altro estremo quello della **texture**, "più l'impeto gestuale direzionato rallenta, più l'orecchio tende a concentrarsi sui dettagli interni (a condizione che esistano!). Quindi una musica che è essenzialmente tessiturale si concentra sull'attività interna a scapito degli impulsi in avanti" (ibidem).

Se ascoltiamo i minuti finali dell'ouverture del "Guillaume Tell" di Rossini siamo continuamente proiettati "in avanti", alla ricerca di un evento risolutore dei continui gesti. Se viceversa ascoltiamo l'ouverture de "L'Oro del Reno" di Wagner (un fiume continuo di suono, che è sempre uguale e sempre diverso allo stesso tempo, un'orchestra che esplora il suo timbro interno su un'armonia congelata in Mi Bemolle) dopo pochi istanti la nostra concentrazione sarà tutta orientata sul presente, anziché sul futuro, cioè sui dettagli interni del suono e dei suoi movimenti interni.

. . . .

Esempio sonoro 8L.1

     a) Frammento dall'ouverture del "Guillaume Tell" di Rossini
     b) Ouverture del "Das Rheingold" di Wagner

. . . .

Anche un silenzio improvviso e inaspettato all'interno di un pezzo è un gesto! In questo caso invece di avere una pura funzione di spazio/sfondo entro il quale disponiamo i suoni, possiamo pensare al silenzio come figura, come suono, come evento importante, a volte persino determinante in un pezzo.

. . . .

Esempio sonoro 8L.2

     - Silenzio come gesto
       Frammento dall'opera audiovisiva "Rotazione" di A. Cipriani e G. Latini

. . . .

Naturalmente vi possono essere tessiture che contengono gesti (*texture-setting*, ovvero tessiture-ambiente) e grandi gesti che contengono tessiture (*gesture-framing*, in italiano gesti-cornice), e la musica raramente è solo gestuale o solo tessiturale. Una cosa importante da capire, però, è che queste categorie sono applicabili a molti tipi di musica, e possono a volte far capire come alcuni meccanismi musicali di musiche apparentemente indecifrabili, come potrebbe essere un pezzo *noise*, fatto solo di suoni inarmonici saturi, possano trovare padri molto antichi per quanto riguarda la gestione dei movimenti nel tempo. Ad esempio possiamo riconoscere che l'interruzione brusca della tessitura con un gesto (l'entrata di una voce) che arriva alla fine dell'ouverture citata di Wagner, può avere una corrispondenza con un *little bang* rovesciato, fatto da suoni tessiturali interrotti da un gesto basato su una spettromorfologia improvvisa ed energica, magari costruita con un rumore bianco. Ascoltiamo di nuovo la stessa ouverture, che prima abbiamo indicato come esempio di tessitura. Qui è importante capire come nelle sequenze di movimenti l'interpretazione dipende dallo "zoom" con cui ascoltiamo. Se ascoltiamo solo mezzo minuto di questa ouverture possiamo definire questa musica come tessiturale, in quanto tutta la nostra attenzione è concentrata sui movimenti interni al grande suono dell'orchestra e non ci aspettiamo gesti particolari, ascoltiamo il "qui ed ora", e anche in un certo senso ascoltiamo "fuori del tempo che avanza". Ma se guardiamo la stessa ouverture per intero notiamo che in realtà si tratta di un unico grande gesto che lentamente arriva da un pianissimo ad un culmine in tutti i parametri (intensità, ritmo, espansione timbrica e dell'ambito delle altezze). Se dovessimo classificare questa ouverture nel suo complesso, potremmo dire che ricade nella categoria dei gesti-cornice, cioè un grande gesto che contiene tessiture. Come per altri aspetti già descritti, quindi, anche il saper interpretare un gesto o una tessitura richiede elasticità e capacità di "ascolto mobile" (vedi par.8.1), e di orientamento nei vari livelli di "zoom" dell'ascolto.

• •

Esempio sonoro 8L.3 • *Little bang e little bang rovesciato*

Esempio sonoro 8L.4 • *Esempio di musica gestuale*

Esempio sonoro 8L.5 • *Esempio di musica tessiturale*

Esempio sonoro 8L.6 • *Esempi di gesti all'interno della tessitura (gesture-framing)*
- Frammento dalla colonna sonora del documentario Latini, G., Di Domenico, S., Rovetto, M., musica di Cipriani, A. - *The Return of Tuuli*. Roma: CNI, 2001

Esempio sonoro 8L.7 • *Esempio di tessiture all'interno di musica gestuale (texture-setting)*
- Frammento da Giri, M. - *Appunti dalla Città Oscura*

• •

Naturalmente, isolando dei gesti al di fuori di una logica generale di un lavoro e delle loro funzioni formali, non ne apprezziamo i contenuti in modo esaustivo. Non è negli scopi di questo capitolo avventurarci oltre, ma è importante capire come in realtà si possono creare sequenze di movimenti nel continuum fra gesto e tessitura utilizzando i processi di movimento che abbiamo descritto.

REGOLARITÀ DELLE SEQUENZE RITMICHE E LORO FUNZIONI

Abbiamo detto che una strategia gestuale fa tendere l'ascoltatore verso il futuro, nel tentativo di predire il prossimo evento o di raggiungere una meta. Quando abbiamo un ritmo regolare, questo può configurarsi come una tessitura, ma esiste in questo caso, nell'ascolto del presente, anche un tentativo di predizione che assume un carattere particolare. Come afferma Pablo Garcia-Valenzuela, infatti "il ritmo regolare ha un effetto speciale sulla nostra attenzione, che chiameremo *inglobamento temporale* – il sistema che governa l'attenzione mantiene l'informazione [del ritmo] in una memoria a breve termine: se il ritmo regolare si ripete, questo meccanismo viene usato per 'predire' il prossimo evento – e in questo modo 'l'ascoltare' viene sostituito da un 'ascoltare in attesa di'". È come se nell'ascolto potessimo predire già cosa succederà sulla base delle informazioni che provengono dalla memoria. È importante comprendere i meccanismi di attenzione che si sviluppano e si modificano durante l'ascolto di un ritmo regolare.

Il ritmo è una proprietà dei movimenti del suono la cui articolazione spesso determina e qualifica le differenze fra i repertori musicali e le loro funzioni, come vedremo. Pertanto approfondire il tema del ritmo senza schemi preconcetti o norme prescrittive ha una grande importanza per chi si occupa di musica elettronica e di *sound art*.

Secondo lo psicologo Nelson Cowan (2005), la quantità di informazioni che possono persistere nella **working memory**, (cioè di quel tipo di memoria che contemporaneamente consente la persistenza e l'elaborazione dei dati) è limitata. Ciò vuol dire che il presente percettivo è limitato[29]. Spesso è illusorio pensare di riempire di informazioni un singolo istante e pensare che il nostro ascoltatore coglierà l'intera gamma di dati sonori; è fondamentale quindi essere coscienti che la capacità dell'ascoltatore non consentirà di elaborarle tutte, o almeno non tutte al primo ascolto. Naturalmente a seconda delle proporzioni di un pezzo la densità degli eventi e il tipo di attenzione ai dettagli può cambiare. Ma può essere interessante valutare come in tutte le epoche esista una stessa tendenza bilanciare la complessità dei parametri[30]. Potremmo citare moltissimi esempi musicali in cui, alla complessità di un parametro corrisponde una stabilità o la semplicità di altri parametri, come se appunto già da secoli si fosse arrivati alla consapevolezza della limitatezza dell'attenzione[31]. Nel pezzo acusmatico

---

[29] Gli studi di psicologia legano la percezione del presente proprio alla memoria a breve termine, che in genere viene delimitata in spazi temporali fra 4 e 8 secondi. (vedi Snyder, 2008)

[30] A questo proposito Dahlhaus propone una sorta di legge non scritta della compensazione "La tecnica della composizione comprende anche un calcolo dell'effetto estetico, più involontario che intenzionale. In ogni epoca sembra dominare una medesima tendenza: creare un equilibrio estetico tra complessità in una dimensione e semplicità nell'altra. Il semplice, il consueto – l'unità del tipo di battuta o la trasparenza del corredo armonico - costituisce un necessario sostegno e sfondo per il complicarsi dei particolari ritmici o motivici o delle relazioni armonico-modali». (Dahlhaus 1987, p.59)

[31] Ad esempio in alcuni pezzi di Stravinsky il dato melodico non è complesso come quello ritmico, al contrario di Bellini in cui il dato melodico è assolutamente preponderante e quello ritmico non è molto elaborato.

"Below the walls of Jericho" Paul Dolden concentra la propria attenzione su dati timbrici e di densità spettrale, con scarsa attenzione a movimenti di tipo ritmico, mentre Paul Lansky, in "Table's clear" concentra la propria attenzione su movimenti di tipo ritmico/frequenziale e meno su elaborazioni timbriche.

L'aspettativa generata da un ritmo regolare comporta la cattura di una parte della nostra *working memory*, perciò è possibile che la nostra attenzione ad altre proprietà del suono come timbro, intensità etc. possa essere meno dettagliata. Questo è uno dei motivi per cui, nella musica elettronica "colta" (in particolare fino agli anni '70) il ritmo regolare è stato bandito, come se questo rappresentasse un limite per l'ascoltatore nell'apprezzamento dell'evoluzione timbrica, come se generasse automaticamente una risposta di "ascolto distratto" nell'ascoltatore, o come se un ritmo regolare significasse necessariamente una banalità o un ritorno al passato. Vedremo come in realtà le questioni relative al ritmo regolare e all'ascolto distratto non sono così semplici.

Ci sono diverse condizioni che possono portare la nostra attenzione altrove, rispetto al ritmo regolare. Una volta che abbiamo percepito la coerenza del modello ritmico, se il ritmo regolare è stabile o molto prevedibile nelle sue configurazioni interne, dopo un certo tempo (variabile a seconda dei soggetti e del contesto) è possibile che l'attenzione effettivamente si focalizzi su altre proprietà del suono, e si abbia contemporaneamente una messa in "sfondo" del ritmo. In generale, l'attenzione al suono e ai suoi movimenti non è lineare, ma estremamente mobile, multiforme e differenziata a seconda delle persone e dei contesti. Ad esempio, è possibile che si verifichi un meccanismo di distrazione dai particolari di un ritmo stabile e si abbia un ascolto dettagliato di altre proprietà del suono allo stesso tempo. Ciò succede ad esempio con alcuni pezzi di IDM (*Intelligent Dance Music*), in cui la pulsazione di base regolare è integrata da subritmi talmente complessi e veloci da spostare l'attenzione dell'ascoltatore sulla qualità timbrica di questi. Questa messa in secondo piano dell'ascolto del ritmo di base e la concentrazione su altri parametri può avvenire con il preludio n.1 del clavicembalo ben temperato di J.S.Bach, o anche con un brano minimalista come "Octet" di Steve Reich.

· ·

Esempio sonoro 8M.1

   a) Frammento Bach, J.S., - preludio n.1 del clavicembalo ben temperato
   b) Frammento da Reich, S. - *Octet*
   c) Frammento da Squarepusher - *Greenways Trajectory*

· ·

Cosa succede però se oltre al ritmo anche gli altri parametri sono troppo stabili o prevedibili?
L'attenzione generale può diminuire e abbiamo un meccanismo di distrazione, fino a quello che viene definito "ascolto distratto". Non dobbiamo connotare

questo tipo di ascolto come qualcosa di inequivocabilmente negativo o superficiale. È invece fondamentale capire quali sono le funzioni di una musica in gran parte prevedibile a seconda del contesto in cui avviene l'ascolto.

Giannattasio (ivi, p.210-212) individua tre funzioni fondamentali della musica:

1) **Funzioni espressive** (la musica può veicolare significati ed evocare o rappresentare eventi, emozioni, concetti e stati d'animo extramusicali)

2) **Funzioni di organizzazione e supporto alle attività sociali**

La musica può rappresentare forme d'identità sociale, politica, generazionale, di classe, etnica, nazionale, religiosa etc. ed è sempre più evidente il fatto che ciò non necessariamente avvenga in termini di omologazione: la partecipazione a un genere di musica può servire "a prendere distanza dalla cultura d'origine, dalla comunità e autorità sociale in cui si è nati" (Keller, 2005, pp. 1116-7). A questo proposito Keller afferma che la musica è "un'attività che, al tempo stesso, ci accomuna a qualcuno e ci separa da qualcun'altro – sempre e ovunque". (ibid.)

3) **Funzioni di induzione e coordinamento delle reazioni sensorio-motorie**

si collocano in realtà a metà strada fra le prime due classi, in quanto rinviano:

- agli specifici schemi cinetici connessi all'evento musicale, all'ascolto "partecipante", ai canti di lavoro e alla danza;

- alle modalità secondo cui la musica interagisce con i meccanismi automatici e volontari del corpo umano, concorrendo fra l'altro a reazioni cinestetiche ed emotive che incidono nel processo di simbolizzazione e possono anche contribuire all'induzione di stati di alterazione della coscienza.

Rouget constata che la musica "è il solo linguaggio in grado di parlare a un tempo (...) alla testa e alle gambe" (Giannattasio, p.214)

Queste funzioni, avverte Giannattasio, possono anche essere compresenti.

Facciamo qualche esempio, utilizzando diversi brani che siano tutti estremamente ripetitivi in tutti i parametri e in cui ci sia pochissima evoluzione, osservando diversi possibili contesti di ascolto:

1) Siamo seduti, in una sala da concerto, quindi al puro ascolto del pezzo ad un'intensità media: abbiamo inizialmente un ascolto attento. L'eccessiva uniformità degli elementi in gioco, dopo alcuni minuti causa un ansioso desiderio di cambiamento. Probabilmente la nostra mente comincerà a vagare, è possibile che arriviamo ad essere distratti completamente dall'ascolto o addirittura infastiditi a causa della noia, o entrambi. La distrazione in questo caso è considerata come un elemento negativo nato dalla banalità della musica in relazione alle aspettative dell'ascoltatore.

2) Siamo in un evento di musica *electrohouse* in una discoteca, in cui l'intensità del suono è al limite della sordità, e stiamo ballando. Il pezzo ha le stesse caratteristiche del primo. Siamo distratti, non stiamo ascoltando con attenzione. In questo caso, però, la distrazione non solo non è una reazione negativa, ma è addirittura il centro e l'obiettivo dell'opera del DJ. La struttura delle canzoni mixate viene evitata, ne vengono esposti

frammenti utili solo per la memoria breve, in modo da evitare una strutturazione/narrazione/significato che possa di nuovo disporre l'utente verso la concentrazione all'ascolto analitico e attento. L'idea è quella dell'indebolimento della forma dei singoli pezzi. Le modalità di fruizione della musica in questo contesto includono la perdita dell'attenzione, il piacere individuale e/o collettivo dell'oblio, alternato ad alcuni momenti di risveglio dell'attenzione. In modi e significati completamente diversi questa funzione del ritmo ripetitivo e regolare viene dispiegata anche in molte musiche popolari tradizionali che implicano anche la danza e la *trance*. La funzione è diversa da quella del primo esempio: le centinaia di persone che ballano sullo stesso ritmo, infatti, non stanno solo ascoltando più o meno passivamente, ma interpretano la musica ballando attraverso i propri movimenti del corpo. Il giudizio negativo di "ascolto distratto" va perciò controbilanciato da un'osservazione della funzione che la musica svolge in questo ambito.

Possiamo osservare ad esempio, che la distrazione, se modulata, può diventare funzionale, quando è proprio il continuo gioco di perdita e ritrovamento dell'attenzione che viene ricercato. Con alcuni tipi di musica *house* si può spesso determinare la distrazione dal ritmo che ci sta facendo muovere. Continuiamo a muoverci, ma non ascoltiamo più il ritmo nei dettagli, se non "in sottofondo", nonostante l'intensità violenta del suono. Paradossalmente il ritrovamento dell'attenzione al dato ritmico nella musica *house* è proprio dato, a volte, dall'improvvisa scomparsa del ritmo stesso. Nel momento della scomparsa del ritmo succede qualcosa negli ascoltatori: il sistema che governa l'attenzione riesce a mantenere l'informazione del ritmo stesso per un certo numero di secondi, e le persone che ballano, per alcuni attimi ascoltano "in attesa di", in attesa cioè del ritorno del suono percussivo grave a ritmo regolare che lo caratterizza. Il ritmo, che era diventato sfondo per la mente e pulsazione per il movimento corporeo, assume nella sua scomparsa una nuova funzione, quella di essere immaginato nella mente e nel corpo ancora danzante, e in attesa del suo ritorno, il DJ o il *producer* lascia spazio a movimenti di tipo timbrico o frequenziale (come ad esempio il movimento unidirezionale di rumori saturi realizzato con filtri passa banda con frequenze centrali ascendenti, spesso accoppiato con profili melodici di strumenti elettronici o voci trattate, o rullate velocissime). Con il ritorno della pulsazione regolare dei bassi, la persona che danza viene gratificata dalla coincidenza sincronizzata del proprio movimento "a vuoto", con il ritorno vero e proprio del ritmo reale. In questo esatto momento si può osservare come le persone accentuino i propri movimenti e spesso alzino le braccia in un rito che si ripete molte volte durante una session di ore. Ciò che interessa a noi è l'osservazione dello spostamento dell'attenzione che avviene quando utilizziamo un ritmo regolare nelle sue varie possibilità. Nel caso appena descritto la funzione dell'ascolto è proprio quella della distrazione modulata.

3) Siamo in una sessione di tecniche di rilassamento o di certi tipi di meditazione con musica, abbiamo un pezzo suonato a bassa intensità, con un ritmo regolare molto lento e la musica è sempre più o meno uguale a sé

stessa. Qui la perdita dell'attenzione ha la funzione di rallentare il turbine veloce del pensiero, e renderlo meno presente. In questo caso la distrazione da un ascolto "esterno" favorisce uno spostamento della concentrazione su un ascolto interno, in cui non è l'ascolto musicale di per sé ad avere importanza (infatti è caratterizzato da scarsa attenzione), ma la funzione terapeutica di rilassamento che esso svolge.

Sotto questo aspetto non vanno perse di vista "le modalità, non tutte ancora chiarite, secondo cui la musica interagendo con i meccanismi automatici e volontari del corpo umano - ad esempio innescando alterazioni della respirazione, del battito cardiaco ecc. -, induce reazioni cinestetiche e agisce nel campo emozionale. (...) A questo proposito va ricordato come, accanto alle modalità strettamente acustiche (ovvero neuro-sensoriali) della percezione musicale, i suoni possano anche essere assorbiti direttamente dal corpo, attraverso le vie scheletriche e muscolo-cutanee. "È noto come toni gravi siano preferenzialmente localizzati alle parti declivi del nostro corpo, e toni acuti al collo e alla testa, con possibilità di sensazioni intermedie" (Postacchini, 1985, p.156, citato in Giannattasio p.217). Anche alcuni esempi di *ambient music* pur avendo finalità diverse possono avere effetti simili all'ascolto (diminuzione dell'attenzione all'ascolto, etc.).

Questi esempi ci fanno capire, qualsiasi sia il tipo di creazione sonora o musicale che vogliamo intraprendere, che conoscere anche i meccanismi di tipi di musica diversi dalla nostra, può insegnarci molto. Dobbiamo sempre pensare che non c'è una definizione omnicomprensiva di musica, semplicemente perché in ogni cultura e in ogni epoca essa viene definita in modi diversi. Dobbiamo perciò sempre ricordarci che il termine musica va sempre declinato al plurale.

- -

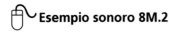**Esempio sonoro 8M.2**

Esempio di musica *electro-house*
Frammento da *Deadmau5 Slip*

Esempio di *Ambient music*
Frammento da Eno, B. and Budd, H. - "First light" in *Ambient 2 The Plateaux of Mirror*

- -

POLIRITMIE E IRREGOLARITÀ RITMICHE

È possibile anche sovrapporre più ritmi regolari, ad esempio si possono sovrapporre 6 sequenze ritmiche diverse basate su un ritmo additivo simile. Queste sequenze costituiranno un movimento composto in continuo cambiamento globale, che si ripeterà solo quando sarà raggiunto il minimo comune multiplo fra le 6 durate. La pratica delle poliritmie è estremamente complessa, e non rientra negli scopi di questo capitolo. Una lettura interessante a riguardo è quella del nono capitolo (denominato "Time") del testo *Audible Design* di Trevor Wishart.

Ascoltiamo diversi tipi di poliritmia e di ritmi irregolari nel prossimo esempio.

· ·

Esempio sonoro 8M.3

- a) **Ritmo irregolare con possibili ritmi regolari brevissimi in continuo cambiamento**
  Frammento da Squarepusher - *Greenways Trajectory*
- b) **Poliritmo (con sensazione di irregolarità)**
  Frammento da Boulez, P. - *Rituel*
- c) **Passaggio da ritmo irregolare a regolare**
  frammento da Lansky, P. - *Table's clear*
- d) **Passaggio da ritmo regolare a irregolare**
  Frammento da Giri, M. - *Just in Time*
- e) **Ritmi totalmente irregolari**
  Frammento da Harrison, J. - *Unsound Objects*
- f) **Assenza di ritmi**
  Frammento da Chowning, J. - *Turenas*

· ·

RELAZIONE FIGURA/SFONDO

Un accenno a un aspetto che tratteremo più a fondo nel terzo volume, va fatto: la relazione figura/sfondo. Non parliamo qui del concetto *musicale* di figura (come elemento base per una creazione sonora), ma del concetto *visivo* di figura in relazione ad uno sfondo e ai molti piani intermedi che possono coesistere in un'immagine. L'immagine sonora, infatti, nelle sue evoluzioni, può comprendere movimenti di suono più in evidenza e altri meno in evidenza. Tutto ciò può sembrare semplice, ma in realtà nella relazione figura/sfondo si intersecano proprietà diverse del suono. Da una parte i "modi di relazione" e i "qualificatori dello spazio spettrale" definiti da Smalley, dall'altra la velocità/lentezza del suono definita da Chion, l'intensità, la posizione centrale o estrema nello spazio, la posizione vicina o lontana nello spazio virtuale (profondità), e la relazione di tutto questo con i concetti di gesto e tessitura.
Cominciamo a descrivere i modi di relazione.
Smalley parla di due modi principali di relazione:

1) dominio/subordinazione: se immaginiamo due movimenti del suono in cui uno sia posto più in evidenza, possiamo creare una dimensione percettiva per cui il movimento del suono o dei suoni dominanti determini anche i movimenti del suono o dei suoni subordinati.

🖱 **Esempio sonoro 8N.1 • *Esempio di dominio e subordinazione***

- Frammento da Truax, B. - *Sequence of Later Heaven*

• •

2) conflitto/coesistenza: due movimenti equivalenti nell'importanza possono essere in contrappunto fra loro con una dinamica di dialogo che può arrivare fino al conflitto, una sorta di lotta per prevalere. Un esempio, tratto da "Al Nur (La Luce)" per percussioni, voce ed elettronica di Cipriani mostra un dialogo/conflitto fra movimenti ritmici irregolari di suoni di zarb (eseguiti da un percussionista) e quelli di suoni di zarb elaborati.

• •

🖱 **Esempio sonoro 8N.2 • *Esempio di conflitto/coesistenza fra movimenti sonori***

- Frammento da Cipriani, A. - *Al Nur* (La Luce)

• •

In questo esempio i due tipi di suono sono posti ad intensità e spazi simili (benché opposti nello stereo) ma una lotta può anche prevedere una differenza di spazi e di intensità, come la lotta di un leone contro un gattino, come vedremo.

Per approfondire meglio questi modi di relazione, Smalley ne elenca alcuni organizzati in gruppi di due o tre, che in realtà rappresentano gli estremi di altrettanti continuum e che possono ricadere nelle categorie dominio/subordinazione o sotto conflitto/coesistenza:

uguaglianza – ineguaglianza
reazione – interazione – reciprocità
attività – passività
attività – inattività
stabilità – instabilità

Possiamo fare esempi di ognuna di queste dimensioni di modi di relazione, che naturalmente, essendo generici, possono essere interpretati in molte maniere. Daremo conto solo di qualcuna di queste.

Gli estremi Uguaglianza-Ineguaglianza possono riguardare, oltre all'intensità, anche la posizione nello spazio virtuale (cioè la vicinanza o lontananza che percepiamo di un suono, dipendente ovviamente, oltre all'intensità, anche dal riverbero e dalla brillantezza del suono), dall'occupazione dello spazio spettrale (con banda più o meno larga), da possibili referenzialità (lo squittìo di un topolino rispetto ad un barrito di elefante) etc. Ricordiamo però che si tratta sempre di estremi di un continuum e che il gioco spettromorfologico può essere molto vario. Ad esempio potremmo, mediante movimenti dei parametri, passare da un suono di elefante, presente e intenso, con un suono di topolino lontano e in pianissimo, arrivare progressivamente ad una certa uguaglianza fra i due suoni, e avere infine un barrito di elefante molto poco intenso, equalizzato con un passa banda, come se venisse da un telefono e/o posizionato in uno spazio lontano, contrapposto con uno squittìo di un topolino molto intenso e presente. Si possono persino creare effetti comici quando le modalità dei suoni referenziali vengono stravolte.

• •

Esempio sonoro 8N.3 • *Da un'ineguaglianza a un eguaglianza, fino a un* *ineguaglianza opposta*

    a) Suoni di un elefante e un topolino con modifica dello spazio e dell'intensità
    b) Frammento da Giomi, F. - *That's all folks*

• •

I tre modi Reazione-Interazione-Reciprocità rimandano comunque ad un meccanismo contrappuntistico. Possiamo pensare a questo tipo di relazioni fra movimenti di suoni in un pezzo acusmatico cioè senza interventi dal vivo, o fra i suoni (o persino i movimenti del corpo) di un performer e l'elettronica, o anche fra diversi esecutori di un'orchestra laptop (in presenza o in rete). Si può anche pensare ad installazioni interattive o happening interattivi in cui questi tre modi vengano attivati fra l'utente e il sistema/ambiente creato ad hoc dall'autore del lavoro.

• •

Esempio sonoro 8N.4 • *Reazione-Interazione-Reciprocità*

    - Frammento da Roads, C. - *Half life*

• •

Attività-Passività, Attività-Inattività e Stabilità-Instabilità possono riferirsi, ad esempio, in diversi modi, alternati o sovrapposti, a morfologie instabili e dinamiche da una parte e a movimenti piani e tessiture con poco movimento interno dall'altra.

• •

Esempio sonoro 8N.5 • *Attività-Passività, Attività-Inattività e Stabilità-* *Instabilità*

    - Frammento da Hyde, J. - *Zoetrope*

VERIFICA • ATTIVITA' DI ASCOLTO E ANALISI

1) Nel suono dell'esempio sonoro AA8.5 riconosciamo un gesto? In quale punto? Mediante quali movimenti viene organizzato?

2) Nel suono dell'esempio sonoro AA8.6 riconosciamo un gesto? In quale punto? Mediante quali movimenti viene organizzato?

3) Nel suono dell'esempio sonoro AA8.7 riconosciamo una tessitura? In quale punto? Mediante quali movimenti viene organizzata?

4) Nel suono dell'esempio sonoro AA8.8 riconosciamo una tessitura? In quale punto? Mediante quali movimenti viene organizzata?

5) Nel suono dell'esempio sonoro AA8.9 che tipo di zona intermedia riconosciamo nel continuum gesto tessitura? Mediante quali movimenti viene organizzata?

6) Nel suono dell'esempio sonoro AA8.10 che tipo di zona intermedia riconosciamo nel continuum gesto tessitura? Mediante quali movimenti viene organizzata?

7) Nel suono dell'esempio sonoro AA8.11 è stato realizzato un little bang? Mediante quali movimenti viene organizzato?

. . . .

PROCESSI DI MOLTIPLICAZIONE

Molte tessiture sono costruite con elementi indistricabili fra di loro, diciamo "a grana fine". In altre però, a maglia più larga, troviamo un intreccio di linee o di piccoli elementi.

Questo secondo tipo può avvicinarsi a quei processi di moltiplicazione che Sciarrino definisce così: "processi che tendono a misure ridotte e vanno collocati tra macro e microforma". "È un complesso di combinazioni con cui vengono sovrapposte due, tre, quattro, cinque o più linee" (ivi, p.41). Naturalmente Sciarrino in questa ultima definizione si riferisce al canone e al contrappunto di strumenti acustici, ma proviamo ad utilizzare questa idea anche come sovrapposizione di movimenti sonori, invece che di linee melodiche.

Per estensione possiamo pensare ad un contrappunto spaziale che invece di prendere a modello la musica strumentale, si basi su un modello extra-musicale, preso dalla natura.

· ·

Esempio sonoro 8N.6 • *Due Esempi*

    a) Movimenti brevi (o frasi di movimenti brevi) in contrappunto.
    b) Rumore bianco filtrato con passa-basso e frequenza di taglio glissante in movimento ondulatorio ad imitazione delle onde del mare. Ogni onda viene posta in un punto diverso dello spazio stereofonico in modo da riprodurre l'alternarsi spazializzato delle onde.

· ·

Sciarrino, espandendo il concetto di moltiplicazione, individua nel pezzo "Partiels" di Grisey un tipo di processo in cui la moltiplicazione è di tipo timbrico, in cui ogni strumento musicale rappresenta una parziale di un suono più complesso.

Possiamo anche qui pensare a un processo di moltiplicazione in cui però ogni elemento che entra si aggiunge come in un processo additivo costruito con bande di suono a movimento piano.

· ·

Esempio sonoro 8N.7

    - Frammento da Vaggione, H. - *Agon*

· ·

Un esempio ancora diverso, è quello di sovrapposizione di piccole unità di suono. Possiamo utilizzare ad esempio la tecnica dei blocchi e creare una specie di canone di blocchi molto brevi, intorno ai 100 millisecondi, altamente sovrapposti fra loro ma con una direzione dei blocchi originale e un incremento lento del *cue*. In questo caso avremo una moltiplicazione che possiamo definire "micro-canone", per la sua tendenza a ripetere parti di un tutto e progressivamente avanzare, anche se il meccanismo è ben diverso da un'esecuzione di "Fra Martino" a più voci in canone!

Con la sintesi granulare arriveremo ad un processo di moltiplicazione ancora più serrato e con centinaia di micro-eventi al secondo, fino ad arrivare ad una densità che ricorda l'idea di "caleidoscopio di particelle elementari" di cui parla Sciarrino. Ne parleremo nell'ultimo volume.

GLOSSARIO

Movimenti complessi
Movimenti di più parametri di un suono.

Movimenti composti
Movimenti di più parametri di più suoni.

Movimenti oscillatori
I movimenti oscillatori sono quelli in cui si ha un'oscillazione dei valori di uno o più parametri.

Movimenti piani
Movimenti in cui tutti i valori dei parametri sono fermi.

Movimenti reciproci
Messaggio di modo atto ad interrompere bruscamente qualsiasi nota il cui *Note On* sia stato trasmesso e per cui non sia stato ricevuto ancora un *Note Off*.

Movimenti semplici
Movimenti di un solo parametro di un suono.

Movimenti unidirezionali
Movimenti in cui i valori di uno o più parametri si modificano in un'unica direzione.

Portamento
Effetto determinato da movimenti piani posti all'inizio o alla fine di movimenti unidirezionali.

Sequenze di movimenti
Sequenze comprendenti più movimenti diversi fra loro.

Spettromorfologia
Complesso delle caratteristiche dell'interazione tra spettri sonori e la maniera in cui si trasformano nel tempo.

8P
L'ARTE DELL'ORGANIZZAZIONE DEL SUONO: PROCESSI DI MOVIMENTO

8.1   I PROCESSI DI MOVIMENTO

8.2   MOVIMENTI SEMPLICI

8.3   MOVIMENTI COMPLESSI

8.4   ALL'INTERNO DEL TIMBRO

8.5   MOVIMENTI COMPOSTI

8.6   GESTIONE ALGORITMICA DEI MOVIMENTI

8.7   INTRODUZIONE ALLE SEQUENZE DI MOVIMENTI

CONTRATTO FORMATIVO

PREREQUISITI PER IL CAPITOLO
- CONTENUTI DEL VOLUME 1, DEI CAPITOLI 5, 6 E 7 (TEORIA E PRATICA), DEGLI INTERLUDI C E D E DEL CAPITOLO 8T

OBIETTIVI
ABILITÀ
- SAPER PREFIGURARE E PROGRAMMARE MODALITÀ DIVERSE DI MOVIMENTO DEI SUONI E DI DIREZIONI DI MOVIMENTI ALL'INTERNO DEL TIMBRO
- SAPER COSTRUIRE ALGORITMI PER LE INTERRELAZIONI FRA DIVERSI TIPI DI MOVIMENTO E PER SEQUENZE DI MOVIMENTI
- SAPER APPLICARE I VALORI DEI PARAMETRI ADATTI PER CONSENTIRE ALL'ASCOLTATORE DI PASSARE, NELLA PERCEZIONE DEL SUONO ELABORATO, DA UN PARAMETRO ALL'ALTRO

CONTENUTI
- PRATICA DEI PROCESSI DI MOVIMENTO SEMPLICI COMPLESSI E COMPOSTI
- PRATICA DEI PROCESSI DI MOVIMENTO ALL'INTERNO DEL TIMBRO
- PRATICA DI COSTRUZIONE DI SEQUENZE DI MOVIMENTI

ATTIVITÀ
- COSTRUZIONE E MODIFICHE DI ALGORITMI
- ATTIVITÀ DI REVERSE ENGINEERING

SUSSIDI DIDATTICI
- LISTA OGGETTI MAX

8.1 I PROCESSI DI MOVIMENTO

Dal momento che i processi di movimento sono descritti dettagliatamente nel capitolo 8T, la parte pratica consisterà per lo più in una serie di attività e di esercizi di *reverse engineering* e di analisi da svolgere parallelamente alla lettura della parte teorica. Notate che in questo caso il *reverse engineering* non deve essere volto alla ricostruzione del suono, ma del *movimento* a cui viene sottoposto il suono.
Tutte le tecniche apprese nei capitoli precedenti potranno essere usate per realizzare dei piccoli studi di musica elettronica e di sound design.
Il capitolo è breve ma ci sarà molto da lavorare: cominciamo senz'altro con la prima categoria di movimento.

8.2 MOVIMENTI SEMPLICI

MOVIMENTI UNIDIREZIONALI - FREQUENZA

Applicare un movimento semplice alla frequenza vuol dire essenzialmente realizzare un glissando: gli oggetti che ci servono in questo caso sono naturalmente `line~` e `curve~`: si tratta di tecniche che conosciamo benissimo e sulle quali non ci dilungheremo.

Un movimento semplice che proceda per gradi, ovvero che non sia continuo, può essere realizzato in diversi modi. Ricostruite la *patch* di figura 8.1.

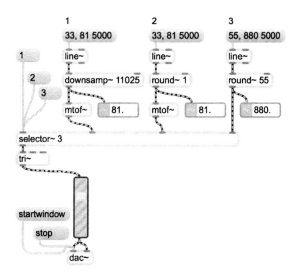

fig. 8.1: tre diversi modi di quantizzare un glissando

In tutti e tre i casi abbiamo un movimento unidirezionale semplice dal LA0 al LA4. Il primo "glissando quantizzato" è realizzato tramite l'oggetto `downsamp~`. Questo oggetto effettua un sottocampionamento del segnale in ingresso tramite *sample and hold*; l'argomento indica il periodo di campionamento espresso in campioni. In figura quindi campioniamo (e manteniamo) un

493

valore ogni 11025 campioni; ovvero, supponendo un *sample rate* di 44100 hz, ogni quarto di secondo. Il glissando è effettuato sui valori MIDI, che vengono convertiti in frequenza dopo il *sample and hold*.

Nel secondo esempio usiamo l'oggetto [**round~** 1], che arrotonda il segnale secondo un certo intervallo. L'argomento indica appunto l'intervallo dell'arrotondamento: 1 arrotonda al numero intero più vicino, 2 arrotonda ai multipli di 2, 3 ai multipli di 3 e così via. È anche possibile arrotondare i decimali: l'argomento 0.5 ad esempio produrrebbe valori multipli di 0.5. La quantizzazione, nel caso illustrato in figura, produce una serie di semitoni ascendenti.

Nel terzo esempio realizziamo un glissando di frequenze (non di note MIDI) e arrotondiamo ai multipli di 55, in pratica realizziamo un glissando di armoniche.

• •

ATTIVITÀ

- Trovate almeno altre tre tecniche per quantizzare un glissando.
- Fate il *reverse engineering* dell'Esempio sonoro 8A.1, utilizzando un suono campionato a vostra scelta.

• •

MOVIMENTI UNIDIREZIONALI – DURATE E RITMO

Per questo tipo di movimento possiamo usare la tecnica illustrata nella *patch* 05_13_blocks_tech_accel.maxpat (vedi paragrafo 5.4P).

Per introdurre una irregolarità nel ritmo possiamo servirci dell'oggetto **vs.randmetro** (vedi paragrafo IC.3).

• •

ATTIVITÀ

- Fate il *reverse engineering* degli Esempi sonori 8A.2, utilizzando un suono campionato a vostra scelta.
- Create un movimento unidirezionale del ritmo che vada da una scansione regolare ad una irregolare.
- Create un movimento di accorciamento progressivo del suono mantenendo fisso il ritmo di generazione.
- Create degli accelerando e dei rallentando tramite *delay* multipli (prendete ispirazione dalla *patch* 06_02_multitap2.maxpat, usando almeno 32 *tap*).

• •

I MOVIMENTI PIANI ALL'INIZIO O FINE DI MOVIMENTI UNIDIREZIONALI

Questo tipo di movimento non porta essenziali novità da un punto di vista pratico. Bisogna avere l'accortezza di ritardare l'inizio del glissando/accelerando/rallentando (nel caso di movimento piano all'inizio), oppure di far continuare il suono dopo il glissando/accelerando/rallentando (nel caso di movimento piano alla fine)

. . . .

ATTIVITÀ

- Applicate un movimento piano all'inizio o alla fine di tutti i movimenti realizzati nelle attività precedenti.

. . . .

DAL RITMO AL TIMBRO
Si tratta di una estremizzazione degli accelerando precedenti, che porta la scansione fino a 50/80 millisecondi.

. . . .

ATTIVITÀ

- Fate il *reverse engineering* degli Esempi sonori 8A.4 e 8A.5, utilizzando suoni campionati a vostra scelta.

. . . .

DAL RITMO ALL'ALTEZZA
In questo caso l'accelerazione porta la frequenza della scansione nel campo delle frequenze udibili.

. . . .

ATTIVITÀ

- Fate il *reverse engineering* dell'esempio sonoro 8A.6

. . . .

DALL'ALTEZZA AL TIMBRO

. . . .

ATTIVITÀ

- Fate il reverse engineering dell'esempio sonoro 8A.7. Provate anche il glissando ascendente. Provate forme d'onda diverse, anche casuali.

. . . .

DAL RITMO DEL MOVIMENTO DI OSCILLAZIONE DELL'INTENSITÀ ALL'ALTEZZA

ATTIVITÀ

- Riprendete la *patch* 02_07_battimenti.maxpat del primo volume e create diversi accelerando di battimenti, come descritto nell'analoga sezione del paragrafo 8.1T.

MOVIMENTI RECIPROCI SEMPLICI

Anche nel caso dei movimenti reciproci semplici gli oggetti di riferimento sono line~ e curve~.

ATTIVITÀ

- Fate il *reverse engineering* dell'esempio sonoro 8B.1, utilizzando anche forme d'onda diverse (incluse le forme d'onda casuali).

MOVIMENTI OSCILLATORI SEMPLICI

Come spiegato anche nella parte teorica, questi movimenti si realizzano tramite LFO. Naturalmente dobbiamo uscire dal concetto "classico" di LFO, e usare questi movimenti oscillatori per creare dinamiche sonore interessanti.

In figura 8.2 vediamo una *patch* che realizza un movimento oscillatorio e quantizzato della frequenza di un suono: il risultato è simile, ma non identico, a quello dell'esempio sonoro 8C.1. Ricostruite la *patch*, spiegatela e variatela.

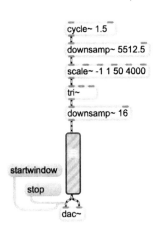

fig. 8.2: movimento oscillatorio semplice applicato alla frequenza.

ATTIVITÀ

- Utilizzate un *envelope follower* per realizzare dei movimenti oscillatori asimmetrici (usate un suono adatto, ad esempio una serie di accordi di chitarra scanditi lentamente, oppure il suono delle onde del mare). Applicate tali movimenti all'ampiezza di suoni campionati e di generatori di rumore.
- Come sopra, ma applicate il movimento oscillatorio asimmetrico alla frequenza di taglio di un filtro passa-basso.

MOVIMENTI SEMPLICI PIANI: UN TEMPO STATICO?

Ci sono diverse tecniche per ottenere un movimento piano: il principio fondamentale è quello della sottile e continua variazione di alcuni parametri del suono. Una staticità interessante dal punto di vista percettivo di ottiene utilizzando movimenti molto lenti e irregolari, in modo che l'effetto di variazione del suono si trovi al di sotto della soglia di percezione cosciente.

Immaginiamo di avere un banco di 16 filtri passa-banda con frequenza centrale scelta casualmente e fattore Q compreso tra 1 e 3. Per ciascun filtro viene applicato, alla frequenza centrale, un LFO casuale con un *rate* molto basso (0.05 Hz, ad esempio) e un'ampiezza pari al 5% della frequenza centrale. Se ora facciamo passare un suono statico nel banco dei filtri (un accordo di organo, una nota tenuta di contrabbasso, un suono inarmonico realizzato con la sintesi additiva) otteniamo un movimento piano: avremo cioè un suono che pur non presentando un movimento apparente, non viene percepito come statico.

Un'altra possibilità è l'applicazione dei battimenti: immaginiamo di realizzare, con la sintesi additiva, uno spettro inarmonico con 16 componenti sinusoidali. Questo suono sarà totalmente statico, e probabilmente privo di interesse. Se però aggiungiamo per ciascuna componente altre 2 o 3 componenti la cui frequenza viene scelta casualmente ad una distanza massima di 0.1-0.5 hz dalla frequenza della componente originale, otteniamo dei battimenti casuali per ciascuna componente del suono inarmonico. Le componenti aggiunte devono però avere un'ampiezza inferiore a quella della componente originale, in modo che le interferenze modifichino leggermente il profilo dinamico della componente, senza però annullarlo.

Notate che nel primo esempio molti parametri vengono variati per ottenere un movimento statico; nel secondo esempio il movimento statico è ottenuto senza variazione di parametri (tutte le frequenze sono fisse), sfruttando il fenomeno percettivo dei battimenti.

ATTIVITÀ

- Realizzate delle *patch* per i due movimenti piani appena descritti.

8.3 MOVIMENTI COMPLESSI

Nel caso dei movimenti complessi useremo più movimenti semplici ("glissando" e LFO) disposti in parallelo (ciascuno varia un parametro diverso) o in cascata (ogni movimento modifica il successivo e il risultato varia uno o più parametri). Possiamo utilizzare naturalmente anche una combinazione delle due tecniche: ricostruite la *patch* di figura 8.3 e descrivetene il funzionamento.

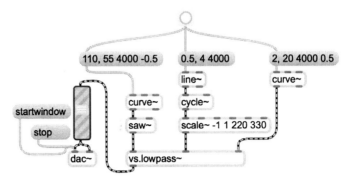

fig. 8.3: movimento complesso

. . . .

 ATTIVITÀ

- Fate il *reverse engineering* dell'Esempio sonoro 8D.1, utilizzando un suono campionato a vostra scelta.
- Realizzate un movimento oscillatorio di un suono campionato nello spazio stereofonico, aumentando gradualmente la velocità di oscillazione.
- Aggiungete all'attività precedente la variazione dell'altezza del suono in sincro-no con il movimento stereofonico (quando il suono è a destra è acuto, quando è a sinistra è grave).
- Fate il reverse *engineering* dell'Esempio sonoro 8D.2, utilizzando un suono campionato a vostra scelta.

. . . .

MOVIMENTI A SPIRALE

. . . .

ATTIVITÀ

- Campionate (con `sfrecord~`) un corpo risonante che rimbalza dalla *patch* IC_09_bouncing_bodies2.maxpat e usate il suono ottenuto per fare il *reverse engineering* degli Esempi sonori 8E.1 e 8E.2.

MOVIMENTI PARALLELI DELLA FREQUENZA

• •

ATTIVITÀ

- Fate 4 copie dell'algoritmo di *pitch shifting* in tempo reale usato nella *patch* 06_12_rt_pitch_shift.maxpat. Create un movimento oscillatorio o unidirezionale per controllare la frequenza di *pitch shift* di ciascuna copia dell'algoritmo. Usate un oscillatore limitato in banda come suono sorgente.

• •

MOVIMENTI UNIDIREZIONALI OPPOSTI

• •

ATTIVITÀ

- Riferendovi alle descrizioni dell'analoga sezione nel capitolo 8T, realizzate il *reverse engineering* degli esempi sonori 8E.4, 8E.5 e 8E.7.

• •

ASPETTI DI CASUALITÀ DEL MOVIMENTO

• •

ATTIVITÀ

- Realizzate il *reverse engineering* dell'esempio sonoro 8F.1. Per la generazione dell'LFO casuale usate **vs.rand3~**.
- Riprendete la *patch* 05_15_rand_blocks.maxpat e dei movimenti analoghi a quelli degli esempi sonori 8F.2 a-g.
- Riprendete la *patch* 02_19_masking.maxpat e realizzate il *reverse engineering* dell'esempio sonoro 8F.3a.
- Usando l'oggetto **groove~**, l'oggetto **vs.pan~** e generatori LFO casuali in cascata e in parallelo realizzate un movimento analogo a quello dell'esempio sonoro 8F.3b: usate un suono campionato a vostra scelta.

• •

8.4 ALL'INTERNO DEL TIMBRO

Vediamo come possiamo creare un "movimento" di timbro modificando gradualmente un inviluppo e la sua durata. Caricate il file **8_01_morphing_envelope.maxpat** (figura 8.4).

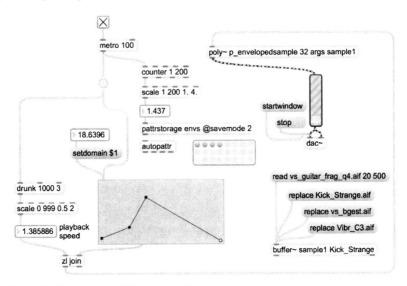

fig. 8.4: file **8_01_morphing_envelope.maxpat**

Abbiamo memorizzato la forma e la durata di un inviluppo in 4 *preset*, utilizzando un oggetto `pattrstorage`. Tramite l'oggetto `metro` realizziamo una graduale interpolazione tra un *preset* e l'altro, e contemporaneamente generiamo un suono inviando l'inviluppo e un valore corrispondente alla velocità di lettura di un file audio ("playback speed") all'oggetto [`poly~` p_envelopedsample] visibile in alto a destra.

Analizzate il funzionamento della *patch* e dell'oggetto `poly~`.[1]

Aprite l'*inspector* di `function` e notate che l'attributo "Output Mode" è in modalità "List": come abbiamo già spiegato nel paragrafo IC.3, a proposito della *patch* IC_06_poly_step_seq3.maxpat, quando l'attributo "Output Mode" è in questa modalità, l'oggetto `function` invia i parametri dell'inviluppo in una lista unica, e non separa il valore iniziale dal resto del percorso come avviene di *default*. Spiegate perché è necessario in questo caso avere l'inviluppo in forma di lista unica. Provate a cambiare il file audio facendo clic sui *message box* in basso a destra. Notate il messaggio del primo *message box*. Grazie ai due valori numerici è possibile usare il messaggio *read* per caricare solo una parte di un file audio: i valori indicano rispettivamente il punto di partenza e la durata del suono campionato da leggere.

---

[1] Vi ricordiamo che la gestione della polifonia tramite l'oggetto `poly~` è spiegata dettagliatamente nel paragrafo IC.3.

Possiamo prendere ispirazione dal *live slicer* (o *gate sequencer*) che abbiamo visto nel paragrafo 7.8P, per creare una sorta di polverizzazione timbrica di un suono con l'applicazione di inviluppi di forma e durata casuale, dei quali è possibile regolare la frequenza media e la densità. L'algoritmo sarà comunque molto diverso da quello del *live slicer*, proprio perché abbiamo bisogno di inviluppi casuali e privi di regolarità ritmica.

Aprite la *patch* **8_02_short_envelopes.maxpat** e provate i diversi *preset*. Da notare che impostando valori molto alti di frequenza entriamo nel territorio della granulazione e della modulazione d'ampiezza, che saranno materia di studio per il prossimo volume.

• •

ATTIVITÀ

- Analizzate la *patch* 8_02_short_envelopes.maxpat, e create dei movimenti aggiungendo un sistema di gestione dei *preset* tramite **pattrstorage** e creando delle interpolazioni graduali tra diversi *preset*.

• •

Partendo dalla *patch* 8_01_morphing_envelope.maxpat è possibile fare alcune modifiche per realizzare l'*octave stacking*. Ricostruite la *patch* di figura 8.5, analizzatela e spiegatela.

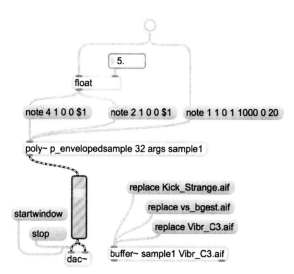

fig. 8.5: *octave stacking*

MOVIMENTI TIMBRICI MEDIANTE FILTRI RISONANTI

Per realizzare un *harmonizer* potete utilizzare la *patch* del *pitch shifting* in tempo reale che abbiamo visto nel paragrafo 6.9P.

ATTIVITÀ

- fate il *reverse engineering* dell'esempio 8G.3, usando un file audio differente.

· ·

AUMENTO DELLA COMPLESSITÀ SPETTRALE

· ·

ATTIVITÀ

- Fate il *reverse engineering* degli esempi 8G.4a e 8G.4c.
- Analizzate la *patch* **8_03_spectral_complexity.maxpat**.
- Fate il *reverse engineering* dell'esempio 8G.5

· ·

OCCUPAZIONE PROGRESSIVA DELLA COMPLESSITÀ SPETTRALE IN GLISSANDO ASCENDENTE O DISCENDENTE

· ·

ATTIVITÀ

- Fate il *reverse engineering* dell'esempio 8G.6.
- Aggiungete l'algoritmo di *pitch shifting* in tempo reale alla *patch* **8_03_spectral_complexity.maxpat**. e realizzate un glissando verso l'acuto o verso il grave (con scelta casuale dell'intervallo) parallelamente all'evoluzione del suono.

· ·

AUMENTO DEL GRADO DI RANDOMIZZAZIONE DELLA FORMA D'ONDA

· ·

ATTIVITÀ

- Fate il *reverse engineering* dell'esempio 8H.1
- Fate una seconda versione del movimento in cui le singole componenti dell'onda a dente di sega vengono sostituite una ad una in tempi diversi dalle componenti della forma d'onda inarmonica.

· ·

CURVE DI DISTRIBUZIONE DELLE COMPONENTI NELLO SPETTRO

• •

ATTIVITÀ

- Riprendete la *patch* 02_09_battimenti armonici.maxpat e fatene una nuova versione usando una *patch* polifonica per le singole istanze dell'oggetto `wave~`. Fate in modo che, oltre al numero di componenti per oscillatore, sia possibile impostare il numero di oscillatori da utilizzare (da 2 a 32). Le frequenze degli oscillatori dovranno essere calcolate dalla *patch* sulla base di una frequenza base e di un valore di distanza in Hz da applicare ai successivi oscillatori: ad esempio se la frequenza base è 110 Hz e la distanza è 0.05 Hz le frequenze degli oscillatori saranno 110 Hz, 110.05 Hz, 110.1 Hz, 110.15 Hz etc.

• •

DAL RUMORE ALLA NOTA

• •

ATTIVITÀ

- Fate il *reverse engineering* dell'esempio 8H.3.
- Analizzate la *patch* 8_04_noise_comb.maxpat e spiegatene il funzionamento.

• •

8.5 MOVIMENTI COMPOSTI

MOVIMENTI COMPOSTI FREQUENZIALI E SPAZIALI CENTRIFUGHI O CENTRIPETI

• •

ATTIVITÀ

- Fate il *reverse engineering* dell'esempio 8I.1, utilizzando come oscillatore di base lo strumento della *patch* 8_05_fat_oscillator.maxpat, naturalmente dopo averlo analizzato e averne spiegato il funzionamento.

• •

503

MOVIMENTI OSCILLATORI CENTRIFUGHI/CENTRIPETI SINCRONIZZATI

. . . .

ATTIVITÀ

- Fate il *reverse engineering* dell'esempio 8I.2, utilizzando come oscillatore di base lo strumento della *patch* 8_05_fat_oscillator.maxpat.

. . . .

MOVIMENTI OSCILLATORI DELLA BANDA PASSANTE SU MOVIMENTI CENTRIFUGHI

. . . .

ATTIVITÀ

- Partendo dal suono realizzato nelle attività precedenti, fate il *reverse engineering* degli esempi sonori 8I.5 e 8I.6. Utilizzate anche LFO casuali interpolati (`rand~` o `vs.rand3~`) e forma d'onda regolari.
- Come sopra, ma dotate gli LFO di un movimento (accelerando, rallentando, spostamento del *DC offset*).
- Come sopra, ma assegnate un movimento anche al fattore Q del filtro.

. . . .

MOVIMENTI COMPOSTI CON "SBANDAMENTO"

. . . .

ATTIVITÀ

- Partendo dal suono realizzato nelle attività precedenti, fate il *reverse engineering* degli esempi sonori 8I.8 e 8I.9.

. . . .

MOVIMENTI COMPOSTI DI ACCUMULAZIONE/RAREFAZIONE

. . . .

ATTIVITÀ

- Utilizzando lo strumento della *patch* 8_06_little_grains.maxpat fate il *reverse engineering* dell'esempio sonoro 8I.10.
- Utilizzando `ioscbank~` fate il *reverse engineering* dell'esempio sonoro 8I.11.

8.6 GESTIONE ALGORITMICA DEI MOVIMENTI

Vediamo un esempio di processo algoritmico, vagamente ispirato ai lavori di Steve Reich di cui abbiamo parlato nel paragrafo 8.6T. Aprite la *patch* **8_07_ algorithmic_movement.maxpat** (fig. 8.6).

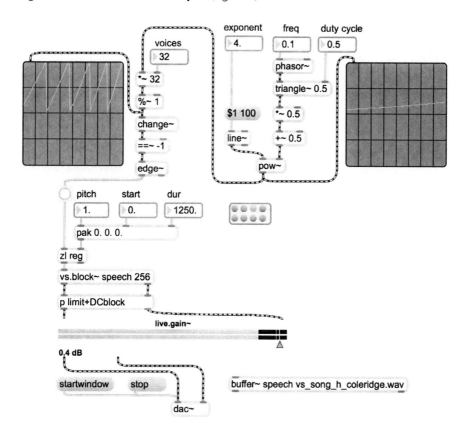

fig. 8.6: *patch* **8_07_algorithmic_movement.maxpat**

Ascoltate innanzitutto gli 8 *preset* in sequenza: un frammento di frase viene ripetuto, inizialmente con un ritmo regolare, e poi con una oscillazione di accelerando/rallentando sempre più accentuata. Quando le copie del suono vengono compresse in uno spazio temporale molto breve, abbiamo un cambiamento timbrico dovuto alle interferenze di fase tra le diverse ripetizioni.
Il movimento è generato da un oscillatore triangolare, che viene prima reso unipolare e poi trasformato da lineare ad esponenziale dall'oggetto pow~ (vedi lo scope~ di destra).
Una volta uscito dall'oggetto pow~ il segnale risultante, che oscilla tra 0 e 1, viene moltiplicato per 32, ed oscilla quindi tra 0 e 32. Questo segnale passa per l'oggetto [%~ 1], il quale lo "spezzetta" in 32 rampe che, a causa dell'andamento esponenziale del segnale in ingresso, cambiano progressivamente di inclinazione. Le rampe entrano nell'oggetto change~, la cui funzione è segnalare un

cambiamento nei campioni in ingresso. Più precisamente l'oggetto genera un 1 se il valore del campione in ingresso è maggiore del campione precedente, uno 0 se è identico al campione precedente e un -1 se è inferiore al campione precedente. Con il successivo oggetto [==~ -1] generiamo un 1 quando **change~** genera un -1, e uno 0 in tutti gli altri casi. In altre parole generiamo un 1 ad ogni nuova rampa in uscita da [%~ 1] (spiegate perché).

All'oggetto [==~ -1] è stato collegato un oggetto **edge~**[2] che genera un *bang* dalla sua uscita di sinistra ogni volta che [==~ -1] genera un 1, cioè ad ogni nuova rampa. Questo *bang* fa generare un "blocco", cioè un frammento di suono campionato, all'oggetto **vs.block~**.

Riascoltate i *preset* e prestate attenzione ai differenti parametri; in particolare modo al *number box* "exponent" che determina l'andamento della curva esponenziale.

· ·

ATTIVITÀ

- Create altri *preset* per la *patch* 8_07_algorithmic_movement.maxpat. Modificate anche il valore "voices" inviato al moltiplicatore in alto a sinistra (che determina il numero di rampe che viene generato ad ogni ciclo), e i parametri del blocco da suonare.
- Usate un generatore random al posto dell'onda triangolare.
- Variate i parametri del blocco con altri LFO.

· ·

8.7 INTRODUZIONE ALLE SEQUENZE DI MOVIMENTI

· ·

ATTIVITÀ

Dopo aver ascoltato attentamente gli esempi sonori indicati nel paragrafo 8.7T, realizzate almeno 5 piccoli studi di durata compresa fra 30 secondi e un minuto. Utilizzate tutte le tecniche apprese finora, inclusi gli algoritmi per la gestione di partiture presentati al paragrafo ID.3.

    1) Studio sui contrasti
    2) Studio su gesti e tessiture
    3) Studio sui ritmi regolari
    4) Studio sui ritmi irregolari e le poliritmie
    5) Studio sulla relazione fra figura e sfondo

---

[2] Abbiamo presentato l'oggetto **edge~** nel paragrafo 7.8P. Vi ricordiamo che questo oggetto invia un *bang* all'uscita di sinistra quando il segnale in ingresso passa da 0 a non-0, e un *bang* all'uscita di destra quando il segnale in ingresso passa da non-0 a 0.

LISTA OGGETTI MAX

change~
Segnala un cambiamento nei campioni in ingresso. L'oggetto genera un 1 se il valore del campione in ingresso è maggiore del campione precedente, uno 0 se è identico al campione precedente e un -1 se è inferiore al campione precedente.

downsamp~
Effettua un sottocampionamento del segnale in ingresso tramite *sample and hold*.

round~
Arrotonda il segnale secondo un intervallo specificato come argomento.

9T
MIDI

9.1 LO STANDARD MIDI
9.2 I MESSAGGI MIDI
9.3 I CONTROLLER MIDI

CONTRATTO FORMATIVO

PREREQUISITI PER IL CAPITOLO
- CONTENUTI DEL VOLUME 1, DEI CAPITOLI 5, 6, 7 E 8 (TEORIA E PRATICA) E DEGLI INTERLUDI C E D

OBIETTIVI
CONOSCENZE
- CONOSCERE IL PROTOCOLLO MIDI
- CONOSCERE LA STRUTTURA E L'UTILIZZO DEI MESSAGGI DI CANALE E DI SISTEMA
- CONOSCERE GLI UTILIZZI DI BASE DI *CONTROLLER* MIDI

CONTENUTI
- PROTOCOLLO MIDI: CONNESSIONI E MESSAGGI
- MODULI TRASMETTITORI E MODULI RICEVITORI: I PERCORSI DEL SEGNALE MIDI
- STRUTTURA E UTILIZZO DEI CHANNEL VOICE MESSAGE E DEI CHANNEL MODE MESSAGE
- STRUTTURA E UTILIZZO DEI SYSTEM REAL TIME MESSAGE
- I CONTROLLER MIDI: DALLE INTERFACCE PSEUDO-STRUMENTALI ALLE SUPERFICI DI CONTROLLO
- I CONTROLLER MIDI AVANZATI: DALL'UTILIZZO DEI MIDI DATA GLOVE AL GESTURE MAPPING

VERIFICHE
- TEST A RISPOSTE BREVI (MASSIMO 30 PAROLE)

SUSSIDI DIDATTICI
- CONCETTI DI BASE - GLOSSARIO

9.1 LO STANDARD MIDI

Lo scambio di informazioni tra strumenti musicali elettronici, sistemi di controllo e computer è spesso attivato tramite il *protocollo* MIDI, uno standard creato agli inizi degli anni '80 e ancora molto diffuso. Il termine MIDI è un acronimo per *Musical Instrument Digital Interface*.
Il protocollo MIDI è usato per applicazioni molto diverse fra loro. In questo capitolo tratteremo, del MIDI, solo ciò che è essenziale per i nostri scopi, unitamente ad alcune informazioni di base.

I dispositivi MIDI possono essere di due tipi:
- *dispositivi di controllo* (*controller*), che servono a generare messaggi MIDI
- *dispositivi sonori* (*sound module*), che utilizzano i messaggi MIDI ricevuti per produrre o modificare suoni.

Questi ultimi possono essere a loro volta divisi in due tipi:
- strumenti, come i sintetizzatori e i campionatori, che generano suoni,
- moduli di elaborazione del suono come *delay*, riverberi ed altri effetti che invece servono a modificare fonti sonore esterne.

Uno stesso dispositivo, ad esempio un computer, può comportarsi, a seconda dei casi, da trasmettitore o da ricevitore. Va prima ricordato però che un computer non può comunicare in MIDI con l'esterno se non è dotato di un collegamento ad esempio un'interfaccia MIDI (o MIDI *Interface Card*). In realtà la gran parte degli strumenti MIDI dispongono di un collegamento digitale diretto con il computer (ad esempio USB) con il quale ricevere e trasmettere dati MIDI senza dover utilizzare un'interfaccia MIDI apposita.
Nella figura è riprodotto il frontalino di un'interfaccia MIDI con due prese MIDI Out, due MIDI In e la presa USB per il collegamento con il computer.

MIDI OUT   MIDI OUT   MIDI IN   MIDI IN   USB COMPUTER

fig. 9.1: frontale interfaccia MIDI

Oggi le applicazioni del MIDI sono numerosissime e fortemente intersecate con quelle legate al campo audio professionale. Questo protocollo, infatti, è in continua evoluzione. Oggi il MIDI è usato nei computer, in internet, negli apparecchi di telefonia mobile, nel controllo di sistemi complessi per il suono, di sistemi luci, sistemi multimediali e quant'altro.

9.2 MESSAGGI MIDI

Diciamo subito che i messaggi MIDI non contengono alcun suono, bensì il *modo* in cui un determinato suono, residente in una memoria, deve essere suonato; in altre parole qual è la nota da suonare, quando tale nota deve iniziare e quando deve terminare, con quale dinamica etc. È molto importante dunque distinguere un file audio (il quale contiene la forma d'onda del suono, e con essa la durata, l'inviluppo, il timbro, la frequenza etc.) da un messaggio MIDI che fornisce solo le informazioni relative alle modalità con cui un dato suono può essere suonato, e non la forma d'onda. Quest'ultima infatti è residente in una memoria che è separata dal messaggio MIDI. Ad esempio, una tastiera trasmette i dati MIDI che attivano un modulo di generazione sonora che li riceve. Tale modulo può avere, residenti in memoria, varie forme d'onda o circuiti per la generazione del suono che vengono "azionati" dai messaggi MIDI che provengono dalla tastiera. Fin qui tutto è chiaro: la tastiera manda istruzioni MIDI al modulo sonoro il quale le riceve, genera un suono secondo le istruzioni che arrivano in ingresso e lo manda in uscita mediante la propria scheda audio. Il motivo per cui spesso si genera confusione è che esistono due tipi di tastiere:

1) le tastiere mute o *Master Keyboard*, le quali svolgono la funzione di semplice trasmettitore, cioè la funzione di MIDI *Keyboard Controller*. Questo tipo di tastiere genera esclusivamente codici MIDI che vengono inviati a ricevitori esterni tramite il MIDI Out.

2) le tastiere con funzione di campionatore o sintetizzatore, cioè quelle che non generano solo codici MIDI, ma contengono anche un modulo di generazione sonora. Questo tipo di tastiere, come i computer, possono funzionare sia da trasmettitori (tramite il MIDI Out) sia da ricevitori (tramite il MIDI In), e inoltre hanno un collegamento interno che fa comunicare la parte che trasmette messaggi MIDI con la parte di generazione sonora. Quando premiamo un tasto su una tastiera di questo tipo, attiviamo messaggi MIDI che possono essere mandati sia ad un modulo esterno (tramite il MIDI Out) sia al modulo interno il quale genera suoni che escono dall'uscita audio della tastiera. Anche in questo caso i codici MIDI trasmessi dalla tastiera al modulo sonoro esterno o a quello interno *non contengono alcun suono*; il suono è generato dal modulo sonoro esterno o da quello interno.

Come vedremo nel prossimo paragrafo, oltre le tastiere, fra i *controller* di tipo strumentale troviamo anche chitarre MIDI, strumenti ad arco e a fiato MIDI, percussioni e batterie MIDI, pedaliere MIDI (o *Key Pedalboard*, a una o due ottave, utilizzate per i suoni gravi, come quelle dell'organo) etc.
Si tratta di *controller* che utilizzano forme e modalità simili a quelle dei rispettivi strumenti acustici ma, ancora una volta, esse servono ad inviare solo messaggi MIDI ad un modulo sonoro, che può essere anche esterno; tale modulo potrà contenere suoni coerenti con l'interfaccia (ad esempio suoni di chitarra attivati da un MIDI *Guitar Controller*) oppure no (ad esempio un suono di flauto o clacson di automobile attivato da un clarinetto MIDI).

Chiariti questi concetti generali su cosa *non contiene* un messaggio MIDI, cerchiamo di capire ora *cosa può contenere*. Iniziamo con un esempio: un modulo sonoro risponde a un messaggio di tasto premuto (*Note On*) e di tasto rilasciato (*Note Off*) proveniente da una tastiera muta, ed anche all'informazione di dinamica associata alla pressione del tasto. Questa viene chiamata *Key Velocity*, perché viene misurata come la velocità con la quale il tasto viene abbassato, che a sua volta è proporzionale alla dinamica con la quale si suonerebbe una nota sul pianoforte.

Poiché in MIDI tutto è espresso mediante numeri, bisogna conoscere la convenzione che viene adottata. Questa convenzione (come sappiamo dal par. 1.4T) prevede che a ogni nota (o meglio, a ogni tasto) corrisponda un numero (Key Number): il DO centrale è uguale a 60, Il DO# a 61, il RE a 62, il RE# a 63 etc.

Le note ammesse sono quelle da 0 a 127, anche normalmente gli strumenti MIDI non sono in grado di produrre l'intera gamma: una tastiera MIDI con l'estensione di un pianoforte ad esempio può produrre le note da 21 a 108.[1]

Analogamente, a ogni dinamica corrisponde un numero, variabile anche qui fra 0 e 127. La variazione è di solito di tipo logaritmico, in modo tale da rispettare la percezione dell'orecchio, e da fare sì che alla stessa differenza di numero corrisponda un'uguale variazione dinamica.

Il protocollo MIDI consente anche, entro certi limiti, di superare il sistema temperato[2], sia utilizzando, negli strumenti appositamente predisposti, temperamenti e intonazioni differenti dal temperamento equabile (ma ciò è strettamente dipendente dallo strumento utilizzato), sia inviando, prima di ciascuna nota, un'informazione che specifica la variazione di intonazione rispetto alla frequenza nominale. Questa informazione è detta in inglese *Pitch Bend*, e ha lo stesso effetto di una variazione del comando fisico presente su quasi tutti gli strumenti MIDI, detto *Pitch Bend Wheel* o *Pitch Bender*. Questo controllo, in genere in forma di leva o di ruota, consente di alterare momentaneamente l'intonazione.

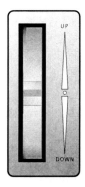

Fig. 9.2: *pitch bender*

Inoltre è possibile scegliere fra diversi tipi di suoni (timbri o *program*) differenti, memorizzati nello strumento stesso. Anche per questo vi è un apposito messaggio MIDI per selezionare il tipo di suono (*Program Change*).

---

[1] Nel caso in cui si abbia a disposizione un *controller* con un numero di ottave minore rispetto ai suoni disponibii nel sound module l'utente può modificare il posizionamento del suono assegnandolo ad un'ottava più alta o più bassa fino a che non rientri nell'estensione effettiva dello strumento.

[2] Sul sistema temperato vedi par. 1.4 del volume di teoria.

Analizziamo più da vicino le due tipologie di *MIDI Message*:
- messaggi di canale (*Channel Message*)
- messaggi di sistema (*System Message*).

MESSAGGI DI CANALE

Se a uno stesso trasmettitore (per esempio un computer) è collegato più di uno strumento, è importante poter stabilire un modo per indirizzare messaggi MIDI a uno strumento in particolare, altrimenti tutti suonerebbero la stessa "parte". Perciò a un messaggio MIDI è associato un *numero di canale*, e ogni strumento prende in considerazione solamente quei messaggi che lo riguardano, cioè quei messaggi che hanno lo stesso numero di canale per il quale lo strumento è stato predisposto dall'utente. I messaggi di canale, quindi, sono indirizzati specificamente ad un canale, e verranno ricevuti (ed eseguiti) solo dai dispositivi che ricevono su quel particolare canale. I *Channel Message* sono di due tipi: i *Channel Voice Message*, che riguardano le modalità e i tempi di esecuzione e i *Channel Mode Message*, che indicano il modo in cui risponde il dispositivo ricevente. Vediamo dapprima i principali **Channel Voice Message**: *Note On*, *After Touch di Canale*, *After Touch* Polifonico, *Note Off*, *Program Change*, *Pitch Bend*, *Control Change*.

NOTE ON = tasto premuto
Corrisponde all'abbassamento di un determinato tasto della tastiera, o comunque all'attivazione di una nota tramite uno dei *controller* di cui abbiamo parlato; il messaggio comprende anche l'informazione riguardante il numero di canale, il numero di nota o *Key Number* e la *Key Velocity* (in questo caso ci riferiamo all'*Attack Velocity* cioè alla velocità con cui viene premuto il tasto).
Ad esempio un messaggio MIDI per suonare il DO centrale sarà composto di tre informazioni: 144 60 120. Il primo numero (detto *Status Byte*) è 144 e indica "*Note On*" cioè il messaggio di tasto premuto; il secondo numero (detto *First Data Byte*) è 60 e indica il numero di nota o *Key Number* (il DO dell'ottava centrale); il terzo numero (detto *Second Data Byte*[3]) è 120 e si riferisce all'*Attack Velocity* (il cui massimo sarebbe 127). E il canale MIDI? L'informazione del canale MIDI si desume dal primo numero. Per attivare un *Note On*, infatti, si può scegliere un numero fra 144 e 159. Se il primo numero è 144, come in questo caso, la nota viene trasmessa solo sul canale MIDI 1, se il primo numero è 145, la nota viene trasmessa solo sul canale MIDI 2, e così via fino al numero 159, che implica una trasmissione solo sul canale 16.

---

[3] Da notare che in alcuni casi ci si riferisce allo *Status Byte* come 1° Byte, al primo *Data Byte* come secondo Byte, e al secondo Data Byte come terzo Byte. La sostanza è identica, dipende se si dividono i Byte in due gruppi (*Status Byte* e *Data Byte*), oppure se si numerano i Byte in generale secondo il loro ordine.

MESSAGGIO NOTE ON			
	Byte di stato	**1° Byte di dati**	**2° Byte di dati**
Messaggio trasmesso	Note ON + Canale MIDI	Numero di Nota	Attack Velocity
Range di valori trasmesso	144 – 159	0 – 127	0 – 127
Contenuto del messaggio	144 = Note ON canale MIDI 1 145 = Note ON canale MIDI 2 etc......... ....fino a 159 = Note ON canale MIDI 16	0 = Do prima ottava[4] 1 = Do# prima ottava etc......... ....fino a 127 = Sol ultima ottava	0 = nessun attacco 1 = ampiezza minima etc......... ....fino a 127 = ampiezza massima

CHANNEL PRESSURE o AFTER TOUCH di CANALE = variazione di pressione
Su alcune tastiere è possibile inviare un messaggio che informa sulla maggiore o minore pressione esercitata sui tasti abbassati; l'invio dei messaggi contenenti le variazioni dei valori della pressione prosegue finché i tasti non vengono rilasciati. Lo *Status Byte* indica che si tratta di un messaggio di *After Touch*. Analogamente al messaggio di *Note On*, il Byte di stato contiene anche l'informazione del canale MIDI. Il *range* dei valori dell'*After Touch* varia infatti fra 208 e 223. Uno *Status Byte* di 208 indicherà che si tratta di un messaggio di variazione di pressione per il canale 1, il 209 per il canale 2 e così via. Il messaggio di *After Touch* contiene un solo Byte di dati che indica la pressione esercitata in un determinato istante. Viene normalmente usato per modificare le caratteristiche di un suono durante l'esecuzione: ad esempio per variare l'ampiezza del vibrato, o la sua frequenza (rate), etc. Da notare che il suo effetto si trasferisce su tutte le note che in quell'istante sono in esecuzione (questo è il motivo per cui nel messaggio non è presente il Byte di dati del numero di nota, vedi tabella seguente).

---

[4] Esistono diversi modi di numerare le ottave, a seconda degli standard. Qui si intende per prima ottava quella più grave indicata in MIDI come ottava –2, e per ultima ottava quella più acuta (8). Dalla –2 alla 8 (che nel MIDI non è completa ma arriva solo fino al sol, data la limitazione a 128 note) ci sono 10 ottave e mezza. Il Do centrale della tastiera di un pianoforte è indicato in MIDI come Do dell'ottava 3. Nel MIDI le note sono indicate secondo il sistema americano, perciò DO=C, DO#=C#, RE=D etc. L'indicazione A3, ad esempio, significa il LA sopra il DO centrale (440 Hz).

AFTER TOUCH di CANALE o CHANNEL PRESSURE		
	Byte di stato	**1° Byte di dati**
Messaggio trasmesso	Variazione di Pressione di Canale + Canale MIDI	Pressione esercitata
Range di valori trasmesso	208 – 223	0 – 127
Contenuto del messaggio	208 = After Touch canale MIDI 1 209 = After Touch canale MIDI 2 etc......... ....fino a 223 = After Touch canale MIDI 16	0 = nessuna pressione 1 = pressione minima etc......... ....fino a 127= pressione massima

AFTER TOUCH POLIFONICO o POLYPHONIC KEY PRESSURE
= variazione di pressione ogni singolo tasto
Su alcune tastiere, invia un messaggio che informa sulla maggiore o minore pressione esercitata su ogni singolo tasto abbassato; l'invio dei messaggi contenenti le variazioni dei valori della pressione prosegue finché il tasto non viene rilasciato. Il messaggio di *After Touch* in questo caso contiene anche il Byte di dati che indica il numero di nota.

MESSAGGIO AFTER TOUCH POLIFONICO o POLYPHONIC KEY PRESSURE			
	Byte di stato	**1° Byte di dati**	**2° Byte di dati**
Messaggio trasmesso	Variazione di pressione della singola nota + Canale MIDI	Numero di Nota	Pressione esercitata
Range di valori trasmesso	160-175	0 – 127	0 – 127
Contenuto del messaggio	144 = Note OFF canale MIDI 1 145 = Note OFF canale MIDI 2 etc......... ....fino a 159 = Note OFF canale MIDI 16	0 = Do prima ottava 1 = Do# prima ottava etc......... ....fino a 127 = Sol ultima ottava	0 = nessuna pressione 1 = pressione minima etc......... ....fino a 127= pressione massima

NOTE OFF = tasto rilasciato

Corrisponde al rilascio di un determinato tasto, abbassato in precedenza. Oltre alla nota dovrebbe essere trasmessa anche la velocità di rilascio (*release velocity*), ma questo valore non è molto usato, e di solito viene fissato a 64.[5]

MESSAGGIO NOTE OFF			
	Byte di stato	**1° Byte di dati**	**2° Byte di dati**
Messaggio trasmesso	Note OFF + Canale MIDI	Numero di Nota	Release Velocity
Range di valori trasmesso	128 – 143	0 – 127	0 – 127 (solo in alcuni dispositivi). Generalmente il RV è fisso a 64.
Contenuto del messaggio	128 = Note OFF canale MIDI 1 129 = Note OFF canale MIDI 2 etc......... ....fino a 143 = Note OFF canale MIDI 16	0 = Do prima ottava 1 = Do# prima ottava etc......... ....fino a 127 = Sol ultima ottava	

PROGRAM CHANGE = cambio di programma

Cambia il programma corrente: in altre parole serve a selezionare i diversi timbri o effetti presenti in un campionatore, un sintetizzatore, un effetto o in un qualsiasi altro dispositivo MIDI.

MESSAGGIO PROGRAM CHANGE		
	Byte di stato	**1° Byte di dati**
Messaggio trasmesso	Program Change + Canale MIDI	Pressione esercitata
Range di valori trasmesso	192 – 207	Dipende dal sistema
Contenuto del messaggio	192 = Program Change + Canale MIDI 1 193 = Program Change + Canale MIDI 2 .... 207 = Program Change + Canale MIDI 16	Dipende dal sistema

---

[5] In realtà molto spesso il messaggio Note OFF non viene usato, e al suo posto si utilizza un messaggio di Note ON con valore di velocity 0.

PITCH BEND = modifica di intonazione
Corrisponde all'azionamento della cosiddetta *Pitch Bend Wheel*, che modifica
l'intonazione di tutte le note attive di un determinato canale MIDI.

. . . .

ESEMPIO SONORO 1

a) utilizzo pitch bend in senso ascendente e poi discendente di un semitono

. . . .

MESSAGGIO PITCH BEND			
	Byte di stato	**1° Byte di dati**	**2° Byte di dati**
Messaggio trasmesso	Pitch Bend + Canale MIDI	LSB[6] Byte meno significativo	MSB Byte più significativo
Range di valori trasmesso	224-239	0 – 127	0 – 127
Contenuto del messaggio	224 = Pitch Bend + Canale MIDI 1 225 = Pitch Bend + Canale MIDI 2 .... 239 = Pitch Bend + Canale MIDI 16	Contiene gli stessi valori del secondo byte oppure è posto a 0	0 = Pitch bend all'estremo inferiore 64 = Pitch Bend assente 127= Pitch Bend all'estremo superiore

CONTROL CHANGE = cambiamento di valore di un controllo
Questo messaggio viene trasmesso quando si agisce su un controller MIDI
(un pedale, un sensore, una leva, una rotella, un cursore, un interruttore, un
Joystick, un *Breath Controller*[7]): ed è composto da un numero che identifica
il controller e da un valore corrispondente alla posizione del controller stesso.

---

[6] I valori MIDI si esprimono normalmente con 7 bit (ovvero con un byte di cui si utilizzano 7 degli 8
bit a disposizione) e questo significa che possono variare tra 0 e 127 (il numero massimo che si può
rappresentare con 7 cifre binarie è 1111111 ovvero 127 in codifica decimale). In alcuni casi però
è utile avere una maggiore gamma di valori a disposizione, e per questo vengono usati due byte
che insieme possono generare un valore a 14 cifre binarie che va da 0 a 16383. In questi casi si
definiscono le 7 cifre più a destra come byte meno significatico (LSB) e le 7 più a sinistra come byte
più significativo (MSB) in relazione al loro "peso" nella composizione del numero. (Vedi anche la
nota del par. 5.2 riguardante LSB e MSB).
[7] Il *breath controller* simula l'emissione sonora degli strumenti a fiato e manda messaggi MIDI con
valori proporzionali alla pressione esercitata sul *controller* mediante il fiato stesso.

MESSAGGIO CONTROL CHANGE			
	Byte di stato	1° Byte di dati	2° Byte di dati
Messaggio trasmesso	Control Change + Canale MIDI	Numero identificativo del controllo	Valori relativi al controllo identificato nel primo Byte
Range di valori trasmesso	176-191	0 – 127	0 – 127
Contenuto del messaggio	176 = Control Change + Canale MIDI 1 177 = Control Change + Canale MIDI 2 etc......... ....fino a 191 = Control Change + Canale MIDI 16	Numero del controllo (vedi sotto)	Valori controllo (vedi sotto)

Controlli	Byte di stato (176-191)	1° Byte di dati	2° Byte di dati
Bank Number	176-191	0	da 0 a 127
Modulation Wheel	176-191	1	da 0 a 127
Breath Controller	176-191	2	da 0 a 127
Controller non definito	176-191	3	da 0 a 127
Foot Controller	176-191	4	da 0 a 127
Portamento Time	176-191	5	da 0 a 127
Data Entry Slider (Cursore)	176-191	6	da 0 a 127
Main Volume	176-191	7	da 0 a 127
Balance	176-191	8	da 0 a 127
Controller non definito	176-191	9	da 0 a 127
PAN	176-191	10	da 0 a 127
Expression Controller	176-191	11	da 0 a 127
Effect Control 1	176-191	12	da 0 a 127
Effect Control 2	176-191	13	da 0 a 127
Controller non definito	176-191	14 - 15	da 0 a 127
Controller di uso generale n. 1-4	176-191	da 16 a 19	da 0 a 127
Controller non definito	176-191	da 20 a 31	da 0 a 127

Least Significant Byte per i valori 1-31	176-191	da 32 a 63 (32 = LSB per Controllo 0 33 = LSB per controllo 1 etc.)	Da 0 a 127 LSB
Pedale Sustain	176-191	64	da 0 a 63 = off da 64 a 127 = on
Portamento	176-191	65	da 0 a 63 = off da 64 a 127 = on
Sostenuto	176-191	66	da 0 a 63 = off da 64 a 127 = on
Soft	176-191	67	da 0 a 63 = off da 64 a 127 = on
Pedale Legato	176-191	68	da 0 a 63 = off da 64 a 127 = on
Hold 2	176-191	69	da 0 a 63 = off da 64 a 127 = on
Sound Controller 1	176-191	70	da 0 a 127
Sound Controller 2	176-191	71	da 0 a 127
Sound Controller 3	176-191	72	da 0 a 127
Sound Controller 4	176-191	73	da 0 a 127
Sound Controller 5	176-191	74	da 0 a 127
Sound Controller 6	176-191	75	da 0 a 127
Sound Controller 7	176-191	76	da 0 a 127
Sound Controller 8	176-191	77	da 0 a 127
Sound Controller 9	176-191	78	da 0 a 127
Sound Controller 10	176-191	79	da 0 a 127
Controller di uso generale n. 5-8	176-191	da 80 a 83	da 0 a 127
Portamento Control	176-191	84	da 0 a 127
Controller non definiti	176-191	da 85 a 90	
Effects Controller 1	176-191	91	da 0 a 127
Effects Controller 2	176-191	92	da 0 a 127
Effects Controller 3	176-191	93	da 0 a 127
Effects Controller 4	176-191	94	da 0 a 127
Effects Controller 5	176-191	95	da 0 a 127

Data Increment Controller	176-191	96	
Data Decrement Controller	176-191	97	
Numero di Parametro non registrato LSB	176-191	98	da 0 a 127
Numero di Parametro non registrato MSB	176-191	99	da 0 a 127
Numero di Parametro registrato LSB	176-191	100	da 0 a 127
Numero di Parametro registrato MSB	176-191	101	da 0 a 127
Controller non definiti	176-191	da 102 a 119	

I numeri di *Control Change* che vanno da 120 a 127, come vedremo nella tabella seguente, sono dedicati ai *Channel Mode Message*, che però, come abbiamo affermato, hanno una funzione diversa dai *Channel Voice Message* in quanto essi indicano il modo in cui risponde il dispositivo ricevente. Pur essendo disposti all'interno della lista dei *Control Change*, i *Channel Mode Message* vanno trattati a parte in quanto hanno una funzione diversa, come vedremo.

Channel Mode Message	Byte di stato (176-191)	1° Byte di dati	2° Byte di dati
All Sound Off	176-191	120	0
Reset All Controllers	176-191	121	0
Local Control	176-191	122	0 = off – 127 = on
All Notes Off	176-191	123	0
Omni Mode Off (+ attiva All Notes Off)	176-191	124	0 (ignorato)
Omni Mode On (+ attiva All Notes Off)	176-191	125	0 (ignorato)
Mono Mode On (disattiva Poly + attiva All Notes Off)	176-191	126	Numero dei canali (se è 0 accetta il numero di canali dal trasmettitore)
Poly Mode On (disattiva Mono + attiva All Notes Off)	176-191	127	0 (ignorato)

A proposito dei *Channel Mode Message* sul documento ufficiale si legge: "Quando è stato implementato il MIDI, si è dovuta definire la relazione fra i sedici canali MIDI disponibili e l'assegnazione alle voci del sintetizzatore. A questo scopo sono disponibili parecchi messaggi di modo. Essi sono **Omni (On/Off)**, **Poly** e **Mono**. *Poly* e *Mono* sono mutuamente esclusivi, cioè *Poly* disabilita *Mono* e viceversa. Quando *Omni* è *on*, abilita il ricevitore a rispondere a tutti i canali, senza discriminazione. Quando *Omni* è *off*, il ricevitore accetterà i messaggi di voce solamente dai canali selezionati. Quando *Mono* è *on*, limita l'assegnazione delle voci a una sola voce per canale (monofonico). Quando *Mono* è *off* (= *Poly On*) qualunque numero di voci può essere allocato dal normale algoritmo di assegnazione di voce del ricevitore (polifonico)."

In *ricezione*, quindi, se la configurazione è *Omni On* (primo byte di dati = 125), i messaggi vengono riconosciuti indipendentemente dal canale su cui sono stati trasmessi, e possono essere assegnati in polifonia (se si è in modo *Poly*) o in monofonia (cioè con controllo di una sola voce) se si è in modo *Mono*. Nel modo *Omni Off* (primo byte di dati = 124), i messaggi vengono riconosciuti solo sul canale o sui canali specifici su cui sono stati trasmessi. Anche in questo caso i messaggi saranno ricevuti in polifonia su un canale (*Omni Off*, *Poly*) o su un numero di canali uguale a quello delle voci (*Omni Off*, *Mono*). Si possono configurare anche i dispositivi che *trasmettono* e fare ciò in modo tale che tali configurazioni siano coerenti con i dispositivi riceventi. In generale i messaggi vengono trasmessi sempre sul canale stabilito. Se il canale su cui è impostato il dispositivo è il 6, le voci verranno trasmesse tutte sul 6. Fa eccezione la configurazione *Omni Off*, *Mono* in cui i messaggi delle voci vengono trasmessi su un numero di canali uguale a quello delle voci, se ad esempio si hanno 5 voci e il canale su cui è impostato il dispositivo è il 6, le voci verranno trasmesse singolarmente ognuna su un canale diverso cioè il canale 6, il 7, l'8, il 9 e il 10. *Oltre ai suddetti modi, ci sono 4 Channel Mode Message: All Sound Off, All Notes Off, Reset All Controllers e Local Control*. **All Sound Off** determina l'interruzione di qualsiasi nota il cui *Note On* sia stato trasmesso e per cui non sia stato ricevuto ancora un *Note Off*. Se si sta utilizzando una tastiera non muta (come un sintetizzatore o campionatore) il messaggio non viene applicato alle note che si stanno suonando direttamente alla tastiera ma solo a quelle trasmesse tramite MIDI In. Il messaggio **All Notes Off** è simile a quello di *All Sound Off*. La differenza è che *All Sound Off* interrompe le note anche se il pedale Hold è schiacciato e indipendentemente dal loro release[8], mentre il messaggio di *All Notes Off* tiene conto di questi eventi. **Reset All Controllers** riporta al loro valore di *default* i seguenti controlli:

- i controlli relativi al numero di parametro LSB e MSB (dal 98 al 101) vengono riportati ad un valore nullo (cioè 127)
- *Expression* viene riportato a 127
- *Modulation* viene riportato a 0
- I pedali vengono riportati a 0
- *Pitch Bend* viene riportato al centro
- *After Touch* di canale e polifonico vengono riportati a 0

---

[8] Il *release* nel MIDI si riferisce al tempo di estinzione della nota dopo il messaggio di *Note Off*.

Local Control serve a disconnettere una tastiera dal suo generatore, per fare in modo che il generatore risponda solo a messaggi che arrivano tramite il MIDI *In* e non a quelli provenienti dalla tastiera. Si tratta di un messaggio utile quando una tastiera non muta (cioè con un suo generatore di suoni) viene collegata ad un programma che registri gli eventi suonati tramite tastiera (ad esempio un *sequencer*). In quel caso, se non si attiva il *Local Control*, si possono ascoltare due suoni dal generatore interno, uno attivato dalla tastiera (che viene suonata fisicamente), e uno attivato dal *sequencer* che riceve il segnale dalla tastiera e lo rimanda al generatore della tastiera stessa.

MESSAGGI DI SISTEMA

I messaggi di sistema sono messaggi ricevuti da tutti i dispositivi collegati al sistema, indipendentemente dal canale. Sono di tre tipi: *System Common Message*, *System Exclusive Message* e *System Real Time Message*.
Dati gli scopi specifici di questo libro, non ci occuperemo né dei **System Common Message**, che si riferiscono a questioni di puntamento, sincronizzazione e accordatura tra i dispositivi, né dei **System Exclusive Message**, o **SysEx Message**, che veicolano informazioni utilizzabili specificamente su dispositivi di un dato costruttore, e non sono perciò universalmente validi. Essi diventano importanti quando si utilizzano dispositivi MIDI di una data marca, la quale ha un suo sistema esclusivo di messaggi.
Ci concentreremo ora sui **System Real Time Message**, che hanno la particolarità di poter essere inviati in qualsiasi momento, anche durante la trasmissione di altri messaggi, la quale viene momentaneamente sospesa per "lasciar passare" tali messaggi; questi ultimi infatti hanno la priorità, in quanto sono messaggi che devono essere trasmessi in tempo reale.

Vediamo i principali **System Real Time Message**:
Il messaggio di **MIDI Clock** (Status Byte 240) viene utilizzato per mantenere in sincrono un dispositivo MIDI trasmittente (*Master*) con uno ricevente (*Slave*), ad esempio un *sequencer slave* che deve essere in sincrono con un *sequencer master*, il quale imporrà il proprio tempo. Il dispositivo *master* trasmette il messaggio di MIDI *Clock* all'altro *sequencer* a intervalli regolari, basati sulla velocità richiesta, cioè quella del *master*.[9]
Vengono trasmessi 24 messaggi di MIDI *Clock* per ogni semiminima. Perciò se il tempo metronomico è 60 BPM al minuto (cioè 60 semiminime al minuto) verranno trasmessi (e ricevuti dallo *slave*) 24*60 (1440) segnali di MIDI *Clock* al minuto. Se invece il tempo è di 90 BPM avremo 24*90 (2160) segnali di MIDI *Clock* al minuto, e così via.
Il messaggio di **MIDI Start** (Status Byte 250) serve per sincronizzare l'inizio di una sequenza presente in un dispositivo *slave* con il messaggio di *Start* trasmesso dal dispositivo *master*. Quando il *master* trasmette il segnale, il dispositivo

---

[9] Si indica il *master* come trasmettitore e lo *slave* come ricevitore solo in relazione al MIDI *Clock*. Un dispositivo *slave*, infatti, pur adeguandosi al tempo dettato dal *master* e ricevendo da esso il MIDI *Clock*, può a sua volta trasmettere segnali MIDI di altro genere a qualsiasi dispositivo del sistema.

slave dispone la propria sequenza di note all'inizio e parte da 0 a sincrono con tale segnale.

Il messaggio di **MIDI *Continue*** (Status Byte 251) serve per sincronizzare l'avvio di una sequenza presente in un dispositivo *slave* con il messaggio di *Continue* trasmesso dal dispositivo *master*. A differenza del messaggio di MIDI *Start*, il messaggio MIDI *Continue* tiene conto del posizionamento del cursore nella sequenza del dispositivo *slave*. Se il cursore del dispositivo *slave* è posizionato all'inizio della seconda battuta, ad esempio, il messaggio *Continue* attiverà la sequenza a partire da quel punto, e non a partire dall'inizio come nel caso del messaggio *Start*.

Il messaggio di **MIDI *Stop*** (Status Byte 252), trasmesso da un dispositivo *master*, serve solamente per interrompere la lettura di una sequenza presente in un dispositivo *slave*.

Il messaggio di **MIDI *Active Sensing*** (Status Byte 254) è un messaggio che viene trasmesso a intervalli regolari per indicare che il collegamento fra due dispositivi MIDI è ancora attivo. Si tratta di una misura di sicurezza: immaginiamo infatti una tastiera suonata da un musicista che manda messaggi MIDI ad un generatore di suoni (ad esempio un *expander*). È possibile che l'*expander*, da un dato istante in poi, riceva messaggi di nota molto lunghi, quindi senza *Note Off*: cosa è successo? È il tastierista che sta suonando un accordo di lunga durata, oppure c'è qualcosa che non va nel collegamento? Nel caso che il collegamento sia interrotto dopo la ricezione dei *Note On*, l'*expander* non ricevendo i relativi *Note Off*, dovrebbe mantenere in *play* le note per un tempo indefinito. Ed è qui che interviene la funzione dell'*Active Sensing*. Infatti se l'*expander* non riceve l'*Active Sensing* per un tempo di ca. 300 millisecondi, riconosce che non c'è più il collegamento con la tastiera e quindi interrompe qualsiasi suono.

Il messaggio di **MIDI *System Reset*** (Status Byte 255) reinizializza il dispositivo come se fosse stato acceso in quel momento. È una funzione utilizzata piuttosto raramente.

9.3 I CONTROLLER MIDI

Una delle applicazioni più interessanti del MIDI è quella del controllo in tempo reale dei parametri di un suono. Finora abbiamo considerato il MIDI nel suo aspetto più semplice che è quello di attivare note di un determinato timbro prestabilito, determinandone la durata, l'ampiezza, la frequenza etc. Ci sono però applicazioni del MIDI che riguardano il campo più specifico della sintesi e dell'elaborazione del suono, ad esempio la possibilità, tramite l'invio di messaggi in tempo reale, di controllare i parametri delle componenti di un suono, di filtri, di oscillatori di controllo, riverberi, e quant'altro. È possibile inoltre elaborare un suono che proviene in tempo reale da un microfono.

CONTROLLER SEMPLICI

Esistono numerosi *controller* che un musicista può utilizzare per inviare messaggi MIDI tramite il movimento delle sue mani (e non solo).

Vediamo dapprima i controlli manuali più semplici, che spesso si trovano anche sulle tastiere, come leve, rotelle (ad esempio per il *Pitch Bend*), cursori, interruttori etc. i quali gestiscono in genere un solo tipo di funzione alla volta. Si assegna un dato parametro ai movimenti di quel *controller* (che può essere vero o virtuale), e si può variarne i valori con un movimento del mouse o della superficie fisica. Quando tali *controller* sono virtuali, si ha semplicemente una superficie grafica che simula un *controller* reale, i cui valori possono essere variati mediante l'azione del mouse.

Altri *controller* consentono l'uso di un piede come i pedali *On/Off*, o i pedali che trasmettono valori fra 0 e 127. Altri ancora, detti *Breath Controller*, variano i propri valori in uscita in modo proporzionale alla pressione del fiato; si tratta di *controller* molto interessanti dato che trasmettono valori continui della pressione in ogni istante e possono essere applicati all'*After Touch*, al *Pitch Bend*, ma anche a qualsiasi altro parametro (ad esempio l'ampiezza di un vibrato) di elaborazione del suono.

Un controller che consente con una sola mano di gestire i valori di diversi parametri è il *Joystick*, nato per le *play station* e i videogiochi, ma utilizzabile anche in campo MIDI (ad esempio utilizzando il movimento sull'asse delle *x* per la frequenza centrale di un filtro, il movimento sull'asse delle *y* per il fattore Q del filtro, un pulsante per l'attivazione del filtro etc.

Un utilizzo particolare è quello delle cellule fotoelettriche (che di per sé non sono strumenti MIDI, ma possono essere adattate). Spesso tali dispositivi sono inseriti in istallazioni sonore interattive, dove il pubblico di una mostra può trovarsi ad azionare consapevolmente o inconsapevolmente, mediante il proprio movimento, diverse cellule fotoelettriche (il cui funzionamento dipende dalla variazione di luce o di altri parametri) le quali fungono da interruttori on/off per altrettanti messaggi MIDI che elaborano il suono in tempo reale.

SUPERFICI DI CONTROLLO

Nel momento in cui però ci troviamo di fronte superfici di controllo più complesse, con diversi controlli da utilizzare contemporaneamente, un solo mouse, una sola mano, o un solo piede non saranno più sufficienti, e sarà bene avere, ad esempio, entrambe le mani libere per gestire le variazioni di tali controlli. Il nome generico di questo tipo di *controller* complessi è *Control Surface* o superfici di controllo. Ognuna di queste superfici può essere suonata come se fosse uno strumento per l'elaborazione del suono, e la nostra esecuzione verrà trasformata in un flusso di dati MIDI in tempo reale.

Un esempio di *Control Surface* fra i più comuni è il mixer MIDI, il quale contiene diversi cursori, ognuno dei quali può essere connesso con una funzione diversa dell'elaborazione del suono. Ad esempio si può utilizzare un cursore per controllare l'ampiezza della fondamentale di un suono, uno per l'ampiezza della seconda armonica, uno per la terza armonica etc. in cui il valore MIDI 0 di ogni cursore corrisponderà all'ampiezza minima della componente collegata a quel cursore e il valore 127 all'ampiezza massima.

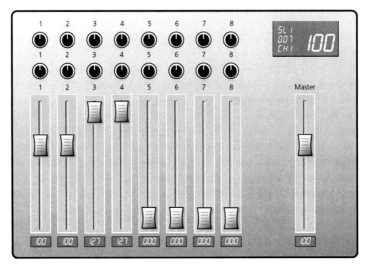

Fig. 9.3: Mixer MIDI

Una complessità simile si avrà se, invece di un solo pedale, abbiamo a disposizione una pedaliera di controllo (o MIDI *Foot Controller*) da non confondere con il MIDI *Key Pedalboard* che è un *controller* di tipo strumentale. Nel *Foot Controller* sono disponibili diversi pedali: ogni pedale assume una funzione diversa, a seconda di come si programma il sistema. Ad esempio possiamo avere un pedale *On/Off* che attiva/disattiva un effetto d'eco, un pedale con valori da 0 a 127 che controlla l'ampiezza delle ripetizioni del suono, un pedale per la frequenza di un oscillatore che controlla il vibrato, uno per la rotazione del suono nel campo stereofonico etc. Questo tipo di controlli è molto comune tra i musicisti che utilizzano il fiato (e/o le mani) per suonare il proprio strumento e vogliono controllare con i piedi l'elaborazione del suono in tempo reale.

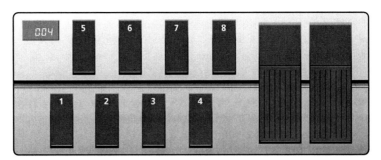

Fig. 9.4: Pedaliera di controllo MIDI

Un'altra superficie di controllo, che può essere utilizzata anche come strumento a percussione, è il *Trigger* MIDI, in cui è presente una serie di *pad*[10] sensibili alla

---

[10] Il *pad*, termine difficilmente traducibile, è un *controller* dalla superficie gommosa, di dimensioni variabili, su cui si può agire, a seconda dei casi, con le mani o con bacchette.

velocità e alla pressione. Questi *pad* possono avere misure diverse, a seconda se si vuole un MIDI *Trigger* da suonare con bacchette, oppure un *Finger Trigger*, da suonare con le dita, come quello in figura.

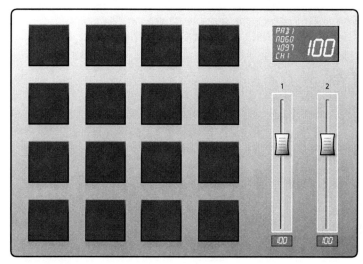

Fig. 9.5: Trigger MIDI

SENSORI MIDI, MIDI DATA GLOVE E MOTION TRACKING

Il discorso si fa ancora più complesso se facciamo interagire movimenti nello spazio con il controllo dei parametri del suono. Esistono diversi tipi di sensori MIDI, cioè dispositivi in grado di misurare una grandezza fisica (luce, pressione, suono) e trasformarla, tramite un apposito convertitore, in un flusso di messaggi MIDI in tempo reale. I sensori sono anche applicabili su diverse parti del corpo, e vengono utilizzati da danzatori, performer, attori, per controllare via MIDI parametri del suono e della luce o dell'immagine proiettata in tempo reale. Qui, come vediamo, il campo di azione si allarga a dismisura e offre molti spunti anche per la riflessione sul tema delle sinestesie possibili, e anche sul rapporto fra tecnologia, controllo, espressione dell'emozione mediante il corpo, suono, luce, elaborazione dell'immagine e quant'altro. Oltre ai sensori, che in questo caso trasformano in un flusso di dati MIDI in tempo reale i movimenti del performer, si possono utilizzare anche guanti speciali multisensore, detti MIDI *Data Glove*, i quali riescono a controllare mediante il movimento di una sola mano e di ogni dito nello spazio tridimensionale un buon numero di parametri, in relazione al numero di sensori applicati al guanto stesso.

Il sistema di controllo mediante l'intero corpo è quello forse più complesso. Uno dei sistemi usati è quello del *Motion Tracking*: si realizza una mappatura dei gesti (di una danzatrice ad esempio) mediante una o più telecamere e un sistema di marcatori applicati alla danzatrice, si utilizza un software di *analisi* della silhouette (che estrae le caratteristiche globali del movimento e dell'uso dello spazio) e un software che collega le variazioni di tale silhouette a diversi parametri del suono. Immaginiamo quanto complessa può risultare questa relazione fra corpo e suono, se un solo *Data Glove* può fornirci anche più di 15 flussi di dati per il controllo di altrettanti parametri. La gestione di un numero così alto di parametri richiede una riflessione sulla relazione fra suono, gesto ed espressione del corpo, ed apre perciò un territorio d'esplorazione immenso.

Inoltre è possibile applicare ad uno strumento reale (ad esempio una chitarra acustica) un *pitch tracker*, cioè un sistema che, attraverso l'analisi del suono[11], genera dei messaggi di MIDI note ON e OFF corrispondenti alle note eseguite.

---

[11] Dell'analisi del suono parleremo nel terzo volume.

VERIFICA • TEST A RISPOSTE BREVI (max 30 parole)

1) Descrivi un esempio di connessione MIDI in cui il computer funge contemporaneamente da trasmettitore e ricevitore dettagliando tutti i collegamenti.
2) Qual è la differenza fra l'*After Touch* Polifonico e quello di Canale e in che tipo di *controller* si possono utlilizzare, a parte le tastiere?
3) Se consideriamo uno *Status Byte* con valore 180, un secondo Byte con valore 2 e un terzo Byte con valore 127, quale dispositivo è coinvolto, su quale canale, che tipo di messaggio, quale parametro può essere controllato mediante tale messaggio, e quale può essere il risultato di tale controllo?
4) In una configurazione *Omni Off*, se consideriamo uno status Byte con valore 178 insieme a un primo Data Byte con valore 126 e un secondo Data Byte con valore 3 che risultato avremo dal punto di vista della trasmissione delle voci e dei canali?

· ·

CONCETTI DI BASE

1) Il protocollo MIDI viene utilizzato per la comunicazione di strumenti molto diversi fra loro, i quali possono avere le funzioni di trasmettitore, di ricevitore o entrambe. Le connessioni MIDI IN, OUT e THRU possono essere implementate con cavi MIDI tradizionali, con connessioni USB o connessioni più avanzate incluse quelle virtuali.
2) I messaggi MIDI non contengono alcun suono, bensì il *modo* in cui un determinato suono, residente in una memoria, deve essere suonato.
3) I messaggi MIDI si possono distinguere in messaggi di sistema e messaggi di canale. I messaggi di canale possono essere a loro volta suddivisi in *Channel Voice Message* e *Channel Mode Message*. I messaggi di sistema invece si distinguono in *System Common Message*, *System Exclusive Message* e *System Real Time Message*.
4) Nel MIDI si dà la possibilità, tramite l'invio di messaggi in tempo reale (i quali hanno la priorità, nella trasmissione, sugli altri messaggi) di controllare i parametri delle componenti di un suono, di filtri, di oscillatori di controllo, riverberi, e quant'altro. È possibile inoltre controllare l'elaborazione un suono che proviene in tempo reale da un microfono. Tali messaggi possono essere inviati mediante controller semplici, superfici di controllo, sensori MIDI, Midi *Data Glove*, sistemi di *Motion Tracking*, etc.

GLOSSARIO

After touch di canale (o channel pressure)
Messaggio di voce che indica il valore di variazione di pressione sui tasti abbassati di una tastiera o su altro *controller* strumentale. Il suo effetto è valido per tutte le note in esecuzione.

After touch polifonico (polyphonic key pressure)
Messaggio di voce che indica il valore di variazione di pressione su ogni singolo tasto abbassato di una tastiera o su altro *controller* strumentale. Il suo effetto è valido solo sulla nota specifica in esecuzione.

All notes off
Messaggio di modo atto ad interrompere qualsiasi nota il cui *Note On* sia stato trasmesso e per cui non sia stato ricevuto ancora un *Note Off*. Non interrompe bruscamente e tiene conto dei *Release* e del pedale *Hold*.

All sound off
Messaggio di modo atto ad interrompere bruscamente qualsiasi nota il cui *Note On* sia stato trasmesso e per cui non sia stato ricevuto ancora un *Note Off*.

Bank number
Numero che si riferisce al gruppo di timbri o di effetti di un modulo sonoro.

Breath controller
Controller che varia i propri valori in uscita in modo proporzionale alla pressione del fiato dell'esecutore.

Campionatore
Termine generico che indica un modulo sonoro (virtuale, con tastiera oppure *expander*) mediante il quale si possono campionare suoni, organizzarli e riprodurli secondo il sistema temperato su diverse ottave.

Canale MIDI (MIDI channel)
Canale MIDI (da 1 a 16) su cui possono essere inviati messaggi MIDI.

Cellule fotoelettriche
Interruttori *On/Off* dipendenti dalla variazione di luce nell'ambiente o di altri parametri ambientali per controllare l'attivazione/disattivazione di parametri.

Channel message (messaggio di canale)
Messaggi MIDI indirizzati specificamente ad un canale e ricevuti solo dai dispositivi che ricevono su quel particolare canale.

Channel mode message (messaggi di modo)
Messaggi di canale che indicano prevalentemente il modo in cui risponde il dispositivo ricevente.

Channel voice message (messaggi di voce)
Messaggi di canale che riguardano le modalità e i tempi di esecuzione.

Control change
Messaggio di voce che specifica quale *controller* viene azionato e il valore che trasmette in un determinato momento.

Controller di tipo strumentale
Trasmettitori MIDI che possiedono superfici di controllo con forme e modalità simili a strumenti acustici, come chitarre, strumenti a fiato, ad arco, a tastiera, a percussione etc.

Controller manuali semplici

Controller (anche virtuali) atti ad inviare messaggi MIDI tramite il movimento delle mani; gestiscono in genere un solo tipo di funzione alla volta (leve, rotelle, cursori, interruttori etc.).

Data byte

Byte successivi allo *Status Byte*: veicolano il contenuto del messaggio.

Expander

Modulo di generazione (o elaborazione) sonora senza tastiera o *controller*, in genere solo ricevitore.

Finger trigger

Superficie di controllo (che può essere utilizzata anche come strumento a percussione) in cui è presente una serie di *pad* da suonare con le dita sensibili alla velocità e alla pressione.

Interfaccia MIDI
(MIDI interface card)

Interfaccia per la connessione MIDI di dispositivi che in origine non sono dispositivi MIDI (ad esempio computer).

Joystick

Controller multiplo che consente con una sola mano di gestire i valori di diversi parametri tramite pulsanti e una leva bidimensionale.

Key number

Numero di nota espresso secondo la convenzione MIDI da 0 a 127.

Key pedalboard

Pedaliera MIDI a una o due ottave, simile a quella di un organo.

Local control

Messaggio di modo atto a disconnettere una tastiera dal suo generatore.

Master keyboard o
Tastiera muta

Tastiera speciale che ha la sola funzione di trasmettitore (e non di ricevitore o di *sound module*).

MIDI active sensing

Messaggio di sistema in tempo reale atto a indicare che il collegamento tra due dispositivi MIDI è ancora attivo.

MIDI clock

Messaggio di sistema in tempo reale atto a mantenere in sincrono i dispositivi MIDI.

MIDI data glove

Dispositivo MIDI multisensore a forma di guanto che trasforma i dati provenienti dai sensori in una serie di flussi di messaggi MIDI.

MIDI in, out, thru

Connessioni MIDI di entrata, uscita e di ritrasmissione di duplicati di messaggi ricevuti in entrata.

MIDI keyboard controller

Tastiera nella sua funzione di trasmettitore di messaggi MIDI.

MIDI message (messaggio MIDI)

Messaggio scritto secondo il protocollo MIDI e inviato da un dispositivo trasmettitore ad un dispositivo ricevitore.

MIDI sound module
(modulo MIDI di generazione sonora)

Modulo ricevitore di messaggi MIDI atto a produrre suoni sulla base dei messaggi ricevuti da un trasmettitore MIDI.

MIDI start, continue, stop

Messaggio di sistema in tempo reale atto a sincronizzare l'inizio (*start*).

MIDI system reset
Messaggio di sistema in tempo reale atto a reinizializzare il dispositivo come se fosse stato acceso in quel momento.

Mixer MIDI (MIDI mixer)
Superficie di controllo MIDI con diversi cursori e interruttori, ognuno assegnabile alla trasmissione di un messaggio MIDI diverso.

Modulation wheel
Ruota o leva che trasmette un messaggio di *Control Change* MIDI che indica il valore di variazione di modulazione (di ampiezza, di frequenza o altro) delle note in esecuzione.

Mono mode (poly off)
Messaggio di modo atto a limitare l'assegnazione delle voci a una sola voce per canale (alternativo a *poly*).

Motion tracking (sistema di mappatura dei gesti)
Sistema complesso di analisi del movimento del corpo basato su una o più telecamere e sensori che trasforma i dati dell'analisi in altrettanti segnali MIDI.

Note off
Messaggio di voce che indica la funzione di tasto rilasciato su una tastiera o di disattivazione di pressione su un elemento di altro *controller* strumentale.

Note on
Messaggio di voce che indica la funzione di tasto premuto su una tastiera o di attivazione di pressione su un elemento di altro *controller* strumentale.

Omni on/off
Messaggio di modo atto ad abilitare il ricevitore a rispondere a tutti i canali (*Omni On*) o ad accettare messaggi di voce solamente dai canali selezionati.

Pad MIDI (MIDI pad)
Controller dalla superficie gommosa, di dimensioni variabili, su cui si può agire, a seconda dei casi, con le mani o con bacchette.

Pedale di sustain (sustain pedal)
Pedale *On/Off* che trasmette un messaggio di *Control Change* il quale consente di prolungare il *sustain* di un dato suono.

Pedaliera di controllo MIDI (foot controller)
Superficie di controllo costituita da diversi pedali.

Pitch bend wheel o pitch bender
Ruota o leva che trasmette un messaggio di voce che indica il valore di variazione di intonazione delle note in esecuzione rispetto alla frequenza nominale.

Poly mode (mono off)
Messaggio di modo atto ad abilitare l'assegnazione della polifonia (alternativo a mono).

Program change
Messaggio MIDI che serve a selezionare un determinato timbro o effetto.

Protocollo MIDI
Musical Instrument Digital Interface: protocollo di comunicazione fra strumenti musicali elettronici, esteso anche a strumenti non dedicati alla musica.

Reset all controllers
Messaggio di modo atto a riportare al loro valore di *default* alcuni controlli.

Sensore MIDI
Dispositivo in grado di trasformare una grandezza fisica (luce, pressione, suono) in un flusso di dati MIDI.

Sequencer
Dispositivo digitale in grado di memorizzare più sequenze di note MIDI trasmesse da un altro dispositivo MIDI e di riprodurle in modo sincronizzato.

Sintetizzatore
Termine generico che indica un modulo sonoro (virtuale, con tastiera oppure *expander*) mediante il quale si possono sintetizzare suoni e organizzarli secondo il sistema temperato su diverse ottave.

Standard MIDI file
File standard per la scrittura dei dati MIDI e il loro scambio fra diversi dispositivi.

Start bit
Bit che precede gli 8 bit del messaggio MIDI

Status byte
Primo Byte di un messaggio MIDI: indica il tipo di messaggio e il canale MIDI.

Stop bit
Bit che segue gli 8 bit del messaggio MIDI.

Superfici di controllo (control surface)
Controller multifunzione, in grado di controllare diversi parametri nello stesso istante.

System common message
Messaggi di sistema concernenti la sincronizzazione, il puntamento e l'accordatura tra i dispositivi.

System exclusive message o sysex message
Messaggi di sistema che veicolano informazioni utilizzabili specificamente su dispositivi di un dato costruttore.

System message (messaggio di sistema)
Messaggi ricevuti da tutti i dispositivi collegati al sistema, indipendentemente dal canale.

System real time message
Messaggi di sistema trasmessi in tempo reale; hanno la priorità, nella trasmissione, sugli altri messaggi.

Tastiera MIDI (MIDI keyboard)
Tastiera (contenente un modulo di generazione sonora) in grado di trasmettere e di ricevere messaggi MIDI.

Trigger MIDI (MIDI trigger)
Strumento al confine fra superficie di controllo e strumento musicale a percussione costituito da diversi *pad* sensibili alla *Velocity* e alla pressione.

Velocity o key velocity
Parametro MIDI contenente l'informazione di dinamica associata alla pressione di un tasto di una tastiera o a un elemento di un altro *controller*.

9P
MIDI E CONTROLLO IN TEMPO REALE

9.1 MIDI E MAX
9.2 GESTIONE DEI MESSAGGI MIDI
9.3 MIDI E POLIFONIA
9.4 CONTROLLARE UN SYNTH MONOFONICO

PREREQUISITI PER IL CAPITOLO
- CONTENUTI DEL VOLUME 1, DEI CAPITOLI 5, 6, 7 E 8 (TEORIA E PRATICA), DEGLI INTERLUDI C E D E DEL CAPITOLO 9T

OBIETTIVI
ABILITÀ
- SAPER GESTIRE I FLUSSI DI SEGNALI MIDI CON MAX ALL'INTERNO DI UN SISTEMA DI DISPOSITIVI VIRTUALI
- SAPER GESTIRE I FLUSSI DI SEGNALI MIDI (ANCHE IN POLIFONIA) FRA DISPOSITIVI MIDI HARDWARE E SOFTWARE MEDIANTE MAX.

CONTENUTI
- OGGETTI MIDI DI MAX E LORO FUNZIONI NELLA GESTIONE DEI MESSAGGI
- GESTIONE AVANZATA DELLA POLIFONIA IN MIDI FRA MAX E DISPOSITIVI HARDWARE MIDI ESTERNI

SUSSIDI DIDATTICI
- LISTA OGGETTI MAX - LISTA ATTRIBUTI PER OGGETTI MAX SPECIFICI

9.1 MIDI E MAX

Finora, nei capitoli di pratica, abbiamo solo sfiorato l'argomento del MIDI. In questo capitolo approfondiremo solo alcuni aspetti del rapporto fra MIDI e Max, per dare indicazioni fondamentali sulla loro gestione combinata.

Oltre ai messaggi di nota (di cui abbiamo accennato nel par. IB.1), è possibile inviare via MIDI messaggi diversi che possono servire a modificare i parametri dello strumento (o dell'effetto) che li riceve.

Finora abbiamo usato il MIDI per comunicare con il sintetizzatore interno al sistema operativo, ma è naturalmente possibile utilizzare qualunque dispositivo MIDI.

Dal menu Options potete richiamare la voce *MIDI Setup*: apparirà una finestra contenente l'elenco di tutti i dispositivi MIDI reali e virtuali connessi al computer (fig. 9.1).

Type	On	Name	Abbrev	Offset
input	✓	DDMB2P Port 1	÷ a	÷ 0
input	✓	DDMB2P Control	÷ b	÷ 16
input	✓	to Max 1	÷ c	÷ 32
input	✓	to Max 2	÷ d	÷ 48
output	✓	AU DLS Synth 1	÷ a	÷ 0
output	✓	DDMB2P Port 1	÷ b	÷ 16
output	✓	DDMB2P Control	÷ c	÷ 32
output	✓	from Max 1	÷ d	÷ 48
output	✓	from Max 2	÷ e	÷ 64

fig. 9.1: finestra *MIDI Setup*

In questa finestra abbiamo l'elenco dei dispositivi di *input* (che possono cioè mandare messaggi MIDI a Max) e di *output* (che possono ricevere messaggi MIDI da Max): come si vede alcuni dispositivi possono funzionare sia da *input* sia da *output*; è il caso ad esempio di un'interfaccia MIDI fisica (non virtuale) connessa al computer e che disponga almeno di una connessione MIDI IN e una MIDI OUT (come il dispositivo DDMB2P che si vede nella prima riga in figura). Ciascun dispositivo può gestire generalmente 16 canali di comunicazione per i dati MIDI. Un dispositivo, infatti, può controllare più strumenti contemporaneamente, alcuni dei quali possono essere politimbrici, cioè possono produrre contemporaneamente suoni con timbri diversi: i canali servono ad indirizzare i messaggi ai diversi strumenti (o alle diverse sezioni di uno strumento politimbrico). Se ad esempio ad un particolare dispositivo MIDI colleghiamo un pianoforte digitale, un sintetizzatore politimbrico e un riverbero, potremmo decidere di mandare i messaggi MIDI per il pianoforte digitale sul canale 1, quelli per il sintetizzatore sui canali 2, 3, 4 e 5 (dove avremo programmato quattro timbri diversi), e quelli per il riverbero sul canale 6. L'oggetto `midiout`, che abbiamo usato spesso in questi due volumi, dispone di tre ingressi, il primo per il valore di nota MIDI, il secondo per la *velocity* e il terzo per il canale MIDI.

Ogni dispositivo ha un nome, e tramite la finestra *MIDI Setup* è possibile definire un'abbreviazione e un *offset* di canale[1]. Gli oggetti Max MIDI possono riferirsi ad un particolare dispositivo tramite uno di questi parametri (utilizzati normalmente come argomenti dell'oggetto).

Nella finestra *MIDI Setup* è possibile attivare o disattivare i dispositivi facendo clic sul relativo checkbox (colonna *"On"*) e modificare l'abbreviazione (una singola lettera minuscola) e l'*offset* di canale.

Notate il dispositivo "AU DLS Synth 1" che è il sintetizzatore virtuale di Mac OSX (l'analogo Windows si chiama Microsoft DirectMusic DLS Synth) che abbiamo usato finora negli esempi MIDI.

Una parola sui dispositivi "to Max 1", "to Max 2", "from Max 1" e "from Max 2": si tratta di collegamenti virtuali tra Max e altri programmi all'interno dello stesso computer. Questi dispositivi sono disponibili solo in Mac OSX. Se dopo aver avviato Max lanciate un programma che utilizza il MIDI (ad esempio un *sequencer*), vedrete, tra le interfacce riconosciute dal programma anche i dispositivi virtuali di Max: potrete così mandare dei messaggi MIDI a Max usando la porta "to Max 1" (o 2) e ricevere messaggi MIDI da Max dalla porta "from Max 1" (o 2). Per ottenere la stessa funzionalità in Windows è necessario utilizzare software di terze parti, come LoopBe1 (http://www.nerds.de) o LoopMIDI (http://www.tobias-erichsen.de).

9.2 GESTIONE DEI MESSAGGI MIDI

Oltre al già noto oggetto **noteout** che serve ad inviare messaggi di nota MIDI, esiste l'oggetto **notein** che riceve i messaggi di nota da un dispositivo esterno (ad esempio una tastiera hardware). Inoltre sono disponibili in Max altri oggetti in grado di gestire messaggi MIDI; ne vediamo alcuni in fig. 9.2.

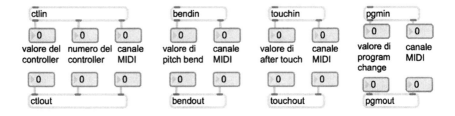

Fig. 9.2: altri oggetti MIDI

---

[1] I canali MIDI, come abbiamo detto, sono 16, e sono numerati da 1 a 16. Tramite l'offset è però possibile utilizzare valori superiori: in un dispositivo, infatti, il valore di offset si aggiunge al numero di canale. Se ad esempio, come appare in figura, il dispositivo *b* ha un offset pari a 16, significa che i suoi canali 1-16 vengono visti da Max come canali 17-32. Questo fa sì che quando inviamo (o riceviamo) in Max un messaggio di nota al canale 17, lo stiamo in realtà inviando (o ricevendo) al canale 1 del dispositivo *b*. In un oggetto MIDI possiamo specificare, come argomenti, il nome del dispositivo e il canale, oppure solo il canale con l'eventuale offset. In altre parole, sempre con riferimento alle impostazioni di figura 9.1, gli oggetti [**noteout** b 2] e [**noteout** 18] inviano il messaggio allo stesso canale, ovvero il secondo canale del dispositivo *b*.

Gli oggetti **ctlin** e **ctlout** ricevono e inviano i messaggi di *control change*: questi messaggi vengono solitamente generati da meccanismi (*controller*) in grado di trasmettere una serie continua di valori numerici, come ad esempio le rotelle di modulazione (*modulation wheel*) che troviamo in molte tastiere MIDI (spesso utilizzate per gestire il vibrato del suono), oppure pedali, cursori etc. (vedi anche cap. 9.3T). Per ogni canale MIDI sono disponibili 128 *controller* (numerati da 0 a 127) ciascuno dei quali può trasmettere o ricevere valori compresi tra 0 e 127. Il *control change* viene usato per modificare le caratteristiche sonore di uno strumento (aggiungendo ad esempio un vibrato al suono, o modificando la frequenza di taglio di un filtro) o di un effetto (in un distorsore, come quelli usati per la chitarra elettrica, si può usare ad esempio per regolare la quantità della distorsione).

Gli oggetti **bendin** e **bendout** ricevono e inviano i messaggi di *pitch bend*: cioè valori (compresi tra 0 e 127) che determinano l'alterazione dell'altezza di una nota, utile per simulare i piccoli glissandi di strumenti a corda come la chitarra, o a fiato come clarinetto e sax. Il relativo meccanismo di controllo presente nelle tastiere MIDI è spesso una rotella.

Gli oggetti **touchin** e **touchout** ricevono e inviano i messaggi di *after touch*: questi messaggi sono generati, in una tastiera MIDI, dalla pressione sul tasto dopo che è stata suonata una nota. Vengono utilizzati in genere per alterare il suono, ad esempio modificando il volume, o la frequenza di taglio del filtro, etc.: hanno quindi un uso simile a quello del *control change*. Anche questi valori sono compresi tra 0 e 127. Il messaggio di *after touch* è globale per tutta la tastiera: ovvero viene inviato lo stesso messaggio qualunque sia il tasto sottoposto a pressione. Esiste un altro messaggio, *polyphonic key pressure* (non illustrato in figura), che invia un valore distinto per ogni tasto premuto: si tratta di una funzione che si trova raramente nelle tastiere, quasi sempre dotate del solo *after touch globale*.

Gli oggetti **pgmin** e **pgmout** ricevono e inviano i messaggi di *program change*: si tratta dell'equivalente di un cambio di *preset*. Inviando un messaggio di *program change* (un valore compreso tra 0 e 127) ad un sintetizzatore (reale o virtuale) è ad esempio possibile cambiare il timbro. Notate che in Max questi valori sono compresi tra 1 e 128, e vengono convertiti in valori compresi tra 0 e 127 (vengono cioè diminuiti di 1) prima di essere inviati al dispositivo.

Gli oggetti MIDI possono avere come argomento il nome del dispositivo[2], il numero del canale o entrambi (vedi nota 1). Nel caso degli oggetti che ricevono messaggi MIDI, se il numero di canale viene specificato come argomento, l'*outlet* relativo al canale scompare: vedi fig. 9.3.

---

[2] Il nome del dispositivo può essere l'abbreviazione costituita da una singola lettera o il nome esteso come appare nella colonna "Name" della finestra *MIDI Setup*; quando il nome esteso è costituito da più parole separate da spazi va racchiuso tra virgolette. Con riferimento alla figura 9.1, quindi, possiamo usare per il primo dispositivo l'abbreviazione a oppure il nome esteso "DDMB2P Port 1".

questi oggetti ricevono messaggi da tutti i dispositivi su tutti i canali	notein	bendin	touchin	pgmin
questi oggetti ricevono messaggi da un solo dispositivo su tutti i canali	notein a	bendin b	touchin c	pgmin a
questi oggetti ricevono messaggi da un solo dispositivo su un solo canale	notein a 1	bendin b 4	touchin c 1	pgmin a 2
questi oggetti ricevono gli stessi messaggi dei precedenti, utilizzando il meccanismo di offset di canale	notein 1	bendin 20	touchin 33	pgmin 2

Fig. 9.3: argomenti negli oggetti che ricevono messaggi MIDI

In questa figura abbiamo un esempio per ogni combinazione di argomenti: notate che le ultime due righe di oggetti hanno un *outlet* in meno, quello corrispondente al canale MIDI, perché il canale è specificato nell'argomento. Impostando nella finestra *MIDI Setup* le abbreviazioni dei dispositivi e gli *offset* di canale come illustrato in figura 9.1, gli oggetti dell'ultima riga riceveranno il messaggio dallo stesso dispositivo e sullo stesso canale dei corrispondenti oggetti della penultima riga.

Gli oggetti **ctlin** e **ctlout** hanno una gestione degli argomenti leggermente diversa: i possibili *controller* per canale MIDI sono infatti 128, numerati da 0 a 127, e ciascuno può generare valori tra 0 e 127. Se nell'oggetto è presente un solo argomento numerico, si tratta in questo caso del numero di *controller*. Questo argomento può essere preceduto dal nome del dispositivo, oppure seguito dal numero di canale, o da entrambi. Se vogliamo specificare un canale senza specificare un *controller* l'argomento relativo al *controller* deve essere -1 (fig. 9.4).

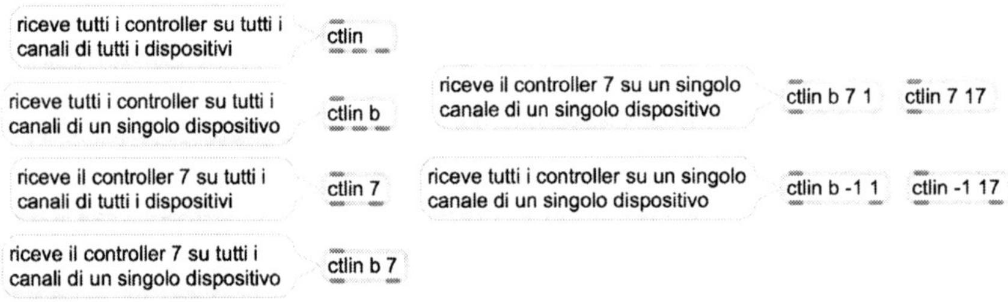

riceve tutti i controller su tutti i canali di tutti i dispositivi	ctlin	riceve il controller 7 su un singolo canale di un singolo dispositivo	ctlin b 7 1	ctlin 7 17
riceve tutti i controller su tutti i canali di un singolo dispositivo	ctlin b			
riceve il controller 7 su tutti i canali di tutti i dispositivi	ctlin 7	riceve tutti i controller su un singolo canale di un singolo dispositivo	ctlin b -1 1	ctlin -1 17
riceve il controller 7 su tutti i canali di un singolo dispositivo	ctlin b 7			

Fig. 9.4: argomenti nell'oggetto **ctlin**

La prima uscita corrisponde sempre al valore generato dal *controller*. Nelle combinazioni che presentano due sole uscite, la seconda uscita corrisponde, nel caso degli oggetti [**ctlin** 7] e [**ctlin** b 7], al numero di canale MIDI, mentre nel caso degli oggetti [**ctlin** b -1 1] e [**ctlin** -1 17] corrisponde al numero di *controller*: riflettete un momento e spiegate perché.

Se facciamo doppio clic, in modalità *performance*, su un oggetto MIDI, apparirà un menù contestuale da cui è possibile selezionare uno dei dispositivi disponibili, che potrà sostituire l'eventuale dispositivo indicato come argomento.

Vediamo ora una *patch* che ci permette di modificare il suono di un sintetizzatore software o hardware collegato via MIDI. Aprite il file **9_01_MIDI_synth.maxpat** (fig. 9.5).

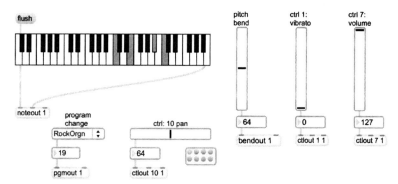

Fig. 9.5: file **9_01_MIDI_synth.maxpat**

Questa *patch* si collega di *default* al sintetizzatore interno del nostro computer, ma modificando le impostazioni nella finestra *MIDI Setup* è possibile utilizzare un altro dispositivo. L'oggetto `kslider` in alto a sinistra è in modalità "Polyphonic", ed è quindi in grado di mandare messaggi di *note on* e *note off* [3]. Il messaggio [flush] collegato all'oggetto serve a inviare un *note off* per tutte le note attive.

In questa *patch* utilizziamo alcuni *controller* definiti nello standard *General MIDI* [4], oltre al *program change* e al *pitch bend*. Il secondo e il terzo *slider* sulla destra ci permettono di inviare i valori del *controller* 1 (utilizzato per la profondità del vibrato del suono) e 7 (utilizzato per il volume). In basso uno *slider* orizzontale ci permette di regolare il controller 10 (utilizzato per il *panning*). Notate il menu collegato all'oggetto `pgmout` (cioè l'oggetto che invia messaggi di *program change*): questo menù contiene tutti i timbri definiti nello standard *General MIDI*, e se il dispositivo utilizzato aderisce a tale standard i timbri disponibili corrispondono a quelli presenti nel menù.

Provate tutti i *preset* e provate a modificare i diversi controlli disponibili.

· ·

ATTIVITÀ

Nella *patch* di fig. 9.5, create un secondo insieme di oggetti che trasmetta le note MIDI, il *program change*, il *pitch bend*, etc. sul canale MIDI 2. Selezionate per entrambi i canali lo stesso valore di program change, e alterate leggermente il *pitch bend* del canale 2, in modo da creare un effetto di *chorus* quando si suona la stessa nota con entrambi i canali. Se avete una tastiera MIDI usatela per controllare i due canali contemporaneamente.

---

[3] Abbiamo già parlato di questa modalità, attivabile tramite l'*inspector*, nel paragrafo IB.1 del primo volume.
[4] Per informazioni sullo standard *General MIDI* e sul protocollo MIDI potete consultare il sito ufficiale www.midi.org.

Gli oggetti che abbiamo visto finora sono oggetti "specializzati", nel senso che ciascuno riceve o trasmette un determinato tipo di messaggio MIDI, ignorando tutti gli altri.

Esistono anche gli oggetti MIDI generici **midiin** e **midiout**. Questi oggetti inviano e ricevono i dati MIDI in formato "grezzo" (*raw*).

Caricate la *patch* **9_02_raw_MIDI_data.maxpat** (fig. 9.6).

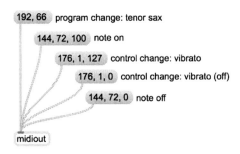

Fig. 9.6: *patch* **9_02_raw_MIDI_data.maxpat**

Anche questa *patch* si collega di *default* al sintetizzatore interno del computer. Facendo clic sui *message box* dall'alto verso il basso, possiamo inviare una serie di messaggi MIDI in formato *raw*. Il primo numero in ogni *message box* specifica che tipo di messaggio MIDI viene inviato e su quale canale (maggiori dettagli tra breve), i numeri successivi sono i valori relativi al messaggio.

Ad esempio il numero 192 del primo *message box* corrisponde al messaggio di *program change* sul canale 1. Il successivo numero 66 è il valore di *program change* da inviare: nello standard General MIDI corrisponde ad un suono di sax tenore. Nel secondo *message box* il valore 144 corrisponde al messaggio di *note on* sul primo canale, 72 è il valore di nota (il DO 4) e 100 è la *velocity*.

Notate che in ogni *message box* i valori numerici sono separati da virgole: i dati *raw* vanno infatti inviati come valori singoli e non come liste.

Tecnicamente il primo valore (quello che indica il tipo di messaggio) si chiama *status byte*, e i valori successivi *data byte*.

Come abbiamo accennato, lo *status byte* indica anche il canale MIDI da usare; incrementando il valore di *status byte* si invia il messaggio sui canali MIDI successivi. Ad esempio:

144: note on canale MIDI 1
145: note on canale MIDI 2
146: note on canale MIDI 3

...

159: note on canale MIDI 16

Questo meccanismo vale naturalmente per tutti i messaggi di *status byte*[5].

---

[5] L'elenco dei messaggi di *status byte* si può trovare su www.midi.org, oppure si può ricostruire con l'oggetto **midiformat**, di cui parleremo tra poco.

Se avete un dispositivo MIDI fisico, come ad esempio una tastiera, create un oggetto `midiin` e collegatelo ad un oggetto `print`: per ogni tasto o controller attivato nel dispositivo potrete vedere i relativi dati *raw* sulla finestra Max.

Gli oggetti `midiin` e `midiout` sono utili quando è necessario gestire contemporaneamente diversi tipi di messaggi MIDI. In questo caso possiamo avvalerci anche di tre altri oggetti che interpretano i messaggi per noi: `midiparse`, `midiselect` e `midiformat`.

L'oggetto **midiparse** si può collegare a `midiin` e la sua funzione è riconoscere i messaggi MIDI che riceve e smistarli alle sue uscite, ciascuna delle quali è dedicata ad un particolare tipo di messaggio (vedi fig. 9.7).

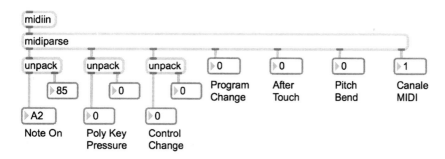

Fig. 9.7: l'oggetto `midiparse`

Vediamo che l'oggetto ha 7 uscite, rispettivamente per nota, *polyphonic key pressure*, *control change*, *program change*, *after touch*, *pitch bend* e canale MIDI. Le prime tre uscite producono liste di due elementi, perché i messaggi relativi (*note on*, *polyphonic key pressure* e *control change*) devono essere specificati da due valori (ad esempio il *polyphonic key pressure* trasmette il numero della nota premuta e il valore di pressione). Il flusso di dati *raw* trasmesso da `midiin` può essere così interpretato da `midiparse`: nell'esempio illustrato in figura è stato ricevuto un messaggio di *note on* sul canale 1.

Naturalmente i dati da interpretare possono essere mandati a `midiparse` da qualunque oggetto, non solo da `midiin`: proviamo ad esempio a mandare un valore per il controllo del volume tramite un *message box* (fig. 9.8).

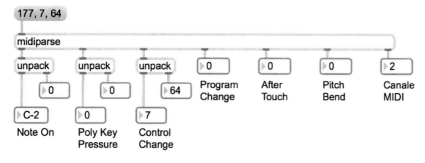

Fig. 9.8: dati MIDI *raw* in un *message box*

I valori 177, 7 e 64 inviati tramite il *message box* (e separati da una virgola in modo che vengano trasmessi come numeri singoli e non come un lista di tre elementi) vengono interpretati come un messaggio di *control change* sul canale 2: più precisamente viene trasmesso il controllo del volume (*control* n. 7) con il valore 64.

Un oggetto simile a `midiparse` è **midiselect**: questo oggetto ci permette, tramite l'impostazione degli attributi, di stabilire quali messaggi verranno interpretati. I messaggi non interpretati vengono inviati in formato *raw* all'uscita di destra. Immaginiamo, ad esempio, di ricevere da un dispositivo esterno un flusso di dati MIDI, contenenti messaggi di nota, *control change* etc. su vari canali, e immaginiamo di voler trasporre le note provenienti dai canali 2 e 4 di un'ottava. Utilizzando l'oggetto `midiselect` potremmo creare una *patch* come quella di figura 9.9.

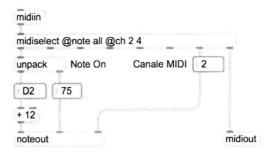

Fig. 9.9: l'oggetto `midiselect`

Analizziamo la figura: le prime 7 uscite di `midiselect` sono uguali alle corrispondenti uscite di `midiparse`. Queste uscite però vengono utilizzate solo se l'attributo corrispondente è stato attivato, altrimenti i relativi dati *raw* vengono passati all'ultima uscita. Nell'esempio in figura, gli attributi "@note all" e "@ch 2 4" stabiliscono che tutti i valori di *note on* provenienti dai canali MIDI 2 e 4 vengono interpretati; i messaggi di *note on* provenienti da altri canali e tutti gli altri messaggi MIDI (*control change*, *pitch bend*, etc.) vengono invece inviati in formato *raw* all'ottava uscita. Questo significa che quando viene ricevuta una nota sul canale 2 o 4, tale nota viene trasmessa alla prima uscita, trasposta di un'ottava e inviata all'oggetto `noteout`, mentre tutti gli altri messaggi MIDI vengono inviati (in formato *raw*) dall'ultima uscita all'oggetto `midiout`.

Gli attributi riconosciuti dall'oggetto `midiselect` sono: *note*, *ctl* (*control change*), *touch* (*after touch*), *poly* (*polyphonic key pressure*), *bend* (*pitch bend*), *pgm* (*program change*) e *ch* (canale MIDI). Nel caso di *note*, *ctl*, *poly* e *ch* è possibile selezionare tutti i valori (*all*), nessun valore (*none*) oppure specificare quali valori interpretare. Se nell'esempio in figura avessimo voluto trasporre solo le note DO3, MI3 e SOL3, avremmo dovuto utilizzare l'attributo "@note 60 64 67" al posto di "@note all".

L'oggetto **midiformat** invece genera un flusso di dati MIDI *raw* partire da ingressi specializzati (fig. 9.10).

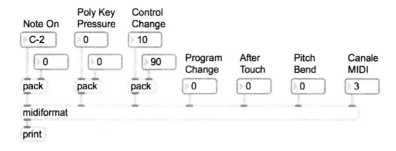

Fig. 9.10: l'oggetto `midiformat`

Qui abbiamo mandato al terzo ingresso dell'oggetto un messaggio di *control change*: il numero di *controller* è 10, il valore è 90 e il canale (settimo ingresso) è 3. I dati *raw* sono inviati, in questa figura, all'oggetto `print`: sulla finestra Max appariranno quindi i valori 178, 10 e 90, ciascuno su una riga diversa (ricostruite la *patch* e provate).
Una *patch* come quella di figura 9.10 ci permette quindi di conoscere tutti i valori di *status byte* dei diversi messaggi MIDI. Di solito, naturalmente, l'oggetto `midiformat` è collegato ad un oggetto `midiout`.

9.3 MIDI E POLIFONIA

In questa sezione torniamo a parlare dell'oggetto `poly~`, presentato nel paragrafo IC.3. Se la vostra conoscenza di tale oggetto si fosse nel frattempo "arrugginita" vi consigliamo caldamente di ripassare il paragrafo prima di procedere con la lettura.

Nelle *patch* polifoniche che abbiamo studiato nel paragrafo IC.3, la durata di ogni nota era conosciuta in anticipo, ed era contenuta nella lista di parametri inviata all'oggetto `poly~`.
Quando lo strumento viene suonato da un dispositivo esterno, come ad esempio una tastiera MIDI, invece, non c'è modo di sapere in anticipo quanto durerà una nota, perché ovviamente questo dipende dal momento in cui solleviamo il dito dal tasto.
In questo caso, quando lo strumento polifonico riceve un *note on* deve richiamare un'istanza libera e suonare la nota; quando poi riceve un *note off* per quella stessa nota deve recuperare l'istanza usata ed eseguire il *release* del suono. In una situazione in cui molte note suonano contemporaneamente, con durate imprevedibili, come si fa a tenere traccia delle istanze usate?
La risposta è nel **messaggio "midinote"**, che svolge la stessa funzione del messaggio "note" che abbiamo visto nelle *patch* del paragrafo IC.3, ovvero si occupa di gestire le istanze di uno strumento polifonico. La lista da associare a "midinote" però deve avere come primi due elementi il valore di nota MIDI e la *velocity* della nota da suonare. In altre parole i primi due elementi della lista devono essere numeri interi compresi tra 0 e 127. Quando il secondo elemento (corrispondente alla *velocity*) è maggiore di 0, il messaggio "midinote" fa sì che

l'oggetto **poly~** cerchi la prima istanza libera per eseguire la nota, associando quell'istanza alla nota ricevuta. Quando viene ricevuta una lista il cui primo elemento è una nota che è stata precedentemente attivata e il secondo elemento vale 0 (ovvero è un *note off*), l'oggetto **poly~** non cerca un'istanza libera, ma invia la lista alla stessa istanza utilizzata per suonare la nota: all'interno della *patch* polifonica deve ovviamente esserci un algoritmo che al ricevimento del *note off* si occupa di "spegnere" la nota.

Anche se non avete una tastiera MIDI a disposizione, è possibile utilizzare l'oggetto **kslider** per generare messaggi di *note on* e *note off* in tempi successivi. Aprite il file **9_03_poly_midinote.maxpat** (fig. 9.11).

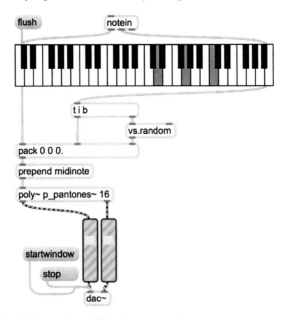

fig. 9.11: *patch* **9_03_poly_midinote.maxpat**

Se avete una tastiera MIDI potete far suonare la *patch* tramite l'oggetto **notein**, altrimenti potete usare direttamente l'oggetto **kslider** che è in modalità "Polyphonic". Come abbiamo già visto in questo stesso paragrafo, e nel paragrafo IB.1 del primo volume, in questa modalità (impostabile tramite l'*inspector*) l'oggetto **kslider** genera un *note on* quando si fa clic su un tasto non selezionato, e genera un *note off* se si fa nuovamente clic sullo stesso tasto. È possibile attivare più note consecutivamente e disattivarle in qualsiasi ordine. Il messaggio "flush" (presente nel *message box* collegato a **kslider**) disattiva tutte le note attive di **kslider**, il quale invia i relativi messaggi di *note off*.

Notate che il messaggio che **prepend** antepone alla lista da passare all'oggetto **poly~** è "midinote" e non "note". La lista è costituita da tre elementi: nota, *velocity* e un valore casuale compreso tra 0 e 1 che, come vedremo tra poco, serve a stabilire la posizione stereofonica del suono.

Provate ad attivare e disattivare qualche nota, dopo di che aprite con un doppio clic l'oggetto **poly~** per vedere il contenuto della *patch* polifonica **p_pantones~.maxpat** (fig. 9.12).

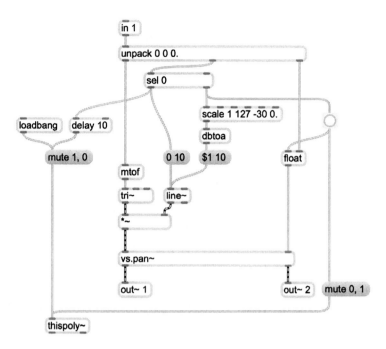

fig. 9.12: file **p_pantones~.maxpat**

I tre elementi della lista inviata all'ingresso della *patch* vengono separati da
unpack: il valore di destra (il numero casuale generato da vs.random nella
patch principale) viene passato all'ingresso freddo di un oggetto float; il valore centrale (la *velocity*) viene inviato all'oggetto [sel 0], e, se è diverso da zero
(e rappresenta quindi un *note on*), viene inviato dall'uscita destra di sel ad un
bang button. Quest'ultimo oggetto è collegato ad un *message box* che attiva la
voce polifonica nel modo che già conosciamo, ed è anche collegato all'ingresso
caldo dell'oggetto float: il valore casuale memorizzato può quindi raggiungere l'oggetto vs.pan dove determina la posizione stereofonica del suono.
Torniamo all'uscita di destra di sel; il valore di *velocity* viene anche convertito
in ampiezza dagli oggetti scale e dbtoa (esattamente come nelle *patch* polifoniche del paragrafo IC.3). Per ultimo viene trasmesso il valore di sinistra che
rappresenta la nota MIDI.
Se il valore di *velocity* nella lista generata dalla *patch* principale è 0 (ovvero si
tratta di un *note off*), l'istanza utilizzata è, come abbiamo detto, quella che sta
suonando la nota che vogliamo "spegnere". In questo caso l'oggetto [sel 0]
invia dall'uscita di sinistra un *bang* ad un *message box* collegato all'oggetto
line~ che porta a 0 l'ampiezza del suono. Il *bang* generato da sel viene
anche ritardato di 10 millisecondi (dall'oggetto [delay 10]), e usato per liberare
l'istanza e metterla in *mute*.

⌒ ATTIVITÀ

Rispondete alle seguenti domande relative alla *patch* polifonica p_pantones~.maxpat:
- Perché nella *patch* il terzo valore della lista in ingresso viene inviato all'ingresso freddo dell'oggetto `float`? In altre parole perché non viene inviato direttamente a `vs.pan~`?
- Perché il *bang* inviato dall'oggetto `sel` al *message box* [mute 1, 0], che serve a liberare l'istanza e a metterla in *mute*, viene ritardato di 10 millisecondi?
- Perché non abbiamo usato il *bang* generato dall'uscita destra di `line~` per liberare l'istanza, così come avevamo fatto nelle *patch* polifoniche del paragrafo IC.3 (vedi ad es. la *patch* p_triangletones~.maxpat)?
- Che tipo di meccanismo avremmo potuto aggiungere a questa *patch* affinché fosse possibile liberare l'istanza tramite il *bang* prodotto da `line~`?

· ·

L'OGGETTO ADSR~

Nell'esempio precedente i suoni avevano un rudimentale inviluppo trapezoidale, con attacco e *release* entrambi di durata fissa pari a 10 millisecondi.
Possiamo definire un più utile inviluppo *Attack-Decay-Sustain-Release*[6] utilizzando l'oggetto **adsr~** che è stato pensato per una gestione agevole delle voci polifoniche.
Vediamo innanzitutto come funziona questo oggetto: ricostruite la *patch* di figura 9.13.

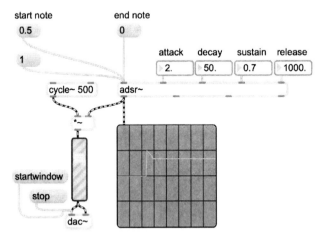

fig. 9.13: l'oggetto `adsr~`

L'oggetto `adsr~` riceve un valore di ampiezza al suo primo ingresso, mentre gli altri 4 ingressi ricevono i parametri di *attack*, *decay*, *sustain* e *release*. Notate che

---

[6] Vedi paragrafo 1.3T nel primo volume.

i valori di *attack*, *decay* e *release* sono tempi in millisecondi, mentre il *sustain* è un fattore di moltiplicazione dell'ampiezza (in genere un valore compreso tra 0 e 1).

Avviate la *patch* e fate alternativamente clic su uno dei due *message box* contrassegnati come "start note" e il *message box* "end note".

Quando `adsr~` riceve un valore diverso da 0 al suo primo ingresso, genera le fasi *attack*, *decay* e *sustain* dell'inviluppo; quando riceve uno 0 genera la fase *release*.

Durante la fase di *attack* l'inviluppo va da 0 al valore di ampiezza ricevuto al suo primo ingresso, durante la fase di *decay* l'inviluppo scende fino ad un livello pari all'ampiezza moltiplicata per il fattore di *sustain*, durante la fase di *release* l'inviluppo torna al valore 0.

Ad esempio, se il valore di ampiezza inviato al primo ingresso di `adsr~` fosse 0.5, e i parametri ADSR fossero quelli di figura 9.13 (2, 50, 0.7, 1000), il segnale in uscita andrebbe da 0 a 0.5 in 2 millisecondi (*attack*) poi scenderebbe per 50 millisecondi (*decay*) fino al livello 0.35 (ovvero 0.7, il fattore di moltiplicazione del *sustain*, moltiplicato per l'ampiezza in entrata, 0.5). Questo livello verrebbe mantenuto fino all'invio del valore di ampiezza 0 al primo ingresso di `adsr~`; a quel punto il segnale scenderebbe fino a 0 in 1000 millisecondi (*release*).

Passiamo ora l'utilizzo di `adsr~` in una *patch* polifonica. Caricate il file **9_04_poly_adsr.maxpat** (fig. 9.14).

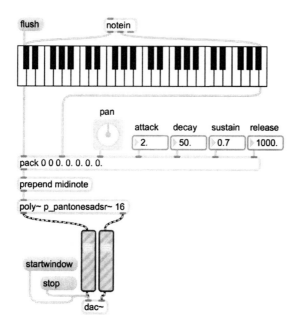

fig. 9.14: *patch* **9_04_poly_adsr.maxpat**

Questa *patch* è simile alla precedente, l'unica differenza è che ora il *pan* non è variato casualmente, e sono stati aggiunti i 4 parametri ADSR. Provate a modificare i parametri per verificare l'effetto dell'inviluppo sul suono risultante.

Analizziamo ora la *patch* polifonica **p_pantonesadsr~.maxpat** (fig. 9.15).

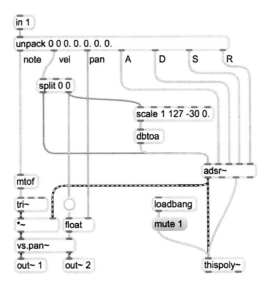

fig. 9.15: file **p_pantonesadsr~.maxpat**

Notate che i valori di *velocity*, prima di essere inviati all'oggetto **adsr~**, vengono convertiti in deciBel e poi in ampiezza come nella *patch* precedente, ma il valore di *velocity* 0 (ovvero il *note off*) viene separato dagli altri valori dall'oggetto [**split** 0 0], e viene inviato direttamente all'oggetto **adsr~** perché possa effettuare il *release* della nota. L'oggetto standard **split** è simile all'oggetto **vs.split** della libreria *Virtual Sound Macros* che abbiamo utilizzato nel paragrafo 6.9P. Nel caso dell'oggetto **split** tutti i valori che si trovano all'interno dell'intervallo definito dai suoi due argomenti vengono passati all'uscita di sinistra, i valori che si trovano all'esterno dell'intervallo vengono passati all'uscita di destra. Nella *patch* in figura l'intervallo di **split** è "0 0"; il solo valore 0 viene quindi passato all'uscita di sinistra, e tutti gli altri a quella di destra.

Notate che l'inviluppo prodotto da **adsr~** viene inviato anche all'oggetto **thispoly~**.

Nelle *patch* polifoniche precedenti, per occupare una voce (ovvero per attivare il suo *busy state*), abbiamo inviato il valore 1 all'oggetto **thispoly~**, mentre per liberare la voce abbiamo inviato il valore 0. In realtà qualsiasi valore diverso da 0 rende occupata l'istanza, e i valori possono essere inviati anche sotto forma di segnale. Quando colleghiamo l'inviluppo prodotto da **adsr~** a **thispoly~**, quindi, rendiamo occupata la voce per tutta la durata dell'inviluppo; una volta terminata la fase di *release* il segnale dell'inviluppo va a 0 e la voce si libera. Notate inoltre che abbiamo collegato anche la terza uscita di **adsr~** all'oggetto **thispoly~**: questa uscita, infatti, genera il messaggio "mute 0" all'inizio dell'inviluppo, e il messaggio "mute 1" alla fine, liberandoci dall'incombenza di dover creare un meccanismo per attivare e disattivare le voci (come abbiamo detto, l'oggetto **adsr~** è stato pensato in funzione di un uso in polifonia).

QUANDO LE VOCI POLIFONICHE NON BASTANO: L'ATTRIBUTO "STEAL"

Un'altra interessante caratteristica di `adsr~` è la sua capacità di gestire le istanze polifoniche quando le voci richieste sono più di quelle effettivamente disponibili.

Normalmente quando tutte le voci di un oggetto `poly~` sono occupate, le nuove note inviate all'oggetto vengono ignorate; se però viene attivato l'attributo "steal" di `poly~`, la nuova nota "ruba"[7] la voce ad una nota attiva (in genere la nota attiva da più tempo). Questo naturalmente genera una discontinuità nel segnale, con conseguente click audio, poiché la nota "derubata" viene interrotta bruscamente. L'oggetto `adsr~` ha un meccanismo per evitare questo click: quando arriva la richiesta di una nuova nota ad una voce in cui l'inviluppo è ancora attivo, `adsr~` effettua un rapidissimo *release* prima di iniziare il nuovo inviluppo. Questa fase viene chiamata *retrigger* nel gergo Max, ed esiste un attributo "retrigger" con cui è possibile impostarne la durata (di *default* è 5 millisecondi).

Provate ad esempio a modificare l'oggetto `poly~` della *patch* 9_04_poly_adsr. maxpat in questo modo: [`poly~` p_pantonesadrs~ 2 @steal 1]. Con queste modifiche il numero di voci polifoniche è ridotto a 2, e l'attributo "steal" viene attivato. Se ora provate a suonare alcune note con la *patch*, potrete verificare che non è possibile eseguire più di due suoni alla volta e che ogni nuova nota suonata ne sostituisce una vecchia. Nonostante il meccanismo di *retrigger* di cui abbiamo parlato, è ancora possibile percepire una discontinuità quando una voce viene rubata. Osservando infatti la *patch* polifonica p_pantonesadsr~ in figura 9.15, possiamo renderci conto che la frequenza della nuova nota raggiunge subito l'oggetto `tri~`, senza aspettare la fine della (eventuale) fase di *retrigger*. Sarebbe invece necessario che la nuova frequenza venisse impostata solo all'inizio del nuovo inviluppo. Anche in questo caso l'oggetto `adsr~` ci viene in aiuto: dalla sua seconda uscita, infatti, viene generato un segnale (detto *envelope trigger*) che vale 1 quando l'inviluppo è nelle fasi *attack*, *decay* e *sustain*, e vale 0 negli altri casi, ovvero durante il *release*, il *retrigger* o quando l'inviluppo non è attivo. Come possiamo sfruttare questo segnale? Alla fine del paragrafo 5.2P abbiamo studiato l'oggetto `sah~`, che serve a fare il *sample and hold* di un segnale in ingresso ogni volta che un segnale di *trigger* supera una soglia. Se non ricordate esattamente il funzionamento di `sah~` questo è un buon momento per rinfrescarvi la memoria rileggendo la parte finale del paragrafo 5.2P.

Useremo l'oggetto `sah~` per trattenere la frequenza della nuova nota fino a quando la fase di *retrigger* di `adsr~` non è terminata. Caricate la *patch* **9_05_poly_steal.maxpat**: questa *patch* è molto simile alla precedente, ma la polifonia è stata ridotta a due voci ed è stato attivato l'attributo "steal" nell'oggetto `poly~`. La *patch* polifonica caricata nell'oggetto `poly~` si chiama **p_pantonessteal~.maxpat**, la vediamo in figura 9.16.

---

[7] In inglese "to steal" significa infatti "rubare". Questo meccanismo viene anche definito *voice stealing* ("furto" di una voce).

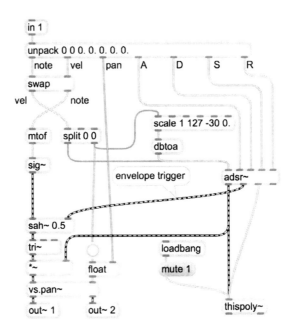

fig. 9.16: file **p_pantonessteal~.maxpat**

Questa è una delle procedure standard per la gestione delle voci "rubate" con l'oggetto `adsr~`. Notate innanzitutto che i valori di nota e *velocity* vengono scambiati di posto tramite l'oggetto `swap`[8], in questo modo il valore di nota, uscendo dall'*outlet* di destra, viene inviato prima del valore di *velocity*. Il valore di nota viene convertito in frequenza (`mtof`), trasformato in segnale (`sig~`) e inviato all'oggetto `sah~`, che sta trattenendo il valore precedente. All'ingresso destro di `sah~` viene inviato il valore di *envelope trigger* prodotto dalla seconda uscita di `adsr~`. Appena il valore di *envelope trigger* passa da 0 a 1, cioè appena inizia l'inviluppo (al termine dell'eventuale fase di *retrigger* in caso di voce "rubata"), la nuova frequenza viene campionata da `sah~` e inviata all'oscillatore `tri~`.
Perché abbiamo dato la precedenza, tramite l'oggetto `swap`, al valore di nota rispetto alla *velocity*? Perché nel caso di voce "non rubata", se la *velocity* arrivasse prima della nota, l'*envelope trigger* passerebbe a 1 immediatamente, prima dell'arrivo della nuova frequenza, e l'oggetto `sah~` campionerebbe la vecchia frequenza.

• •

ATTIVITÀ

Aggiungete un filtro passa-basso risonante alla *patch* p_pantonessteal~ con i relativi parametri di frequenza di taglio e fattore Q; la frequenza di taglio del

---

[8] Questo oggetto scambia la posizione dei due numeri che riceve ai suoi ingressi, ne abbiamo parlato nel paragrafo 5.4P.

filtro sarà proporzionale alla nota suonate, e verrà modulata dall'inviluppo di
`adsr~` tramite un parametro "env depth" (vedi sezione "Anatomia di un sintetizzatore in sintesi sottrattiva" nel paragrafo 3.5P del primo volume).

· ·

L'algoritmo per la gestione del *voice stealing* che abbiamo appena visto, funziona nel caso in cui la *patch* polifonica contenga un oscillatore la cui frequenza
viene modificata da un segnale: l'oggetto `sah~` provvede ad inviare il valore di
frequenza (sotto forma di segnale) al momento opportuno.
Nel caso di un campionatore realizzato con l'oggetto `groove~`, invece, la
nota viene fatta partire da un messaggio numerico che indica il punto da cui
iniziare a leggere il file (vedi paragrafo 5.3P, *patch* 05_08_groove_commands.
maxpat): in questo caso non possiamo usare l'oggetto `sah~` e dobbiamo apportare delle modifiche all'algoritmo. Caricate la *patch* **9_05b_samples_steal.
maxpat** e provate a suonare qualche nota. Anche in questo caso lo strumento
ha una polifonia di due sole voci, ma a differenza del precedente, è un lettore
di campioni che suona il campione di vibrafono che abbiamo già usato più
volte in precedenza. Vediamo le modifiche apportate nella *subpatch* polifonica
p_samplessteal~.maxpat (figura 9.16b).

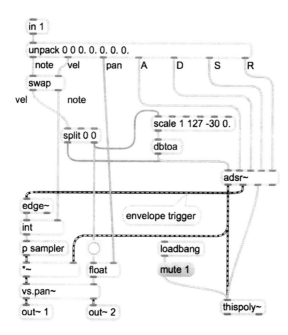

fig. 9.16b: file **p_samplessteal~.maxpat**

La prima cosa da notare è che abbiamo sostituito l'oggetto `sah~` con l'oggetto
`edge~`: quest'ultimo oggetto genera un *bang* alla sua uscita sinistra quando il
segnale in ingresso passa da 0 a un valore diverso da 0, e genera un *bang* alla sua
uscita destra quando il segnale in ingresso passa da un valore diverso da 0 a 0.

553

Vediamo come funziona; il valore di nota MIDI viene inviato dall'oggetto `swap` all'ingresso destro dell'oggetto `int` dove viene memorizzato. Il segnale dell'*envelope trigger* viene inviato all'ingresso di `edge~`: non appena il valore dell'*envelope trigger* passa da 0 a 1, cioè non appena inizia l'inviluppo (al termine dell'eventuale fase di *retrigger* in caso di voce "rubata"), l'oggetto `edge~` genera un *bang* alla sua uscita di sinistra e fa sì che l'oggetto `int` trasmetta il valore di nota, memorizzato in precedenza, alla *subpatch* [`p sampler`]. Questa *subpatch* contiene lo stesso algoritmo per la generazione di un suono campionato che abbiamo visto al paragrafo 5.3P, nella *patch* 05_10_monosampler.maxpat. Il resto dell'algoritmo è identico quello della *patch* polifonica precedente.

L'OGGETTO FUNCTION E IL SUSTAIN POINT

Naturalmente sarebbe ancora più interessante poter definire liberamente un inviluppo tramite l'oggetto `function`. Il problema è che, almeno per come l'abbiamo usato finora, l'oggetto `function` (abbinato a `line~`) genera inviluppi di durata predeterminata, mentre noi abbiamo bisogno di un inviluppo che rimanga attivo per un tempo arbitrario.

In realtà l'oggetto `function` prevede la possibilità di un *sustain* di durata arbitraria: facendo Command-clic (Mac) o Control-clic (Windows) all'interno dell'oggetto è possibile creare un **punto di *sustain*** (*sustain point*) riconoscibile per l'alone chiaro che lo circonda. Come funziona un punto di *sustain*? Quando si invia un *bang* a `function` viene generata una lista di valori fino al punto di *sustain*; inviando successivamente il messaggio "next" viene generata la lista rimanente. Per chiarire il meccanismo ricostruite la *patch* di fig. 9.17.

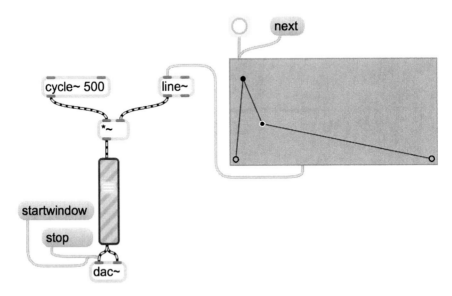

fig. 9.17: punto di *sustain*

L'inviluppo all'interno dell'oggetto `function` ha 4 punti; il terzo è un punto di *sustain*, riconoscibile dall'alone bianco. È possibile alternativamente attivare e disattivare un punto di *sustain* facendo Command-clic (Mac) o Control-clic (Windows) sul punto stesso.

Quando viene inviato un *bang* a `function` viene generata la prima parte dell'inviluppo, fino al punto di *sustain*. Quando viene inviato il messaggio "next" viene generata la seconda parte dell'inviluppo, ovvero il *release*. Notate che è possibile definire più di un punto di *sustain*, e il messaggio "next" ripetuto fa sì che l'inviluppo passi da un punto di *sustain* al successivo, fino ad arrivare al *release*. Dopo il *release*, un ulteriore messaggio "next" fa ricominciare l'inviluppo da capo.

Problema risolto, allora? Non del tutto. Purtroppo questo meccanismo funziona bene per una singola voce, ma non altrettanto bene con la polifonia. Tenete innanzitutto presente che la `function` deve trovarsi nella *patch* principale, ed essere unica per tutte le voci polifoniche; se si trovasse all'interno dell'oggetto `poly~` (come avviene per l'oggetto `adsr~`) non potremmo modificarla graficamente. Immaginiamo quindi di avere uno strumento polifonico a cui inviamo i dati di una `function` con un *sustain point*. Ad ogni *note on* inviamo un *bang* all'unica `function` presente e ad ogni *note off* inviamo un messaggio "next". Se ad un certo punto due o più note terminassero in successione, dovremmo mandare due o più messaggi "next" consecutivi alla `function`, ma al secondo "next" l'oggetto invierebbe la lista che va dall'attacco al *sustain* e non quella del *release*, e questo manderebbe "fuori fase" il sistema di gestione degli inviluppi polifonici.

Possiamo usare un "trucco" che consiste nell'inviare, in caso di *note off*, un *bang* seguito immediatamente da un messaggio *next*: questo sistema funziona solo se abbiamo un unico *sustain point*; ma d'altra parte con i semplici messaggi di nota MIDI non sarebbe possibile gestirne di più. In pratica, in caso di *note off*, il *bang* genera la prima parte dell'inviluppo, che viene immediatamente scartata, e il messaggio *next* genera la seconda parte, che viene utilizzata.

Ricostruite la *patch* di figura 9.18.

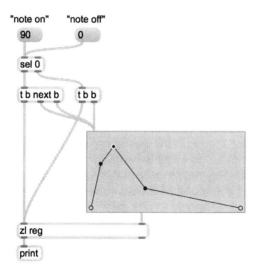

fig. 9.18: come gestire il *sustain point*

Abbiamo innanzitutto un oggetto `function` in cui è rappresentato un inviluppo con un *sustain point* (come abbiamo detto è importante che il *sustain point* sia uno solo). Aprite l'*inspector* di `function` e impostate l'attributo "Output mode" (categoria "Value") su "List". Questo attributo serve a definire il formato dei messaggi generati dalla seconda uscita per l'oggetto `line~` ad ogni *bang*. Nella modalità di *default* ("Normal"), vengono generati due messaggi: il primo è un valore singolo, corrispondente al punto di partenza dell'inviluppo, e il secondo è una lista contenente le coppie valore/tempo per tutti i punti successivi; in altre parole è il formato che abbiamo sempre usato per inviare i valori di un inviluppo a `line~` tramite un *message box*. Nella modalità "List" viene invece inviata una singola lista, comprendente anche il punto di partenza con tempo 0. Facciamo un esempio: se in modalità "Normal" con un dato inviluppo, l'oggetto `function` genera i messaggi "0" e "1 500 0 250", in modalità "List" avremo un unico messaggio "0 0 1 500 0 250" (vedi anche paragrafo IC.3, nota 18).

Tornando alla *patch*, osserviamo i due *message box* in alto con cui simuliamo l'invio della *velocity* al nostro algoritmo: il valore 90 (o qualsiasi altro valore compreso tra 1 e 127) rappresenta un note on e lo 0 un *note off*.

Quando [sel 0] riceve il valore 90 lo passa al `trigger` di destra che a sua volta genera due *bang*. Il primo *bang* fa sì che l'oggetto `function` generi la lista dell'inviluppo fino al *sustain point*. Questa lista viene memorizzata nell'oggetto [zl reg]. Il secondo *bang* viene inviato all'ingresso caldo di [zl reg] che invia la lista memorizzata all'oggetto `print`.

Quando invece inviamo il valore 0 all'oggetto [sel 0], verrà passato un *bang* al `trigger` di sinistra, che a sua volta genera i messaggi *bang*, *next* e *bang*. Il primo *bang* (generato alla terza uscita del `trigger`) raggiunge l'oggetto `function`, che memorizza la prima parte della lista in [zl reg]. Ma non per molto!, subito dopo, infatti, anche il messaggio *next* raggiunge `function`: ora è la seconda parte della lista (dal *sustain point* alla fine) ad essere memorizzata in [zl reg] al posto della prima. L'ultimo *bang* generato dal `trigger` viene inviato all'ingresso caldo di [zl reg] che invia all'oggetto `print` l'ultima lista memorizzata.

Provate a fare clic sui due *message box* e osservate i messaggi che appaiono nelle finestra Max.

Vediamo ora un esempio pratico: aprite la *patch* **9_06_poly_function.maxpat** (fig. 9.19).

Ogni volta che viene eseguita una nuova nota viene inviato un *bang* all'algoritmo che genera l'inviluppo e che abbiamo analizzato nella *patch* precedente. Provate i diversi *preset* e tenete le note abbastanza a lungo da arrivare al *sustain*. Create nuovi *preset* e assicuratevi di inserire sempre un *sustain point*.

Provate a verificare cosa accade se non inserite alcun *sustain point*. Poi provate a inserirne due o più. In che modo il comportamento dello strumento è "sbagliato" nei due casi?

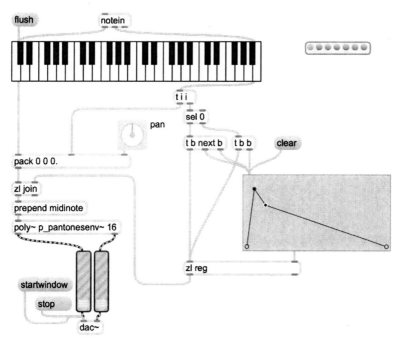

fig. 9.19: *patch* **9_06_poly_function.maxpat**

Analizziamo quindi il contenuto di **p_pantonesenv~.maxpat** (fig. 9.20).

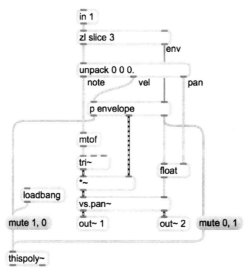

fig. 9.20: file **p_pantonesenv~.maxpat**

L'oggetto [zl slice 3] separa i tre parametri nota, *velocity* e *pan* dall'inviluppo. I parametri nota e *pan* seguono percorsi già noti dalle precedenti *patch* polifoniche, mentre la *velocity* viene inviata, insieme all'inviluppo, alla *subpatch* [p envelope]. Riguardo l'inviluppo, vi ricordiamo che in caso di *note on* viene

557

inviata la prima parte (dall'attacco fino al *sustain point*), mentre in caso di *note off* viene inviata la parte finale (che definiamo *release*, anche se può essere composta da molti segmenti).

La *subpatch* [p envelope] ha tre uscite: l'uscita centrale trasmette l'inviluppo, l'uscita di destra trasmette un *bang* all'inizio dell'inviluppo mentre l'uscita di sinistra trasmette un *bang* alla fine dell'inviluppo. Riguardo la destinazione dei due messaggi *bang* potete osservare che non ci sono novità rispetto alla *patch* polifonica p_pantones~.maxpat (fig. 9.12): il *bang* di destra (inizio dell'inviluppo) disattiva il *mute*, occupa la voce e trasmette il valore di *pan*; il *bang* di sinistra (fine dell'inviluppo) mette in *mute* la voce e la libera. Vediamo ora il contenuto della *subpatch* [p envelope] (fig. 9.21).

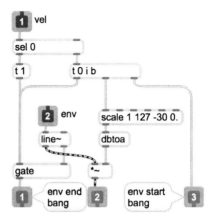

fig. 9.21: *subpatch* [p envelope]

Per prima cosa la lista che definisce la fase dell'inviluppo (dall'attacco al *sustain point* in caso di *note on*, oppure la fase di *release* in caso di *note off*) viene passata dal secondo `inlet` ("env") all'oggetto `line~`; dopo di che la *velocity* viene passata dal primo `inlet` ("vel") all'oggetto [`sel 0`].

Nel caso in cui la *velocity* sia un valore compreso tra 1 e 127 (ovvero rappresenti un *note on*), l'oggetto `sel` la invia al `trigger` di destra. Questo `trigger` invia a sua volta un *bang* al terzo `outlet` per attivare e occupare la voce all'inizio dell'inviluppo, come abbiamo visto nella figura precedente. Il valore di *velocity* viene inoltre passato dal `trigger` agli oggetti `scale` e `dbtoa` che generano il valore d'ampiezza e lo passano ad un moltiplicatore che riscala l'inviluppo prodotto da `line~`. Infine il `trigger` invia uno 0 all'oggetto `gate` in basso, chiudendolo.

L'oggetto `gate` infatti serve a inviare il *bang* prodotto da `line~` al primo `outlet` della *subpatch* [p envelope], in modo da rimettere in *mute* e liberare la voce alla fine dell'inviluppo (vedi figura precedente). Questo però deve avvenire solo nella fase di *note off*: per questo motivo il `gate` viene chiuso quando arriva un *note on*. Nel caso in cui la *velocity* in arrivo al primo `inlet` sia uno 0 (ovvero rappresenti un *note off*), l'oggetto [`sel 0`] invia un *bang* al `trigger` collegato alla sua uscita sinistra; il `trigger` a sua volta apre il `gate`: in questo modo il *bang* prodotto da line~ alla fine della fase di release può passare.

ATTIVITÀ

in una attività del paragrafo IC.3 vi abbiamo chiesto di rendere polifonico il sintetizzatore sottrattivo IC_02_subsynth_seq.maxpat; ora vi chiediamo di implementare in quella stessa *patch* la tecnica del *sustain point* polifonico che abbiamo appena illustrato.

. . . .

ELIMINARE IL NOTE OFF CON STRIPNOTE

In alcuni casi, come ad esempio per certi suoni di tipo percussivo, non abbiamo bisogno di una fase di *sustain*, perché il suono ha un'evoluzione indipendente dalla durata della nota in ingresso. I messaggi di *note off* non svolgono alcuna funzione in questo caso, ed è opportuno eliminarli. L'oggetto **stripnote** serve esattamente a questo scopo: caricate la *patch* **9_07_mallets.maxpat** (figura 9.22).

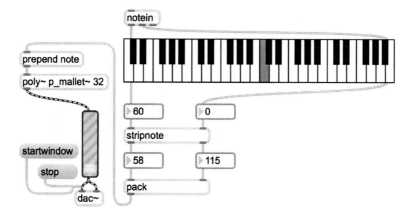

fig. 9.22: la *patch* **9_07_mallets.maxpat**

Suonate la *patch* con una tastiera esterna ed osservate i *number box* che precedono e seguono l'oggetto **stripnote**: quando la *velocity* ha un valore superiore a 0 (cioè appartiene ad un messaggio di *note on*) i due valori in ingresso vengono fatti passare dall'oggetto, quando vale 0 (cioè appartiene ad un messaggio di *note off*) i due valori in ingresso vengono bloccati.

. . . .

ATTIVITÀ

Nella *patch* di fig. 9.5, create un secondo insieme di oggetti che trasmetta le note MIDI, il *program change*, il *pitch bend*, etc. sul canale MIDI 2. Selezionate per entrambi i canali lo stesso valore di program change, e alterate leggermente il *pitch bend* del canale 2, in modo da creare un effetto di *chorus* quando si suona la stessa nota con entrambi i canali. Se avete una tastiera MIDI usatela per controllare i due canali contemporaneamente.

. . . .

9.4 CONTROLLARE UN SYNTH MONOFONICO

Il controllo in tempo reale di un sintetizzatore che ha una sola voce è una cosa meno banale di quel che si possa pensare. Se con una tastiera MIDI suoniamo una nota A e, continuando a tenere tale nota, suoniamo anche una nota B, il sintetizzatore deve passare da A a B, senza aspettare il *note off* di A. Se poi smettiamo di suonare A, continuando a suonare B, il *note off* di A deve essere ignorato, non deve cioè interrompere la nota B. Se invece smettiamo di suonare B, continuando a suonare A, il sintetizzatore può essere impostato per far cessare il suono oppure per passare nuovamente da B ad A (figura 9.23).

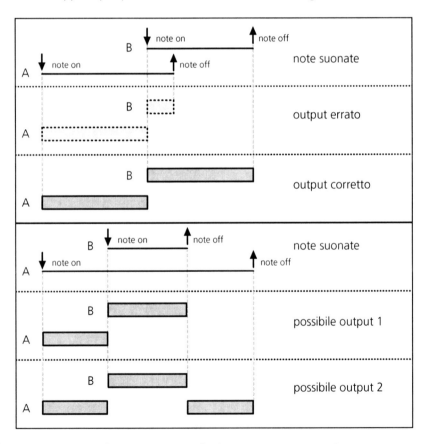

fig. 9.23: gestione di una voce monofonica

Inoltre, nel caso di due o più note tenute, bisogna decidere a quale nota dare la priorità: l'ultima nota eseguita, oppure la più grave, oppure la più acuta.

La gestione di tutti questi casi può essere affidata all'oggetto **ddg.mono** che serve appunto a filtrare i note off indesiderati, a tenere traccia delle note tenute e a gestire l'ordine di esecuzione di tali note.
Vediamo un'applicazione nella *patch* 9_08_mono_synth.maxpat (fig. 9.24).

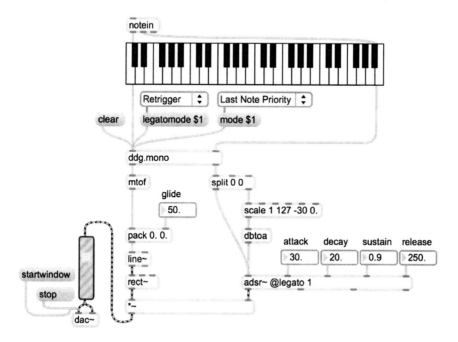

fig. 9.24: *patch* **9_08_mono_synth.maxpat**

Innanzitutto provate il suono del sintetizzatore; l'ideale sarebbe usare una tastiera MIDI esterna, altrimenti utilizzate il `kslider`.
L'oggetto `ddg.mono` ha due attributi che ne stabiliscono la modalità d'uso: l'attributo "mode" stabilisce la priorità delle note in ingresso, e l'attributo "legatomode" stabilisce la gestione dei *note on* e *note off*.
I valori per l'attributo "mode" sono:
- 0 (*Last Note Priority*): in caso di più note tenute viene eseguita l'ultima in ordine di tempo;
- 1 (*High Note Priority*): viene eseguita la nota più acuta;
- 2 (*Low Note Priority*): viene eseguita la nota più grave.
I valori per l'attributo "legatomode" sono:
- 0 (*Retrigger*): manda un nuovo *note on* per ogni nuova nota;
- 1 (*Legato*): manda un nuovo *note on* solo se la nuova nota è diversa dalla precedente;
- 2 (*Last Step*): manda un *note off* alla fine dell'ultima nota suonata, anche se ci sono altre note tenute.

Notate l'attributo "@legato 1" nell'oggetto `adsr~`: quando questo attributo è attivo non viene eseguita la fase di *retrigger* in caso di voce "rubata", ma si passa direttamente dal *sustain* all'attacco della nota successiva. Provate a disattivare l'attributo inviando il messaggio "legato 0" all'oggetto **adsr~** e ascoltate la differenza.

Il parametro "glide", gestito dal *number box* visibile al centro della *patch* serve ad impostare un breve portamento tra una nota e l'altra: un effetto tipico dei sintetizzatori monofonici.

Modificate i parametri della *patch* e memorizzate dei *preset*.

• •

⌖ ATTIVITÀ

- Aggiungete un filtro passa-basso risonante, la cui frequenza di taglio sia proporzionale alla frequenza della fondamentale della nota. Aggiungete anche la possibilità di modulare la frequenza di taglio tramite l'inviluppo e un parametro "env depth" (vedi sezione "Anatomia di un sintetizzatore in sintesi sottrattiva" al paragrafo 3.5P del primo volume).

- Aggiungete un secondo oscillatore **rect~** con possibilità di regolare un "detune" rispetto al primo.

- Aggiungete un LFO con il quale sia possibile controllare il tremolo e il vibrato del suono (vedi paragrafi 4.3P e 4.4P del primo volume). Utilizzate due *controller* MIDI esterni per modificare l'ampiezza di tremolo e vibrato (dovete riscalare i valori da 0 a 127 prodotti dai *controller* in valori da 0 a 1).

• •

LISTA OGGETTI MAX

adsr~
Genera un inviluppo *Attack-Decay-Sustain-Release*.

bendin
Riceve i messaggi di *pitch bend*.

bendout
Invia i messaggi di *pitch bend*.

ctlin
Riceve i messaggi di *control change*.

ctlout
Invia i messaggi di *control change*.

ddg.mono
Gestisce i messaggi di nota MIDI per i sintetizzatori virtuali monofonici.

edge~
Invia un *bang* all'uscita di sinistra quando il segnale in ingresso passa da 0 a non-0, e un *bang* all'uscita di destra quando il segnale in ingresso passa da non-0 a 0.

midiformat
Genera un flusso di dati MIDI *raw* a partire da ingressi specializzati.

midiin
Riceve i dati MIDI in formato "grezzo" (*raw*).

midiout
Invia i dati MIDI in formato "grezzo" (*raw*).

midiparse
Riconosce i messaggi MIDI in formato *raw* che riceve e li smista alle sue uscite, ciascuna delle quali è dedicata ad un particolare tipo di messaggio.

midiselect
Questo oggetto ci permette, tramite l'impostazione degli attributi, di stabilire quali messaggi verranno interpretati e quali non verranno interpretati.

pgmin
Riceve i messaggi di *program change*.

pgmout
Invia i messaggi di *program change*.

split
Invia all'uscita di sinistra i valori all'interno di un intervallo definito; i valori esterni all'intervallo vengono inviati all'uscita di destra.

stripnote
Elimina i messaggi di *note off* e lascia passare i messaggi di *note on*.

touchin
Riceve i messaggi di *after touch*.

touchout
Invia i messaggi di *after touch*.

LISTA ATTRIBUTI PER OGGETTI MAX SPECIFICI

adsr~
- legato (attributo)
Quando questo attributo è attivo non viene eseguita la fase di *retrigger* in caso di voce "rubata", ma si passa direttamente dal sustain all'attacco della nota successiva.
- *retrigger* (attributo)
Imposta la durata del *release* che l'oggetto effettua su una voce "rubata" prima di suonare la nuova nota.

ddg.mono
- mode (attributo)
Stabilisce la priorità delle note in ingresso.
- legatomode (attributo)
Stabilisce la gestione dei messaggi di *note on* e *note off*.

function
- *next* (messaggio)
Emette la parte rimanente della lista in presenza di un *sustain point* (v.)
- *output mode* (attributo)
Stabilisce la modalità di generazione del messaggio che descrive l'inviluppo: come lista unica o come valore singolo più lista (quest'ultima è l'impostazione di *default*).
- *sustain point* (elemento)
Nell'oggetto **function**, punto di arresto della lista generata da un *bang*, con il messaggio *next* viene generata la parte rimanente della lista, o la parte di lista che arriva fino al successivo *sustain point*. Graficamente il *sustain point* si crea facendo Command-clic (Mac) o Control-clic (Windows) all'interno dell'oggetto.

kslider
- flush (messaggio)
Quando il **kslider** è in modalità polifonica, questo messaggio fa generare all'oggetto un *note off* per tutte le note eventualmente attive.

midiselect
- *note, ctl, touch, poly, bend, pgm, ch* (attributi)
Questi attributi servono rispettivamente ad attivare le uscite relativamente alla nota, al *control change*, all'*after touch*, alla *polyphonic key pressure*, al *pitch bend*, al *program change* e al canale MIDI.

poly~
- *steal* (attributo)
Quando questo attributo è attivo, in mancanza di voci libere, all'arrivo di una nuova nota viene "rubata" un'istanza che sta suonando una nota precedente.

Interludio E
MAX FOR LIVE

IE.1   INTRODUZIONE A MAX FOR LIVE

IE.2   FONDAMENTI - CREARE UN AUDIO EFFECT CON M4L

IE.3   VIRTUAL INSTRUMENT CON M4L

IE.4   MAX MIDI EFFECT

IE.5   LIVE API E LIVE OBJECT MODEL (LOM)

CONTRATTO FORMATIVO

PREREQUISITI PER IL CAPITOLO
- CONTENUTI DEL VOLUME 1, DEI CAPITOLI 5, 6, 7, 8 E 9 (TEORIA E PRATICA) E DEGLI INTERLUDI C E D
- CONOSCENZA DELLE FUNZIONI PRINCIPALI DEL PROGRAMMA ABLETON LIVE

OBIETTIVI
ABILITÀ
- SAPER CREARE DEVICE MAX FOR LIVE
- SAPER CONTROLLARE L'AMBIENTE LIVE TRAMITE LE LIVE API

CONTENUTI
- COSTRUZIONE DI DEVICE AUDIO E MIDI TRAMITE MAX FOR LIVE
- COSTRUZIONE DI STRUMENTI VIRTUALI TRAMITE MAX FOR LIVE
- USO DELLE LIVE API
- LA STRUTTURA GERARCHICA DEL LIVE OBJECT MODEL

ATTIVITÀ
- COSTRUZIONE E MODIFICHE DI ALGORITMI

SUSSIDI DIDATTICI
- LISTA OGGETTI MAX - LISTA ATTRIBUTI, MESSAGGI E AZIONI PER OGGETTI MAX SPECIFICI - GLOSSARIO

IE.1 INTRODUZIONE A MAX FOR LIVE

Premessa: per poter seguire questo Interludio è necessario possedere le licenze d'uso di Max for Live e di Ableton Live. Le informazioni qui contenute riguardano quasi esclusivamente l'uso di Max for Live e non sono necessarie per la comprensione dei capitoli successivi. Chi non possiede le suddette licenze può quindi saltare questo Interludio senza problemi.

Che cos'è Ableton Live

Ableton Live (o più semplicemente Live), è un'applicazione DAW (*Digital Audio Workstation*); ovvero un software che permette di registrare, manipolare e riprodurre tracce audio. Oltre a ciò, gestisce sequenze MIDI con cui può controllare strumenti hardware esterni o strumenti virtuali all'interno dell'applicazione stessa. La caratteristica peculiare di Live è la possibilità di gestire le tracce audio e MIDI in modo non lineare. Mentre la gran parte dei sistemi DAW e dei sequencer infatti pone le sequenze lungo una timeline che scorre, appunto, linearmente, in Live è possibile attivare le sequenze indipendentemente l'una dall'altra, e realizzare quindi una sorta di arrangiamento in tempo reale, liberamente modificabile durante l'esecuzione.

Dal momento che questo testo non è un manuale di Live, daremo per scontata la conoscenza delle principali funzioni del programma: in particolare la struttura del Live set e delle sue sezioni, inclusa la sezione di *Help* e le lezioni di Live, l'uso delle *clip* audio e MIDI nelle modalità "Session View" e "Arrangement View", l'uso dei *device* Live standard, l'uso della funzione *Group* (*Raggruppa*) per creare *Audio Rack* contenenti *device* multipli, l'uso delle diverse catene (*chain*) di *device* all'interno dell'*Audio Rack*, l'uso delle automazioni e l'uso degli inviluppi nelle *clip*.

Che cos'è Max for Live

Max for Live è un'estensione di Live che permette la creazione, in linguaggio Max, di nuovi *plug-in* (detti *device*, in italiano dispositivi, nel gergo Live)[1] utilizzabili all'interno dell'applicazione.

Tramite Max for Live è inoltre possibile controllare diverse funzioni di Live, come ad esempio gestire il volume o il pan di una traccia, far partire o arrestare una *clip* o modificare i parametri di altri *device*.

Per utilizzare Max for Live (d'ora in poi M4L)[2] non è necessario possedere una licenza completa di Max, è sufficiente avere la sola licenza d'uso di M4L, oltre a quella di Live.

Chi ha M4L ma non Max può comunque utilizzare le *patch* contenute in questo testo e nel precedente volume. Tenete però presente che in questo caso Max

---

[1] Abbiamo accennato ai *plug-in* nel paragrafo 3.8T del primo volume. Si tratta di componenti software che vengono "ospitate" all'interno di un programma e ne ampliano le funzionalità. Tipici esempi di *plug-in* audio sono ad esempio compressori, delay, equalizzatori, o strumenti virtuali come sintetizzatori e campionatori.

[2] M4L è comunemente usato come abbreviazione di "Max for Live": *four* (4) in inglese ha un suono simile a *for*.

non è in grado di gestire autonomamente l'input e l'output audio e MIDI; questo significa che tutti i segnali audio e i messaggi MIDI devono passare attraverso Live.

IE.2 FONDAMENTI - CREARE UN AUDIO EFFECT CON M4L

Innanzitutto vi raccomandiamo di leggere tutti i paragrafi in ordine! In altre parole, anche se volete realizzare un *Instrument*, e non un *Audio Effect* con M4L, non saltate questo paragrafo perché contiene informazioni essenziali per la comprensione dei paragrafi successivi.

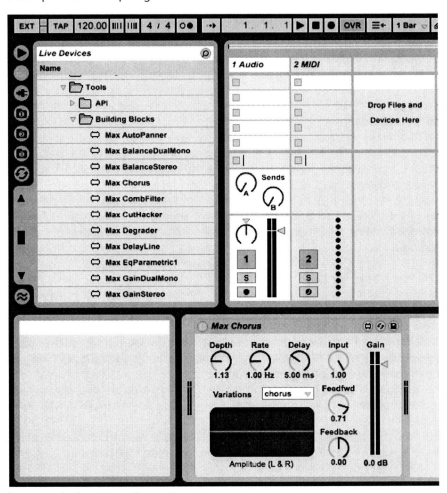

fig. IE.1: *device* "Max Chorus"

Dopo aver installato M4L, apriamo, nel *Live Device Browser* (ovvero nella colonna di sinistra della finestra principale di Live), la cartella *Audio Effects*. All'interno di questa cartella troveremo la cartella *Max Audio Effect* che contiene diversi *device* di effetti audio realizzati con M4L. Analogamente, nelle cartelle

Instruments e *MIDI Effects*, troveremo le cartelle *Max Instrument* e *Max MIDI Effect*, contenenti strumenti virtuali ed effetti MIDI realizzati in M4L.[3]
Torniamo alla cartella *Max Audio Effect* e apriamo la sotto-cartella *Max Audio Effect/Tools/Building Blocks*. Questa sotto-cartella contiene una serie di semplici esempi di *device* M4L. Trasciniamo ad esempio su una traccia audio il *device* "Max Chorus" (fig. IE.1).

Il *device*, visibile nella parte bassa della figura, è stato scritto in Max, e per vedere la *patch* relativa è necessario fare clic sulla prima delle tre piccole icone circolari che si trovano in alto a destra nella barra del titolo del *device* (fig. IE.2).

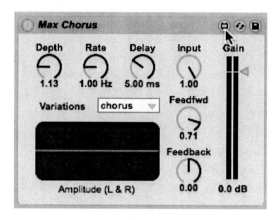

fig. IE.2: aprire la *patch* di un *device* M4L

Verrà lanciata l'applicazione Max e sarà possibile vedere e modificare la *patch*. Inizialmente la *patch* si apre in modalità *presentation*: facendo clic sull'icona che attiva e disattiva la modalità (la piccola lavagna nella parte bassa della *patcher window*) è possibile, come sappiamo, passare in modalità *patching*.
La *patch* relativa al *device* "Max Chorus" è visibile in figura IE.3; dal momento che è molto semplice non la descriveremo. Notate solo la coppia di oggetti **teeth~** nella metà bassa della *patch*: si tratta semplicemente di filtri *comb* in cui (a differenza dell'oggetto **comb~**) il *delay* di *feedforward* è regolabile indipendentemente dal *delay* di *feedback*.
Osservate inoltre il titolo della *patcher window*: "Max Chorus.amxd". Il suffisso di una *patch* che viene usata come *device* Live è quindi *amxd*, e non *maxpat*.

Aggiungete un'audio clip alla traccia e provate il *device*. Provate poi altri *device* di effetti audio M4L, aprendo le *patch* relative per vederne il funzionamento. Buon divertimento!

---

[3] Queste indicazioni valgono per la versione 8 di Live. Nella versione 9, che nel momento in cui scriviamo è ancora in fase *beta*, il *Browser* è diverso: in particolare i *device* M4L non sono inseriti all'interno delle cartelle dei *device* nativi ma si trovano in una categoria a parte raggiungibile dal pannello di sinistra del nuovo *Browser*. Rimane comunque l'organizzazione delle cartelle M4L in tre categorie principali: effetti audio, strumenti e effetti MIDI.

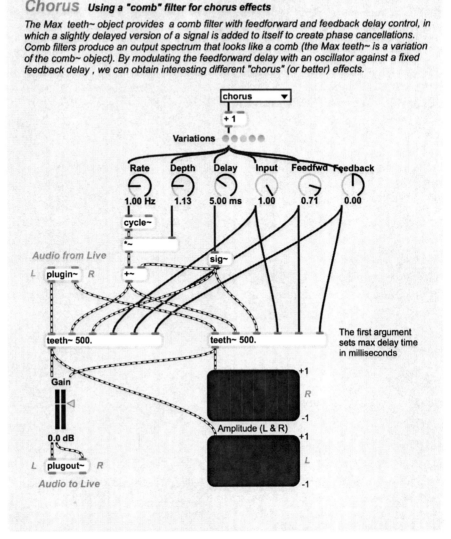

fig. IE.3: la *patch* del *device* "Max Chorus"

Per creare un nuovo *device* in M4L bisogna trascinare la cartella *Max Audio Effect* su una traccia audio, o alternativamente fare doppio clic sulla cartella stessa; apparirà il *device* di *default* sulla traccia selezionata (fig. IE.4)[4].

---

4 Anche in questo caso la procedura con Live 9 è leggermente diversa: il *device* di *default* non è infatti rappresentato dalla cartella che contiene tutti i *device*, ma si trova all'interno della cartella stessa.

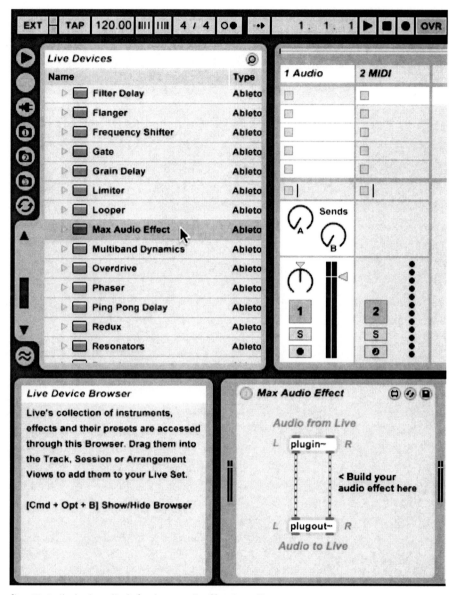

fig. IE.4: il *device* di *default* per gli effetti audio

Aprendo questo *device* è possibile modificarlo e salvarlo con un nuovo nome. M4L vi proporrà di salvarlo all'interno della cartella *Max Audio Effect*[5], vi consigliamo di non cambiare questo percorso, e di creare eventualmente una sottocartella in cui raccogliere tutti i vostri *device*.

---

[5] Nel caso di Live 9 i *device* vengono salvati di *default* nella cartella "User Library", raggiungibile dal pannello di sinistra del *Browser* di Live 9.

Il *device* di *default* contiene due soli oggetti: **plugin~** e **plugout~**. Il primo riceve il segnale audio dalla traccia (o dall'eventuale *device* precedente) il secondo trasmette l'audio all'uscita della traccia (o all'eventuale *device* successivo): in pratica questi due oggetti sostituiscono gli oggetti **adc~** e **dac~** delle normali *patch* Max.

Proviamo a costruire uno *slapback delay* (vedi cap. 6.2P): modificate il *device* come da figura IE.5, e salvate la *patch* con il nome "My Slapback Delay.amxd".

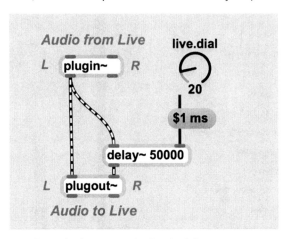

fig. IE.5: il nostro primo *device*, uno *slapback delay*

Notate che in *edit mode* appare una linea orizzontale indicata come "Device vertical limit". Tutti gli oggetti che si trovano al di sotto di tale linea non saranno visibili nel *device* caricato in Live.

Come si può vedere, il nostro *device* non è in modalità *presentation*: esattamente come per le normali *patch* Max è possibile aprire un *device* automaticamente in modalità *presentation* attivando l'attributo "Open in Presentation" nel *patcher inspector* (vedi anche Interludio D, paragrafo ID.2). Naturalmente è anche necessario includere nella modalità *presentation* tutti gli oggetti che desideriamo utilizzare.

L'oggetto circolare visibile in alto a destra è un **live.dial**, la "versione Live" dell'oggetto **dial** che già conosciamo[6]. Questo oggetto di *default* gestisce valori numerici compresi tra 0 e 127; vedremo tra breve altre caratteristiche degli oggetti di tipo "live.*".[7] Caricate una *clip* audio nella traccia e provate il *device*.

I PARAMETRI DEGLI OGGETTI "LIVE.*"
Soffermiamoci un momento sull'oggetto **live.dial**, che presenta importanti caratteristiche comuni a tutti gli oggetti di tipo "live.*".

---

[6] Nell'*Object Explorer* si trova sotto la categoria Live. Se non lo trovate potete comunque richiamarlo digitando "l" ("L" minuscolo) in una *patch* in modalità *edit*: apparirà un *object box* generico con un menù di *text completion* contenente i nomi di tutti gli oggetti della categoria Live.
[7] Con il simbolo "live.*" intendiamo qualsiasi oggetto Max della categoria Live e il cui nome comincia per "live."

Come abbiamo detto l'oggetto trasmette di *default* valori tra 0 e 127. Il formato e l'intervallo dei valori può essere naturalmente modificato: se aprite l'inspector dell'oggetto noterete che presenta una serie di attributi, sotto la categoria "Parameter", che sono caratteristici degli oggetti di tipo "live.*".
Individuate nell'inspector gli attributi "Type", "Range/Enum", "Unit Style" e "Steps" (fig. IE.6).

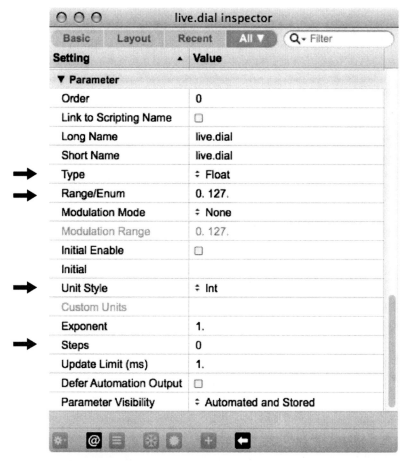

fig. IE.6: l'*inspector* di `live.dial`

L'attributo "Type" (valore di *default* "Float") regola il formato interno dei valori che, nel caso di `live.dial`, possono essere "Float" (valori in virgola mobile a 32 bit), "Int" (valori interi a 8 bit) o "Enum" (lista di elementi, anche non numerici).
L'attributo "Range/Enum" (valore di *default* "0. 127.") imposta il minimo e il massimo valore gestito.
L'attributo "Unit Style" (valore di *default* "Int") specifica come tali valori vengono visualizzati nell'oggetto (ma questo non ha effetto sui valori trasmessi). Ci sono molti formati disponibili, oltre a "Int" e "Float" abbiamo "Time", "Hertz", "decibel" e diversi altri. Ne vedremo alcuni a tempo debito.

L'attributo "Steps" determina il numero di valori disponibili tra il minimo e il massimo impostato in "Range/Enum". Se ad esempio il valore di "Range/Enum" fosse "0 75" e il valore di "Steps" fosse 4, gli unici quattro valori disponibili sarebbero 0, 25, 50 e 75. Di *default* l'attributo "Steps" ha valore 0: questo è un valore speciale che, nel caso di numeri in virgola mobile corrisponde sempre a 128 valori disponibili; nel caso dei numeri interi, invece, rende il numero di valori disponibili uguale ai numeri necessari. Ad esempio se "Range/Enum" fosse "0 75" e "Steps" fosse "0", il numero di valori effettivamente disponibili sarebbe 76.

L'oggetto `live.dial` ha due uscite: la prima riporta i valori come sono definiti dagli attributi "Type" e "Range/Enum", la seconda riporta i valori "grezzi" normalizzati tra 0 e 1, indipendentemente da come sono impostati gli attributi. Tutto ciò può risultare piuttosto complicato e, almeno all'inizio, potrebbe generare qualche confusione. Vi invitiamo perciò ad aprire la *patch* **IE_01_live_values.maxpat**, che contiene alcune istanze di `live.dial` con impostazioni diverse (fig. IE.7).

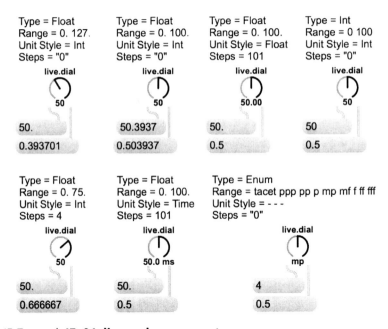

fig. IE.7: *patch* **IE_01_live_values.maxpat**

Ad ogni `live.dial` sono stati collegati due *message box*: il primo, collegato all'uscita di sinistra, riporta il valore relativo al *range* impostato; il secondo, collegato all'uscita di destra, il valore *raw* (grezzo) che è sempre compreso tra 0 e 1, indipendentemente dal *range* impostato. Tutti gli oggetti di tipo "live.*" che generano valori numerici hanno l'uscita *raw* oltre a quella normale.

Nella nostra *patch* abbiamo sette `live.dial`, ciascuno con un'impostazione diversa:

- Il primo `live.dial` contiene le impostazioni di *default* e il numero di *step* relativo al formato *float* (128) fa sì che vengano visualizzati tutti i valori interi nel *range* 0-127.

- Nel secondo `live.dial` abbiamo modificato il *range* in 0-100. Ora i 128 *step* non corrispondono più ai valori interi. Notate che, dal momento che l'attributo "Unit Style" è "Int", il valore mostrato all'interno di `live.dial` è un intero (50), mentre il valore effettivamente prodotto all'uscita di sinistra è 50.3937.
- Per ovviare a questo inconveniente, nel terzo `live.dial` abbiamo impostato il giusto numero di *step*: 101. Notate che abbiamo anche modificato l'attributo "Unit Style" in modo che mostri valori con la virgola. Ora il valore mostrato è 50.00.
- La cosa migliore da fare, comunque, quando abbiamo bisogno di valori interi è impostare l'attributo "Type" come "Int" (quarto `live.dial`). In questo modo, se lasciamo l'attributo "Steps" a 0, il numero di *step* è pari alla quantità di valori interi compresi nel *range*.
- Il quinto `live.dial` (seconda riga) illustra il caso di cui abbiamo parlato sopra: solo quattro *step* per un range 0-75. I quattro valori prodotti sono 0, 25, 50, 75 (provate).
- Nel sesto `live.dial` abbiamo impostato lo "Unit Style" in millisecondi. È naturalmente solo una funzione di visualizzazione, che non modifica il valore prodotto dall'oggetto.
- Il settimo ed ultimo `live.dial` illustra la modalità "Enum" dell'attributo "Type". Come abbiamo accennato, in questo caso non si imposta un *range*, ma una lista di valori, che possono anche essere non numerici, come in questo caso. La nostra lista contiene una serie di dinamiche tradizionali in crescendo (da *ppp* a *fff*) preceduta dalla parola "tacet" che nelle partiture indica il silenzio. Quando si usa la modalità "Enum" l'attributo "Unit Style" non è impostabile, perché sono gli elementi della lista stessa ad essere mostrati all'interno dell'oggetto. In modalità "Enum" se l'attributo "Steps" è a 0, il numero di valori viene impostato automaticamente. Notate che dall'uscita sinistra di `live.dial` viene trasmessa una serie di valori progressivi da 0 a 8, corrispondenti alla posizione occupata dall'elemento corrente all'interno della lista.

Provate a variare i valori di tutti i `live.dial` e osservate gli attributi nell'*inspector*. Se tenete premuto il tasto Command (Mac) o Control (Windows) durante il trascinamento del mouse, avrete una regolazione fine dei valori. Nel primo `live.dial`, ad esempio, il normale trascinamento genera solo numeri interi, mentre con il tasto Command/Control premuto genera anche valori decimali. Tali valori sono visibili nel *message box* collegato con l'uscita sinistra di `live.dial`.

• •

ATTIVITÀ

- Modificate il `live.dial` contenuto nel nostro *device* "Slapback Delay", in modo che produca valori interi tra 0 e 50. I valori devono essere visualizzati in millisecondi.

• •

CREARE UN DEVICE IN MODALITÀ PRESENTATION

È arrivato il momento di installare i *device* preparati per questo paragrafo: nella cartella "Materiale Capitoli Max Vol 2", che avete scaricato dalla pagina di supporto, c'è una cartella chiamata "Max for Live devices" che contiene tre sotto-cartelle. Copiate la sotto-cartella "VS Audio Effects" nella cartella "Max Audio Effect" di Live: è sufficiente trascinarla sul *Live Device Browser* nella cartella "Max Audio Effect" (fig. IE.8).[8]

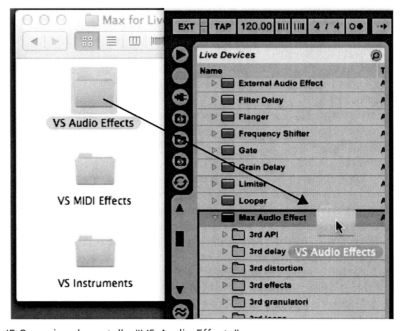

fig. IE.8: copiare la cartella "VS Audio Effects"

Dopo aver installato la cartella possiamo caricare su una traccia audio il *device* **vs_flanger_1**.

Si tratta dell'algoritmo del *flanger* di cui abbiamo parlato nel paragrafo 6.4P. Il *device* contiene cinque **live.dial** che servono ad impostare i parametri dell'effetto: frequenza dell'LFO, deviazione del *pitch*, tempo di *delay* minimo, *feedback* e *depth* (se non ricordate la funzione di questi parametri fate riferimento al paragrafo 6.4P). Sotto il **live.dial** che regola il tempo di *delay* minimo, è visibile un oggetto **live.numbox** (il *number box* "live.*") in cui viene indicato il tempo di *delay* massimo. Tale tempo non è liberamente impostabile, ma è funzione dei tre parametri dell'LFO (anche in questo caso fate riferimento al paragrafo 6.4P). Se tentate di modificarlo con il mouse potrete constatare che non è possibile; abbiamo infatti attivato nell'*inspector* l'attributo "Ignore Click"

---

[8] Come già detto in precedenza, la gestione del *Browser* in Live 9 è diversa: in questo caso dovete trascinare la cartella nel settore "Places" del *browser*. Notate che in Live 9 la cartella non viene copiata, ma semplicemente aggiunta alla lista di cartelle gestite dal *Browser*.

(nella categoria "Behaviour") che serve, come sappiamo dal paragrafo 6.4P, ad impedire che il contenuto di un oggetto possa essere modificato con il mouse. Provate il funzionamento del *device* con una *clip* audio (ad esempio un *loop* di batteria). Modificate i diversi parametri per variare l'effetto.

Il *device* è in modalità *presentation* perché l'attributo "Open in Presentation" è stato attivato nel *patcher inspector*. In figura IE.9 vediamo la *patch* del *flanger* in modalità *patching*.

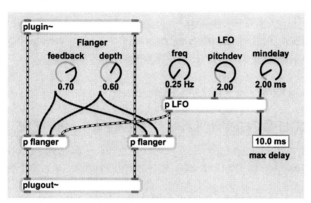

fig. IE.9: la *patch* del *device* vs_flanger_1

Non analizzeremo il funzionamento della *patch* perché è molto simile alla *patch* del paragrafo 6.4P. Notate che abbiamo incapsulato le varie parti dell'algoritmo, e che esistono due *subpatch* [p flanger] identiche per il canale destro e il canale sinistro.

All'apertura del *device* i valori dei diversi `live.dial` sono già impostati, grazie agli attributi "Initial Enable" e "Initial" (categoria "Parameter") che ci permetto-no appunto di impostare un valore iniziale per ciascun oggetto di tipo "live.*": aprite l'*inspector* degli oggetti e verificate tali attributi.

Notate che ciascun `live.dial` ha un nome che ne illustra la funzione ("feedback", "depth" etc.). Questo nome viene impostato nell'*inspector* dall'at-tributo "Short Name" (categoria "Parameter"): verificatelo[9].

L'oggetto `live.dial` come altri oggetti "live.*" ha di *default* un andamento lineare: intervalli di valore uguali occupano spazi uguali, indipendentemente dalla posizione all'interno del *range* impostato. A volte però potrebbe essere desiderabile un andamento diverso. La frequenza dell'LFO ad esempio, influi-sce in modo molto più evidente sull'effetto quando si passa da 0.25 Hz a 0.5 Hz, rispetto a quando si passa da 9.25 Hz a 9.5 Hz: le frequenze più basse dovrebbero avere quindi una maggiore spazio nell'escursione del `live.dial` rispetto alle frequenze più alte. In altre parole sarebbe meglio avere un anda-mento esponenziale. Possiamo modificare l'andamento dei valori di un oggetto "live.*" cambiando il valore dell'attributo "Exponent" (categoria "Parameter"): valori compresi tra 0 e 1 danno un andamento logaritmico, valori maggiori di 1 danno un andamento esponenziale. Impostate a 3 l'attributo "Exponent" del `live.dial` "freq", e poi salvate il *device*: ora la regolazione delle frequenze

---

[9] Esiste anche l'attributo "Long Name" di cui parleremo tra poco.

basse sarà molto più fine di quella delle frequenze alte. Vi ricordiamo che potete avere una regolazione ancora più fine tenendo premuto il tasto Command (Mac) o Control (Windows).

• •

ATTIVITÀ

- Realizzate un *device* contenente un *tape delay* (vedi paragrafo 6.2P) stereofonico, dotato di filtro passa-basso, passa-alto e di un miscelatore *dry-wet*. Il *device* deve essere caricato in modalità *presentation*.

• •

I NOMI DEGLI OGGETTI "LIVE.*" E LA PARAMETERS WINDOW

Aprendo l'*inspector* di un oggetto "live.*", come `live.dial`, possiamo vedere che può ricevere tre nomi diversi: lo *scripting name*, lo *short name* e il *long name*.
Conosciamo già lo *scripting name*, comune anche agli altri oggetti Max, che può servire per creare una connessione "senza fili" tramite l'oggetto `pvar` (paragrafi 3.5P e IC.2) oppure per memorizzare i *preset* tramite `pattrsorage` e `autopattr` (paragrafo ID.1).
Lo *short name*, come abbiamo visto, serve a dare un nome significativo all'oggetto `live.dial` (e ad altri oggetti "live.*", come `live.gain~` e `live.slider`).
Il *long name* serve invece ad identificare i parametri in Live: nelle automazioni, negli inviluppi delle clip e nelle assegnazioni di controller MIDI (MIDI mapping). In altre parole lo *short name* è il nome "pubblico" dell'oggetto, mentre il *long name* e lo *scripting name* sono nomi ad uso interno. Per evitare confusioni, la cosa migliore da fare è dare lo stesso nome a tutti e tre gli attributi (come abbiamo fatto, ad esempio, nel *device* vs_flanger_1).
Per facilitare l'assegnazione possiamo usare l'attributo "Link to Scripting Name" (categoria "Parameter") che serve a rendere identici lo *scripting name* e il *long name*.
È possibile visualizzare (e modificare) le impostazioni di tutti i parametri di un *device* grazie alla **Parameters Window**. In modalità *edit* fate clic con il tasto destro del mouse (Control-clic con il Mac) sullo sfondo della *patch* per richiamare il menù contestuale. Dal menù scegliete la voce *Parameters*: apparirà la *Parameters Window* che contiene, divisi in colonne, tutti gli attributi della categoria "Parameter" relativi agli oggetti interfaccia presenti nella *patch*. Notate la piccola "p" all'interno di un cerchio azzurro che si trova, per ogni parametro, nella prima colonna: un clic del mouse all'interno del cerchio richiama un menù contestuale con il quale è possibile evidenziare l'oggetto relativo nella *patch* e impostarne il valore iniziale.
Aprite la *patch* del *device* vs_flanger_1 e provate a modificare con la *Parameters Window* qualche attributo di un oggetto. Verificate il cambiamento nell'*inspector* dell'oggetto stesso.

AUTOMAZIONE DEI PARAMETRI IN M4L

Vediamo un esempio di automazione in Live per il nostro *flanger*: aprite il Live set **IE_02_flanger_automation.als** (fig. IE.10).

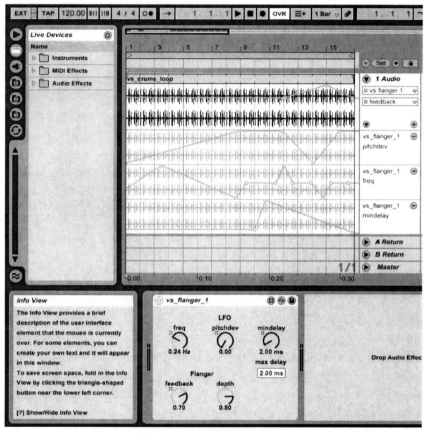

fig. IE.10: Live set **IE_02_flanger_automation.als**

In questo set siamo passati alla modalità "Arrangment View" ("Vista Arrangiamento") di Live. Il solito *loop* di batteria è stato elaborato con il *device* vs_flanger_1. I parametri del *device* vengono continuamente variati durante l'esecuzione del *loop*. Notate, nella parte destra delle figura, i due menù a comparsa che permettono di scegliere l'automazione da visualizzare. Fate clic sul tasto "Play" in alto e ascoltate l'elaborazione, osservando i cambiamenti dei parametri del *flanger*. Grazie all'automazione anche un *device* semplice come il nostro *flanger* può dare risultati interessanti: se ci pensate, infatti, le automazioni sono un ottimo mezzo per creare alcuni dei movimenti di cui abbiamo parlato nel capitolo 8.

Non sempre è desiderabile che i parametri possano essere automatizzati: alcune automazioni potrebbero generare dei click, oppure risultare troppo pesanti per la CPU, o causare conflitto con altri parametri. In questo caso si può modificare l'attributo "Parameter Visibility" (categoria "Parameter"): questo attributo può assumere i valori "Automated and Stored" (visibile per le automazioni e memorizzabile nei *preset*), "Stored Only" (memorizzabile nei *preset*, ma invisibile per le automazioni) o "Hidden" (invisibile sia per i *preset* sia per le automazioni)[10].

Notate che abbiamo impostato la modalità "Hidden" per il `live.numbox` che indica il *delay* massimo del *flanger*: modificare tale parametro tramite l'automazione infatti non avrebbe senso, poiché come abbiamo visto il valore del *delay* massimo viene ricavato dagli altri parametri dell'LFO.

MODULAZIONE DEI PARAMETRI IN M4L

Fino a Live 8 le automazioni sono possibili solo nella modalità "Arrangement View"; per variare i parametri nella modalità "Session View" dobbiamo ricorrere agli inviluppi della clip. Aprite il Live set **IE_02b_flanger_modulation.als** (fig. IE.10b)

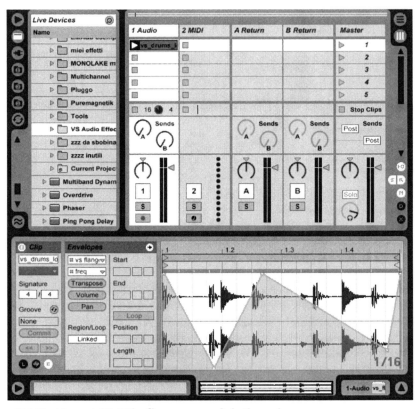

fig. IE.10b: Live set **IE_02b_flanger_modulation.als**

---

[10] Attenzione, in questo caso stiamo parlando dei *preset* del *device*, ovvero delle configurazioni memorizzabili facendo clic sulla terza icona circolare nella barra del titolo dei *device* Live, e non dei *preset* di Max.

Per visualizzare gli inviluppi di una *clip* è necessario fare clic nella piccola icona circolare contenente una "E" all'interno del riquadro "Clip" in basso a sinistra.

In questo Live set abbiamo modulato la frequenza dell'LFO e la deviazione del *pitch* che a loro volta modificano il tempo di ritardo massimo; vi ricordiamo che potete selezionare l'inviluppo dei diversi parametri tramite i due menù a comparsa che si trovano nel riquadro "Envelopes" ala sinistra della forma d'onda della *clip*.

Gli inviluppi non definiscono, come le automazioni, dei valori assoluti per i parametri, ma una variazione espressa in percentuale secondo le modalità che vedremo tra poco. Avviate la *clip* contenente il *loop* di batteria ed ascoltate l'effetto prodotto dalla variazione del parametro. Visualizzate il *device* ed osservate il movimento della parte colorata nella sezione circolare dell'oggetto `live.dial` "freq" in corrispondenza con la variazione dell'inviluppo. Notate che varia tra l'ago del `live.dial` (il valore impostato) e il limite minimo dell'oggetto. Anche la sezione circolare del `live.dial` "pitchdev" varia, ma al di sopra e al di sotto dell'ago. Questa differenza di comportamento è dovuta alle diverse impostazioni di modulazione assegnate ai due parametri.

Di *default* gli oggetti "live.*" non permettono la modulazione dei parametri; è necessario modificare nell'*inspector* l'attributo "Modulation Mode" (nella categoria "Parameter"). I possibili valori di questo attributo sono cinque:

- None: nessuna modulazione (valore di *default*).
- Unipolar: l'inviluppo agisce tra il limite minimo del parametro e il valore impostato. È questa la modalità che abbiamo usato per il `live.dial` "freq".
- Bipolar: l'inviluppo agisce al di sopra e al di sotto del valore impostato. La massima escursione è data dalla distanza tra il valore impostato e il limite più vicino. È questa la modalità che abbiamo usato per il `live.dial` "pitchdev".
- Additive: l'inviluppo agisce al di sopra e al di sotto del valore impostato. La massima escursione è data dal *range* totale del parametro, a cui viene sommato il valore impostato. Con questa modalità è frequente che la modulazione superi i limiti del parametro e in tal caso viene troncata.
- Absolute: l'inviluppo agisce tra il valore minimo e il massimo definito nell'attributo "Modulation Range", indipendentemente dal valore impostato. È in pratica simile all'automazione; anche se, come abbiamo detto, la variazione è espressa in percentuale e non in valore assoluto.

Per capire meglio le differenze tra le varie modalità vi suggeriamo di aprire l'*inspector* del `live.dial` "freq" e di modificare l'attributo "Modulation Mode": osservate come varia il movimento della sezione circolare dell'oggetto in ciascuna modalità.

SINCRONIZZARE UN DEVICE CON IL LIVE TRANSPORT

Nel primo paragrafo dell'interludio C (che vi invitiamo a rileggere) abbiamo visto che Max è dotato di un *master clock* con il quale, tramite l'oggetto `transport`, è possibile sincronizzare la scansione temporale di diversi oggetti. In un *device* M4L il *master clock* è rappresentato dal *transport* (in italiano trasporto) di Live[11]. Modificando il tempo metronomico di Live, gli oggetti sincronizzati con il *master clock* si modificano di conseguenza.

Vediamo come possiamo sfruttare questa caratteristica in un *device*: caricate in una traccia audio il *device* **vs_flanger_2**.

In questa versione del *flanger* la frequenza dell'LFO non è più espressa in hertz, ma in suddivisioni di una battuta. In fig. IE.11 vediamo la *patch* relativa.

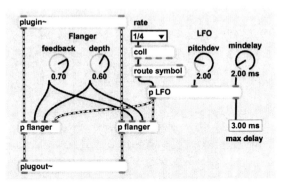

fig. IE.11: la *patch* del *device* vs_flanger_2

L'oggetto indicato con "rate" è un **live.menu**, versione "live.*" dell'oggetto **umenu**. L'oggetto contiene un elenco di suddivisioni espresse in frazioni. All'interno della **coll** (che potete aprire con un doppio clic)[12] ci sono i corrispondenti *note values* (1/4 = 4n, 1/8 = 8n, etc.). Questi valori vengono inviati alla *subpatch* [p LFO]. Notate l'oggetto [**route** symbol], che serve ad eliminare la stringa "symbol" che **coll** antepone, come sappiamo, alle stringhe singole. In figura IE.12 vediamo il contenuto della *subpatch* [p LFO].

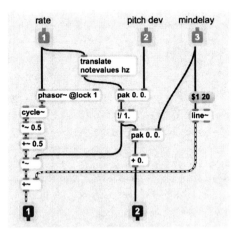

Fig. IE.12: *subpatch* [p LFO]

---

[11] Anche in M4L è possibile comunque avere dei sistemi di scansione indipendenti utilizzando un oggetto **transport** dotato di nome (vedi par. IC.1)

[12] Per l'oggetto **coll** vedi il paragrafo ID.3.

I valori di suddivisione espressi in *note values* entrano dal primo inlet, e vengono inviati ad un **phasor~** che controlla la fase di un **cycle~** (ovvero l'LFO sinusoidale). L'attributo "lock" impostato a 1, serve a far sì che il **phasor~** sia sempre in fase con il Live *transport*, ovvero che ogni rampa inizi esattamente all'inizio della suddivisione.

Al primo inlet è collegato anche un oggetto **translate** che traduce la suddivisione in hertz. Il valore in hertz ci serve per calcolare l'ampiezza dell'LFO.

Caricate una *clip* ritmica sulla traccia audio e provate a variare il metronomo di Live. Notate come l'LFO del *flanger* varia di conseguenza, rimanendo sempre sincronizzato con il tempo metronomico. Provate anche ad usare l'automazione (in "Arrangment View").

Vediamo altre possibili tecniche di sincronizzazione. Aprite il Live set **IE_03_sample_and_hold.als**. Nella prima traccia abbiamo inserito il *device* **vs_sampleandhold**, che, come il nome lascia intuire, è una versione M4L del classico effetto di filtraggio ritmico casuale. In figura IE.13 possiamo vedere la *patch* relativa al *device*.

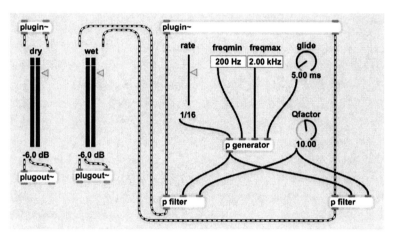

fig. IE.13: la *patch* del *device* vs_sampleandhold

Ci sono due **live.gain~**, uno per il segnale *dry* e uno per il segnale *wet*. Al centro, sotto l'oggetto **plugin~** vediamo un **live.slider** (versione "live.*" dell'oggetto **slider**) con cui è possibile selezionare la velocità di generazione della frequenza di taglio casuale. I due **live.numbox** servono a impostare la banda di frequenza entro cui vengono scelte le frequenze casuali; notate che entrambi gli oggetti hanno un andamento esponenziale (verificatelo nell'*inspector*). Il **live.dial** "glide" imposta la durata di un breve portamento tra una frequenza e l'altra.

In figura IE.14 vediamo la *subpatch* [p generator] che genera le frequenze casuali sincronizzate con il Live *transport*.

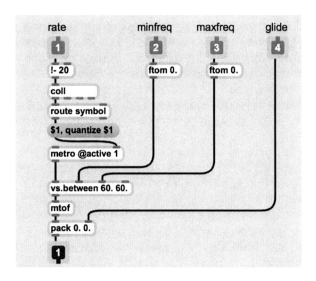

fig. IE.14: *subpatch* [p generator]

Come si può vedere la sincronizzazione avviene qui per mezzo dell'oggetto **metro**. La *subpatch* è abbastanza semplice; studiatela attentamente e rispondete a queste domande:

- Perché è stato collegato l'oggetto [!- 20] al primo **inlet**? (suggerimento: confrontate il contenuto della **coll** con i valori prodotti dal **live.slider** "rate").
- Perché i valori di frequenza minima e massima vengono convertiti in valori MIDI, e successivamente i valori casuali generati da **vs.between** vengono convertiti in frequenza?
- Come viene usato il valore "glide"? (suggerimento: aprite una delle due *subpatch* [p filter]).
- Perché il **metro** non ha un **toggle** per l'attivazione?
- A che serve il messaggio "quantize $1"? (Se non ve lo ricordate tornate al paragrafo IC.2)

••

ATTIVITÀ

- Trasformate in *device* la *patch* 06_10_stereo_phaser.maxpat. Sincronizzate l'LFO con il Live *transport*.

••

USARE OGGETTI INTERFACCIA MAX IN M4L

Finora abbiamo usato nei nostri *device* gli oggetti interfaccia di tipo "live.*" (come **live.dial** o **live.gain~**) invece dei consueti oggetti Max (come dial o gain~). In qualche caso però potrebbe essere utile usare gli oggetti standard, ad esempio perché non esiste il corrispettivo "live.*".

Gli oggetti interfaccia Max possono essere tranquillamente utilizzati all'interno di M4L, ma di *default* non salvano il loro stato nei *device* come fanno gli oggetti "live.*", né possono essere automatizzati. È però possibile dare anche agli oggetti standard tali proprietà in due modi: utilizzando un `pattr`, oppure attivando l'attributo "Parameter Mode Enable" nell'*inspector* dell'oggetto stesso.

La prima tecnica, un po' più complessa, è l'unica disponibile in Max 5. Dal momento che esistono diversi *device* che la sfruttano, consigliamo anche a chi ha una versione di Max successiva alla 5 di studiarla.

In pratica ogni oggetto Max che desideriamo utilizzare nell'interfaccia del *device* va legato ad un oggetto `pattr`.[13] Tramite l'*inspector* dell'oggetto `pattr` è possibile attivare l'attributo "Parameter Mode Enable", questo fa apparire "magicamente" diversi attributi della categoria "Parameter" che abbiamo già visto negli oggetti di tipo "live.*" ("Long Name", "Short Name", "Initial Enable" etc.). Le impostazioni di tali attributi si applicano all'oggetto interfaccia a cui il `pattr` è legato. Notate che non è possibile usare un oggetto `auto-pattr` per rendere automatizzabili gli oggetti Max, è necessario legare ciascun oggetto ad un `pattr`.

Vediamo subito un esempio: aprite il Live set **IE_04_max_parameters.als**. Questo set contiene il *device* **vs_simpletaps**, di cui vediamo la *patch* in figura IE.15.

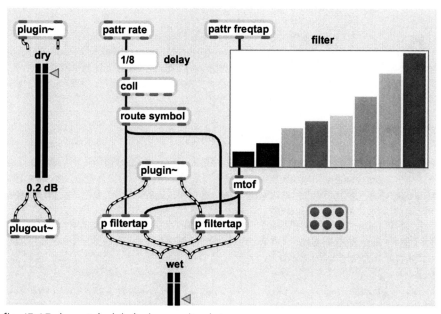

fig. IE.15: la *patch* del *device* vs_simpletaps

Abbiamo utilizzato due oggetti interfaccia Max collegati con altrettanti `pattr`: un `multislider` (che non ha un corrispettivo "live.*") e un `umenu`.

---

[13] Per il concetto di "legame" vedi il paragrafo ID.1.

Quest'ultimo oggetto contiene la lista di suddivisioni espressa in frazioni che viene poi convertita in *note values* grazie al contenuto della `coll` (abbiamo usato questo sistema anche nelle *patch* precedenti).

Se aprite l'*inspector* dell'oggetto [`pattr` rate] potrete verificare che sono presenti diversi attributi nella categoria "Parameter". Notate l'attributo "Parameter Mode Enable" che è attivo e che rende visibili tutti gli altri. L'attributo "Parameter Visibility" ci dice che questo oggetto può essere automatizzato. Osservate l'impostazione degli attributi "Range/Enum" e "Steps".

Passiamo all'*inspector* dell'oggetto [`pattr` freqtap], legato al `multislider`. Osservate l'attributo "Type" la cui impostazione è "Blob": con questo termine si indica che i valori del parametro sono liste (è infatti il caso del `multislider`) che si possono salvare nei *preset* del *device*, ma non sono automatizzabili.

Provate le diverse configurazioni che abbiamo memorizzato nell'oggetto `preset` e poi analizzate il contenuto della *subpatch* [`p` filtertap].

A partire da Max 6 la maggior parte degli oggetti interfaccia standard ha l'attributo "Parameter Mode Enable" che fa comparire gli attributi della categoria "Parameter" all'interno dell'*inspector* dell'oggetto stesso. È questa la seconda tecnica a cui abbiamo accennato, che rende in molti casi superfluo l'uso dell'oggetto `pattr`.

Se avete Max 6 o superiore create una nuova versione del *device* vs_simpletaps eliminando gli oggetti `pattr` e attivando l'attributo "Parameter Mode Enable" all'interno del `multislider` e dell'oggetto `umenu`.

In generale è comunque preferibile usare gli oggetti interfaccia di tipo "live.*" quando sono disponibili, e ricorrere agli oggetti standard Max solo quando non esiste il corrispettivo "live.*" (ad es. `multislider`, `function` etc.)

· ·

ATTIVITÀ

- Nel Live set IE_04_max_parameters.als abbiamo aggiunto il *device* Live "Limiter" per evitare che la somma dei segnali *dry* e *wet* possa causare una distorsione all'uscita. Trasformate in *device* M4L la *patch* 07_07_limiter.maxpat per sostituire il *limiter* standard.
- Trasformate in *device* M4L la *patch* 06_09_comb_resonators.maxpat. Rendete i `multislider` compatibili con M4L utilizzando una delle due tecniche che abbiamo illustrato.

· ·

SEND-RECEIVE IN UN DEVICE M4L

Se in un *device* M4L usiamo la coppia di oggetti `send/receive` (o l'equivalente MSP `send~/receive~`) i messaggi trasmessi da `send` verranno ricevuti da tutti gli oggetti `receive` che hanno lo stesso nome, anche se si trovano in *device* diversi. Provate ad esempio a ricreare il semplice *device* di figura IE.16 e caricatelo in una traccia audio.

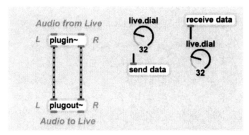

fig. IE.16: `send/receive` in un *device*

Tutti i valori trasmessi dal `live.dial` collegato a [`send` data] verranno ricevuti dal `live.dial` collegato a [`receive` data]. Se ora carichiamo una seconda copia del *device*, anche in una traccia audio differente, il `live.dial` collegato a [`receive` data] in questo secondo *device* riceverà gli stessi valori. Nella maggior parte dei casi, naturalmente, questo non è desiderabile; è necessario un meccanismo che renda unici i nomi degli oggetti `send/receive` in ogni copia del *device*. Nel paragrafo ID.2 abbiamo visto che l'uso del simbolo #0 ci permette di dare un nome unico agli argomenti contenuti all'interno di una *abstraction*. L'equivalente per i *device* M4L è il simbolo --- (tre lineette) da anteporre, senza spazi, al nome dell'argomento. Modificate il *device* come da figura IE.17.

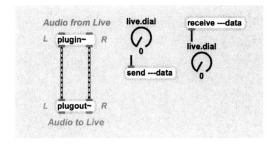

fig. IE.17: argomenti unici in un *device*

Se ora caricate più copie di questo *device* in una traccia audio, vedrete che il simbolo --- è stato sostituito da un numero identificatore arbitrario, e ogni copia del *device* contiene un numero identificatore diverso. Il meccanismo è quindi identico a quello del simbolo #0 nelle *abstraction*.
È importante capire i diversi livelli di unicità dei simboli:
- Il simbolo #0 è unico all'interno di un'*abstraction*. Questo significa che se in un *device* ci sono due *abstraction* identiche contenenti argomenti con il simbolo #0, ciascuna *abstraction* riceverà un numero identificatore diverso. Al di fuori di una *abstraction*, ovvero nella *patch* principale del *device*, o in una *subpatch*, il simbolo #0 non viene sostituito da un identificatore numerico.
- Il simbolo --- è unico all'interno di un *device*. Questo significa che se in un *device* ci sono due *abstraction* identiche contenenti argomenti con il simbolo ---, entrambe le *abstraction* riceveranno lo stesso numero identificatore. Tale numero sarà però diverso tra le diverse copie del *device*. Anche al di fuori di una *abstraction*, ovvero nella *patch* principale del *device*, o in una *subpatch*, il simbolo --- verrà sostituito da un identificatore numerico.

589

ATTIVITÀ

- Trasformate in *device* M4L la *patch* 06_03_multitap3.maxpat. Rendete i `multislider` compatibili con M4L utilizzando una delle due tecniche che abbiamo illustrato in precedenza. Fate in modo che le coppie di oggetti `send`/`receive` abbiano un argomento unico per ogni copia del *device*.

• •

ANNOTATION E HINT

Man mano che creiamo *device* più complessi diventa importante descrivere la funzione dei diversi parametri, e a volte il semplice nome del parametro non è sufficiente.

Probabilmente avete notato che, passando il mouse sopra l'interfaccia dei *device* standard di Live, appare una descrizione dei parametri nella *Info View* (in italiano Finestra Info), ovvero nel riquadro che si trova in basso a sinistra nella finestra di Live.

Anche con i *device* M4L è possibile fare la stessa cosa. Provate ad esempio a riaprire il *device* vs_flanger_2 e passate il mouse sopra i diversi `live.dial`. Dovreste vedere, nella finestra *Info View* una descrizione per ogni parametro.

Gli attributi da impostare per mostrare le informazioni nella *Info View* sono "Annotation Name" per impostare il titolo della finestra *Info View*, e "Annotation" per il testo; entrambi gli attributi si trovano nella categoria "Description". Vi ricordiamo che l'attributo "Annotation" serve inoltre a mostrare un testo informativo nella *Clue Window* (vedi paragrafo 1.4P nel primo volume).

Anche l'attributo "Hint", che mostra un breve messaggio a comparsa (vedi sempre paragrafo 1.4P) è utilizzabile nei *device* M4L.

FREEZE DEVICE

Caricate il *device* **vs_frz_sah** in una traccia audio. Apparentemente è identico al *device* vs_sampleandhold che abbiamo usato sopra. Ma se cercate di aprire la *patch* in modalità *edit* vi accorgerete che non è possibile. Il *device* è stato infatti "congelato" (*frozen*): ovvero è stato creato un "pacchetto" che contiene, oltre al file corrispondente al *device*, i file di tutti gli oggetti non standard contenuti nella *patch* (come ad esempio gli oggetti della libreria *Virtual Sound Macros*). Questo è utile quando, ad esempio, vogliamo caricare il *device* in un computer in cui non sono installati gli oggetti e le *abstraction* che abbiamo usato per programmarlo. Il "congelamento" include anche eventuali file audio, immagini, etc. rendendo così il *device* facilmente esportabile.

Per "scongelare" un *device* è sufficiente fare clic sulla seconda icona nella *Toolbar* in basso (raffigurante un cristallo di neve): verrà creata sulla scrivania una cartella "Unfrozen Max Device Files" ("File Dei Device Max Scongelati") che conterrà gli elementi non presenti nel percorso di ricerca. Nel vostro caso probabilmente troverete solo il file generator.abstraction.maxpat, che abbiamo creato appositamente per questo esempio (e che non si trova nel percorso di ricerca); mentre se date il *device* a qualcuno che non ha la libreria *Virtual Sound Macros*, la cartella

"Unfrozen Max Device Files" conterrà anche tutti gli oggetti VS utilizzati.

L'icona del cristallo di neve (detta *Freeze Button*) serve anche a congelare un *device*. Se volete vedere i file che vengono inclusi in un *device* quando viene congelato, ed eventualmente modificarli, potete richiamare, in modalità *edit*, la finestra *Dependencies* tramite il menù *View*.

PRESET E PATTRSTORAGE IN M4L

Parleremo ora di *preset*: dal momento che questo termine indica due cose diverse in Max e in Live, useremo il termine "preset Live" per indicare l'impostazione di un *device* memorizzata facendo clic sull'ultima icona circolare nella barra del titolo dei *device* Live, mentre useremo il termine "preset Max" per indicare le configurazioni memorizzate all'interno della *patch* tramite l'oggetto `preset` e/o `pattrstorage`.

Nel *device* vs_simpletaps che abbiamo usato sopra è presente un oggetto `preset` che contiene 6 diverse configurazioni per il *device*. Questi preset Max sono stati impostati e salvati insieme al *device*, durante la costruzione dello stesso.

È possibile modificare in un secondo tempo questi preset Max e memorizzarli nell'oggetto `preset`, esattamente come facciamo nelle normali *patch* di Max. Se però salviamo, dopo avere effettuato queste modifiche, un nuovo preset Live, e successivamente lo ricarichiamo, il contenuto dell'oggetto `preset` tornerà ad essere quello originale e non quello che abbiamo salvato noi. In altre parole, i preset Max memorizzati in un oggetto `preset` non possono essere salvati in un preset Live all'interno del programma Live; è necessario aprire la *patch* in Max, memorizzare i nuovi *preset* e salvare nuovamente la *patch* con Max. Una procedura evidentemente scomoda.

Utilizzando l'oggetto `pattrstorage` è però possibile salvare un insieme di preset Max in un singolo preset Live, senza uscire da Live, e questo è molto utile quando abbiamo bisogno di modificare velocemente una serie predeterminata di configurazioni, o vogliamo interpolare tra due preset Max (se le vostre conoscenze del sistema di gestione di *preset* tramite `pattr` e `pattrstorage` si sono sbiadite, vi consigliamo di rileggere attentamente il paragrafo ID.1).

Ecco come si procede:

- Si inserisce un oggetto `pattrstorage` nel *device*. Si attiva, tramite l'*inspector*, l'attributo "Parameter Mode Enable", in modo da rendere visibili gli attributi della categoria "Parameter".

- Sempre nell'*inspector* del `pattrstorage` si attiva, nella categoria "Parameter" l'attributo "Initial Enable". Questo fa sì che l'oggetto `pattrstorage` memorizzi le sue configurazioni all'interno della *patch* senza bisogno di un file esterno. Notate infatti che gli attributi "savemode" e "autorestore" risultano disattivati.

- Ora bisogna fare in modo che l'oggetto `pattrstorage` possa vedere gli oggetti interfaccia. Aggiungiamo quindi, per ogni oggetto Max standard (non "live.*"), un oggetto `pattr` dotato di nome. In ogni `pattr` è anche necessario attivare l'attributo "Parameter Mode Enable". Per gli oggetti di tipo "live.*", invece, possiamo usare un `autopattr` per rendere tali oggetti visibili per il `pattrstorage`, senza doverli legare con gli oggetti `pattr`.

Vediamo un primo esempio: caricate in una traccia audio il *device* **vs_the_enveloper** (fig. IE.18).

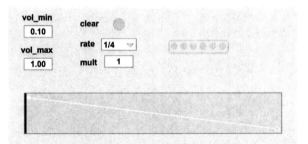

fig. IE.18: il *device* vs_the_enveloper

Questo *device* impone un inviluppo ritmico all'audio in entrata. È possibile disegnare l'inviluppo all'interno dell'oggetto `function` in basso. I parametri "vol_min" e "vol_max" determinano l'ampiezza minima e massima dell'inviluppo. Il `live.button`[14] "clear" serve a cancellare l'inviluppo. I parametri "rate" e "mult" determinano la scansione e la durata dell'inviluppo. Ad esempio con "rate" pari a 1/4 e "mult" pari a 5, il tempo di scansione e la conseguente durata dell'inviluppo sarebbe di 5/4; questo è molto utile se vogliamo uscire dalla "gabbia" del 4/4.

Provate a variare i parametri utilizzando come sorgente audio il file vs_organ_line.wav (presente nella cartella "sound files" della libreria Virtual Sound Macros).

Come vedete, nella parte destra del *device* è presente un oggetto `preset`, ma nessun preset Max è stato memorizzato. Provate ora a caricare il preset Live the_enveloper_preset (si trova nella stessa cartella dei nostri *device*: "VS Audio Effects"). Qui sono presenti 6 preset Max che sono stati salvati nel preset Live. Ascoltate i *preset* e poi aprite la *patch* del *device* (fig. IE.19).

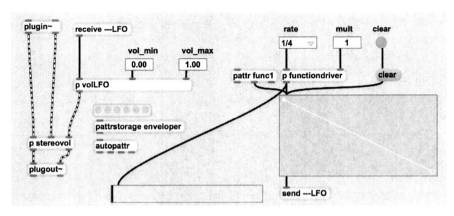

fig. IE.19: la *patch* del *device* vs_the_enveloper

---

[14] L'oggetto `live.button` è naturalmente la versione "live.*" dell'oggetto `button`.

Notate l'oggetto `pattr` legato all'oggetto Max standard `function`. Aprendo l'*inspector* del `pattr` potrete verificare che l'oggetto ha l'attributo "Parameter Mode Enable" attivo; in questo modo l'oggetto `function` è visibile per `pattrstorage` e memorizzabile nei preset Live. L'oggetto `autopattr` in basso serve invece a rendere visibili per `pattrstorage` gli oggetti "live.*".

L'oggetto `preset` è stato abbinato, tramite il suo attributo "pattrstorage", all'oggetto [`pattrstorage` enveloper]: in questo modo tutte le configurazioni memorizzate tramite l'oggetto `preset` vengono in realtà immagazzinate nell'oggetto `pattrstorage` (vedi paragrafo ID.1).

Nell'oggetto `pattrstorage` abbiamo naturalmente attivato l'attributo "Initial Enable", e questo fa sì, come abbiamo detto, che i *preset* vengano memorizzati insieme alla *patch* e non in un file esterno.

Chiudete la *patch*, tornate in Live, provate a creare nuovi preset Max nel *device* e poi salvate un nuovo preset Live: ricaricando successivamente tale *preset*, tutte le configurazioni che abbiamo registrato con `preset/pattrstorage` saranno presenti.

Vediamo ora come funziona l'algoritmo: all'interno della *subpatch* [`p` function-driver] collegata all'oggetto `function`, c'è un `phasor~` sincronizzato con il *transport* Live (fig. IE.20).

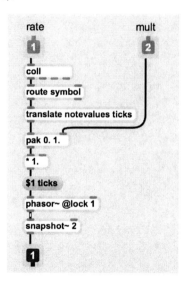

fig. IE.20: *subpatch* [`p` functiondriver]

Al primo ingresso ("rate") arriva il valore generato dal `live.menu` presente nella *patch* principale; questo valore viene inviato alla `coll` che contiene l'elenco di *note values* che abbiamo già utilizzato nei *device* precedenti. I valori di nota vengono convertiti in *ticks*, moltiplicati per il valore "mult" e passati al `phasor~`. Il segnale prodotto da quest'ultimo viene convertito in valori Max dall'oggetto `snapshot~`.

Torniamo alla *patch* principale, e vediamo che i valori prodotti da `phasor~`/`snapshot~` vengono inviati all'oggetto `function`. In effetti non usiamo `function` per inviare una lista ad un oggetto `line~`, ma per generare i

593

valori corrispondenti all'inviluppo (ovvero i valori dell'asse delle y) in risposta alla rampa di valori (corrispondenti all'asse delle x) inviata da **phasor~/snap-shot~**. Come si può vedere, infatti, non stiamo prelevando i dati dalla seconda uscita di **function**, come facciamo di solito, ma dalla prima.

Stiamo usando qui la stessa tecnica che abbiamo utilizzato nel primo volume al paragrafo 2.4P (sezione "Il controllo mediante mascheratura"), in particolare nella *patch* 02_19_masking.maxpat, a cui vi rimandiamo per tutti i dettagli. Il dominio dell'oggetto **function** è 1 (come potete verificare nell'*inspector*), dal momento che la rampa generata da **phasor~/snapshot~** va da 0 a 1.

I valori prodotti da **function** vengono passati alla *subpatch* [p volLFO][15] : qui vengono riscalati per il minimo e massimo volume, e convertiti in segnale "smussato" da un oggetto **line~** (secondo una tecnica che abbiamo usato innumerevoli volte nel primo e nel secondo volume).

Notate, nella *patch* principale, l'oggetto rettangolare visibile al di sotto dell'oggetto **function**: è un **multislider** (con un solo slider) usato per generare la linea verticale che scorre a tempo sull'inviluppo. I valori ricevuti dal **multislider** sono gli stessi valori generati da **phasor~/snapshot~** per l'oggetto **function**. In modalità *presentation* il **multislider** si sovrappone perfettamente a **function**: naturalmente, per far sì che l'inviluppo rimanga visibile, lo sfondo (*background*) del **multislider** è stato reso trasparente impostando a 0% il parametro "Opacity" relativo al colore dello sfondo (abbiamo già sfruttato questa tecnica nel capitolo 7P, vedi in particolare la fine del paragrafo 7.5P). Inoltre, per poter modificare l'inviluppo di **function**, abbiamo attivato l'attributo "Ignore Click" del **multislider**: in questo modo l'azione del mouse "passa attraverso" il **multislider** e raggiunge l'oggetto **function**.[16] Se volete usare una tecnica del genere vi dovete assicurare che l'oggetto che deve comparire al di sopra (il **multislider** nel nostro caso) sia ad un livello superiore rispetto all'oggetto che deve trovarsi al di sotto: se così non fosse potete selezionare il primo oggetto e richiamare nel menù *Arrange* la voce *Bring to Front* che serve appunto a portare un oggetto al livello più alto.[17] Vediamo un esempio più complesso: caricate il *device* **vs_the_BIG_enveloper** in una traccia audio (fig. IE.21).

---

[15] Notate l'uso del simbolo --- negli oggetti **send** e **receive**.

[16] A partire dalla versione 6.07 di Max l'oggetto **function** è stato dotato dell'attributo "cursor" che serve appunto a mostrare una linea verticale che scorre al di sopra dell'inviluppo. Abbiamo preferito utilizzare un **multislider** per generare la linea verticale innanzitutto per mantenere la compatibilità con le versioni precedenti di Max, e in secondo luogo per illustrare la tecnica della sovrapposizione di oggetti grafici e l'uso dell'attributo "ignore click" per passare l'azione del mouse all'oggetto sottostante.

[17] Sulla questione dei livelli vedi anche il paragrafo 1.7P nel primo volume, sezione "L'oggetto **panel** e il livello background".

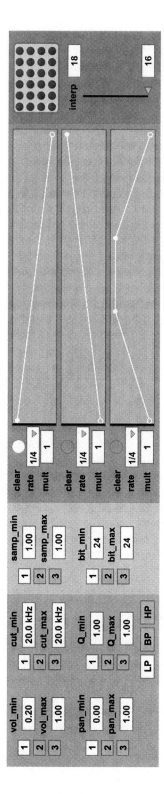

fig. IE.21: *device vs_the_BIG_enveloper*

Questo *device* è una estensione del precedente: oltre all'ampiezza possiamo dare un inviluppo ritmico al pan (primo riquadro colorato), alla frequenza di taglio e al fattore Q di un filtro (secondo riquadro colorato), alla riduzione dei bit e della frequenza di campionamento (terzo riquadro colorato; per un ripasso sulla "degradazione" del suono vedi paragrafo 5.2P).

Questi 6 parametri possono essere modulati da uno dei tre inviluppi visibili sul lato destro della *patch*. L'oggetto che mostra i tre riquadri verticali recanti i numeri 1, 2 e 3, alla sinistra di ciascun parametro, si chiama **live.tab**. Questo oggetto è una specie di pulsantiera multipla, della quale è possibile specificare il numero di pulsanti (che possono essere disposti in righe e colonne) e il testo da visualizzare all'interno di ciascun pulsante (il testo, che determina anche il numero di pulsanti presenti, va inserito nell'attributo "Range/Enum"). Anche i tre pulsanti di selezione del filtro, in basso nel secondo riquadro colorato, sono un **live.tab**. Aprite l'*inspector* dell'oggetto per verificarne le impostazioni. Esiste anche il corrispondente oggetto Max standard: **tab**.

Oltre a richiamare i singoli *preset* possiamo interpolare fra due *preset* qualsiasi utilizzando il **live.slider** sulla destra.

Anche in questo caso trovate dei preset Max registrati nel preset Live the_BIG_enveloper_preset. Provateli usando il solito file audio vs_organ_line.wav.

La *patch*, per quanto molto estesa, non dovrebbe essere difficile da analizzare, e vi invitiamo a farlo.

• •

ATTIVITÀ

- Create, per ciascun *device* che avete realizzato finora, un sistema di preset Max gestito tramite **pattrstorage**.
- Basandovi sulle *patch* presentate nel capitolo 7P realizzate i seguenti *device*: compressore *downward*, compressore *upward*, *expander downward*, *expander upward*, compressore multibanda, *live normalizer*, compressore parallelo (*downward* e *upward*), *gate*, *adaptive gate*, *triggering gate*, *triggering gate reverse*, *gate sequencer*. Create per ciascun *device* un sistema di preset Max gestito tramite **pattrstorage**.

• •

IE.3 VIRTUAL INSTRUMENT CON M4L

Per affrontare questo paragrafo è opportuno ripassare (se non lo avete ben presente) il capitolo 9P; in particolare i paragrafi 9.3P e 9.4P che riguardano la creazione di strumenti polifonici e monofonici controllati via MIDI.

Create un nuovo Live Set; poi con un doppio clic sulla cartella "Max Instrument" presente all'interno della cartella "Instruments" nel *Live Device Browser* create un *instrument device* (fig. IE. 22).

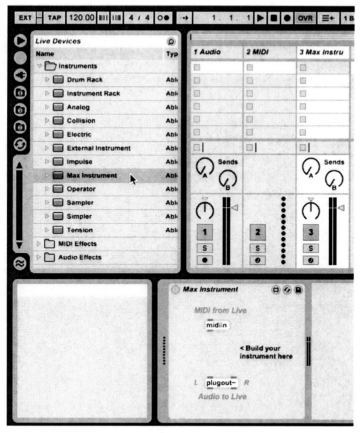

fig. IE.22: il *device* di *default* per gli strumenti virtuali

A differenza dell'*audio effect*, l'*instrument* ha un ingresso MIDI e un'uscita audio. Dall'ingresso MIDI possono arrivare dati da un *controller* esterno, da una clip MIDI presente sulla stessa traccia, da un *device* MIDI (di cui ci occuperemo più avanti) inserito prima dell'*instrument* o da un'altra traccia MIDI.
Creiamo innanzitutto un sintetizzatore minimale: modificate il *device instrument* di *default* come da figura IE.23 e salvatelo con il nome "My Mini Synth. amxd" all'interno della cartella "Max Instrument".

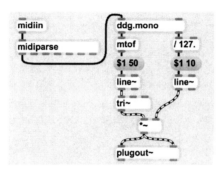

fig. IE.23: il *device* "My Mini Synth"

Abbiamo collegato l'oggetto `midiin` che come sappiamo trasmette tutti i messaggi MIDI in formato *raw* (grezzo) all'oggetto `midiparse` che li interpreta e passa i differenti messaggi alle differenti uscite (per questi due oggetti vedi il paragrafo 9.2P). Dalla prima uscita esce la lista corrispondente ai messaggi di *note on* (nota e *velocity*) che viene inviata all'oggetto `ddg.mono`; questo oggetto, come sappiamo dal paragrafo 9.4P, serve a gestire i messaggi di nota MIDI per gli strumenti monofonici.

Analizzate questa semplice *patch* per capirne il funzionamento. Notate i due oggetti `line~`: quello di sinistra serve a creare un breve portamento (*glide*) tra una nota e l'altra, quello di destra a creare un semplice inviluppo trapezoidale con attacco e *release* di 10 millisecondi. L'ampiezza è ricavata semplicemente dividendo per 127 la *velocity*.

Per suonare questo strumento con una tastiera MIDI esterna vi ricordiamo che dovete impostare il *Monitor* della traccia (nella sezione I/O che si trova al di sotto degli *slot* per le *clip*) su "In"; se invece usate una *clip* MIDI dovete impostarlo su "Auto".

. . . .

ATTIVITÀ

- Aggiungete un filtro passa-basso risonante, la cui frequenza di taglio venga espressa come fattore di moltiplicazione della frequenza dell'oscillatore. Usate un *dial* per regolare il moltiplicatore della frequenza e aggiungete un secondo *dial* per il fattore Q. Portate il *device* in *presentation mode*.

- Aggiungete un inviluppo tramite l'oggetto `adsr~` con i relativi parametri visibili e modificabili in modalità *presentation*. Convertite la *velocity* in dB (da -30 a 0) e successivamente in ampiezza prima di inviarla all'oggetto `adsr~`.

. . . .

A questo punto potete installare (se ancora non lo avete fatto) gli *instrument device* che si trovano nella cartella "Materiale Capitoli Max Vol 2", che avete scaricato dalla pagina di supporto. Dalla "Max for Live devices" copiate la sotto-cartella "VS Instruments" nella cartella "Max Instrument" di Live. Vi ricordiamo che è sufficiente trascinarla nella cartella "Max Instrument" che appare sul *Live Device Browser* (vedi anche fig. IE.8).[18]

Ora potete caricare il *device* **vs_simple_synth** in una traccia MIDI (fig. IE.24).

Si tratta di un sintetizzatore polifonico, dotato di inviluppo ADSR e di filtro passa-basso risonante modulabile tramite l'inviluppo (parametro "EnvDepth" in basso a sinistra).

Notate che i `live.dial` "Attack", "Decay" e "Release" sono in modalità grafica "Panel", impostabile nell'*inspector* tramite l'attributo "Display Style" nella categoria "Appearance".

Provate a suonare alcune note modificando i parametri.

---

[18] Oppure, se avete Live 9, trascinate la cartella nel settore "Places" del *browser*.

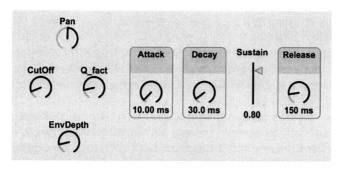

fig. IE.24: *device* vs_simple_synth

Vediamo ora la *patch* di questo *device* (fig. IE.25).

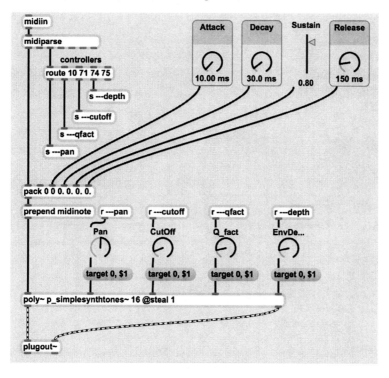

fig. IE.25: la *patch* del *device* vs_simple_synth

Anche in questo caso i messaggi MIDI provenienti da **midiin** vengono interpretati da **midiparse**. Oltre ai messaggi di nota (prima uscita di **midiparse**),
utilizziamo anche i messaggi prodotti da quattro *controller* (10, 71, 74, 75).
I valori di questi *controller* vengono selezionati dall'oggetto **route** e inviati,
tramite **send/receive**, ai quattro **live.dial** in basso.[19] Questi valori

---

[19] Vi ricordate a cosa serve il messaggio "target 0" contenuto nei *message box* a cui ciascun **live.dial**
è collegato?

599

di *controller* vengono inviati al *device* per modificare il pan, la frequenza di taglio del filtro, il fattore Q e l'*env depth*. Alcuni dei numeri di *controller* usati sono definiti nello standard General MIDI 2 (10 = pan, 71 = *resonance*, 74 = *brightness*), ma avremmo potuto usare qualsiasi altro numero. Ovviamente questi quattro parametri sono modificabili anche agendo direttamente con il mouse sui relativi `live.dial`.

Notate che, al posto della coppia `midiin`/`midiparse`, potremmo usare gli oggetti specializzati nei diversi messaggi MIDI (in questo caso `notein` e `ctlin`); preferiamo però ricevere tutti i messaggi MIDI da un unico oggetto, in questo modo si vede subito chiaramente quali messaggi vengono usati dal *device*.

Provate a suonare il *device* con una tastiera esterna oppure utilizzando una *clip* MIDI e variate i diversi parametri per realizzare timbri diversi.

Infine diamo un'occhiata alla *patch* polifonica **p_simplesynthtones~.maxpat** (il file relativo si trova all'interno della cartella "VS Instruments"), in figura IE.26.

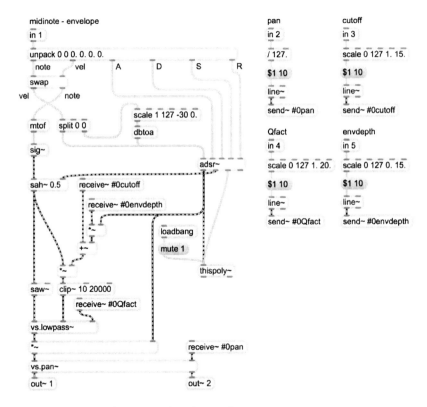

fig. IE.26: *patch* polifonica **p_simplesynthtones~.maxpat**

Questa *patch* è in gran parte simile alla *patch* p_pantonessteal~.maxpat che abbiamo utilizzato nel paragrafo 9.3P; notate sulla sinistra l'algoritmo di gestione delle note "rubate".

Nella parte destra della *patch* abbiamo gli ingressi dei quattro parametri "pan", "cutoff", "Q fact" e "env depth". Questi parametri in ingresso hanno tutti un range di valori tra 0 e 127, perché possono essere gestiti da *controller* MIDI.

La prima operazione che viene fatta su ciascun parametro è una trasformazione del *range*: da 0 a 1 per il pan, da 1 a 15 per il *cutoff* etc. Il flusso di valori viene poi smussato e trasformato in segnale dall'oggetto `line~` ed infine inviato all'algoritmo principale tramite coppie di `send/receive`. Notate il calcolo della frequenza di taglio del filtro: il parametro *env depth* moltiplica l'inviluppo, dopo di che si somma al parametro *cutoff* e il risultato viene moltiplicato per la frequenza dell'oscillatore.

Se volete utilizzare questo *device* in un altro computer, dovete copiare anche la *patch* polifonica, oppure dovete "congelare" il *device*.

Caricate ora il Live Set **IE_05_simple_synth.als**: qui abbiamo utilizzato il *device* con una *clip* MIDI che invia anche i valori di *controller*. Osservate come all'esecuzione della *clip* i quattro `live.dial` dei parametri si muovano "da soli". Notate che c'è una differenza tra le automazioni che abbiamo visto nel Live set IE_02_flanger_automation.als e i messaggi di *controller* che abbiamo appena usato: nel primo caso il controllo avveniva internamente a Live ed ogni automazione era destinata ad uno specifico parametro, nel secondo caso i messaggi MIDI possono provenire da qualunque sorgente e influenzano qualunque *device* predisposto a ricevere questi messaggi.

· ·

ATTIVITÀ

- Aggiungete un controllo per il vibrato e uno per il tremolo, collegati rispettivamente ai *controller* n. 1 e 92. Usate una *clip* MIDI per variare questi parametri.
- Aggiungete un secondo oscillatore con possibilità di *detuning* rispetto al primo, collegate il parametro al *controller* n. 94.
- Aggiungete un sistema di memorizzazione dei *preset* tramite gli oggetti `pattrstorage` e `preset`. Create e memorizzate timbri diversi.

· ·

Vediamo ora come si possono caricare dei file audio in un *instrument*, in altre parole come si realizza un campionatore. Prima di procedere vi consigliamo di rileggere la sezione "Costruiamo un campionatore" nel paragrafo 5.3P: ripassate in particolare la *patch* del campionatore monofonico 05_10_monosampler.maxpat. Ora potete caricare in una traccia MIDI il *device* **vs_simple_sampler** (fig. IE.27)

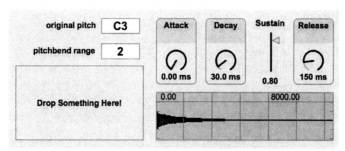

fig. IE.27: *device* vs_simple_sampler

601

Si tratta di un campionatore polifonico piuttosto semplice: sfrutta un singolo suono campionato che trasporta su tutte le altezze. Di *default* carica il suono di vibrafono che abbiamo usato anche per il campionatore monofonico del paragrafo 5.3P.

Notate i due oggetti `live.numbox` sulla sinistra: il primo serve a impostare l'altezza originale del suono caricato (in modo che possa essere correttamente trasposto), il secondo serve a definire l'escursione in semitoni del *pitch bend* [20] (come vedremo tra poco, infatti, il *device* è programmato per ricevere messaggi di *pitch bend*).

Provate a suonare qualche nota con una tastiera MIDI, oppure con una *clip* MIDI, e variate i parametri dell'inviluppo. Provate naturalmente a inviare anche messaggi di *pitch bend*.

Per cambiare il suono è sufficiente trascinare un file audio sul riquadro in basso a sinistra: questo oggetto si chiama `live.drop` e vedremo tra poco come funziona.

Vediamo ora la *patch* relativa (fig. IE.28).

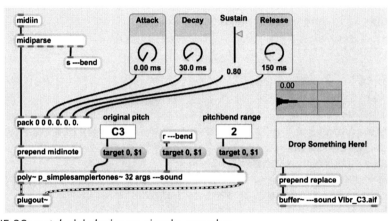

fig. IE.28: *patch* del *device* vs_simple_sampler

L'oggetto **live.drop** (che ora si trova in basso a destra), trasmette il percorso (*path*) di un file che viene trascinato su di esso, ovvero il nome del file preceduto dall'elenco di cartelle e sottocartelle all'interno delle quali si trova il file stesso. Al percorso viene anteposto (tramite l'oggetto **prepend**) il comando "replace" e il tutto viene trasmesso all'oggetto **buffer~** sottostante, che carica il suono. Esiste anche una versione Max di `live.drop`: dropfile.

Il **buffer~** si chiama "---sound" (notate il simbolo --- che precede il nome), e carica di *default*, come abbiamo detto, il file audio Vibr_C3.aif (una nota di vibrafono). Sopra l'oggetto **live.drop** è visibile l'oggetto **waveform~** che mostra il contenuto del *buffer*.

L'oggetto **poly~** sulla sinistra carica 32 istanze della *patch* polifonica p_simplesamplertones~, a cui passa come argomento il nome del *buffer* "---sound".

---

[20] Vi ricordiamo che il *pitch bend* è un controllo MIDI che seve a modificare l'altezza del suono. Vedi anche i paragrafi 9.2T e 9.2P.

Alla *patch* polifonica viene inviata una lista contenente il messaggio di nota MIDI e i parametri dell'inviluppo al primo ingresso, l'altezza originale del suono al secondo ingresso, i messaggi di *pitch bend* al terzo ingresso, e il *range* del *pitch bend* al quarto ingresso.
Vediamo ora il contenuto della *patch* polifonica **p_simplesamplertones~.maxpat** (fig. IE.29).

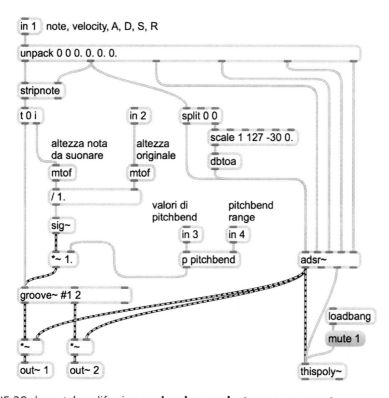

fig. IE.29: la *patch* polifonica **p_simplesamplertones~.maxpat**

Nella parte sinistra della *patch* vediamo lo stesso algoritmo per calcolare la velocità di lettura del suono che avevamo usato per il sintetizzatore monofonico del paragrafo 5.3P. In quel caso calcolavamo il rapporto tra l'altezza desiderata e il DO centrale, perché l'unico suono che utilizzavamo era appunto il DO centrale di un suono di vibrafono. In questo caso, dal momento che possiamo utilizzare qualsiasi campione, il rapporto viene calcolato con l'altezza originale che viene passata al secondo ingresso della *patch*.
Il terzo e il quarto ingresso ricevono rispettivamente i messaggi di *pitch bend* e l'escursione del *pitch bend*: quest'ultimo valore indica di quanti semitoni il *pitch* della nota viene alzato o abbassato a seconda se il valore del *pitch bend* si trovi al di sopra o al di sotto di 64. In altre parole, con un *range* pari a 2 l'altezza della nota viene alzata di 2 semitoni quando il valore del *pitch bend* è 127 (il massimo) e abbassata di 2 semitoni quando il valore del *pitch bend* è 0 (il minimo). Quando il valore del *pitch bend* è 64 la nota non subisce alterazioni. Tutti gli altri valori daranno naturalmente alterazioni intermedie. Come si vede in figura,

603

il valore calcolato dalla *subpatch* [p pitchbend] serve come moltiplicatore per la velocità di lettura del **groove~**. Apriamo quindi la *subpatch* (fig. IE.30).

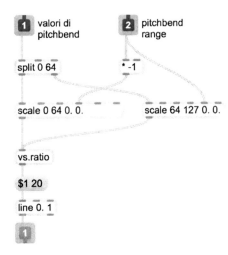

fig. IE.30: *subpatch* [p pitchbend]

Come si vede in figura i valori del *pitch bend* vengono riscalati dal "pitchbend range": in questo modo si passa dai valori originali (da 0 a 127) ai valori di alterazione del *pitch* in semitoni (ad esempio da -2 a 2). La cosa viene leggermente complicata dal fatto che il valore centrale del *pitch bend* deve corrispondere, come sappiamo, ad una alterazione di 0 semitoni (cioè nessuna alterazione). Se riscalassimo semplicemente i valori [0, 127] in valori [-2, 2], lo 0 in uscita non corrisponderebbe con il 64 in entrata, ma con il 63.5, un numero che nel protocollo MIDI (che lavora solo con gli interi) non esiste. La soluzione adottata consiste nel calcolare separatamente un riscalamento da [0, 64] a [-2, 0], e un riscalamento da [64, 127] a [0, 2]. Notate l'oggetto **split** che serve a separare i valori tra 0 e 64 da quelli tra 65 e 127, e i due oggetti **scale** che calcolano i riscalamenti che abbiamo descritto. I valori di alterazione in semitoni vengono poi trasformati in rapporto dall'oggetto **vs.ratio**, smussati da **line** e inviati alla *patch* principale dove, come abbiamo detto, serviranno da moltiplicatore per la velocità di lettura originaria della nota.

Torniamo ora alla *patch* polifonica. L'oggetto **stripnote** collegato all'oggetto **unpack** serve, come sappiamo, a filtrare i messaggi di *note off*: in questo modo evitiamo che un *note off* faccia partire nuovamente la lettura del campione.

Notate l'argomento sostituibile #1 dell'oggetto **groove~**; a questo argomento viene passato il nome dei *buffer* (ovvero "---sound") dall'oggetto **poly~**.

Vi ricordiamo che se volete utilizzare questo *device* in un altro computer, dovete copiare anche la *patch* polifonica, oppure dovete "congelare" il *device*.

L'oggetto **live.drop** memorizza l'ultimo file caricato; potete quindi salvare un preset Live dopo aver sostituito il suono del vibrafono con un altro suono, e ogni vota che ricaricherete il *preset* ritroverete il suono che avevate impostato (ma solo se è ancora presente nella posizione che occupava quando lo avete salvato).

ATTIVITÀ

- Aggiungete al *device* vs_simple_sampler il meccanismo per la gestione delle voci "rubate". Fate riferimento alla *patch* polifonica p_samplessteal~.maxpat contenuta nello strumento 9_05b_samples_steal.maxpat che abbiamo analizzato nel paragrafo 9.3P.

• •

Abbiamo visto come si realizza un semplice campionatore, ma bisogna tenere presente che il punto di forza di M4L non sta tanto nella possibilità di ricreare strumenti "normali" (dopotutto in Live è già presente un campionatore ben più flessibile del nostro), quanto nel poter inventare generatori ed elaboratori di suono unici ed originali. Vediamo ad esempio come si può costruire un "manipolatore di suoni" che fa corrispondere ad ogni nota MIDI un diverso percorso di alterazione del *pitch* di un suono campionato. Caricate in una traccia MIDI il *device* vs_sample_manipulator (fig. IE.31).

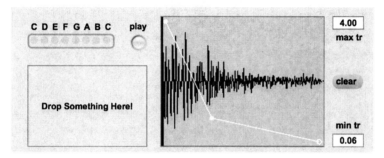

fig. IE.31: *device* vs_sample_manipulator

In questo *device* dopo aver caricato con l'oggetto `live.drop` a sinistra un suono campionato, è possibile riprodurre tale suono modificandone la velocità di lettura (e quindi l'altezza) tramite un inviluppo realizzato con l'oggetto `function` (a destra, sovrapposto alla forma d'onda del suono). La minima e la massima trasposizione del suono (espresse come velocità di lettura) sono impostabili dai due `live.numbox` sulla destra, indicati con "max tr" e "min tr".
Facendo clic con il mouse (e tenendo premuto il tasto) sul pulsante circolare indicato con "play" è possibile ascoltare il suono. Si possono realizzare 8 diversi preset Max, memorizzabili tramite l'oggetto `preset` in alto a sinistra. Questi *preset* si possono richiamare inviando le note MIDI della scala diatonica di DO (i tasti bianchi del pianoforte) comprese tra DO3 e DO4. Inviando qualsiasi altra nota MIDI si ripete l'ultimo suono richiamato.
Caricate il *preset* Live sample_manipulator_preset e provate a suonare le note diatoniche comprese tra DO3 e DO4: il suono utilizzato di *default* si trova nella libreria *Virtual Sound Macros* e si chiama vs_bgest.aif.
Analizziamo ora la *patch* relativa (fig. IE.32): ci sono alcune particolarità che vanno studiate attentamente.

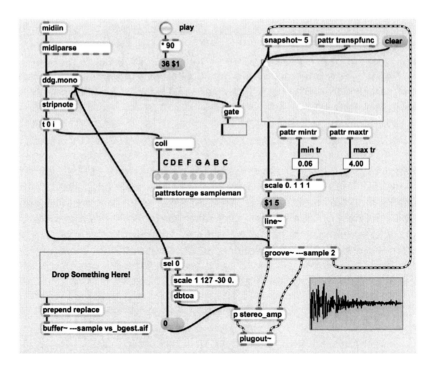

fig. IE.32: *patch* del *device* vs_sample_manipulator

La nota MIDI in ingresso da **midiin/midiparse** viene inviata all'oggetto **ddg.mono** (il nostro strumento è quindi monofonico) e da qui all'oggetto **stripnote**. Il valore di nota MIDI in uscita da **stripnote** viene passato all'oggetto [**t** 0 i], che per prima cosa invia tale valore all'oggetto **coll**. All'interno della **coll** (apritela con un doppio clic) c'è un elenco di corrispondenze tra le note diatoniche da DO3 (60) a DO4 (72) e i numeri di *preset* da attivare: DO3 corrisponde al *preset* 1, RE3 al *preset* 2 e così via. L'uscita della **coll** è quindi collegata all'oggetto **preset** che, solo nel caso in cui la nota MIDI inviata sia compresa tra DO3 e DO4, richiama il *preset* relativo. L'altro valore inviato dall'oggetto **trigger** è uno 0 all'oggetto **groove~**: questo riporta all'inizio la lettura del file audio ogni volta che viene suonata una nuova nota.

Notate che, dal momento che il valore di nota arriva attraverso **stripnote**, tutti i messaggi di *note off* vengono filtrati. Osservando la *patch* sapreste dire cosa succederebbe se non ci fosse l'oggetto **stripnote**? (Suggerimento: andate a rivedere spiegazione della *patch* polifonica p_simplesamplertones~. maxpat, usata nel *device* precedente.)

L'uscita della *velocity* dell'oggetto **ddg.mono** raggiunge tre destinazioni: l'ingresso della *velocity* di **stripnote**; l'algoritmo di conversione *velocity*/dB/ampiezza che abbiamo già usato diverse volte; e il primo ingresso dell'oggetto **gate** sulla destra. Il primo ingresso, come sappiamo, regola la chiusura e l'apertura dell'oggetto **gate**, che si aprirà quindi all'arrivo di un *note on* (*velocity* compresa tra 1 e 127) e si chiuderà all'arrivo di un *note off* (*velocity* 0); torneremo tra poco su questo oggetto.

Vediamo ora cosa succede nella parte destra della *patch*. L'oggetto `groove~`, come sappiamo dal paragrafo 5.3P, genera alla sua uscita di destra una rampa che va da 0 a 1 e che indica la posizione di lettura del file audio (quando la lettura è all'inizio del file audio il segnale vale 0, quando arriva alla metà del file il segnale vale 0.5 e così via). Questa rampa viene trasformata in un flusso di valori Max dall'oggetto `snapshot~` in alto, e inviata all'oggetto `function` che passa i corrispondenti valori dell'inviluppo alla sua prima uscita; se ricordate abbiamo fatto una cosa simile con i *device* vs_the_enveloper e vs_the_BIG_enveloper (paragrafo IE.2).

I valori dell'inviluppo di `function` vengono riscalati dai valori "min tr" e "max tr" (che, come abbiamo detto, rappresentano la trasposizione minima e massima gestita dall'inviluppo), vengono poi smussati e trasformati in segnale dall'oggetto `line~` e usati come velocità di lettura per `groove~`.

Ogni volta che viene suonata una nuova nota, quindi, il punto di lettura di `groove~` torna a 0, e riparte la rampa generata dalla sua terza uscita che a sua volta fa generare l'inviluppo che modifica la velocità di lettura del file audio.

Ritorniamo all'oggetto `gate` in alto a destra; i valori che riceve al secondo ingresso sono quelli della rampa generata da `groove~`. L'oggetto grafico collegato al `gate` è un `multislider` con un solo *slider*, ed ha la stessa funzione che aveva nei *device* vs_the_enveloper e vs_the_BIG_enveloper del paragrafo IE.2, ovvero indica la posizione raggiunta nell'inviluppo. In modalità *performance* questo oggetto si sovrappone a `function`. L'oggetto `gate` si chiude all'arrivo di un *note off*, come abbiamo detto, e questo fa sì che il `multislider` si fermi. La lettura di `groove~` in effetti continua anche dopo l'arrivo di un *note off* anche se l'ampiezza scende a 0: in assenza del `gate` lo *slider* avrebbe quindi percorso l'inviluppo fino alla fine, dando visivamente un'informazione sbagliata.

In basso a destra vediamo l'oggetto `waveform~` che mostra il contenuto del [`buffer~` ---sample]: questo oggetto in modalità performance si trova esattamente al di sotto dell'oggetto `function` (il cui sfondo è stato reso trasparente) e ci dà quindi indicazioni sul punto raggiunto dalla lettura del file.

Per realizzare il riquadro nella parte destra del *device* abbiamo quindi impilato tre oggetti: un `multislider`, una `function` e un oggetto `waveform~`.

La *subpatch* [`p stereo_amp`] contiene un oggetto `adsr~` che genera l'inviluppo del suono: A = 0, D = 0, S = 1, R = 50. L'inviluppo serve semplicemente a dare un minimo di *release* quando arriva un *note off* (onde evitare click indesiderati), mentre per il resto non altera l'ampiezza del suono utilizzato.

Per ultima cosa diamo un'occhiata al pulsante in alto contrassegnato con "play": questo oggetto si chiama `pictctrl` e permette di creare pulsanti, interruttori e controlli rotativi (*dial*). L'oggetto `pictctrl` di *default* genera il valore 1 quando si fa clic su di esso con il mouse, e il valore 0 quando si rilascia il tasto del mouse. Abbiamo sfruttato questo comportamento per inviare a `ddg.mono` un note on al clic del mouse e il relativo *note off* al rilascio. Notate che la nota MIDI inviata è il DO1 (36), ovvero una nota al di fuori del *range* di *preset* che va da 60 a 72.

607

ATTIVITÀ

- Aggiungete al *device* un secondo oggetto `function`, collegato anch'esso all'uscita di destra dell'oggetto `groove~`, per controllare tramite un inviluppo la frequenza di taglio di un filtro. Aggiungete anche un oggetto `live.tab` per determinare il tipo di filtro da usare; passa-basso, passa-banda o passa-alto (vedi il *device* vs_the_BIG_enveloper).

IE.4 MAX MIDI EFFECT

I *device* MIDI (la terza ed ultima categoria di *device* presenti in Live) servono essenzialmente a due scopi: 1) elaborare e trasformare i messaggi MIDI in ingresso; 2) generare autonomamente messaggi MIDI.

Apriamo il *device* MIDI M4L di *default* con un doppio clic sulla cartella "Max MIDI Effect" presente all'interno della cartella "MIDI Effects" (fig. IE.33).

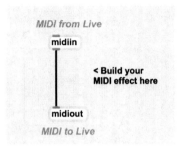

fig. IE.33: il *device* di *default* per gli effetti MIDI

Questo tipo di *device* riceve e trasmette messaggi MIDI. Vediamo subito un esempio di elaborazione dei dati in ingresso: ricostruite il *device* di fig. IE.34, e salvatelo con il nome "My MIDI Transposer.amxd".

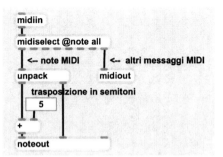

fig. IE.34: *device* My MIDI Transposer

Questo *device* esegue una trasposizione delle note MIDI in entrata. Nell'esempio in figura la trasposizione è di 5 semitoni (ovvero una quarta giusta). Naturalmente per poter sentire qualcosa dobbiamo caricare un *instrument* dopo il nostro *device*.

608

Notate innanzitutto che utilizziamo l'oggetto **midiselect** per interpretare i dati MIDI *raw* in entrata. Come sappiamo dal paragrafo 9.2P, a differenza dell'oggetto **midiparse** (che abbiamo usato per gli strumenti virtuali), l'oggetto **midiselect** interpreta solo i messaggi MIDI i cui attributi sono stati attivati, e invia tutti gli altri messaggi in formato *raw* all'ultima uscita. Nella *patch* in figura, quindi, solo i messaggi di nota MIDI vengono interpretati, mentre gli altri messaggi vengono inviati all'oggetto **midiout**. In questo modo, i messaggi non gestiti dal *device* vengono lasciati passare per utilizzi successivi. Se ad esempio caricate, dopo questo *device*, lo strumento virtuale vs_simple_synth che abbiamo visto nel paragrafo precedente, i messaggi di nota in entrata verranno trasposti, mentre i messaggi di *controller* usati per modificare la posizione stereofonica e i parametri del filtro del sintetizzatore passeranno inalterati dal *device* MIDI allo strumento virtuale.

Questo semplice *device* MIDI ha in realtà un problema: se il valore di trasposizione viene modificato mentre c'è una nota tenuta, il *note off* avrà una trasposizione diversa dal *note on*, e la nota suonata non verrà rilasciata (provate). La soluzione consiste nell'effettuare la trasposizione non con un semplice sommatore ma con l'oggetto **vs.notetransposer**: questo oggetto invia il *note off* giusto anche se la trasposizione cambia durante l'esecuzione di una nota. Modificate la *patch* come illustrato in figura IE.35.

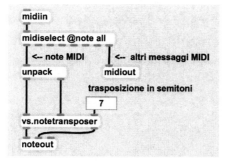

fig. IE.35: *device* My MIDI Transposer corretto

L'algoritmo di **vs.notetransposer** è stato "recuperato" da un vecchio tutorial Max che sfortunatamente non è più presente nella documentazione ufficiale (se siete curiosi di sapere come funziona potete aprire l'oggetto con un doppio clic).

Se ancora non lo avete fatto, installate i MIDI *device* che si trovano nella cartella "Materiale Capitoli Max Vol 2", che avete scaricato dalla pagina di supporto. Dalla "Max for Live devices" copiate la sotto-cartella "VS MIDI Effects" nella cartella "Max MIDI Effect" di Live.[21]

Vediamo ora un esempio più complesso: caricate in una traccia MIDI il *device* **vs_MIDI_feedback** (presente nella cartella "VS MIDI Effects"). Anche in questo caso caricate un *instrument* che riceva i dati MIDI subito dopo il *device*; potete usare il synth o il campionatore che abbiamo visto nel paragrafo precedente,

---

[21] Oppure, se avete Live 9, trascinate la cartella nel settore "Places" del *browser*.

o qualche strumento Live che abbia un suono con attacco rapido (un suono percussivo, corda pizzicata etc.). Per attivare il *device* dovete avviare il *transport* Live premendo il tasto *play*.

Questo *device* genera un *delay* con *feedback* dei messaggi di nota MIDI ed è stato adattato dalla *patch* 06_16_feedback_max.maxpat che abbiamo visto nel paragrafo 6.11P. Provate a suonare qualcosa modificando i parametri e poi aprite la *patch* relativa (fig. IE.36)

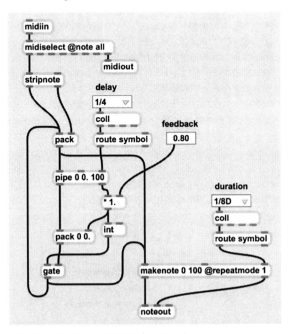

fig. IE.36: la *patch* del *device* vs_MIDI_feedback

La *patch* è abbastanza simile a quella del paragrafo 6.11P (a cui vi rimandiamo per i dettagli). I tempi di *delay* e di durata delle note sono espressi in *note values*, mentre il *feedback* è un fattore di moltiplicazione della *velocity*. Notate che il riscalamento della *velocity* viene fatta con i numeri *floating point*, dal momento che il *feedback* è un valore che varia tra 0 e 0.99.

· ·

ATTIVITÀ

modificate il *device* vs_MIDI_feedback nei seguenti modi
- oltre a diminuire la *velocity* anche l'altezza della nota viene abbassata di un semitono ad ogni ripetizione
- ad ogni ripetizione l'altezza della nota varia in modo casuale intorno alla nota originale (non più di 3 semitoni sopra e sotto)
- aggiungere la possibilità di un *feedback* superiore a 1, facendo in modo che le ripetizioni si fermino quando il valore di *velocity* supera 127 (la massima *velocity* possibile)

- Modificate i tempi da note values a millisecondi, poi realizzate queste variazioni:
  - la durata della nota diminuisce ad ogni ripetizione (si passa da legato a staccato)
  - l'intervallo di tempo tra una ripetizione e l'altra diminuisce (accelerando)
  - l'intervallo di tempo tra una ripetizione e l'altra varia in modo casuale

• •

La seconda categoria di *device* MIDI è quella dei generatori: in questo caso i messaggi MIDI vengono creati dal *device* stesso e sono indipendenti da eventuali messaggi MIDI in ingresso.
Un tipico esempio è lo *step sequencer*, realizzato tramite l'oggetto `live.step`, di cui abbiamo parlato nel paragrafo IC.2 (se non ve lo ricordate sarebbe il caso di fare un veloce ripasso di quel paragrafo). Vediamo un'implementazione semplicissima nel *device* **vs_step_sequencer** (fig. IE.37).

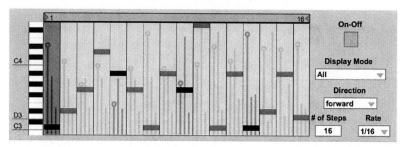

fig. IE.37: *device* vs_step_sequencer

Caricate il *device* in una traccia MIDI e aggiungete subito dopo il nostro strumento virtuale vs_simple_synth.
Per far partire il *sequencer* è necessario premere il tasto "Play" del *transport* Live e attivare (se già non lo è) il tasto "On-Off" nella parte destra del *device*. Sotto il tasto "On-Off" abbiamo un menù "Display Mode" tramite il quale possiamo cambiare la modalità di visualizzazione dell'oggetto `live.step`: se nel menù selezionate i parametri "Extra 1" e "Extra 2" vedrete che sono indicati rispettivamente come "Pan" e "Cutoff". In effetti abbiamo assegnato a questi parametri i *controller* 10 e 74, che nel *device* vs_simple_synth modificano appunto il pan e la frequenza di taglio del filtro.
Il menù sottostante serve a modificare la direzione di lettura dello *step sequencer*; rispettivamente in avanti, all'indietro, bidirezionale in avanti e indietro, rotazione[22] e random.
Nella parte bassa abbiamo un `live.numbox` che imposta il numero degli step del *sequencer* e un menù che stabilisce il tempo di scansione.
Vediamo ora la *patch* relativa (figura IE.38).

---

[22] Ovvero lettura avanti e indietro con ripetizione del primo e ultimo *step*; in questo modo il numero degli *step* è esattamente il doppio di quello delle letture monodirezionali: alternate la lettura avanti-indietro e la rotazione per capire la differenza.

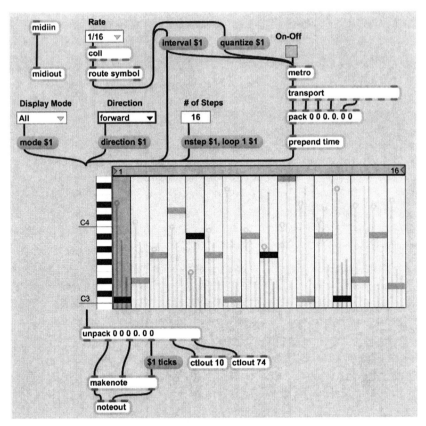

fig. IE.38: la *patch* del *device* vs_step_sequencer

Questa *patch* è molto simile alla *patch* IC_01_step_sequencer.maxpat del paragrafo IC.2.

Notate innanzitutto, in alto a sinistra, i due oggetti `midiin` e `midiout` collegati tra loro: in questo modo il *device* ritrasmette tutti messaggi MIDI che riceve senza modificarli. Accanto ai due oggetti c'è il `live.menu` "Rate" che contiene le suddivisioni espresse in frazioni. I valori prodotti dal `live.menu` vengono inviati all'oggetto `coll` che contiene l'elenco di *note values* che abbiamo usato in diversi *device* precedenti. I *note values* raggiungono due *message box*: [interval $1], che imposta la durata degli *step* di `live.step` e il tempo di scansione di metro, e [quantize $1] che imposta la griglia temporale per `metro` (cfr. paragrafo IC.2). L'oggetto `live.step` riceve i valori di tempo relativo tramite il messaggio "time" esattamente come abbiamo fatto per la *patch* IC_01_step_sequencer.maxpat che abbiamo illustrato nel paragrafo IC.2. Notate che in questo caso l'oggetto `transport` viene avviato dal tasto "Play" del Live *transport* e non da un `toggle`.

In alto a destra c'è l'oggetto **`live.toggle`** (versione "live.*" dell'oggetto `toggle`) che serve ad attivare e disattivare l'oggetto `metro` sottostante.

Oltre al *Display Mode* inviamo all'oggetto `live.step` altri messaggi: il messaggio "direction" che stabilisce la direzione di lettura della sequenza, il messaggio "nstep" che stabilisce il numero di *step* visualizzati, e il messaggio "loop" che serve ad indicare il primo e l'ultimo *step* da leggere.

Nel nostro caso il primo *step* è sempre il n. 1 e l'ultimo corrisponde all'ultimo *step* visualizzato.

Notate l'`unpack` al di sotto dell'oggetto `live.step`: gli ultimi due elementi sono i parametri "Extra 1" e "Extra 2" che vengono inviati rispettivamente ai controller 10 e 74.

• •

ATTIVITÀ

- Il menù "Direction" del *device* vs_step_sequencer presenta 5 voci: analizzate e descrivete la scansione degli *step* determinata da ciascuna voce.

- Aggiungete due `live.numbox` al *device* vs_step_sequencer per definire liberamente il numero di *controller* a cui indirizzare i parametri "Extra 1" e "Extra 2".

- Rileggete la sezione "Costruiamo un arpeggiatore" nel paragrafo IB.2 del primo volume, e realizzate due *device* MIDI adattando opportunamente le *patch* IB_02_arpeggiatore.maxpat e IB_03_arpeggiatore_random.maxpat.

• •

IE.5 LIVE API E LIVE OBJECT MODEL (LOM)

Oltre che per realizzare *device* audio e MIDI, M4L può essere utilizzato per controllare l'ambiente Live: le tracce, le *clip*, il Live *transport*, i parametri degli altri *device* etc.

Questo è possibile grazie a degli oggetti "live.*" che hanno accesso al *Live Application Programming Interface*, o Live API.

Con l'acronimo API (che in italiano si può rendere come *Interfaccia di Programmazione di un'Applicazione*) si intende un insieme di processi, strutture dati e variabili che servono a svolgere determinate funzioni in una applicazione: un programmatore che debba estendere le capacità di una applicazione o interfacciarsi con essa non deve scrivere tutte le funzioni da zero, ma può sfruttare le API dell'applicazione stessa. Ad esempio i più diffusi sistemi operativi per computer hanno delle API specifiche; diverse applicazioni internet come i motori di ricerca o i *social network* hanno delle API per realizzare programmi che girano al loro interno, etc.

Tutto ciò può sembrare abbastanza complesso, ma l'utilizzo delle API di Live tramite gli oggetti dedicati e le *abstraction* di cui parleremo tra poco è senz'altro alla portata del lettore di questo libro, e permette di effettuare un deciso salto di qualità nell'utilizzo di M4L.

Per vedere ciò che è possibile fare sfruttando le API di Live vi invitiamo a caricare i Live set relativi alle lezioni sull'argomento: nella colonna dell'help di Live (visualizzabile sul lato destro della finestra Live) selezionate la voce "Show all add-on Lessons" (in italiano: "Elenca tutte le Lezioni degli add-on"), apparirà l'elenco delle lezioni aggiuntive.[23] Selezionate le lezioni di Max for Live a partire da "Basic Mapping Tools" (in italiano "Strumenti di Mappatura base") in poi: queste lezioni

---

[23] In Live 9 dovete selezionare la voce "Show all built-in lessons".

contengono numerosi esempi per il controllo dei diversi parametri di Live e dei *device* tramite le API di Live. Ci sono diversi eccellenti *device* API pronti per l'uso. Nel seguito di questo paragrafo vedremo come creare i nostri *device* API.

DEFINIRE UN PERCORSO (PATH)

Cominciamo con un esempio semplice: immaginiamo di voler accedere, usando un *device* M4L, al pan della prima traccia di un Live set.

Sorgono subito due problemi: come specifichiamo il pan della prima traccia di un Live set, e come lo distinguiamo, ad esempio, dal pan della seconda traccia? Questi problemi vengono risolti da un oggetto che si chiama **live.path**: questo oggetto riceve in ingresso il percorso (*path*) che individua l'elemento[24] che ci interessa (secondo un formato che vedremo tra poco) e restituisce un numero di identificazione (*id*) che è unico per quell'elemento e lo distingue da tutti gli altri. Una volta ottenuto l'*id* possiamo usarlo per conoscere lo stato di quell'elemento (ad esempio per sapere quale è il suo valore attuale) o per modificarlo. Gli oggetti che ci permettono di manipolare un elemento sono **live.object**, **live.observer** e **live.remote~**; vedremo come usarli nel corso di questo paragrafo.

Torniamo al nostro *device* che controlla il pan della prima traccia: create un *audio effect* come quello in figura IE.39.

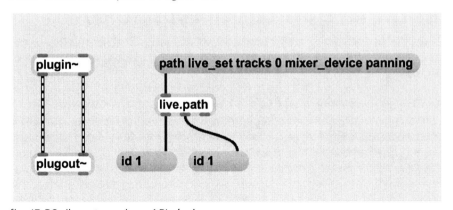

fig. IE.39: il nostro primo API *device*

L'oggetto **live.path** riceve un percorso (*path*) al suo ingresso, e restituisce l'*id* dell'oggetto individuato. Analizziamo innanzitutto il messaggio [path live_set tracks 0 mixer_device panning] che specifica il percorso:

"path" : questo messaggio "dice" all'oggetto **live.path** che la lista successiva rappresenta un percorso. Più precisamente si tratta di un percorso assoluto, ovvero di un percorso che parte da un oggetto *root* (in questo contesto

---

[24] Piccola precisazione terminologica: il nome ufficiale delle parti di Live che possono essere gestite tramite le Live API è "oggetti". Preferiamo però usare il termine "elementi" quando c'è il rischio di generare confusione con gli "oggetti" Max.

potremmo tradurre *root* con "principale" o "fondamentale").[25] Non preoccupatevi se per ora questi termini vi sembrano complessi o sfuggenti, ne riparleremo in modo dettagliato più avanti.

"live_set" : è la prima tappa del nostro percorso, l'elemento che cerchiamo si trova nel Live set.

"tracks 0" : all'interno del Live set "puntiamo" alle tracce, e precisamente alla traccia numero 0, ovvero la prima traccia. Come si vede, la numerazione degli elementi multipli (come le tracce, appunto) comincia da 0.

"mixer_device" : nella prima traccia ci orientiamo verso la sezione *mixer device*, cioè la parte della traccia che contiene il regolatore del volume, del pan, delle mandate (*send*) e il pulsante "mute" (o *track activator*).

"panning" : e finalmente all'interno della sezione mixer individuiamo l'elemento che ci interessa; il parametro *panning*.

In risposta a questa richiesta, l'oggetto `live.path` restituisce un numero di *id*; in figura il messaggio trasmesso è "id 1", ma nel vostro caso potrebbe esserci un numero diverso. I numeri di *id* non sono predefiniti, ma vengono assegnati man mano che l'oggetto `live.path` individua gli elementi richiesti.
Notate che ci sono due uscite che riportano l'*id*: la prima uscita fa riferimento all'oggetto, la seconda fa riferimento al percorso. Questo significa che se l'oggetto relativo al percorso cambia, dall'uscita centrale viene inviato un nuovo *id* per il nuovo oggetto. Nel nostro caso, se spostassimo la seconda traccia al posto della prima e viceversa, il percorso punterebbe ad un nuovo *panning* (quello della ex seconda traccia che ora è diventata la prima) e dall'uscita centrale di `live.path` verrebbe inviato un nuovo *id*, mentre la prima uscita continuerebbe a puntare al *panning* della traccia in cui si trova il *device*. Naturalmente se si inviasse nuovamente il percorso all'oggetto `live.path`, entrambe le uscite tornerebbero a puntare allo stesso elemento.
Cosa succede quando l'elemento indirizzato non esiste? Ad esempio se chiedessimo di accedere al pan della terza traccia in un Live set che ha solo due tracce? L'oggetto `live.path` risponderebbe con "id 0", che significa appunto "elemento non trovato".
Gli *id* assegnati dall'oggetto `live.path` vengono memorizzati nel Live set: questo significa che quando ricarichiamo un Live set in cui abbiamo precedentemente creato degli *id*, ritroviamo quegli *id* assegnati agli stessi elementi.

IMPOSTARE ED OSSERVARE LE VARIABILI (PROPRIETÀ)

Come possiamo usare l'*id* che abbiamo ottenuto? Ad esempio per impostare il valore del *panning*: modificate il *device* come da figura IE.40.

---

[25] Gli oggetti *root* sono i punti di partenza dei percorsi assoluti che forniamo a `live.path`. Ci sono 4 oggetti *root*: l'applicazione Live, il Live set, il *device* corrente e le superfici di controllo.

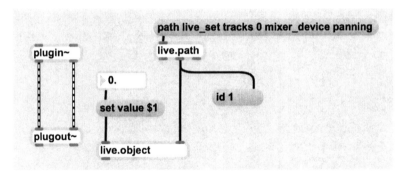

fig. IE.40: API *device*, versione 2

Dopo aver fatto clic sul *message box* in alto collegato a `live.path` il numero di *id* raggiunge l'ingresso destro di `live.object`. Da questo momento l'oggetto **live.object** comunica con il parametro *panning* della prima traccia: inviando all'oggetto il messaggio "set value" seguito da un valore numerico compreso tra -1 e 1, possiamo modificare il valore del *panning*. Provate a generare dei valori (compresi tra -1 e 1) con il *flonum* collegato al messaggio [set value $1] ed osservate il *dial* del *pan* nella prima traccia che si muove di conseguenza.
È anche possibile ricevere informazioni sulle caratteristiche dell'elemento di cui si fornisce il percorso: modificate il *device* come da figura IE.41.

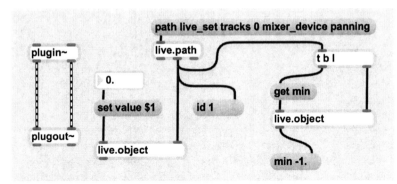

fig. IE.41: API *device*, versione 3

NB. Ricordatevi di fare clic sul *message box* in alto dopo aver fatto le modifiche, in modo da trasmettere l'*id* ai nuovi oggetti.

Abbiamo aggiunto un secondo `live.object` a cui inviamo l'*id* del *panning* e chiediamo di sapere, tramite il messaggio "get min", il valore minimo che il *panning* può ricevere (come sappiamo è -1). Ovviamente inviando il messaggio "get max" potremmo conoscere il valore massimo. I simboli *value*, *min* e *max* sono detti proprietà del parametro (in questo caso il *panning*). In generale, le proprietà sono delle variabili che definiscono le caratteristiche di un determinato elemento. Sono in pratica l'equivalente degli attributi negli oggetti Max.
Notate che il valore riportato da `live.object` viene preceduto dal nome della proprietà (ad es. "min -1").

Ricapitolando: con il messaggio *get* seguito dal nome di una proprietà possiamo ottenere il valore di quella proprietà. Con il messaggio *set* seguito dal nome di una proprietà possiamo impostare il valore di quella proprietà. Alcune proprietà accettano il comando *get* ma non il comando *set*; ad esempio non è possibile modificare i valori minimo e massimo del *panning*, che sono fissati rispettivamente a -1 e 1.

Aggiungendo il messaggio "get value" nel nostro *device* possiamo ottenere il valore corrente del *panning*, ma successive modifiche di quel valore non verrebbero visualizzate a meno di non inviare nuovamente il messaggio "get value" al `live.object`. Nei casi come questo, in cui il valore di una proprietà può cambiare in continuazione, possiamo usare l'oggetto `live.observer`: modificate il *device* come da figura IE.42.

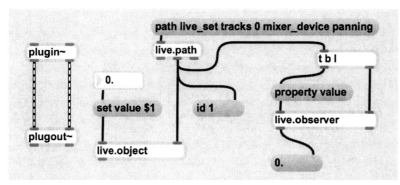

fig. IE.42: API *device*, versione 4

NB. Come al solito, ricordatevi di fare clic sul *message box* in alto dopo aver fatto le modifiche, in modo da trasmettere l'*id* ai nuovi oggetti.

Nella parte destra del *device* è visibile l'oggetto `live.observer` a cui abbiamo inviato l'*id* del *panning* e il messaggio "property value" con il quale chiediamo di "osservare" il valore (*value*) dell'elemento. Ogni modifica che viene fatta al *panning*, agendo direttamente sul *dial* nella traccia o sul *flonum* collegato al `live.object` a sinistra nel *device*, viene immediatamente riportato dal `live.observer`.

MODULARE I PARAMETRI CON LIVE.REMOTE~

Facciamo ora qualcosa di più interessante, moduliamo il parametro *panning* con un LFO: possiamo ad esempio usare l'oggetto `cycle~` con una frequenza molto bassa, compresa tra 0 e 4 Hz. Non useremo però l'oggetto `live.object`, come ci si potrebbe aspettare, ma l'oggetto `live.remote~`. I valori modificati tramite `live.object`, infatti, finiscono nella *Undo History* (ovvero nel registro del comando Annulla, o *Undo*) di Live. Usando un LFO con `live.object` registreremmo nella *Undo History* centinaia di modifiche del parametro in poco tempo; questo, oltre a consumare inutilmente memoria e cicli di elaborazione, può creare dei problemi se, ad esempio, nel frattempo compiamo un'azione che desideriamo annullare (ad esempio cancelliamo accidentalmente una *clip*). L'oggetto `live.remote~`, invece, non registra le proprie azioni nella *Undo History*. Modificate quindi il *device* come da figura IE.43

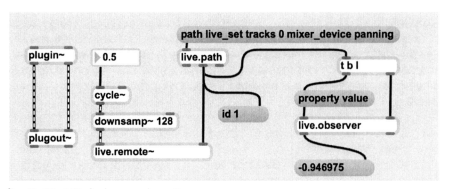

fig. IE.43: API *device*, versione 5

NB. Vi siete ricordati di fare clic sul *message box* in alto dopo aver fatto le modifiche, in modo da trasmettere l'*id* ai nuovi oggetti?
Abbiamo sostituito il `live.object` con l'oggetto `live.remote~`: questo oggetto può ricevere il valore della proprietà da modificare come messaggio Max o come segnale (notate infatti che il suo nome finisce con una tilde). L'oggetto `cycle~` funge da LFO, e il segnale prodotto viene sottocampionato dall'oggetto `downsamp~`. Quest'ultimo oggetto effettua un *sample and hold* del segnale in ingresso, e l'argomento indica l'intervallo di campionamento espresso in campioni. In figura abbiamo quindi il campionamento di un valore ogni 128 campioni. Senza questo sottocampionamento il controllo tramite segnale risulterebbe troppo pesante per la CPU: provate a collegare direttamente `cycle~` a `live.remote~` e date un'occhiata al misuratore di carico della CPU in alto a destra nella finestra di Live.
Un ulteriore risparmio di CPU si può avere inviando a `live.remote~` valori Max e non segnali: in molti casi, infatti, l'oggetto ricevente ha già un meccanismo per smussare le eventuali discontinuità in entrata (questo vale soprattutto per i parametri dei *device* o dei *plug-in*).
Impostate la frequenza dell'LFO a 0.5 Hz tramite il *flonum* collegato a `cycle~` e osservate il *dial* del *pan* oscillare di conseguenza.
Notate che non è possibile modificare il *panning* agendo direttamente sul *dial* presente nel *mixer device*, perché l'oggetto `live.remote~` se ne è "appropriato" (cosa che non succede se si utilizza un `live.object`).
Dal momento che la sinusoide prodotta da `cycle~` oscilla tra -1 e 1, che sono esattamente i valori estremi del *panning*, non è stato necessario un riscalamento del segnale. Se volessimo controllare il *fader* del volume, i cui valori minimo e massimo sono 0 e 1, dovremmo modificare gli estremi dell'LFO di conseguenza.

UNA MAPPA PER LE LIVE API: IL LIVE OBJECT MODEL (LOM)

Probabilmente giunti a questo punto vi starete chiedendo dove si reperiscono le informazioni per accedere a tutti gli altri parametri, e come si fa a costruire un percorso per un qualsiasi elemento di Live.
Per orientarsi è necessario dare un'occhiata al grafico del *Live Object Model* (o LOM) che possiamo vedere (parzialmente) in fig. IE.44.

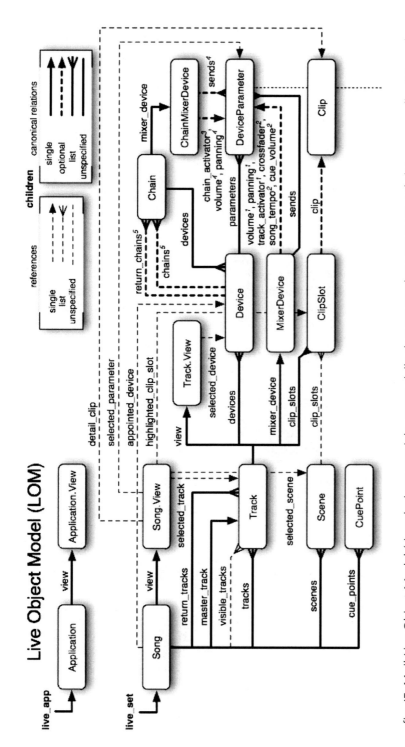

fig. IE.44: il Live Object Model (riproduzione parziale, tratta dalla documentazione presente nel sito www.cycling74.com)

Niente paura! Con alcune spiegazioni e un po' di applicazione non è difficile leggere questo grafico. Una volta che avrete imparato ad orientarvi nella struttura del LOM, sarete in possesso della chiave per sfruttare pienamente le Live API.

Le linee che uniscono i riquadri sono gli elementi dei percorsi che forniamo all'oggetto `live.path` (come "live_set", "tracks" etc.); i riquadri si chiamano classi e ciascuna definisce un elemento, o un insieme di elementi, Live: le tracce, le *clip*, i *device*, i parametri di un *device*, etc. Gli elementi rappresentati da una classe sono detti *istanze* di quella classe.

Le classi contengono proprietà e funzioni a cui possiamo accedere tramite l'oggetto `live.object` (e in parte tramite `live.observer` e `live.remote~`). Il primo segmento di un percorso è il cosiddetto *root path*; in figura IE.44 ne vediamo due sulla parte sinistra del grafico: "live_app" che porta alla classe Application (che ha come istanza l'applicazione Live stessa), e "live_set", che porta alla classe Song (che ha come istanza l'intero Live set). Esistono altri due *root path* (non visibili in figura IE.44): "this_device" (di cui parleremo tra poco) che punta al *device* corrente, e "control_surfaces".

Da ciascuna classe partono uno o più percorsi (detti *children* – figli – della classe stessa) che portano ad altre classi.

La classe Application, ad esempio, ha un solo *child*: "view", che porta alla classe Application.View.

La classe Track, invece, ha 4 *children*: "view", "devices", "mixer_device" e "clip_slots", che a loro volta portano a 4 diverse classi (verificatelo nel grafico del LOM).

Osserviamo i collegamenti in figura: possono essere spessi o sottili, continui o tratteggiati.

I collegamenti spessi costituiscono il "percorso canonico" (*canonical path*) di collegamento tra una classe e l'altra: in figura IE.44 vediamo una legenda in alto a destra che li indica come *canonical relations* (relazioni canoniche). Il percorso canonico è per così dire, la "strada maestra" per raggiungere una determinata classe, e ciascun elemento ha un unico percorso canonico. Esistono però altri collegamenti (non canonici) che permettono di compiere percorsi alternativi: questi percorsi sono raffigurati con linee sottili, e nella legenda di figura IE.44 sono indicati come *references* (riferimenti).

Facciamo un esempio: la strada canonica per raggiungere la classe ClipSlot (ovvero la classe che gestisce gli spazi rettangolari – *slot* - dove si inseriscono le *clip* all'interno di una traccia), passa per le classi Song e Track; notate infatti che è possibile passare per queste tre classi utilizzando percorsi a linea spessa. Esiste però una "strada alternativa" che dalla classe Song porta alla classe Scene e da qui, attraverso un collegamento non canonico (o *reference*), alla classe ClipSlot. In effetti, se ci pensate, gli *slot* per *clip* possono essere definiti in verticale come appartenenti ad una traccia, e in orizzontale come appartenenti ad una scena.

Notate che alcuni collegamenti terminano con una freccia, mentre altri terminano con tre "punte". I collegamenti che terminano con una freccia indica un'istanza singola all'interno della classe, quelli che terminano con tre punte indicano un'istanza multipla (riportata come lista). Ad esempio, il collegamento canonico "tracks" che porta dalla classe Song alla classe Track, finisce con tre punte, perché in un Live set ci può essere più di una traccia: per questo motivo, oltre al percorso, bisogna indicare il numero d'ordine dell'istanza; "tracks 0", "tracks 1" etc. Il collegamento "master_track" che pure porta da Song a Track, finisce invece con una freccia, perché in un Live set ci può essere solo una Master Track.

La linea tratteggiata indica un collegamento opzionale, ovvero un collegamento che porta ad una classe che può non esistere in determinate situazioni: ad esempio il collegamento "clip", che porta dalla classe ClipSlot alla classe Clip, è opzionale, perché potrebbero non esserci *clip* in un Live set.

Facciamo riferimento al nostro API *device* e seguiamo sul grafico del LOM (fig. IE.44) le classi attraversate dal percorso che abbiamo usato:

- "live_set" porta alla classe Song (il nostro Live set).
- "tracks 0", che è un *child* di Song, porta alla classe Track. Notate che abbiamo tante istanze quante sono le tracce effettivamente presenti nel Live set. Nel percorso specifichiamo che intendiamo riferirci alla prima traccia ("tracks 0").
- "mixer_device", che è un *child* di Track, porta alla classe MixerDevice.
- "panning", che è un *child* di MixerDevice, porta alla classe DeviceParameter.

La classe DeviceParameter contiene le proprietà *value*, *min* e *max* di cui abbiamo parlato in precedenza.

Queste proprietà non sono però le uniche disponibili per la classe DeviceParameter. Come facciamo a conoscere tutte le proprietà di una determinata classe?

Nell'help di Max (richiamabile tramite il menù Help), potete trovare la pagina "LOM – The Live Object Model" che, oltre a mostrare per intero il grafico di fig. IE.44, elenca le proprietà, le funzioni e i *children* di ogni classe: per raggiungere tale elenco è sufficiente fare *clic* all'interno del grafico sul riquadro della classe che ci interessa.

Se non riuscite a trovare la pagina, digitate "LOM" nel campo di ricerca della finestra dell'help di Max.

La stessa pagina è reperibile online nel sito della Cycling '74, nella sezione dedicata alla documentazione.

Da questa pagina possiamo vedere che la classe Track possiede ad esempio la proprietà *arm*, che abilita o disabilita la traccia per la registrazione. Potremmo quindi realizzare un *device* che sfrutta questa proprietà per una determinata traccia (fig. IE.45).

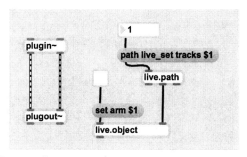

fig. IE.45: come "armare" una traccia

Rispetto ai *device* precedenti abbiamo accorciato il percorso, perché ora accediamo alla classe delle tracce, e come vedete, tramite l'argomento variabile $1 (*message box* in alto) abbiamo reso variabile la traccia a cui ci si riferisce. Nell'esempio in figura attiviamo e disattiviamo la registrazione per la seconda traccia (vi ricordiamo che la numerazione inizia da 0).

COME INDIVIDUARE LA TRACCIA CORRENTE

Notate che la traccia che viene "armata" è indipendente dalla traccia in cui inseriamo il *device*; e questo naturalmente fa sorgere la domanda "come faccio a riferirmi automaticamente alla traccia in cui carico il *device*, qualunque essa sia?". Possiamo farlo grazie a uno speciale *child* che tutte le classi hanno e che non è indicato nel grafico del LOM: il "canonical_parent". A cosa serve? A determinare il "genitore" della classe stessa ("parent" significa appunto genitore), ovvero la classe che si trova ad un livello superiore. Dal momento che, come abbiamo detto, esiste un *root path* chiamato "this_device" che punta al *device* corrente (cioè al *device* all'interno del quale viene richiamato il percorso), un percorso come [path this_device canonical_parent] ci porta al "genitore" del *device*, cioè alla traccia che lo contiene. Modificate il *device* precedente come da figura IE.46.

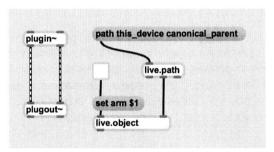

fig. IE.46: come individuare la traccia corrente

Se carichiamo questo *device* in una qualsiasi traccia, e facciamo clic sul *message box* in alto, la traccia che verrà "armata" sarà quella che contiene il *device*.
Per semplificarci la vita, non potremmo collegare un `loadbang` al *message box* in modo da inviare il messaggio a `live.path` ogni volta che il *device* viene caricato? Certamente, ma è più corretto usare l'oggetto `live.thisdevice` che è l'equivalente "live.*" di `loadbang` (fig. IE.47).

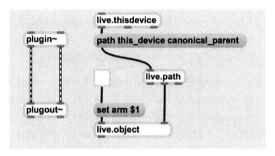

fig. IE.47: inviare un *bang* ogni volta che si carica un *device*

Ogni volta che il *device* di figura IE.47 viene aperto e completamente inizializzato, l'oggetto `live.thisdevice` trasmette un *bang* al *message box* sottostante, che a sua volta fornisce il percorso a `live.path`.

Notate che finora abbiamo usato degli *audio effect* per realizzare i nostri *device* API, ma nessuno ci impedisce di partire da un MIDI *effect* o un *instrument* e di usarli, ad esempio, per "armare " una traccia MIDI.
La programmazione delle API di Live è, per così dire, trasversale rispetto al tipo di *device* usato.

. . . .

ATTIVITÀ

- modificate il *device* che modula il *panning* della prima traccia tramite un LFO in modo che si riferisca sempre alla traccia su cui viene caricato.

. . . .

LE FUNZIONI DI UNA CLASSE

Abbiamo già visto cosa sono le proprietà di una classe: valori che, in alcuni casi, possono essere modificati per cambiare le caratteristiche di un elemento.
Oltre alle proprietà, una classe può avere delle *funzioni*, che servono a svolgere azioni specifiche su un'istanza della classe.
Consultando la pagina di help del Live Object Model, possiamo scoprire, ad esempio, che la classe Clip ha le funzioni *fire* e *stop*: la prima serve ad avviare la *clip* (equivale a premere il pulsante di lancio che si trova alla sinistra della *clip*), la seconda a fermare la *clip* (equivale a premere il *clip stop button* che si trova, nella traccia, in fondo alla colonna dei *clip slot*).
Anche la classe Song ha delle funzioni per avviare o arrestare il Live *transport*.
Vediamo come si usano le funzioni: ricostruite la *patch* di fig. IE.48.

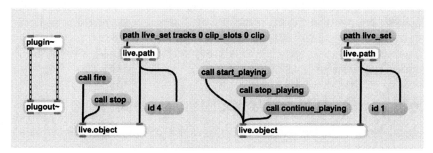

fig. IE.48: usare le funzioni delle Live API

Questo *device* contiene due percorsi, il primo (a sinistra) porta alla *clip* contenuta nel primo *clip slot* della prima traccia; il secondo porta al Live set.
I *message box* collegati all'ingresso di sinistra dei due `live.object` servono a richiamare le funzioni: come si vede le funzioni vengono richiamate con il

messaggio "call" (vi ricordiamo che per accedere alle proprietà abbiamo invece usato i messaggi "get" e "set").

Caricate un file audio nel primo *clip slot* della prima traccia, fate clic sul *message box* in alto collegato al `live.path` di sinistra e infine fate clic sul *message box* [call fire] collegato al primo `live.object`: se avete impostato correttamente il *path* la prima *clip* dovrebbe avviarsi. Per fermarla fate clic sul *message box* [call stop].

Il secondo percorso punta al Live set: le tre funzioni *start_playing*, *stop_playing* e *continue_playing* servono rispettivamente ad avviare il Live *transport*, a fermarlo e a farlo ripartire dal punto corrente.

Vediamo di fare qualcosa di più interessante con le funzioni: trasformate il *device* come illustrato in figura IE.49.

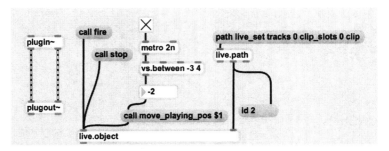

fig. IE.49: variazione casuale del punto di lettura di una *clip*

La funzione *move_playing_pos* della classe Clip serve a spostare la posizione del punto di lettura della *clip* (verificatelo nella pagina di help del Live Object Model). Ha bisogno di un parametro numerico che indica di quanti battiti spostarsi in avanti (valori positivi) o indietro (valori negativi).

In questo *device* utilizziamo un oggetto `metro` che ogni due battiti invia un *bang* ad un generatore casuale, che a sua volta genera un numero compreso tra -3 e 3 e lo passa al *message box* [call move_playing_pos $1]. Anche in questo caso, caricate innanzitutto una *clip* nel primo *slot* della prima traccia, poi fate clic sul *message box* contenente il *path*, dopo di che fate clic sul *message box* [call fire] per avviare la *clip* ed infine attivate il `toggle` collegato al `metro`.

Notate che in questo caso possiamo usare l'oggetto `live.object` senza che ci siano effetti indesiderati per il comando Annulla; le chiamate alle funzioni non vengono registrate nella *Undo History*.

INDIRIZZARE UN ELEMENTO CON IL MOUSE

Probabilmente vi sarete accorti che utilizzare il *message box* per definire un percorso canonico è una tecnica poco flessibile (oltre che scomoda) se vogliamo creare un *device* API che possa accedere a parametri di volta in volta diversi.

Fortunatamente esiste un *path* che ci permette di indirizzare un parametro "al volo", semplicemente selezionandolo con il mouse: ricostruite il *device* di figura IE.50.

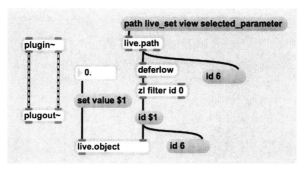

fig. IE.50: come si indirizza un parametro con il mouse

Per prima cosa analizziamo, facendo riferimento alla pagina di help del LOM, l'indirizzo contenuto nel *message box* in alto. Dal *root path* "live_set" attraverso la relazione canonica "view" arriviamo alla classe Song.View e da qui, tramite la *reference* (o collegamento non canonico) "selected_parameter", raggiungiamo la classe DeviceParameter. La *reference* "selected_parameter" individua il parametro che di volta in volta selezioniamo con il mouse.

Se facciamo clic sul *message box* in alto nel *device* e poi selezioniamo con il mouse un qualsiasi parametro del Live set (il *panning* di una traccia, il volume, un parametro di un altro *device*, etc.) vedremo che l'oggetto `live.path` creerà un nuovo *id*.

Possiamo inviare questo *id* ad un `live.object` e poi modificare il valore del parametro tramite un messaggio "set value", ma sono necessarie alcune accortezze.

Innanzitutto, è necessario inserire l'oggetto `deferlow` (che come sappiamo dal paragrafo 5.5P assegna la priorità più bassa al messaggio che riceve) all'uscita di `live.path`. Questo si rende necessario perché il messaggio in uscita da `live.path` non è generato da un'azione attiva (come l'invio di un nuovo percorso), ma da un'azione esterna al *device*: l'oggetto `live.path` ha ricevuto in questo caso una *notification* (notifica) da Live nel momento in cui è stato selezionato un nuovo parametro. Le *notification* non possono essere usate per modificare lo stato di un elemento del Live set, a meno che non vengano messe in coda a tutti i processi tramite l'oggetto `deferlow`.

In secondo luogo, quando selezioniamo con il mouse un elemento che non è un parametro Live, l'oggetto `live.path` genera l'*id* 0, che come sappiamo significa "nessun elemento"; questo scollega l'oggetto `live.object` da qualunque parametro selezionato in precedenza. E in effetti, appena agiamo sul *flonum* all'interno del *device*, per variare il parametro selezionato, l'oggetto `live.path` genera un *id* 0 (visibile nel *message box* collegato direttamente all'uscita centrale dell'oggetto), perché il *flonum* non è un parametro Live. È quindi necessario filtrare i messaggi "id 0" per evitare che raggiungano il `live.object`. A questo scopo usiamo l'oggetto [`zl` filter id 0], che serve appunto a filtrare alcuni elementi da una lista in ingresso. Gli elementi da filtrare sono gli argomenti "id" e "0"; in questo modo, quando arriva il messaggio "id 0" non passa niente, quando arriva un altro numero di *id*, viene filtrato l'elemento "id", ma non il numero. Il successivo *message box* [id $1] rimette l'elemento "id" davanti al numero, e il messaggio completo può raggiungere il `live.object`.

Provate a selezionare qualche elemento del Live set, come il *pan* o il volume di una traccia, e modificatelo con il *flonum* presente nel *device*. Provate poi a caricare qualche altro *device* (sia M4L, sia nativo Live) e selezionate i diversi parametri: anche in questo caso il parametro di volta in volta selezionato sarà modificabile tramite il *flonum* del nostro *device*.

Se selezionate una *clip* noterete che viene generato un *id* 0, perché una *clip* non è un parametro. C'è un modo per ottenere automaticamente l'*id* della *clip* selezionata?

Sì, anche se ci sono delle leggere differenze con la selezione dei parametri. Ricostruite il *device* di figura IE.51 (potete usare il *device* di figura IE.49 come punto di partenza).

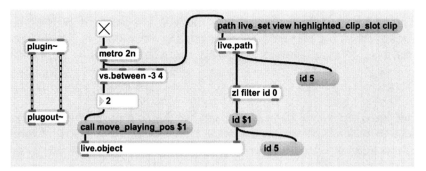

fig. IE.51: come indirizzare una *clip*

L'inizio del *path* è uguale a quello del *device* precedente, questa volta però usiamo la *reference* "highlighted_clip_slot", che punta al *clip slot* che risulta evidenziato nel Live set (ad esempio perché è stato selezionato con un clic del mouse). Non ci fermiamo qui, perché dal *clip slot* andiamo, tramite il percorso "clip", alla *clip* (eventualmente) contenuta nel *clip slot*. L'*id* generato da **live.path** è quindi quello della *clip*, non del *clip slot*. A differenza del *path* precedente, l'oggetto **live.path** non trasmette automaticamente un nuovo *id* quando viene evidenziato un nuovo *clip slot*; sfruttiamo quindi il *bang* prodotto dal **metro** per inviare ogni mezza battuta il *path* all'oggetto **live.path** e ottenere l'eventuale nuovo *id*.

Caricate 2 o più *clip* in altrettanti *clip slot* di una traccia audio, attivate il **toggle** nel *device* e fate partire una *clip*: il punto di lettura della *clip* si sposterà casualmente ogni mezza battuta come nel *device* di figura IE.49. Se fate partire un'altra *clip* verrà generato l'*id* relativo, e sarà il punto di lettura della nuova *clip* a spostarsi.

Notate che in questo caso abbiamo tolto l'oggetto **deferlow** all'uscita di **live.path**: il nuovo *id* infatti viene ottenuto con un evento interno al *device* (il *bang* del **metro**) e non c'è bisogno di mettere il messaggio in coda.

OTTENERE INFORMAZIONI TRAMITE LIVE.OBJECT E LIVE.OBSERVER

Abbiamo visto che tramite il messaggio *get* possiamo ottenere da **live.object** i valori delle proprietà di una classe. Il messaggio *get* ci permette di avere informazioni anche sulle relazioni canoniche e le reference di una classe; inoltre con il messaggio *getinfo* possiamo ottenere una serie di informazioni sulle classi, che possiamo utilizzare per costruire *device* Api flessibili.

Approfondiamo di seguito questi argomenti.

Se torniamo alla *patch* di figura IE.50, possiamo notare che il *range* dei parametri che selezioniamo non è sempre lo stesso: selezionando il *pan* di una traccia, ad esempio, vediamo che l'intervallo di valori utili va da -1 a 1; il volume invece va da 0 a 1, così come le mandate. I parametri di altri *device*, poi, possono avere i *range* più disparati. Possiamo usare i messaggi "get min" e "get max" per sapere sempre quali sono gli estremi del *range* del parametro selezionato. Vediamo un esempio; nella cartella "VS Audio Effects" (che dovremmo aver installato fin dal paragrafo IE.2) c'è una sotto-cartella "VS API": apritela e caricate in una traccia audio il *device* **vs_API_set_param** (fig. IE.52).

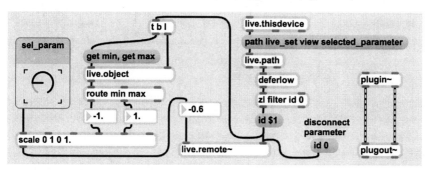

fig. IE.52: *device* vs_API_set_param

In questo *device* l'oggetto `live.path` riporta l'*id* dell'ultimo parametro selezionato (come nel *device* di fig. IE.50). L'oggetto `live.object` riceve il numero di *id* e i due messaggi "get min" e "get max" a ciascuno dei quali risponde con il nome della proprietà e il valore corrispondente (ad esempio "min -1" e "max 1"). I due valori vengono convogliati, tramite l'oggetto `route`, al terzo e quarto ingresso dell'oggetto `scale` che riscala l'intervallo [0, 1] nell'intervallo ricevuto dal `live.object`. L'oggetto `live.dial` sulla sinistra genera valori compresi tra 0 e 1, che vengono quindi riscalati al *range* opportuno. I valori riscalati vengono inviati all'oggetto `live.remote~` che controlla il parametro selezionato. Provate a caricare qualche *device* Live, selezionate i diversi parametri e osservate come variano le proprietà *min* e *max* trasmesse dal `live.object`.

Se vogliamo "sganciare" un parametro selezionato senza doverne selezionare un altro, possiamo fare clic sul *message box* [id 0] che si trova in basso a destra e che viene inviato a `live.remote~`: come sappiamo l'*id* 0 corrisponde a "nessun elemento", e l'oggetto `live.remote~` viene quindi disconnesso.

Se ora aprite la *patch* corrispondente al *device* e date un'occhiata all'*inspector* del `live.dial` vedrete che l'attributo "Parameter Visibility" è stato impostato su "Hidden": sapreste dire perché? (Suggerimento: provate a impostare l'attributo su "Automated and Stored".)

Con il messaggio *getinfo* l'oggetto `live.object` riporta tutte le informazioni disponibili sull'elemento corrente. Queste informazioni sono inviate in una serie di messaggi successivi, ciascuno dei quali inizia con la stringa "info". Il primo messaggio è "info id nn" (con nn = numero di *id* dell'elemento), l'ultimo messaggio è "info done". Il numero totale dei messaggi inviati è variabile e dipende dalla classe di appartenenza dell'elemento corrente.

Vediamo come funziona, e come raccogliere tutte queste informazioni in un umenu: caricate il *device* **vs_API_info** (fig. IE.53).

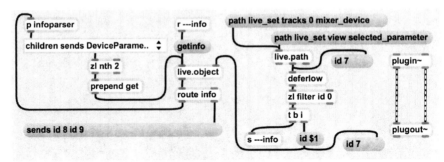

fig. IE.53: *device* vs_API_info

Nella parte destra della *patch* abbiamo due *message box* collegati all'oggetto live.path. Fate clic sul *message box* in alto per generare l'*id* del *mixer device* della prima traccia. L'*id* generato raggiunge l'oggetto live.object al centro della *patch* e subito dopo un *bang* inviato tramite una coppia send/receive raggiunge il *message box* [getinfo] collegato al live.object. Quest'ultimo oggetto risponde inviando all'uscita le informazioni sul *mixer device*, suddivise in diversi messaggi ciascuno dei quali inizia con la stringa "info". L'oggetto [route info] passa i messaggi generati alla prima uscita, e li invia ad una *subpatch* [p infoparser] (che analizzeremo tra poco), il cui compito è riempire l'umenu sottostante con le informazioni generate da live.object. Fate clic sull'umenu e verificate che le informazioni siano state raccolte correttamente: la prima voce del menù dovrebbe essere "id nn", la seconda "type MixerDevice", la terza contiene una descrizione dell'elemento e così via, fino all'ultima voce che dovrebbe essere "done".

Approfondiamo il formato dei messaggi generati: il primo messaggio, come abbiamo visto, riporta il numero di *id*; il secondo il tipo di elemento, ovvero la classe di appartenenza; il terzo una breve descrizione della classe. Seguono poi le relazioni canoniche e le *reference* (*children* o *child* a seconda se siano multiple o singole) che portano ad altre classi, seguite dal nome della classe di arrivo, ad esempio "child panning DeviceParameter" è una relazione canonica della classe MixerDevice che porta alla classe DeviceParameter (verificatelo nel grafico del LOM). Vengono poi le proprietà, con indicazione del tipo di valore usato, ad esempio "property value float" indica la proprietà *value* della classe DeviceParameter; ed infine le funzioni, ad esempio "function fire" indica la funzione *fire* della classe Clip.

Se ora selezioniamo nell'umenu una voce che inizia con "children", "child" o "property", possiamo ottenere ulteriori informazioni tramite il messaggio *get*. Vediamo in figura che nell'umenu è stata selezionata la voce relativa alle mandate (*sends*) del *mixer device*; l'oggetto sottostante [zl nth 2] seleziona il secondo elemento della voce (la stringa "sends") e lo passa all'oggetto [prepend get] che forma quindi il messaggio "get sends" e lo invia al **live.object**. Quest'ultimo risponde inviando i numeri di *id* delle mandate, che possiamo vedere nel *message box* collegato all'oggetto **route**.

È importante notare che l'*id* delle mandate, se non era già stato creato in precedenza, viene creato dall'invio del messaggio *get* al **live.object**; la stessa cosa avverrebbe, ovviamente, per qualunque altro *child* della classe corrente. Ciò significa che possiamo creare dei nuovi *id* anche con il **live.object**, non solo con il **live.path**. Questa funzione è molto utile per creare *id* multipli: se ad esempio inviamo al **live.object** l'*id* del "live_set", e in seguito inviamo il messaggio "get tracks", verranno creati gli *id* per tutte le tracce presenti nel Live set.

Adesso fate clic sul secondo *message box* collegato a **live.path** (parte destra del *device*): ora l'*id* generato sarà quello dei parametri che selezioniamo con il mouse. Provate a selezionare il *pan* della prima traccia e osservate come cambia il contenuto dell'**umenu**.

Analizziamo ora la *subpatch* [**p** infoparser] (figura IE.54).

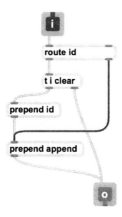

fig. IE.54: *subpatch* [**p** infoparser]

È possibile aggiungere delle voci all'oggetto **umenu** inviando il messaggio *append* seguito dal contenuto della voce. Il messaggio *clear*, invece, serve a svuotare l'**umenu**.

All'ingresso della *subpatch* arrivano, come sappiamo, le informazioni generate da **live.object** quando riceve il messaggio *getinfo*, private della stringa iniziale "info" dall'oggetto [**route** info] che si trova nella *patch* principale.

Il primo messaggio generato da **live.object** è, come abbiamo detto, "id nn"; l'oggetto [**route** id] all'interno della *subpatch* convoglia il numero di *id* alla sua prima uscita. L'*id* raggiunge un **trigger** che per prima cosa invia un messaggio *clear* all'**umenu** esterno, svuotandolo del contenuto eventualmente presente; dopo di che il numero di *id* viene inviato a due **prepend** consecutivi che formano il messaggio "append id nn" e lo inviano all'**umenu**.

I successivi messaggi in arrivo dal **live.object** vengono convogliati alla seconda uscita di **route**, inviati all'oggetto [**prepend** append], che aggiunge la stringa "append" a ciascun messaggio, e infine mandati all'oggetto **umenu**.

629

Quando l'ultimo messaggio generato dal `live.object` ("done") è stato invia-to, il contenuto dell'`umenu` è completo.

· ·

⌐⌐ATTIVITÀ

- Aggiungete nuovi *path* al *device* vs_API_info per avere informazioni sulle classi Song, Track, ClipSlot e Clip.
- (Questa richiede un certo impegno.) Usate i numeri di *id* dei *child* di una classe per ottenere informazioni sulla classe di destinazione: in altre parole il numero di *id* del *child* deve essere rimandato al `live.object`, seguito dal messaggio "getinfo". Suggerimento: aggiungete alla seconda uscita di [route info] gli oggetti [zl slice 1] e [route id]. Riflettete bene su quale uscita di [zl slice 1] utilizzare! Tramite il *child* "canonical_parent" potrete usare questo algoritmo per navigare tra le classi.

· ·

Come abbiamo visto, quando tramite il messaggio *get* chiediamo informa-zioni su un insieme di *children*, cioè su una relazione che porta ad istanze multiple (come le tracce in un Live set, o i *clip slot* in una traccia), l'oggetto `live.object` risponde con l'elenco degli *id* di tutte le istanze.
Se ad esempio chiediamo informazioni sui *device* di una traccia, otteniamo gli *id* di tutti i *device* caricati in quella traccia. Ricostruite il *device* di figura IE.55 e caricatelo in una traccia audio.

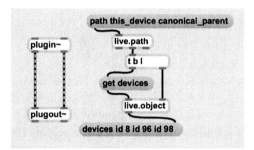

fig. IE.55: come ottenere gli *id* di tutti i *device* di una traccia

Il percorso (*message box* in alto) punta alla traccia che contiene il nostro *device*; una volta ottenuto l'*id* della traccia, inviamo al `live.object` il messaggio "get devices" e otteniamo in risposta gli *id* di tutti i *device* caricati nella traccia. Nel caso illustrato in figura ci sono 3 *device* nella traccia, uno dei quali è lo stes-so *device* che ha chiesto l'informazione. Se ora aggiungiamo un altro *device* (o ne togliamo uno già presente), l'oggetto `live.object` non aggiorna la lista fino a che non viene inviato nuovamente il messaggio "get devices".
Se vogliamo un aggiornamento costante dei *device* presenti nella traccia, pos-siamo usare l'oggetto `live.observer`, di cui abbiamo già parlato. Modificate il *device* come da figura IE.56.

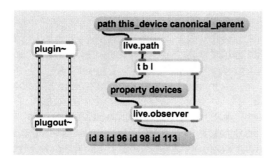

fig. IE.56: come "osservare" gli *id* di tutti i *device* di una traccia

Ci sono due differenze con la *patch* precedente. Innanzitutto il messaggio da inviare è "property devices", e non "get devices": notate che bisogna usare il messaggio "property" anche se qui si tratta di *children* e non di proprietà. In secondo luogo il messaggio in uscita non è preceduto dalla parola "devices" ma vengono riportati i soli numeri di *id*. Se ora aggiungete o togliete nuovi *device*, noterete che la lista di *id* si aggiorna automaticamente.

Abbiamo già detto che l'elenco di tutte le proprietà, i *children* e le funzioni di una classe si trova nella pagina di help del LOM. Per le proprietà e i *children* vengono indicati anche i tipi di accesso possibile, che sono *get*, *set* e *observe*. Naturalmente *get* e *set* sono i tipi di accesso disponibili con il `live.object`, mentre *observe* indica la possibilità di accedere con il `live.observer`. Nel caso della relazione "devices" della classe Track i tipi di accesso possibile sono *get* e *observe*, ma non *set*.

Una volta ottenuti gli *id* dei *device* possiamo usare questa informazione per conoscerne i nomi: una proprietà della classe Device è appunto name che restituisce il nome del *device*, o meglio il nome mostrato nella barra del titolo del *device*. Modificate la *patch* di figura IE.55 nel modo indicato in figura IE.57.

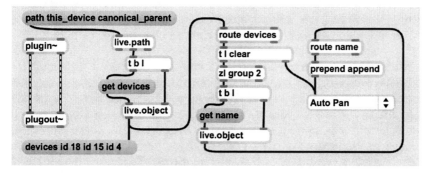

fig.IE.57: ottenere i nomi dei *device* di una traccia

Gli *id* dei *device* vengono inviati, tramite `route`, all'oggetto [t l clear] che cancella il contenuto dell'`umenu` sulla destra e invia la lista degli *id* all'oggetto `zl`, il quale a sua volta li separa e li manda al `live.object` insieme al messaggio "get name". Quello che otteniamo quindi sono i nomi dei *device* presenti, che vengono aggiunti al contenuto dell'`umenu`.

631

ATTIVITÀ

(Richiede una certa abilità.) Alla classe Device appartiene la relazione "parameters" che rappresenta la lista di tutti i parametri del *device*. Modificare il *device* di figura IE.57 in modo che ogni volta che si seleziona il nome del *device* nell'**umenu**, un secondo **umenu** venga riempito con i nomi di tutti i parametri del *device* selezionato. Suggerimento: si possono memorizzare (con un meccanismo che dovrete creare) gli *id* dei *device* in una **coll**, uno per riga, e richiamarli quando si seleziona un nome di *device* nel primo **umenu**. Si invia l'*id* del *device* passato dalla **coll** ad un algoritmo simile a quello già presente: si può tranquillamente duplicare la porzione di *patch* che va dall'oggetto [**route** devices] all'**umenu** (naturalmente è necessario modificare l'argomento di **route**).

. . . .

ABSTRACTION M4L E ALTRE RISORSE

A questo punto abbiamo appreso abbastanza sulle Live API e sul LOM da poter realizzare dei *device* API utili. Con le ultime attività della sezione precedente siamo già in grado di navigare tra le classi.

Appare comunque evidente che per realizzare dei *device* che sfruttino a fondo le API di Live è necessario un certo impegno. Fortunatamente possiamo risparmiare un po' di lavoro utilizzando una serie di *abstraction* e interfacce (**bpatcher**) che i programmatori di M4L hanno realizzato e messo a disposizione; inoltre possiamo "prendere a prestito" porzioni di codice dagli utilissimi *device* presenti nella cartella *Max Audio Effect/Tools/API* e dalle lezioni su M4L reperibili nell'help di Live.

Cominciamo con le *abstraction*; dove si trovano? C'è un'utile funzione dell'ambiente Max di cui non abbiamo ancora parlato (ma che forse, dopo 9 capitoli e 5 interludi di pratica con Max, qualcuno ha già scoperto da solo): la possibilità di reperire porzioni di *patch* pronte per l'uso da una speciale cartella.

Se in una *patcher window* in modalità *edit* fate clic con il tasto destro del mouse (o control-clic per il Mac) in un punto vuoto, apparirà, come sappiamo, il menù contestuale; l'ultima voce di questo menù, "Paste From", è un sotto-menù che contiene altre voci. Da questo sotto-menù selezionate, ad esempio, "audio_output". Dovrebbe essere apparso, nel punto dove avete fatto clic con il mouse, un frammento di *patch* comprendente due oggetti **gain~**, un **dac~** ed altri oggetti e *message box* che servono a creare la sezione di uscita di una *patch*. Se selezionate altre voci nel sotto-menù "Paste From", aggiungerete alla vostra *patch* altri frammenti utili per svolgere determinati compiti. Si tratta come si vede di una funzione comodissima quando vi trovate ad usare lo stesso insieme di oggetti più volte nelle vostre *patch* (come ad esempio la sezione di *output* del segnale).

Per aggiungere un frammento fatto da noi è sufficiente salvarlo (come normale *patch* di Max) nella sotto-cartella *patches/clippings* che trovate nella stessa cartella che contiene l'applicazione Max.

Il menù "Paste From" ha a sua volta due sotto-menù che contengono alcune delle *abstraction* che ci interessano: "LiveApi Abstractions" e "LiveAPI Choosers".

Il sotto-menù "LiveApi Abstractions" contiene delle *abstraction* che svolgono funzioni più o meno complesse, non presenti tra le funzioni di base delle Live API, come ad esempio selezionare la traccia precedente o successiva rispetto alla traccia attualmente selezionata, oppure restituire il numero totale delle scene presenti in un Live set.

Naturalmente queste funzioni sono realizzate combinando le normali funzioni delle Live API, esattamente come le *abstraction* della libreria *Virtual Sound Macros* sono ottenute combinando gli oggetti Max standard. Provate a copiare qualcuna di queste *abstraction* in una *patch*, ed apritele per vedere come sono realizzate.

Vediamo ora un esempio di utilizzo di queste *abstraction*: caricate in una traccia audio due o più file audio in altrettante *clip*, e poi caricate il *device* **vs_API_sel_scene** (fig. IE.58).

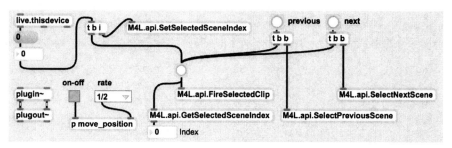

fig. IE.58: il *device* vs_API_sel_scene

Iniziamo dalla parte in alto a sinistra: l'oggetto **live.thisdevice** produce un *bang* quando il *device* viene caricato, il valore 0 contenuto nel *message box* passa attraverso un *number box* e raggiunge l'oggetto [**t b i**], che invia per prima cosa il valore all'*abstraction* **M4L.api.SetSelectedSceneIndex**: questa *abstraction* seleziona, nel Live set, una scena di cui si fornisce il numero di indice (in questo caso 0).

Attenzione, abbiamo detto il numero di indice, non l'*id*! L'*abstraction*, infatti, esegue un'operazione abbastanza elaborata: per prima cosa assegna un *id* alle scene che non ne hanno ancora uno, poi associa un numero di indice progressivo ad ogni scena; il numero 0 per la prima scena (quella più in alto), il numero 1 per la seconda, e così via. Quando l'*abstraction* riceve un numero di indice, seleziona, tramite l'*id* corrispondente, la scena relativa.

Perché è necessario creare e usare un numero di indice? Non potremmo usare direttamente l'*id*? No, perché gli *id* delle scene possono essere ogni volta diversi (dipende dai numeri di *id* che sono già stati usati durante la sessione), e non è detto che siano progressivi (dipende dall'ordine in cui vengono assegnati alle scene), mentre i numeri di indice sono sempre gli stessi, e sono progressivi: inviando uno 0 all'*abstraction* siamo sicuri che verrà selezionata la prima scena. Potete dare un'occhiata all'algoritmo di assegnazione dei numeri di indice aprendo l'*abstraction* **M4L.api.SetSelectedSceneIndex** con un doppio clic.

Torniamo all'oggetto [t b i]: il secondo messaggio che viene generato è un *bang* che raggiunge un *button* collegato alle *abstraction* M4L.api.FireSelectedClip e M4L.api.GetSelectedSceneIndex: la prima avvia la *clip* selezionata e la seconda riporta il numero di indice della scena selezionata.

Qual è la *clip* selezionata? Quella che si trova all'incrocio tra la traccia corrente (ovvero quella che contiene il *device*) e la scena selezionata: se ad esempio avete caricato (e state visualizzando) il *device* nella prima traccia, la *clip* selezionata sarà la prima *clip* della prima traccia. Cambiando il valore del *number box* a sinistra è possibile selezionare altre scene, e di conseguenza suonare altre *clip*.

Nella parte in basso a sinistra del *device* vediamo gli oggetti live.toggle e live.menu entrambi collegati alla *subpatch* [p move_position]: questa *subpatch* contiene l'algoritmo che sposta casualmente il punto di lettura della *clip* corrente che abbiamo visto in figura IE.49.

Nella parte destra del *device* abbiamo altre due *abstraction*:
M4L.api.SelectPreviousScene e M4L.api.SelectNextScene, che servono rispettivamente a selezionare la scena precedente e quella successiva; provate a fare clic sui *button* collegati a queste *abstraction*: la selezione si sposterà verso l'alto o verso il basso a seconda dell'*abstraction* che viene richiamata. Come si può vedere, grazie a queste *abstraction* abbiamo realizzato un *device* che sarebbe stato abbastanza complesso costruire da zero. Aprite tutte le *abstraction* con un doppio clic per vedere come sono state realizzate.

Non parleremo di tutte le *abstraction* presenti nel sotto-menù "LiveApi Abstractions", ma potete comunque "divertirvi" a incollarle in un *device* e verificarne il funzionamento. Ciascuna *abstraction* può, come sapete, essere aperta, e contiene al suo interno dettagliate spiegazioni su come è realizzata.

Tenete presente, comunque, che non esiste un'*abstraction* per ogni possibile situazione che ci troveremo ad affrontare; e spesso il modo più rapido per risolvere un problema è quello di costruire da soli i propri algoritmi (questo diventa sempre più vero, man mano che aumenta la nostra esperienza con le Live API).

Il secondo sotto-menù di "Paste From" che ci interessa è "LiveAPI Choosers": qui troviamo una serie di bpatcher che ci permettono di navigare tra gli elementi di un Live set. Provate ad esempio a creare un nuovo *device* e a selezionare nel sotto-menù la voce "Browse.DeviceParameters": apparirà il frammento di *patch* visibile in figura IE.59.

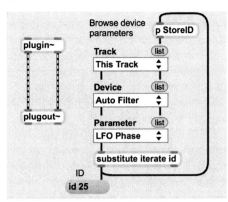

IE.59: sistema di bpatcher per navigare tra i parametri di un *device*

Abbiamo tre **bpatcher** collegati tra loro in cascata, ciascuno dei quali mostra un **umenu**: il primo serve a selezionare una traccia, il secondo un *device* appartenente alla traccia selezionata e il terzo un parametro appartenente al *device* selezionato. In altre parole questo insieme di **bpatcher** fa la stessa cosa che abbiamo tentato di fare con l'ultima attività della sezione precedente, ma in maniera più flessibile: è infatti possibile selezionare qualunque traccia nel Live set, non solo la traccia corrente. Facendo clic sul pulsante "list" che si trova al di sopra del primo **umenu** è possibile aggiornare la lista delle tracce presenti, cosa che probabilmente dovete fare la prima volta che caricate il frammento di *patch*. Se avete dato un'occhiata alle lezioni Live sui *device* M4L che sfruttano le Live API, avrete certamente notato questi stessi insiemi di **bpatcher** usati, appunto, per selezionare gli elementi da controllare.

I tre **bpatcher** contengono tutti la stessa *abstraction* **M4L.Chooser.maxpat**, la differenza è nell'argomento che viene passato tramite l'*inspector*; se aprite gli *inspector* dei tre **bpatcher** infatti, potrete verificare che l'attributo "Argument(s)"[26] contiene tre stringhe diverse: rispettivamente "track", "device" e "parameter". Questo **bpatcher** naviga quindi in classi diverse a seconda dell'argomento che gli viene attribuito.[27]

Dall'uscita di sinistra del **bpatcher** viene inviato, ogni volta che si seleziona un elemento nell'**umenu**, il messaggio "iterate" seguito dal numero di *id* dell'elemento selezionato. Questo messaggio viene passato al **bpatcher** sottostante che, in risposta, crea un menù con tutti gli elementi della classe indicata nell'attributo "Argument(s)". All'uscita dell'ultimo **bpatcher** la stringa "iterate" viene sostituita dalla stringa "id" dall'oggetto **substitute**[28], ed otteniamo così l'*id* dell'elemento selezionato nell'**umenu**.

Se aprite l'*abstraction* M4L.Chooser.maxpat[29] usata dal **bpatcher** noterete che non contiene gli oggetti "live.*" che abbiamo usato finora, ma un oggetto **js**: questo oggetto carica e interpreta un programma in Javascript (nel caso specifico un programma che si chiama M4L.chooser.js).[30] È infatti possibile utilizzare le Live API anche in Javascript: non approfondimento l'argomento perché la programmazione in Javascript esula dagli scopi di questo volume, ma ci limiteremo ad usarlo nelle *abstraction* a nostra disposizione.

A proposito, dove si trova l'*abstraction* M4L.Chooser.maxpat?

---

[26] Abbiamo parlato di questo attributo nel paragrafo ID.2.

[27] Nel sotto-menù "LiveAPI Choosers" sono presenti diverse versioni della *abstraction* M4L. Chooser.maxpat, ciascuna con un diverso argomento. I possibili argomenti sono: none, chain, clip, clipaudio, clipmidi, clipslot, cuepoint, device, parameter, fparam, mixerparam, scene, send, track, trackaudio, trackmidi, trackreturn.

[28] L'oggetto **substitute**, come il nome lascia intuire, sostituisce un determinato simbolo con un altro simbolo nei messaggi in ingresso. Il simbolo da sostituire e il simbolo sostituito sono rispettivamente il primo e il secondo argomento dell'oggetto.

[29] Vi ricordiamo che per poter vedere il contenuto dell'*abstraction* dovete, in modalità *edit*, fare clic con il pulsante destro del mouse (Windows) oppure *Control-clic* (Mac) all'interno di uno dei tre **bpatcher**. Apparirà un menù contestuale: selezionate in fondo l'elemento "Object/Open Original M4L.Chooser.maxpat".

[30] Come abbiamo accennato nel primo volume Max può eseguire programmi in Javascript utilizzando degli oggetti specifici, come **js** o **jsui**.

All'interno della cartella che contiene l'applicazione Max, nella sotto-cartella *patches/m4l-patches/LiveAPI resources/tools*. In questa cartella, e nelle altre sotto-cartelle di *patches/m4l-patches/LiveAPI resources* è possibile trovare diverse *abstraction* utili.

Vediamo un *device* realizzato utilizzando l'*abstraction* M4L.Chooser.maxpat ed altro materiale "preso in prestito": caricate in una traccia audio il *device* **vs_API_rand_LFO** (figura IE.60).

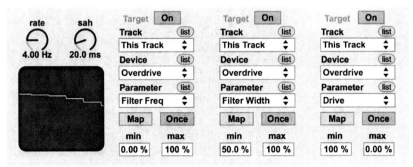

fig. IE.60: *device* vs_API_rand_LFO

Questo *device* ci permette di controllare fino a tre parametri con un LFO a forma d'onda casuale. È possibile regolare il *rate* (tramite il `live.dial` "rate") e il "periodo di campionamento" (tramite il `live.dial` "sah") dell'LFO.

Ci sono tre gruppi dei `bpatcher` che già conosciamo, uno per ogni parametro che è possibile selezionare. Il pulsante "On" in alto serve ad attivare e disattivare il controllo. Sotto l'`umenu` per la selezione dei parametri c'è un pulsante "Map", che serve a selezionare il parametro tramite il semplice clic del mouse, e il pulsante "Once" che, se attivo, fa sì che il pulsante "Map" si disattivi una volta selezionato il parametro, in modo da evitare di selezionarne accidentalmente un altro. Al di sotto di questi pulsanti ci sono due `live.numbox` con i quali si può impostare il *range* di azione dell'LFO sul parametro: i valori "min" 0% e "max" 100% fanno si che l'LFO copra l'intera estensione del parametro, mentre, ad esempio, i valori "min" 50% e "max" 100% farebbero muovere il parametro solo nella metà superiore dei suoi valori. È anche possibile invertire l'andamento dei valori del parametro rispetto all'LFO, impostando un "min" superiore al "max", ad esempio "min" 100% e "max" 0%.

Caricate qualche *device* audio Live o M4L e provate a controllarne i parametri. Una caratteristica interessante dell'oggetto `live.object` è che può memorizzare l'*id* di un elemento quando viene salvato il Live set che lo contiene, oppure quando viene inserito in un *Rack* (tramite il comando Live *Group*, in italiano Raggruppa) che viene poi salvato come preset Live. Questo significa che possiamo creare dei *multi-device* raggruppando insieme dei *device* Live o M4L insieme ad un *device* API che li controlli. Caricate ad esempio il *multi-device* **vs_pan_freqshifter** (si trova nella sotto-cartella "VS API"): in questo gruppo il *device* vs_API_rand_LFO controlla i *device* Live "Auto Pan" e "Frequency Shifter". Utilizzate il *multi-device* con un suono strumentale, come ad esempio vs_guitar_melody_q4.aif.

Vediamo ora come è stata realizzata la *patch* del *device* vs_API_rand_LFO (figura IE.61).

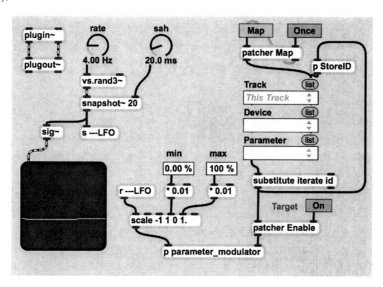

fig. IE.61: *patch* del *device* vs_API_rand_LFO

L'immagine del *device* è parziale perché mostra l'LFO e i controlli per un solo parametro, ma naturalmente i controlli per gli altri due parametri sono identici al primo.

Per quanto riguarda l'LFO, la forma d'onda casuale è generata da `vs.rand3`, mentre l'oggetto `snapshot~` ne regola il periodo di campionamento.

Notate i pulsanti "Map" e "Once" in alto, collegati alla *subpatch* [`patcher` Map]: questa sezione è stata copiata dai *device* API presenti nella cartella *Max Audio Effect/Tools/API*; lo stesso abbiamo fatto con il pulsante "on" in basso e la *subpatch* [`patcher` Enable]. Aprite le due *subpatch* con un doppio clic per vedere come sono state realizzate; non dovrebbero essere difficili da analizzare. La *subpatch* [p parameter_modulator] riceve al suo ingresso sinistro i valori prodotti dall'LFO, riscalati dai `live.numbox` "min" e "max", e al suoi ingresso destro l'*id* del parametro da controllare. Anche questa *subpatch* è semplice da analizzare, e vi invitiamo a farlo.

. . . .

ATTIVITÀ

- Aggiungete al *device* vs_API_rand_LFO la possibilità di selezionare, tramite un `live.menu`, la forma d'onda dell'LFO: sinusoide, dente di sega, triangolare, casuale con interpolazione lineare, casuale con interpolazione cubica.
- Create un *device* API simile a vs_API_rand_LFO, ma con un *envelope follower* al posto dell'LFO.
- Create un *device* API simile a vs_API_rand_LFO, utilizzando l'inviluppo ritmico del *device* audio vs_the_enveloper al posto dell'LFO.

- Creare, utilizzando i *device* API delle attività precedenti, almeno 3 *multi-device* in cui vengano controllati *device* Live e *device* M4L.

· ·

CONTROLLO AUTOMATICO DI TUTTI I PARAMETRI DI UN DEVICE

Tra i *device* presenti nella cartella *Max Audio Effect/Tools/API* ce ne sono alcuni che modificano casualmente il valore dei parametri di un *device*: in particolare il *device* "Max Api DeviceDecimator" utilizza un diverso LFO a forma d'onda casuale per ciascun parametro del *device* da controllare. Questo e gli altri *device* "casuali" sono impiegati nella lezione Live "Parameter Randomizers" (in italiano "Randomizzatori di Parametri"): vi invitiamo a caricare e provare il Live set relativo alla lezione.

Vediamo ora come costruire un *device* che modifichi tramite LFO casuali tutti i parametri di un *device*. Naturalmente il nostro *device* ha caratteristiche diverse rispetto a "Max Api DeviceDecimator": ogni LFO infatti può avere una frequenza e un'ampiezza propria (scelte casualmente). Inoltre è possibile stabilire quante probabilità abbia ciascun parametro di essere controllato. Se impostiamo questo valore al 50%, ad esempio, ciascun parametro avrà il 50% di probabilità di essere controllato: circa la metà dei parametri (scelti casualmente) verrà quindi controllata dal nostro *device* mentre gli altri saranno "liberi". Infine è possibile attivare un metronomo che ad ogni *bang* assegna nuovamente i valori casuali agli LFO e sceglie i parametri da controllare (quando la percentuale è inferiore al 100%).

Caricate in una traccia audio il *device* **vs_API_autorand** (figura IE.62).

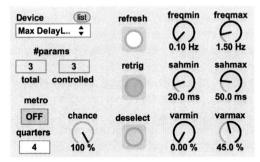

fig. IE.62: *device* vs_API_autorand

In alto a sinistra abbiamo l'ormai noto menù dell'*abstraction* M4L.Chooser. maxpat: possiamo scegliere un *device* tra quelli presenti nella stessa traccia in cui è stato caricato vs_API_autorand. In figura è stato scelto il *device* "Max DelayLine" (uno dei *device* basilari che si trovano nella sotto-cartella *Max Audio Effect/Tools/Building Blocks*).

Subito sotto il menù, due `live.numbox` riportano il numero totale di parametri del *device* e il numero effettivo di parametri controllati. Infatti, come abbiamo detto, è possibile stabilire una percentuale di parametri da controllare che il *device* sceglierà a caso: la percentuale viene stabilita dal `live.dial` "chance", visibile sotto i due **live.numbox**. In figura la percentuale è pari al 100% e quindi tutti i parametri vengono controllati.

In basso a sinistra c'è un metronomo che, se acceso, riassegna i valori degli LFO ad ogni *bang*. Il tempo del metronomo è espresso in quarti.

I tre **button** al centro del *device* servono, dall'alto verso il basso, a fare un *refresh* del menù, a riassegnare i valori degli LFO (*retrig*) e a deselezionare tutti i parametri del *device* controllato (*deselect*).

I **live.dial** sulla destra definiscono l'andamento degli LFO assegnati ai diversi parametri: in pratica, per ciascun parametro da controllare sarà attivato un LFO la cui frequenza è scelta casualmente tra i valori "freqmin" e "freqmax", il periodo di campionamento è scelto tra "sahmin" e "sahmax" e la quantità di variazione applicata sul parametro è scelta tra "varmin" e "varmax".

Con riferimento alla figura, ad ogni *bang* del metronomo, oppure ogni volta che si fa clic sul **button** "retrig", la frequenza di ogni LFO è scelta casualmente tra 0.1 e 1.5 Hz, il periodo è scelto tra 20 e 50 millisecondi, e la variazione applicata al parametro è scelta tra lo 0% e il 45% del *range* del parametro.

Chiariamo meglio quest'ultimo punto: il valore corrente dei parametri del *device* da controllare viene memorizzato, e l'LFO oscilla al di sopra e al di sotto di tale valore secondo la percentuale assegnata. Se ad esempio un determinato parametro ha un *range* che va da 0 a 1, la variazione dell'LFO è pari al 10% del *range* e il valore corrente del parametro è 0.3, il valore oscillerà tra 0.2 e 0.4.

Caricate ora il Live set **IE_06_random_parameters.als**: c'è il nostro *device* vs_API_autorand che controlla i parametri del *device* "Max DelayLine". Osservate attentamente l'andamento dei parametri controllati dagli LFO casuali. Modificate i valori di controllo (i sei **live.dial** nella parte destra di vs_API_autorand), scegliendo valori molto piccoli o molto grandi e notate come varia di conseguenza l'andamento dei parametri controllati. Provate ad attivare il metronomo o a fare clic sul **button** "retrig" per riassegnare i valori di controllo.

Analizziamo ora la *patch* del *device* vs_API_autorand (figura IE.63).

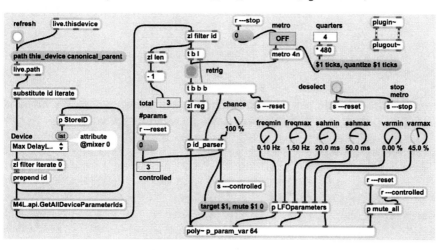

fig. IE.63: la *patch* del *device* vs_API_autorand

Fate un profondo respiro prima di continuare a leggere! Anche se i singoli elementi della *patch* non presentano grandi difficoltà, cogliere il funzionamento dell'insieme richiede una certa applicazione.

Innanzitutto uno sguardo generale alla *patch* seguendo il flusso dei dati: il blocco di sinistra serve a selezionare un *device* e ad ottenere l'*id* di tutti i suoi parametri; la parte centrale, contenente la *subpatch* [p id_parser] serve a selezionare i parametri secondo la percentuale data; in basso a destra, infine, abbiamo un oggetto **poly~** le cui istanze contengono l'algoritmo di variazione per ciascun parametro.

Cominciamo dalla parte sinistra, in alto l'oggetto **live.path** restituisce l'*id* della traccia su cui è stato caricato il *device*. L'oggetto **substitute** sostituisce la stringa "id" con la stringa "iterate" e invia il risultato al **bpatcher** che contiene l'*abstraction* M4L.Chooser.maxpat. Di conseguenza l'**umenu** dell'*abstraction* mostra la lista dei *device* caricati nella traccia. Se aprite l'*inspector* del **bpatcher** noterete che l'attributo "Argument(s)" contiene, oltre all'argomento "device" che serve ad ottenere la lista dei *device*, l'attributo "@mixer 0"; questo attributo esclude dalla lista dei *device* il *mixer device* (volume, *pan* etc.) che quindi non viene inserito nell'**umenu**.

L'*id* del *device* da controllare viene inviato all'*abstraction* M4L.api. GetAllDeviceParameterIds[31], che restituisce una lista con tutti gli *id* dei parametri del *device*. Nella lista ciascun numero di *id* è preceduto dalla stringa "id"; il successivo oggetto [z1 filter id] elimina tutte le stringhe "id" e restituisce una lista di soli numeri, che viene inviata al **trigger** [t b l]. Il **trigger** per prima cosa memorizza la lista di numeri nell'oggetto [z1 reg], poi invia un *bang* al **button** "retrig", che a sua volta passa il *bang* ad un altro **trigger** [t b b b]. I tre *bang* prodotti dal secondo **trigger** vengono inviati nell'ordine:

- tramite [**s** ---reset] alla *subpatch* [p mute_all] visibile in basso a destra. Questa *subpatch* ha lo scopo di mettere in mute tutte le istanze dell'oggetto polifonico [**poly~** p_param_var], che contiene gli LFO destinati a controllare i parametri del *device*. Lo stesso *bang* viene inviato ad un *message box* che porta a 0 il **live.numbox** "controlled" che mostra il numero dei parametri controllati.

- all'ingresso centrale della *subpatch* [p id_parser], di cui ci occuperemo tra poco.

- all'ingresso caldo dell'oggetto [z1 reg], che a sua volta invia alla *subpatch* [p id_parser] la lista di *id* memorizzata precedentemente.

Vediamo ora la *subpatch* [p id_parser], che a sua volta contiene due *subpatch* (figura IE.64)

---

[31] Questa *abstraction* si trova all'interno della cartella che contiene l'applicazione Max, nella sotto-cartella *patches/m4l-patches/LiveAPI resources/abstractions*.

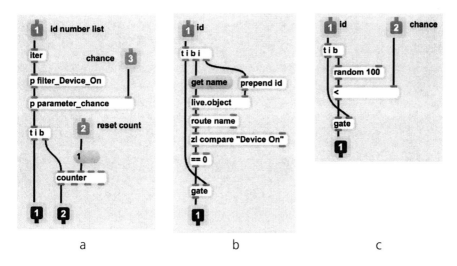

fig. IE.64 a b c: le *subpatch* [p id_parser], [p filter_Device_On], [p parameter_chance]

Nella *subpatch* [p id_parser] riceviamo al terzo ingresso ("chance") un valore che indica la percentuale di parametri da controllare, al secondo ingresso ("reset count") un *bang* che serve a far ripartire un contatore di cui ci occuperemo più avanti, e al primo ingresso ("id number list") la lista degli *id*. Questa lista viene scomposta in elementi singoli dall'oggetto iter, che li invia alla *subpatch* [p filter_Device_On]. Uno dei parametri di un *device* infatti è il pulsante di attivazione/disattivazione del *device* che si trova nell'angolo in alto a sinistra della finestra del *device*. Noi non vogliamo controllare randomicamente questo parametro, e quindi lo eliminiamo dalla lista degli *id*. Nella *subpatch* [p filter_Device_On] otteniamo i nomi di tutti i parametri del *device* e li confrontiamo, tramite l'oggetto [zl compare], con il nome "Device On". Se il nome del parametro corrisponde a "Device On" il gate che si trova nella parte bassa della *patch* si chiude, in caso contrario si apre. L'oggetto [zl compare] genera un 1 se la lista in ingresso corrisponde all'argomento, e uno 0 se non corrisponde. Il resto della *subpatch* [p filter_Device_On] non dovrebbe essere difficile da analizzare e lasciamo il compito al lettore.
La successiva *subpatch* [p parameter_chance] lascia passare solo una certa percentuale di *id*: utilizziamo qui un algoritmo simile a quello del "metronomo probabilistico" che abbiamo visto nel paragrafo IB.4 del primo volume. Anche questa *subpatch* è molto semplice da analizzare.
I numeri di *id* che escono dalla *subpatch* [p parameter_chance] vengono passati al trigger [t i b] nella *subpatch* [p id_parser]. Il primo messaggio generato dal trigger è un *bang* che incrementa il contatore; il valore prodotto da quest'ultimo viene inviato alla seconda uscita. Il secondo messaggio passato dal trigger è il numero di *id* che viene inviato alla prima uscita.
Torniamo alla *patch* principale (figura IE.63): il valore del contatore proveniente dalla seconda uscita di [p id_parser] viene inviato nell'ordine:

- alla *subpatch* [p mute_all] (in basso a destra) che usa questo valore per sapere quante sono le istanze da mettere in mute quando arriverà la richiesta.

- al *message box* [target $1, mute $1 0], che invia il messaggio all'oggetto `poly~` sottostante, e attiva le voci necessarie (ne riparleremo a breve).

- al `live.numbox` che mostra il numero di parametri effettivamente controllati dagli LFO.

Per ogni valore generato dal contatore, dalla prima uscita di [p id_parser] viene inviato il numero di *id* di un parametro da controllare.

Ricapitolando in una frase tutto ciò che è stato spiegato finora: dopo che abbiamo selezionato un *device* nell'`umenu` a sinistra, l'oggetto `poly~` in basso riceve l'elenco degli *id* dei parametri che sono passati "indenni" attraverso il filtraggio operato dalla *subpatch* [p id_parser].

La *subpatch* [p LFOparameters] invia a tutte le istanze dell'oggetto `poly~` gli intervalli di valori che servono a determinare il comportamento degli LFO. La *subpatch* è molto semplice e potete analizzarla da soli.
La *subpatch* [p mute_all] serve a mettere in *mute* tutte le istanze dell'oggetto `poly~` eventualmente attive; questo accade quando si fa clic sul `button` "deselect" (in cui tutti i parametri vengono "liberati") o sul `button` "retrig". In quest'ultimo caso si rende necessario mettere tutte le istanze in *mute* prima di attivarle nuovamente, perché se la probabilità che ciascun parametro venga controllato è inferiore al 100% non sappiamo, ad ogni *retrig*, quanti saranno i parametri effettivamente da controllare. Anche questa *subpatch* è molto semplice e vi invitiamo ad analizzarla da soli.

Il `live.numbox` "total", visibile nella zona centrale della *patch* principale, che mostra il numero totale di parametri presenti nel *device* controllato, è collegato all'oggetto [zl len] che restituisce la lunghezza della lista di tutti gli *id* dei parametri. Notate che a questo valore viene sottratto 1, perché, come abbiamo detto, il parametro *Device On* viene escluso.

E veniamo finalmente alla *patch* polifonica contenuta in [`poly~` p_param_var] (figura IE.65).
Al centro della *patch* vediamo l'oggetto `rand~` che funge da LFO; il segnale prodotto dall'oggetto viene riscalato nel modo che vedremo tra poco e inviato all'oggetto `live.remote~` che controlla un parametro del *device* scelto nell'`umenu` della *patch* principale.
Analizziamo i dati in ingresso cominciando da destra. Al quinto ingresso, [`in 5`] ("disconnect"), arrivano i messaggi prodotti dalla *subpatch* [p mute_all] presente nella *patch* principale: come sappiamo questa *subpatch* mette in *mute* tutte le istanze di `poly~` e invia il messaggio "id 0", che viene ricevuto in basso dall'oggetto `live.remote~` e nella parte sinistra della *patch* da `live.object`.
All'ingresso [`in 4`] ("variation") arrivano i valori minimo e massimo di variazione dell'LFO, che vengono inviati ad un oggetto `vs.between` e da qui ad un moltiplicatore che servirà a riscalare l'ampiezza dell'LFO, e di cui ci occuperemo tra poco.
All'ingresso [`in 3`] ("sah") arrivano i valori minimo e massimo del periodo di campionamento (o di sample and hold); anche questi sono inviati ad

un **vs.between**, e il valore risultante viene inviato all'ingresso destro di **snapshot~** che trasforma in una serie di valori *floating point* il segnale prodotto dall'LFO.

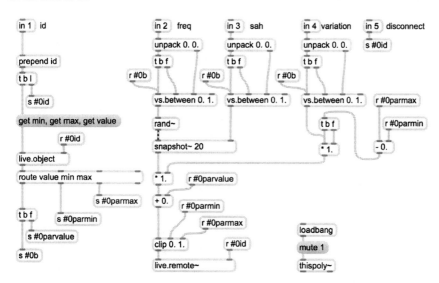

fig. IE.65: la *patch* polifonica contenuta in [**poly~** p_param_var]

All'ingresso [**in** 2] ("freq") arrivano i valori minimo e massimo di frequenza dell'LFO: l'oggetto **vs.between** genera l'effettiva frequenza dell'LFO presente nell'istanza.

Notate che ogni in ogni istanza ci sarà una diversa ampiezza, un diverso periodo di campionamento e una diversa frequenza dell'LFO.

All'ingresso [**in** 1] ("id") arriva il numero di *id* del parametro che l'istanza deve controllare. Questo viene inviato ad un **trigger**, e da qui all'oggetto **live.object** sottostante e al **live.remote~** in basso. Successivamente il **trigger** invia un *bang* ad un *message box* che a sua volta passa al **live.object** i messaggi "get min", "get max" e "get value". I valori *min* e *max* del parametro sono inviati a destra ad un sottrattore che ne calcola la differenza e la usa per moltiplicare la quantità di variazione da applicare al parametro; il risultato viene usato per riscalare l'ampiezza dell'LFO (tramite l'oggetto * al di sotto di **snapshot~**). I valori *min* e *max* del parametro vengono inoltre inviati all'oggetto **clip** subito sopra **live.remote~** per evitare di inviare valori al di sopra del *range* consentito dal parametro.

Torniamo al **live.object** a sinistra: tramite il messaggio "get value" otteniamo il valore corrente del parametro; questo valore viene inviato all'oggetto + che si trova al centro della *patch*, tra gli oggetti * e **clip**, e viene usato come *offset* dell'LFO. Il nostro LFO oscillerà quindi al di sopra e al di sotto del valore corrente del parametro, con un'ampiezza pari alla variazione casuale calcolata dal **vs.between** collegato al quarto ingresso.

Torniamo nuovamente alla parte sinistra della *patch*: subito dopo il valore corrente viene inviato un *bang* ai tre oggetti **vs.between** che genereranno quindi nuovi valori casuali per la frequenza, il periodo di campionamento e l'ampiezza dell'LFO.

643

Notate che ciascun **vs.between** genera nuovamente un valore casuale ogni volta che riceve una coppia di valori minimo e massimo di frequenza ("freq"), periodo ("sah") e ampiezza ("variation") dai relativi ingressi.

Bene, speriamo che siate "sopravvissuti" a questa lunga analisi, e soprattutto che abbiate seguito tutti i passaggi! Se così non fosse, non preoccupatevi, si tratta sicuramente di una delle *patch* più complesse dell'intero volume: continuate ad esercitarvi con Max e M4L e ad usarli nei vostri progetti, e tra qualche settimana tornate su queste pagine, è probabile che le troverete molto più facili da comprendere.

Come abbiamo visto, con il nostro *device* è possibile controllare solo una parte dei parametri impostando la probabilità "chance" con un valore al di sotto del 100%; non è però possibile scegliere quali parametri escludere; mentre sarebbe comodo, ad esempio, evitare di modificare il rapporto *dry/wet* o il volume d'uscita di un *device*. Una possibile soluzione consiste nell'inserire il *device* in un *Rack*, assegnare i parametri che desideriamo ai controlli macro, e controllare le macro del *Rack* e non direttamente il *device*.
Vediamo un esempio nel Live set **IE_06b_partial_parameters.als** (figura IE.66)

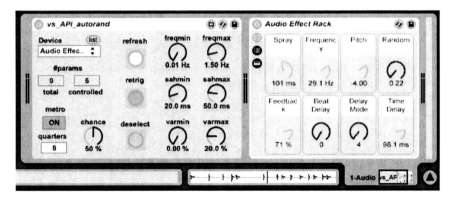

fig. IE.66: i *device* nella prima traccia del Live set IE_06b_partial_parameters.als

In questo Live set abbiamo racchiuso il *device* "Grain Delay" in un *Audio Rack*, poi abbiamo assegnato agli 8 controlli macro del *Rack* altrettanti parametri del *device*, escludendo i parametri *DryWet* e *Beat Swing*.
Inoltre abbiamo impostato al 50% la probabilità che un parametro venga modificato; ad ogni *bang* del metronomo, quindi, cambiano i parametri controllati.
C'è un ultimo passaggio che abbiamo dovuto fare per poter usare l'*Audio Rack*. Notate che mentre i *dial* delle macro sono 8, il numero totale dei parametri riportato dal **live.dial** a sinistra nel *device* vs_API_autorand è 9. C'è infatti un parametro in più nell'*Audio Rack*: il *Chain Selector*. Per visualizzare questo parametro è necessario attivare la *Chain List* facendo clic sulla terza icona circolare visibile nella parte sinistra della finestra dell'*Audio Rack*. Attivando il pulsante "Chain" al di sopra della *Chain List* apparirà il *Chain Select Editor* (in italiano *Editor di Selezione di Catena*), vedi figura IE.67.

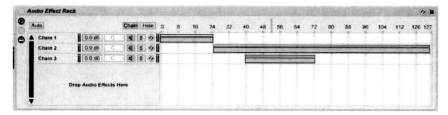

fig. IE.67: il *Chain Select Editor*

Il *Chain Selector* è la linea verticale arancione che si trova nella parte alta del *Chain Select Editor*, e il suo valore, cioè la sua posizione nell'asse orizzontale, può variare tra 0 e 127. Le aree rettangolari visibili sotto il *Chain Selector* si chiamano *Zone*: senza entrare nei dettagli diremo che le catene attive sono quelle le cui zone comprendono la posizione in cui si trova il *Chain Selector*. Nel caso di figura IE.67, quindi, le catene "Chain 2" e "Chain 3" sono attive, perché "coprono" il punto occupato dal *Chain Selector*, mentre la "Chain 1" non è attiva, cioè non produce suono. Di *default* la zona di una catena occupa solo la posizione 0 del *Chain Selector*, ma dal momento che questo parametro, quando è controllato dal *device* vs_API_autorand, può muoversi in tutte le posizioni, è necessario estendere la zona (trascinandone un lato con il mouse) fino alla posizione 127. Se visualizzate il *Chain Select Editor* nel Live set IE_06b_partial_parameters.als potrete verificare che la zona si estende dalla posizione 0 alla posizione 127.

Grazie all'uso dei controlli macro nei *Rack* è possibile controllare più di un *device*: nel Live set **IE_06c_two_devices.als** ad esempio, abbiamo inserito in un *Audio Rack* i *device* Live "Ping Pong Delay" e "Erosion", abbiamo assegnato diversi parametri dei due *device* ai controlli macro e abbiamo utilizzato il nostro *device* vs_API_autorand per controllare le macro.

• •

ATTIVITÀ

- Create almeno tre *Audio Rack*, ciascuno contente uno o più *device*, assegnate alcuni parametri dei *device* ai controlli macro, e controllate questi ultimi con il *device* vs_API_autorand. Non dimenticate di estendere la zona nel *Chain Select Editor*! Notate che nulla vi impedisce di assegnare più di un parametro a ciascun controllo macro.

- Che modifiche dovremmo fare al nostro *device* API per evitare di dover estendere la zona del *Chain Select Editor* ogni volta che vogliamo controllare un *Rack*? Rispondete alla domanda e fate le modifiche necessarie.

• •

Vediamo ora un *device* API che controlla tutti i parametri di tutti i *device* presenti in una traccia; si tratta di una variazione del *device* precedente. Caricate in una traccia audio due o più *device* a vostra scelta, dopo di che caricate il *device* **vs_API_totalrand**: tutti i *device* presenti verranno controllati.

645

Se aggiungete un nuovo *device* nella traccia, fate clic sul `button` "refresh" del *device* vs_API_totalrand per includere il nuovo *device*.
Come abbiamo detto, questo *device* è molto simile al precedente; vediamo le differenze in figura IE.68.

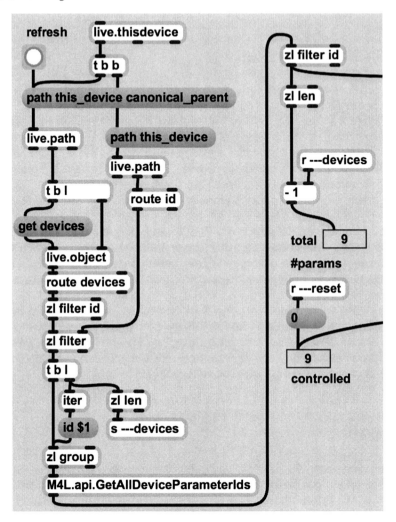

fig. IE.68: *device* vs_API_totalrand, immagine parziale

Il *bang* prodotto dal `live.thisdevice` in alto viene inviato innanzitutto al *message box* [path this_device] che come risultato finale porta alla memorizzazione dell'*id* del *device* vs_API_totalrand all'ingresso destro dell'oggetto [zl filter]: questo ci servirà per evitare che il *device* controlli anche se stesso. Un altro *bang* arriva successivamente al *message box* [path this_device canonical_parent]: attraverso un algoritmo che dovreste essere in grado di analizzare da soli, otteniamo la lista degli *id* di tutti i *device* presenti nella traccia in cui abbiamo caricato il nostro vs_API_totalrand da cui, attraverso l'oggetto [zl filter] eliminiamo l'*id* del *device* API. Successivamente aggiungiamo la stringa *id* davanti ad ogni numero della lista ed inviamo tutto all'*abstraction* `M4L.api.GetAllDeviceParameterIds` che abbiamo già usato nel *device* precedente. Questa *abstraction* quando riceve una lista di *id* di *device* restituisce gli *id* di tutti i parametri di tutti i *device*. Da qui in poi l'algoritmo è uguale a quello del *device* vs_API_autorand.

Notate che al numero totale dei parametri mostrato dal `live.numbox` "total" sottraiamo il numero di *device* presenti, perché per ciascun *device* va tolto il parametro *Device On* dalla lista dei parametri controllabili.

Se inseriamo il *device* vs_API_totalrand all'interno di un *Rack*, solo i *device* che si trovano nella stessa catena all'interno del *Rack* verranno controllati, perché il *parent* del nostro *device* in questo caso non è la traccia, ma la catena contenuta nel *Rack* (che a sua volta è il *parent* del *parent*, cioè il "nonno", mentre la traccia è il "bisnonno").

• •

ATTIVITÀ

- Aggiungete nei *device* va_API_autorand e vs_API_totalrand la possibilità di selezionare il tipo di LFO: sinusoidale, dente di sega, triangolare o casuale.
- Fate una seconda versione dei *device* in cui rendete casuale la scelta del tipo di LFO: ciascun parametro potrà essere controllato da una delle quattro forme d'onda.

• •

LISTA OGGETTI MAX

live.dial
Versione "live" dell'oggetto dial.

live.drop
Oggetto grafico. Riporta il percorso del file che viene trascinato sull'oggetto stesso.

live.menu
Versione "live" dell'oggetto umenu.

live.numbox
Versione "live" dell'oggetto number box.

live.object
Permette l'accesso ad un elemento (oggetto) Live di cui viene fornito il numero di identificazione (*id*).

live.observer
Riporta il valore di un elemento (oggetto) Live di cui viene fornito il numero di identificazione (*id*).

live.path
Assegna un numero di identificazione (*id*) ad un elemento (oggetto) Live di cui si fornisce il percorso.

live.remote~
Modifica il valore di un elemento (oggetto) Live di cui viene fornito il numero di identificazione (*id*).

live.slider
Versione "live" dell'oggetto slider.

live.tab
Oggetto interfaccia che simula una pulsantiera.

live.toggle
Versione "live" dell'oggetto toggle.

pictctrl
Oggetto grafico con il quale è possibile creare pulsanti, interruttori e controlli rotativi (*dial*).

plugin~
All'interno di un *device* riceve il segnale audio.

plugout~
All'interno di un *device* trasmette il segnale audio.

substitute
Sostituisce un determinato simbolo con un altro simbolo nei messaggi in ingresso. Il simbolo da sostituire e il simbolo sostituto sono rispettivamente il primo e il secondo argomento dell'oggetto.

teeth~
Filtro *comb* in cui il *delay* di *feedforward* è regolabile indipendentemente dal *delay* di *feedback*.

LISTA ATTRIBUTI, MESSAGGI E AZIONI PER OGGETTI MAX SPECIFICI

oggetti "live.*"
Annotation (attributo)
Visualizza un testo nella finestra *Info View* quando si passa con il mouse sopra l'oggetto.

Annotation Name (attributo)
Visualizza un testo nella barra del titolo della finestra *Info View* quando si passa con il mouse sopra l'oggetto.

Exponent (attributo)
Determina l'andamento dei valori numerici generati dall'oggetto: logaritmico, lineare, esponenziale.

Initial (attributo)
Imposta un valore iniziale per l'oggetto all'apertura del *device*. Questo valore verrà effettivamente generato solo se l'attributo "Initial Enable" (v.) è attivato.

Initial Enable (attributo)
Abilita l'impostazione di un valore iniziale nell'oggetto all'apertura del *device*.

Link to Scripting Name (attributo)
Serve a rendere identici lo *scripting name* e il *long name* (v.).

Long Name (attributo)
Nome che serve ad indentificare i parametri in Live: nelle automazioni, negli inviluppi delle *clip* e nelle assegnazioni di *controller* MIDI (MIDI *mapping*).

Modulation Mode (attributo)
Determina il tipo di modulazione dei parametri che è possibile realizzare con gli inviluppi delle *clip*.

Parameter Visibility (attributo)
Determina se i parametri possono essere automatizzati e/o memorizzati nei preset Live.

Range/Enum (attributo)
Imposta il minimo e il massimo valore gestito.

Short Name (attributo)
Imposta il nome visualizzato su diversi oggetti "live.*", come ad esempio il **live.dial**.

Steps (attributo)
Determina il numero di valori disponibili tra il minimo e il massimo impostato in "Range/Enum" (v.).

Type (attributo)
Imposta il formato interno dei valori generati dall'oggetto.

Unit Style (attributo)
Specifica la modalità di visualizzazione dei valori

<Max: command-clic> <Win: control-clic> (azione)
Permette la regolazione fine dell'output numerico.

live.dial
Display Style (attributo)
Permette di modificare lo stile grafico dell'oggetto

live.step
Direction (messaggio)
Imposta la direzione di lettura degli *step*.

pattrstorage
Initial Enable (attributo)
Permette all'oggetto **pattrstorage** di memorizzare le sue configurazioni all'interno della *patch* senza bisogno di un file esterno. Si usa quando si vogliono salvare dei preset Max all'interno di un preset Live.

phasor~
lock (attributo)
Mantiene il **phasor~** sincronizzato con il *transport*.

vari oggetti Max
Parameter Mode Enable (attributo)
Permette di utilizzare gli attributi per la gestione dei parametri in M4L anche negli oggetti nn "live.*"

GLOSSARIO

Canonical Path (Live API)
Percorso Canonico: ovvero il percorso principale che serve a raggiungere una determinata Classe (v.), come risulta dal grafico del Live Object Model (v.).

Canonical Relation (Live API)
Relazione Canonica: collegamento principale tra due Classi adiacenti. Nel grafico del Live Object Model (v.) è indicato con una linea spessa. Il *Canonical Path* (v.) è costituito da una serie di *Canonical Relation*.

Child (Live API)
Collegamento che porta da un Classe (v.) ad un'altra Classe secondo la gerarchia illustrata nel Live Object Model (v.).

Classe (Live API)
Modello che rappresenta un insieme di elementi (oggetti) Live. Ad esempio la classe "Track" rappresenta (e permette l'accesso a) tutte le tracce del Live set.

Freeze Button
Pulsante che si trova nella *Toolbar* della finestra contenente la *patch* di un *device*: serve a "congelare" un *device*, creando un "pacchetto" che contiene, oltre al file corrispondente al *device*, i file di tutti gli oggetti non standard contenuti nella *patch*. Il "congelamento" include anche eventuali file audio, immagini, etc. rendendo così il *device* facilmente esportabile.

Funzioni (Live API)
Processi che servono a svolgere azioni specifiche su un'istanza di una Classe (v.).

Istanza (Live API)
Elemento rappresentato da una determinata Classe (v.).

Live API
Insieme di processi che permettono il controllo dell'applicazione Live, delle tracce, delle *clip*, dei *device* e dei *plug-in* contenuti in un Live set. Gli oggetti "live.*" che sfruttano tali processi sono `live.path`, `live.object`, `live.observer` e `live.remote~`.

Live Object Model (Live API)
Rappresentazione gerarchica degli elementi (oggetti) Live.

LOM
Vedi Live Object Model.

Notification (Live API)
Informazione passata da Live ad un *device* API in seguito a un cambiamento avvenuto in un Live set, come ad esempio la selezione di un nuovo parametro. Per utilizzare il messaggio generato da una *notification* all'interno di un *device* è necessario metterlo in coda tramite l'oggetto `deferlow`.

Oggetti Root (Live API)
I punti di partenza fondamentali dei percorsi che individuano un elemento Live. Ci sono 4 oggetti *root*: l'applicazione Live, il Live set, il *device* corrente e le superfici di controllo.

Parameters Window
Finestra che contiene, divisi in colonne, tutti gli attributi della categoria "Parameter" relativi agli oggetti interfaccia presenti nella *patch*.

651

Percorso Assoluto (Live API)
Percorso che individua un elemento
Live partendo da un oggetto *root*.

Proprietà (Live API)
Variabili che definiscono le caratteristiche di un elemento.

Reference (Live API)
Collegamento secondario (non canonico) tra due Classi. Nel grafico del
Live Object Model (v.) è indicato con
una linea sottile. Un percorso che
contenga una o più *Reference* non è
un percorso canonico.

BIBLIOGRAFIA ESSENZIALE

Bergson, H., *Saggio sui dati immediati della coscienza*, Raffaello Cortina Editore, Milano, 2002

Bianchini, R. e Cipriani, A., *Il Suono Virtuale*, ConTempoNet, Roma, 2003 (3a edizione)

Boulanger, R. (ed.). 1999. *The Csound Book. Perspectives in Software Synthesis, Sound Design, Signal Processing and Programming.* Cambridge, MA, MIT Press

Casati, R. e Dokic, J. 1994, *La Philosophie du Son*, Nîmes: Chambon

Chion, M., *L'audiovisione*, Lindau, Torino, 1997

Cipriani A., *"Kontakte* (Elektronische Musik) di K.Stockhausen: genesi, metodi, forma" in *Bollettino G.A.T.M.* anno V, n.1 GATM Univ. Studi Bologna. Bologna: LIM 1998

Cipriani, A. e Giri, M., *Musica Elettronica e Sound Design* Vol. 1, ConTempoNet, Roma, 2009

Cook, P. R., *Music, Cognition, and Computerized Sound.* Cambridge, MA, MIT Press, 1999

Cowan, N., "On the capacity of attention: Its estimation and its role in working memory and cognitive aptitudes" in *Cognitive Psychology*, vol.51, Issue 1, August 2005, pp. 42-100

Dahlhaus, C., *Analisi Musicale e Giudizio Estetico*, Bologna, 1987

Davies, H., "A History of Sampling" in *Organised Sound* 1(1): 3–11 Cambridge University Press, 1996

Dodge, C. e Jerse, T.A., *Computer Music: Synthesis, Composition, and Performance.* 2nd Ed. New York, NY, Schirmer, 2001

Dutilleux, P. and Zolzer, U., "Delays" in *DAFX Digital Audio Effect.* New York: J.Wiley&Sons, 2002

Ehreshman, D. and Wessel, D., *Perception of Timbral Analogies.* Paris: IRCAM, 1978

Emmerson, S., "La relazione tra linguaggio e materiali nella musica elettroacustica" in *Teoria e prassi della musica nell'era dell'informatica*, a cura di A. Di Scipio, Giuseppe Laterza Editore, Bari, 1995.

Garcia-Valenzuela, P., *Temporal Forces in Electroacoustic Music.* Electroacoustic Music Studies Network Proceedings, Beijing. 2006.

Giannattasio, F., *Il Concetto di Musica*, La Nuova Italia Scientifica, Roma, 1992

Grabócz, M. "Survival or Renewal? Structural Imagination in Recent Electroacoustic and Computer Music," in *Organised sound*, 2, 1997, pp.83-95

Grey, J., *An exploration of Musical Timbre.* Doctoral dissertation. Stanford, CA: Stanford University,1975

Izhaki, R., *Mixing Audio* Elsevier, Focal Press, Oxford, UK, 2012

Jaffe, D. and Smith, J., "Extensions of the Karplus-Strong plucked string algorithm" *Computer Music Journal 13(2)*, 1983: pp.48-55

Karplus, K. and Strong, A. "Digital Synthesis of Plucked-String and Drum Timbres", *Computer Music Journal, 7(2)*: 1983, pp.43-45

Katz, B. *Mastering Audio*, Focal Press, Oxford, UK, 2003

Keller, M. S. "La rappresentazione e l'affermazione dell'identità nelle musiche tradizionali e le musiche occidentali" in J. J. Nattiez (ed.) *Enciclopedia della musica, vol.8, L'unità della musica.* Torino, Einaudi, 2005, pp.1116-39.

653

Landone, C., "I supporti informatici per l'audio cinematografico" in *Atti del convegno Audio Engineering Society*, Università La Sapienza, Roma, 2006.

Landy, L., *Understanding the Art of Sound Organization*, London, 2007.

Lerdahl, F., "Timbral Hierarchies" in *Contemporary Music Review* (2) 1, 1987 pp.135-160

Lomax, A., *Folksong, Style and Culture*, Washington, American Association for the Advancement of Sciences, publication n. 68, 1968, p.15

Meyer, L., Cooper, G., *The rhythmic structure of music*. Chicago: University of Chicago, 1960

Postacchini, P.L. "La psicologia della musica per la terapia", in G. Stefani e F. Ferrari (a cura di), *La psicologia della musica in Europa e in Italia*, Clueb, Bologna. Postacchini, PL, Ricciotti, A., e Borghesi, M. 1997

Puckette, M., *Theory and Techniques of Electronic Music*, World Scientific Publishing, 2007

Risset, J.C., "Pitch and rhythm paradoxes: Comments on 'Auditory paradox based on fractal waveform'", The journal of the Acoustical Society of America. 80(3), 1986, pp.961-962.

Roads, C., *Computer Music Tutorial*. Cambridge, MA, MIT Press, 1996

Rocchesso, D., *Introduction to Sound Processing*. Firenze, Mondo Estremo, 2004.

Sciarrino, S., *Le Figure della Musica*, Ricordi, Milano, 1998

Shepard, R., "Circularity in Judgements of Relative Pitch", The journal of the Acoustical Society of America. 36(12), 1964, pp.2346-2353.

Smalley, D., "Spectro-morphology and Strcturing Processes" in *The Language of Electroacoustic Music*, Macmillan, Basingstoke, 1986, pp. 61-93

Smalley, D., "La spettromorfologia: una spiegazione delle forme del suono", in *Musica/Realtà*, n.50/51, ed. LIM, Luglio 1996

Snyder, B., "Memory for Music" in *The Oxford Handbook of Music Psychology* Edited by Susan Hallam, Ian Cross, and Michael Thaut, Oxford University Press, 2008

Stockhausen, K., "L'unità del tempo Musicale" in *AA.VV. La Musica Elettronica* a cura di H.Pousseur, Feltrinelli, Milano, 1976

Truax, B., *Handbook for Acoustic Ecology* CD-ROM. Edition. Cambridge Street Publishing, 1999

Uncini, A., *Audio Digitale*. Milano, McGraw-Hill, 2006

Vaggione, H. "Some Ontological Remarks about Music Composition Processes" in *Computer Music Journal*, Volume 25, Number 1, Spring 2001, pp. 54-61

Vaggione, H., "La composizione musicale e i mezzi informatici: problematiche di approccio" in *Musica e tecnologia domani. Convegno internazionale sulla musica elettroacustica*. Teatro alla Scala 20-21 novembre 1999 a cura di Roberto Favaro, LIM, Bologna, 2002

Varèse, E., "New Instruments and New Music", in E. Schwartz and B. Childs (eds.) *Contemporary Composers on Contemporary Music*. New York: Norton, 1967.

Wessel, D. *Low Dimensional Control of Musical Timbre*, Paris, IRCAM, 1978.

Wishart, T., *Audible design*, Orpheus the Pantomime Ltd, York, 1994

Xenakis, I. "Le trois paraboles", Nutida Musik, Sveriges Radio, Stockholm, 1958/59

Young, J., Forming Form. *In En el límite: Escritos sobre arte, ciencia y tecnología*. Buenos Aires, Departamento de Humanidades y Artes, Universidad Nacional de Lanús, 2010

Young, J., The Interaction of Sound Identities in Electroacoustic Music. *Proceedings of the 2002 International Computer Music Conference.* Göteborg/San Francisco, ICMA, 2002, pp. 342–348.

INDICE ANALITICO

L'indice contiene i riferimenti al volume 1 e al volume 2.
Legenda:
v1: volume 1 - v2: volume 2

! -, v1: 136, 179
! /, v1: 136, 179; v2: 58
! =, v1: 432, 465
$, v1: 166, 183
%, v1: 424, 465, 468; v2: 93
%~, v1: 425, 465
*, v1: 119
*~, v1: 70, 119; v2: 269
+, v1: 131, 119
+~, v1: 70, 119; v2: 269
-, v1: 119
-~, v1: 374, 119
/, v1: 119
/~, v1: 119
; (punto e virgola - uso nel message box), v1: 262, 289
<, v1: 433, 465
<=, v1: 433, 465
==, v1: 433, 465
>, v1: 433, 465
>=, v1: 433, 465
@, v2: 174

A

abs, v1: 498, 520; v2: 266
absolute (average~), v2: 384
abstraction, v1: 149, 183
actions (quickref menu), v1: 65
active (metro), v2: 134, 174
active filter(s) (filtergraph~), v1: 403, 417
ADC - analog to digital converter, v2: 4
adc~, v2: 65, 121, 229
add-on (vedi plug in)
adsr~, v2: 548, 563
after touch di canale, v2: 515, 530
after touch polifonico, v2: 516, 530
algoritmo, v1: 3, 45
algoritmo di Karplus-Strong, v2: 213
alias, v2: 12, 43
aliasing, v2: 10, 14
all notes off, v2: 522, 530

all sound off, v2: 522, 530
allpass~, v2: 257, 283
allpass.module~, v2: 262
ampiezza, v1: 12, 45
ampiezza di picco, v1: 12, 45
ampiezza istantanea, v1: 12, 45
ampiezza normalizzata, v2: 25
andamento esponenziale, v1: 27, 45
andamento lineare, v1: 27, 45
andamento logaritmico, v1: 28, 45
annotation (oggetti "live.*"), v2: 590, 649
annotation name (oggetti "live.*"), v2: 590, 649
append, v1: 96, 119
append (message box), v1: 165, 181
argomenti, v1: 56, 125
argomenti sostituibili, v2: 169, 176
argomenti variabili (vedi $)
argument(s) (bpatcher), v2: 399, 428
armoniche (vedi componenti armoniche)
array, v1: 208
attacco, v1: 24, 45; v2: 292, 297, 310, 324
attack (vedi attacco)
attribute (inspector), v2: 135, 176
attributi, v1: 72
audio card (vedi scheda audio)
audio scrubbing, v2: 41
audio status, v2: 47, 125
auto-completion, v1: 53, 125
auto-increment loop, v2: 43
autoname (autopattr), v2: 395, 428
autopattr, v2: 393, 427
autorestore (pattr, autopattr), v2: 389, 428, 429
autosize to rows & columns (matrixctrl), v2: 143, 174
average~, v2: 331, 384

B

background color (tutti gli oggetti), v2: 384
balance, v2: 180, 221

band limited (vedi oscillatori limitati in banda)
banda critica (riferito ai battimenti), v1: 216
bandpass filter (vedi filtri passa-banda)
bandreject filter (vedi filtri elimina-banda)
bandwidth (vedi larghezza di banda)
bang, v1: 79, 125
bank number, v2: 519, 530
bars/beats/units (valori di tempo relativi),
v2: 136
battimenti, v1: 212, 227
bbu, v2: 136, 176
beat detection, v2: 40
beat slicing (vedi slicing)
bend (midiselect), v2: 544, 565
bendin, v2: 537, 563
bendout, v2: 537, 563
bindto (pattr), v2: 388, 429
bipolar (average~), v2: 384
biquad~, v1: 375, 414; v2: 258, 283
bit, v2: 18
bit rate, v2: 25
bit reduction, v2: 43
blocks technique (vedi tecnica dei blocchi)
boost, v1: 336, 347
bpatcher, v2: 396, 427
bpm, v2: 129, 176
breath controller, v2: 525, 530
buffer, v1: 101, 125; v2: 73
buffer~ object name (waveform~), v2: 123
buffer size (scope~), v1: 72, 124
buffer~, v1: 101, 119, 286; v2: 73
button, v1: 79, 119; v2: 76

C

calccount - sample per pixel (scope~), v1:
72, 124
campionamento, v1: 37, 45
campionatore, v2: 28, 512, 530
canale MIDI, v2: 514, 530
canonical path (Live API), v2: 620, 651
canonical relations (Live API), v2: 620, 651
carry bang (uzi), v2: 163, 175
cascade~, v1: 402, 414
ceiling (nel limiter), v2: 306, 324
cellule fotoelettriche, v2: 525, 530
center frequency (vedi frequenza centrale)
ch (midiselect), v2: 544, 565

change~, v2: 505, 507
chattering (nel gate), v2: 311, 324
child (Live API), v2: 620, 651
children, v2: 620
channel message, v2: 514, 530
channel mode message, v2: 514, 530
channel pressure, v2: 515, 530
channel voice message, v2: 514, 530
chorus, v2: 195, 221
ciclo, v1: 10, 45
circular buffer, v2: 186, 213, 221
classe (Live API), v2: 620, 651
clear (preset), v2: 388, 429
clearall (preset), v2: 388, 429
click~, v1: 393, 404, 414, v2: 107, 253
click-mode (waveform~)
    select
    none
    loop
    move
    draw, v2: 123
client window, v2: 391, 431
clip, v1: 449, 465
clip~, v1: 392, 414
clue window, v1: 64, 125
coefficienti di un filtro, v1: 323, 347
coll, v2: 409, 427
columns (live.grid), v2: 99, 100, 123
comandi tastiera (modalità edit: n, b, t, i,
    f, m, c), v1: 117
comb~, v2: 252, 283
comment (comment box), v1: 70, 119
componenti armoniche, v1: 191, 227
componenti inarmoniche, v1: 191, 227
componenti quasi armoniche, v1: 207, 227
compressione dei dati: v2: 19, 28, 43
compressore, v2: 291, 323, 324
compressori / espansori a soglia temporale,
v2: 324
compressori / espansori multibanda, v2: 324
compressori / espansori multizona, v2: 324
compressori multi-banda, v2: 304
controfase (vedi in controfase)
control change, v2: 514, 530
controller di tipo strumentale, v2: 526, 530
controller manuali semplici, v2: 531
conversione analogico/digitale, v1: 37, 45;
v2: 3, 4, 15

conversione digitale/analogico, v1: 37, 45; v2: 3, 4, 15

convertitore, v1: 37, 45

coseno, v1: 192

cosinusoide, v1: 19, 47

costanza (vedi sustain)

counter, v1: 441, 465; v2: 87

cross~, v2: 239, 283

crossfade loop, v2: 29

crossover, v2: 184

ctl (midiselect), v2: 544, 565

ctlin, v2: 537, 563

ctlout, v2: 537, 563

curva esponenziale, v1: 31, 45

curva logaritmica, v1: 31, 45

curve di attenuazione, v1: 299, 347

curve isofone, v1: 16, 45

curve parameter o fattore di curvatura (curve~), v1: 89, 124

curve~, v1: 89, 119; v2: 117, 270

cut, v1: 336, 347

cutoff frequency (vedi frequenza di taglio)

cycle~, v1: 56, 120; v2: 51, 245

D

DAC - digital to analog converter, v2: 4

dac~, v1: 69, 120; v2: 47, 64

data byte, v2: 514, 531

dB SPL, v1: 14, 46

dbtoa, v1: 95, 120; v2: 106

dc offset, v2: 32, 86, 181

dc offset (per LFO), v1: 473, 487

ddg.mono, v2: 561, 563

decadimento (vedi decay)

decay, v1: 24, 46

decibel (dB) (vedi dB SPL)

decimazione: v2: 25, 57

deferlow, v2: 120, 121

degrade~, v2: 54, 121

delay, v2: 277, 283

delay compensation, v2: 346, 361

delay del LFO, v1: 477, 487

delay time, v2: 179, 200, 221

delay~, v1: 392, 414; v2: 227, 283

depth, v1: 471, 487; v2: 191, 209

detuning, v1: 386

de-esser, v2: 305, 324

dial, v1: 385, 414; v2: 270

digitalizzazione (vedi conversione analogico/digitale)

direction (live.step), v2: 612, 650

direction o display directions panel (live.grid), v2: 99, 100, 123

directions panel (live.grid), v2: 99, 100, 123

display style (live.dial), v2: 598, 650

dissolvenza incrociata di tabelle (vedi sintesi vettoriale)

distorsione (distorsione armonica), v2: 18, 43

distribuzione stereofonica, v2: 31

dither, v2: 24, 43

dithering, v2: 25, 43, 56

dominio del tempo, v1: 187, 227

dominio della frequenza, v1: 188, 227

downsamp~, v2: 493, 507

downsampling, v2: 6

downward compression, v2: 293, 324

downward expander, v2: 361

downward expansion, v2: 308, 324

drunk, v1: 153, 179

dry, v2: 180, 221

DSP, v1: 6, 46

dspstate~, v1: 449, 465; v2: 61, 121

ducker, v2: 369

ducker adattivi, v2: 318, 324, 371

ducking, v2: 317, 367, 369

duration (makenote), v2: 134, 174

duty cycle, v1: 21, 46

E

eco, v2: 179, 221

edge~, v2: 372, 383, 506, 553, 563

edit mode, v1: 56, 125

editing, v2: 28

elaborazione del suono, v1: 3, 46

embed (coll), v2: 411, 428

embed patcher in parent (bpatcher), v2: 399, 428

encapsulate, v1: 147, 181

env depth, v1: 385

envelope (vedi inviluppo)

envelope follower, v2: 289, 323, 324, 331

envelope shaper, v2: 290, 324

equalizzatori grafici, v1: 335, 347

equalizzatori parametrici, v1: 338, 347
equalizzatori semi-parametrici, v1: 339, 347
errore di quantizzazione, v2: 20, 43
espansore, v2: 308, 325
estinzione (vedi release)
estremi di banda, v1: 301, 347
expander, v2: 524, 531
exponent (oggetti "live.*"), v2: 579, 649
expr, v1: 446, 465
external side-chain processing, v2: 316
ezdac~, v1: 55, 120

F

fase, v1: 12, 46
fase, v1: in (vedi in fase)
fase normalizzata, v1: 193
fattore di curvatura, v1: 89, 124
fattore di risonanza (vedi fattore Q)
fattore Q, v1: 306, 347; v2: 210
feedback, v1: 320, 347; v2: 180, 193, 200, 209, 221
feedback controllato in dinamica, v2: 325
feedforward, v1: 320, 347; v2: 221
fetch (messaggio per multislider), v1: 441, 467
fffb~, v1: 398, 414; v2: 223
file browser, v1: 98, 125
file preferences, v1: 75, 125
filter type (**filtergraph~**), v1: 403, 417
filtercoeff~, v1: 377, 414
filtergraph~, v1: 375, 414
filters (vedi filtri)
filtri, v1: 293, 347
Filtri allpass (Filtro passa tutto), v2: 201, 204, 221
filtri allpass del secondo ordine, v2: 204
filtri del primo ordine, v1: 308, 347
filtri del secondo ordine, v1: 310, 347
filtri del secondo ordine risonanti (vedi anche filtri risonanti), v1: 311
filtri di Butterworth, v1: 310, 347; v2: 56
filtri elimina-banda, v1: 304, 348
filtri FIR, v1: 320, 348
filtri high shelving, v1: 336, 348
filtri IIR, v1: 320, 348
filtri in parallelo, v1: 328, 348
filtri in serie, v1: 313, 348

filtri low shelving, v1: 336, 348
filtri non ricorsivi (vedi filtri FIR)
filtri notch,348
filtri passa-alto, v1: 301, 348
filtri passa-banda, v1: 301, 348
filtri passa-basso, v1: 298, 348
filtri peak, v1: 348
filtri peak/notch, v1: 336, 348
filtri ricorsivi (vedi filtri IIR)
filtri risonanti, v1: 348
filtro anti-aliasing, v2: 6, 43
filtro comb, v2: 197, 221
filtro di ricostruzione, v2: 17
finestra Max, v1: 59, 125
finger trigger, v2: 527, 531
finite impulse response (vedi filtri FIR)
fixed time values, v2: 136, 176
flanger, v2: 187, 221
flanging, v2: 187
float, v1: 137, 179
flonum (o float number box), v1: 68, 120; v2: 67
floor, v2: 312, 325
flush (**kslider**), v2: 541, 565
foldover, v2: 6, 14, 27, 43, 51
fondamentale, v1: 191, 207, 227
fondamentale apparente, v1: 202, 227
fondamentale mancante (vedi fondamentale apparente)
foot controller (vedi pedaliera di controllo MIDI)
forma d'onda, v1: 18, 46
forma d'onda complessa (vedi suono complesso)
forward, v2: 420, 427
freeze attribute, v1: 370, 417
freeze button (Live API), v2: 591, 651
freqsmooth, v1: 268, 288
frequency (valore di tempo assoluto), v2: 136
frequency domain (vedi frequenza, dominio della)
frequency response (vedi risposta in frequenza)
frequenza, v1: 8, 46
frequenza banda di, v1: 204
frequenza centrale, v1: 302, 349
frequenza di campionamento, v1: 37, 46; v2: 5
frequenza di centro banda (vedi frequenza centrale)

frequenza di Nyquistn, v2: 6, 14, 43
frequenza di taglio, v1: 299, 349
frequenza di turnover, v2: 204, 221
frequenza fantasma (vedi fondamentale
   apparente)
frequenza gamma di (vedi frequenza
   banda di)
function, v1: 84, 120; v2: 77
funzioni (Live API), v2: 623, 651

G

gain~, v1: 53, 120; v2: 66, 67
gain attenuation, v2: 325
gain expansion meter, v2: 325
gain reduction meter, v2: 299, 310, 325
gamma dinamica (o dynamic range), v2:
   18, 23, 43, 289, 325
gate, v1: 432, 465; v2: 114
gate (o noise gate), v2: 311, 325
gate adattivi, v2: 317, 325
gate sequencer (vedi slicing), v2: 40, 317,
   319, 325
gate~, v1: 432, 465; v2: 56, 121
generatori di campioni pseudocasuali
   con filtro, v1: 297, 349
generatori di campioni pseudocasuali
   con interpolazione, v1: 296, 349
generatori di campioni pseudocasuali
   semplici, v1: 295, 349
generatori pseudocasuali, v1: 295
gesto (gesture), v2: 475
getnamed (**sfinfo~**), v2: 69, 123
glissando, v1: 29, 46
glissando infinito (vedi Shepard tone)
global transport, v2: 132, 176
goto (**coll**), v2: 414, 428
graphic equalizers (vedi equalizzatori grafici)
grid, v1: 67, 125
groove~, v1: 101, 120; v2: 77, 121

H

hard sync, v1: 319, 349
help menu, v1: 62, 125
help patch, v1: 63
hi domain display value (**function**), v1:
   86, 124

hide on lock, v1: 67, 125
high shelf (vedi filtri high shelving)
highpass filter (vedi filtri passa-alto)
hint, v1: 97, 126
hours/minutes/seconds (valore di tempo
   assoluto), v2: 136

I

IDM (intelligent dance music), v2: 479
ignore click (vari oggetti), v2: 247, 285
impulse response (vedi risposta all'impulso)
impulso unitario, v1: 339, 349
impulso (approssimazione), v1: 201
in, v2: 149, 172, 276
in~, v2: 149, 172, 276
in controfase, v1: 196, 227
in fase, v1: 212, 227
infinite impulse response (vedi filtri IIR)
info~, v2: 121
ingressi caldi, v1: 132
ingressi freddi, v1: 132
initial (oggetti "live.*"), v2: 579, 649
initial enable (oggetti "live.*"), v2: 579, 649
initial enable (**pattstorage**), v2: 591
inlet (ingresso), v1: 53, 126
inlet (oggetto), v1: 144, 179
inspector, v1: 72, 126; v2: 77
int, v1: 137, 179
intensità, v1: 40, 46
interfaccia MIDI, v2: 511, 531
interferenza costruttiva, v1: 190, 227
interferenza distruttiva, v1: 190, 227
interpolazione, v1: 209
interpolazione lineare, v1: 209
interval (**metro**), v2: 132, 174
intervallo di quantizzazione, v2: 24
inviluppo, v1: 24, 46
inviluppo spettrale, v1: 198, 227
ioscbank~, v1: 267, 286
istanza (Live API), v2: 620, 651
istanza (**poly~**), v2: 148, 176
isteresi (hysteresis), v2: 311, 325
iter, v1: 438, 466

J

joystick, v2: 525, 531

K

key follow, v1: 317, 349
key input (o external key input), v2: 316, 325
key number, v2: 513, 531
key pedalboard, v2: 512, 531
key velocity, v2: 512, 533
knee (curvatura), v2: 296, 309, 326
knee (hard), v2: 306
knee (soft), v2: 306
kslider (attributi dell'inspector)
  - display mode
  - monophonic
  - polyphonic, v1: 422, 467
`kslider` (o keyboard slider), v1: 94, 120; v2: 85

L

larghezza di banda, v1: 302, 306, 349
legato (`adsr~`), v2: 561, 565
legatomode (`ddg.mono`), v2: 561, 565
`levelmeter~`, v1: 95, 120; v2: 66
LFO (low frequency oscillator) o oscillatore
  a bassa frequenza, v1: 471, 487; v2: 65
libreria virtual sound macros, v1: 75, 126
`line~`, v1: 79, 120; v2: 51, 243
limiter, v2: 306, 323, 326
linea di ritardo, v1: 323
linear arithmetic synthesis (vedi sintesi
  vettoriale)
link, v2: 194
link to scripting name (oggetti "live.*"),
v2: 580, 649
lista, v1: 78, 126
`listfunnel`, v1: 276, 286
Live API, v2: 613, 651
live normalizer, v2: 308
Live Object Model (Live API), v2: 618, 651
live slicer, v2: 326
`live.dial`, v2: 574, 648
`live.drop`, v2: 602, 648
`live.gain~`, v2: 349, 383
`live.grid`, v2: 96, 121
`live.menu`, v2: 584, 648
`live.numbox`, v2: 578, 648
`live.object`, v2: 616, 648

`live.observer`, v2: 617, 648
`live.path`, v2: 614, 648
`live.remote~`, v2: 617, 648
`live.slider`, v2: 585, 648
`live.step`, v2: 137, 172, 234
`live.tab`, v2: 596, 648
`live.toggle`, v2: 612, 648
livelli di quantizzazione, v2: 24
lo & hi display range (`scope~`), v1: 72, 124
lo and hi display range (y-axis)
  (`function`), v1: 168, 181
lo-fi, v2: 26
`loadbang`, v1: 102, 121; v2: 70
`loadmess`, v1: 258, 286
local control, v2: 523, 531
lock (`phasor`), v2: 585, 650
LOM (vedi Live Object Model)
long name (oggetti "live.*"), v2: 580, 649
look-ahead, v2: 306
loop (`sfplay~`), v1: 98, 124; v2: 68
loop, v2: 186, 221
loop di dati, v1: 440, 468
loop multipli, v2: 187, 221
loop ruler (`live.step`), v2: 138, 174
loop time, v2: 200, 221
looping, v2: 30
low shelf (vedi filtri low shelving)
lowpass filter (vedi filtri passa-basso)
lunghezza d'onda, v1: 191

M

magsmooth, v1: 268, 288
`makenote`, v1: 422, 466; v2: 280
mascheratura, v1: 223, 228
master clock, v2: 129
master keyboard, v2: 512, 531
matrice di modulazione (vedi `matrix~`)
`matrix~`, v1: 505, 520
`matrixctrl`, v1: 505, 520; v2: 143, 172
matrixctrl (attributi dell'inspector):
  -behaviour
  -numbers of columns
  -numbers of rows
  -one non-zero cell per row, v1: 506, 521
matrixmode (`live.grid`), v2: 99, 100, 123

Max help, v1: 62, 126
maximum, v2: 71
maximum~, v2: 343, 383
maximum (flonum), v2: 231, 285
menu items (umenu), v1: 371, 417
message (message box), v1: 68, 121; v2: 51
messages (quickref menu), v1: 65
messaggi di modo (vedi channel mode
    message)
messaggi di voce (vedi channel voice
    message)
messaggio (Max), v1: 105, 126
messaggio di canale (vedi channel message)
messaggio di sistema (vedi system
    message)
meter~, v2: 66, 121
metro, v1: 142, 179; v2: 71
MIDI, v1: 92, 421
MIDI active sensing, v2: 524, 531
MIDI clock, v2: 523, 531
MIDI continue, v2: 524, 531
MIDI data glove, v2: 527, 531
MIDI interface card (vedi interfaccia MIDI)
MIDI in, v2: 511
MIDI in, out, thru, v2: 529, 531
MIDI keyboard controller, v2: 512, 531
MIDI message, v2: 514, 531
MIDI out, v2: 511
MIDI setup, v2: 537
MIDI sound module, v2: 531
MIDI start, v2: 523, 531
MIDI stop, v2: 524, 531
MIDI system reset, v2: 524, 532
midiformat, v2: 544, 563
midiin, v2: 542, 563
midiout, v2: 542, 563
midiparse, v2: 543, 563
midiselect, v2: 543, 563
milliseconds (valore di tempo assoluto),
    v2: 136
minimum, v2: 72
minimum (flonum), v2: 231, 285
mixer MIDI, v2: 525, 532
mode (ddg.mono), v2: 561, 565
modulation mode (oggetti "live.*"), v2:
    583, 649
modulation wheel, v2: 532
modulo (vedi %, v1: %~)

mono, v2: 522
mono mode, v2: 532
motion tracking, v2: 527, 532
movimenti centripeti o centrifughi, v2: 467
movimenti complessi, v2: 438, 448, 451, 489
movimenti composti, v2: 438, 448, 464,
    467, 468, 489
movimenti opposti (vedi anche Shepard Tone),
    v2: 465
movimenti oscillatori, v2: 446, 448, 464,
    466, 489
movimenti piani, v2: 442, 448, 449, 489
movimenti reciproci, v2: 445, 448, 489
movimenti reciproci asimmetrici, v2: 445,
    448, 489
movimenti reciproci simmetrici, v2: 446,
    448, 489
movimenti semplici, v2: 438, 440, 448, 489
movimenti unidirezionali, v2: 440, 451,
    454, 489
mstosamps~, v1: 270, 286; v2: 228
mtof, v1: 92, 121; v2: 64
mtof~, v1: 94, 121
multiband-multitap delay, v2: 184
multicampionamento, v2: 28
multislider, v1: 163, 179; v2: 105
multislider (attributi dell'inspector):
    -integer
    -number of sliders
    -range
    -sliders output value, v1: 164, 181
multitap delay, v2: 183, 222
mute (poly~), v2: 175
mute (thispoly~), v2: 152

N

name (sfplay~), v2: 123
next (coll), v2: 414, 428
next (function), v2: 554, 565
noise~, v1: 356, 414; v2: 55, 274
non-real time (vedi tempo differito)
normalizzazione dei suoni campionati, v2: 31
note (midiselect), v2: 544, 565
note (poly~), v2: 155, 176
note-off, v1: 422, 468; v2: 512, 532
note-on, v1: 422, 468; v2: 512, 532
noteout, v1: 421, 466

note values (valori di tempo relativi), v2: 136
notification (Live API), v2: 625, 651
number (number box), v1: 65, 121; v2: 58
number of columns (**matrixctrl**), v2: 143, 174
number of rows (**matrixctrl**), v2: 143, 174
number of items (**radiogroup**), v1: 384, 417
number~, v1: 57, 121
numero di voci, v2: 197

O

object box, v1: 52, 121
object list, v1: 52, 126
octave stacking, v2: 459
offline (vedi tempo differito)
offset, v1: 427, 468
oggetto root (Live API), v2: 614, 651
omni (on/off), v2: 522, 532
omx.4band~, v2: 341
omx.5band~, v2: 341
omx.comp~, v2: 341
omx.peaklim~, v2: 341
onda a dente di sega, v1: 20, 74
onda a dente di sega (approssimazione), v1: 199
onda periodica, v1: 10, 198, 228
onda quadra, v1: 20, 76
onda quadra (approssimazione), v1: 200
onda sinusoidale, v1: 20, 56
onda triangolare, v1: 20, 76
onda triangolare (approssimazione), v1: 201
onde bipolari, v1: 21, 46
onde unipolari, v1: 21, 46
one non-zero cell per row (**matrixctrl**), v2: 143, 174
onepole~, v1: 373, 414; v2: 336
opacity (tutti gli oggetti), v2: 365, 384
open (**sfinfo~**), v2: 69, 123
open (**sfplay~**), v1: 97, 100, 124
open in presentation, v1: 88, 124
operatore modulo (vedi %, v1: %~)
operatori aritmetici, v1: 119
operatori binari, v1: 131
   (vedi anche *, *~, +, +~, -, -~, /, /~)
operatori matematici (vedi operatori aritmetici)

operatori relazionali
   (vedi !=, >, >=, ==, <, <=)
operazioni ricorsive, v1: 425, 468
oscbank~, v1: 267, 286
oscillatore, v1: 18, 47
oscillatore di controllo, v1: 471, 487
oscillatori digitali, v1: 208
oscillatori limitati in banda, v1: 77, 297, 126
oscillatori non limitati in banda, v1: 77
out, v2: 149, 172
out~, v2: 149, 172
outlet (oggetto), v1: 145, 179
outlet (uscita), v1: 53, 126
output gain (o gain makeup), v2: 299, 310, 326
output mode (**function**), v2: 556, 565
oversampling, v2: 6

P

p (vedi patcher)
pack, v1: 160, 179; v2: 71
pad MIDI, v2: 532
pak, v1: 259, 286; v2: 255, 279
palette, v1: 51, 126
palette (pulsanti):
   -all
   -recent
   -basic
   -sliders
   -buttons
   -interface
   -data
   -jitter audio
   -images, v1: 65, 66
panel, v1: 108, 121
panel (attributi dell'inspector):
   -border color
   -border size
   -filling mode
   -gradient color
   -interior color
   -patching rectangle
   -send to back, v1: 108
panning, v1: 39, 47
panning multicanale, v1: 483, 487
parallel compression, v2: 306, 316, 326

parameter mode enable (vari oggetti live), v2: 587, 650
parameter visibility (oggetti "live.*"), v2: 582, 649
parameters window (Live API), v2: 580, 651
parametri di un filtro, v1: 316, 349
parametric equalizers (vedi equalizzatori parametrici)
parent (pattr), v2: 392, 429
parziali (vedi componenti)
patch, v1: 51, 126
patch cords, v1: 51, 126
patcher, v1: 144, 179
patcherargs, v2: 404, 427
patcher file (bpatcher), v2: 397, 428
patcher inspector, v1: 73, 126
patcher window, v1: 51, 126
pattr, v2: 388, 427
pattrstorage, v2: 390, 427, 500
pattrstorage (preset), v2: 395, 429
pedale di sustain, v2: 532
pedaliera di controllo, v2: 526, 532
peek~, v1: 453, 466
percorso assoluto (Live API), v2: 614, 652
percorso canonico, v2: 620
percorso di ricerca, v1: 76
performance mode, v1: 56, 126
periodo, v1: 10, 47
periodo di campionamento, v2: 5
pgm (midiselect), v2: 544, 565
pgmin, v2: 537, 563
pgmout, v2: 537, 563
phase lag, v2: 207, 222
phase shifting (o phasing), v2: 206, 222
phasing (vedi phase shifting)
phasor~, v1: 74, 121; v2: 51
phon, v1: 17, 47
pictctrl, v2: 607, 648
pictslider, v1: 255, 286
ping-pong delay, v2: 185, 222
pink noise (vedi rumore rosa)
pink~, v1: 356, 415
pipe, v2: 278, 283
pitch, v1: 482, 487
pitch bend wheel, v2: 513, 532
pitch shift, v2: 210, 222
play~, v2: 110, 121
plug-in (o add-on), v1: 339, 349, v2: 28

plugin~, v2: 574, 648
plugout~, v2: 574, 648
poliritmie, v2: 483
poly (midiselect), v2: 544, 565
poly mode, v2: 522, 532
poly~, v2: 148, 172
polyphonic key pressure, v2: 516, 530
portamento, v2: 489
potenza, v1: 40, 47
pow, v1: 446, 466; v2: 55
ppq, v2: 136
preload (sfplay~), v2: 123
prepend, v1: 162, 180
prepend (message box), v1: 165, 181; v2: 71
presentation mode, v1: 88, 126
preset, v1: 87, 121; v2: 85
prev (coll), v2: 414, 428
Principio di:
    complementarietà (common fate),
    continuità,
    prossimità,
    simmetria,
    similarità, v2: 474, 475
print, v1: 78, 121; v2: 229
processori di dinamica, v2: 289, 323, 326
program change, v2: 513, 532
proprietà (Live API), v2: 616, 652
protocollo, v2: 43
protocollo MIDI, v2: 511, 532
pulse width (vedi duty cycle)
pulse width modulation, v1: 478, 487
punto di cue (o skiptime), v2: 30
punto e virgola (vedi ;)
pvar, v1: 382, 415; v2: 345

Q

quality factor (vedi fattore Q)
quantize (metro), 140, 174
quantizzazione, v2: 20, 27, 43
quickref menu, v1: 64, 127

R

r (vedi oggetto receive)
radiogroup, v1: 383, 415
ramp (delay~), v2: 272, 285
rampsmooth~, v1: 512, 520; v2: 337, 383

rand~, v1: 357, 415; v2: 77, 249
random, v1: 137, 154, 180
random scrubber, v2: 41
range/enum (oggetti "live.*"), v2: 575, 650
rapporto segnale-rumore, v2: 18, 43
rate (vedi frequenza di campionamento)
rate (del LFO), v1: 471, 487
ratio (rapporto), v2: 292, 294, 309, 326
read (buffer~), v1: 239, 288
read (pattrstorage.), v2: 395, 429
read pointer, v2: 185, 222
real-time (vedi tempo reale)
recall (pattrstorage), v2: 390, 429
receive, v1: 170, 180
reconstruction filter (vedi filtro di ricostruzione)
rect~, v1: 77, 122; v2: 62, 260
redo, v1: 62
refer (table), v2: 409 , 430
references (Live API), v2: 620, 652
regioni di quantizzazione, v2: 22
relazioni canoniche (vedi canonical relations)
release, v1: 24, 47
release (estinzione), v2: 292, 298, 310, 326
release loop, v2: 30
renumber (coll), v2: 414, 428
repeat mode (makenote), v2: 281, 285
replace (buffer~), v1: 101, 124
replaceable arguments, v2: 169, 176
reset all controllers, v2: 522, 532
reson~, v1: 365, 415
retrigger (adsr~), v2: 551, 565
reverse, v2: 31, 211, 222
ricevitore, v2: 44
ricorsione (vedi operazioni ricorsive)
riduzione dei bit, v2: 27
ringing, v1: 307, 349
risonanza (nei filtri), v1: 339, 350
risposta all'impulso, v1: 342, 350
risposta in frequenza, v1: 342, 350; v2: 18
RMS (ampiezza efficace), v2: 18
RMS (average~), v2: 384
roll-off (vedi curve di attenuazione)
round~, v2: 494, 507
route, v2: 403, 427
router, v2: 142, 172
rows (live.grid), v2: 99, 100, 123
rslider, v2: 352, 383
rumore bianco, v1: 293, 350

rumore di quantizzazione, v2: 18, 23, 44
rumore rosa, v1: 294, 350

S

s (vedi oggetto send)
sah~, v2: 63, 121
sample and hold, v1: 378, 481, 487; v2: 13
sample rate (vedi frequenza di campionamento)
sampler (vedi campionatore)
samples (valore di tempo assoluto), v2: 136
sampling-rate ratio, v2: 58
sampstoms~, v1: 270, 286
save data with patcher (table), v2: 408
, 430
savemode, (pattstorage), v2: 391,
429
saw~, v1: 77, 122; v2: 53
scala a temperamento equabile, v1: 36
scala cromatica temperata, v1: 34
scale, v1: 450, 466
scale~, v2: 64, 383
scheda audio, v1: 4, 47; v2: 18, 27
scheduler in overdrive, v2: 48
scope~ (signal scope), v1: 57, 122; v2:
66, 372
scripting name (in relazione a pvar), v1:
383, 417
scripting name (pattr), v2: 388, 429
scrubbing, v2: 110
search path (vedi percorso di ricerca)
seek (sfplay~), v2: 123
segmented patch cords, v1: 66, 127
segnale (MSP), v1: 105, 127
segnale analogico, v2: 3
segnale digitale, v2: 3
segnali di controllo, v1: 471, 487
sel (vedi select)
select, v1: 435, 466; v2: 88
selector~, v1: 73, 122; v2: 56, 249
send, v1: 170, 180
send (forward), v2: 420, 428
seno, v1: 192
sensore MIDI, v2: 533
sequencer, v2: 533
sequenze di movimenti, v2: 438, 448, 489
set, v1: 240, 289
set (message box), v1: 165, 181

set (waveform~), v1: 240, 288
setdomain (function), v1: 168, 181; v2: 77
setrange (function), v1: 259, 362, 288; v2: 77
setting (inspector), v2: 135, 176
sfinfo~, v2: 69, 121
sfplay~, v1: 97, 122; v2: 55, 67
sfrecord~, v1: 100, 122; v2: 66
shelf point, v1: 336, 350
Shepard tone, v1: 221, 456, 228; v2: 465
short name (oggetti "live.*"), v2: 579, 650
show on lock, v1: 67, 126
side-chain: v2: 301, 310, 326, 367
side-chain esterno, v2: 316
sig~, v1: 102, 122, 286; v2: 64, 122
signal processing (vedi elaborazione del suono)
sintesi additiva, v1: 189
sintesi additiva a spettro armonico, v1: 197, 233, 265
sintesi additiva a spettro fisso, v1: 187, 211, 233, 228
sintesi additiva a spettro variabile, v1: 223, 257, 228
sintesi del suono, v1: 3, 47
sintesi in tempo differito, v1: 4, 47
sintesi in tempo reale, v1: 4, 47
sintesi sottrattiva, v1: 293, 316, 350
sintesi tabellare (o wavetable synthesis), v1: 212, 228
sintesi vettoriale, v1: 221, 228
sintetizzatore, v2: 512, 533
sintetizzatore a sintesi sottrattiva, v1: 317, 350
sinusoide, v1: 18, 47
sistema DSP, v1: 6, 47
sistemi di campionamento (sampling), v2: 6
sistemi o supporti digitali, v2: 18
sistemi o supporti non digitali, v2: 18
size (messaggio per multislider), v1: 242, 467
sizeinsamps (messaggio per buffer~), v1: 453, 467
slapback delay, v2: 182, 222
slicing, v2: 39, 40
slide~, v2: 337, 383
slider, v1: 103, 122
slope (nei filtri shelving), v1: 338
slope (pendenza), v2: 292, 326

snap to grid, v1: 66
snapshot~, v1: 273, 286; v2: 65, 112
soglia del dolore, v1: 12, 47
soglia inferiore di udibilità ,12, 47
sonogramma o spettrogramma, v1: 189, 228
sort (coll), v2: 414, 428
sound synthesis (vedi sintesi del suono)
spazializzazione, v1: 487
spectroscope~, v1: 355, 415; v2: 51
speed (o rate), v2: 194
speed (sfplay~), v1: 98, 181
speedlim, v2: 373
spettro armonico, v1: 197
spettro non armonico o inarmonico, v1: 197
spettro sonoro, v1: 187, 228
spettro variabile (vedi sintesi additiva a spettro variabile)
spettromorfologia, v2: 489
split, v2: 550, 564
sqrt, v1: 104, 122
standard MIDI file, v2: 533
startwindow / stop, v1: 69; v2: 55
status byte, v2: 514, 533
steal (poly~), v2: 551, 565
step (drunk), v1: 156, 182
step sequencer, v2: 137, 176
steps (oggetti "live.*"), v2: 576, 650
stop bit, v2: 533
store (preset), v2: 388, 430
stripnote, v2: 559, 564
stuttering, v2: 40
subpatch, v1: 144, 183; v2: 56
substitute, v2: 635, 649
subsynth.filter~, v1: 391
subsynth.oscil~, v1: 386
subtractive synthesis (vedi sintesi sottrattiva)
suono aperiodico, v1: 206, 228
suono armonico, v1: 191, 197, 206, 266
suono complesso, v1: 187, 191, 228
suono inarmonico, v1: 191, 204, 205, 206, 245, 266
suono periodico, v1: 206, 228
suono puro (vedi sinusoide)
superfici di controllo, v2: 525, 533
sustain, v1: 24, 47
sustain loop, v2: 30
sustain point (function), v2: 554, 565
swap, v2: 103, 122

sweeping, v1: 344, 350
switch, v1: 432, 466
synthesizer (vedi sintetizzatore a sintesi sottrattiva)
sysex message, v2: 523, 533
system common message, v2: 523, 533
system exclusive message, v2: 523, 533
system real time message, v2: 523, 533

T

t (vedi oggetto trigger)
tabella, v1: 208, 228
table, v2: 407, 427
table range (table), v2: 408 , 430
table size (table), v2: 408 , 430
tap.module~, v2: 241
tape delay, v2: 182
tapconnect (tapin~), v2: 229, 285
tapin~ , v2: 228, 283
tapout~ , v2: 228, 283
target (poly~), v2: 148, 175
tasso di campionamento (vedi sample rate)
tastiera MIDI, v2: 533
tecnica dei blocchi, v2: 33
teeth~, v2: 571, 649
tempo (transport), v2: 129, 175
tempo differito (vedi anche sintesi in tempo differito), v1: 47
tempo reale (vedi anche sintesi in tempo reale), v1: 47
tempo-relative time values, v2: 136, 176
teorema di Fourier, v1: 225, 228
teorema di Nyquist (teorema del campionamento), v2: 5, 10, 27
tessitura (texture), v2: 476
theremin, v1: 495, 522
thispoly~, v2: 152, 172
thresh~, v2: 362, 383
threshold (soglia), 292, 294, 309, 326
ticks (valore di tempo relativo), v2: 136
tilde [~], v1: 53, 105
timbro, v1: 17
timepoint, v2: 423, 427
time domain (vedi dominio del tempo)
timer, v2: 130, 713
type (oggetti "live.*"), v2: 575, 650
toggle, v1: 97, 122; v2: 56

touch (midiselect), v2: 544, 565
touchin, v2: 537, 564
touchout, v2: 537, 564
transient (vedi transiente)
transiente, v1: 307, 350
transitorio di attacco, v1: 24
transitorio di estinzione, v1: 24
translate, v2: 144, 173
translate~, v2: 144
transport, v2: 129, 173
trapezoid~, v2: 81, 122
trasmettitore, v2: 44
tremolo, v1: 476, 487
tri~, v1: 77, 122
triangle~, v1: 76, 122; v2: 81, 260
trigger, v1: 156, 180; v2: 70
trigger (argomenti):
  -b
  -f
  -i
  -l
  -s, v1: 159, 182
trigger MIDI, v2: 526, 533
triggering gate, v2: 319, 326, 372

U

umenu, v1: 371, 415; v2: 92
undershoot, v2: 309
undo, v1: 62,
unfreeze attribute, v1: 370, 417
unit ruler (live.step), v2: 138, 174
unit style (oggetti "live.*"), v2: 575, 650
unpack, v1: 160, 180; v2: 88
upward compression, v2: 293, 313, 326, 366
upward expansion, v2: 312, 326, 366
user interface object (ui object), v1: 54
uzi, v1: 170, 180; v2: 71

V

valori di tempo assoluti, v2: 136
valori di tempo relativi, v2: 136
vca (voltage controlled amplitude), v1: 317, 350
vcf (voltage controlled filter), v1: 317, 350
vco (voltage controlled oscillator), v1: 317, 350
vector synthesis (vedi sintesi vettoriale)

velocity, v1: 108, 421, 422, 468; v2: 533
vettore (vedi tabella), v1: 108, 422
vibrato, v1: 474, 487
voltage controlled amplitude (vedi vca)
voltage controlled filter (vedi vcf)
voltage controlled oscillator (vedi vco)
vs.%, v2: 93
vs (poly~), v2: 275, 285
vs.2ndorder~, v2: 334, 383
vs.allpass~, v2: 258
vs.allpass2~, v2: 258, 283
vs.balance~, v2: 341, 383
vs.balance2~, v2: 341, 384
vs.bandpass~, v1: 397, 415
vs.between, v1: 152, 154, 180; v2: 79
vs.block, v2: 91, 122
vs.brickwall, v2: 122
vs.brickwall~, v2: 62
vs.buf.gen10, 242, 286; v2: 53
vs.butterbp~, v2: 233
vs.butterbpbw~, v1: 361, 415
vs.butterbrbw~, v1: 361, 415
vs.butterhp~, v1: 360, 415; v2: 232, 248
vs.butterlp~, v1: 360, 415; v2: 53, 232, 248
vs.butterlpc, v1: 395, 416
vs.choose, v1: 396, 416
vs.click~, v1: 406, 416; v2: 122
vs.comb~, v2: 254, 284
vs.dbgain~, v2: 368, 383
vs.dcblock~, v2: 256, 284, 381
vs.divmetro, v2: 377
vs.dust~, v1: 406, 416
vs.even-odd, v1: 244
vs.explist, v1: 276, 287; v2: 236, 284
vs.highpass~, v1: 380, 416
vs.highpass1~, v1: 374, 416
vs.kpan~, v2: 167, 173
vs.kscale~, v1: 451, 466
vs.line, v1: 361, 416; v2: 90
vs.lowpass~, v1: 367, 416
vs.multibang, v2: 106, 122
vs.pan~, v1: 492, 520; v2: 237, 284
vs.pi, v1: 449, 466
vs.playspeedlim~, v2: 112, 122
vs.rand0~, v1: 358, 416
vs.rand3~, v1: 359, 416; v2: 77, 249

vs.randlist, v2: 412, 427
vs.randmetro, v2: 165, 166
vs.random, v1: 152, 154, 180; v2: 380
vs.randomizer, v2: 94
vs.ratio, v2: 105, 122, 266
vs.scale~, v1: 451, 466
vs.speedlim, v2: 373
vs.split, v2: 265, 284, 345
vs.square~, v1: 76, 123
vs.triangle~, v2: 249
vs.xfade~, v1: 388, 416; v2: 230

W

wave~, v1: 241, 287; v2: 73
waveform~, v1: 240, 287; v2: 123
wavetable crossfading (vedi sintesi vettoriale)
wavetable synthesis, v1: 212, 228
wet, v2: 180, 222
width (flanger), v2: 192
width (o sweep depth), v2: 196
white noise (vedi rumore bianco)
working memory, v2: 478
write (pattrstorage.), v2: 395, 429
write pointer, v2: 185, 222

Z

zl, v1: 161, 180
zl (argomenti):
  -group
  -join
  -len
  -slice, v1: 162, 182
zmap, v2: 275, 284
zona di Haas, v2: 179, 222
zona di transizione, v1: 309, 351

CPSIA information can be obtained at www.ICGtesting.com
Printed in the USA
LVOW051701030113

314244LV00007B/227/P